Smail Rapic

Subjektive Freiheit und Soziales System

D1723294

ALBER PHILOSOPHIE A—

Habermas thematisiert in der »Theorie des kommunikativen Handelns« (1981) die Gesellschaft einerseits in einer kausalen Beobachterperspektive als System, andererseits in einer kritischen Teilnehmerperspektive als Lebenswelt sozialer Gruppen. Hiermit will er dem Wahrheitsmoment soziologischer Systemtheorien Rechnung tragen und zugleich ihre begrenzte Reichweite aufweisen. Gegen die konkrete Umsetzung dieses Programms ist allerdings auch von Interpreten, die Habermas' Anliegen teilen (McCarthy, Schnädelbach), eingewandt worden, dass er die Teilnehmerperspektive de facto an die Beobachterperspektive angleicht. Auf dem Hintergrund von Habermas' Konzept der Verschränkung beider Perspektiven in einer kritischen Gesellschaftstheorie lässt sich das argumentativ-appellative Doppelgesicht von Rousseaus »Diskurs über die Ungleichheit« (1755), Herders »Auch eine Philosophie der Geschichte zur Bildung der Menschheit« (1774) und Marx' Frühschriften als Ausdruck einer selbstreflexiven Theoriestruktur interpretieren, die darauf abzielt, die spezifischen Möglichkeitshorizonte der aktuellen historischen Situation freizulegen. Die Anbindung der Ideologiekritik Rousseaus, Herders und Marx' an eine kausale Geschichtstheorie entkräftet den Einwand Luhmanns, die »humanistische Tradition« habe den Einfluss systemischer Mechanismen auf das Handeln der Individuen außer Acht gelassen.

Der Autor:

Smail Rapic promovierte (1997) und habilitierte (2004) am Philosophischen Seminar der Universität Köln. 2005–07 Gastdozent in Kopenhagen, 2007/08 Forschungsaufenthalt an der Karls-Universität Prag. Buchveröffentlichungen: »Erkenntnis und Sprachgebrauch. Lichtenberg und der Englische Empirismus« (1999), »Ethische Selbstverständigung. Kierkegaards Auseinandersetzung mit der Ethik Kants und der Rechtsphilosophie Hegels« (2007).

Smail Rapic

# Subjektive Freiheit und Soziales System

Positionen der
kritischen Gesellschaftstheorie
von Rousseau bis zur
Habermas/Luhmann-Kontroverse

Verlag Karl Alber Freiburg/München

Originalausgabe

Gedruckt auf alterungsbeständigem Papier (säurefrei)
Printed on acid-free paper

Alle Rechte vorbehalten – Printed in Germany
© Verlag Karl Alber GmbH Freiburg / München 2008
www.verlag-alber.de
Satz: SatzWeise, Föhren
Druck und Bindung: Difo-Druck, Bamberg

ISBN 978-3-495-48324-4

# Inhaltsverzeichnis

# I. Philosophische Geschichtsreflexion und Systemanalyse

## 1. Die Idee einer kritischen Gesellschaftstheorie als Einheit von Theorie und Praxis

Max Horkheimer entwickelt in seinem Aufsatz »Traditionelle und kritische Theorie« (1937) – in Gegenwendung zum Konzept einer kausal erklärenden Einheitswissenschaft – die Idee einer Gesellschaftstheorie, die die soziale Realität zwar einerseits als gesetzlich gelenkten Strukturzusammenhang, andererseits aber als Handlungszusammenhang verantwortlicher Personen thematisiert.[1] Horkheimer macht die spezifische Differenz naturwissenschaftlicher und gesellschaftstheoretischer Erkenntnis daran fest, dass theoretische Beschreibungen sozialer Phänomene das Selbstverständnis bzw. die Handlungsmotive ihrer Rezipienten und damit die soziale Praxis beeinflussen können: Eine Gesellschaftstheorie, die nicht methodisch naiv sein will, muss dieser möglichen Rückwirkung auf ihren Gegenstandsbereich Rechnung tragen.[2] In der von Horkheimer konzipierten »kritische[n] Theorie der Gesellschaft« ist die Reflexion auf die sozialpsychologischen Wirkungen gesellschaftstheoretischer Beschreibungen von dem »Interesse« geleitet, herrschende Unfreiheit auszuräumen; eine solche Theorie begreift sich selbst »als Moment

---

[1] Horkheimer: »Traditionelle und kritische Theorie«. In: Ders.: *Gesammelte Schriften.* Bd. 4: *Schriften 1936–1941.* Hrsg. von A. Schmidt. Frankfurt a. M. 1988. S. 162–216. – Das Programm der Einheitswissenschaft wurde zu Beginn der Neuzeit von Bacon und Descartes paradigmatisch formuliert und im 20. Jahrhundert vom Wiener Kreis erneuert. Vgl. Horkheimer: »Nachtrag« zu »Traditionelle und kritische Theorie« (1937). In: *Schriften 1936–1941*, S. 217–225; »Der neueste Angriff auf die Metaphysik« (1937). In: *Schriften 1936–1941*, S. 108–161.

[2] Horkheimer: »Traditionelle und kritische Theorie«, S. 203. – Wenn eine Gesellschaftstheorie z. B. Kriege als natürliche Folge der angesichts begrenzter Ressourcen unvermeidlichen Interessenkonflikte betrachtet, so leistet diese Interpretation des empirischen Befundes, dass Kriege die Menschheitsgeschichte durchziehen, der Auffassung Vorschub, man müsse sich mit der Institution des Krieges wie mit einem Naturphänomen abfinden.

einer auf neue gesellschaftliche Formen abzielenden Praxis«.[3] Kritische Theorien sind demnach »selbst immer Teil des Objektbereichs«, auf den sie sich beziehen – somit immer auch »Theorien über sich selbst.«[4] Horkheimer spricht selber die methodischen Grundprobleme an, die sich aus der emanzipatorischen Zielsetzung solcher Theorien ergeben: (1) Sie setzen sich dem Verdacht aus, dass in ihrer vom ethisch-politischen Interesse an einer Veränderung der Gesellschaft »geleiteten Analyse des geschichtlichen Verlaufs« Fakten subjektiv interpretiert werden, um die angestrebte Wirkung zu erzielen.[5] (2) Ob kritische Theorien ihrem Anspruch, als »vorwärtstreibendes Moment« in die soziale Praxis einzugreifen, gerecht werden können, tritt erst in ihrer faktischen Rezeption zutage: Läuft die Reflexion auf ihre Wirkungsmöglichkeiten nicht leer, solange ihre Rezeptionsgeschichte noch aussteht?[6] Was unterscheidet die Unterstellung, von der solche Theorien ausgehen: »die Menschen können das Sein ändern, die Umstände dafür sind jetzt vorhanden«, von »abstrakter Utopie«?[7] (3) Das emanzipatorische Interesse kritischer Theorien setzt den Begriff der Freiheit voraus:[8] Liegt ihrem kritischen Impetus damit die umstrittene These der Existenz eines freien Willens zugrunde?

Die von Horkheimer abgewiesene Idee einer kausal erklärenden Einheitswissenschaft erhielt durch die Ausbildung der Allgemeinen Systemtheorie um die Mitte des 20. Jahrhunderts neues Gewicht.[9] Die im Zuge dieser Entwicklung von Talcott Parsons begründete Theorie sozialer Systeme überträgt Systemmodelle, die am Paradigma des Organismus entwickelt wurden, auf die Gesellschaft.[10] Der Anspruch der Allgemeinen Systemtheorie, verschiedenste Diszipli-

---

[3] Ebd. S. 190, 199, 206 f.
[4] Raymond Geuss: *Die Idee einer kritischen Theorie*. Königstein/Ts. 1983. S. 67.
[5] Horkheimer: »Traditionelle und kritische Theorie«, S. 192, 196.
[6] Ebd. S. 188, 194 f.
[7] Vgl. ebd. S. 193, 201, Anm. 19.
[8] Ebd. S. 204.
[9] Zu den historischen Ursprüngen der Systemtheorie vgl. Ludwig von Bertalanffy: *General System Theory*. New York 1968. S. 10 ff.
[10] Talcott Parsons/Edward A. Shils: »Values, Motives, and Systems of Action«. In: Parsons/Shils (Hrsg.): *Toward a General Theory of Action*. New York 1951. S. 47–273, hier S. 107 ff.; Parsons: *Gesellschaften. Evolutionäre und komparative Perspektiven*. Frankfurt a. M. 1975. S. 10. Vgl. Niklas Luhmann: *Zweckbegriff und Systemrationalität*. Frankfurt a. M. 1973. S. 171 ff.; Ders.: *Soziale Systeme. Grundriss einer allgemeinen Theorie*. Frankfurt a. M. 1984. S. 22 ff., 35 ff. S. u. S. 25.

nen zu umgreifen,[11] wird von Niklas Luhmann dahingehend radikalisiert,»dass sich alle Tatbestände« – einschließlich der systemtheoretischen Forschung –»systemtheoretisch interpretieren lassen«.[12] Selbstreflexivität ist damit nach Luhmann keine Auszeichnung kritischer Theorien.

Jürgen Habermas erneuert die Kritik Horkheimers – und Adornos – an der Idee einer Einheitswissenschaft, indem er der Systemtheorie vorhält, sie sei aufgrund ihrer Orientierung an naturwissenschaftlichen Modellen nicht in der Lage, die gesellschaftliche Realität als Interaktionszusammenhang von »Subjekte[n]« adäquat zu beschreiben.[13] Er betrachtet systemische Erklärungen in der Soziologie in diesem Sinne als defizitär, ohne jedoch ihre grundsätzliche Legitimität in Abrede zu stellen. In seiner *Theorie des kommunikativen Handelns* (1981) versucht er das Wahrheitsmoment der soziologischen Systemtheorie in sein Konzept einer kritischen Gesellschaftstheorie zu integrieren, indem er Gesellschaft einerseits aus einer systemischen »Beobachterperspektive«, andererseits »aus der Teilnehmerperspektive handelnder Subjekte«, d. h. »als Lebenswelt sozialer Gruppen«, thematisiert.[14]

Luhmann hat in seiner Kontroverse mit Habermas, die mit dem Sammelband *Theorie der Gesellschaft oder Sozialtechnologie* (1971) eröffnet wurde, zunächst die defensive Position bezogen, dass der Anspruch der Systemtheorie auf universale Anwendbarkeit nicht einschließt, sie sei »der einzig richtige« soziologische Ansatz.[15] In *Soziale Systeme* (1984) hebt er demgegenüber die Kluft zwischen

---

[11] Vgl. Bertalanffy: *General System Theory,* S. 48 f.; Ders.: *Das biologische Weltbild.* Neudruck der 1. Aufl. (1949). Wien/Köln 1990. S. 165 ff.

[12] »Systemtheoretische Argumentationen. Eine Entgegnung auf Jürgen Habermas«. In: J. Habermas/N. Luhmann: *Theorie der Gesellschaft oder Sozialtechnologie – Was leistet die Systemforschung?* Frankfurt a. M. 1971. S. 291–405, hier S. 378, 385.

[13] Habermas: »Vorlesungen zu einer sprachtheoretischen Grundlegung der Soziologie« (1970/71). In: Ders.: *Vorstudien und Ergänzungen zur Theorie des kommunikativen Handelns.* Frankfurt a. M. 1984 (Im folgenden zitiert als: *VE*). S. 11–126, hier S. 27; Ders.: »Theorie der Gesellschaft oder Sozialtechnologie? – Eine Auseinandersetzung mit Niklas Luhmann«. In: Habermas/Luhmann: *Theorie der Gesellschaft oder Sozialtechnologie,* S. 142–290, hier S. 186 ff., 239 ff. Vgl. Theodor W. Adorno: »Soziologie und empirische Forschung«. In: Adorno u. a. (Hrsg.): *Der Positivismusstreit in der deutschen Soziologie.* Darmstadt/Neuwied 1969. S. 81–102.

[14] Habermas: *Theorie des kommunikativen Handelns* (im folgenden zitiert als: *TkH*). 2 Bde. Frankfurt a. M. 41987. Bd. 2, S. 179.

[15] »Systemtheoretische Argumentationen«, S. 378.

der Systemtheorie und der kritischen Gesellschaftstheorie – wie auch der »humanistische[n] Tradition«, in der diese wurzelt – hervor: Er attackiert Habermas' Grundbegriff des »kommunikativen Handelns« und betont, dass die Systemtheorie für den »Subjektbegriff«, den die kritische Gesellschaftstheorie aus dem »Humanismus« übernimmt, »keine Verwendung« habe.[16] Gegen Habermas' Versuch, mittels der Doppelung von Beobachter- von Teilnehmerperspektive in der *Theorie des kommunikativen Handelns* die begrenzte Reichweite soziologischer Systemtheorien aufzuweisen, ist auch von Interpreten, die seine Anliegen teilen, eingewandt worden, dass seine Verwendung des Begriffspaars »System/Lebenswelt« in diesem Buch mit Zweideutigkeiten behaftet bleibt, die dessen Architektonik in Frage stellen.[17]

Habermas' – von ihm selbst nicht stringent eingelöstes[18] – Programm der Integration systemischer Erklärungen in eine kritische Gesellschaftstheorie zeichnet die Leitlinie der folgenden Untersuchungen vor. Sie konzentrieren sich auf einen geschichtsphilosophischen Traditionszusammenhang, der von Rousseau zu Marx hinführt; Habermas knüpft – wie bereits Horkheimer – explizit an den »wissenschaftstheoretisch eigentümlichen Typus« der marxistischen Theorie als einer »in politischer Absicht entworfenen, dabei wissenschaftlich falsifizierbaren Geschichtsphilosophie« an.[19] Um die von Horkheimer benannten Schwierigkeiten (s. o. S. 10) ausräumen zu können, muss eine kritische Gesellschafts- bzw. Geschichtstheorie (1) eine Analyse historischer Prozesse vorlegen, die den methodischen Standards der modernen Wissenschaft genügt, (2) eine intersubjektiv ausweisbare Reflexion auf ihre Rezeption einschließen und (3) die Annahme der Handlungsfreiheit, die mit dem Appell zur Gesellschaftsveränderung in Ansatz gebracht wird, rechtfertigen. In den

---

[16] *Soziale Systeme*, S. 51, 192, 286 ff.

[17] Thomas McCarthy: *Kritik der Verständigungsverhältnisse. Zur Theorie von Jürgen Habermas*. Erweiterte Taschenbuchausgabe. Frankfurt a. M. 1989. S. 602 ff.; Hans Joas: »Die unglückliche Ehe von Hermeneutik und Funktionalismus«. In: A. Honneth/H. Joas (Hrsg.): *Kommunikatives Handeln. Beiträge zu Jürgen Habermas' »Theorie des kommunikativen Handelns«*. Frankfurt a. M. ³2002. S. 144–176; Herbert Schnädelbach: »Transformation der Kritischen Theorie«. In: Honneth/Joas (Hrsg.): *Kommunikatives Handeln*, S. 15–34, hier S. 28 ff.

[18] S. u. Kap. VI 5.

[19] Habermas: »Zwischen Philosophie und Wissenschaft: Marxismus als Kritik«. In: Ders.: *Theorie und Praxis*. Neuausgabe 1971. S. 228–290, hier S. 244; Horkheimer: »Nachtrag« zu »Traditionelle und kritische Theorie«, S. 217.

folgenden Untersuchungen soll gezeigt werden, dass in Rousseaus *Diskurs über den Ursprung und die Grundlagen der Ungleichheit unter den Menschen* (1755), Herders *Auch eine Philosophie der Geschichte zur Bildung der Menschheit* (1774) und Marx' – z. t. gemeinsam mit Engels verfassten – geschichtsphilosophisch-politischen Frühschriften durch die Verschränkung einer systemischen Beobachterperspektive mit einer kritisch-appellativen Teilnehmerperspektive (in der die Reflexion auf die Rezeption der Texte verortet ist) der Nachweis gelingt, dass der Begriff der Freiheit geschichtlicher Subjekte, der in einer kausal erklärenden Gesellschafts- bzw. Geschichtstheorie nicht adäquat artikuliert werden kann, unhintergehbar und zugleich mit einer kausalen Systemanalyse kompatibel ist.[20] Der intendierte Nachweis legitimiert – indem er die Grenze einer am Methodenideal der Naturwissenschaft orientierten Soziologie sichtbar macht – einen spezifisch philosophischen Zugang zu Gesellschaft und Geschichte.

Die zentralen Themen der ›objektiven‹ Sachanalyse, die eine kritische Gesellschafts- bzw. Geschichtstheorie vorlegen muss, ergeben sich aus ihrem Anspruch, durch die Rekonstruktion historischer Gesellschaftsformationen einen Anstoß zur Überwindung von Herrschaftsverhältnissen zu geben. Die angestrebte Vermittlung des »tiefsten Verständnis[ses] der Gegenwart« soll eine emanzipatorische Wirkung entfalten, indem sie inadäquate Deutungen der gesellschaftlichen Wirklichkeit widerlegt, d. h. ›falsches Bewusstsein‹ aufdeckt.[21] Die Sachanalysen einer kritischen Gesellschafts- bzw. Geschichtstheorie umkreisen somit die faktische Genese von Machtstrukturen und zugleich den Beitrag der Selbstinterpretationen einer Gesellschaft – wozu insbes. ihr normatives Selbstverständnis gehört – zur Festigung von Herrschaft. Im Mittelpunkt der Analysen steht demnach das Verhältnis zwischen den realen sozialen Strukturen bzw. Prozessen und ihren tradierten Deutungen. Dass die intendierte Aufdeckung ›falschen Bewusstseins‹ per se emanzipatorische Bedeutung hat, macht das entscheidende Argument gegen den Einwand aus, die – aus der Einsicht in die ›Beeinflussbarkeit‹ sozialer

---

[20] Bertalanffy datiert die historischen Ursprünge der Systemtheorie bis ins späte Mittelalter zurück (*General System Theory*, S. 10).
[21] Horkheimer: »Traditionelle und kritische Theorie«, S. 194 f.; vgl. Habermas: »Einige Schwierigkeiten beim Versuch, Theorie und Praxis zu vermitteln«. In: Ders.: *Theorie und Praxis*, S. 9–47, hier S. 43 f.

Verhältnisse durch Gesellschaftstheorien resultierende – explizite Aufhebung der herkömmlichen Trennung von »Wissen und Handeln« (Horkheimer) bzw. von »Theorie und Geschichte« (Habermas) in kritischen Theorien stelle ihren Erkenntnisanspruch in Frage.[22] Aufgrund ihres ideologiekritischen Duktus' begreifen kritische Theorien die »Wahrheit«, die sie vermitteln wollen, »als vorwärtstreibendes Moment« der sozialen Praxis – und sich selbst als »Einheit von Theorie und Praxis«.[23]

Marx führt in einem Brief an Arnold Ruge vom September 1843, der in den – von beiden gemeinsam herausgegebenen – *Deutsch-Französischen Jahrbüchern* (1844) veröffentlicht wurde, den Terminus »Selbstverständigung« als Titel für den »wissenschaftstheoretisch eigentümlichen Typus« (Habermas) seiner Gesellschafts- bzw. Geschichtstheorie ein: »Wir können [...] die Tendenz unserer Blattes in Ein Wort fassen: Selbstverständigung (kritische Philosophie) der Zeit über ihre Kämpfe und Wünsche.«[24] Die »kritische Philosophie« im Marx'schen Sinne soll durch die Analyse der »*wirkliche[n]* Kämpfe« in der »Politik« und zugleich des »sich selbst unklaren Bewusstseins« der Zeitgenossen die »Welt [...] aus dem Traume über sich selbst« aufwecken (*MW* I 449).[25] Das theoretische Anliegen der Marx'schen »kritischen Philosophie« besteht somit in der Gewinnung einer adäquaten Einsicht in soziale Konfliktstrukturen und deren Verflechtung mit gesellschaftlichen Selbstinterpretationen. Hieraus ergeben sich Anhaltspunkte dafür, inwieweit »Wünsche«, die über das Gegebene hinausgreifen, realisierbar sind. Die Beförderung von Alternativen zum Bestehenden, in denen sich ein in der »Vernunft« gegründetes »Sollen« artikuliert, macht des praktische Anliegen der »Selbstverständigung« im Marx'schen Sinne aus (*MW* I 448).

---

[22] Vgl. Horkheimer: »Traditionelle und kritische Theorie«, S. 182; Habermas: »Analytische Wissenschaftstheorie und Dialektik«. In: Adorno u. a. (Hrsg.): *Der Positivismusstreit in der deutschen Soziologie*. S. 155–191, hier S. 165.

[23] Horkheimer: »Traditionelle und kritische Theorie«, S. 188 f., 205. Vgl. Habermas: »Erkenntnis und Interesse«. In: Ders.: *Technik und Wissenschaft als Ideologie*. Frankfurt a. M. 1968. S. 146–168, hier S. 164 f.

[24] *Ein Briefwechsel von 1843* [zwischen Marx, Ruge, Bakunin und Feuerbach]. In: Karl Marx: *Werke*. Hrsg. von Hans-Joachim Lieber. 6 Bde. Darmstadt 1960–71 (im folgenden zitiert als: *MW*). Bd. I, S. 450.

[25] Hervorhebungen in Zitaten sind – wenn nicht anders vermerkt – dem Originaltext entnommen. – Die Orthographie aller Zitate folgt – bei Wahrung des Lautstandes – der seit 1998 gültigen Rechtschreibung.

Habermas wirft Marx vor, sein Konzept der »kritischen Philosophie« dem Paradigma naturwissenschaftlicher Erkenntnis angenähert und dadurch die spezifische Differenz zwischen philosophischer Reflexion und Erfahrungswissenschaft »verschleiert« zu haben. [26] Habermas stützt diesen Vorwurf in erster Linie mit Zitaten aus Marx' *Grundrissen der Kritik der politischen Ökonomie* (1857/58) und dem *Kapital* (1867 ff.). [27] In der vorliegenden Untersuchung soll gezeigt werden, dass die bei Marx zu beobachtende Tendenz einer Angleichung des Paradigmas der »Selbstverständigung« an die naturwissenschaftliche Erkenntnis nicht – im Sinne Habermas' – als Indiz dafür gewertet werden darf, dass Marx den »kategorialen Rahmen« der projektierten »kritischen Philosophie« von vornherein inadäquat gefasst habe. [28] Ob dieses Projekt in Marx' *Grundrissen der Kritik der politischen Ökonomie* und im *Kapital* von einem objektivistischen Erkenntnisbegriff absorbiert worden ist, wäre Gegenstand einer eigenen Untersuchung. Diese Frage soll im Folgenden ausgeklammert werden, um statt dessen den Begriff der Selbstverständigung beim frühen Marx zur spezifischen Reflexionsstruktur von Rousseaus *Diskurs über die Ungleichheit* und Herders *Auch eine Philosophie der Geschichte zur Bildung der Menschheit* in Beziehung zu setzen. Das argumentativ-appellative Doppelgesicht dieser beiden Texte ist durch den kalkulierten Einsatz argumentativer Inkohärenzen und den Rückgriff auf das literarische Mittel vieldeutigen Sprechens – damit den bewussten Verstoß gegen Grundregeln traditioneller philosophischer Argumentation – gekennzeichnet (s. u. S. 120 ff., 130 ff.). Vergleicht man Marx' und Engels' *Manifest der kommunistischen Partei* (1848) mit den im engeren Sinne philosophischen bzw. wissenschaftlichen Abhandlungen, die beide zur selben Zeit verfasst haben, treten vergleichbare Unstimmigkeiten bzw. Mehrdeutigkeiten zutage (s. u. S. 135 f.). Darin manifestiert sich eine selbstreflexive Struktur ihrer – mit Habermas zu sprechen – »in politischer Absicht entworfenen, dabei wissenschaftlich falsifizierbaren Geschichtsphilosophie«, die es erlaubt, Marx' Begriff der Selbstverständigung auf Rousseau und Herder zurückzuprojizieren.

---

[26] Habermas: *Erkenntnis und Interesse*. Mit einem neuen Nachwort. Frankfurt a. M. ²1973. S. 11 ff., 85 f.; »Zwischen Philosophie und Wissenschaft: Marxismus als Kritik«, S. 266.
[27] Vgl. Habermas: *Erkenntnis und Interesse*, S. 63 ff.
[28] Ebd. S. 85.

Raymond Geuss gibt den Vorwurf des »Selbstmissverständnisses der Kritik als Wissenschaft«, den Habermas Marx macht,[29] an ihn zurück: Er sieht im »Versuch« der Frankfurter Schule, »kritische Theorie als eine Art wissenschaftlicher Theorie zu begreifen«, einen Rückfall in das traditionelle Theorieverständnis, das sie gerade überwinden will.[30] Herbert Schnädelbach und Thomas McCarthy haben darauf hingewiesen, dass Habermas in der *Theorie des kommunikativen Handelns* die lebensweltlichen Teilnehmerperspektive an die wissenschaftliche Beobachterperspektive angleicht, woraus systematische Schwierigkeiten im Aufbau des Buches resultieren.[31] Habermas ist es weder in *Erkenntnis und Interesse* noch in der *Theorie des kommunikativen Handelns* gelungen, das Konzept der kritischen Theorie als Einheit von Theorie und Praxis stringent umzusetzen (s. u. Abschnitt d, Kap. VI 5).[32]

An Geuss' These, dass sich kritische Theorien – trotz ihres Anspruchs, eine »Wahrheit« zu vermitteln – nicht »als eine Art wissenschaftlicher Theorie[n]« präsentieren dürfen, knüpft der folgende Versuch an, das argumentativ-appellative Doppelgesicht von Rousseaus *Diskurs über die Ungleichheit*, Herders *Auch eine Philosophie der Geschichte zur Bildung der Menschheit* und von Texten von Marx (und Engels) aus den 1840er Jahren als adäquate Artikulationsform von Selbstverständigungsprozessen zu erweisen. Hierbei soll auf Kierkegaards Konzept der »indirekten Mitteilung« zurückgegriffen werden. In Kierkegaards *Abschließender unwissenschaftlicher*

---

[29] Habermas: »Zwischen Philosophie und Wissenschaft: Marxismus als Kritik«, S. 266.

[30] Geuss: *Die Idee einer kritischen Theorie*, S. 111.

[31] Schnädelbach: »Transformation der Kritischen Theorie«, S. 28 f.; McCarthy: *Kritik der Verständigungsverhältnisse*, S. 602. S. u. S. 343 f., 379 ff. – In Geuss' *Die Idee einer kritischen Theorie* wird Habermas' *Theorie des kommunikativen Handelns* nicht erörtert. (Die Originalausgabe *The Idea of a Critical Theorie* erschien im selben Jahr wie die *Theorie des kommunikativen Handelns* (1981), die dt. Übersetzung 2 Jahre später.) McCarthy wirft die Frage, ob Habermas den Fehler, den er Marx vorhält: der »Illusion strenger Wissenschaft erlegen« zu sein, nicht selber begehe, in Bezug auf die *Theorie des kommunikativen Handelns* auf (*Kritik der Verständigungsverhältnisse*, S. 602).

[32] Da sich die vorliegende Untersuchung an Habermas' Programm orientiert, durch die Doppelung von Beobachter- und Teilnehmerperspektive das Wahrheitsmoment der soziologischen Systemtheorie in eine kritische Gesellschafts- bzw. Geschichtstheorie einzubeziehen und hierdurch die begrenzte Reichweite des systemtheoretischen Ansatzes aufzuweisen, wird im folgenden auf Horkheimer und Adorno nur am Rande eingegangen.

*Nachschrift* (1846) steht der Terminus »Sich selbst Verstehen« im Zentrum eines ethisch orientierten Entwurfs praktischer Subjektivität, der die Tätigkeit des Wissenschaftlers einbezieht.[33] Der Begriff der Selbstverständigung weist bei Kierkegaard und Marx – trotz unterschiedlicher inhaltlicher Akzentuierung – eine gemeinsame formale Struktur auf: Bei Kierkegaard meint er eine ›Einheit von Selbsterkenntnis und Selbstbestimmung‹ als basales Selbstverhältnis des Einzelnen, bei Marx eine ›Einheit von Theorie und Praxis‹ in einer gesellschaftskritischen Perspektive.[34] Kierkegaard grenzt – anders als Marx – seinen Begriff der Selbstverständigung dezidert von der wissenschaftlichen Beobachterperspektive ab; er ordnet ihm das Konzept einer »indirekten Mitteilung«, die sich literarischer Mittel bedient, als angemessener Artikulationsform zu. Kierkegaards Begriff ›praktischer Subjektivität‹ lässt sich mühelos zu einem Begriff ›geschichtlicher Subjektivität‹ erweitern; in dieser Modifikation kann er für die Interpretation der Reflexionsstruktur der herangezogenen Texte von Rousseau, Herder und Marx fruchtbar gemacht werden.

Zunächst soll im Anschluss an Habermas die gemeinsame inhaltliche Fragestellung kritischer Gesellschaftstheorien und soziologischer Systemtheorien umrissen werden. Habermas kennzeichnet die kritische Gesellschaftstheorie – im Rekurs auf Marx – als »Selbstreflexion der Gattungsgeschichte«, d. h. als »Evolutionstheorie« mit einem »reflexiven Status«.[35] Habermas' Begriff der »Selbstreflexion« meint die »Verfahrensweise« der »Wissenschaften vom Typus

---

[33] Sören Kierkegaard: *Abschließende unwissenschaftliche Nachschrift zu den Philosophischen Brocken.* Übers. von H. M. Junghans. 2 Bde. München 1959. Bd. 1, S. 65, Bd. 2, S. 11 f., 55. S. u. Kap. II 1 a, c.

[34] S. u. Kap. II 1 b–c, V 4. – Der auffällige Befund, dass der Terminus »Sich selbst Verstehen« eine Schlüsselrolle in einem Text Kierkegaards einnimmt, der zwei Jahre nach der Veröffentlichung des zitierten Briefes von Marx an Ruge erschienen ist, kann sich durchaus einem direkten Einfluss Marx' auf Kierkegaard verdanken. Kierkegaards Interesse für Ruge ist dadurch belegt, dass er sich die von Ruge herausgegebenen *Anecdota zur neuesten deutschen Philosophie und Publicistik* (1843) gleich nach ihrem Erscheinen gekauft hat (vgl. *Fortegnelse over Dr. Søren A. Kierkegaards Bogsamling.* Kopenhagen 1856. Nr. 741); diese Sammlung enthält auch Texte von Marx. So ist es ohne weiteres vorstellbar, dass Kierkegaard den *Briefwechsel aus dem Jahre 1843* zwischen Marx, Ruge, Bakunin und Feuerbach (s. o. S. 14, Anm. 24) gekannt hat.

[35] *Erkenntnis und Interesse*, S. 86; »Zum Theorienvergleich in der Soziologie: am Beispiel der sozialen Evolutionstheorie«. In: Habermas: *Zur Rekonstruktion des Historischen Materialismus.* Frankfurt a. M. 1976. S. 129–143, hier S. 144.

der Kritik«,[36] worin »eine Erkenntnis um der Erkenntnis willen mit dem Interesse an Mündigkeit zur Deckung« gelangt;[37] er bildet damit das Gegenstück zum Marx'schen Terminus »Selbstverständigung« als dem Organ der »kritischen Philosophie«.[38] Unter das Stichwort »Evolutionstheorie« lassen sich nicht nur die Systemtheorien Parsons' und Luhmanns, sondern auch die Sachanalysen in Rousseaus *Diskurs über die Ungleichheit* und Herders *Auch eine Philosophie der Geschichte zur Bildung der Menschheit* subsumieren. Habermas beantwortet die inhaltliche Leitfrage kritischer Gesellschaftstheorien – nach dem Verhältnis gesellschaftlicher Selbstbeschreibungen zu den realen sozialen Strukturen bzw. Entwicklungen – durch eine »Rekonstruktion« des marxistischen Basis/Überbau-Theorems (s. u. Abschnitt b), mit der er sich der soziologischen Systemtheorie annähert, wobei er dieser jedoch vorwirft, in der wissenschaftlichen Beobachterperspektive zu verharren und dadurch das (für Marx und Engels zentrale) Problem der Ideologie zu verzeichnen (Abschnitte c–d). Aus den Gemeinsamkeiten und Differenzen zwischen Habermas' Reformulierung der marxistischen Theorie[39] und der soziologischen Systemtheorie kann ein Interpretationsrahmen für die Sachanalysen Rousseaus und Herders, die Marx und Engels fortführen, gewonnen werden.

## 2. Habermas' Reformulierung des marxistischen Basis/Überbau-Theorems

In der von Marx und Engels gemeinsam verfassten *Deutschen Ideologie* (1845/46) und in Marx' Vorwort zu seiner *Kritik der politischen Ökonomie* (1859) wird das Basis/Überbau-Theorem ›reduktionistisch‹ formuliert. Laut der *Deutschen Ideologie* besteht zwischen

---

[36] »Einige Schwierigkeiten beim Versuch, Theorie und Praxis zu vermitteln«, S. 30.

[37] Habermas:»Erkenntnis und Interesse«, S. 164.

[38] Habermas verwendet den Terminus »Selbstverständigung« im Sinne Kierkegaards: Er bezieht ihn auf die »Konstituierung einer ihrer selbst bewussten Lebensgeschichte« (»Individuierung durch Vergesellschaftung. Zu G. H. Meads Theorie der Intersubjektivität«. In: Habermas: *Nachmetaphysisches Denken*. Frankfurt a. M. 1988. S. 187–241, hier S. 191).

[39] Habermas bekennt sich dezidiert zum »theoretischen Anspruch des Historischen Materialismus« (»Zum Theorienvergleich in der Soziologie: am Beispiel der Evolutionstheorie«, S. 129).

den kulturellen Produktionen bzw. Selbstinterpretationen einer Gesellschaft und ihren materiellen Lebensbedingungen ein durchgängiges kausales Abhängigkeitsverhältnis:

>>Die Moral, Religion, Metaphysik [...] haben keine Geschichte, sie haben keine Entwicklung, sondern die ihre materielle Produktion und ihren materiellen Verkehr entwickelnden Menschen ändern mit dieser ihrer Wirklichkeit auch ihr Denken und die Produkte ihres Denkens. Nicht das Bewusstsein bestimmt das Leben, sondern das Leben bestimmt das Bewusstsein.<< (*Die Deutsche Ideologie, MW II 23*)

Marx und Engels zählen auch die politischen Institutionen einer Gesellschaft zu ihrer >>Superstruktur<<, die durch ihre ökonomische Basis determiniert werde (*MW II 92*): >>Die Produktionsweise des materiellen Lebens bedingt den sozialen, politischen und geistigen Lebensprozess überhaupt.<< (Marx: *Zur Kritik der politischen Ökonomie*, Vorwort, *MW VI 839*)

Dieser >reduktionistischen< Fassung des Basis/Überbau-Theorems laufen – wie Parsons, Luhmann und Habermas übereinstimmend feststellen – eine Reihe empirischer Befunde zuwider.[40] Parsons und Habermas weisen auf historische Situationen hin, in denen wirtschaftliche Entwicklungen durch politische Institutionen blockiert oder aber vorangetrieben wurden; die ökonomische >>Basis<< unterliegt somit durchaus Einflüssen des >>Überbaus<<.[41] Habermas betont zugleich, dass bei Marx und Engels Ansätze zu einer >nichtreduktionistischen< Lesart des Basis/Überbau-Theorems zu finden sind.[42] Marx relativiert in der (nachgelassenen) *Einleitung* zur *Kritik der politischen Ökonomie* (1857) die These der *Deutschen Ideologie*, >>die ihre materielle Produktion und ihren materiellen Verkehr entwickelnden Menschen<< veränderten >>mit dieser ihrer Wirklichkeit auch ihr Denken<< (*MW II 23*, s.o.), indem er die bleibende, quasi überzeitliche Bedeutung der griechischen Kunst hervorhebt: Sie gilt

---

[40] Parsons: Gesellschaften, S. 173f.; Luhmann: >>Evolution und Geschichte<<. In: Ders.: *Soziologische Aufklärung 2*. Opladen 1975. S. 150–170, hier S. 159; Habermas: >>Zum Theorienvergleich in der Soziologie: am Beispiel der Evolutionstheorie<<, S. 139, >>Zur Rekonstruktion des Historischen Materialismus<<. In: Habermas: *Zur Rekonstruktion des Historischen Materialismus*, S. 144–199, hier S. 159.
[41] Parsons: *Das System moderner Gesellschaften*. Weinheim/München 1985. S. 93f., 97f.; Habermas: >>Zwischen Philosophie und Wissenschaft: Marxismus als Kritik<<, S. 265f.
[42] >>Zur Rekonstruktion des Historischen Materialismus<<, S. 157f.

noch unter den völlig andersartigen ökonomischen Bedingungen der Neuzeit »in gewisser Beziehung als Norm und unerreichbare[s] Muster«, wird also keineswegs als historisch-relativer Ausdruck einer längst überholten Entwicklungsstufe betrachtet (*MW* VI 832). Marx hält zwar daran fest, dass die griechische »Kunstproduktion« an »gewisse gesellschaftliche Entwicklungsformen geknüpft« ist – das mythische Weltbild, in dem sie wurzelt, konnte sich nur unter archaischen Lebensumständen ausbilden (*MW* II 32, s. u. S. 304) –; die Tatsache, dass »griechische Kunst und Epos [...] für uns noch Kunstgenuss gewähren«, lässt sich jedoch mit der ›reduktionistischen‹ Auffassung einer direkten kausalen Abhängigkeit mentaler Strukturen und Prozesse von den ökonomischen Lebensbedingungen nicht in Einklang bringen (*MW* VI 831 f.). Die in Marx' *Einleitung* zur *Kritik der politischen Ökonomie* formulierte These, dass ›Überbauphänomene‹ an die materiellen Lebensumstände zurückgebunden sind, ohne von diesen vollständig determiniert zu werden, soll als die ›schwache Form der nicht-reduktionistischen Fassung‹ des Basis/Überbau-Theorems bezeichnet werden. In ihrer ›starken Form‹ besagt die ›nicht-reduktionistische‹ Fassung des Theorems, dass die ökonomischen Verhältnisse durch Entwicklungen innerhalb der politischen oder kulturellen Sphäre umgestaltet werden können, wobei diese Entwicklungen aber wiederum nur unter bestimmten materiellen Bedingungen wirksam werden. Marx und Engels vertreten eine solche Position – zumindest implizit – in Bezug auf ihre eigene Gegenwart (s. u. S. 79 f.). Parsons und Habermas weiten sie auf die Weltgeschichte im Ganzen aus: Habermas schließt sich Parsons' These an, dass basale gesellschaftliche »Innovationen« von Fortentwicklungen der »normativen Elemente« einer Gesellschaft abhängig sind.[43] Diese These wird von beiden allerdings unterschiedlich akzentuiert. Während Parsons eine zunehmende Gewichtsverlagerung zugunsten der kulturell-normativen Sphäre im Fortgang der Weltgeschichte konstatiert,[44] vertritt Habermas den Standpunkt, dass Lernprozesse in der »Dimension des moralisch-praktischen Bewusst-

---

[43] Parsons: *Gesellschaften*, S. 174 ff.; Habermas: »Zum Theorienvergleich in der Soziologie: am Beispiel der Evolutionstheorie«, S. 136.
[44] *Gesellschaften*, S. 175 f.

seins« von Anfang an den gesellschaftlichen Evolutionsschüben vorausgegangen seien.[45] Habermas postuliert hierbei eine »den kulturellen Überlieferungen und dem Institutionenwandel innewohnende *Entwicklungslogik*«.[46] Diese ist – so Habermas – anhand von »homologen« Strukturen des moralisch-praktischen Bewusstseins in der »Individual- und Gattungsgeschichte« greifbar.[47] Habermas überträgt Lawrence Kohlbergs Unterscheidung dreier »Niveaus« der individuellen Moralentwicklung – des »präkonventionellen«, »konventionellen« und »postkonventionellen« – auf die soziale Evolution.[48] Auf der »präkonventionellen« Ebene bilden nach Kohlberg Lustgewinn bzw. Schmerzvermeidung den Orientierungsrahmen, in den Kinder die Begriffspaare »gut/böse« bzw. »gut/schlecht« einordnen: Sie nennen dasjenige »gut«, was ihnen Freude bereitet, und verbinden die Rede der Erwachsenen von »bösen« Taten mit der Androhung bzw. Verhängung fühlbarer Strafen.[49] Auf der »konventionellen« Ebene gewinnt der Heranwachsende durch die Internalisierung der Verhaltensregeln seines sozialen Umfelds einen Begriff ethischer Normen als Ordnungsstrukturen von Gemeinschaften. Der Übergang zur »postkonventionellen« Ebene wird durch die kritische Überprüfung faktischer Normsysteme und die Suche nach universal gültigen ethischen Prinzipien vollzogen. Habermas räumt ein, dass Kohlbergs Schema der Individualentwicklung nicht ohne Abstriche auf die Gat-

---

[45] »Zum Theorienvergleich in der Soziologie: am Beispiel der Evolutionstheorie«, S. 136; »Zur Rekonstruktion des Historischen Materialismus«, S. 162 f., *TkH* II 463 f.

[46] »Historischer Materialismus und die Entwicklung normativer Strukturen«. In: Habermas: *Zur Rekonstruktion des Historischen Materialismus*, S. 9–48, hier S. 12; *TkH* II 218.

[47] »Historischer Materialismus und die Entwicklung normativer Strukturen«, S. 13, 30 f.; *TkH* II 259 f.

[48] Kohlberg: »From Is to Ought«. In: Th. Mischel (Hrsg.): *Cognitive Development and Epistemology.* New York 1971. S. 151–236; »Moralentwicklung und Moralerwerb: Der kognitiv-entwicklungstheoretische Ansatz«. In: Kohlberg: *Die Psychologie der Moralentwicklung.* Hrsg. von W. Althof unter Mitwirkung von G. Noam und F. Oser. Frankfurt a. M. 1995. S. 123–175; Habermas: »Moralentwicklung und Ich-Identität«. In: Ders.: *Zur Rekonstruktion des Historischen Materialismus*, S. 63–91, hier S. 77 ff.; »Zur Rekonstruktion des Historischen Materialismus«, S. 171 f.; *TkH* II 260. – Die weitere Ausdifferenzierung dieser drei Niveaus bei Kohlberg und Habermas soll im Folgenden außer Betracht bleiben.

[49] Kohlberg: »Moralentwicklung und Moralerwerb: Der kognitiv-erntwicklungstheoretische Ansatz«, S. 134 f.

A– 21

tungsgeschichte übertragen werden kann.[50] Das frühkindliche (»präkonventionelle«) Stadium der Moralentwicklung findet in archaischen Gesellschaftsformationen keine direkte Entsprechung: Deren normative Bewusstseinsstrukturen gelten nur für erwachsene Mitglieder, die einander moralisch kritisieren können, wogegen einem Kleinkind seine Bezugspersonen als überlegene Autoritäten begegnen;[51] zur Dominanz mythisch-religiöser Weltbilder in der Frühphase der Menschheitsgeschichte gibt es in der Lebensgeschichte von Kindern, die in säkularisierten Gesellschaften aufwachsen, kein Gegenstück. Habermas kann dennoch an seiner These einer Homologie zwischen individueller und gattungsgeschichtlicher Moralentwicklung festhalten, da die archaische Religiosität strukturelle Parallelen zur »präkonventionellen« Ebene im Sinne Kohlbergs aufweist: Ein Kleinkind kann »Naturkausalität von Freiheitskausalität« noch nicht unterscheiden[52] – in seiner Perspektive sind die Tischkante, an der es sich stößt, und ein Älterer, der es schlägt oder tritt, gleichermaßen »böse« –; in analoger Weise hat sich auf der archaischen Kulturstufe noch kein »distinktes Bewusstsein von der normativen Realität der Gesellschaft« in Abhebung von der »objektivierten Natur« herausgebildet,[53] da in den dominierenden magisch-animistischen Mythen Geister bzw. Götter, die mit Naturkräften identifiziert werden, als Urheber und Garanten moralischer Handlungsregeln erscheinen; auf dieser Kulturstufe werden somit – wie auf der »präkonventionellen« Ebene der individuellen Moralentwicklung – moralische Regeln mit der Vorstellung der physischen Macht von Autoritätsinstanzen verknüpft. Von dieser Anbindung des Begriffspaars »gut/böse« an das Ziel des Lustgewinns bzw. der Schmerzvermeidung lösen sich Heranwachsende durch die innere Anerkennung der Normen der Gemeinschaften, als deren Teil sie sich begreifen;[54] in vergleichbarer Weise wird beim Übergang von archaischen Stammesverbänden zu staatlich organisierten Gesellschaften die magisch-animistische Fundierung moralischer Regeln von der Kodifizierung von Rechtsnormen überlagert, wobei sich die – hiermit verknüpfte – Figur eines

[50] Habermas: »Historischer Materialismus und die Entwicklung normativer Strukturen«, S. 16 f.
[51] Ebd. S. 16.
[52] Habermas: »Moralentwicklung und Ich-Identität«, S. 81.
[53] Habermas: »Historischer Materialismus und die Entwicklung normativer Strukturen«, S. 18; *TkH* I 79 f.
[54] Habermas: »Moralentwicklung und Ich-Identität«, S. 77.

»Herrscherrichters«, um den »herum sich ein politisches System bildet«, als Identifikationsinstanz für die Staatsbürger eignet, da ihm die Aufrechterhaltung ihrer Rechtssicherheit obliegt.[55] In diesem Sinne kann die Staatsgründung zum Überschritt von der »präkonventionellen« zur »konventionellen« Ebene der individuellen Moralentwicklung in Beziehung gesetzt werden. Die »postkonventionelle« Stufe, auf der Normensysteme ihre »naturwüchsige Geltung« verlieren und der »Rechtfertigung unter universalistischen Gesichtspunkten« bedürfen, wird in der Rechtsgeschichte erst in der Moderne – im Gefolge der neuzeitlichen Aufklärung – erreicht: indem supranationale bzw. transkulturelle Rechtsnormen – die Menschenrechte und das Völkerrecht – kodifiziert und alle Staatsbürger als Rechtssubjekte einander formal gleichgestellt werden (in der Antike waren die Sklaven und im Feudalismus die Leibeigenen weitgehend rechtlos).[56] Habermas betont allerdings, dass die »zwischen 800 und 300 v. d. Z.« ausgebildeten »universalistischen Weltdeutungen der großen Religionsstifter« und ihrer philosophischen Zeitgenossen die geistesgeschichtliche Wurzel der »postkonventionelle[n] Bewusstseinsstrukturen« (*TkH* II 266) bilden, die im modernen Recht ›implementiert‹ werden.[57] In der für die frühen Staatsformen charakteristischen Verklärung des Herrschers zum »Legat[en]« einer »geglaubten und absolut gesetzten Welt- und Heilsordnung« wirkt zwar noch die archaische Fundierung sozialer Normen in magisch-animistischen Mythen nach; die »auf große Stifterfiguren zurückgehenden« religiösen Überlieferungen brechen jedoch insofern mit dem mythischen Denken, als sie »ein explizit lehrbares Wissen« enthalten, »das einer Dogmatisierung, also einer professionellen Durchrationalisierung fähig ist« – wobei die »obersten Prinzipien, auf die alle Argumentationen zurücklaufen, selber der Argumentation noch enthoben und gegen Einwände immunisiert sind.«[58] Habermas interpretiert dem-

---

[55] Habermas: »Historischer Materialismus und die Entwicklung normativer Strukturen«, S. 26; »Zum Theorienvergleich in der Soziologie: am Beispiel der Evolutionstheorie«, S. 137, »Zur Rekonstruktion des Historischen Materialismus«, S. 177 ff.; *TkH* II 264.

[56] Habermas: »Zur Rekonstruktion des Historischen Materialismus«, S. 171 ff.; vgl. »Historischer Materialismus und die Entwicklung normativer Strukturen«, S. 34 f., 39.

[57] »Historischer Materialismus und die Entwicklung normativer Strukturen«, S. 27 ff.; »Geschichte und Evolution«. In: Habermas: *Zur Rekonstruktion des Historischen Materialismus*, S. 200–259, hier S. 241.

[58] »Historischer Materialismus und die Entwicklung normativer Strukturen«, S. 19; *TkH* II 281 f.

entsprechend den neuzeitlichen Säkularisierungsprozess als Freisetzung des Rationalitätspotentials der Hochreligionen: Das theologische Ziel einer »Durchrationalisierung« der Religion mündet in die aufklärerische Kritik an der dogmatischen Setzung ›erster Prinzipien‹ – und damit am Autoritätsanspruch der religiösen Offenbarung.[59] Habermas bringt seine These, das moralisch-praktische Bewusstsein folge einer immanenten Entwicklungslogik, mit dem marxistischen Verständnis der Kultur als eines Überbauphänomens – an dem er festhält – dadurch in Einklang, dass er die »evolutionären Herausforderungen ungelöster, ökonomisch bedingter Systemprobleme« zum Motor des historischen Wandels normativer Strukturen und damit zu einem notwendigen Moment ihrer geschichtlich-konkreten »Entwicklungsdynamik« erklärt.[60] So versteht er etwa den Übergang zum »konventionellen« Moralniveau in der Gattungsgeschichte, der sich in der Etablierung einer staatlichen Rechtsordnung niederschlug, als innovative Reaktion auf sozioökonomische Probleme und Konflikte, die das »familistische Organisationsprinzip« archaischer Stammesverbände überforderten.[61] In diesem Sinne stimmt Habermas der marxistischen These zu, »dass das Denken in den materiellen Bedingungen und geschichtlichen Formen des gesellschaftlichen Lebens wurzelt«.[62]

## 3. Der systemtheoretische Ansatz in der Soziologie

Bertalanffys Büchern *General System Theory* und *Das biologische Weltbild* – die maßgeblichen Anteil an der Etablierung der Allgemeinen Systemtheorie als eigenständiger Disziplin hatten – lässt sich eine Klassifizierung des Systembegriffs entnehmen, in die sowohl die Theorien Parsons' und Luhmanns als auch die systemtheoretischen Ansätze bei Rousseau, Herder und Marx eingeordnet werden können.[63] Als Definiens des Begriff des Systems im Allgemeinen fungiert bei Bertalanffy die – gegenüber einsinnigen Abhängigkeits-

---

[59] »Historischer Materialismus und die Entwicklung normativer Strukturen«, S. 19; *TkH* II 118 f., 290 ff.
[60] »Historischer Materialismus und die Entwicklung normativer Strukturen«, S. 12; *TkH* II 218 f., 463 f.
[61] »Zur Rekonstruktion des Historischen Materialismus«, S. 178. S. u. S. 139 f.
[62] McCarthy: *Kritik der Verständigungsverhältnisse*, S. 128.
[63] *General System Theory*, S. 10 ff., 30 ff.; *Das biologische Weltbild*, S. 120 ff.

verhältnissen (»one-way causality«) durch Rückkopplungseffekte auszeichnete –»Wechselwirkung« von»Elementen«.[64] Hiervon unterscheidet Bertalanffy einen ›biologistisch‹ spezifizierten Systembegriff, der wiederum in einem weiten und einem engen Sinne gefasst werden kann.[65] In beiden Fällen wird das für Organismen charakteristische Prinzip, dass Strukturen bzw. Prozesse, die zweckgerichtet erscheinen, kausal zu erklären sind, auf andere Bereiche übertragen.[66] Der ›weite biologistische‹ Systembegriff – Bertalanffy prägt hierfür den Begriff des »offenen Systems«[67] – stellt die Relation des Organismus zu seiner Umwelt ins Zentrum, welche dadurch gekennzeichnet ist, dass er dieser Ressourcen für den Aufbau und Erhalt seiner Strukturen entnehmen und sich zugleich gegen bedrohliche Schwankungen der Umweltbedingungen wappnen muss. Demgegenüber bezieht der ›enge biologistische‹ Systembegriff die innere Verfasstheit des Organismus ein, d. h. das ›Zusammenwirken‹ seiner Glieder bei der Aufrechterhaltung seiner Gesundheit und Vitalität. Bertalanffy weist auf die Gefahr hin, dass bei der Anwendung dieses Systembegriffs auf die Gesellschaft die Diskrepanz zwischen realen Gesellschaftsformen und dem Ideal eines ›organischen Ganzen‹, worin die Individuen in ähnlicher Weise auf das ›Wohl des Ganzen‹ hinwirken wie die Organe eines Lebewesens, aus dem Blick gerät.[68]

Parsons spricht sozialen Systemen die »Tendenz« zu, ein inneres »Gleichgewicht« herzustellen, um ihre »Grenzen« gegenüber ihrer Umwelt aufrechterhalten zu können.[69] Er vergleicht dies mit der Thermoregulation eines Lebewesens[70] – womit er das Begriffspaar ›gesund/krank‹ auf die Gesellschaftsanalyse überträgt.[71] Auch die Systemtheorie Luhmanns hat einen biologistischen Grundzug; sie vermeidet allerdings die Metaphorik ›gesund/krank‹ – an der Habermas festhält (*TkH* I 112, s. u. S. 298, 376). Luhmann definiert Syste-

---

[64] *General System Theory*, S. 45; *Das biologische Weltbild*, S. 185 f.

[65] *General System Theory*, S. 14, 34, 46 f.; *Das biologische Weltbild*, S. 120.

[66] Der ›biologistische‹ Systembegriff geht über den allgemeinen insofern hinaus, als die Bestimmung der »Wechselwirkung« von Elementen offen lässt, ob aus den Rückkopplungseffekten eine teleologisch interpretierbare Entwicklung oder aber eine destruktive Dynamik entspringt, die eine Struktur von innen heraus zu sprengen droht.

[67] *Das biologische Weltbild*, S. 120; *General System Theory*, S. 139 ff.

[68] *General System Theory*, S. 14.

[69] Parsons/Shils: »Values, Motives, and Systems of Action«, S. 108.

[70] Ebd.

[71] Ob thermische Störungen (Unterkühlung, Fieber) wieder ins Lot gebracht werden können, entscheidet über das Überleben eines Organismus.

me als»Entitäten«,»die sich in einer komplexen und veränderlichen Umwelt durch Stabilisierung einer Innen/Außen-Differenz erhalten«.[72] Er grenzt sein systemtheoretisches Programm vom demjenigen Parsons' dahingehend ab, dass dieses die Binnenstruktur von Systemen, sein eigenes dagegen deren Umweltverhältnis fokussiert und hierbei»keine systemstrukturellen Voraussetzungen« macht.[73] Luhmann verwendet somit den ›weiten biologistischen‹ Systembegriff, während Parsons auf den ›engen‹ rekurriert – ohne die historische Realität von Unterdrückung und Ausbeutung in Abrede zu stellen (s. u. S. 31 f.).

In der Differenz der Systembegriffe Parsons' und Luhmanns kommt ihre unterschiedliche Einschätzung des Grundproblems zum Ausdruck, welches soziale Systeme ›lösen‹ müssen; Parsons bringt dieses Problem auf die – von Luhmann aufgegriffene – Formel der »doppelten Kontingenz«: In jeder»Interaktion« ist insofern eine doppelte Unbestimmtheit im Spiel, als das Verhalten anderer nie vollständig vorhersehbar und das eigene nicht eindeutig festgelegt ist.[74] Eine Theorie sozialer Systeme muss erklären, wie sich angesichts dieser Unbestimmtheiten stabile gesellschaftliche Strukturen herausbilden und gegen die Gefahr des Zerfalls schützen.

Parsons nennt als Erklärungsgrund das Zusammenwirken von »Allokation«, d. h. der Bereitstellung und Verteilung materieller Umweltressourcen, und normativer »Integration«.[75] Ein ›allokatives‹ Gleichgewicht ist erreicht, wenn die materielle Versorgung keinen Anlass zu Verteilungskämpfen gibt, die die soziale Ordnung gefährden. Parsons vertritt die These, ein Ausgleich zwischen den heterogenen, oft widerstreitenden Privat- bzw. Gruppeninteressen – und damit deren »Integration« in ein stabiles soziales Gefüge – könne

---

[72] Luhmann: *Zweckbegriff und Systemrationalität*, S. 175.
[73] Luhmann:»Soziologie als Theorie sozialer Systeme«. In: Ders.: *Soziologische Aufklärung 1*. Opladen ³1972. S. 113–136, hier S. 114 f.
[74] Parsons, Shils u. a.:»Some Fundamental Categories of the Theory of Action: A General Statement«. In: Parsons/Shils (Hrsg.): *Toward a General Theory of Action*, S. 3–29, hier S. 16; Luhmann:»Sinn als Grundbegriff der Soziologie«. In: Habermas/Luhmann: *Theorie der Gesellschaft oder Sozialtechnologie*, S. 25–100, hier S. 62 ff.; *Soziale Systeme*, S. 148 ff. –»Jedes psychische oder soziale System erfährt also die Kontingenz anderer Systeme als ein Problem mangelnder Erwartungssicherheit; die eigene Kontingenz erfährt das System als Freiheitsgrade und Alternativspielräume.« (Helmut Willke: *Systemtheorie*. Stuttgart/New York ³1991. S. 21)
[75] Parsons/Shils:»Values, Motives, and Systems of Action«, S. 108.

nur auf der Basis eines übergreifenden normativen Konsenses (»moral consensus«, »value consensus«) herbeigeführt werden:[76] »Social systems [...] can only live by a system of institutionalized values, to which the members must be seriously committed and to which they must adhere in their actions.«[77] Parsons kritisiert hiermit die Auffassung Hobbes', die Gefahr eines Zerfalls gesellschaftlicher Ordnungsstrukturen lasse sich auch dann wirksam bannen, wenn jeder rein egoistisch handelt – indem sich die Individuen aus Einsicht in die schädlichen Folgen einer unkontrollierten Konflikteskalation oder schlicht aus Furcht vor Bestrafung durch staatliche Machtträger disziplinieren.[78] Parsons wendet gegen Hobbes' Position ein, dass sich in einer Gesellschaft, deren Mitglieder vom Egoismus geleitet sind, ein »ungehemmtes Streben nach Macht« ausbreite und man dem kalkulierten Einsatz von »Gewalt und Betrug« nicht wirksam vorbeugen könne – so dass eine solche Gesellschaft jederzeit in die Anarchie umzukippen drohe.[79] Ausreichende Stabilität gewinnt eine Sozialordnung nach Parsons demnach nur durch das »effektive Funktionieren gewisser normativer Elemente« – in dem Sinne, dass sich die Individuen bei der Verfolgung selbstbezüglicher Interessen aus Respekt vor den Belangen ihrer Mitmenschen bzw. aus »Loyalität« gegenüber der »Gesamtheit« selber Grenzen setzen.[80]

Wie Parsons betrachtet auch Habermas in der *Theorie des kommunikativen Handelns* ein »normative[s] Einverständnis« der Mitglieder einer Gesellschaft als notwendige Bedingung ihrer Funktionsfähigkeit (*TkH* I 346, vgl. II 226, *VE* 577). Demgegenüber behauptet Luhmann, Parsons' These, dass jede Sozialordnung »gemeinsam akzeptierter Werte« bedarf, bleibe »leer«.[81] Die Stoßrichtung dieser Kritik lässt sich aus Luhmanns ironischer Bemerkung erschließen, die für die traditionelle philosophische Ethik zentrale Frage nach den Motiven normenkonformer Handlungen sei, wissen-

---

[76] Parsons, Shils u.a.: »Some Fundamental Categories of the Theory of Action«, S. 26.
[77] Parsons/Shils. »Values, Motives, and Systems of Action«, S. 179.
[78] Thomas Hobbes: *Leviathan* [1651]. Hrsg. von I. Fetscher. Frankfurt a.M. 1984. S. 94ff., 134f. (s.u. S. 161ff.). Vgl. Parsons: *The Structure of Social Action*. New York ²1961. S. 89ff.
[79] Parsons: *The Structure of Social Action*, S. 93f.
[80] Ebd. S. 92.
[81] Luhmann: »Moderne Systemtheorien als Formen gesamtgesellschaftlicher Analyse«. In: Habermas/Luhmann: *Theorie der Gesellschaft oder Sozialtechnologie*, S. 7–24, hier S. 13.

schaftlich gesehen, eine »Extravaganz«.[82] Ob jemand einem Regelkodex uneigennützig oder aus Furcht vor Sanktionen, in der Hoffnung auf Belohnung usw. folgt, lässt sich anhand der Beobachtung
seines Verhaltens nicht verlässlich entscheiden. Luhmann zieht hieraus den Schluss, dass Parsons mit seiner Kritik an der Auffassung
Hobbes', als Erklärungsgrund für die Stabilität einer Sozialordnung
reiche das ›wohlverstandene Selbstinteresse‹ der Individuen aus, eine
Frage – nach den Motiven normenkonformer Handlungen – zum
Thema der Soziologie macht, über die wissenschaftlich überhaupt
nicht entschieden werden könne. Parsons' These von der Notwendigkeit eines moralischen Konsenses ist demzufolge weder verifizierbar
noch falsifizierbar – und damit ein ›sinnloser Satz‹, d. h. »leer«.

Die Aktualität der gesellschafts- und geschichtstheoretischen
Ansätze Rousseaus und Herders tritt auf dem Hintergrund dieser
Kontroverse zutage. Rousseau vertritt in Bezug auf das »Hobbes'sche
Problem« (Parsons), was »die zwischenmenschlichen Beziehungen
vor einem Degenerieren zum ›Krieg aller gegen alle‹« bewahrt,[83] eine
– von Herder weiterentwickelte[84] – Position, die sich von Hobbes'
eigener, derjenigen Parsons' und Habermas' (in der *Theorie des kommunikativen Handelns*) wie auch der Luhmann'schen gleichermaßen
abhebt. Nach Rousseau kommen die Mitglieder einer Gesellschaft
nicht umhin, sich in ihren Selbstbeschreibungen zu gemeinsamen
Werten zu bekennen – die Funktionsfähigkeit sozialer Strukturen
würde untergraben, wenn sich die Individuen als konsequente Egoisten zu erkennen gäben –; die unumgängliche verbale Verpflichtung
auf gemeinsame Werte hat jedoch nach Rousseaus Überzeugung faktisch den Charakter eines Pseudo-Konsenses: in dem Sinne, dass die
gesellschaftlichen Machtträger hiermit die rücksichtslose Durchsetzung ihrer Partikularinteressen verschleiern und dabei unter den Beherrschten zahlreiche Leichtgläubige finden, die sich in ihrem Handeln an den reklamierten Solidaritätsprinzipien orientieren, was den
Zerfall der sozialen Ordnungsstrukturen verhindert (s. u. Kap. III
3 c). Aus Rousseaus These, dass jede Gesellschaft in ihren Selbstbeschreibungen einen Wertekonsens in Ansatz bringen muss, ergibt
sich eine Konsequenz, die der Auffassung Luhmanns zuwiderläuft,

---

[82] *Soziale Systeme*, S. 319.
[83] Parsons: *The Structure of Social Action*, S. 97; *Das System moderner Gesellschaften*,
S. 22.
[84] S. u. S. 65 f.

die Frage nach unseren realen Handlungsmotiven sei als Scheinproblem zu werten: Wenn Rousseaus These zutrifft, sind im Fall eines uneingeschränkten Egoismus Inkonsistenzen von Selbstinterpretationen bzw. Widersprüche zwischen Selbstbeschreibungen und dem beobachtbaren Verhalten unvermeidlich. Rousseaus Begriff der Ideologie ist an solchen Inkohärenzen festgemacht (s. u. S. 120 f., 159 ff.). Herder, Marx, Parsons und Luhmann knüpfen an dieses Verständnis der Ideologie an.

Parsons erklärt das Phänomen der Ideologie systemfunktional. Er relativiert seine These, dass sich die Mitglieder jeder Gesellschaft gemeinsamen Werten »ernsthaft verpflichten« müssen,[85] indem er einräumt, dass die »funktionalen Imperative«, die sich aus der gesellschaftlichen Aufgabe der materiellen Versorgung der Bevölkerung ergeben, die konsequente Umsetzung des postulierten Wertekonsenses verhindern; »Unvollkommenheiten der normativen Integration« sind demnach unvermeidlich.[86] Parsons erläutert dies anhand des für moderne demokratische Gesellschaften grundlegenden »Gleichheitsprinzip[s]«, welches nicht nur die rechtliche Gleichstellung aller Bürger, sondern auch die Aufhebung jeder Form der »›Diskriminierung‹ wegen Zugehörigkeit zu einer Sippe, einer sozialen Klasse, einem Volk« usw. verlangt.[87] Parsons konstatiert eine unaufhebbare Spannung zwischen der sozialethischen Forderung nach allgemeiner »Chancengleichheit« und der »funktionalen Notwendigkeit« wirtschaftlicher Produktivität: »Belohnungen« für effiziente Leistungen sind als Stimulans der Individuen unverzichtbar; die Vorteile, die sich diese erarbeiten können, kommen zwangsläufig auch ihren Kindern zugute, so dass diese unter privilegierten Umständen aufwachsen.[88] Die sozialethische Forderung nach »Abschaffung aller hierarchischen Statusunterschiede« bedroht daher die ökonomische Leistungsfähigkeit.[89]

Parsons kennzeichnet den normativen Grundkonsens einer Gesellschaft aufgrund solcher Spannungen zwischen ihren »Wertverpflichtungen« und ihren »funktionalen Imperativen« als ein »delika-

---

[85] Parsons/Shils: »Values, Motives, and Systems of Action«, S. 179.
[86] Ebd. S. 175, 177, 179. »[…] no fully integrated internally consistent system of value-orientation can be adequate to the functional need of any concrete system of action.« (ebd. S. 175)
[87] Parsons: Das System moderner Gesellschaften, S. 140, 151.
[88] Ebd. S. 105, 133, 152 f.
[89] Ebd. S. 152.

tes dynamisches Gleichgewicht«.[90] Er erklärt »Kompromisse« zwischen diesen beiden Spannungspolen zu einer systemischen Notwendigkeit; hierbei muss die Forderung, die postulierten Werte konsequent umzusetzen, suspendiert werden, womit »Inkonsistenzen innerhalb des Wertesystems« auftreten.[91] Die – funktional gebotene – Preisgabe normativer Konsistenzforderungen birgt ein intrapsychisches und soziales Konfliktpotential in sich:

»The inconsistencies of value patterns are intra-individually adjusted through the mechanisms of defence, and interindividually adjusted through social control mechanisms as isolation and segregation. […] Mechanisms of defence in the personality and mechanisms of social control in the social system operate in these areas of strain to bring the system into equilibrium.«[92] »These mechanisms render possible the continued operation of the social system.«[93]

Psychische »Abwehrmechanismen« – Parsons verwendet diesen Begriff im Sinne Freuds[94] – ermöglichen es den Individuen durch die »ideologische Maskierung« von Konflikten, an widersprüchlichen Handlungsprinzipien (»contradictory patterns«) gleichzeitig festzuhalten.[95] Parsons wertet dies als Beitrag zur Aufrechterhaltung psychischer und sozialer Gleichgewichtszustände, da hierdurch »gefährliche Impulse« niedergehalten werden, die das Gewahrwerden der Kluft zwischen den normativen Ansprüchen einer Gesellschaft und ihren funktionalen Imperativen weckt.[96] Die »ideologische Maskierung« von Konflikten schließt Abwehrreflexe gegenüber denjenigen ein, die diese Konflikte offen legen; daher gehen Verdrängungsmechanismen mit der sozialen Ausgrenzung ›ideologischer Gegner‹ einher. Gesellschaftlich dominante Ideologien können ihre Opponenten durch »Mechanismen der sozialen Kontrolle« in Schach halten, die Gefahr einer Eskalation der Konflikte aber nicht endgültig bannen.

---

[90] Ebd. S. 153; Parsons/Shils: »Values, Motives, and Systems of Action«, 174 f.

[91] Parsons/Shils: »Values, Motives, and Systems of Action«, S. 175, 179. – »The extreme rationlist or the doctrinaire who takes a system of institutionalized values as something to be rigorously and consistently applied in all situations can for this reason be a seriously disturbing influence in a social system.« (ebd. S. 179)

[92] Ebd. S. 174 f.

[93] Ebd. S. 179.

[94] Vgl. ebd. S. 52.

[95] Ebd. S. 174, 179.

[96] Ebd. S. 179.

Da Parsons davon ausgeht, dass soziale Stabilität auf Dauer nur mittels eines übergreifenden normativen Konsenses gesichert werden kann, wertet er die Mechanismen der ideologischen Verdrängung und sozialen Ausgrenzung als – mit Habermas zu sprechen – »pathologische Formen der Konfliktverarbeitung« (*TkH* II 344), die bloße ›Zwischenlösungen‹ erwirken: »Their inadequacy to reëstablish […] an equilibrium constitutes a source of change.«[97] Parsons vertritt die These, dass Störungen des gesellschaftlichen Gleichgewichts ›Selbstheilungskräfte‹ aktivieren, die darauf aus sind, Antagonismen zwischen Gruppen bzw. Klassen, die einander die ethische Integrität absprechen, durch Änderungen der Sozialstruktur abzubauen: »Die gesellschaftliche Ordnung erfordert klare und deutliche Integration, womit wir einerseits normative Kohärenz und andererseits gesellschaftliche ›Harmonie‹ und ›Koordination‹ meinen.«[98] Parsons konkretisiert hiermit seine programmatische »Annahme«, »die grundsätzliche Kontinuität von Gesellschaft und Kultur sei im Rahmen einer allgemeinen Theorie lebender Systeme zu begreifen«, dahingehend, dass eine Sozialordnung nur dann »vor einem Degenerieren zum ›Krieg aller gegen alle‹« bewahrt werden kann, wenn eine der »Harmonie« eines gesunden Organismus vergleichbare kooperative Grundstruktur erhalten bleibt.[99] Indem er die Termini »Harmonie« und »Koordination« in Anführungszeichen setzt, trägt er dem historischen Faktum sozialer Ungleichheit und Herrschaft Rechnung. Dass er diese Termini – und damit den ›engen biologistischen‹ Systembegriff – dennoch auf alle Gesellschaftsformen appliziert, ergibt sich konsequent aus seiner Kernthese, das Zusammenwirken sozialer Gruppen bei der »Allokation« materieller Umweltressourcen bedürfe eines normativen Grundkonsenses: Gemäß dieser These ist die allgemeine Anerkennung von »Loyalitätspflichten« gegenüber der »Gesamtheit«[100] selbst in extrem hierarchischen Gesellschaften unabdingbar; dies besagt etwa in Bezug auf antike Sklavenhalter-Gesellschaften oder das indische Kastenwesen, dass die Institution der Sklaverei bzw. die Kasten-Teilung auch von den benachteiligten Schichten als grundsätzlich legitim betrachtet wird und die jeweilige Führungsschicht nicht ausschließlich ihre Partikularinteressen, son-

---

[97] Ebd. S. 175.
[98] Vgl. ebd. S. 179; *Das System moderner Gesellschaften*, S. 21.
[99] *Das System moderner Gesellschaften*, S. 10, 22.
[100] Ebd. S. 22.

dern immer auch das ›Wohl des Ganzen‹ im Blick hat. Da Parsons die historische bzw. kulturelle Diversität normativer Maßstäbe hervorhebt,[101] lässt sich seine These, jede soziale Ordnung bedürfe »einerseits normative[r] Kohärenz und andererseits gesellschaftliche[r] ›Harmonie‹ und ›Koordination‹«, dahingehend interpretieren, dass sich Herrschaftsstrukturen, die aus heutiger Sicht als kritikwürdige Repression zu werten sind, in der Perspektive der Betroffenen als weitgehend ›kohärente‹ institutionelle Realisierung tradierter und »im großen und ganzen akzeptiert[er]« Wertvorstellungen ausnehmen.[102] So wurde etwa in der Antike die weithin praktizierte Versklavung Kriegsgefangener damit legitimiert, dass es ›gerecht‹ sei, den Besiegten als Gegenleistung für die Verschonung ihres Leben Sklavenarbeit abzuverlangen; nach hinduistischer Auffassung büßen die Angehörigen der niederen Kasten mit ihrer ›schlechten Wiedergeburt‹ Verfehlungen eines früheren Lebens. Parsons begegnet somit dem verbreiteten kritischen Vorbehalt gegen den Gebrauch des ›engen biologistischen‹ Systembegriffs in der Soziologie[103] mit der Forderung, die institutionelle Ordnung historischer Gesellschaften nicht anhand unserer, sondern ihrer eigenen normativen Maßstäbe zu beurteilen.[104]

Parsons postuliert eine Strukturparallele zwischen der biologischen Evolution und dem Geschichtsprozess: Er erklärt die »Zunahme der allgemeinen Anpassungsfähigkeit« zu ihrem gemeinsamen Richtungsfaktor, wobei er dieser Analogie ausdrücklich den Status

---

[101] *Gesellschaften*, S. 46; *Das System moderner Gesellschaften*, S. 22.

[102] *Das System moderner Gesellschaften*, S. 21 f.

[103] Luhmann spricht von der »berühmt/berüchtigten Organismus-Analogie« (*Soziale Systeme*, S. 507).

[104] Bertalanffy wirft Parsons vor, er blende durch die Fokussierung der Frage, was den Zusammenhalt einer Gesellschaft verbürgt, gesellschaftliche Spannungen als Motor historischer Veränderungen aus (*General System Theory*, S. 196). Diesem Einwand kann entgegengehalten werden, dass Parsons die Mechanismen sozialer Ausgrenzung, die aus der unvermeidlichen Diskrepanz zwischen normativen Konsistenzforderungen und funktionalen Imperativen entspringen, ausdrücklich zu einer Triebkraft der sozialen Evolution erklärt. Da hierarchische Sozialstrukturen nicht per se die Applikation des ›engen biologistischen‹ Systembegriffs auf Gesellschaften verbieten – auch Organismen haben ein ›Steuerungszentrum‹ –, muss derjenige, der diesen Systembegriff von der Soziologie fern halten will, Parsons' Kernthese in Zweifel ziehen, gesellschaftliche Stabilität setze das »effektive Funktionieren« allgemein akzeptierter »normativer Elemente« voraus (*The Structure of Social Action*, S. 92). Luhmanns Einwand, Parsons' Kernthese bleibe »leer«, ist daher gewichtiger als die Kritik Bertalanffys.

einer Hypothese zuspricht.[105] Die Optimierung des »Anpassungsvermögen[s]« einer Gesellschaft im Sinne Parsons' manifestiert sich in der materiellen »Standardhebung«, welche er als Indikator für den gesamtgesellschaftlichen Fortschritt wertet, da sie an eine zunehmende sozioökonomische Spezialisierung und »Differenzierung« gebunden ist, der er eine Schlüsselrolle bei der Entfaltung des modernen demokratischen Pluralismus zuerkennt.[106] Um die Gefahr eines Zerfalls der Gesellschaft in Segmente, die ohne Rücksicht auf das Ganze agieren, zu verhindern, muss – gemäß Parsons' Kernthese von der Notwendigkeit eines Wertekonsenses – ein normativer Rahmen etabliert werden, der die heterogenen sozialen »Einheiten« miteinander verklammert; dies ist nur mittels einer »Wertverallgemeinerung« möglich.[107] Sie stößt auf den Widerstand des »Fundamentalismus«.[108] Er hat angesichts der sozialen Differenzierungsprozesse eine spaltende Wirkung, gerät jedoch durch die neuzeitliche »demokratische Revolution« zunehmend in die Defensive.[109] Die modernen westlichen Gesellschaften haben durch ihre marktwirtschaftliche Orientierung, die ungeahnte wirtschaftliche Wachstumskräfte freigesetzt hat, nach Parsons' Überzeugung »ein größeres allgemeines Anpassungsvermögen als alle anderen« erreicht und hierbei zugleich aufgrund ihrer demokratischen Strukturen ideologische Antagonismen entschärft:[110] Das aus dem Spannungsverhältnis zwischen dem Wertekanon einer Gesellschaft und ihren funktionalen Imperativen resultierende Ideologiepotential wird in der demokratisch-pluralistischen Staatsform insofern reduziert, als ihr normativer Rahmen den »Faktor der *Verfahrens*« demokratischer Willensbildung fokussiert – solche Verfahrensregeln geben deutlich weniger Anlass zu ideologischen Verzerrungen als die »substantiellen Vorschriften« traditioneller religiöser Herrschaftslegitimation –;[111] zugleich verpflichtet der demokratische Staat soziale Gruppen mit disparaten Wertvorstellungen dazu, sich gegenseitig zu respektieren, womit Toleranz als verbindende Norm etabliert wird.

---

[105] Parsons: *Gesellschaften*, S. 46; *Das System moderner Gesellschaften*, S. 191. S. u. S. 296 f.

[106] *Gesellschaften*, S. 39 f.; *Das System moderner Gesellschaften*, S. 20, 90 f., 96 ff.

[107] *Gesellschaften*, S. 39 ff.; *Das System moderner Gesellschaften*, S. 20, 126.

[108] *Gesellschaften*, S. 41; *Das System moderner Gesellschaften*, S. 127.

[109] *Das System moderner Gesellschaften*, S. 127; vgl. ebd. S. 102 ff.

[110] *Das System moderner Gesellschaften*, S. 11, 96 f., 125 f.

[111] *Gesellschaften*, S. 48.

Die Verlagerung des gesamtgesellschaftlichen Wertekanons auf die »Allgemeinheitsstufe« demokratischer Verfahrensregeln wirkt somit ideologischen Ausgrenzungsstrategien entgegen und ermöglicht die »Einbeziehung« (»inclusion«) antagonistischer Gruppen in eine übergreifende soziale Ordnung.[112] Da Parsons zudem in der demokratischen Partizipation den Schlüssel zur Teilhabe aller sozialen Gruppen am materiellen Wohlstand sieht, bescheinigt er den modernen westlichen Gesellschaften, sich einer »organische[n] Solidarität« anzunähern.[113] Er räumt allerdings ein, dass das aus dem technischen Fortschritt resultierende globale Gefahrenpotential seine Hypothese, die Optimierung des gesellschaftlichen »Anpassungsvermögens« mache den Richtungsfaktor des Geschichtsprozesses aus, in Frage stellt.[114] Durch die »unleugbar gegebene Möglichkeit einer alles vernichtenden Katastrophe« wird seine Annahme, die »Kontinuität von Gesellschaft und Kultur sei im Rahmen einer allgemeinen Theorie der Evolution lebender Systeme zu begreifen«, dennoch nicht hinfällig:[115] Falls sich die moderne technische Zivilisation selbst zerstören wird, hat sie – in ähnlicher Weise wie eine biologische Spezies, die ihren Umweltbedingungen nicht hinreichend angepasst und daher zum Aussterben verurteilt ist – den Charakter eines ›evolutionären Irrwegs‹.

Parsons tritt mit seiner These, dass sich die soziale Evolution als eigendynamischer Prozess im Spannungsfeld von sozioökonomischer Differenzierung bzw. Segmentierung und normativen »Integrationsmechanismen« vollzieht,[116] das »Erbe« der marxistischen

---

[112] Vgl. *Das System moderner Gesellschaften*, S. 20 f., 126. – Parsons entkräftet mit seiner Feststellung, dass der gesellschaftliche Wertekonsens durch den »Religionspluralismus« und die »Säkularisierung« gestärkt worden ist (*Das System moderner Gesellschaften*, S. 126), seine eigene These, jedes soziale Normsystem bedürfe einer religiösen »Begründung durch geordnete Beziehungen zu einer letzten [d. h. transzendenten] Realität« (*Gesellschaften*, S. 23; vgl. *Das System moderner Gesellschaften*, S. 125). Parsons hat nirgends den Versuch unternommen, diese These verbindlich einzulösen (vgl. Habermas: *TkH* II 376 f.). In seiner Analyse der neuzeitlichen angelsächsischen Gesellschaften weist er selber darauf hin, dass die »Grundlage für den Wertekonsens« im demokratischen Pluralismus »›moralischer‹ Natur« sein muss – »in dem Sinne, dass sie allgemeiner als irgendeine konfessionelle Position« ist – und dass sich die ›progressiven‹ modernen Staaten »von spezifisch religiöser […] Leitung und Kontrolle befreit« haben (*Das System moderner Gesellschaften*, S. 88, 146).
[113] *Das System moderner Gesellschaften*, S. 97, 140.
[114] Ebd. S. 181.
[115] Ebd. S. 10, 181.
[116] *Gesellschaften*, S. 39 ff.; *Das System moderner Gesellschaften*, S. 20.

Basis/Überbau-Theorie an.[117] Er lokalisiert die ökonomischen Verhältnisse in seinem Schichtenmodell der Gesellschaft auf der untersten, die politischen Institutionen auf der mittleren und die kulturellen Produktionen auf der obersten Ebene; entsprechend seiner Kernthese, dass soziale Stabilität einen normativen Konsens voraussetzt, stellt er diesen drei Subsystemen als viertes die »geformte normative Ordnung« der Gesellschaft, d. h. eine »Konzeption« sozialer Rollen und Institutionen, die als Gestaltungs- und Beurteilungsprinzip der gesellschaftlichen Praxis fungiert, zur Seite: auf einem Niveau zwischen dem kulturellen und dem politischen System; die »geformte normative Ordnung« bildet einen gemeinsamen Bezugspunkt der drei übrigen Subsysteme und verknüpft sie zu einem einheitlichen Gefüge.[118] In diesem Schichtenmodell unterscheidet Parsons »zwei fundamentale, in Wechselbeziehung stehende Hierarchien«: »jene der notwendigen Bedingungen und jene der kybernetischen Kontrollen.«[119] In der »Hierarchie der bedingenden Faktoren« bildet das »physisch-organische Milieu« die Ausgangsbasis. Die »Hierarchie der kontrollierenden Faktoren« ist spiegelverkehrt:[120] Hier steht das kulturelle System an der Spitze; ihm obliegt die »Legitimation« der »normative[n] Ordnung«, die vermittels ihres direkten Einflusses auf die charakterlichen Dispositionen der Individuen und die politische Sphäre das »Leben der Population im Ganzen« – einschließlich der ökonomischen Produktion[121] – »kollektiv organisiert«.[122] Dass Parsons der Kultur und den jeweils geltenden Normen

---

[117] Vgl. Habermas: *TkH* II 276.

[118] *Gesellschaften*, S. 50 ff., vgl. ebd. S. 21. Parsons nennt die normative Ordnung »societal community« (»gesellschaftliche Gemeinschaft«; *Das System moderner Gesellschaften*, S. 20).

[119] *Gesellschaften*, S. 174.

[120] Ebd.

[121] »Geld und Märkte« sind »am wenigsten direkt mit der normativen Ordnung verknüpft« (Parsons: *Das System moderner Gesellschaften*, S. 29).

[122] Ebd. S. 21 f., 50, 174 f. – Parsons konkretisiert das Begründungsverhältnis zwischen der Kultur und der »normativen Ordnung« mittels der Unterscheidung von sozialen »Normen« und kulturellen »Werten«: Er versteht unter »Normen« konkrete Anforderungen an Individuen als Träger sozialer Rollen bzw. Mitglieder von Institutionen, unter »Werten« Einheitsprinzipien von Normen, d. h. »wünschenswerte Typen sozialer Systeme« (*Das System moderner Gesellschaften*, S. 15, 20). Solche Typen sind etwa die Demokratie, der Nationalstaat oder der Sozialismus. Werte »stellen […] die unmittelbarste Verbindung zwischen den sozialen und kulturellen Systemen dar« (*Gesellschaften*, S. 23). Bei der Begründung von Normen werden die zugrunde liegenden Werte zu »anderen Komponenten des kulturellen Systems« – etwa wissenschaftlichen Erkennt-

einen »kontrollierenden« Einfluss zuspricht, schließt noch keine Vorentscheidung zugunsten einer ›nicht-reduktionistischen‹ Fassung des Basis/Überbau-Theorems ein; auch in einer ›reduktionistischen‹ Lesart wird dem normativ-kulturellen ›Überbau‹ die Funktion zuerkannt, Individuen bzw. soziale Gruppen zu disziplinieren. Parsons präzisiert allerdings seine Aussage, dass die materiellen Lebensverhältnisse »notwendig[e]« Bedingungen der politischen, normativen und kulturellen Strukturen bzw. Entwicklungen in sich bergen, dahingehend, dass diese Bedingungen »nicht zureichend«, d. h. keine strengen Determinanten, sind,[123] was der ›nicht-reduktionistischen‹ Lesart des Basis/Überbau-Theorems – und zwar zunächst in der ›schwachen Form‹ – entspricht (s. o. S. 20). Die ›starke Form‹ kommt durch seine These ins Spiel, dass fundamentale gesellschaftliche Innovationen von eigenständigen Entwicklungen auf den »höheren Stufen« der Kultur und der normativen Ordnung abhängig sind, wobei er diese These ansatzweise bereits anhand antiker, vor allem anhand neuzeitlicher Gesellschaften belegt.[124] So wurden etwa die aus dem technischen Fortschritt entspringenden ökonomischen Wachstumskräfte in England und Holland durch die Anfänge des bürgerlichen Liberalismus frühzeitig freigesetzt, in Staaten mit einer rigiden feudalistischen Struktur dagegen lange blockiert.[125] Parsons beobachtet auf den fortgeschritteneren weltgeschichtlichen Stufen eine zunehmende Autonomie kultureller und normativer Entwicklungen gegenüber der ökonomischen Basis.[126] Da er hierbei die kontinuierliche Herausbildung universalistischer Moral- und Rechtsprinzipien

---

nissen oder religiösen Überzeugungen – »in Bezug gesetzt« (*Das System moderner Gesellschaften*, S. 18). Parsons' Kernthese von der Notwendigkeit eines Wertekonsenses darf (angesichts seiner positiven Beurteilung des modernen Pluralismus) nicht in dem Sinne aufgefasst werden, dass sich die Mitglieder einer Gesellschaft über den angemessenen Weg zur Fundierung bestimmter Werte einig sein müssen – so kann etwa die Idee demokratischer Selbstbestimmung theologisch in der Gottesebenbildlichkeit des Menschen oder philosophisch in der kommunikativen Vernunft als unserer Gattungsbestimmung verankert werden –; Parsons' Kernthese muss vielmehr dahingehend gedeutet werden, dass Einigkeit nur in Bezug darauf vonnöten ist, dass ein bestimmter Systemtyp (wie ›Demokratie‹, ›Nationalstaat‹ oder ›Sozialismus‹) ein »Wert«, d. h. ein schützenswertes Gut, ist, wenn das betreffende System auf Dauer Bestand haben soll.
[123] *Gesellschaften*, S. 50 f.
[124] Ebd. S. 138; *Das System moderner Gesellschaften*, S. 97 ff.
[125] *Das System moderner Gesellschaften*, S. 93 f., 97 f.
[126] *Gesellschaften*, S. 176.

seit der Antike konstatiert,[127] berührt sich seine Einteilung der weltgeschichtlichen Evolution in die Stufe der »primitiven« Stammesverbände, der »intermediären« antiken und außereuropäischen Hochkulturen und der modernen Gesellschaften, deren Wurzel er in der »westlichen Christenheit« sieht, am Leitfaden von »kritischen Entwicklungen der Code-Elemente der normativen Strukturen« mit Habermas' Konzept einer Entwicklungslogik des moralisch-praktischen Bewusstseins, die in die »postkonventionelle« Stufe einmündet.[128]

Habermas hält Parsons allerdings vor, der biologistische Ansatz seiner Systemtheorie stelle »keine theoretischen Instrumente« zur Stützung seiner Behauptung bereit, dass sich der Problemdruck, der durch Widersprüche zwischen normativen Konsistenzforderungen und funktionalen Imperativen entsteht, in gesellschaftlichen Veränderungen entlädt (TkH II 346). Parsons hebt mit seiner Feststellung: »Mechanisms of defence in the personality and mechanisms of social control in the social system operate in these areas of strain to bring the system into equilibrium«[129] selber hervor, dass dieser Problemdruck durch ideologische Immunisierungs- und Ausgrenzungsstrategien kanalisiert werden kann; insoweit dies gelingt, behält das soziale System in dem Sinne sein »Gleichgewicht«, dass es stabil und funktionsfähig bleibt. Parsons fügt jedoch hinzu, solche Strategien seien nicht in der Lage, das gestörte Gleichgewicht ›adäquat‹ – und damit dauerhaft – wiederherzustellen,[130] womit er die Prämisse in Ansatz bringt, dass Inkohärenzen von Selbstinterpretationen per se einen Störfaktor gesellschaftlicher Funktionsabläufe bilden. Misst man Selbstbeschreibungen an ihrem Anspruch, das eigene Verhalten wahrheitsgemäß wiederzugeben, betrachtet man sie also in einer geltungstheoretischen – mit Kant zu sprechen: »quid juris« – Perspektive,[131] so sind solche Inkohärenzen insofern als ›Störungen‹ zu werten, als sie die Authentizität der fraglichen Selbstbeschreibungen in Frage stellen; hieraus kann aber nicht unmittelbar – wie es Parsons tut – gefolgert werden, dass diese Inkohärenzen auch faktisch die Reproduktion eingespielter sozialer Organisationsstrukturen bedrohen. Da Parsons explizit feststellt, dass die durch Widersprüche zwi-

---

[127] Ebd. S. 138; *Das System moderner Gesellschaften*, S. 82, 126 f.

[128] *Gesellschaften*, S. 46; *Das System moderner Gesellschaften*, S. 9.

[129] Vgl. Parsons/Shils: »Values, Motives, and Systems of Action«, S. 174 f. (s. o. S. 30).

[130] »Their inadequacy to reëstablish […] an equilibrium constitutes a source of change.« (ebd. S. 175, s. o. S. 31).

[131] Vgl. *Kritik der reinen Vernunft*, A 84, B 116.

schen normativen Konsistenzforderungen und funktionalen Imperativen geweckten seelischen »Impulse« mittels ideologischer Abwehrmechanismen (die mit Strategien sozialer Ausgrenzung einhergehen) unter die Bewusstseinsschwelle gedrückt werden können,[132] bleibt zu fragen, weshalb diese Mechanismen nicht stark genug sein sollen, die irritierende Einsicht in solche Widersprüche dauerhaft zu verdrängen und auf diese Weise dem sozialen System die mühevolle, stets mit Risiken verbundene ›Arbeit‹ der Neuorientierung zu ersparen.[133] Es ist ohne weiteres vorstellbar, dass die Anfälligkeit für systemstabilisierende ideologische Verzerrungen in ähnlicher Weise zu unserer ›Grundausstattung‹ gehört, wie unser Wahrnehmungsapparat die raum-zeitliche Welt in einer ›zurechtgestutzten‹ Perspektive präsentiert, indem er für die Krümmung des physikalischen Raumes, die die Relativitätstheorie aufgewiesen hat, unempfänglich ist und unser Anschauungsvermögen auf den Euklidischen Raum einschränkt.

Die biologistische Orientierung der Systemtheorie Parsons' schlägt sich in seiner Aussage nieder, eine »adäquate normative Ordnung in einem politischen System« sei »eine Bedingung der effektiven Mobilisierung zum Erreichen von Zielen«.[134] Eine »geformte normative Ordnung« ist also nach Parsons genau dann ›adäquat‹, wenn sie ihrer »kybernetischen« Funktion der Aufrechterhaltung funktionsfähiger sozialer Organisationsstrukturen erfolgreich nachkommt.[135] In analoger Weise sind unter dem systemfunktionalen Blickwinkel der Evolutionären Erkenntnistheorie die »Anschauungs- und Erfahrungsstrukturen« eines Lebewesens seiner »Umwelt angepasst« – und in diesem Sinne ›adäquat‹ –, wenn sie zu seiner erfolgreichen Selbstbehauptung beitragen.[136] Die Systemtheorie Parsons' und die Evolutionäre Erkenntnistheorie weichen aber insofern wesentlich voneinander ab, als deren Vertreter – zu denen auch Bertalanffy gehört[137] – betonen, dass aus der biologischen Angepasstheit unserer »subjektiven Erkenntnisstrukturen« an unsere begrenzte natürliche Erfahrungswelt Irrtümer bzw. Illusionen entspringen kön-

---

[132] Parsons/Shils: »Values, Motives, and Systems of Action«, S. 179.
[133] Vgl. Habermas: *TkH* II 346.
[134] *Gesellschaften*, S. 179, Anm. 20.
[135] Vgl. ebd. S. 174.
[136] Gerhard Vollmer: *Evolutionäre Erkenntnistheorie*. 5., durchges. Aufl. Stuttgart 1990. S. 162.
[137] *General System Theory*, S. 240 ff.

nen – etwa die Überzeugung, dass der Weltraum euklidisch ist –,[138] wogegen Parsons sozialen Systemen eine ›natürliche Tendenz‹ zu »normative[r] Kohärenz« zuspricht[139] und dementsprechend der Auffassung ist, dass die (systemfunktional rekonstruierbare) gesellschaftliche Ideologie im Zuge des weltgeschichtlichen Fortschritts ineins mit der Zunahme gesellschaftlicher »Anpassungsfähigkeit« abgebaut wird. Die Prämisse, die er hierbei in Ansatz bringt: dass Mechanismen ideologischer Verzerrung und Ausgrenzung nicht bloß in einer »quid juris«-Perspektive, sondern auch in einer systemfunktionalen »quid facti«-Perspektive ›inadäquat‹ sind, ergibt sich aus seiner Kernthese, dass jede Gesellschaft eines übergreifenden normativen Konsenses bedarf: Ein solcher Konsens wird durch Strategien sozialer Ausgrenzung – als notwendiger Begleiterscheinung ideologischer Verdrängungsmechanismen – ›gestört‹.

Habermas' Einwand, dass ein biologistischer Begriff sozialer Systeme, für sich genommen, »keine theoretischen Instrumente« für die Begründung von Parsons' These bereitstellt, das Spannungsverhältnis zwischen »Konsistenzforderungen der Kultur« und funktionalen Imperativen sei ein Antrieb der sozialen Evolution (*TkH* II 346), wird dadurch bekräftigt, dass Luhmann auf der einen Seite an Parsons' systemfunktionale Rekonstruktion der Ideologie im Rahmen einer biologistisch orientierten Gesellschaftstheorie anknüpft, auf der anderen dessen Kernthese, die Mitglieder jeder Gesellschaft müssten gemeinsamen Werten »ernsthaft verpflichtet« sein,[140] fallen lässt und dementsprechend sozialen Systemen eine ›natürliche Tendenz‹ zum Abbau von Ideologien abspricht;[141] dies schlägt sich in seinem kritischen Vorbehalt gegenüber dem Gebrauch des ›engen biologistischen‹ Systembegriffs in der Soziologie nieder.[142] Luhmann konkretisiert sein Programm, die Genese und Funktion von Systemstrukturen im Ausgang von ihrem Umweltverhältnis zu rekonstruieren – worin die Orientierung seiner Systemtheorie am ›weiten biologistischen‹ Systembegriff zum Ausdruck kommt – mittels der Formel von der »Reduktion von Komplexität« als zentra-

---

[138] Vgl. Vollmer: *Evolutionäre Erkenntnistheorie*, S. 162 f.

[139] Parsons: *Das System moderner Gesellschaften*, S. 21.

[140] Parsons/Shils: »Values, Motives, and Systems of Action«, S. 179.

[141] Luhmann: »Moderne Systemtheorien als Formen gesamtgesellschaftlicher Analyse«, S. 13 f.; »Wahrheit und Ideologie«. In: Ders.: *Soziologische Aufklärung 1*, S. 54–65. S. u. S. 40 f.

[142] *Soziale Systeme*, S. 507, 633.

ler Systemleistung.[143] Der Begriff der Komplexität meint hierbei »eine Relation zwischen System und Welt«: Systeme müssen die unabsehbare Variationsbreite der Umweltbedingungen in Hinblick auf das Kernproblem permanenter »Bestandsgefährdung« in den Griff bekommen; sie müssen Relevantes von Irrelevantem unterscheiden können und Strategien für den Umgang mit Bedrohungen entwickeln.[144] Die »Selektion« relevanter Informationen und ihre Umsetzung in systemische Steuerungsprozesse verlangt den Aufbau interner Ordnungsstrukturen: »Umweltkomplexität« kann nur durch »Systemkomplexität« reduziert werden.[145]

Luhmann weist den Ideologien eine unentbehrliche Funktion in gesellschaftlichen Entscheidungsprozessen zu; er subsumiert diese ›Systemleistung‹ unter die Formel der »Reduktion von Komplexität«.[146] »Ideologien sind« – so Luhmann – »nichts Irrationales, Gefühlsmäßiges, auch wenn sie manchmal so aufgezogen sind. Auch als Willensinstrument, als Waffe im politischen Kampf wären sie zu vordergründig charakterisiert. Ideologien sind [...] Bedingung rationaler Aktion«.[147] Den Orientierungsrahmen gesellschaftlicher Entscheidungsprozesse bilden »Wertsysteme«, die einem Spektrum von Zielsetzungen und Handlungsoptionen abgestufte – positive oder negative – »Wertcharakter[e]« zuweisen.[148] Jede Handlungsoption ist mit bestimmten »Kosten« aufgrund unvermeidlicher »Nebenfolgen« verknüpft.[149] Luhmann bestimmt den Begriff der Ideologie dahingehend, dass sie ineins mit der Formulierung von Wertpräferenzen solche problematischen Nebenfolgen »neutralisiert«, d. h. für irrelevant erklärt: »Die Ideologie regelt [...], welche Folgen des Handelns überhaupt beachtlich sind und prägt so dem Kausalfeld [der Handlungsfolgen] eine Relevanzstruktur auf. Dadurch werden die Möglichkeiten des Wirkens eingeengt, übersehbar, entscheidbar.«[150] Ideo-

---

[143] »Soziologie als Theorie sozialer Systeme«, S. 115 f.; *Zweckbegriff und Systemrationalität*, S. 177 f.; *Soziale Systeme*, S. 45 ff.
[144] »Soziologie als Theorie sozialer Systeme«, S. 115.
[145] *Zweckbegriff und Systemrationalität*, S. 176 f.; »Systemtheoretische Argumentationen«, S. 301.
[146] »Wahrheit und Ideologie«, S. 58 ff.
[147] Ebd. S. 59 f.
[148] Ebd. S. 59.
[149] Ebd. S. 59 f.
[150] Ebd. – Demnach ist etwa die These Marx' und Engels', die Herrschaft des Menschen über den Menschen könne nur »durch den gewaltsamen Umsturz aller bisherigen Gesellschaftsordnung« beendet werden (*Manifest der kommunistischen Partei, MW II 858*),

logien»reduzieren« somit durch ihre »Neutralisierungsleistung« die Komplexität von Handlungssituationen – womit diese »entscheidungsreif« werden.[151] Die »Abblendung« bestimmter »Kosten« bleibt stets angreifbar: »So erklärt sich ganz einleuchtend das ewig Suspekte und Bestreitbare der Ideologien.«[152] Luhmann nimmt die »Auswechselbarkeit der Ideologien« in seine Definition des Ideologiebegriffs auf: »Ein Denken ist [...] ideologisch, wenn es in seiner Funktion, das Handeln zu orientieren und zu rechtfertigen, ersetzbar ist.«[153]

Luhmann stimmt der These Parsons' implizit zu, dass in jeder Gesellschaft Widersprüche zwischen normativen Konsistenzforderungen und funktionalen Imperativen unausweichlich sind, indem er hervorhebt, dass sich bei jeder normativen Legitimation unseres Handelns Nebenfolgen aufweisen lassen, »denen die Rechtfertigung nicht gerecht wird.«[154] »Ideologische Maskierung[en]«[155] haben demnach den »funktionalen Sinn«, einer Beeinträchtigung der individuellen oder kollektiven Handlungsfähigkeit durch die moralischen Skrupel bzw. Einwände vorzubeugen, die aus dem Spannungsverhältnis zwischen den Werten, auf die man sich jeweils beruft, und den faktischen »Kosten« der eigenen Entscheidungen entspringen: Indem die Ideologie diese Spannung »cachiert«, befähigt sie uns dazu, »Widersprüche zu integrieren, Handlungen mit widersprechenden Wertorientierungen zu koordinieren«.[156] Luhmann erläutert dies anhand des geläufigen Umgangs mit Rollenkonflikten:

»Soziologen haben [...] entdeckt, dass die Beachtung mancher Wertgrundsätze, das Befolgen bestimmter Verhaltenserwartungen oft nur für typisch umrissene Situationen vorgesehen wird, während in anderen Rollen, zumeist in getrennten Situationen und mit anderen Partnern etwas anderes gilt. In der Kirche wird gebetet, und auf dem Markt wird gehandelt. Bei einer Wahlrede ist eine andere Sprache angebracht als in der Fraktionssitzung.«[157]

---

insofern ›ideologisch‹, als sie den Appell einschließt, die unvermeidlichen Opfer eines solchen Umsturzes – auch unter den Proletariern – um der ›guten Sache‹ willen in Kauf zu nehmen.
[151] Luhmann: »Wahrheit und Ideologie«, S. 58, 60.
[152] Ebd. S. 60.
[153] Ebd. S. 57.
[154] Ebd. S. 60 ff. S. o. S. 29 f.
[155] Parsons/Shils: »Values, Motives, and Systems of Action«, S. 174.
[156] Luhmann: »Wahrheit und Ideologie«, S. 59 f., 62.
[157] Ebd. S. 62.

Wer Widersprüche zwischen seinen verbalen Verlautbarungen und seinem faktischen Verhalten bzw. seinen realen Absichten offen zugibt, hat sich moralisch disqualifiziert. Luhmanns These von der »Unentbehrlichkeit der Ideologiefunktion«[158] stützt sich somit auf das Argument, dass eine systemstabilisierende ›Koordination‹ der Widersprüche, die das Handeln aller Individuen bzw. sozialen Gruppen allein schon aufgrund der unaufhebbaren Spannung zwischen Wertsystemen und funktionalen Imperativen durchziehen, nur mittels Techniken ideologischer Verschleierung bewerkstelligt werden könne; hierzu gehören »die abstrakte, schlagwortartige Formulierung der Ideologie, die übertriebene Verallgemeinerung ihrer Zwecke und – damit eng verbunden – die Mehrdeutigkeit der leitenden Gesichtspunkte.«[159] Mit Hilfe solcher ideologischer Techniken können Politiker dem Vorwurf des Wahlbetrugs entgegenhalten, sie hätten im Wahlkampf ihre Absichten durchaus kundgetan – oder ›fromme‹ Geschäftsleute, deren Praktiken sich profitorientiert ausnehmen, dem Vorwurf der spießbürgerlichen Verlogenheit: ihnen gehe es ›letlich‹ um das Gemeinwohl. Indem die Ideologie dazu verhilft, problematische Züge bzw. Konsequenzen des eigenen Verhaltens »in ihrer möglichen Wertrelevanz zu neutralisieren«, befördert sie den »Anschein einer Gleichförmigkeit« von Reden und Handeln – bzw. der Konsistenz der Handlungsorientierungen –, der in Kommunikations- und Interaktionsprozessen aufrechterhalten werden muss.[160]

Luhmann stellt mit seiner Bemerkung, dass eine Ideologie kein »widerspruchsfreies […] System nach Art einer wissenschaftlichen Theorie« bildet,[161] klar, dass seiner These, sie sei »Bedingung rationaler Aktion«,[162] ein Rationalitätsbegriff zugrunde liegt, der nicht der »quid juris«-Ebene zugehört – in einer geltungstheoretischen Perspektive bildet die Widerspruchsfreiheit von Aussagen das elementarste Rationalitätskriterium –, sondern ausschließlich einem »funktionalen Bezugsgesichtspunkt«, d. h. der »quid facti«-Ebene.[163] Luhmann wendet sich gegen die »ethisch[e] und kognitiv[e]« Ver-

---

[158] Ebd. S. 60.
[159] Ebd. S. 62.
[160] Ebd. S. 58, 62.
[161] Ebd. S. 60.
[162] Ebd. Vgl. ebd. S. 61: »Rationale Organisation und Ideologie sind nicht als widerspruchsvoll, sondern als komplementär zu verstehen«
[163] Ebd. S. 60.

urteilung der Ideologie auf der Basis der »traditionellen Wahrheitskriterien« und erhebt statt dessen die jeweilige »Eignung« der einzelnen Ideologien für die Stabilisierung leistungsfähiger sozialer Organisationsstrukturen zum Maßstab ihre »kritische[n] Würdigung«.[164] Hiermit engt er den Begriff der Rationalität – wie Habermas hervorhebt – auf den »Typus zweckrationalen Handelns« ein.[165]

Luhmanns Verabschiedung der geltungstheoretischen Dimension ist dadurch motiviert, dass er aus Parsons' These, in jeder Gesellschaft seien Widersprüche zwischen normativen Konsistenzforderungen und funktionalen Imperativen unvermeidlich, eine Konsequenz zieht, die Parsons' Verständnis ideologischer Verzerrungen als pathogener Mechanismen zuwiderläuft: Nach Luhmann bewahrt uns nur die Ideologie davor, durch solche Widersprüche gelähmt zu werden. Dass »man Werte proklamiert, deren Durchführung man nicht ernstlich erwartet«, sollte – so Luhmann – »nicht einfach als Heuchelei abgetan oder durch die Schlechtigkeit des Menschen erklärt werden«; er sieht hierin vielmehr den Grundzug einer lebensfördernden »Sozialtechnik«.[166] So setzt er Parsons' Überzeugung, dass ideologische Verzerrungen im Zuge des weltgeschichtlichen Fortschritts allmählich abgebaut werden, die These entgegen: »Ideologien erweisen sich Tag für Tag als lebenskräftig: Von einem Ende des ideologischen Zeitalters kann keine Rede sein.«[167]

Parsons und Luhmann ziehen dem marxistischen Basis/Überbau-Theorem auf je eigene Weise – mit Habermas zu sprechen – »den kritischen Stachel« (TkH II 276). Luhmann schließt sich Parsons' ›nicht-reduktionistischer‹ Fassung dieses Theorems an, derzufolge bei der Herausbildung und Umgestaltung historischer Gesellschaftsformationen »sowohl kulturelle Steuerung als auch materiell-organisch-ökonomische Konditionierung unentbehrlich sind«;[168] Parsons entschärft den kritischen Impetus des Basis/Überbau-Theorems: den Ursprung herrschaftsstabilisierenden ›falschen Bewusstsein‹ aufzudecken, durch die Annahme einer zunehmenden natürlichen Selbstauflösung der Ideologie im Zuge des weltgeschichtlichen Fortschritts, Luhmann durch die These von der »Un-

---

164 Ebd. S. 60, 63.
165 Habermas: »Theorie der Gesellschaft oder Sozialtechnologie?«, S. 250.
166 »Wahrheit und Ideologie«, S. 60, 63.
167 Ebd. S. 63.
168 Luhmann: »Evolution und Geschichte«. In: Ders.: *Soziologische Aufklärung 2*. Opladen 1975. S. 150–170, hier S. 157.

entbehrlichkeit der Ideologiefunktion« für die Aufrechterhaltung leistungsfähiger Sozialstrukturen – woraus er die Konsequenz ableitet, dass an die Stelle der traditionellen Ideologiekritik in der »quid juris«-Perspektive die »routinierte Pflege ideologischer Orientierungen« treten müsse und die »Ideologieplaner« das »Gefühl einer ethischen und kognitiven Minderwertigkeit« abschütteln sollten.[169] Es ist seine erklärte Absicht, den »Ideologieplaner[n]« durch die Vermittlung »eines ausgearbeiteten Wissens um die Funktion von Ideologien« Orientierungshilfen zu geben.[170]

Habermas bezieht hinsichtlich der Frage, ob sich in der Moderne ein allmählicher Schwund der Ideologien abzeichnet, eine mittlere Position, die er allerdings im Laufe der Jahrzehnte unterschiedlich akzentuiert hat. In »Theorie der Gesellschaft oder Sozialtechnologie?« (1971) wendet er gegen Parsons' Fortschrittsoptimismus ein, bislang seien »weder Personen noch Gesellschaftssysteme ohne Techniken der unbewussten Konfliktabwehr« ausgekommen; der These Luhmanns, Ideologien seien unvermindert »lebenskräftig«, hält er entgegen, die zunehmende Anonymisierung wirtschaftlicher Funktionsabläufe und staatlicher Verwaltungsapparate habe eine »Entpolitisierung der Öffentlichkeit« nach sich gezogen, durch die sich der Bedarf an ideologischer Herrschaftslegitimation verringert habe.[171] Er spitzt diese Auffassung in der *Theorie des kommunikativen Handelns* (1981) dahingehend zu, dass die moderne säkularisierte und technisierte »Alltagspraxis keine Nischen mehr für die strukturelle Gewalt von Ideologien gewährt« (*TkH* II 520), revidiert sie jedoch unter dem Eindruck des Aufflammens des religiösen Fundamentalismus zu Beginn des neuen Jahrtausends.[172] Eine grundsätzliche Preisgabe der geltungstheoretisch orientierten Ideologiekritik, wie sie von Luhmann empfohlen wird, lehnt Habermas durchgängig ab.[173]

Habermas' Forderung, am Ziel der Aufdeckung ideologischer »Täuschungen« festzuhalten,[174] findet einen Anknüpfungspunkt bei

---

[169] Luhmann: »Wahrheit und Ideologie«, S. 63 f.
[170] Ebd. S. 64.
[171] »Theorie der Gesellschaft oder Sozialtechnologie?«, S. 255, 265.
[172] Habermas: *Glauben und Wissen*. Friedenspreis des deutschen Buchhandels. Frankfurt a. M. 2001. S. 13 ff.; Ders.: *Zwischen Naturalismus und Religion. Philosophische Aufsätze*. Frankfurt a. M. 2005. S. 119 f., 151.
[173] »Theorie der Gesellschaft oder Sozialtechnologie?«, S. 246 f.; *TkH* II 457, 461 f.; *Glauben und Wissen*, S. 14; *Zwischen Naturalismus und Religion*, S. 139 f.
[174] »Theorie der Gesellschaft oder Sozialtechnologie?«, S. 246 f.

Luhmann selbst: Er wendet sich zwar auf der einen Seite gegen die Auffassung, das »Wesen« der Ideologie sei darin zu sehen, »dass sie die eigentlichen Motive verbirgt«, auf der anderen Seite rekurriert er in seiner konkreten Beurteilung der »Eignung« einzelner Ideologien für die Aufrechterhaltung leistungsfähiger sozialer Organisationsstrukturen selber auf solche verschleierten »eigentlichen Motive«.[175] Die von ihm konstatierte »Unsinnigkeit« der nationalsozialistischen Verherrlichung der »nordische[n] Rasse« manifestiert sich in einer systemfunktionalen Perspektive darin, dass die Nationalsozialisten ganzen Generationen ihrer ›Volksgenossen‹, denen sie ungeahnte Glücksmöglichkeiten verhießen, durch ihre hemmungslose Aggressionspolitik irreparable Schäden zufügten – sie fassten in aussichtsloser Lage den Entschluss, den Krieg bis zur völligen Zerstörung des Deutschen Reiches weiterzuführen –; der Selbstwiderspruch, der hierin zutage tritt, verrät, dass es den nationalsozialistischen Führungsspitze letztlich nicht um den propagierten ›Wert‹ des ›Wohls der nordischen Rasse‹ ging, sondern um dessen »Neutralisierungsleistung« in Bezug auf humane Normen, d. h. um die damit verbundene »Erweiterung des Bereichs zulässiger Mittel«, so dass ihr wahres Motiv im persönlichen Machtinteresse zu sehen ist.[176] Hinter dem ideologischen Gegensatz von Kapitalismus und Kommunismus entdeckt Luhmann eine tiefe Gemeinsamkeit: Gemäß der marxistischen wie auch der »utilitaristische[n]« Wertlehre, die der westlichen Marktwirtschaft zugrunde liegt, ist – so Luhmann – »jedes Mittel für den wirtschaftlichen Fortschritt recht«, »weil es sich auf lange Sicht in Genuss umsetzen lässt. Die Technisierung der Arbeitswelt im 19. Jahrhundert und im heutigen Russland[177] erfolgte unter solchen Ideologien – und sie hätte mit anderen kaum den nötigen Neutralbereich in der Bewertung ihrer bitteren Folgen gefunden.«[178] Luhmanns These, dass die marxistische Prophezeiung der klassenlosen Gesellschaft im ›real existierenden Sozialismus‹ die systemische Funktion hatte, die Bevölkerung zur Akzeptanz der Härten, die der Umbruch von der Agrar- zur Industriegesellschaft mit sich bringt, zu bewegen und dadurch der Technisierung den Weg zu bahnen, wird

---

[175] Luhmann: »Wahrheit und Ideologie«, S. 57, 59 f.
[176] Vgl. ebd. S. 59.
[177] Luhmanns Aufsatz »Wahrheit und Ideologie« wurde erstmals 1962 veröffentlicht und 1970 in *Soziologische Aufklärung* (Bd. 1) wieder abgedruckt.
[178] »Wahrheit und Ideologie«, S. 59.

durch den empirischen Befund gestützt, dass während der gewaltsamen Industrialisierung zu Beginn der Stalinzeit in der Sowjetunion ökonomische Bedingungen herrschten, die mit den Verhältnissen im England des frühen 19. Jahrhunderts auffällige Parallelen aufweisen: Aufgrund einer massiven Landflucht standen genügend Arbeitskräfte für die Fabriken zur Verfügung; trotz wirtschaftlichen Wachstums sank das durchschnittliche Realeinkommen.[179] Luhmanns Deutung der kommunistischen Ideologie als eines Vehikels der Technisierung[180] liefert eine plausible Erklärung für den eklatanten Widerspruch zwischen der marxistischen Utopie eines allmählichen Absterbens des Staates und der beständigen Repression im ›real existierenden Sozialismus‹.

Den Selbstwidersprüchen der nationalsozialistischen und der kommunistischen Führungsschicht lassen sich somit Auskünfte über die ›eigentlichen Triebkräfte‹ ihrer jeweiligen Ideologien entnehmen. Dass sich der Nationalsozialismus als dysfunktional erwiesen hat – das »Tausendjährige Reich« war nach zwölf Jahren ausgelöscht –, der Kommunismus aber phasenweise als effektiv – die forcierte Industrialisierung der Sowjetunion schuf die Grundlage ihrer späteren Weltmachtrolle und verhalf der Bevölkerung zwischenzeitlich zu einem Lebensstandard, der deutlich höher lag als in den meisten Nachfolgestaaten der GUS –, lässt sich darauf zurückführen, dass das von Luhmann konstatierte ›basale‹ kommunistische Interesse an der Technisierung der Arbeitswelt systemisch unvergleichlich rationeller ist als der egozentrische Machtwille der Nationalsozialisten. Diese Beispiele zeigen, dass es bei der von Luhmann geforderten Analyse der systemfunktionalen »Eignung« der einzelnen Ideologien ratsam ist, der Frage nach den »eigentlichen Motive[n]« der jeweiligen ideologischen Akteure – im Ausgang von den Inkohärenzen, die nach seiner expliziten Feststellung in jeder Ideologie auftreten – nachzugehen. Da die Nationalsozialisten zur Festigung ihrer Herrschaft von Anfang an ein Vabanque-Spiel betrieben – ihre außenpolitischen Provokationen (wie der Einmarsch ins entmilitarisierte Rheinland 1936), mit denen sie innenpolitisch auftrumpften, hätten schon frühzeitig einen neuen Weltkrieg auslösen können; die staatli-

---

[179] Vgl. Manfred Hildermeier: *Geschichte der Sowjetunion 1917–1991*. München 1998. S. 367 ff.

[180] Mit dieser Deutung wendet Luhmann das marxistische Basis/Überbau-Theorem auf die Rolle der kommunistischen Ideologie in den sozialistischen Staaten an.

chen Investitionsprogramme, mit denen sie die Massenarbeitslosigkeit beseitigten, beschworen den Staatsbankrott herauf –, war für informierte Beobachter schon in den ersten Jahren nach der Machtergreifung erkennbar, dass die Führungsspitze des Dritten Reiches aus Hasardeuren bestand, die entschlossen waren, die einmal errungene Machtstellung unter keinen Umständen mehr aus der Hand zu geben, und hierbei vor unabsehbaren Risiken für das – permanent beschworene – Volkswohl nicht zurückschreckten. Der Verzicht auf eine (an den »traditionellen Wahrheitskriterien« orientierte) Untersuchung der Widersprüche zwischen ihren verbalen Verlautbarungen und ihren realen Entscheidungen hätte somit die Möglichkeit beschnitten, die dysfunktionalen Züge des Regimes frühzeitig offen zu legen. Angesichts von Luhmanns dezidierter Aussage: »Von einem Ende des ideologischen Zeitalters kann keine Rede sein« wäre die – von ihm empfohlene – Preisgabe der Ideologiekritik in der »quid juris«-Perspektive »ethisch« wie auch »kognitiv« verfehlt;[181] es bleibt ja zu fragen, ob sich nicht unter den gegenwärtig dominierenden Ideologien solche finden, die in ähnlicher Weise wie der Nationalsozialismus – wenn vielleicht auch nicht in derselben Zuspitzung – ›unsinnig‹ sind. Luhmanns These von der »Unentbehrlichkeit der Ideologiefunktion« macht die Zielsetzung, ideologische Inkohärenzen auszuräumen, keineswegs hinfällig: Er muss die Möglichkeit einräumen, diese langfristig zu marginalisieren.

Habermas nennt es – zu Recht – »ein Unding«, dass Luhmann durch die Publikation eines Aufsatzes, in dem ideologische Techniken umrissen werden, einen öffentlichen Diskurs über die »rationale Planung von Ideologien« initiieren will: Ideologische Argumentationsmuster sind ja nur solange wirksam, wie die Inkohärenzen und Mehrdeutigkeiten, mit denen sie arbeiten, nicht aufgedeckt werden.[182] Wer sich der von Luhmann angeführten Techniken[183] bedient, muss daher bestreiten, dass er dies tut. So müssen etwa Politiker

---

[181] Vgl. Luhmann: »Wahrheit und Ideologie«, S. 63: »Ideologien sind bisher ethisch und kognitiv immer an den traditionellen Wahrheitsideen gemessen worden […] Von daher erschienen sie als suspekt, als Zeichen einer Kulturkrise, als Symptom eines Verlustes an echten Lebensinhalten und an glaubwürdigem Sinn. Unsere Überlegungen führen uns vor die Frage, ob dieses Missverhältnis zwischen Ideologie und Wahrheit vielleicht nicht ein Unzureichen des ideologischen Denkens, sondern vielmehr ein Überholtsein der überlieferten […] Bestimmung der Wahrheit […] an den Tag bringt.«

[182] Habermas: »Theorie der Gesellschaft oder Sozialtechnologie?«, S. 247.

[183] S. o. S. 42.

Luhmanns Aussage, bei einer Wahlrede sei »eine andere Sprache angebracht als in einer Fraktionssitzung«, widersprechen, da sie andernfalls öffentlich einräumten, ihre Wähler manipulieren zu wollen. Wenn Luhmanns These, von einem Ende des ideologischen Zeitalters könne keine Rede sein, zutrifft, muss sich daher der Diskurs über ›Ideologieplanung‹, den er mit seinem Aufsatz »Wahrheit und Ideologie« anstoßen will, in genau den ideologischen Mustern verstricken, die darin beschrieben werden.

Habermas erkennt mit seiner Feststellung, »in gewisser Weise« übernehme der »neueste Systemfunktionalismus« das »Erbe« des marxistischen Basis/Überbau-Theorems (*TkH* II 276), an, dass eine zeitgemäße »Rekonstruktion des Historischen Materialismus« den systemtheoretischen Ansatz einbeziehen muss; er sieht jedoch in der Tatsache, dass Parsons das Problem ideologischer (Selbst-) Täuschungen durch seinen Fortschrittsoptimismus bagatellisiert, Luhmann die geltungstheoretische Ideologiekritik für obsolet erklärt, ein Indiz dafür, dass die soziologische Systemtheorie dem Phänomen der Ideologie nicht gerecht werden könne. In »Theorie der Gesellschaft oder Gesellschaftstechnologie?« bezeichnet er es als eine Kernaufgabe der philosophischen Gesellschaftstheorie, im Rekurs auf die Tradition, in der der Begriff des ›falschen Bewusstseins‹ entwickelt worden ist – als ihre maßgeblichen Repräsentanten betrachtet er Marx und Freud –, eine Alternative zu der »von Parsons und Luhmann eingeführten funktionalistischen« Deutung der Ideologie zu entwickeln.[184] Habermas hat dieses Programm jedoch nicht stringent umgesetzt, da er in seinen Schriften der 1960er und frühen -70er Jahre, worin die Ideologiekritik im Zentrum seines Konzepts der »Wissenschaft vom Menschen« als »Selbstreflexion der Gattungsgeschichte« steht,[185] den von Parsons und Luhmann verwendeten Ideologiebegriff, der an Inkohärenzen von Selbstinterpretationen festgemacht ist, de facto preisgibt (s.u. S. 54) und in seiner *Theorie des kommunikativen Handelns* den Standpunkt bezieht, die neuzeitliche Kultur büße aufgrund des fortschreitenden Säkularisierungsprozesses »diejenigen Eigenschaften ein, die sie instand gesetzt hatten, ideologische Funktionen zu übernehmen« (*TkH* II 519, s.u. S. 362).

Die Interpretation der von Rousseau zu Marx und Engels hin-

---

[184] »Theorie der Gesellschaft oder Sozialtechnologie?«, S. 246 f., 254.
[185] *Erkenntnis und Interesse,* S. 62, 86 f.

führenden Traditionslinie kritisch-emanzipatorischer Geschichtsphilosophie in der vorliegenden Untersuchung orientiert sich an Habermas' Zielsetzung, das marxistische Basis/Überbau-Theorem in einer ›nicht-reduktionistischen‹ Fassung in eine systemtheoretische Perspektive einzubetten und hierbei seinen ideologiekritischen Impetus zu bewahren. Rousseau und Herder haben – wie in Kap. III und IV gezeigt werden soll – das Basis/Überbau-Theorem in zentralen Aspekten antizipiert. Dies ist in Hinblick auf drei Fragen relevant, die sich aus Habermas' Auseinandersetzung mit Parsons und Luhmann ergeben:

(1) Da die ideologiekritische Zielsetzung, durch die Analyse inkohärenter Selbstbeschreibungen verborgene Triebfedern historischer Akteure aufzudecken, gegen Luhmanns Verdacht der Sinnlosigkeit verteidigt werden kann, die Frage nach den realen Motiven handelnder Personen somit nicht als Scheinproblem zu werten ist, bleibt das »Hobbes'sche Problem« klärungsbedürftig (s. o. S. 27 f.): Lässt sich eine stabile Sozialordnung allein auf der Basis des ›wohlverstandenen Selbstinteresses‹ der Individuen errichten – wie Hobbes annimmt? Oder bedarf sie – wie Parsons und Habermas (in der *Theorie des kommunikativen Handelns*) behaupten – eines ›realen‹ Wertekonsenses? Oder muss jede Gesellschaft – im Sinne Rousseaus – in ihren Selbstbeschreibungen einen Wertekonsens in Anspruch nehmen, wobei es sich aber durchaus um einen ideologisch durchtränkten Pseudo-Konsens handeln kann?

(2) Ist Habermas' Vorwurf gerechtfertigt, dass die soziologische Systemtheorie das Phänomen der Ideologie nicht adäquat thematisieren kann?

(3) Luhmann führt im Rahmen eines Vergleichs von sozialer und naturgeschichtlicher Evolution den Begriff der »Kontingenzkausalität« als zentrale Erklärungskategorie der soziologischen Systemtheorie ein:[186] »In Anlehnung an die erfolgreich arbeitende Theorie präorganischer und organischer Evolution kann auch sozio-kulturelle Evolution begriffen werden als ein spezifischer Mechanismus für Strukturänderungen, und zwar als ein Mechanismus, der ›Zufall‹ zur Induktion von Strukturänderungen benutzt.«[187] Den naturwissenschaftlichen Anknüpfungspunkt des Terminus »Kontingenzkausali-

---

[186] Luhmann: »Evolution und Geschichte«, S. 157.
[187] »Geschichte als Prozess und die Theorie sozio-kultureller Evolution«. In: Luhmann: *Soziologische Aufklärung 3*. Opladen 1981. S. 178–197, hier S. 184.

tät« bildet die Rolle spontaner Mutationen in der biologischen Evolution.[188] Luhmann betont, dass er unter »Kontingenz« nicht »ursachelose Spontaneität oder ungeregeltes Geschehen« versteht; er
verwendet diesen Begriff in einer »systemrelative[n] Bedeutung«:
›Kontingente‹ Ereignisse im Sinne Luhmanns sind ›Störfaktoren‹,
die Systemen »Problemlösungen« abverlangen.[189] Habermas wendet
gegen den Begriff der Kontingenzkausalität ein, er erlege »ganz un-
nötige Erklärungsverzichte« auf.[190] Es bleibt jedoch zu fragen, ob
nicht gerade eine kritische Gesellschaftstheorie einen solchen Begriff
– zumindest implizit – in Ansatz bringen muss, um die Freiheitsunterstellung, die ihr Anliegen der Gesellschaftsveränderung einschließt, mit ihrem Anspruch auf ›objektive‹ Erklärung gesellschaftlicher Strukturen und Entwicklungen in Einklang bringen zu
können. Habermas' Ablehnung des Luhmann'schen Begriffs der
Kontingenzkausalität hat wesentlichen Anteil an der von Schnädelbach und McCarthy konstatierten Angleichung der Teilnehmer- an
die Beobachterperspektive in der *Theorie des kommunikativen Handelns* (s. u. S. 343 f., 379 ff.). Luhmann hat sein Konzept der Kontingenzkausalität allerdings in *Soziale Systeme* durch den Rekurs auf
den biologistischen Begriff der »Autopoiesis« de facto selber preis-
gegeben (s. u. S. 397).

Bevor die Entwicklungsgeschichte des Basis/Überbau-Theorems
von Rousseau bis Marx und Engels in Hinblick auf die angeführten
Fragen (1) nach den Erklärungsgründen für die Stabilität einer Sozialordnung, (2) dem Verhältnis von Systemtheorie und Ideologiekritik und (3) der Rolle des Begriffs der Kontingenzkausalität in der
soziologischen Systemtheorie wie auch einer kritischen Gesellschaftstheorie skizziert wird (Abschnitt 5), soll das Konzept einer
»als Ideologiekritik durchgeführten Wissenschaft vom Menschen«[191]
in Habermas' – um *Erkenntnis und Interesse* zentrierten – Schriften
der 1960er und frühen –70er Jahre kritisch beleuchtet werden.

---

[188] »Evolution und Geschichte«, S. 157; »Geschichte als Prozess und die Theorie sozio-
kultureller Evolution«, S. 185.
[189] »Geschichte als Prozess und die Theorie sozio-kultureller Evolution«, S. 184; »Evolution und Geschichte«, S. 164.
[190] Habermas: »Geschichte und Evolution«. In: Ders.: *Zur Rekonstruktion des Historischen Materialismus*, S. 200–259, hier S. 233 f.
[191] Habermas: *Erkenntnis und Interesse*, S. 62.

## 4. Habermas' Programm einer ideologiekritischen Wissenschaft vom Menschen

»Selbstreflexion bringt jene Determinanten eines Bildungsprozesses zu Bewusstsein, die eine gegenwärtige Praxis des Handelns und Erkennens ideologisch bestimmen. […] Selbstreflexion führt zur Einsicht dadurch, dass ein zuvor Unbewusstes praktisch folgenreich bewusst gemacht wird«.[192] Die in diesem Zitat aus Habermas' Aufsatzsammlung *Theorie und Praxis* pointiert umrissene kritische Gesellschaftstheorie schließt aufgrund ihrer Zielsetzung, die Prägung handlungsleitender Selbstinterpretationen durch die jeweiligen historischen Rahmenbedingungen von Sozialisations- und Bildungsprozessen aufzudecken, die kausale Beobachterperspektive als unverzichtbares Moment ein; sie bleibt jedoch nicht – wie die soziologische Systemtheorie – bei der Kausalanalyse des Ursprungs und der systemischen Funktion solcher Selbstinterpretationen stehen, sondern will »aus den geschichtlichen Spuren des unterdrückten Dialogs das Unterdrückte« rekonstruieren und ihre Rezipienten hiermit auf verschüttete Handlungsmöglichkeiten aufmerksam machen.[193] Habermas' plakative These, die »praktischen Folgen der Selbstreflexion« seien »Einstellungsänderungen, die sich aus der Einsicht in vergangene Kausalitäten ergeben, und zwar eo ipso ergeben«,[194] legt die Schlussfolgerung nahe, »Wissenschaften vom Typus der Kritik«[195] veränderten zwangsläufig die Handlungsmotivationen ihrer Adressaten und seien in diesem Sinne als ›Einheit von Theorie und Praxis‹ zu werten. Die zitierte These muss allerdings abgeschwächt werden, da sie die Tendenz tief verwurzelter Ideologien zur Selbstimmunisierung ausblendet; darüber hinaus ist die Vorstellung eines quasi-kausalen Einflusses kritischer Theorien mit ihrem emanzipatorischen Duktus kaum zu Einklang zu bringen. Ihr Anspruch, die Theorie/Praxis-Differenz zu überwinden, muss daher am emanzipatorischen *Potential* ihrer ideologiekritischen Argumentation festgemacht werden.[196]

---

[192] Habermas: »Einige Schwierigkeiten beim Versuch, Theorie und Praxis zu vermitteln«, S. 29.

[193] Habermas: »Erkenntnis und Interesse«, S. 164.

[194] Habermas: »Einige Schwierigkeiten beim Versuch, Theorie und Praxis zu vermitteln«, S. 44.

[195] Ebd. S. 30.

[196] In diesem Sinne spricht Habermas in seinem Vortrag »Zum Theorienvergleich in der

Habermas konkretisiert sein Programm, »aus den geschichtlichen Spuren des unterdrückten Dialogs das Unterdrückte« zu rekonstruieren,[197] in *Erkenntnis und Interesse* im Rekurs auf die Psychoanalyse:
»Marx hat Herrschaft und Ideologie nicht als verzerrte Kommunikation durchschauen können.«[198] »Demgegenüber hat nun
Freud [...] einen Rahmen verzerrten kommunikativen Handelns gewonnen, der die Entstehung von Institutionen und den Stellenwert
von Illusionen, eben Herrschaft und Ideologie, zu begreifen erlaubt.
Freud kann einen Zusammenhang darstellen, den Marx nicht durchschaut hat.«[199]

Ein gewisses Maß an Herrschaft – im Sinne der Disziplinierung
der Individuen durch die Androhung bzw. Verhängung von Zwangsmitteln – ist für die Aufrechterhaltung der Funktionsfähigkeit sozioökonomischer Strukturen und damit für das Überleben der Menschengattung unabdingbar. Habermas betont, dass der Grad dieser
»notwendigen Repression« vom jeweiligen »Stand der Produktivkräfte« abhängt: Effizientere Produktionsmethoden verringern die
Arbeitslast, die die Gesellschaft ihren Mitgliedern aufbürden
muss.[200] Habermas kennzeichnet die »Differenz zwischen dem *tatsächlichen* Grad der institutionell *geforderten* und dem Grad der auf
einem gegebenen Stand der Produktivkräfte *notwendigen* Repression« als »ein Maß für die Herrschaft, die objektiv überflüssig ist.«[201]
Gemäß seiner programmatischen Aussage, dass die kritische Gesellschaftstheorie aus den »geschichtlichen Spuren des unterdrückten

---

Soziologie am Beispiel der Evolutionstheorie« von den »*möglichen* Funktionen« kritischer Theorien »in gegebenen gesellschaftlichen Kontexten« (ebd. S. 130, Hervorh. von
mir). In seinem Aufsatz »Bewusstmachende oder rettende Kritik – die Aktualität Walter
Benjamins« (in: Habermas: *Kultur und Kritik*. Frankfurt a. M. 1973. S. 302–344) konkretisiert er seine Feststellung, Herbert Marcuse habe mit seiner Ideologiekritik »den
Augenblick der Revolutionierung der Lebensverhältnisse antizipiert«, dahingehend,
dass Marcuse diesen Augenblick »vorbereiten« bzw. »einleiten möchte« (ebd. S. 309,
312).

[197] »Erkenntnis und Interesse«, S. 164.
[198] *Erkenntnis und Interesse*, S. 342.
[199] Ebd. S. 341. – Habermas hat den Begriff der »verzerrten Kommunikation« in der
*Theorie des kommunikativen Handelns* modifiziert (*TkH* I 445 f., s. u. S. 363 f.). Im Folgenden wird er im Sinne von *Erkenntnis und Interesse* (und den Schriften aus dem
Umkreis dieses Buches) verwendet.
[200] Habermas: *Erkenntnis und Interesse*, S. 80, 339 f.
[201] Ebd. S. 80.

Dialogs« das Unterdrückte rekonstruiert, erweisen sich Herrschaftsverhältnisse als kritikwürdig, wenn eine unvoreingenommene öffentliche Erörterung des Anliegens, die institutionell geforderte Repression zu lockern – wobei die Grenze einer solchen Liberalisierung durch die volkswirtschaftlichen Sachzwänge vorgegeben wird –, blockiert bzw. paralysiert wird: durch politische Zwangsmittel (wie die Pressezensur) oder »repressive Gewalt in Form normativer Machtausübung in den Strukturen verzerrter Kommunikation«.[202] Habermas unterscheidet in »Theorie der Gesellschaft oder Sozialtechnologie?« im Anschluss an Freud zwei Grundgestalten »normativer Machtausübung«: (1) die »Verdrängung« des Wunsches nach gesellschaftspolitischer Liberalisierung aufgrund der Internalisierung des Verbots, die bestehende Ordnung in Frage zu stellen; (2) die »Idolbildung«, welche den »akut unterdrückten Wünschen« eine »virtuelle Befriedigung« durch die Folgebereitschaft gegenüber einer »verehrte[n] Figur« – einem göttlichen Wesen, charismatischen Führer u. ä. – verschafft.[203] Aus der Idolbildung resultiert laut »Theorie der Gesellschaft oder Sozialtechnologie?« herrschaftsstabilisierende Ideologie, wenn die vorgegebene »institutionelle Ordnung, die Triebverzichte auferlegt«, in das »Gebot eines gewährenden Idols umgedeutet«, die Diskussion emanzipatorischer Anliegen also mit dem Hinweis auf Autoritätsinstanzen stillgelegt wird.[204] Die Selbstreflexion, die die kritische Gesellschaftstheorie auslösen will, soll »systematische Verzerrungen« einer solchen Diskussion durch den Rekurs auf Autoritäten ausräumen, indem sie die Mechanismen der Internalisierung tradierter Verbote und der Idolbildung offen legt.[205] Die durch solche Internalisierungsprozesse befestigen Gesellschaftsinterpretationen sind laut »Theorie der Gesellschaft oder Sozialtechnologie?« insofern als »falsches Bewusstsein« zu werten, als sie Allgemeinverbindlichkeit »prätendieren«, diesen Anspruch »aber nicht einlösen können«.[206] Die kritische Gesellschaftstheorie soll – in Analogie zur psychoanalytischen Therapie, die »zuvor Unbewusstes […] bewusst« macht – der »Unauffälligkeit der systematischen Einschränkung von Kommunikationen«, wodurch die Differenz von

---

[202] Habermas: »Einige Schwierigkeiten beim Versuch, Theorie und Praxis zu vermitteln«, S. 30.
[203] »Theorie der Gesellschaft oder Sozialtechnologie?«, S. 255 ff.
[204] Ebd. S. 246 f., 256 f.
[205] Ebd. S. 255.
[206] Ebd. S. 246 f.

prätendiertem Anspruch und allgemeinverbindlicher Geltung verschleiert wird, entgegenwirken.[207] Aus der Bindung an Autoritätsinstanzen resultieren nicht zwangsläufig interne Inkohärenzen von Selbst- bzw. Gesellschaftsinterpretationen; Habermas' Begriff der »verzerrten Kommunikation« ist somit in der Phase von *Erkenntnis und Interesse* – anders als in der *Theorie des kommunikativen Handelns* (s. u. S. 363) – nicht an der Inkohärenz von Selbstbeschreibungen festgemacht.

Habermas' Bestimmung der kritischen Gesellschaftstheorie als »Selbstreflexion der Gattungsgeschichte«[208] schließt die Forderung ein, dass sie »sowohl ihren eigenen Entstehungszusammenhang wie ihre möglichen Funktionen in gegebenen gesellschaftlichen Kontexten erklären« soll.[209] Den historischen Ursprung des Begriffs »unverzerrter sprachlicher Kommunikation«, wie ihn Habermas im Umkreis von *Erkenntnis und Interesse* verwendet, beleuchtet sein Hinweis auf drei Entwicklungsstufen der »Institutionalisierung von Diskursen«: die Ablösung mythischer Weltdeutungen durch philosophische Welterklärungen in der griechischen Antike, die Ausbildung der neuzeitlichen »Erfahrungswissenschaften« und die Konstitution der bürgerlich-politischen Öffentlichkeit sei dem 17. Jahrhundert.[210] Eine Erklärung für die »möglichen Funktionen« seiner kritischen Theorie »in gegebenen gesellschaftlichen Kontexten« bietet Habermas (in den Schriften dieser Phase) durch den Rekurs auf die Freud'sche Psychoanalyse an.

Inwiefern ist die Berufung auf eine »verehrte Figur« in einer Diskussion über gesellschaftliche Herrschaftsverhältnisse als »ideologisch« zu werten? Habermas' ideologiekritischen Aussagen im Umkreis von *Erkenntnis und Interesse* lassen sich drei verschiedene Antworten entnehmen:

(1) Indem er Ideologien in *Erkenntnis und Interesse* mit »Illusionen« gleichsetzt[211] und das Prädikat »wahr« in »Theorie der Ge-

---

[207] Habermas: »Einige Schwierigkeiten beim Versuch, Theorie und Praxis zu vermitteln«, S. 29 ff.; Ders.: *Legitimationsprobleme im Spätkapitalismus.* Frankfurt a. M. 1973. S. 156.

[208] *Erkenntnis und Interesse*, S. 86.

[209] »Zum Theorienvergleich in der Soziologie am Beispiel der Evolutionstheorie«, S. 130.

[210] »Einige Schwierigkeiten beim Versuch, Theorie und Praxis zu vermitteln«, S. 23, 31 f.

[211] *Erkenntnis und Interesse*, S. 341.

sellschaft oder Sozialtechnologie?«auf diejenigen Sätze einschränkt, »deren Geltungsanspruch von jedem vernünftigen Menschen anerkannt werden muss«,[212] suggeriert er, Aussagen über transzendente »Idole« seien notwendigerweise falsch. Eine solche Auffassung ist jedoch unhaltbar: Eine theologische Herrschaftsbegründung – etwa in Gestalt der These, dass ›die Obrigkeit von Gott kommt‹ – lässt sich nicht verifizieren, aber ebenso wenig falsifizieren.[213]

(2) Habermas' Aussage:»Selbstreflexion bringt jene Determinanten eines Bildungsprozesses zu Bewusstsein, die eine gegenwärtige Praxis des Handelns und Erkennens ideologisch bestimmen«,[214] legt ein»genetisches« Verständnis von Ideologien nahe, demzufolge die unreflektierte Übernahme tradierter Überzeugungen per se ideologisch ist.[215] Der genetische Ursprung unserer Selbst- und Weltdeutungen steht jedoch mit dem geltungstheoretischen Problem ihrer Kritikwürdigkeit in keinem direkten Zusammenhang.[216] Kinder, die in einer technisch geprägten Umwelt aufwachsen, eignen sich die Überzeugung, dass es keine Wunder gibt, ebenso unreflektiert an wie Gleichaltrige in einer animistischen Stammesgesellschaft den Glauben an Geister; über den geltungstheoretischen Status ihrer jeweiligen Auffassung ist hiermit noch nichts entschieden.

(3) Um»aus den Spuren des unterdrückten Dialogs das Unterdrückte« ans Licht zu bringen, soll die kritische Theorie laut Habermas' *Legitimationsprobleme im Spätkapitalismus* den Geschichts-

---

[212] »Theorie der Gesellschaft oder Sozialtechnologie?«, S. 222. Diese Restriktion wird in Habermas' (vier Jahre zuvor erschienenem) Aufsatz»Wahrheitstheorien« (1972; *VE* 127–183) noch nicht – oder zumindest nicht explizit – vorgenommen. Die dort formulierte These:»Wahrheit, d. h. die Berechtigung des mit Behauptungen implizit erhobenen Geltungsanspruchs, *zeigt sich* […] in erfolgreichen Argumentationen, mit der dieser Geltungsanspruch diskursiv eingelöst werden kann« (*VE* 153, Hervorh. von mir), lässt sich dahingehend interpretieren, dass der Wahrheitsgehalt von Behauptungen, die allgemeinverbindlich gerechtfertigt werden können, *manifest* wird, während es bei Aussagen, die sich einer intersubjektiven Überprüfung entziehen, offen bleibt, ob sie wahr oder falsch sind.

[213] Habermas räumt dies in der Aufsatzsammlung *Zwischen Naturalismus und Religion* (Frankfurt a. M. 2005) ein (ebd. S. 149 ff.). Während er sich in der *Theorie des kommunikativen Handelns* noch auf einen Glaubwürdigkeitsverlust der Religionen im Zuge des neuzeitlichen Erkenntnisfortschritts beruft (*TkH* I 532), vertritt er in *Zwischen Naturalismus und Religion* eine»agnostisch[e]« Position in Bezug auf religiöse Wahrheitsansprüche (ebd. S. 149).

[214] »Einige Schwierigkeiten beim Versuch, Theorie und Praxis zu vermitteln«, S. 29.

[215] Vgl. Geuss: *Die Idee einer kritischen Theorie*, S. 29.

[216] Vgl. Geuss: ebd. S. 30.

prozess»kontrafaktisch« unter folgendem Gesichtspunkt rekonstruieren:

> »Wie hätten die Mitglieder eines Gesellschaftssystems bei einem gegebenen Entwicklungsstand der Produktivkräfte ihre Bedürfnisse kollektiv verbindlich interpretiert und welche Normen hätten sie als gerechtfertigt akzeptiert, wenn sie mit hinreichender Kenntnis der Randbedingungen und der funktionalen Imperative der Gesellschaft in diskursiver Willensbildung über die Organisation des gesellschaftlichen Verkehre hätten befinden können und wollen?«[217]

Habermas gibt mit dieser Forderung, die Organisationsstrukturen einer Gesellschaft den spezifischen Bedürfnissen ihrer Mitglieder anzupassen, zu verstehen, dass »objektiv überflüssig[e]« Herrschaft – d. h. ein Grad an Repression, der über die elementaren volkswirtschaftlichen Sachzwänge hinausgeht[218] – nicht eo ipso illegitim ist. Dass etwa der Staat Steuergelder für die Finanzierung von Lehrern, die ökonomisch ineffiziente Fächer wie Musik, bildende Kunst oder Literatur unterrichten, verwendet und die Schulkinder dazu nötigt, ihrem Unterricht zu folgen, hat zwar den Charakter einer »objektiv überflüssig[en]« Herrschaft im Sinne von *Erkenntnis und Interesse*, ist aber nicht als unzulässige Einschränkung der Freiheit der Bürger zu werten, sofern die Mehrheit solche kulturellen Aufgaben des Staates befürwortet. Demgegenüber resultiert aus der »systematischen Einschränkung« der Diskussion über die den eigenen Bedürfnissen adäquate Gesellschaftsform durch den Rekurs auf Autoritäten laut Habermas' *Legitimationsprobleme im Spätkapitalismus* eine »scheinhafte«, d. h. ideologische, »Legitimation von Herrschaft«.[219]

Habermas gerät mit seiner Bestimmung der Ideologie als »verzerrter Kommunikation« (im Sinne seiner Schriften der sechziger und frühen siebziger Jahre) in ein Dilemma; dieses soll anhand des hypothetischen Beispielfalls veranschaulicht werden, in Tibet stehe im Zuge eines Demokratisierungsprozesses eine Volksabstimmung darüber an, ob der Dalai Lama von neuem als Staatsoberhaupt – vergleichbar einem konstitutionellen Monarchen – fungieren und der Lebensunterhalt der buddhistischen Mönche und Nonnen, die keiner ›produktiven‹ Arbeit nachgehen, künftig aus Steuermitteln finanziert

---

[217] *Legitimationsprobleme im Spätkapitalismus,* S. 156.
[218] *Erkenntnis und Interesse,* S. 80 (s. o. S. 52).
[219] *Legitimationsprobleme im Spätkapitalismus,* S. 156 f.

werden soll. Die religiöse Begründung des Anliegens, den buddhistischen Orden als institutionelle Macht zu etablieren – dies verhelfe der Bevölkerung zu einer besseren Wiedergeburt bzw. zum Austritt aus dem Geburtenkreislauf – lässt sich nicht allgemeinverbindlich ausweisen und hat damit einen »ideologischen« Status im Sinne des Begriffs der »verzerrten Kommunikation«, wie ihn Habermas im Umkreis von *Erkenntnis und Interesse* verwendet. Inwiefern führt eine solche Begründung – wenn sie Anklang findet – zu einer »scheinhaften Legitimation von Herrschaft«? Da die Überzeugung vom wohltätigen Einfluss der buddhistischen Lehre auf den Geburtenkreislauf nicht falsifiziert werden kann, wäre es voreilig, die religiöse Rechtfertigung des Ziels, den buddhistischen Orden in der Staatsform zu verankern, als ›sachlich falsch‹ hinzustellen. Es ist daher auch fraglich, ob eine ›Aufklärung‹ der Bevölkerung über den Ursprung von Über-Ich-Strukturen zur Folge hätte, dass sie die Religiosität, die sie sich angeeignet hat, fortan als aufoktroyiert und in diesem Sinne ›scheinhaft‹ betrachtet. So reduziert sich die Rede von der »scheinhaften« Herrschaftslegitimation durch Begründungsstrategien, die keine Allgemeingültigkeit beanspruchen können, auf die Warnung, Glaubensüberzeugungen nicht als sakrosankt hinzustellen. Wenn die Gläubigen diese Mahnung beherzigen, kann ein in religiösen Überzeugungen fundierter Konsens über das ›wünschenswerte‹ Maß an institutioneller Herrschaft nicht als ›scheinhaft‹ gewertet werden – und diese dementsprechend nicht als illegitim, sofern die Gläubigen durch die Anerkennung demokratischer Verfahrensregeln die Möglichkeit offen halten, im Fall eines Schwundes der religiösen Konsensbasis weltliche und geistliche Institutionen zu trennen. Erklärt man – im Sinne von Habermas' Schriften der Phase von *Erkenntnis und Interesse* – jede Herrschaftslegitimation für ideologisch, »die kontrafaktisch eine Verallgemeinerungsfähigkeit von Interessen entweder behauptet oder unterstellt«,[220] muss man im konstruierten Beispielfall die staatliche Verankerung des buddhistischen Ordens durch einen Mehrheitsbeschluss des tibetischen Volkes jedoch für unzulässig erklären: Die Gläubigen unterstellen ja die »Verallgemeinerungsfähigkeit« ihres Interesses an einer besseren Wiedergeburt – insofern sie davon überzeugt sind, dass alle Menschen dem Geburtenkreislauf unterliegen –, ohne dass diese Unterstellung verbindlich ausgewiesen werden könnte. Man kann daher an

---

[220] Ebd. S. 155 f.

der Bestimmung von »Herrschaft und Ideologie« als »verzerrte[r]
Kommunikation«[221] im Sinne vom Habermas' Schriften der sechziger und frühen siebziger Jahre nur um den Preis festhalten, dass man
einer religiös geprägten Bevölkerung das Recht abspricht, gesellschaftliche Institutionen ihren spezifischen Bedürfnissen – auch bei
Anerkennung demokratischer Verfahrensregeln – anzupassen. Die in
*Legitimationsprobleme im Spätkapitalismus* aufgeworfene Frage,
wie die Mitglieder historischer Gesellschaften »ihre Bedürfnisse kollektiv verbindlich interpretiert« hätten, wenn sie »in diskursiver
Willensbildung über die Organisation des gesellschaftlichen Ver-
kehrs hätten befinden können und wollen«,[222] klammert religiöse
Bedürfnisse von vornherein aus: Diese entziehen sich einer »kollek-
tiv verbindlich[en]« Interpretation, da es letztlich unentscheidbar ist,
ob die Religionen metaphysische Sachverhalte offenbaren oder aber
als bloße menschliche Projektionen anzusehen sind. Das Konzept der
Ideologiekritik in Habermas' Schriften der Phase von *Erkenntnis und
Interesse* schließt somit die dogmatische Behauptung ein, dass die
Religionen die Menschen von ihren ›wahren Bedürfnissen‹ ablenken.
Der Einwand Hans-Georg Gadamers, Habermas nehme – indem er
einen »Analogie zwischen psychoanalytischer und soziologischer
Theorie« herstellt – für den ideologiekritischen ›Therapeuten‹ ein
argumentativ nicht ausweisbares privilegiertes Wissen in An-
spruch,[223] ist daher in Bezug auf die Phase von *Erkenntnis und Interesse* triftig.

  Habermas hat seine These, der politische Einfluss der Religion
sei per se ideologisch, revidiert. In seinem Aufsatz »Religion in der
Öffentlichkeit« (2005) plädiert er für die »selbstreflexive Überwindung eines säkularistisch verhärteten und exklusiven Selbstverständ-
nisses« der neuzeitlichen Aufklärung.[224] Er wendet sich gegen die
Forderung, die Gläubigen sollten »ihre politischen Stellungnahmen
[…] unabhängig von ihren religiösen oder weltanschaulichen Überzeugungen begründen«, betont aber zugleich, dass der »Verfassungs-

---

[221] *Erkenntnis und Interesse*, S. 342.
[222] Habermas: *Legitimationsprobleme im Spätkapitalismus*, S. 156 f.
[223] Gadamer: »Rhetorik, Hermeneutik und Ideologiekritik«. In: Karl-Otto Apel u. a.
(Hrsg.): *Hermeneutik und Ideologiekritik*. Frankfurt a. M. 1971. S. 57–82, hier S. 82.
[224] »Religion in der Öffentlichkeit: Kognitive Voraussetzungen für den ›öffentlichen‹
Vernunftgebrauch religiöser und säkularer Bürger«. In: Habermas: *Zwischen Naturalismus und Religion*, S. 119–154, hier S 145.

konsens« demokratischer Gesellschaften durch weltanschauliche Differenzen nicht tangiert werden darf.[225] Da der Begriff »unverzerrter sprachlicher Kommunikation«, wie ihn Habermas im Umkreis von *Erkenntnis und Interesse* verwendet, keine tragfähige Basis der Ideologie- und Herrschaftskritik bildet, bleibt der Anspruch der Schriften dieser Phase, die Theorie/ Praxis-Differenz durch eine ideologiekritische Selbstreflexion, die »eine Erkenntnis um der Erkenntnis willen mit dem Interesse an Mündigkeit zur Deckung« bringt, zu überwinden,[226] eine programmatische Ankündigung.

## 5. Die kritische Funktion der Geschichtsphilosophie bei Rousseau, Herder und Marx

Das marxistische Basis/Überbau-Theorem bildet das Bindeglied zwischen den Geschichtstheorien Rousseaus und Herders auf der einen Seite und den Gesellschaftsanalysen Parsons', Luhmanns und Habermas' auf der anderen. In der folgenden – skizzenhaften – Darstellung der Bezüge zwischen den Geschichtstheorien Rousseaus, Herders und des frühen Marx stehen die drei Fragen im Vordergrund, die sich im Rahmen der Auseinandersetzung Habermas' mit Parsons und Luhmann ergeben haben: (1) ob eine stabile Sozialordnung auf einen Wertekonsens angewiesen ist bzw. ein solcher Konsens von den Mitgliedern jeder Gesellschaft in ihren Selbstbeschreibungen postuliert werden muss; (2) ob die soziologische Systemtheorie beim Problem der Ideologie an ihren Grenzen stößt; (3) ob dem Begriff der »Kontingenzkausalität« eine gesellschaftstheoretische Schlüsselrolle zuzuerkennen ist (s. o. S. 49 f.). Im Anschluss hieran soll (in Kap. II) anhand von Kierkegaards Konzept der »indirekten Mitteilung« als der adäquaten Artikulationsform von Selbstverständigungsprozessen gezeigt werden, dass dem bewussten Einsatz von sprachlichen Mehrdeutigkeiten bzw. argumentativen Inkohärenzen eine Schlüsselrolle bei der Verschränkung der kausalen Beobachterperspektive mit der kritisch-appellativen Teilnehmerperspektive in Rousseaus *Diskurs über die Ungleichheit,* Herders *Auch eine Philosophie der*

---

[225] Ebd. S. 133 f., 141 f.
[226] »Erkenntnis und Interesse«, S. 164.

*Geschichte zur Bildung der Menschheit* und den geschichtsphilosophisch-politischen Frühschriften von Marx (und Engels) zukommt.
Rousseau rekonstruiert im *Diskurs über die Ungleichheit* die
Evolution der Menschengattung im Ausgang von einem Urzustand,
worin sich der »Naturmensch« vom Tier nur durch seine Entwicklungsfähigkeit (»perfectibilité«) unterschied.[227] Rousseau stellt den
wissenschaftlichen Anspruch seines Unternehmens mit dem zeitgenössischer naturwissenschaftlicher Theorien über die »Entstehung
der Welt« auf eine Stufe (*D* 71).[228] Er beschreibt die zivilisatorische
Entwicklung, die durch die Einführung der Tauschwirtschaft den entscheidenden Anstoß erhielt, als eigendynamischen Prozess, der
zwangsläufig Konkurrenz- und Konfliktstrukturen hervorbringt,
aus denen soziale Klassengegensätze resultieren (s. u. Kap. III 3 a–b).
Hierbei bringt Rousseau implizit den allgemeinen Systembegriff
(s. o. S. 24 f.) in Ansatz, indem er den zivilisatorischen Fortschritt
auf ein durch Rückkopplungseffekte gekennzeichnetes Wechselspiel
gesellschaftlicher und seelischer Faktoren zurückführt: Durch die Erweiterung unserer Fähigkeiten und die Ausdifferenzierung kultureller Lebensmöglichkeiten im Gefolge der Arbeitsteilung werden neue
Bedürfnisse geweckt, die beständig über das Erreichte hinausgreifen,
was die zivilisatorische Entwicklung kontinuierlich vorantreibt
(*D* 207 ff.). Die Bandbreite kultureller Produkte und Errungenschaften, auf die man umso eher Zugriff hat, je höher man in der gesellschaftlichen Hierarchie steigt, stachelt die Konkurrenzstrukturen an,
wodurch ein Ausgleich der sozialen Klassengegensätze erschwert
bzw. verhindert wird. Der zivilisatorische Fortschritt trägt somit ein
»Janusgesicht«.[229]
Rousseau antizipiert im *Diskurs über die Ungleichheit* das marxistische Basis/Überbau-Theorem in mehrfacher Hinsicht. In seiner
Darstellung der Gründungsphase der Gesellschaft macht die sozioökonomische Dynamik, die durch die Einführung des Ackerbaus
und der Tauschwirtschaft angestoßen wird, aufgrund der fortschreitenden Zuspitzung von Klassengegensätzen die Etablierung einer
zentralen Staatsmacht erforderlich – andernfalls droht die Selbstzer-

---

[227] Rousseau: *Diskurs über die Ungleichheit. Discours sur l'inégalité.* Hrsg. von Heinrich Meier. Kritische Ausgabe mit sämtlichen Fragmenten und ergänzenden Materialien. Paderborn ²1990 (im folgenden zitiert als: *D*). S. 78 ff., 102 ff.
[228] Er hat hierbei insbes. Buffons *Histoire naturelle* (1749 ff.) im Auge (*D* 287).
[229] Meier: »Einführender Essay«, *D* LXVIII.

störung der Gesellschaft in einem ›Krieg aller gegen alle‹ – (*D* 211 ff.); zugleich entspringen nach Rousseau aus der »Bebauung des Grund und Bodens« Rechtsvorstellungen (*D* 201), die sich in den Selbstbeschreibungen der Staatsbürger und der politischen Institutionen niederschlagen (s. u. Kap. III 3). Das im *Diskurs über die Ungleichheit* entworfene Bild der ökonomischen Entwicklungen als der ›basalen‹ gesellschaftlichen Triebkraft wird dadurch bekräftigt, dass in Rousseaus Schilderung der Staatsgründung die wirtschaftlich dominierende Schicht die politische Macht erringt (s. u. S. 120 f., 159 ff.); dies weist auf den marxistischen Begriff der »herrschenden Klasse« voraus (*MW* II 93). Gemäß dem *Diskurs über die Ungleichheit* verrät das Machtstreben der »Reichen« den Einfluss der ökonomischen Dynamik der Tauschwirtschaft auf ihren Charakter (*D* 211, s. u. S. 122, 183 f.) – was Marx' These entspricht, dass die ökonomischen Akteure »Charaktermasken« der herrschenden Verhältnisse sind.²³⁰ Der ideologiekritische Zug des marxistischen Basis/Überbau-Theorems wird im *Diskurs über die Ungleichheit* dadurch antizipiert, dass ihm zufolge die ökonomische Führungsschicht ihre politische Macht durch die ideologische Deformation des normativen Konsenses befestigt, den die Mitglieder jeder Gesellschaft in ihren Selbstbeschreibungen nach Rousseau postulieren müssen (*D* 215 ff., s. u. S. 120 f., 159 ff.).

Die These, dass es unumgänglich ist, einen solchen Konsens in Anspruch zu nehmen, kommt im *Diskurs über die Ungleichheit* dadurch ins Spiel, dass in einer fiktiven Szene der Entwurf des Staates als einer Solidargemeinschaft der Etablierung einer zentralen Staatmacht vorangeht (ebd.). Der Kontrast zwischen diesem Entwurf und der von Rousseau konstatierten faktischen Repression stellt den Leser vor die Frage, ob sich die Gesellschaft nicht anders hätte entwickeln können – bzw. in Zukunft anders entwickeln kann. Hier klingt Luhmanns Idee einer »Re-Possibilisierung der Verhältnisse« durch eine Gesellschaftstheorie an, die sich des Begriffs der »Kontingenzkausalität« bedient.²³¹

Rousseau appelliert mit seiner unmissverständlichen Aussage, es sei »wider das Gesetz der Natur, auf welche Weise man es auch definieren mag«, dass im zeitgenössischen Feudalismus »eine Handvoll Leute überfüllt ist mit Überflüssigem, während die ausgehunger-

---

²³⁰ *Das Kapital. Kritik der politischen Ökonomie.* I. Bd. *MW* IV 64.
²³¹ Luhmann: »Evolution und Geschichte«, S. 164. S. u. S. 122 f.

te Menge am Notwendigsten Mangel leidet«, und es durchaus vorkommt,»dass ein Kind einem Greis befiehlt« oder »ein Schwachsinniger einen weisen Menschen führt« (D 271/273), an seine Leser, die bestehende Gesellschaftsordnung durch grundlegende Reformen »der legitimen Einrichtung [l'institution légitime] näher zu bringen« (D 250 f.). Hiermit wechselt er aus der Beobachterperspektive in die Teilnehmerperspektive. Die Rechtfertigung der – vom naturwissenschaftlichen Determinismus in Frage gestellten – Annahme der Handlungsfreiheit, die jeder moralische Appell einschließt, – und damit des Begriffs ›praktischer Subjektivität‹ – gehört zu den Kernanliegen des *Diskurses über die Ungleichheit* (s. u. Kap. III 2 b, 4 b). Gemäß Rousseaus evolutionärem Ansatz müssen unser Freiheitsbewusstsein wie auch die ethischen Normen, auf die sich seine Gesellschaftskritik stützt, als Resultat der Gattungsgeschichte begriffen werden. Durch die Aufgabe, die Geschichte des Freiheitsbewusstseins zu rekonstruieren, wird die Teilnehmerperspektive des *Diskurses über die Ungleichheit* inhaltlich ausgestaltet. Hierbei stellen sich zwei Probleme – mit denen auch Herder und Marx konfrontiert sind, die den evolutionären Ansatz des *Diskurses über die Ungleichheit* und dessen eigentümliche Verknüpfung von kausaler Geschichtsanalyse und ethischer Gesellschaftskritik aufgreifen: Auf der einen Seite muss dargelegt werden, inwiefern ethische Normen, die als Produkt einer historischen Entwicklung anzusehen sind, den Anspruch auf Allgemeingültigkeit erheben können; auf der anderen Seite bleibt zu klären, wie die von Rousseau intendierte Rekonstruktion der ›Geschichte der Freiheit‹ in der Teilnehmerperspektive mit seiner Kausalanalyse der Gattungsgeschichte in Einklang zu bringen ist.

Rousseau versucht das erste Problem im *Diskurs über die Ungleichheit* dadurch zu lösen, dass er moralische Evidenzen reklamiert, deren historischer Ursprung eindeutig angegeben werden könne (s. u. Kap. III 3 d). Diese Antwort bleibt unbefriedigend, da die Berufung auf Evidenzen den Verzicht auf die argumentative Ausweisung von Geltungsansprüchen einschließt (s. u. S. 182). Herder konzipiert eine Alternative, der sich der frühe Marx anschließt (s. u. S. 64, 319 ff.). Für das zweite Problem hat Rousseau demgegenüber einen weitreichenden Lösungsansatz entwickelt. Die Unbestimmtheiten, die bei der Verschränkung der kausalen Beobachterperspektive mit der normativ-kritischen Teilnehmerperspektive des *Diskurses über die Ungleichheit* aufgrund von Mehrdeutigkeiten des Textbefundes auftreten, stellen sich in der Beobachterperspektive als Kontingenzspielräume dar; diese können bzw. müssen in der Teilnehmerperspektive als Freiheitsspielräume interpretiert werden (s. u. S. 123 ff., 185 ff.). In diesem Sinne lässt sich Luhmanns Begriff der »Kontingenzkausalität« auf das ›Scharnier‹ zwischen der Beobachter- und der Teilnehmerperspektive des *Diskurses über die Ungleichheit* zurückprojizieren (s. u. S. 123 ff., 383 ff). An diesem Lösungsansatz, der sich des literarischen Mittels des mehrdeutigen Textsinns bedient, orientiert sich Herder in *Auch eine Philosophie der Geschichte zur Bildung der Menschheit* (s. u. S. 130 ff.); das Bauprinzip dieses Textes kehrt in Marx' Konzept der »Selbstverständigung [...] der Zeit« wieder (s. u. S. 135 f.).

Herders *Auch eine Philosophie der Geschichte zur Bildung der Menschheit* setzt bei der historischen Periode an, in die Rousseaus Rekonstruktion der Gattungsgeschichte im *Diskurs über die Ungleichheit* einmündet: dem Übergang von der nomadischen Lebensform zu staatlich verfassten Gesellschaften – Rousseau beschränkt sich hinsichtlich des weiteren Verlaufs der Weltgeschichte darauf, die fortschreitende Verschärfung ideologisch verschleierter Repression zu konstatieren (*D* 223 ff.). Herder erklärt mit dem Schlagwort einer »Physik der Geschichte« die Naturwissenschaft – wie bereits Rousseau – zum methodischen Vorbild historischer Erklärungsversuche.[232] Die kausalen Geschichtsanalysen in *Auch eine Philosophie der Geschichte zur Bildung der Menschheit* umkreisen das Verhältnis zwischen den materiellen Lebensbedingungen auf der einen Seite und den politischen Institutionen, dem normativen Selbstverständnis und den kulturellen Produktionen historischer Gesellschaften auf der anderen. Diese Analysen sollen die Leithypothese verifizieren: »Man bildet nichts aus, als wozu Zeit, Klima, Bedürfnis, Welt, Schicksal Anlass gibt« (*AP* 32). Herder knüpft mit seiner Kritik an einer »Abgötterei gegen den menschlichen Geist« (*AP* 56), welche dessen Anbindung an materielle Lebensumstände verleugnet, einerseits an Rousseau an, der mit seiner Rekonstruktion der Menschwerdung die Annahme einer überzeitlichen Vernunft widerlegen will, andererseits an zeitgenössische Theorien über den prägenden Einfluss geographischer Lebensbedingungen auf historische Gesellschaftsformationen (Montesquieu, Winckelmann u. a.).[233] Er beob-

---

[232] *Auch eine Philosophie der Geschichte zur Bildung der Menschheit. Beitrag zu vielen Beiträgen des Jahrhunderts.* Hrsg. von H. D. Irmscher. Stuttgart 1990 (im folgenden zitiert als: *AP*). S. 83.

[233] Vgl. Gonthier-Louis Fink: »Von Winckelmann bis Herder. Die deutsche Klimatheo-

achtet auf den frühen Stufen der Geschichtsentwicklung eine einsinnige Abhängigkeit der politischen und kulturellen Sphäre von den materiellen Lebensverhältnissen; hierbei erkennt er – insbes. in seinen Analysen der ägyptischen und phönizischen Zivilisation in *Auch eine Philosophie der Geschichte zur Bildung der Menschheit* und des römischen »Kriegsstaat[s]« in seinen *Ideen zu einer Philosophie der Geschichte der Menschheit* (1784–91)[234] – den ökonomischen Verhältnissen eine Schlüsselrolle zu, was auf das marxistische Basis/Überbau-Theorem vorausweist (s. u. Kap. IV 3 a, c). Herder nimmt zugleich Habermas' These, dass in der Individual- und Gattungsgeschichte eine parallel verlaufende normative »Entwicklungslogik« aufweisbar ist (s. o. S. 20 ff.), vorweg, indem er die Abfolge der untersuchten Kulturwelten zu lebensgeschichtlichen Entwicklungsphasen in Beziehung setzt (*AP* 12, 21, 26).[235] Seine Rekonstruktion dieser Entwicklungsgeschichte soll darlegen, wie sich die ethischen Maßstäbe, die seiner Zeitkritik zugrunde liegen, aus unvollkommenen Gestalten des normativen Bewusstseins gleichsam herausgeschält haben. Da Herder eine Entwicklungslogik der normativen Selbstbeschreibungen historischer Gesellschaften, die zu den fraglichen Maßstäben hinführt, konzipiert, muss er im Unterschied zu Rousseau keine moralischen Evidenzen in Anspruch nehmen. Seine Kernthese, man bilde »nichts aus, als wozu Zeit, Klima, Bedürfnis, Welt, Schicksal Anlass gibt«, lässt sich mit der Annahme, dass die Geschichte des normativen Bewusstseins einer inneren Logik folgt, in Einklang bringen, wenn man die Rede vom »Anlass« für das Auftreten bestimmter kultureller Phänomene dahingehend interpretiert, dass diese zwar stets das Vorhandensein spezifischer materieller Faktoren voraussetzen, solche notwendigen Bedingungen für das Auftreten der betreffenden Phänomene aber nicht durchgängig auch als hinreichende, d. h. vollständig determinierende, Bedingungen gewertet werden dürfen – was der ›schwachen Form‹ der ›nicht-reduktionistischen‹ Version des Basis/Überbau-Theorems entspricht (s. o.

---

rie in europäischer Perspektive«. In: *Johann Gottfried Herder 1744–1803*. Hrsg. von G. Sauder. Hamburg 1987. S. 156–176.

[234] Herder: *Werke*. Hrsg. von H. Arnold, M. Bollacher u. a. 10 Bde. Frankfurt a. M. 1985–2000. Bd. VI: *Ideen zu einer Philosophie der Geschichte der Menschheit* (im folgenden zitiert als: *I*). S. 586 ff.

[235] »Verfeinerung und läuternder Fortgang der Tugendbegriffe aus den sinnlichsten Kindeszeiten hinauf durch alle Geschichte ist offenbar« (*AP* 99). S. u. S. 228 f., 233–243, 260 ff., 270 f.

S. 20). [236] Ein Pendant zur ›starken Form‹ des marxistischen Basis/ Überbau-Theorems kommt in Herders Geschichtsphilosophie dadurch ins Spiel, dass ihr zufolge in den fortgeschritteneren Epochen die normativ-kulturelle Sphäre zunehmend eigenständig wird und die Gesellschaft im Ganzen beeinflusst (s. u. Kap. IV 4 b, 5 a). Dies berührt sich mit der Geschichtsauffassung Parsons' (s. o. S. 20 f., 36 f.), dessen historische Detailanalysen zu denjenigen Herders zahlreiche Parallelen aufweisen.

Hinsichtlich der Frage, ob soziale Stabilität einen Wertekonsens voraussetzt, vertritt Herder eine differenzierte Position. Er stimmt Rousseau darin zu, dass auf jeder Stufe der Weltgeschichte »Widersprüche« zwischen Solidaritätsprinzipien, die in den gesellschaftlich etablierten normativen Selbstbeschreibungen in Ansatz gebracht werden, und den faktischen Verhältnissen zu beobachten sind (vgl. *AP* 32, s. u. S. 217 f.); er warnt jedoch vor einer anachronistischen Ideologiekritik, die davon ausgeht, dass Inkohärenzen von Selbstinterpretationen, die im historischen Rückblick auszumachen sind, in jedem Fall auch für die Zeitgenossen als ideologisch durchschaubar waren. Herder gibt zu bedenken, dass die Einsicht in solche Inkohärenzen durch religiöse Tabuisierungen bzw. kulturelle bedingte Reflexionsdefizite versperrt werden kann (s. u. Kap. IV 3). Indem er in seiner Analyse der altägyptischen Zivilisation der Kritik zeitgenössischer Aufklärer am damaligen religiös befestigten »Despotismus« entgegenhält, sie lege moderne Maßstäbe an die Frühphase der Menschheitsgeschichte an und ignoriere dabei die ›Unreife‹ des zeitgenössischen moralischen Bewusstseins (*AP* 17 f., s. u. S. 233 ff.), wendet er sich implizit zugleich gegen die Auffassung Rousseaus, ein ideologisch verformter normativer Pseudo-Konsens sei eine weltgeschichtliche Konstante. Geht man – mit Herder – davon aus, dass die Inkohärenz bestimmter normativer Selbstinterpretationen für die Betroffenen nicht erkennbar war, muss man einen Wertekonsens, der in solchen Selbstinterpretationen behauptet wird, als ›authentisch‹ werten. In diesem Sinne zieht Herder aus Rousseaus These, dass jede Gesellschaft in ihren Selbstbeschreibungen einen normati-

---

[236] In diesem Sinne muss auch bei Herder zwischen der – mit Habermas zu sprechen – »Entwicklungslogik« des normativen Bewusstseins und seiner gattungsgeschichtlichen »Entwicklungsdynamik« unterschieden werden (vgl. Habermas: »Historischer Materialismus und die Entwicklung normativer Strukturen«, S. 12; »Zur Rekonstruktion des Historischen Materialismus«, S. 154; *TkH* II 218; s. o. S. 24).

ven Konsens postulieren muss, in *Auch eine Philosophie der Geschichte* den Schluss, dass auf den frühen Stufen der Weltgeschichte ein ›realer‹ Wertekonsens geherrscht habe.

Hans Dietrich Irmscher hat darauf hingewiesen, dass Herder historische Zivilisationen als »sich selbst organisierende Systeme« interpretiert. [237] Herder entwirft in *Auch eine Philosophie der Geschichte zur Bildung der Menschheit* in metaphorischer und in seinen *Ideen zu einer Philosophie der Geschichte der Menschheit* in begrifflich artikulierterer Form Systemmodelle, für die das Begriffspaar ›Gleichgewicht/Störung‹ konstitutiv ist (s. u. Kap. IV 1). Dieses wird in seiner frühen Geschichtsphilosophie *(Auch eine Philosophie der Geschichte zur Bildung der Menschheit)* mittels der biologistischen Metaphern ›gesund/krank‹ folgendermaßen spezifiziert:

(1) Herder stellt bei der Einführung des Systemmodells dieser Schrift – im Anschluss an die Darstellung antiker Gesellschaften – die These auf, jede »Nation« lasse eine »Proportion von Kräften und Neigungen« zu einem »Zwecke« erkennen, »der ohne jene nimmer erreicht werden könnte«: der »Glückseligkeit« (*AP* 32, 35). Indem er hiermit das Programm formuliert, historische Gesellschaftsformationen als auf das ›Wohl des Ganzen‹ hingeordnete Funktionszusammenhänge zu rekonstruieren, bringt er den ›engen biologistischen‹ Systembegriff in Ansatz (s. u. Kap. IV 1 a). Herder lässt die historische Realität von Unterdrückung und Ausbeutung nicht als Argument gegen die Applikation des Paradigmas eines ›gesunden Organismus‹ auf antike und mittelalterliche Gesellschaften gelten: Er beruft sich hierbei – wie später Parsons (s. o. S. 32) – auf die geschichtlichen Wandlungen des Moralbewusstseins und verwirft eine Beurteilung »entfernter [...] Nationen« anhand normativer Maßstäbe, die dem welthistorischen Entwicklungsstand, auf dem sie sich befinden, fremd sind (*AP* 31 f., 34, s. u. S. 216 f.).

(2) Während Parsons der Auffassung ist, dass ideologische Ver-

---

[237] Irmscher: »Aneignung und Kritik naturwissenschaftlicher Vorstellungen bei Herder«. In: *Texte, Motive und Gestalten der Goethezeit. Festschrift für Hans Reiss.* Hrsg. von J. H. Hibberd und H. B. Nisbet. Tübingen 1989. S. 33–63, hier 62 f. – Irmschers Hinweis wurde – soweit ich sehe – bislang nirgends zum Ausgangspunkt einer Interpretation der Geschichtsphilosophie Herders gemacht. In der umfassendsten neueren Darstellung – Ralph Häfners *Herders Kulturentstehungslehre. Studien zu den Quellen und zur Methode seines Geschichtsdenkens* (Hamburg 1995) – wird dessen Konzept eines »›natürlichen Systems‹ der Geschichte« nur im Vorbeigehen angesprochen (ebd. S. 262).

zerrungen gesellschaftlicher Selbstbeschreibungen ›Selbstheilungskräfte‹ aktivieren, die durch Veränderungen der Sozialstruktur eine größtmögliche »normative Kohärenz« herbeiführen – so dass solche Verzerrungen letztlich marginal bleiben – (s. o. S. 31 f.), spricht Herder in seiner frühen Geschichtsphilosophie »Vorurteil[en]«, die tiefgreifende »Widersprüche« zwischen Selbstbeschreibungen und den faktischen Verhältnissen verdecken, eine zentrale systemstabilisierende Funktion zu (*AP* 32, 36):

»Das Vorurteil ist gut, zu seiner Zeit: denn es macht glücklich. Es drängt Völker zu ihrem Mittelpunkte zusammen, macht sie fester auf ihrem Stamme, blühender in ihrer Art, brünstiger und also auch glückseliger in ihren Neigungen und Zwecken. Die unwissendste, vorurteilendste Nation ist in solchem Betracht oft die erste: das Zeitalter fremder Wunschwanderungen und ausländischer Hoffnungsfahrten ist schon Krankheit, Blähung, ungesunde Fülle und Ahnung des Todes!« (*AP* 36)

Die Entschiedenheit, mit der Herder in seiner frühen Geschichtsphilosophie der Verschleierung von Widersprüchen zwischen Selbstbeschreibungen und der sozialen Realität durch kulturspezifische Vorurteile eine ›vitale‹ Funktion bei der Aufrechterhaltung gesellschaftlicher ›Gleichgewichtszustände‹ zuerkennt, weist auf der einen Seite auf Luhmanns Deutung ideologischer Inkohärenzen als unentbehrlicher Bestandteile einer lebensfördernden »Sozialtechnik« voraus (s. o. S. 43), auf der anderen Seite erlaubt es Herder gerade die These, dass solche Vorurteile »Völker zu ihrem Mittelpunkte zusammen[drängen]«, d. h. deren inneren Zusammenhalt stärken, den ›engen biologistischen‹ Systembegriff auf Gesellschaften anzuwenden, in deren Selbstinterpretationen im historischen Rückblick tiefgreifende Inkohärenzen zutage treten: Da er diese These dahingehend konkretisiert, dass solche Inkohärenzen auf unausgereiften Entwicklungsstufen des normativen Bewusstseins den Zeitgenossen verborgen blieben (s. u. S. 217 f., 238, 249 f.), kann er den in ihren Selbstbeschreibungen postulierten normativen Konsens als authentisch werten. In diesem Sinne nimmt das Systemmodell in Herders früher Geschichtsphilosophie eine Mittelstellung zwischen den Positionen Parsons' und Luhmanns ein. Während Rousseau mit seiner Schilderung der Staatsgründung im *Diskurs über die Ungleichheit* suggeriert, dass die ›herrschende Klasse‹ den postulierten normativen Konsens von vornherein instrumentalisiert und damit deformiert hat (s. u. S. 120 f., 159 ff.), ist Herder der Auffassung, dass die gesellschaftlichen Machtträger auf den frühen Stufen der Menscheitsgeschichte der ›ehrlichen Überzeugung‹ waren, ihren Pflichten gegenüber der Gesellschaft nachzukommen. Er beruft sich hierbei auf die Tatsache, dass der postulierte Konsens zunächst religiös fundiert war – wobei er davon ausgeht, dass sich die Individuen die religiösen Traditionen lange Zeit hindurch unbefragt angeeignet haben (s. u. Kap. IV 2, 3 a).

(3) Herder vergleicht die moderne europäische Zivilisation mit einem »Kranken«, der »im Todessschweiße« mit »Opium« träumt (*AP* 82). Der apokalyptische Zug dieser Metapher lässt sich anhand von Herders *Journal meiner Reise im Jahre 1769* konkretisieren, wo er das Gefahrenpotential der modernen Technik anspricht und vor einer Selbstzerstörung der Menschheit aufgrund bislang ungeahnter Entwicklungsmöglichkeiten der »Kriegskünste« warnt.[238] Während Herder die Schattenseiten der neuzeitlichen europäischen Zivilisation fokussiert, akzentuiert Parsons ihre Errungenschaften, aus denen sich seine Zuversicht speist, dass die Menschheit der apokalyptischen Bedrohung Herr werden und »auf die Vollendung jenes Gesellschaftstyps zusteuern wird, den wir ›modern‹ nennen«.[239] Herders und Parsons' Gegenwartsanalysen weisen aber insofern eine strukturelle Parallele auf, als beide die »Möglichkeit einer alles vernichtenden Katastrophe«[240] in ähnlicher Weise in ihr jeweiliges biologistisches Systemmodell integrieren: Bei Parsons geschieht dies durch die Deutungsperspektive, dass die technische Zivilisation den Charakter eines ›evolutionären Irrwegs‹ hat, bei Herder durch die Metapher der lebensbedrohlichen Krankheit, mit der er ein fatales systemisches Ungleichgewicht zwischen der rastlosen Eigendynamik technischer Entwicklungen und unserem Unvermögen konstatiert, deren Risiken lückenlos zu kontrollieren. Mit dem Bild des »Opium[s]«, das die Sinne des »Kranken« vernebelt, weist Herder dem ›blinden‹ Fort-

---

[238] »Was wollen doch alle unsre Kriegskünste sagen? Ein Griechisches Feuer, Eine neue Erfindung, die alle vorige zerstört, ist allen überlegen. […] So arbeiten wir uns […] selbst ins Verderben hinein.« (Herder: *Journal meiner Reise im Jahre 1769*. Historisch-kritische Ausgabe. Hrsg. von K. Mommsen unter Mitarbeit von M. Mommsen und G. Wackerl. Stuttgart 1976. S. 89 f.) Georg Christoph Lichtenberg – Physiker von Beruf – entwirft wenige Jahrzehnte später die Vision einer »chemisch zerstörte[n] Erde« (»Ein Traum« (1799). In: Lichtenberg: *Schriften und Briefe*. Hrsg. von W. Promies. 4 Bde. München 1967–93. Bd. III, S. 110).

[239] Parsons: *Das System moderner Gesellschaften*, S. 181. S. u. Kap. IV 5 c.

[240] Parsons: ebd.

schrittsoptimismus, der sich im Zeitalter der Aufklärung ausgebreitet hat,[241] eine Mitschuld am Herannahen der apokalyptischen Bedrohung zu. Er erklärt es zur Aufgabe eines »Sokrates unsrer Zeit«, das ›falsche Bewusstsein‹ der Zeitgenossen offen zu legen: »Du kannst, Sokrates unsrer Zeit! nicht mehr wie Sokrates würken: denn dir fehlt der kleine, enge, starkregsame, zusammengedrängte Schauplatz! […] Aber siehe! wenn du wie Sokrates handelst, demütig Vorurteilen entgegen strebest, aufrichtig, menschenliebend, dich selbst aufopfernd Wahrheit und Tugend ausbreitest, wie du kannst – Umfang deiner Sphäre ersetzt vielleicht das Unbestimmte und Verfehlende deines Beginnens!« (*AP* 92)

Wie lässt sich Herders Forderung, zeitgenössischen »Vorurteilen« konsequent entgegenzutreten, mit seiner plakativen These in Einklang bringen: »Das Vorurteil ist gut, zu seiner Zeit: denn es macht glücklich«? Herder stellt mit der Opium-Metapher klar, dass kulturspezifische Vorurteile in bestimmten Situationen eine destabilisierende Wirkung haben können, so dass die Aufdeckung ›falschen Bewusstseins‹ funktional geboten sein kann. Herders – zunächst befremdlich anmutende – Aussage: »wir nahen uns einem neuen Auftritte, wenn auch freilich bloß durch Verwesung!« (*AP* 103), lässt sich dahingehend interpretieren, dass das Erschrecken über die globalen Gefahren der modernen Zivilisation die Chance eröffnet, deren fatale Eigendynamik aufzuhalten; hierzu will er mit seinen eindrücklichen Warnungen offensichtlich einen Beitrag leisten. Dennoch tritt in *Auch eine Philosophie der Geschichte* eine ungelöste Spannung zwischen der These von der systemstabilisierenden Funktion von Vorurteilen und Herders Ideologiekritik auf, und zwar in seiner Auseinandersetzung mit den Legitimationsstrategien des europäischen Kolonialismus:

»In Europa ist die Sklaverei abgeschafft, […] nur eins haben wir uns noch erlaubt: drei Weltteile als Sklaven zu brauchen, zu verhandeln, in Silbergruben und Zuckermühlen zu verbannen – aber das sind nicht Europäer, nicht Christen, und dafür bekommen wir Silber und Edelgesteine, Gewürze, Zucker« (*AP* 74). »Handel und Papsttum, wie viel habt ihr schon zu diesem großen Geschäfte beigetragen! Spanier, Jesuiten und Holländer: ihr menschenfreundlichen, uneigennützigen, edlen und tugendhaften Nationen! Wie viel hat euch

---

[241] Herder karikiert deren Lichtmetaphorik, indem er vom »Maulwurfsauge dieses lichtesten Jahrhunderts« spricht (*AP* 5).

in allen Weltteilen die Bildung der Menschheit nicht schon zu danken?« (*AP* 71)

Herders Kritik an den Legitimationsstrategien des neuzeitlichen Kolonialismus setzt bei der Tatsache an, dass die Institution der Sklaverei, die in Europa im Laufe des Mittelalters aus religiösen Gründen beseitigt worden war,[242] bei den kolonialen Eroberungszügen der europäischen Mächte seit dem 15. Jahrhundert im großen Stil wieder eingeführt wurde. Er spielt auf zwei Begründungsmuster an, die hierbei angewandt wurden: (1) Papst Nikolaus V. autorisierte mit seiner Bulle »Romanus Pontifex« (1455) die portugiesischen Könige dazu, die Territorien der »Sarazenen und aller anderen Heiden« zur »Ausbreitung des Glaubens« zu erobern und sie selbst »ewiger Sklaverei zu unterwerfen«.[243] Die Auffassung, der ›Unglaube‹ der Nichtchristen rechtfertige bereits ihre Versklavung, wurde allerdings 1537 von Papst Paul III. revidiert: Er verbot in der Bulle »Sublimus Deus« insbes. die Versklavung der amerikanischen Indianer. (2) Die Befürworter der Sklaverei konnten auf eine alternative Begründungsstrategie ausweichen: Sie wandten die Behauptung des Aristoteles, Nichtgriechen könnten aufgrund einer unausgebildeten Vernunft nur subalterne Arbeiten verrichten und seien daher »Sklaven von Natur« (*Politik* 1252 b 7–9, 1254 b 20–22), auf die außereuropäischen Völker an – womit sie deren ›kulturelle Unterlegenheit‹ gegenüber den Europäern zum zureichenden Grund für ihre Versklavung erklärten.[244]

Herder gibt durch den ironischen Duktus seiner Schilderung des Kolonialismus zu verstehen, dass aus beiden Legitimationsstrategien Selbstwidersprüche resultieren. (Zu 1) Da die Versklavung von Christen im Mittelalter mit der Begründung, sie sei mit einer christlichen Ethik unvereinbar, verboten worden war, läuft die religiöse Rechtfertigung der Versklavung von Nichtchristen darauf hinaus, dass ein Christ im Umgang mit seinen Glaubensbrüdern und ›Heiden‹ unterschiedliche ethische Grundsätze anwenden soll. Dies steht

---

[242] Karl der Große hatte erstmals die Versklavung von Christen verboten.

[243] Der lat. Originaltext und eine engl. Übersetzung der Bulle sind abgedruckt in: *European Treaties bearing on the History of the United States and its Dependencies to 1648*. Hrsg. von F. G. Davenport. Washington (D.C.) 1917. S. 13–20, 20–26.

[244] Mit dieser ›naturrechtlichen‹ Argumentation wandte sich etwa der Dominikaner Juán Girés de Sepúlveda in der – von Kaiser Karl V. anberaumten – Disputation von Valladolid (1550/51) gegen die Forderung Bartolomé de las Casas' und Domingo de Sotos, die Versklavung der Indianer zu beenden. Vgl. Lewis Hanke: *Aristotle and the American Indians. A Study in Race Prejudice in the Modern World*. London 1959.

in offenem Widerspruch dazu, dass Christus seine ethischen Gebote universal formuliert hat. (Zu 2) Die Begründung der Versklavung außereuropäischer Völker mit dem ›naturrechtlichen‹ Argument, diese seien nur zu ›niederen Arbeiten‹ fähig, führt insofern in einen Selbstwiderspruch, als ihre Kultur auf der einen Seite als Artikulation ihrer ›eingeschränkten Vermögen‹ gewertet wird, dieses Argument auf der anderen Seite jedoch legitimieren soll, dass sie von den Kolonialherren aus ihrem angestammten kulturellen Umfeld herausgerissen und zur Schwerstarbeit »in Silbergruben und Zuckermühlen« (*AP* 74) gezwungen wurden, dass ihnen also genau die kulturellen Artikulationsmöglichkeiten geraubt wurden, die man selber zum ›natürlichen Ausdruck‹ ihrer spezifischen Vermögen erklärt hat. Die These von der kulturellen Überlegenheit der Europäer wurde faktisch dazu benutzt, die Anwendung roher Gewalt durch die Kolonialherren zu rechtfertigen.

Mit der Charakterisierung des Kolonialismus als eines »großen Geschäfte[s]« (*AP* 71) führt Herder die Tatsache, dass die eklatanten Selbstwidersprüche dieser beiden Legitimationsmuster nicht sofort decouriert wurden, darauf zurück, dass sich in ihnen Vorurteile niederschlagen, die den Aufbau eines profitablen weltumspannenden »System[s] des Handels« durch die Kolonialmächte erleichterten.[245] Herders pointierte Formulierung, dass die Kolonialherren »Menschen in Bergwerke« und »Sklavenmühlen hineinbekehrt oder hineinkultiviert« haben (*AP* 59), zielt zunächst auf die hergebrachte Auffassung, die Anwendung von Gewalt sei ein legitimes Mittel christlicher ›Missionierung‹ – in den *Ideen* prägt er hierfür die eindringliche Formel, die Kirche habe »das Kreuz Christi als Mordzeichen in alle Weltteile getragen« (*I* 818) –; er weist zugleich auf die Leichtigkeit hin, mit der die religiöse Rechtfertigung der Unterwerfung und Ausbeutung außereuropäischer Völker durch eine ›weltliche‹ Legitimationsstrategie ersetzt werden konnte, die diese Völker zu »Wilden« erklärte (*AP* 71), denen ›europäische Disziplin‹ beigebracht werden müsse. Mit seiner unmissverständlichen Feststellung, »Handel und Papsttum«, »Spanier, Jesuiten und Holländer« partizipierten am »großen Geschäfte« des europäischen Kolonialismus, kennzeichnet Herder dessen Begründungsmuster als ideologi-

---

[245] »›System des Handels!‹ Das Große und Einzige der Anlage ist offenbar! Drei Weltteile durch uns verwüstet und polizieret« (*AP* 74).

schen ›Überbau‹ eines letztlich von Wirtschaftsinteressen gelenkten »System[s]«.

Seine Interpretation dieser Legitimationsstrategien als des ›Epiphänomens‹ ökonomischer System-Mechanismen macht verständlich, dass die juristischen Erfolge, die die Gegner der Sklaverei erzielten – die Versklavung der Indianer wurde in den spanischen Kolonien bereits im 16. Jahrhundert eingedämmt –, auf die realen Lebensbedingungen der Betroffenen kaum Auswirkungen hatten: So herrschten etwa in den südamerikanischen Silberminen auch dann noch sklavenähnliche Arbeitsbedingungen, als die dort ›beschäftigten‹ Indianer nominell den Status zwangsverpflichteter Lohnarbeiter hatten, da die ›basalen‹ ökonomischen Interessenkonstellationen dieselben blieben.[246] Herder stellt dementsprechend – mit der Formulierung, dass es sich die Kolonialmächte »erlaubt« haben, »drei Weltteile als Sklaven zu brauchen« (*AP* 74) – die jahrhundertelange formelle Versklavung von Afrikanern mit der Ausbeutung der Indianer, deren Sklaven-Status aufgehoben worden war, und von asiatischen Völkern, die nie im juristischen Sinne versklavt wurden, auf eine Stufe (vgl. *I* 496).

Indem er mit der ironischen Feststellung, dass die Kolonialmächte »Menschen in Bergwerke« und »Sklavenmühlen hineinbekehrt oder hineinkultiviert« haben, die gängigen Auffassungen, der europäische Kolonialismus verwirkliche den ›Missionsauftrag Christi‹ bzw. diene der ›Verbreitung der abendländischen Kultur‹, als Vorurteile entlarvt, die die Funktion haben, moralische Bedenken gegenüber einer rücksichtslosen ökonomischen Interessenpolitik zu zerstreuen, gibt er zugleich zu verstehen, dass die unterworfenen Völkern mittels repressiver Maßnahmen gefügig gemacht wurden. Die Herrschaftsstrukturen in den Kolonialreichen sind demnach in keinem normativen Konsens verankert. Für die systemtheoretische Interpretation einer solchen Gesellschaftsform steht Herder in *Auch*

---

[246] Die Bergwerksherren in Potosí zwangen z. B. »die Arbeiter, fünf Tage in den Stollen unter Tage zu bleiben und dort zu übernachten. Sie legten ihnen den Abbau einer bestimmten Eisenerzmenge auf, was die Arbeitszeit beträchtlich verlängerte, und ließen sie mit Peitschenhieben zu Mehrleistungen antreiben. Die mangelnde Entlüftung und Entwässerung der Stollen machten den Aufenthalt im Bergwerk noch besonders gesundheitsschädigend. Die Indianer, die an solche Beschäftigungen nicht gewöhnt waren, starben in großer Zahl« (Richard Konetzke: *Süd- und Mittelamerika I. Die Indianerkulturen Altamerikas und die spanisch-portugiesische Kolonialherrschaft* (= Fischer Weltgeschichte, Bd. 22). Frankfurt a. M. [18]2004. S. 200).

*eine Philosophie der Geschichte* nur das Modell des kranken Organismus zur Verfügung. Herder kann dieses Modell insofern auf das koloniale »System des Handels« anwenden, als die Eroberungszüge der Kolonialmächte durch ihre waffentechnische Überlegenheit ermöglicht wurden, welche sie der europäischen »Wissenschaft« verdankten (*AP* 74), deren technische Anwendungen apokalyptische Gefahren heraufbeschwören: Das Bild des rastlos weiterrollenden Rades, mit dem Herder die neuzeitliche europäische Zivilisation charakterisiert,[247] bezieht sich sowohl auf den technischen Fortschritt als auch den imperialen Drang der Kolonialmächte.[248] Herder subsumiert somit den europäischen Kolonialismus unter die unersättliche Eigendynamik einer Zivilisation, die auf ihre Selbstzerstörung zutreibt, sofern ihrem expansiven Grundzug nicht Einhalt geboten wird.

Zwischen der ethischen Kritik am Kolonialismus in *Auch eine Philosophie der Geschichte* und dem – der Beobachterperspektive zugehörigen – Systemmodell dieser Schrift ergibt sich dadurch eine ungelöste Spannung, dass Herder auf der einen Seite gezwungen ist, die Gesellschaftsstruktur der Kolonialreiche mittels des Paradigmas des kranken Organismus zu interpretieren – und damit die ideologische Rechtfertigung des Kolonialismus mit dem unreflektierten Fortschrittsoptimismus auf eine Stufe zu stellen –, auf der anderen Seite jedoch nicht auszuschließen ist, dass die koloniale Repression ein Durchgangsstadium bildet, welches die außereuropäischen Völker langfristig einem materiell wie auch sozialethisch überlegenen Entwicklungsniveau näher bringt. Da es durchaus vorstellbar ist, dass die globalen Risiken der modernen Technik durch entschlossenes Handeln eingedämmt werden – Herders Wort von einer künftigen »selige[n] Zeit« (*AP* 97) bringt diese Hoffnung zum Ausdruck –, kann der Kolonialismus nicht ohne weiteres als ein Hinabziehen der ganzen Menschheit in einen apokalyptischen Sog gebrandmarkt werden; Herder muss die Möglichkeit einräumen, dass die außereuropäischen Völker langfristig von der wirtschaftlichen Effizienz einer kontrollierten technischen Zivilisation profitieren werden. Er erkennt darüber hinaus an, dass die neuzeitliche europäische Aufklärung mit politischen Demokratisierungstendenzen einhergeht (*AP* 100 f., s. u.

---

[247] »Das Rad, in dem sich seit drei Jahrhunderten die Welt bewegt, ist unendlich« (*AP* 59).
[248] »Wo kommen nicht europäische Kolonien hin und werden hinkommen!« (*AP* 71)

Kap. IV 5 a). Es ist somit denkbar, dass die von den europäischen Mächten erzwungene Öffnung traditionsverhafter Kulturräume auf lange Sicht den Wohlstand wie auch die gesellschaftlich-politische Freizügigkeit der außereuropäischen Völker befördert. Da Parsons der Überzeugung ist, dass die globalen Risiken der modernen Technik beherrschbar sind, wertet er die Auflösung der Kolonialreiche nach dem Ende des 2. Weltkriegs als Beleg dafür, dass der neuzeitliche Kolonialismus ein solches Durchgangsstadium war, welches die Grundlage für die globale Ausbreitung eines materiell wie auch normativ optimalen Gesellschaftssystems schuf:

»Die ›imperialistische‹ Phase der Beziehungen zwischen der westlichen Gesellschaft und der übrigen Welt war vorübergehender Natur. Der Trend zur Modernisierung ist heute in der gesamten Welt zu verzeichnen. Besonders die Eliten der meisten nicht-modernen Gesellschaften erkennen entscheidende Aspekte der Werte der Moderne an, besonders die wirtschaftliche Entwicklung, die Bildung, die politische Unabhängigkeit und eine gewisse Form der ›Demokratie‹. Obwohl die Institutionalisierung dieser Werte ungleich und konfliktbeladen ist – und lange bleiben wird –, wird der Trend zur Modernisierung in der nicht-westlichen Welt wahrscheinlich anhalten.«[249] Parsons konstatiert einen Widerspruch zwischen den neuzeitlichen Demokratisierungstendenzen innerhalb der westlichen Staaten und dem repressiven Charakter ihrer kolonialen Expansion; hiermit räumt er implizit ein, dass diese ideologisch befrachtet war.[250] Er wertet die Auflösung der Kolonialreiche als Bestätigung seiner Kernthese, soziale Systeme bedürften »normative[r] Kohärenz«:[251] Dies zeigt seine Abwehrhaltung gegenüber dem Vorwurf, die westlichen Staaten betrieben nach der Auflösung der Kolonialreiche faktisch eine neo-koloniale Politik (durch die Kooperation mit diktatorischen Regimes im globalen Süden) und handelten damit nach wie vor den Werten zuwider, auf die sie sich berufen.[252] Parsons hat sich mit diesem Vorwurf nicht im Einzelnen auseinandergesetzt; für die Klärung der Frage, ob Herders Kritik am Kolonialismus in einem ungelösten Spannungsverhältnis zum Systemmodell seiner frühen Geschichtsphilosophie steht, reicht es jedoch bereits aus, dass Parsons' Sicht des

---

[249] Parsons: *Das System moderner Gesellschaften*, S. 173. Vgl. ebd. S. 10 f.
[250] Ebd. S. 178 f.
[251] Ebd. S. 21.
[252] Ebd. S. 151, 179.

Kolonialismus als Etappe der globalen Durchsetzung eines ›optimal angepassten‹ Gesellschaftssystems eine ernstzunehmende Deutungsmöglichkeit bildet: Herder muss die *Möglichkeit* zulassen, dass die ideologischen Rechtfertigungsstrategien des Kolonialismus unter den Typ systemstabilisierender Vorurteile fallen, die langfristig die »Glückseligkeit« des Ganzen befördern (s. u. Kap. IV 5 b); in diesem Fall wäre seine ethische Kritik am Kolonialismus unter systemfunktionalen Gesichtspunkten verfehlt. Hierdurch wird die selbstreflexive Theoriestruktur seiner frühen Geschichtsphilosophie beschädigt, für die es von zentraler Bedeutung ist, dass die Wirkungsabsicht der in der Teilnehmerperspektive vorgetragenen Gesellschaftskritik in der systemfunktionalen Beobachterperspektive rekonstruierbar sein muss (s. u. S. 131 ff.).

Herder hält in den *Ideen zu einer Philosophie der Geschichte der Menschheit* am ›engen biologistischen‹ Systembegriff fest, lässt die These von der systemstabilisierenden Funktion von Vorurteilen jedoch fallen; er spricht sozialen Systemen nun einen natürlichen Drang zur »Wahrheit« – und damit zur Auflösung ideologischer Verzerrungen – zu (*I* 647, s. u. Kap. IV 1 b). Die Behauptung der *Ideen*, dass Systeme einen »Beharrungszustand« der »Wahrheit, Güte und Schönheit« anstreben (*I* 648, s. u. S. 221), steht allerdings in eigentümlichem Kontrast zu der Tatsache, dass Herder keine empirischen Belege für eine natürliche Auflösungstendenz ideologischer Inkohärenzen anführt. Er versucht diese Diskrepanz in den *Ideen* dadurch aufzulösen, dass er die faktische Macht von Ideologien mit einem schuldhaften Versagen des Menschen erklärt, der »dem trüglichsten Irrtum Schein geben und ein freiwillig Betrogener werden« könne (*I* 146). Dies hat für den Theoriestatus der *Ideen* fatale Konsequenzen: Während Herder in *Auch eine Philosophie der Geschichte* durch die ironische Kontrastierung der Selbstbeschreibungen historischer Akteure mit ihrem faktischen Verhalten lediglich suggeriert, aber nicht explizit behauptet, dass sie für ideologische Selbstwidersprüche verantwortlich gemacht werden können – womit er die Möglichkeit einer streng kausalen Rekonstruktion der Menschheitsgeschichte offen lässt –, schließt die These der *Ideen*, der ›natürliche Drang‹ sozialer Systeme zur »Wahrheit« sei durch moralische Verfehlungen historischer Akteure blockiert worden, die Annahme ein, dass sich deren Verhalten einer kausalen Erklärung entzieht; eine solche Unterstellung hat in einer Geschichtstheorie, die einen wissenschaftlichen Anspruch erhebt, keinen Platz. Die Partner argumentativer Diskurse müssen einander zwar einen Spielraum der Entscheidungsfreiheit zuschreiben (s. u. S. 105 ff.) – es ist daher legitim, dass kritische Gesellschaftstheorien die Zeitgenossen als verantwortliche Personen ansprechen –, eine wissenschaftliche Geschichtstheorie muss sich jedoch darum bemühen, das Verhalten historischer Akteure auf Ursachen zurückzuführen (wobei diese Zielsetzung mit der gegenseitigen Freiheitsunterstellung von Kommunikationspartnern kompatibel ist; s. u. S. 107). Selbst wenn die Suche nach zureichenden Gründen für die Entscheidungen von Akteuren zu keinem wissenschaftlich befriedigenden Abschluss gelangt, bleibt die Möglichkeit bestehen, dass ihr Handeln kausal determiniert ist, wir dessen Ursachen jedoch aufgrund der Vorläufigkeit unserer Erkenntnis nicht zureichend durchschauen. Wer moralische Verfehlungen und damit freie Willensentschlüsse als Erklärungsgrund historischer Ereignisse bzw. Entwicklungen in Ansatz bringt, ignoriert diese Möglichkeit und bricht damit die wissenschaftlich gebotene Suche nach Kausalursachen willkürlich ab. Das systemtheoretische Modell der *Ideen* führt somit de facto zur Preisgabe ihres Programms, »jedes Phänomen der Geschichte« wie »eine Naturerzeugung« zu betrachten (*I* 623). Aufgrund dieser Aporie im Aufbau der *Ideen* steht in der vorliegenden Untersuchung Herders frühe Geschichtsphilosophie im Vordergrund.[253]

Dass Herder in *Auch eine Philosophie der Geschichte* kulturspezifischen Vorurteilen eine unentbehrliche systemische Funktion zuspricht, in den *Ideen* demgegenüber eine natürliche Tendenz sozialer Systeme zur »Wahrheit« postuliert – was auf die gegensätzlichen Positionen Luhmanns und Parsons' zum Problem der Ideologie (s. o. S. 29 ff., 39 ff.) vorausdeutet –, gibt Anlass zu der Frage, ob es sich hierbei um gleichermaßen legitime Varianten eines biologistischen Systemmodells handelt oder sich einer der beiden Standpunkte konsequent aus dem zugrunde liegenden Systembegriff ergibt. In Kap. IV 1 b soll für die erste Alternative plädiert werden.

Die Schwierigkeiten innerhalb der selbstreflexiven Theoriestruktur von Herders früher Geschichtsphilosophie, die sich aus sei-

---

[253] Während sich Herder in *Auch eine Philosophie der Geschichte* auf den europäisch-mediterranen Kulturraum beschränkt, sind die *Ideen* universalgeschichtlich angelegt. Die Darstellung der Kulturen außerhalb des europäisch-mediterranen Bereichs in den *Ideen* ist allerdings an das leitende Systemmodell kaum angebunden. Die *Ideen* bleiben zudem fragmentarisch: Sie brechen an der Schwelle der Neuzeit ab.

ner Kritik am Kolonialismus ergeben, haben paradigmatische Bedeutung für eine biologistisch orientierte soziologische Systemtheorie, die den Anspruch erhebt, dass auch die Tätigkeit des Gesellschaftswissenschafters systemtheoretisch rekonstruierbar sein muss.[254] Wenn die These von der unentbehrlichen systemstabilisierenden Funktion ideologischer Inkohärenzen zutrifft, konfrontiert der Gesellschaftswissenschaftler seine Leser zwangsläufig mit Inkohärenzen ihrer Selbstbeschreibungen und wirkt damit als gesellschaftlicher ›Störfaktor‹, so dass seine Tätigkeit nicht als Manifestation systemischer Prozesse – die gemäß einem biologistischen Systembegriff stets die Stabilisierung der System/Umwelt-Differenz und damit den Aufbau ›widerstandsfähiger‹ systemischer Binnenstrukturen ›anstreben‹ – begriffen werden kann. Luhmanns Versuch, diese Konsequenz durch eine Neutralisierung des ideologiekritischen Potentials, das die Aufdeckung ideologischer Inkohärenzen in sich birgt, zu umgehen, bleibt unzulänglich (s. o. S. 47 f. sowie Kap. VII 3). Da die Analyse inkohärenter Selbstbeschreibungen zwangsläufig einen destabilisierenden Effekt hat – welcher nur durch Abwehr- bzw. Verdrängungsmechanismen der Betroffenen blockiert werden kann –, muss eine biologistisch orientierte soziologische Systemtheorie, die am Anspruch auf Selbstreflexivität festhält, die These von der unentbehrlichen systemstabilisierenden Funktion ideologischer Inkohärenzen verwerfen und statt dessen eine natürliche Tendenz sozialer Systeme zur Auflösung von Ideologien postulieren, was sich als empirisch falsch herausstellen könnte. In diesem Sinne stößt die soziologische Systemtheorie beim Problem der Ideologie an ihre Grenzen.

In den geschichtsphilosophisch-politischen Texten zu, die Marx – z. T. in Zusammenarbeit mit Engels – zwischen 1843 und 1848 verfasst hat, kommt dem Erbe Rousseaus und Herders eine Schlüsselrolle zu. Die Ausgangsthese ihres Gemeinschaftswerks *Die Deutsche Ideologie:* »Wir kennen nur eine einzige Wissenschaft, die Wissenschaft der Geschichte«, knüpft an Rousseaus Programm einer genetischen Rekonstruktion der gegenwärtigen Gestalt des Menschen an (*MW* II 15 ff.). Marx und Engels sprechen – wie Rousseau und Herder – der Naturwissenschaft paradigmatische Bedeutung für die historische Forschung zu (*MW* II 21; vgl. Marx: *Ökonomisch-philosophische Manuskripte* (1844), *MW* I 603 f.). In Einklang mit

---

[254] Vgl. Luhmann: »Systemtheoretische Argumentationen«, S. 385; *Soziale Systeme*, S. 30.

Rousseaus *Diskurs über die Ungleichheit* betrachten sie die »Erzeugung neuer Bedürfnisse« im Zuge der Ausbildung der spezifisch menschlichen Fähigkeiten als den Motor des zivilisatorischen Fortschritts (*MW* II 29) und heben dessen Ambivalenz hervor: Die »Teilung der Arbeit«, auf der er beruht, steigert auf der einen Seite die wirtschaftliche Produktivität, ruft aber auf der anderen einen »Widerspruch von Interessen« hervor; die Verflechtung von Abhängigkeitsverhältnissen mit Konkurrenz- und Konfliktstrukturen in der arbeitsteiligen Gesellschaft nimmt den Charakter einer »sachlichen Gewalt über uns« an, »die unsrer Kontrolle entwächst« (*MW* II 17 f., 34 f.). Marx und Engels stimmen Rousseau darin zu, dass die destruktive Eigendynamik der Interessen- und Klassengegensätze, die aus der Arbeitsteilung und der Tauschwirtschaft resultieren, nur unter Kontrolle gebracht werden kann, wenn sich die Individuen in ihren Selbstbeschreibungen auf das »›Allgemein‹-Interesse« der Gesellschaft verpflichten, d. h. einen normativen Konsens postulieren, und auf dieser Basis eine zentrale Staatsgewalt errichten (*MW* II 37). Dass Marx und Engels den beanspruchten Konsens einen »illusorischen« nennen (ebd.) und den Staat als »die Form« kennzeichnen, »in welcher die Individuen einer herrschenden Klasse ihre gemeinsamen Interessen geltend machen« (*MW* II 93), entspricht dem Tenor von Rousseaus Schilderung der Staatsgründung im *Diskurs über die Ungleichheit* (s. u. S. 120 f., 159 ff.). Dieses Bild wird allerdings dadurch relativiert, dass sie im *Manifest der kommunistischen Partei* der modernen Bourgeosie den Vorwurf machen, feudalistische Solidarstrukturen zerstört zu haben:

»Die Bourgeosie, wo sie zur Herrschaft gekommen, hat alle feudalen, patriarchalischen, idyllischen Verhältnisse zerstört. [...] Sie hat die heiligen Schauer der frommen Schwärmerei, der ritterlichen Begeisterung, der spießbürgerlichen Wehmut in dem eiskalten Wasser egoistischer Berechnung ertränkt. Sie hat die persönliche Würde in den Tauschwert aufgelöst und an die Stelle der zahllosen verbrieften und wohlerworbenen Freiheiten die *eine* gewissenlose Handelsfreiheit gesetzt. Sie hat, mit einem Wort, an die Stelle der mit religiösen und politischen Illusionen verhüllten Ausbeutung die offene, unverschämte, direkte, dürre Ausbeutung gesetzt.« (*MW* II 820)

Die Rede von der »frommen Schwärmerei« und »ritterlichen Begeisterung« in der Feudalgesellschaft legt den Schluss nahe, dass deren normative Legitimation der Adelsherrschaft, wonach die Untertanen mit ihren Abgaben einen Rechtsanspruch auf militärischen und juristischen Schutz durch ihren Lehnsherrn erwarben, nicht als bewusste Verschleierung der faktischen Ausbeutungsstrukturen zu werten ist, sondern die Führungseliten in derselben Weise wie die Beherrschten in »Illusionen« hinsichtlich der realen Lebensverhältnisse befangen waren, so dass der reklamierte Wertekonsens in dem Sinne als authentisch angesehen werden kann, dass die Diskrepanz von Selbstbeschreibung und Realität den Betroffenen nicht vor Augen stand – was Herders Stellungnahme zum Problem der Ideologie auf den frühen Stufen der Menschheitsgeschichte entspricht (s. o. S. 65 f.). Gemäß der *Deutschen Ideologie* ist erst im modernen Kapitalismus die tradierte »Ideologie, Religion, Moral etc.« zur »handgreiflichen Lüge« geworden (*MW* II 72 f.).

Marx und Engels verwenden zwei verschiedene Ideologiebegriffe: einen kritischen und einen wertneutralen. Sie erklären einerseits »Vorurteile« und »Illusionen« zum konstitutiven Moment von Ideologien (*Kommunistisches Manifest*, *MW* II 820, 830; vgl. *Deutsche Ideologie*, *MW* II 23), andererseits zählen sie auch kommunistische Intellektuelle bürgerlicher Herkunft, »welche zum theoretischen Verständnis der ganzen geschichtlichen Bewegung sich hinaufgearbeitet haben«, zu den »Bourgeoisideologen« (*Kommunistisches Manifest*, *MW* II 825). Der wertneutrale Ideologiebegriff, der hier ins Spiel kommt, bringt ihre Kernthese zum Ausdruck, dass die »geistige Produktion« sowohl von »wirklichen« (d. h. wahren) als auch von illusorischen »Vorstellungen« an sozioökonomische Lebensverhältnisse zurückgebunden ist (*MW* II 22 f., 840); demzufolge konnten Marx und Engels ihre Geschichtstheorie nur im Horizont des zeitgenössischen Kapitalismus entwickeln (vgl. *MW* II 56). Der wertneutrale Ideologiebegriff hängt mit dem kritischen dadurch zusammen, dass gemäß dem Basis/Überbau-Theorem, der dem ersteren zugrunde liegt, die Missachtung der materiellen Anbindung aller unserer »Vorstellungen« zu einem illusorischen Selbstverständnis führt. Auf diese Verflechtung der beiden Ideologiebegriffe spielt der Titel *Die Deutsche Ideologie* an: Marx und Engels werfen den Junghegelianern, mit denen sie sich in dem Buch auseinandersetzen, vor, nicht »nach dem Zusammenhange ihrer Kritik« an der überlieferten Religion und der zeitgenössischen Philosophie »mit ihrer eignen materiellen Umgebung zu fragen« und sich dadurch über ihre historische Rolle zu täuschen (*MW* II 14 f.; s. u. Kap. V 3 b).

Indem sich Marx und Engels selber als »Bourgeoisideologen« bezeichnen, bringen sie unter der Hand die ›starke Version‹ der

›nicht-reduktionistischen‹ Fassung des Basis/Überbau-Theorems (s. o. S. 20) in Bezug auf ihre eigene Gegenwart in Ansatz. Ihre publizistische Tätigkeit zielt darauf ab, durch die Zerstörung von »religiösen und politischen Illusionen« (*MW* II 820) und die Vermittlung einer adäquaten Einsicht in die »*wirkliche[n]*« gesellschaftlichen Kämpfe die politische Praxis zu beeinflussen (*MW* I 449). Die geforderte »Selbstverständigung [...] der Zeit über ihre Kämpfe und Wünsche« soll eine umfassende »Reform des Bewusstseins« herbeiführen (*MW* I 450), die unmittelbar praktisch-politische Konsequenzen hat. Marx und Engels gehen somit in ihrer publizistischen Tätigkeit davon aus, dass in der Gegenwart die »Ideen« nicht länger – mit der *Deutschen Ideologie* zu sprechen – bloße »Reflexe und Echos« des materiellen Lebensprozesses (*MW* II 23) sind, sondern auf diesen zurückwirken können. Die plakative These der *Deutschen Ideologie:* »Nicht das Bewusstsein bestimmt das Leben, sondern das Leben bestimmt das Bewusstsein« (*MW* II 23) deckt sich demnach nicht mit Marx' und Engels' Verständnis ihrer eigenen historischen Rolle. Da in Herders *Auch eine Philosophie der Geschichte* die Rückwirkung der geistig-kulturellen Sphäre auf die gesellschaftspolitischen Lebensbedingungen ein Kennzeichen der fortgeschritteneren historischen Entwicklungsstufen ausmacht, besteht zwischen der Geschichtskonzeption dieser Schrift und dem faktischen Geschichtsverständnis von Marx und Engels eine strukturelle Parallele. Lediglich der Zeitpunkt, an dem eine »Reform des Bewusstseins« (*MW* I 450) auf die sozialen Lebensverhältnisse zurückwirkt – bzw. zurückwirken kann –, wird von ihnen unterschiedlich bestimmt: Nach Herder ist eine solche Rückwirkung ansatzweise bereits in der Antike spürbar und im Mittelalter unübersehbar (s. u. Kap. IV 3 b, 4 b), nach Marx und Engels ist sie erst in der Gegenwart möglich.

Während Herder in erster Linie die interne Struktur historischer Gesellschaftsformationen analysiert – unter dem leitenden Gesichtspunkt des Verhältnisses von geographisch-ökonomischen Lebensbedingungen, politischen Institutionen und kulturellen Produktionen bzw. normativen Selbstinterpretationen –, interessieren sich Marx und Engels vorrangig für die geschichtliche Dynamik, die die einzelnen »Entwicklungsstufen der Teilung der Arbeit« über sich hinaustreibt (*MW* II 18, 83 f.). Sie knüpfen hierbei an die Analyse krisenerzeugender systemischer Rückkopplungseffekte in Rousseaus *Diskurs über die Ungleichheit* an (s. u. Kap. III 3 a, V 1). Da die fortschreitende Differenzierung der Arbeitsteilung eine Steigerung der

Produktivität ermöglicht, lassen sich die Übergänge zum nächsthöheren historischen Entwicklungsniveau allerdings auch systemfunktional interpretieren[255] – sofern man einen solchen Rekurs auf einen biologistischen Systembegriff nicht überstrapaziert: Marx und Engels betonen, dass die sozialen Antagonismen, die eine Entwicklungsstufe über sich hinaustreiben, in den »gemeinsamen Untergang der kämpfenden Klassen« einmünden können (*MW* II 817 f.). Wie Rousseaus *Diskurs über die Ungleichheit* und Herders *Auch eine Philosophie der Geschichte* verknüpft das *Manifest der Kommunistischen Partei* eine kausale Erklärungs-, d. h. Beobachter-, mit einer ethisch-kritischen Teilnehmerperspektive. Hierbei tritt dadurch eine Komplikation auf, dass Marx und Engels sowohl ihre Geschichtstheorie als auch ihre Vorstellungen vom Umbau der Gesellschaft im *Kommunistischen Manifest* in einer einseitig-verkürzten Gestalt präsentieren. Während in der *Deutschen Ideologie* die sozialen Antagonismen auf einen eigendynamischen Prozess, der aus der Arbeitsteilung entspringt, zurückgeführt werden, setzt die Argumentation des *Kommunistischen Manifests* beim »ununterbrochenen, bald versteckten, bald offenen Kampf« von »Unterdrücker[n] und Unterdrückte[n]« als nicht weiter befragtem Faktum an (*MW* II 817 f.). Laut dem *Manifest* »können die Kommunisten ihre Theorie in dem einen Ausdruck: Aufhebung des Privateigentums, zusammenfassen« (*MW* II 834); in seinem Brief an Ruge vom September 1843 schreibt Marx dagegen: »Aufhebung des Privateigentums und Kommunismus sind […] keineswegs identisch« (*MW* I 448). Zwischen diesen beiden Zitaten besteht insofern kein offener Widerspruch, als aus Marx' Pariser *Ökonomisch-philosophischen Manuskripten* hervorgeht, dass er seine Position im *Kommunistischen Manifest* verkürzt und dadurch missverständlich vorträgt. Im Brief an Ruge wendet sich Marx gegen konkurrierende sozialrevolutionäre Ansätze, die er in den Pariser *Ökonomisch-philosophischen Manuskripten* als »rohe[n] Kommunismus« bezeichnet (*MW* I 593); dieser geht davon aus, dass mit der Enteignung des Privatbesitzes der Herrschaft des Menschen über den Menschen bereits der Boden entzogen ist. Laut Marx' Pariser Manuskripten besteht jedoch die unmittelbare Konsequenz der Abschaffung des Privatbesitzes darin, dass »die Gemeinschaft als der allgemeine Kapitalist« dem Einzelnen gegenübertritt (*MW* I 592).

---

[255] Vgl. Marco Iorio: *Karl Marx – Geschichte, Gesellschaft, Politik.* Berlin/New York 2003. S. 147 f., 169 ff.

Dies bringt – so Marx – die Gefahr einer »Nivellierung« der individuellen Besonderheit mit sich, einer »abstrakte[n] Negation der ganzen Bildung und Zivilisation« und damit einer »Rückkehr zur unnatürlichen Einfachheit des armen und bedürfnislosen Menschen, der nicht über das Privateigentum hinaus, sondern noch nicht einmal bei demselben angelangt ist.« (*MW* I 591 f.) Demgegenüber bleibt in einem Kommunismus, der sich als »Humanismus« versteht, das »positive Wesen des Privateigentums« nach Marx in dem Sinne erhalten, dass jedem Einzelnen die Aneignung des »ganzen Reichtums der bisherigen Entwicklung«, die zur gegenwärtigen »Bildungsstufe« der Menschheit hingeführt hat, ermöglicht wird (*MW* II 592 ff.). Marx' Rede von der »positive[n] Aufhebung des Privateigentums« im kommunistischen Humanismus verknüpft demnach im Hegel'schen Sinne die beiden Bedeutungsmomente des ›Zunichtemachens‹ und ›Bewahrens‹ miteinander:[256] Die individuelle Verfügungsgewalt über die gesellschaftlichen Produktionsmittel, welche die bisherigen Wirtschaftssysteme kennzeichnet, wird im Kommunismus beseitigt; gerade dadurch sollen aber alle gleichermaßen in die Lage versetzt werden, sich die Errungenschaften des zivilisatorischen und kulturellen Fortschritts anzueignen.

Indem Marx das Ziel der »vollständige[n] Emanzipation« von Herrschafts- und Entfremdungsstrukturen dahingehend konkretisiert, dass jeder Einzelne dazu befähigt werden soll, »sein allseitiges Wesen auf eine allseitige Art« auszubilden, d. h. »ein totaler Mensch« zu werden (*MW* I 598 f.), greift er das (neu-) humanistische Ideal der »höchste[n] und proportionierlichste[n]« Ausbildung aller »Kräfte zu einem Ganzen« auf, wie es in den bildungstheoretischen Schriften W. v. Humboldts[257] und Schillers Briefen *Über die ästhetische Erziehung des Menschen* (1795) paradigmatisch formuliert wird.[258] Marx macht allerdings nicht deutlich, durch welche konkre-

---

[256] Zu Hegels Begriff der »Aufhebung« vgl. *Enzyklopädie der philosophischen Wissenschaften* (³1830), § 96, Zusatz. In: Georg Wilhelm Friedrich Hegel: *Werke*. Hrsg. von E. Moldenhauer und K. M. Michel. 20 Bde. Frankfurt a. M. 1986. Bd. X, S. 204.

[257] Vgl. Wilhelm von Humboldt: *Ideen zu einem Versuch, die Gränzen der Wirksamkeit des Staats zu bestimmen* (1792). In: Ders.: *Werke*. Hrsg. von A. Flitner und K. Giel. 5 Bde. Darmstadt ³1980. Bd. I, S. 64.

[258] Vgl. *MW* I 601: »Wie erst die Musik den musikalischen Sinn des Menschen erweckt, wie für das unmusikalische Ohr die schönste Musik *keinen* Sinn hat, [kein] Gegenstand ist, weil mein Gegenstand nur die Bestätigung einer meiner Wesenskräfte sein kann, also nur so für mich sein kann, wie meine Wesenskraft als subjektive Fähigkeit für sich ist, weil der Sinn eines Gegenstandes für mich (nur Sinn für einen ihm entsprechenden

ten Schritte der »rohe Kommunismus« überwunden[259] und jeder Einzelne zur allseitigen Entfaltung seiner »Individualität« (*MW* I 595) befähigt werden kann.[260] Eine Erklärung für die verkürzende Darstellungsweise des *Kommunistischen Manifests* lässt sich Marx' Aufsatz *Zur Kritik der Hegelschen Rechtsphilosophie* entnehmen, der 1844 in den *Deutsch-*

---

Sinn hat) gerade so weit geht, als *mein* Sinn geht, darum sind die *Sinne* des gesellschaftlichen Menschen *andere* Sinne als die des ungesellschaftlichen; erst durch den gegenständlich entfalteten Reichtum des menschlichen Wesens wird der Reichtum der subjektiven *menschlichen* Sinnlichkeit, wird ein musikalisches Ohr, ein Auge für die Schönheit der Form, kurz, werden erst menschlicher Genüsse fähige Sinne, Sinne, welche als *menschliche* Wesenskräfte sich betätigen, teils erst ausgebildet, teils erst erzeugt. Denn nicht nur die fünf Sinne, sondern auch die sogenannten geistigen Sinne, die praktischen Sinne (Wille, Liebe etc.), mit einem Wort der *menschliche* Sinn, die Menschlichkeit der Sinne wird erst durch das Dasein *seines* Gegenstandes, durch die *vermenschlichte* Natur. Die *Bildung* der fünf Sinne ist eine Arbeit der ganzen bisherigen Weltgeschichte. […] Für den ausgehungerten Menschen existiert nicht die menschliche Form der Speise, sondern nur ihr abstraktes Dasein als Speise; ebenso gut könnte sie in rohster Form vorliegen […] Der sorgenvolle, bedürftige Mensch hat keinen Sinn für das schönste Schauspiel; der Mineralienkrämer sieht nur den merkantilischen Wert, aber nicht die Schönheit und eigentümliche Natur des Minerals; er hat keinen mineralogischen Sinn« (Hervorh. im Text).

[259] In den Pariser *Ökonomisch-philosophischen Manuskripten* trifft Marx keine eindeutigen Aussagen darüber, ob der »rohe Kommunismus« ein notwendiges Durchgangsstadium auf dem Weg zu einem kommunistischen Humanismus bildet (vgl. *MW* I 590 ff.). Gemäß dem *Kommunistischen Manifest* ist dies aber in der Tat der Fall. Dort wird die Etablierung des Proletariats als neuer »herrschende[r] Klasse«, welche »gewaltsam die alten Produktionsverhältnisse« umgestaltet, zur unmittelbaren Folge der kommunistischen Revolution erklärt (*MW* II 843). Im Anschluss hieran könne die Auflösung aller Klassengegensätze in einer »Assoziation, worin die freie Entwicklung eines jeden die Bedingung für die freie Entwicklung aller ist«, herbeigeführt werden (ebd.).

[260] In der *Deutschen Ideologie* entwerfen Marx und Engels das Wunschbild, dass »in der kommunistischen Gesellschaft, wo jeder nicht einen ausschließenden Kreis der Tätigkeit hat, sondern sich in jedem beliebigen Zweige ausbilden kann«, die Gesellschaft die »allgemeine Produktion« in der Weise regelt, dass es jedem frei steht, »heute dies, morgen jenes zu tun, morgens zu jagen, nachmittags zu fischen, abends Viehzucht zu betreiben, nach dem Essen zu kritisieren«, wie man gerade »Lust« hat, »ohne je Jäger, Fischer, Hirt oder Kritiker zu werden.« (*MW* II 26) Da Marx und Engels die fortschreitende Einengung des Wirkungsbereichs der Individuen in den bisherigen Gesellschaftsformen als immanente Konsequenz der Arbeitsteilung ansehen, verlangen sie, dass diese in der kommunistischen Gesellschaft »wieder aufgehoben wird« (*MW* II 34). Hierdurch gewinnt ihr Entwurf eines kommunistischen Humanismus einen utopischen Zug, wie er auch in der Forderung nach der »Aufhebung des Staates« (*MW* I 593) zum Ausdruck kommt.

*Französischen Jahrbücher* erschienen ist.[261] Marx vertritt dort die These, eine emanzipatorische Theorie könne die »Massen« nur »ergreifen«, wenn sie »ad hominem demonstriert« (*MW* I 497):

> »Wie die Philosophie im Proletariat ihre materiellen, so findet das Proletariat in der Philosophie seine geistigen Waffen, und sobald der Blitz des Gedankens gründlich in diesen naiven Volksboden eingeschlagen ist, wird sich die Emanzipation der Deutschen zu Menschen vollziehen.« (*MW* I 504)

Marx macht hiermit an seinem Programm einer »Selbstverständigung« der Zeitgenossen »über ihre Kämpfe und Wünsche« Abstriche. Indem er dem Leserkreis der *Deutsch-Französischen Jahrbücher* zu bedenken gibt, dass derzeit nur eine Minderheit die intellektuelle und politische Reife besitze, um aufgrund einer zureichenden Einsicht in die Konfliktstrukturen der sozialen Realität die Aufgabe einer Umgestaltung der Gesellschaft in Angriff nehmen zu können, trennt er eine ›esoterische‹ Kommunikation unter Gleichgesinnten von der ›exoterischen‹ Aufbereitung der Resultate ihrer »Selbstverständigung« für die unemanzipierten »Massen« ab. Eine solche Doppelung von ›esoterischer‹ und ›exoterischer‹ Kommunikation prägt bereits Rousseaus *Diskurs über die Ungleichheit:* Durch sein rhetorisches Pathos werden seine Sachanalysen, deren angemessenes Verständnis nach Rousseaus Überzeugung bis auf weiteres einer kleinen Schar von »Philosophen« (*D* 44) vorbehalten bleibt, in einer simplifizierenden, auf die Fassungskraft der »gewöhnlichen Leser« (*D* 171) berechneten Weise umakzentuiert.[262] Während sich der *Diskurs über die Ungleichheit* in diesem Sinne »an zwei ungleiche Adressaten« wendet,[263] ist das *Kommunistische Manifest* ein dezidiert ›exoterischer‹ Text, dessen Beitrag zur »Selbstverständigung […] der Zeit« sich nur auf dem Hintergrund von Marx' ›esoterischer‹ Kommunikation mit denjenigen erschließt, die er als ebenbürtige Partner bei seinem Vorhaben einer gesellschaftspolitisch relevanten »Reform des Bewusstseins« anerkennt (s. u. S. 135 f., 323 ff.).

Rousseau und Marx gehen somit davon aus, dass den »naiven« (*MW* I 504) Opfern der bestehenden Herrschaftsverhältnisse, auf de-

---

[261] Der Aufsatz war als »Einleitung« zur Abhandlung *Aus der Kritik der Hegelschen Rechtsphilosophie – Kritik des Hegelschen Staatsrechts* (1843) gedacht, die dann aber nicht zur Veröffentlichung kam (*MW* I 488 f.).

[262] Vgl. Meiers »Einführenden Essay« in seine historisch-kritische Ausgabe des *Diskurses über die Ungleichheit, D* XXI ff. S. u. Kap. III 1, 4 a.

[263] Meier: ebd. *D* XXII

ren Emanzipation ihre Gesellschaftskritik abzielt, zum gegenwärtigen Zeitpunkt eine Selbstbestimmung aufgrund vernünftiger Einsicht noch verwehrt bleibt. Laut Rousseaus *Contrat Social* (1762) muss der »Menge«, die oft nicht wisse, was sie wolle bzw. was ihr gut tue, ein adäquates Selbstverständnis von vernunftgeleiteten »Führer[n]« (guides) allererst vermittelt werden.[264] Rousseau spricht diesen hiermit eine »erzieherische Aufgabe« zu.[265] Eine solche Doppelrolle des »Führers und Lehrers«[266] kennzeichnet auch Marx' Bild derjenigen »Philosophen«, die er in seinem Aufsatz *Zur Kritik der Hegelschen Rechtsphilosophie* zum »Kopf« der Emanzipation des Proletariats erklärt (*MW* I 504).[267] Da die zeitgenössischen Proletarier durch den Druck der Arbeitsverhältnisse und den Mangel an Bildungsmöglichkeiten auf einem Existenzniveau festgehalten werden, worin »Essen, Trinken und Zeugen« den Charakter von »letzten und alleinigen Endzwecken« annehmen, so dass der Lebensvollzug auf seine »tierischen Funktionen« reduziert wird (*MW* I 565), können erst in einem langfristigen Bildungsprozess die Voraussetzungen für die freie Entfaltung der Potentiale jedes Individuums in dem von Marx intendierten Sinne geschaffen werden.[268]

Die Doppelung von ›exoterischer‹ und ›esoterischer‹ Kommunikation ist der Geschichtstheorie Herders fremd. Aber auch er geht davon aus, dass die radikale Kritik der zeitgenössischen Gesellschaft, die er in *Auch eine Philosophie der Geschichte* vorträgt, nur bei einer Minderheit auf fruchtbaren Boden fallen wird – nicht bloß aufgrund unzureichender Vorbildung oder dem Interesse einer Reihe von Lesern an der Aufrechterhaltung der faktischen Herrschaftsstrukturen,

---

[264] *Du contrat social.* Buch II, Kap. 6. *OC* III 380. Rousseau: *Vom Gesellschaftsvertrag oder Grundsätze des Staatsrechts.* In Zusammenarbeit mit Eva Pietzcker neu übers. und hrsg. von Hans Brockard. Stuttgart 1977. S. 42.

[265] Fetscher: *Rousseaus politische Philosophie.* Frankfurt a. M. 1975, S. 143.

[266] Fetscher: ebd. S. 141

[267] Das für die politische Praxis des Kommunismus grundlegende Selbstverständnis der »Partei als Organisation der aufklärenden Intellektuellen« und damit als Avantgarde des Proletariats ist demnach bei Rousseau vorgebildet (vgl. Fetscher: *Rousseaus politische Philosophie*, S. 142 f.).

[268] Dass Marx in den Pariser *Ökonomisch-philosophischen Manuskripten* die Einengung des Lebenshorizonts der Proletarier auf die Befriedigung von quasi-»tierischen« Bedürfnissen hervorhebt (*MW* I 565), liefert ein weiteres Argument dafür, dass die Etablierung des Proletariats als »herrschende[r] Klasse« nach einer kommunistischen Revolution zunächst mit der »Nivellierungssucht« einhergeht, die den »rohen Kommunismus« kennzeichnet (*MW* I 591).

sondern auch aufgrund von seelischen Abwehrmechanismen derjenigen, die zwar unter diesen Herrschaftsstrukturen leiden, aber von den »Drachenfesseln der Gewohnheit« am Ausloten von Alternativen zum Bestehenden abgehalten werden (*AP* 93).

Rousseau, Herder und Marx thematisieren somit zeitgenössische Rezeptionsbedingungen ihrer Schriften, die die Umsetzung ihres emanzipatorischen Anliegens behindern. Diese Reflexion auf die zu erwartende Wirkung ihrer geschichtsphilosophischen Texte ist mit deren inhaltlicher Fragestellung untrennbar verknüpft, da in ihnen die historischen Bedingungen eruiert werden sollen, die uns zur Selbstbestimmung aus vernünftiger Einsicht allererst befähigen. Die Rekonstruktion der Bedingungen für die Realisierung vernünftiger Freiheit soll zugleich die Ursachen faktischer – äußerer und innerer – Unfreiheit offen legen und damit den Weg zu ihrer Überwindung bahnen.

# II. Selbstverständigung als Reflexionsform praktischer Subjektivität

## 1. Kierkegaards Konzept der Selbstverständigung

Der Begriff des »Sich selbst Verstehens« wird in Kierkegaards *Abschließender unwissenschaftlicher Nachschrift* nur knapp umrissen; er weist auf den Begriff des »Sich selbst Wählens« in Kierkegaards *Entweder/Oder* (1843) zurück. Im Folgenden soll durch die Synthese beider Begriffe ein Konzept der ›Selbstverständigung‹ gewonnen werden, welches sich bei dem Versuch bewähren muss, dass theoretisch-praktische Doppelgesicht von Rousseaus *Diskurs über die Ungleichheit*, Herders *Auch eine Philosophie der Geschichte zur Bildung der Menschheit* und der geschichtsphilosophisch-politischen Texte des frühen Marx (und Engels) als Ausdruck einer gemeinsamen Reflexionsstruktur zu begreifen, die die Idee ›geschichtlicher Subjektivität‹ expliziert und die ethisch-kritische Teilnehmerperspektive, die hiermit bezogen wird, zugleich mit einer konsequent kausalen Sicht der Geschichte verknüpft.[1]

### a) Die Figur des »subjektiven Denkers« in Kierkegaards Abschließender unwissenschaftlicher Nachschrift

Laut Kierkegaards *Nachschrift* ist es »die Aufgabe des subjektiven Denkers«, »sich selbst in Existenz zu verstehen«; sie wird einem »objektiven Denken« entgegengesetzt, welches »alles aufs Resultat abstellt und der ganzen Menschheit zum Betrügen durch Abschreiben und Hersagen des Resultats und des Fazits verhilft«.[2] »Der existierende subjektive Denker ist in seinem Existenzverhältnis zur Wahrheit ebenso positiv wie negativ [...] und ist beständig [...] Streben-

---

[1] Zu den Bezügen zwischen Kierkegaards und Marx' Begriff der Selbstverständigung s. u. S. 326, 338.

[2] Kierkegaard: *Abschließende unwissenschaftliche Nachschrift*, Bd. 2, S. 55, Bd. 1, S. 65.

der.«[3] Er ist in dem Sinne »negativ«, dass er sich der unaufhebbaren Vorläufigkeit unserer Erkenntnis – mit der einzigen Ausnahme der unbezweifelbaren Gewissheit meiner eigenen Existenz – bewusst bleibt.[4] Indem er »diese Wunde der Negativität offen« hält, hindert er »das Erkennen an einem illusorischen Sichabschließen«.[5] Sein grundsätzlicher skeptischer Vorbehalt gegenüber allen Resultaten schließt insofern »etwas Positives« ein, als er das Streben nach wahrer Erkenntnis als ›unendliche Aufgabe‹ begreift und daher beständig »ein Lernender« bleibt.[6] In diesem Sinne wird in der *Nachschrift* Lessings aufklärerischer Kernsatz zustimmend zitiert:

»Wenn Gott in seiner Rechten alle Wahrheit, und in seiner Linken den einzigen immer regen Trieb nach Wahrheit, obschon mit dem Zusatze mich immer und ewig zu irren, verschlossen hielte, und spräche zu mir: wähle! Ich fiele ihm mit Demut in seine Linke und sagte: Vater, gib! die reine Wahrheit ist ja doch nur für Dich allein!«[7]

Der »subjektive Denker« geht über das »objektive Denken«, welches Resultate fixiert, dadurch hinaus, dass er den »Weg« offen legt, auf dem sie erzielt wurden.[8] Mit der Feststellung, das »objektive Denken« berge die Gefahr des »Betrügen[s] durch Abschreiben und Hersagen des Resultats« in sich,[9] wird dem Leser zu verstehen gegeben, dass die Rekonstruktion des Weges zum fraglichen Resultat jeden Einzelnen in die Lage versetzen soll, es selbständig nachzuprüfen. Wenn es einer intersubjektiven Überprüfung standhält, wird ein begründeter Konsens über seinen Wahrheitsanspruch erzielt.

Den »subjektiven Denker« zeichnet somit eine – im »objektiven Denken« fehlende – »Reflexion« auf »das Verhältnis des Individuums zur Wahrheit«, d. h. auf die Genese und Rechtmäßigkeit von Wahrheitsansprüchen, aus.[10] Diese Reflexion umfasst einerseits unser theoretisches Wissen, andererseits den Bereich handlungsleitender Kenntnisse und Überzeugungen.[11] In Kierkegaards Nachlasstexten

---

[3] Ebd. Bd. 1, S. 72.
[4] Ebd. Bd. 1, S. 73.
[5] Ebd. Bd. 1, S. 77, 73.
[6] Ebd. Bd. 1, S. 65, 73, 77.
[7] Ebd. Bd. 1, S. 98. Vgl. G. E. Lessing: *Werke.* Hrsg. von H. G. Göpfert. 8 Bde. München 1970–79. Bd. VIII, S. 33.
[8] Kierkegaard: *Abschließende unwissenschaftliche Nachschrift*, Bd. 1, S. 54.
[9] Ebd.
[10] Ebd. Bd. 1, S. 190.
[11] Vgl. ebd. Bd. 1, S. 72 ff., Bd. 2, S. 62 ff.

zur »indirekten Mitteilung«, worin die Entgegensetzung von »subjektivem« und »objektivem Denken« weiter ausgeführt wird, wird dieser Bereich als der des »Könnens« bezeichnet: Hierunter subsumiert Kierkegaard sowohl das praktische Wissen, von dem in Handwerk, Kunst usw. Gebrauch gemacht wird, als auch die Anwendung von Grundsätzen der Lebensführung, d. h. des »Ethischen« im weitesten Sinne, auf konkrete Situationen.[12] Da die korrekte Anwendung solcher Grundsätze ein adäquates Verständnis der betreffenden Situationen voraussetzt, enthält sie einen Erkenntnisaspekt – mit der *Nachschrift* zu sprechen: ein »ethische[s] Wissen«.[13]

Die Reflexion des »subjektiven Denkers« ist insofern eine »Doppelreflexion«, als sie nicht nur die inhaltlichen Fragen der Genese und der Rechtmäßigkeit von Geltungsansprüchen thematisiert, sondern auch die angemessene »Form der Mitteilung« eines solchen Denkens, welches durch die Darlegung des Weges, auf dem es seine Resultate erzielt hat, dem Rezipienten deren selbständige Überprüfung und – wenn diese positiv ausfällt – »Aneignung« ermöglichen will.[14] Hierbei tritt ein wesentlicher Unterschied zwischen der Weitergabe des theoretischen Wissens und der Vermittlung handlungsleitender Kenntnisse und Überzeugungen zutage.[15] Die Vermittlung theoretischer Erkenntnisse vollzieht sich in der »direkten« Form eines »Vortrag[s]« bzw. Berichts, anhand dessen der Rezipient den Weg zu den angeführten Resultaten nachvollziehen kann; dagegen gelingt die Aneignung eines »Könnens« nur durch ein praktisches Einüben.[16] Mit seiner Feststellung, im Bereich des Könnens sei der »Gegenstand der Mitteilung« eine »Realisation«,[17] macht Kierkegaard darauf aufmerksam, dass man nur demjenigen ein praktisches Wissen zuschreiben kann, der es in seinem Handeln korrekt umzu-

---

[12] Søren Kierkegaard: *Papirer.* Anden forøgede Udgave ved N. Thulstrup og N. J. Cappelørn. Kopenhagen 1969–78. Bd. VIII/2, Aufzeichnungen B 81, 28, S. 152, B 89, S. 189.

[13] Kierkegaard: *Abschließende unwissenschaftliche Nachschrift*, Bd. 2, S. 18.

[14] Ebd. Bd. 1, S. 65, 67.

[15] Das theoretische Wissen darf hierbei nicht mit dem »objektiven Denken« gleichgesetzt werden, wobei allerdings die Differenz in der *Nachschrift* nicht immer deutlich wird. Das »objektive Denkens« ist durch die Präsentation fertiger Ergebnisse gekennzeichnet, die vom Rezipienten hingenommen werden sollen. Demgegenüber praktiziert ein Wissenschaftler, der seine Methoden offen legt, das in der *Nachschrift* geforderte »subjektive Denken«.

[16] *Papirer* VIII/2 B 81,5, S. 144 f., B 81,22, S. 151, B 88, S. 181 f.

[17] Ebd. B 81,13, S. 148.

setzen versteht: Es hat den Charakter einer Handlungskompetenz.[18] In Bezug auf die »ethische Mitteilung« wird die allgemeine Charakterisierung des »subjektiven Denkers« in der *Nachschrift:* »dass er, indem er seine Gedanken vorträgt, zugleich sich selbst schildert«,[19] in Kierkegaards Nachlasstexten dahingehend konkretisiert, dass der »Mitteilende« die Darlegung seiner Grundsätze mit der Schilderung seiner ethischen Praxis verknüpfen muss.[20] Die ethische Kompetenz des Rezipienten soll dadurch aktiviert werden, dass er Einblick in exemplarische »Situation[en]« gewinnt, in denen der Mitteilende seine Grundsätze zur Anwendung bringt.[21] Hierbei soll der »Empfänger« nachprüfen, inwieweit die verbalen Äußerungen des Mitteilenden mit dessen Lebenspraxis in Einklang stehen.[22] Auf diese Weise soll der Rezipient den exemplarischen ›Geschichten‹, anhand derer der Mitteilende seine ethische Praxis veranschaulicht, Anhaltspunkte für seine eigene Lebensführung entnehmen.

Dieses Konzept der »ethischen Mitteilung« ist in den pseudonymen Schriften Kierkegaards in dem Maße realisiert, wie deren fiktive Autoren als Individuen mit einem spezifischen biographischen Hintergrund greifbar sind. Die Mitteilungsform dieser Schriften ist insofern eine »indirekte«,[23] als Kierkegaard durch die literarische Fiktion verschiedener Verfasser, deren Positionen einander wechselseitig relativieren, den Leser dazu animiert, die Aussagen der pseudonymen Autoren auf deren jeweilige subjektive Perspektive zurückzuziehen.[24]

In der *Nachschrift* wird der übergreifende Gesichtspunkt für die Interpretation des Terminus »sich selbst in Existenz verstehen«, der die theoretisch-wissenschaftliche und die praktisch-ethische Erkenntnistätigkeit des »subjektiven Denkers« umgreift, durch die formelhafte Aussage angedeutet, dass, wer »existiert«, sich stets »zu dem Zukünftigen verhält«.[25] Mit dieser Charakterisierung des Existierens wird ein universaler Begriff der Praxis anvisiert, der die Tätigkeit des Wissenschaftlers einbezieht. Dass die Wissenschaft in der

---

[18] Ebd. B 81,5, S. 145.
[19] Kierkegaard: *Abschließende unwissenschaftliche Nachschrift,* Bd. 2, S. 62.
[20] *Papirer* VIII/2 B 81,28, S. 152.
[21] Ebd.
[22] Ebd. B 81,28–30, S. 152.
[23] Vgl. ebd. B 88, S. 181 f.
[24] Vgl. Wilfried Greve: *Kierkegaards maieutische Ethik.* Frankfurt a. M. 1990. S. 22 ff.
[25] Kierkegaard: *Abschließende unwissenschaftliche Nachschrift,* Bd. 2, S. 6.

*Nachschrift* in einer praktischen Perspektive zum Thema wird, kommt bereits bei der Gegenüberstellung des »subjektiven« und »objektiven« Denkens zum Ausdruck: indem diesem der ›wissenschaftsethische‹ Vorwurf gemacht wird, dem »Betrügen durch Abschreiben und Hersagen des Resultats und des Fazits« Vorschub zu leisten.[26]

Im Rahmen des universalen Begriffs der Praxis als Sich-Verhalten zum Zukünftigen wird die Differenz von theoretisch-wissenschaftlichem und praktisch-ethischem Existenzverständnis in der *Nachschrift* folgendermaßen gefasst:

»intellektuell gilt, dass nur dann eine Wirklichkeit verstanden und gedacht worden ist, wenn ihr Wirklichsein (esse) in ihr Seinkönnen (posse) aufgelöst ist. Ethisch gilt, dass nur dann die Möglichkeit verstanden worden ist, wenn jedes Seinkönnen (posse) wirklich ein Wirklichsein (esse) ist.«[27]

Der Gehalt von Aussagesätzen über die Erfahrungswelt bildet eine »Gedankenrealität«;[28] angesichts der unaufhebbaren Vorläufigkeit unserer Welterkenntnis ist »eine gedachte Wirklichkeit« nie mehr als eine »Möglichkeit«, welcher relativ auf den jeweiligen Erfahrungsstand ein bestimmter Grad an Wahrscheinlichkeit zugesprochen werden kann:[29] Dies wird in der *Nachschrift* durch den Begriff des »Approximationswissens« zum Ausdruck gebracht.[30] Ein angemessenes »intellektuell[es]« Selbstverständnis äußert sich somit darin, dass man die Wahrheitsansprüche, die man erhebt, in den Prozess der »Approximation« an die wahre Erkenntnis der realen Welt einbringt, indem man sie der intersubjektiven Überprüfung aussetzt.[31] In diesem Sinne wird in der theoretischen Welterkenntnis das »esse« vom »subjektiven Denker« in ein »posse« verwandelt. Die Aussage der *Nachschrift*, ein adäquates praktisch-ethisches Selbstverständnis werde dadurch erreicht, dass »jedes Seinkönnen (posse) wirklich ein Wirklichsein (esse) ist«, weist auf den Begriff des Sich-selbst-Wählens in *Entweder/Oder* zurück. Im Rückgriff auf diesen Begriff lassen sich die gegenläufigen Bestimmungen des theoretisch-wissenschaftlichen und des praktisch-ethischen Exis-

---

[26] Ebd. Bd. 1, S. 65.
[27] Ebd. Bd. 2, S. 26.
[28] Ebd. Bd. 2, S. 31.
[29] Ebd. Bd. 2, S. 22.
[30] Ebd. Bd. 1, S. 73.
[31] Vgl. ebd. Bd. 1, S. 139.

tenzverständnisses mittels des Begriffspaars »esse/posse« in der *Nachschrift* in ein einheitliches Konzept der ›Selbstverständigung‹ integrieren.

*b)* *Der Begriff der Selbstwahl in Kierkegaards* Entweder/Oder

*Entweder/Oder* ist diejenige Schrift Kierkegaards, in der sein Programm einer »indirekten Mitteilung« des Ethischen in Gestalt eines literarischen »Kunstwerk[s]«[32] am konsequentesten realisiert ist.[33] Das Buch besteht aus den – von einem fiktiven Herausgeber zusammengestellten – »Papieren« des »Ästhetikers«, der eine romantische Dichterexistenz führt, und des »Ethikers«, eines philosophisch versierten Gerichtsrats, der den Ästhetiker von der Überlegenheit seiner eigenen »ethischen Lebensanschauung« überzeugen möchte; der Herausgeber verwendet für diese Figuren die Kürzel »A« und »B«.[34] Der Ethiker bezeichnet es als sein zentrales Anliegen, »für die Freiheit« zu »streite[n]«.[35] Er beruft sich hierbei auf »eine einzige Kategorie«: die der Selbstwahl.[36] Sie ist erkenntnistheoretisch relevant, da er den Anspruch erhebt, mit seinem Konzept des »Sich selbst Wählens« den traditionellen Begriff der Selbsterkenntnis ersetzen zu können:

»Die Wendung ›gnothi seauton‹ [Erkenne dich selbst] ist oft genug wiederholt worden, und man hat darin das Ziel für das gesamte menschliche Streben erblickt. […] Das ethische Individuum erkennt sich selbst, aber dies Erkennen ist keine bloße Kontemplation, denn damit ist das Individuum bestimmt nach seiner Notwendigkeit, es ist eine Besinnung auf sich selbst, die selber eine Handlung ist, und darum habe ich statt des Ausdrucks ›sich selbst erkennen‹ mit Bedacht den Ausdruck ›sich selbst wählen‹ gebraucht. […] Wollte ich geist-

---

[32] Ebd. Bd. 1, S. 71.
[33] Vgl. Tilo Wesche: *Kierkegaard. Eine philosophische Einführung.* Stuttgart 2003. S. 166, 184.
[34] Kierkegaard: *Entweder/Oder.* Erster Teil. Übers. von E. Hirsch. Gütersloh ³1993. 2 Bde. (mit durchgehender Seitenzählung). Bd. 1, S. 7 ff.; *Entweder/Oder.* Zweiter Teil. Übers. von E. Hirsch. 2 Bde. (mit durchgehender Seitenzählung). Gütersloh ²1987. Bd. 2, S. 267, 345. – Zur literarischen Konstruktion des Buches vgl. Greve: *Kierkegaards maieutische Ethik,* S. 39 ff.
[35] Kierkegaard: *Entweder/Oder.* Zweiter Teil. Bd. 2, S. 187.
[36] Ebd. Bd. 2, S. 227.

reich sein, so könnte ich hier sagen, das Individuum erkenne sich selbst auf ähnliche Weise, wie im Alten Testament Adam Eva ›erkannt‹ hat. Durch den Umgang des Individuums mit sich selbst wird das Individuum mit sich selbst geschwängert und gebiert sich selbst.«[37]

Die vom Ethiker als »Kontemplation« bezeichnete Erkenntnis registriert Sachverhalte und spricht den Individuen in Urteilen bestimmte Eigenschaften zu. Da diesen hierbei implizit der Status von bestimmenden Faktoren des künftigen Verhaltens der betreffenden Individuen zugeschrieben wird, kann der Ethiker die ›kontemplative‹, d. h. in Beobachtungen fundierte, Erkenntnis unter die Kategorie der »Notwendigkeit« subsumieren. Er wendet gegen eine solche Angleichung der Erkenntnis von Personen an die Erkenntnis von Dingen ein, dass hierbei die Möglichkeit außer Acht gelassen wird, das eigene Verhalten in einem Akt bewusster Selbstbestimmung zu ändern.

Er hebt aber zugleich hervor, dass niemand sich selbst »erschaffe[n]« kann,[38] dass es also durchaus – individuelle wie soziale – Determinanten unseres Verhaltens gibt:

»Der einzelne Mensch wird sich […] seiner bewusst als dies bestimmte Individuum mit diesen Fähigkeiten, diesen Neigungen, diesen Trieben, diesen Leidenschaften, als beeinflusst von dieser bestimmten Umgebung, als dies bestimmte Produkt einer bestimmten Umwelt.«[39]

Der Akt der Selbstwahl wird dadurch vollzogen, »dass man das Wollen wählt«.[40] Der Ethiker grenzt – im Anschluss an Kant – das »Wollen« vom bloßen »Wünschen« ab.[41] Im kantischen Sinne realisiert sich der Wille in der Wahl von »Maximen«, d. h. Grundsätzen der eigenen Lebensführung.[42] Man »wählt« demnach »das Wollen«, indem man sein Leben an Grundsätzen orientiert.

Der Ethiker charakterisiert die ›Wahl des Wollens‹ als die »Taufe des Willens, welche diesen in das Ethische aufnimmt.«[43] Dies ist

---

[37] Ebd. Bd. 2, S. 275 f. (Übersetzung leicht verändert).
[38] Ebd. Bd. 2, S. 275.
[39] Ebd. Bd. 2, S. 267.
[40] Ebd. Bd. 2, S. 180.
[41] Ebd. Bd. 2, S. 269. Vgl. Kant: *Die Metaphysik der Sitten.* In: Kant: *Werke.* Hrsg. von W. Weischedel. Bd. 4: *Schriften zur Ethik und Religionsphilosophie.* Darmstadt ⁴1975. S. 317.
[42] Kant: *Kritik der praktischen Vernunft.* In: Kant: *Werke,* Bd. 4, S. 125.
[43] Kierkegaard: *Entweder/Oder.* Zweiter Teil. Bd. 2, S. 180.

nicht in dem Sinne zu verstehen, dass sich jeder Mensch zwangsläufig für das »Gute« entscheide[44] – was offenkundig falsch wäre. Der ethische Aspekt der ›Wahl des Wollens‹ besteht vielmehr darin, dass mit dieser Wahl »das Gute und das Böse gesetzt« wird,[45] und zwar in dem Sinne, dass sich der ›Wählende‹ seiner Existenz als Person, die für ihre Taten zur Verantwortung gezogen werden kann, bewusst wird.

Durch die ›Wahl des Wollens‹ »gebiert« der Einzelne – so der Ethiker – »sich selbst«.[46] Mit dieser paradox anmutenden Formulierung weist der Ethiker darauf hin, dass man nur demjenigen, der sein Leben bewusst gestaltet, einen Willen im eigentlichen Sinne zusprechen kann, wobei aber die ›Wahl des Wollens‹ die Fähigkeit zu bewussten Entscheidungen und in diesem Sinne einen Willen bereits voraussetzt. Die ›Wahl des Wollens‹ ist damit »eine Besinnung auf sich selbst, die selber eine Handlung ist«:[47] Indem das Individuum in dieser Wahl von seinem Vermögen zu wollen Gebrauch macht, wodurch sich der Wille im eigentlichen Sinne konstituiert, wird es sich seiner selbst als eines Willenssubjekts bewusst.

Die ›Wahl des Wollens‹ ist insofern eine Wahl des eigenen »Selbst«, als die Entschluss zur bewussten Lebensgestaltung nur dann authentisch ist, wenn er in der nachfolgenden Lebenspraxis durchgehalten wird, wenn man also den Entwurf von Lebensmöglichkeiten, in dem sich das Streben nach Selbstbestimmung artikuliert, konsequent zu realisieren versucht.[48] Da jeder hierbei an – innere und äußere – Grenzen seiner Selbstbestimmung stößt, bildet die Erkenntnis individueller wie sozialer Determinanten ein integrales Moment der Selbstwahl. Mit der Formulierung, dass das »konkrete Sein«, d. h. die »Wirklichkeit«, des Einzelnen »seine Möglichkeit« bzw. »seine Aufgabe« ist,[49] hebt der Ethiker hervor, dass man nur durch den Versuch, seine Freiheitsspielräume auszumessen, in Erfahrung bringen kann, wo die eigenen Potentiale und Grenzen liegen. In diesem Sinne ist das Streben nach Selbstbestimmung gegenüber der Selbsterkenntnis prioritär – was den Ethiker dazu veranlasst, den

---

[44] Vgl. ebd.
[45] Ebd.
[46] Ebd. Bd. 2, S. 219.
[47] Ebd. Bd. 2, S. 276 (s. o.).
[48] Vgl. ebd. Bd. 2, S. 247.
[49] Ebd. Bd. 2, S. 268.

Terminus »sich selbst wählen« anstelle von »sich selbst erkennen« zu benutzen.[50] Mit seiner Aussage, es mache die »Würde« des Menschen aus, »dass er eine Geschichte bekommen kann«, die »nicht bloß ein Inbegriff des mir Geschehenen oder Widerfahrenen ist«, sondern zugleich »meine eigene Tat«,[51] leitet der Ethiker aus dem Gedanken der Selbstwahl einen emphatischen Begriff der Geschichte ab; hierfür soll im Folgenden der Ausdruck »Geschichtlichkeit« gebraucht werden. Die Geschichtlichkeit des Einzelnen besteht in der existentiellen »Bewegung«, die daraus entspringt, dass man sich in der Selbstwahl »nach seiner Möglichkeit« wählt.[52] Der Ethiker betont, dass die Selbstwahl beständig aktualisiert werden muss: Der Impetus der »ursprügliche[n] Wahl« wird in »jeder folgenden« vergegenwärtigt, indem der Einzelne immer aufs Neue – in Gegenwendung gegen festgefahrene Lebensverhältnisse – Möglichkeitsspielräume entwirft, wobei diese aber nicht »ins Blaue hinein« konstruiert werden dürfen, sondern die Erfahrungen widerspiegeln müssen, die das betreffende Individuum bei seinen bisherigen Bemühungen um Selbstbestimmung gemacht hat.[53] Die Selbstwahl ist nur dann eine authentische »Besinnung auf sich selbst, die selber eine Handlung ist«, wenn das Individuum sein Selbstkonzept in diesem Sinne kontinuierlich korrigiert und transformiert.

Die Geschichte jedes Einzelnen ist mit der der »andern Individuen« und damit des »ganzen Geschlecht[s]« untrennbar verknüpft.[54] Indem der Ethiker jeden Menschen als »Produkt einer bestimmten Umwelt« kennzeichnet, hebt er hervor, dass die gesellschaftlich-geschichtlichen Rahmenbedingungen, unter denen wir aufwachsen, für die Entfaltung unserer spezifisch menschlichen Vermögen und die Ausbildung unserer jeweiligen Individualität von konstitutiver Bedeutung sind; unser »Selbst« ist damit ein »soziales«.[55] Als »Produkt« seiner Umwelt ist das Individuum – so der Ethiker – »in die Formen der Wirklichkeit eingezwängt«; er relativiert allerdings diese Aussage umgehend, indem er hinzufügt, in der

---

[50] Vgl. ebd. Bd. 2, S. 247.
[51] Ebd. Bd. 2, S. 267.
[52] Ebd. Bd. 2, S. 247.
[53] Ebd. Bd. 2, S. 233, 275.
[54] Ebd. Bd. 2, S. 229.
[55] Ebd. Bd. 2, S. 267, 280.

Wahl mache es »sich selbst geschmeidig«:[56] »Wer sich selbst wählt, ist eben damit handelnd«; er »hat sich selbst als Aufgabe für eine Tätigkeit, durch die er als diese bestimmte Persönlichkeit in die Lebensverhältnisse eingreift.«[57] Hierbei steht er »in lebendiger Wechselwirkung [...] mit diesen konkreten Umgebungen, diesen Lebensverhältnissen, dieser Ordnung der Dinge.«[58] Er wirkt nicht einfach an der Reproduktion der bestehenden Verhältnisse mit, sondern trägt durch seine Bemühung, diese zu gestalten, dazu bei, dass die Handlungsspielräume ausgelotet werden, die den Individuen unter den spezifischen historischen Bedingungen ihrer soziokulturellen Umwelt offen stehen. Hierbei muss er – wenn er nicht zum »Abenteurer« werden will – den historischen Erfahrungen Rechnung tragen, die bei früheren Versuchen einer Umgestaltung bestehender Verhältnisse gemacht wurden.[59]

Die Individuen, die sich selbst wählen, werden sich der Geschichtlichkeit ihrer Existenz bewusst, indem sie sich einerseits über die determinierenden Einflüsse, denen sie ausgesetzt sind, Rechenschaft ablegen und andererseits ihre gemeinsam durchlebte Geschichte als Dokumentation realisierter oder verpasster Chancen, schuldhafter Verstrickungen usw. begreifen.

Das Spannungsverhältnis zwischen diesen beiden gegenläufigen Aspekten der geschichtlichen Selbstwahl wird vom Ethiker folgendermaßen radikalisiert:

»Die Wahl vollzieht [...] mit einem Schlage folgende zwei dialektische Bewegungen: Das, was gewählt wird, ist nicht da und entsteht durch die Wahl; das, was gewählt, wird, ist da, sonst wäre es keine Wahl.«[60]

Die These, dass das gewählte Selbst »zuvor nicht da gewesen«, sondern »erst durch die Wahl geworden« ist,[61] spricht den Individuen die Fähigkeit zum Neubeginn in freier Selbstbestimmung zu. Die entgegengesetzte Behauptung: dass das vom Einzelnen gewählte Selbst bereits vor der Wahl »da gewesen« ist, wird vom Ethiker damit begründet, dass es »ja ›er selbst‹« gewesen sei, der die Wahl getroffen

---

[56] Ebd. Bd. 2, S. 268.
[57] Ebd. Bd. 2, S. 247, 280.
[58] Ebd. Bd. 2, S. 280.
[59] Ebd.
[60] Ebd. Bd. 2, S. 229.
[61] Ebd.

hat.[62] Der Ethiker hebt hiermit hervor, dass die Motive, die der Entscheidung eines Individuums für eine bestimmte Handlungsalternative zugrunde liegen, Aufschluss über seine »Persönlichkeit« geben.[63] Die beiden »Bewegungen«, die der Ethiker den entgegengesetzten Thesen: »Das, was gewählt wird, ist nicht da und entsteht durch die Wahl; das, was gewählt, wird, ist da« zuordnet, bestehen somit im Prozess der Selbstbestimmung auf der einen Seite und in der Erkenntnis unserer »Persönlichkeit« auf der anderen, die wir beim Versuch der bewussten Gestaltung des eigenen Lebens gewinnen.

Da der Ethiker den Begriff »Philosophie« in erster Linie auf diejenige Hegels bezieht[64] und im Hegel'schen System, wie es in der *Enzyklopädie der philosophischen Wissenschaften* umrisshaft dargestellt ist, die »dialektische« Entgegensetzung von Bestimmungen in ihre »spekulative« Vermittlung einmündet,[65] schließt die Charakterisierung der Selbstbestimmung und der Erkenntnis der »Persönlichkeit« als »dialektischer« Bewegungen durch Kierkegaards »Ethiker« das Ziel ihrer Synthese ein. Er ist offensichtlich der Auffassung, dass sein Konzept der Selbstwahl – als einer »Besinnung auf sich selbst, die selber eine Handlung ist« – eine solche Synthese vollbringt. Da der pseudonyme Autor der *Abschließenden unwissenschaftlichen Nachschrift* (Johannes Climacus) die Qualifikation des Ethikers in *Entweder/Oder* als eines »Dialektiker[s]« in Zweifel zieht,[66] bleibt jedoch zu prüfen, ob es diesem tatsächlich gelingt, den Widerspruch zwischen den Aussagen: »Das, was gewählt wird, ist nicht da und entsteht durch die Wahl; das, was gewählt, wird, ist da« aufzulösen.

Die These, das gewählte Selbst sei bereits vor der Wahl »da gewesen«, besagt, dass dasjenige, was der ›Wählende‹ als Resultat seiner freien Selbstbestimmung ansieht, von jemandem, der eine erschöpfende Kenntnis der betreffenden Person zu einem Zeitpunkt vor der Wahl besäße, vorhergesagt werden könnte. Die Motive, die bei der ›Wahl‹ einer bestimmten Alternative ausschlaggebend waren, werden hierbei als determinierende Faktoren aufgefasst. Da diese

---

[62] Ebd.
[63] Ebd.
[64] Ebd. Bd. 2, S. 180, 185.
[65] *Enzyklopädie* §§79–81, Hegel: *Werke*, Bd. VIII, S. 168 ff.
[66] Kierkegaard: *Abschließende unwissenschaftlichen Nachschrift*, Bd. 1, S. 247.

These die Möglichkeit eines Neuanfangs in freier Selbstbestimmung leugnet und damit eine vollständige Determination der Persönlichkeitsentwicklung postuliert, lässt sie sich in das Konzept der Selbstwahl nicht integrieren. Sie bezieht den Standpunkt der ›kontemplativen‹ Erkenntnis, dem der Ethiker seinen Begriff der Selbstwahl entgegensetzt.

Kierkegaard vermerkt in seinem Tagebuch kurz nach dem Erscheinen von *Entweder/Oder:*
»Es scheint meine Bestimmung zu sein, dass ich die Wahrheit, soweit ich sie aufdecke, dergestalt vortragen soll, dass es mit gleichzeitiger Vernichtung aller möglichen Vollmacht geschieht. Indem ich nun ohne Vollmacht bleibe, im höchsten Grade unzuverlässig in den Augen der Menschen, sage ich das Wahre und bringe sie dadurch in den Widerspruch, aus dem sie sich nur durch selbständiges Aneignen der Wahrheit heraushelfen können. Erst die Persönlichkeit dessen ist reif geworden, der sich das Wahre aneignet.«[67]

Die Konstruktion von Widersprüchen bildet demnach ein zentrales Bauprinzip von *Entweder/Oder,* dessen ›realer‹ Autor Kierkegaard in dem Sinne »ohne Vollmacht« bleibt, dass er die beiden Teile des Buches den fiktiven Verfassern A und B zuordnet, wobei der Leser im Vorwort des (ebenfalls fiktiven) Herausgebers dazu aufgefordert wird, sich ein eigenes Urteil über ihre jeweilige »Lebensanschauung« zu bilden.[68] Laut der zitierten Tagebuchaufzeichnung kann Kierkegaard die »Wahrheit«, um die es ihm geht, nur durch eine solche perspektivische Brechung vermitteln, die den Leser darauf stoßen soll, dass er einen eigenständigen Beitrag zur Auflösung der Widersprüche leisten muss, mit denen ihn das Buch konfrontiert.

Dass der Ethiker den Begriff der Selbstwahl als ›seine‹ Kategorie reklamiert,[69] macht den Leser darauf aufmerksam, dass die für die Ethik konstitutive Annahme der Willensfreiheit in sie eingeht. B's Kritik an der ›kontemplativen‹ Erkenntnis richtet sich ja darauf, dass diese die Möglichkeit einer Verhaltensänderung aufgrund freier Selbstbestimmung außer Acht lässt. Die Zielsetzung des Ethikers, »für die Freiheit« zu »streite[n]«, schließt damit die Aufgabe ein,

---

[67] Kierkegaard: *Die Tagebücher.* Ausgewählt, neugeordnet und übersetzt von H. Gerdes. 5 Bde. Düsseldorf/Köln 1962–74. Bd. I, S. 299.
[68] Kierkegaard: *Entweder/Oder.* Erster Teil. Bd. 1, S. 15 f.
[69] »[…] ich kehre zurück zu meiner Kategorie« (Kierkegaard: *Entweder/Oder.* Zweiter Teil. Bd. 2, S. 227).

die Unterstellung der Handlungsfreiheit zu rechtfertigen. Indem er den traditionellen Begriff der Selbsterkenntnis durch den der Selbstwahl ersetzt, weist er zu Recht darauf hin, dass demjenigen eine adäquate Einsicht in seine spezifischen Möglichkeiten und Grenzen verwehrt bleibt, der gar nicht erst den Versuch unternimmt, seine Handlungsspielräume auszuloten. Dass das Streben nach Selbstbestimmung in diesem Sinne der Selbsterkenntnis vorgeordnet ist, muss auch ein Determinist einräumen; er kann dies aber auch ohne weiteres zugestehen, da er die subjektive Erfahrung, zwischen Handlungsalternativen wählen zu können – bzw. zu müssen –, nicht in Abrede stellt. Er vertritt den Standpunkt, dass es für jeden Entschluss, der sich in der Ich-Perspektive des Handelnden als Akt der Willensfreiheit darstellt, Ursachen gibt, die dem Betreffenden nicht vor Augen stehen und durch eine kausale Rekonstruktion seiner Biographie ans Licht gebracht werden können. Da der Determinist bestreitet, dass die Ich-Perspektive, in der sowohl die Erfahrung der Entscheidungsfreiheit als auch die Selbsterkenntnis verortet sind, zureichenden Aufschluss über den Ursprung unserer Handlungen gibt, reicht B's Hinweis auf die Priorität des Strebens nach Selbstbestimmung gegenüber der Selbsterkenntnis zur Rechtfertigung seiner These nicht aus, dass die Kategorie der Selbstwahl der ›kontemplativen‹, d. h. dem Beobachter-Standpunkt zugehörigen, Erkenntnis, die sich an der Kategorie der »Notwendigkeit« orientiert, überlegen ist.

Dass es zunächst so erscheinen kann, als sei es dem Ethiker gelungen, den Widerspruch zwischen den Aussagen: »Das, was gewählt wird, ist nicht da und entsteht durch die Wahl; das, was gewählt wird, ist da« aufzulösen, d. h. die ›kontemplative‹ Erkenntnis als untergeordnetes Moment in seinen Begriff der Selbstwahl zu integrieren, ist darauf zurückzuführen, dass er nicht klar zwischen der Selbsterkenntnis und der ›kontemplativen‹ Erkenntnis eines Beobachters unterscheidet. Der Ethiker kann lediglich geltend machen, dass sich innerhalb der Ich-Perspektive eine adäquate »Besinnung auf sich selbst« nur als Handlung – im Sinne des Auslotens von Möglichkeitshorizonten – vollziehen kann. Hiermit ist die These des Deterministen nicht entkräftet, dass eine adäquate Erkenntnis des Ursprungs unserer Handlungen nur in der Außenperspektive eines Beobachters möglich ist. Die widersprüchlichen Aussagen des Ethikers zur Selbstwahl konfrontieren somit den Leser mit dem Problem, mit welchen Mitteln die ethische Freiheitsunterstellung gegen den Determinismus verteidigt werden kann.

Ein erster Anhaltspunkt für den in *Entweder/Oder* konzipierten Lösungsweg lässt sich der Tatsache entnehmen, dass der Ethiker auch in Bezug auf die Weltgeschichte widersprüchliche Aussagen trifft. Er bezeichnet sie einerseits als den Bereich der »Freiheit und also der Ethik«,[70] andererseits identifiziert er die »Ordnung der Dinge, von der das ganze Dasein getragen wird«, die also Natur und Geschichte umfasst, mit der »Notwendigkeit«.[71] Er gibt auf diese Weise zu verstehen, dass der wissenschaftliche Determinismus und die Annahme der Handlungsfreiheit einander nicht ausschließen. Auf der einen Seite lässt sich unsere subjektive Erfahrung, über Entscheidungsspielräume zu verfügen, nicht als Argument gegen den Determinismus anführen (es ist denkbar, dass wir uns nur deshalb für frei halten, weil wir den Ursprung unserer Handlungen nicht zureichend durchschauen), auf der anderen Seite ist der Versuch, unser künftiges Verhalten lückenlos vorherzusagen, schon allein wegen der Begrenztheit unserer Erkenntnis zum Scheitern verurteilt, so dass unsere subjektive Erfahrung offener Entscheidungssituationen in jedem Fall ein irreduzibles Faktum bleibt – selbst wenn es gelingen sollte, die Wahrheit des Determinismus in abstracto zu erweisen. In diesem Sinne ist die Überzeugung von der Freiheit unseres Handelns mit dem deterministischen Standpunkt grundsätzlich kompatibel. Es fällt auf, dass der Ethiker die ›kontemplative‹ Erkenntnis nirgends explizit als irreführend hinstellt, sondern sich mit der Feststellung begnügt, dass er den Begriff der Selbstwahl »mit Bedacht« anstelle der herkömmlichen Rede vom Sich-selbst-Erkennen gebraucht. Offensichtlich wird in *Entweder/Oder* keine Widerlegung des Determinismus angestrebt, sondern eine Rechtfertigung der ethischen Freiheitsunterstellung im Rahmen einer ›kompatibilistischen‹ Position.[72] Der Hinweis auf die Kompatibilität der Freiheitsunterstellung mit einer durchgängigen Kausalität des Weltgeschehens ist, für sich genommen, noch keine zureichende Antwort auf die Herausforderung des Determinismus: Könnte die Überzeugung von der Freiheit unseres

---

[70] Ebd. Bd. 2, S. 292.
[71] Ebd. Bd. 2, S. 185.
[72] Eine solche Position, derzufolge »universale Kausalität mit freier Bestimmung der Handlungen zu vereinbaren ist« (Ulrich Pothast: *Die Unzulänglichkeit der Freiheitsbeweise*. Frankfurt a. M. 1980. S. 126), wurde erstmals in der Stoa formuliert und im Englischen Empirismus wie auch von Leibniz aufgegriffen. Moderne Vertreter des ›Kompatibilismus‹ sind u. a. G. E. Moore. M. Schlick und P. F. Strawson (vgl. Pothast: ebd. S. 125–175).

Handelns nicht trotz ihrer Unhintergehbarkeit einen illusionären Charakter haben?

Gemäß der zitierten Tagebuchaufzeichnung Kierkegaards kommt der fiktionalen Ebene von *Entweder/Oder*, die Interpretationsleistungen des Lesers verlangt, eine Schlüsselrolle bei der Auflösung der Widersprüche zu, die in dem Buch auftreten. Die Aussage des Ethikers, er streite »für die Freiheit«, nimmt auf seine Auseinandersetzung mit dem Ästhetiker Bezug,[73] den er in einer zwei ausführlichen Briefen zu einer Änderung seiner Lebensweise auffordert. A weicht allen Bindungen – in Form einer kontinuierlichen Berufstätigkeit oder einer Ehe – aus, da er sie als Einschränkungen seiner Freiheit im Sinne authentischer Selbstverwirklichung betrachtet.[74] Er wertet auch ein von Grundsätzen geleitetes Handeln als Preisgabe des Ziels authentischer Selbstbestimmung: Nach seiner Überzeugung ist nur derjenige frei, der sich am jeweiligen Augenblick orientiert und in ihm Erfüllung sucht.[75]

B unterzieht A's »Lebensanschauung« einer immanenten Kritik.[76] Das »ästhetische« Ziel authentischer Selbstverwirklichung wird von ihm nicht grundsätzlich verworfen; er strebt – wie der programmatische Titel seines zweiten Briefes an A deutlich macht – ein »Gleichgewicht zwischen dem Ästhetischen und dem Ethischen in der Herausarbeitung der Persönlichkeit« an.[77] B's immanente Kritik an A's Lebensführung setzt dabei an, dass sich dieser unverstanden und wertlos fühlt.[78] B hält ihm vor, seine resignative Grundstimmung sei die notwendige Folge seines unangemessenen Verständnisses des »ästhetischen« Ziels authentischer Selbstverwirklichung, d. h. des »ästhetischen« Begriffs der Freiheit; A sei aufgrund seiner Fixierung auf den Augenblick Gefangener seiner selbst. B führt den fragmentarischen Charakter der literarischen Produktion des Ästhetikers auf mangelndes Durchhaltevermögen zurück; er stellt A daher in Aussicht, der Entschluss zu ausdauernder Arbeit werde sich in aus-

---

[73] Kierkegaard: *Entweder/Oder*. Zweiter Teil. Bd. 2, S. 187.
[74] Kierkegaard: *Entweder/Oder*. Erster Teil. Bd. 1, S. 316 ff.
[75] Vgl. ebd. Bd. 1, S. 315; *Entweder/Oder*. Zweiter Teil. Bd. 2, S. 196; Karin Pulmer: *Die dementierte Alternative. Gesellschaft und Geschichte in der ästhetischen Konstruktion von Kierkegaards »Entweder/Oder«*. Frankfurt a. M./Bern 1982. S. 64.
[76] Vgl. Greve: *Kierkegaards maieutische Ethik*, S. 42 f.
[77] Kierkegaard: *Entweder/Oder*. Zweiter Teil. Bd. 2, S. 165.
[78] Kierkegaard: *Entweder/Oder*. Erster Teil. Bd. 1, S. 36, 38.

gereiften Werken niederschlagen, die Anerkennung verdienen.[79] A's Auffassung, ein Eheversprechen gehe darüber hinweg, dass die emotionale Basis einer Liebesbeziehung jederzeit zerbrechen kann, wird von B mit dem Argument kritisiert, dass derjenige, der eine solche Auffassung vertritt und eine Beziehung beendet, sobald seine Gefühle erkalten, die Chance zunichte macht, dass die Partner durch die Überwindung von Phasen der Entfremdung zu einem vertieften Verständnis füreinander gelangen.[80] B zieht aus diesen Kritikpunkten den Schluss, dass sich A aufgrund seines inadäquaten Freiheitsverständnisses selber von Lebensmöglichkeiten abschneide, die ihm diejenige Befriedigung verschaffen könnten, welche er in seiner augenblicksbezogenen Existenz vergeblich sucht. So verspricht B dem Ästhetiker für den Fall, dass er »sich selbst wählt« (d.h. sein Leben an Grundsätzen orientiert): »Du wirst sehen, hierdurch erst wird das Dasein schön« – was die These einschließt, dass sich A auf diesem Wege von der Unangemessenheit seines bisherigen Freiheitsverständnisses werde überzeugen können.[81]

Der Appell, sich selbst zu wählen, kann nur dann an alle Individuen gerichtet werden, wenn er mit der ethischen Forderung verknüpft wird, die Grundsätze der eigenen Lebensführung daraufhin zu prüfen, ob sie mit den Freiheitsspielräumen aller anderen kompatibel sind. B's Begriff der Selbstwahl mündet daher in eine ethische Theorie ein; sie steht in der kantisch-idealistischen Tradition.[82]

B fordert den Ästhetiker mit der Formel »entweder – oder« dazu auf, eine klare Entscheidung für oder gegen eine Neuorientierung seines Lebens zu treffen.[83] Er will A »derart auf die Wegscheide stellen«, dass er für diesen »keinen Ausweg gibt, außer mittels der

---

[79] Kierkegaard: *Entweder/Oder*. Zweiter Teil. Bd. 2, S. 208 f.

[80] Kierkegaard: *Entweder/Oder*. Erster Teil. Bd. 1, 316 f.; Zweiter Teil. Bd. 2, S. 321.

[81] Kierkegaard: *Entweder/Oder*. Zweiter Teil. Bd. 2, S. 189.

[82] Greve: *Kierkegaards maieutische Ethik,* S. 124. – B misst Kants Begründung des Rechts paradigmatische Bedeutung für die neuzeitliche »Auffassung des Ethischen« bei (Kierkegaard: *Entweder/Oder*. Zweiter Teil. Bd. 2, S. 344). Gemäß Kants »Metaphysischen Anfangsgründen der Rechtslehre« ist eine Handlung »recht«, wenn »nach deren Maxime die Freiheit der Willkür eines jeden mit jedermanns Freiheit nach einem allgemeinen Gesetze zusammen bestehen kann« (Kant: *Werke*, Bd. IV, S. 337). Die konkrete Ausgestaltung von B's ethischer Theorie soll im folgenden außer Betracht bleiben. Vgl. Greve: *Kierkegaards maieutische Ethik,* S. 81 ff.; Helmut Fahrenbach: *Kierkegaards existenzdialektische Ethik.* Frankfurt a. M. 1968. S. 92 ff., 162 ff.

[83] Kierkegaard: *Entweder/Oder*. Zweiter Teil. Bd. 2, S. 167, 178.

Wahl«.[84] Diese paradox anmutende Ankündigung, den Ästhetiker zur »Wahl«, d. h. zu einem Akt der Selbstbestimmung, zu nötigen, enthält den Dreh- und Angelpunkt von B's Vorhaben, für die Freiheit zu »streite[n]«. Dass er seinem Appell, A möge fortan nach Grundsätzen handeln, die Forderung hinzufügt, nur solche Maximen zu wählen, mit denen man sich »auf gleiche Stufe mit allen anderen Menschen« stellt, d. h. für sich selber keine größeren Freiräume beansprucht, als man auch allen anderen zubilligt,[85] kann in Hinblick auf die meta-ethische Aufgabenstellung, die ethische Freiheitsunterstellung zu rechtfertigen, außer Betracht gelassen werden.

In B's Augen hat sich A seiner Freiheit beraubt, indem er sich durch seinen Widerwillen gegen jede existentielle Festlegung – Grundsätze sind für ihn nur Gegenstand des Spottes[86] – dem Wechsel seiner momentanen »Stimmung[en]« ausgesetzt hat, was nach B auf eine »physische[e]« Bestimmung durch die aktuelle Gefühlslage hinausläuft.[87] B's Antwort auf die Herausforderung des Determinismus kann demnach nicht in dem Nachweis bestehen, dass alle Menschen ihre Handlungsfreiheit tatsächlich realisieren; er muss vielmehr zeigen, dass jeder ein Freiheitspotential hat.

B betont, dass seine Aufforderung an A, nach (ethisch legitimen) Grundsätzen zu handeln, den Charakter eines Vorschlags hat; hätte sie den Gestus eines Befehls, geräte B in einen Selbstwiderspruch, da er A ja zur Wahrnehmung der eigenen Wahlfreiheit animieren will.[88] Entweder/Oder gibt – wie der fiktive Herausgeber hervorhebt – keine Auskunft darüber, »ob A nun wirklich überzeugt worden sei« und sein bisheriges Leben »bereut« habe.[89] Für B's Ziel, die Freiheitsunterstellung, die seinem Begriff der Selbstwahl zugrunde liegt, zu rechtfertigen, ist es unerheblich, ob (1) A den Vorschlag einer Neuorientierung seines Lebens positiv aufnimmt, (2) diesen explizit zurückweist oder gar (3) kommentarlos über ihn hinweggeht: Hierin besteht die Pointe von B's zunächst irritierendem

---

[84]  Ebd. Bd. 2, S. 178.

[85]  Vgl. ebd. Bd. 2, S. 312.

[86]  Kierkegaard: Entweder/Oder. Erster Teil. Bd. 1, S. 304.

[87]  Kierkegaard: Entweder/Oder. Zweiter Teil. Bd. 2, S. 193, 245.

[88]  »Wenn Du mich also richtig verstehen willst, so kann ich gerne sagen, es komme beim Wählen nicht so sehr darauf an, das Rechte zu wählen, als vielmehr auf die Energie, den Ernst, das Pathos, mit dem man wählt.« (Ebd. Bd. 2, S. 178.)

[89]  Kierkegaard: Entweder/Oder. Erster Teil. Bd. 1, S. 15.

Vorhaben, andere Personen »derart auf die Wegscheide zu stellen«, dass es für sie »keinen Ausweg gibt, außer mittels der Wahl«.

(1) Wenn A unter dem Eindruck von B's Argument, die Orientierung am Augenblick stehe soliden Leistungen wie auch substantiellen persönlichen Beziehungen im Wege, sein Leben ändert, können beide übereinstimmend festhalten, dass A eine Grundsatzentscheidung getroffen, d. h. sich selbst gewählt hat, was sich für beide gleichermaßen als Akt der Freiheit darstellt. (2) Eine Ablehnung von B's Appell kann auf doppelte Weise motiviert sein: (a) Der Ästhetiker könnte ihm entgegen, er strebe die Lebensmöglichkeiten, deren Realisierung ihm B in Aussicht stellt, gar nicht an. In Bezug auf seine literarische Tätigkeit könnte er B's Idealbild des ›vollendeten Werkes‹ als antiquiert und eine fragmentarisch zersplitterte Produktion als authentischen Ausdruck einer geistesgeschichtlichen Situation hinstellen, in der es keine verbindliche metaphysische Weltorientierung mehr gibt.[90] Seinen Widerstand gegen eine Ehe könnte er mit seinem Bedürfnis nach schöpferischer Einsamkeit erklären. In diesem Fall versteht er seine Ablehnung von B's Appell als Selbstbehauptung der eigenen Authentizität und Freiheit. B muss A's Feststellung, er habe dessen Bedürfnisse falsch gedeutet, akzeptieren; er kann A's Selbstverständnis allerdings in einem entscheidenden Punkt korrigieren: Da die Ablehnung von B's Appell den Charakter einer A's weiteres Leben bestimmenden Grundentscheidung hat, läuft sie der Beschreibung, die A von seiner Existenzform als einem jede Festlegung vermeidenden »Schweben« gibt,[91] zuwider. Die Tatsache, dass die dezidierte Weigerung, Grundsätzen zu folgen, selber eine Grundsatzentscheidung ausmacht, erlaubt es B, A's Ablehnung seines Appells als Selbstwahl zu interpretieren. B kann A somit darin zustimmen, dass diese Ablehnung ein Akt der Freiheit ist, wobei beide Kontrahenten diesen jedoch unterschiedlich deuten: Während ihn A als Verteidigung einer sein ganzes Leben durchziehenden »ästhetischen« Freiheit (im Sinne authentischer Selbstverwirklichung) ansieht, erkennt B dem Ästhetiker nur für den herausgehobenen Moment, in dem dieser Überschau über sein Leben hält und B auf dessen Missdeutung seiner Intentionen hinweist, Freiheit zu und vertritt die Auffassung, dass sich A mit diesem Akt seiner Freiheit wiederum

---

[90] Vgl. Pulmer: *Die dementierte Alternative*, S. 75 ff., 155; Greve: *Kierkegaards maieutische Ethik*, S. 73 f.
[91] Kierkegaard: *Entweder/Oder*. Erster Teil. Bd. 1, S. 315.

entäußert, indem er von neuem in die »physische« Determination wechselnder Gefühlslagen eintauche. (b) Auch in dem Fall, dass B A's Appell mit der Begründung abwehrt, die Lebensmöglichkeiten, die ihm dieser vor Augen stellt, seien für ihn zwar erstrebenswert, aber auch bei einer Änderung seiner Lebensweise unerreichbar, kann B den Ästhetiker darauf aufmerksam machen, dass er hiermit eine Grundsatzentscheidung trifft: nämlich einen Neubeginn, der allein Gewissheit darüber verschaffen könnte, ob die betreffenden Lebensmöglichkeiten A tatsächlich verwehrt bleiben, gar nicht erst zu versuchen. (3) Falls A zu B's Appell überhaupt nicht Stellung nimmt und sein bisheriges Lebens kommentarlos fortführt, kann B dessen Verhalten wiederum als Grundsatzentscheidung interpretieren: als Weigerung, sich auf eine Auseinandersetzung mit seiner bisherigen Lebensführung einzulassen. Man kann A in diesem Fall demnach entgegenhalten, er habe in dem Sinne »gewählt«, dass er die »Wahl« – als expliziten Akt der Selbstbestimmung – »unterlassen«, d. h. »verweigert«, hat.[92]

In allen diesen Fällen kann B somit festhalten, dass A's Reaktion auf seinen Appell zu »wähle[n]« als Grundsatzentscheidung zu werten ist – sei es auch in dem Sinne, dass diese »unbewusst« getroffen wird.[93] Da mit den genannten Fällen A's Reaktionsmöglichkeiten erschöpft sind, bringt B den Ästhetiker mit seinem Appell in der Tat in eine Situation, in der er es »für ihn anderen Ausweg gibt, außer mittels der Wahl«. Die paradigmatische Bedeutung dieses Appells für die Zielsetzung, die ethische Freiheitsunterstellung zu rechtfertigen, tritt auf dem Hintergrund von Kierkegaards Vergleich der indirekten Mitteilungsform seiner pseudonymen Schriften mit der »Geburtshelfer«-Kunst des Sokrates zutage.[94]

Dessen Dialoge kommen dadurch in Gang, dass er seine Gesprächspartner bittet, die Auskünfte zu erläutern, die sie über die Prinzipien ihrer Lebensführung bzw. die Grundbestimmungen der Tugenden geben. Wer Rückfragen an seine Gesprächspartner richtet (»Wie ist deine Aussage zu verstehen?«, »Folgt aus der Behauptung, die du aufgestellt hast, nicht … ?« usw.), betrachtet ihrer Äußerungen als intendierte Akte und sie selbst damit als handelnde Personen; wer solche Rückfragen beantwortet, schreibt sich die betreffenden

---

[92] Kierkegaard: *Entweder/Oder*. Zweiter Teil. Bd. 2, S. 174, 277.
[93] Ebd. Bd. 2, S. 175, 179.
[94] Kierkegaard: *Papier* VIII/2 B 81,19, S. 150.

Äußerungen selber als intendierte Handlungen zu. Die hiermit hergestellte Übereinstimmung zwischen der ›Fremdzuschreibung‹ und der ›Selbstzuschreibung‹ von Äußerungen als Handlungen schließt einen Konsens darüber ein, dass die Gesprächspartner insofern über einen Spielraum der Handlungsfreiheit verfügen, als sie die betreffenden Äußerungen unter verschiedenen Optionen auswählen (sie können aufrichtige oder unaufrichtige Aussagen machen, das Thema weiterführen oder wechseln usw.). Da wir uns jederzeit mit Rückfragen an unsere Gesprächspartner wenden können (mit dem Ziel, den Bedeutungs- oder Wahrheitsgehalt ihrer Äußerungen zu klären) und sich derjenige, der diese Rückfragen ignoriert, als Kommunikationspartner disqualifiziert, begleitet ein solcher Konsens implizit jede sprachliche Verständigung. Sobald man über alternative Lebensmöglichkeiten bzw. Formen der Lebensführung diskutiert, reicht der (implizite) Konsens darüber, dass die Gesprächspartner handelnde Personen sind, die über Freiheitsspielräume verfügen, über die Dialogsituation hinaus; dieser Konsens kann allerdings verschiedene Formen annehmen, wie in *Entweder/Oder* anhand der unterschiedlichen Reaktionsmöglichkeiten des Ästhetikers auf den Appell des Ethikers, sein Leben zu ändern, veranschaulicht wird: (1) Wer einem anderen den Vorschlag macht, bestimmte Lebensmöglichkeiten, die er bislang noch nicht realisiert hat, zu erproben, schreibt ihm einen Entscheidungsspielraum zu; findet der Vorschlag Gehör, besteht zwischen den Gesprächspartnern Konsens darüber, dass derjenige, der die aufgezeigte Möglichkeit verwirklichen will, hiermit seine Entscheidungsfreiheit nutzt. Ob ihm die betreffenden Möglichkeiten tatsächlich offen stehen, zeigt das Ergebnis seiner Bemühungen. (2 a) Konsens hinsichtlich seiner Entscheidungsfreiheit ergibt sich gleichfalls, wenn er dem Vorschlag entgegenhält, die fraglichen Möglichkeit seien für ihn nicht erstrebenswert – wodurch sich die Frage, ob sie für ihn erreichbar sind, erübrigt. (2 b) Weist er den Vorschlag mit der Begründung ab, er sei nicht in der Lage, die genannten Möglichkeiten zu verwirklichen, kann – bzw. muss – seine Berufung auf Determinanten seiner Existenz durch die Feststellung korrigiert werden, dass selbst im Fall eines Scheiterns aller früheren Versuche, solche Möglichkeiten zu realisieren, nicht von vornherein ausgeschlossen ist, dass sie ihm zum gegenwärtigen Zeitpunkt offen stehen. Wenn er hierauf entgegnet, er wolle einen Fehlschlag nicht riskieren, führt er sein Verhalten selber auf einen bewusst getroffenen Entschluss zurück, was sich mit der ›Fremdzuschreibung‹ eines Entscheidungsspielraums durch seine Gesprächspartner deckt. Hält er hingegen an der Behauptung, er könne die fraglichen Möglichkeiten nicht verwirklichen, fest, ohne dass dies durch das Misslingen aktueller Versuche erhärtet worden wäre, können ihm seine Gesprächspartner vorhalten, dass er durch das Unterlassen solcher Versuche seine Behauptung einer eventuellen Falsifikation entzieht. Aufgrund dieser Zirkularität seiner Selbstbeschreibung müssen seine Gesprächspartner seine Passivität als Akt der Resignation deuten und damit an ihrer ›Fremdzuschreibung‹ der Entscheidungsfreiheit festhalten. Wer sich selbst in einer bestimmten Hinsicht als determiniert hinstellt, muss sich daher – wenn er sich nicht als (zirkulär argumentierender) Kommunikationspartner disqualifizieren will – auf den Versuch einer Falsifikation seiner Behauptung einlassen; und da dies in der Absicht erfolgt, seine Glaubwürdigkeit aufrechtzuerhalten, lässt sich ein solcher Versuch konsensuell auf einen Willensentschluss zurückführen, womit die ›Fremdzuschreibung‹ der Handlungsfreiheit bestätigt wird. (3) Ignoriert er den Vorschlag, Lebensmöglichkeiten, die er bislang noch nicht verwirklicht hat, zu erproben, ist zu konstatieren, dass er einem diesbezüglichen Diskurs ausgewichen ist, was die übrigen Kommunikationspartner als Realisierung der Option des Diskursabbruchs und damit als intendierten Akt auffassen müssen.

Die jeden Verständigungsprozess begleitende Unterstellung, dass die Kommunikationspartner handelnde Personen sind, die über Freiheitsspielräume verfügen, ist somit in dem Sinne ›selbst-verifizierend‹, dass wir einander jederzeit vorschlagen können, noch nicht realisierte Lebensmöglichkeiten zu erproben, und derjenige, dem dieser Vorschlag gemacht wird, der damit erfolgten ›Fremdzuschreibung‹ der Entscheidungsfreiheit zustimmen muss, wenn er sich nicht als Gesprächspartner disqualifizieren bzw. aus dem Diskurs ausscheiden will. Da die konsensuelle Zuschreibung der Handlungsfreiheit an alle Kommunikationspartner zu den unhintergehbaren Voraussetzungen argumentativer Verständigung gehört, bleibt sie davon unberührt, ob sich für unsere Willensentschlüsse in der Beobachterperspektive retrospektiv Ursachen aufweisen lassen. Die Freiheitsunterstellung ist demnach in der ›Wir-Perspektive‹ eines (argumentativ orientierten) Gesprächs über Handlungsmöglichkeiten insofern gerechtfertigt, als die Kommunikationspartner hierüber Konsens erzielen müssen. Hierin besteht die in *Entweder/Oder* anvisierte ›kompatibilistische‹ Lösung des Widerspruchs zwischen der Annahme der Willensfreiheit und dem Determinismus.

Die in dem Buch geschilderte Dialogsituation zwischen dem Ethiker und dem Ästhetiker, denen zwei verschiedene Aspekte des Begriffs der Freiheit zugeordnet sind, schließt einen Hinweis auf die begrenzte Reichweite dieser Rechtfertigung der Freiheitsunterstellung ein. In einem Dialog kann lediglich konsensuell konstatiert werden, dass die Gesprächspartner von ihrer Entscheidungsfreiheit Gebrauch machen, indem sie den Versuch, bislang nicht realisierte Lebensmöglichkeiten zu verwirklichen, unternehmen oder unterlassen – womit der ethische Begriff einer handelnden Person als Urheber eigenverantwortlicher und in diesem Sinne freier Entscheidungen gerechtfertigt ist. Da hiermit noch nichts darüber ausgemacht ist, ob es uns faktisch gelingt, neue Lebensmöglichkeiten in die Tat umzusetzen, reicht die unhintergehbare konsensuelle Zuschreibung der Handlungsfreiheit an alle Diskurspartner über den ethischen Aspekt des Freiheitsbegriffs, demzufolge unsere Intentionen den Kern unserer moralischen Verantwortlichkeit ausmachen, nicht hinaus. Inwieweit wir auch im »ästhetischen« Sinne frei, d. h. zur Verwirklichung der Lebensmöglichkeiten, auf die sich unsere Hoffnungen und Bestrebungen richten, befähigt sind, kann die Diskursgemeinschaft nur im Blick auf die Lebenspraxis von Fall zu Fall entscheiden. Es wäre demnach verfehlt, den Wahrheitsgehalt des »ästhetischen« Begriffs der Freiheit im Medium ›apriorischer‹ Reflexion erweisen zu wollen. Dementsprechend kann es auch keine allgemeinverbindliche Antwort auf die Frage geben, ob uns die Orientierung an Grundsätzen oder am jeweiligen Augenblick zu authentischer Selbstverwirklichung verhilft.

Dass man niemals mit unumstößlicher Gewissheit vorhersehen kann, ob die Erprobung bislang nicht realisierter Lebensmöglichkeiten zum Erfolg führen oder misslingen wird, ist existentiell insofern bedeutsam, als hieraus folgt, dass die Diskursgemeinschaft niemanden auf seine Vergangenheit festlegen darf, sondern jedem permanent die Möglichkeit eines Neubeginns zuerkennen muss, und dass sie zugleich demjenigen, der selber keine solche Möglichkeit mehr sieht, vorhalten kann, dass er sich hiermit aufgibt, d. h. eine existentielle Entscheidung trifft. In diesem Sinne kann die Diskursgemeinschaft allgemeinverbindlich konstatieren, dass jeder ein Freiheitspotential hat.

Der ethische Begriff der Freiheit als personaler Verantwortlichkeit schließt den des grundsatzorientierten Handelns ein: Wenn jemand eine moralische Kritik an einer vergangenen Tat abwehrt, gibt er damit zu verstehen, dass er auch ein zweites Mal so handeln würde, sofern er sich in denselben Umständen befände – womit er die vergangene Tat implizit als Anwendungsfall einer Handlungsregel beschreibt; gibt er der Kritik Recht, kündigt er – zumindest implizit – eine Verhaltensänderung an, bringt also eine neue Handlungsregel in Ansatz. Auf diese Weise ist der Begriff der Selbstwahl in dem ethischer Verantwortlichkeit verankert.

Welche Rolle spielt der Leser bei der ›dialogischen‹ Rechtfertigung der ethischen Freiheitsunterstellung in *Entweder/Oder*? Indem der fiktive Herausgeber hervorhebt, dass das Buch offen lässt, »ob A nun wirklich überzeugt worden sei [...] oder ob es etwa damit geendet, dass B zu A's Meinung überging«,[95] fordert er den Leser implizit zu einer eigenen Stellungnahme zu ihrer Kontroverse auf; hiermit gibt er die Frage, »unter welchen Bestimmungen man das ganze Dasein betrachten und selber leben will«, die B an A richtet[96] und die zugleich das zentrale Thema der Dialoge des Sokrates bildet, an den Leser weiter. Dieser wird durch die Bemerkung des fiktiven Herausgebers, in Bezug auf die gegensätzlichen Standpunkte von A und B könne »keine endliche Entscheidung in bestimmten Persönlichkeiten« getroffen werden,[97] darauf aufmerksam gemacht, dass andere Leser zu einer abweichenden Einschätzung dieser Standpunkte gelangen können. Der Herausgeber weist den Leser auf diese Weise auf seine Rolle als Mitglied einer Diskursgemeinschaft hin. Der Leser, der den argumentativen Gehalt der Ankündigung B's, seinen Gesprächspartner »derart auf die Wegscheide zu stellen, dass es für ihn keinen Ausweg gibt, außer mittels der Wahl«, erfasst, kann sich der Einsicht nicht verschließen, dass B's Feststellung, jede Reaktion seines Gesprächspartners sei als Akt der Selbstwahl zu werten, auf die Rezeption von *Entweder/Oder* zu übertragen ist: Da der Herausgeber zu einer Reflexion auf die Frage, ob eine grundsatzorientierte oder eine augenblicksbezogene Existenzform vorzuziehen ist, auffordert, können sich die Leser gegenseitig darauf aufmerksam machen, dass ihrer künftigen Lebensweise in jedem Fall eine persönliche Entscheidung hinsichtlich dieser Frage zugrunde liegt – sei es auch in dem Sinne, dass sie die vom Herausgeber geforderte Reflexion abbrechen oder verweigern. Demjenigen, der sich dieser Tatsache be-

---

[95] Kierkegaard: *Entweder/Oder*. Erster Teil. Bd. 1, S. 15.
[96] Kierkegaard: *Entweder/Oder*. Zweiter Teil. Bd. 2, S. 180.
[97] Kierkegaard: *Entweder/Oder*. Erster Teil. Bd. 1, S. 16.

wusst wird, ist der Rückweg in eine Lebensform, in der Weichenstellungen »unbewusst« vollzogen werden bzw. andere für einen »gewählt haben«,[98] versperrt. In diesem Sinne ist die »Persönlichkeit« dessen »reif geworden«, der sich die in *Entweder/Oder* vorgeführte Rechtfertigung der Freiheitsunterstellung »aneignet«.[99] In *Entweder/Oder* wird das ›Reif-Werden‹ der »Persönlichkeit« als ein Akt beschrieben, mit dem der »Geist« aus der »Unmittelbarkeit«, in der sich die »Persönlichkeit« noch nicht ihrer selbst als »Geist« bewusst ist, heraus tritt und sich selber »ergreifen will«.[100] Die Metapher des »Sich selbst Ergreifens« – die gleichbedeutend mit der des »Sich selbst Gebärens« ist[101] –, bringt zum Ausdruck, dass man sich des eigenen Freiheitspotentials bewusst wird, indem man es aktualisiert. Da nicht von vornherein auszuschließen ist, dass alle Menschen bislang in der »Unmittelbarkeit« befangen geblieben oder einer Selbstreflexion ausgewichen sind, so dass ihr Freiheitspotential faktisch verschüttet ist, darf das Ziel einer Rechtfertigung der ethischen Freiheitsunterstellung nicht in der Weise aufgefasst werden, dass die ›Existenz von Freiheit‹ im Sinne einer ›gegebenen Tatsache‹ erwiesen werden soll. Für den von Kierkegaard intendierten Nachweis, dass jeder, der überhaupt in der Lage ist, an Verständigungsprozessen mitzuwirken, ein »Selbst«, d. h. verantwortliche Person, ist,[102] ist der Prozess der ›Aneignung‹ von *Entweder/Oder* durch den Leser von konstitutiver Bedeutung: Indem sich dieser vor Augen führt, dass jede denkbare Reaktion auf die Aufforderung, sich zwischen verschiedenen Lebensmöglichkeiten zu entscheiden, als Selbstwahl zu werten ist, wird er sich dessen bewusst, dass seine Rezeption des Buches sein eigenes Freiheitspotential aktualisiert und dass er selbst in ähnlicher Weise wie B den Ästhetiker jeden seiner Gesprächspartner, dem er die Erprobung neuer Lebensmöglichkeiten vorschlägt, auf dessen Freiheitspotential aufmerksam machen kann. In diesem Sinne vollzieht sich die »indirekte Mitteilung« der »Wahrheit«, dass es ›Freiheit gibt‹, in *Entweder/Oder* als die »Mitteilung eines Könnens«[103] – nach dem Vorbild der »Geburtshelfer«-Kunst des Sokrates.

---

[98] Kierkegaard: *Entweder/Oder*. Zweiter Teil. Bd. 2, S. 174 f.
[99] Kierkegaard: *Die Tagebücher*, Bd. I, S. 299 (s. o. S. 98).
[100] Kierkegaard: *Entweder/Oder*. Zweiter Teil. Bd. 2, S. 201.
[101] Vgl. ebd. Bd. 2, S. 219.
[102] Vgl. ebd. Bd. 2, S. 227 f. Zur näheren Bestimmung des »Selbst« s. u. S. 114.
[103] Vgl. Kierkegaard: *Papirer* VIII/2 B 81,13, S. 148, B 88, S. 181 f.

## c) *Kierkegaards Begriff praktischer Subjektivität*

Auf dieser Basis können die Begriffe des »Sich selbst Wählens« in *Entweder/Oder* und des »Sich selbst (in Existenz) Verstehens« in der *Abschließenden unwissenschaftlichen Nachschrift* zu einem einheitlichem Begriff der ›Selbstverständigung‹ als der Vollzugsform ›praktischer Subjektivität‹ verknüpft werden.

Die Aussage der *Nachschrift*: »Ethisch gilt, dass nur dann die Möglichkeit verstanden worden ist, wenn jedes Seinkönnen (posse) wirklich ein Wirklichsein (esse) ist«,[104] lässt sich mittels der Bestimmung des »Zukünftigen« als eines Horizonts von Handlungsoptionen in Kierkegaards *Begriff Angst* an den (in der *Nachschrift* formulierten) Begriff des Existierens als eines Sich-Verhaltens zum Zukünftigen[105] anbinden: »Das Mögliche ist für die Freiheit das Zukünftige«.[106] Das »Seinkönnen (posse)« ist dann ein »esse«, d. h. eine existentielle Realität, wenn sich der Einzelne mit den Entscheidungsoptionen, die sich in seiner gegenwärtigen Lebenssituation ergeben, explizit auseinandersetzt. Demjenigen, der den Vorgaben seines sozialen Umfeldes umstandslos entspricht oder seinen inneren Affektimpulsen unreflektiert folgt, kann vorgehalten werden, dass er kein adäquates Bewusstsein der Entscheidungsalternativen, die sich ihm bieten, und damit der »Situation der Wirklichkeit«[107] hat, in der er sich befindet und die einen spezifischen Umkreis von Handlungsoptionen als konstitutives Moment in sich befasst.[108] Eine zureichende ›Erkenntnis‹ der »Situation[en]«, die wir durchlaufen, setzt somit die Reflexion auf ihre jeweiligen Möglichkeitshorizonte voraus, bei der die Frage im Auge zu behalten ist, ob nicht »alles auch anders sein könnte«.[109] Die beständige Reflexion auf die Handlungsmöglichkeiten, vor die man gestellt ist, manifestiert sich darin, dass man ein Lebenskonzept entwirft und auf seine Tragfähigkeit erprobt. In die-

---

[104] Kierkegaard: *Abschließende unwissenschaftliche Nachschrift,* Bd. 2, S. 26 (s. o. S. 91).

[105] Ebd. Bd. 2, S. 6 (s. o. S. 90).

[106] Kierkegaard: *Der Begriff Angst.* Übers. von E. Hirsch. Gütersloh ²1991. S. 93.

[107] Kierkegaard: *Papirer* VIII/2 B 81,28, S. 152.

[108] Der Begriff der »Wirklichkeit« in der Wortfügung »Situation der Wirklichkeit« in Kierkegaards Nachlasstexten zur indirekten Mitteilung (s. o. Anm. 107) weist auf die Aussage des Ethikers in *Entweder/Oder* zurück, dass die »Wirklichkeit« des Einzelnen »seine Möglichkeit« ist (s. o. S. 94).

[109] Kierkegaard: *Entweder/Oder.* Zweiter Teil. Bd. 2, S. 185.

sem Sinne kann nur derjenige »sich selbst« adäquat »verstehen«, der »sich selbst wählt«.

In ähnlicher Weise, wie man jemandem, der unreflektiert dahinlebt, ein mangelndes Bewusstsein der Möglichkeitshorizonte seiner Existenz vorhalten kann, kann man einem Wissenschaftler, der seine Resultate präsentiert, ohne durch die Darlegung des Weges, auf dem sie erzielt wurden, die Diskursgemeinschaft zu ihrer Überprüfung einzuladen, vorwerfen, dass er über die Möglichkeit ihrer Falsifikation hinweggeht. Ein Wissenschaftler, der die Forschungs-»Situation«, in der sich befindet, angemessen »versteht«, d. h. sie als Etappe auf dem Weg der »Approximation« an die wahre Erkenntnis der Erfahrungswelt begreift (s. o. S. 91), muss seine Ergebnisse somit konsequent der öffentlichen Überprüfung aussetzen. Eine adäquate »Besinnung« auf seine »Situation« vollzieht sich in diesem Sinne als Handlung. Auf diese Weise lässt sich die wissenschaftliche Praxis in den Begriff des »Sich selbst Wählens« als einer reflektierten Stellungnahme zu Möglichkeitshorizonten integrieren.

Die Rede vom »Sich selbst Wählen« in *Entweder/Oder* und vom »Sich selbst Verstehen« in der *Nachschrift* kann damit unter einen einheitlichen Begriff der ›Selbstverständigung‹ als des ›reflektierten Umgangs mit den Möglichkeitshorizonten der Situationen, in denen wir uns jeweils befinden‹, subsumiert werden.[110]

In *Entweder/Oder* spricht B seiner Aufforderung an den Ästhetiker: die eigene Lebensführung in Frage zu stellen, eine ähnliche Schlüsselrolle für seine ethische Lebensanschauung zu, wie sie dem methodischen Zweifel in der »neueren«, von Descartes begründeten Philosophie zukommt.[111] B räumt ein, dass mittels der cartesischen Zweifelsbetrachtung ein absoluter Ausgangspunkt der Philosophie aufgewiesen werden kann, dieser bleibt für ihn jedoch in Hinblick auf sein zentrales Anliegen der Explikation ethischer Freiheit unbe-

---

[110] Kierkegaard geht in seinen Tagebuchaufzeichnungen der Frage nach den Motiven naturwissenschaftlicher Forschung nach und erklärt es zu einem Faszinosum der modernen Wissenschaft, dass die Natur ihren »Experimente[n] […] gehorcht« – womit er suggeriert, dass das Streben nach Naturbeherrschung ein ›erkenntnisleitendes Interesse‹ des Forschungsprozesses bildet (*Papirer* X⁵ A 73; *Die Tagebücher.* Ausgewählt und übers. von H. Gerdes. 5 Bde. Düsseldorf/Köln 1962–74. Bd. V, S. 144). Kierkegaards Konzept der Selbstverständigung bezieht somit die von Habermas explizit geforderte Reflexion auf die »Interessenbasis wissenschaftlicher Erkenntnis« ein (*Erkenntnis und Interesse*, S. 13).
[111] Kierkegaard: *Entweder/Oder.* Zweiter Teil. Bd. 2, S. 224 f.

friedigend.[112] B's Begriff des »Selbst« schließt eine praktisch-ethische Transformation des cartesischen Begriffs des ›vorstellenden Subjekts‹ (res cogitans) ein.

Descartes gewinnt den Begriff des ›vorstellenden Subjekts‹ in den *Meditationen* in zwei Schritten. Indem er der Frage nachgeht, ob nicht alle seine Überzeugungen falsch sein könnten, stößt er darauf, dass der »Satz: ›Ich bin, ich existiere‹, sooft ich ihn ausspreche oder in Gedanken fasse, notwendig wahr«, d. h. ›selbst-verifizierend‹, ist.[113] Im nächsten Schritt wird die unbezweifelbare Gewissheit der Tatsache meiner Existenz als kritischer Maßstab an alle Bestimmungen angelegt, die ich mir vor der Zweifelsbetrachtung zugesprochen habe – mit dem Ergebnis, dass selbst dann, wenn nichts von dem, woran ich denke, was ich wahrzunehmen glaube, erstrebe oder fürchte usw., ›an sich‹ existieren sollte, die Existenz meiner Gedanken, Wahrnehmungen, Willensregungen u. ä. als subjektiver Vollzüge, d. h. ›Vorstellungen‹ (cogitationes), außer Frage steht.[114] Indem wir hierauf reflektieren, konstituiert sich das ›vorstellende Subjekt‹ als »Geist« (mens).[115]

Da durch die Aufforderung zu »wähle[n]«[116] die ihr zugrunde liegende Unterstellung der Entscheidungsfreiheit verifiziert wird (s. o. S. 105), ist ihr methodischer Status in *Entweder/Oder* dem des Reflexionsaktes (»ich denke«) in Descartes' *Meditationen* vergleichbar.[117] Mit der Aussage, dass das »Selbst« in der Wahl aus der Unmittelbarkeit heraus tritt und sich als »Geist« ergreifen will,[118] überträgt B die Reflexionsstruktur der cartesischen »res cogitans« auf das Verhältnis der »Persönlichkeit« zu den Entscheidungsoptionen, vor die sie gestellt ist: In analoger Weise, wie sich das cartesische ›vorstellende Subjekt‹ im – aus der Zweifelsbetrachtung resultierenden – Akt des »ich denke« als »denkendes Wesen« (res cogitans) konstituiert und dabei dessen bewusst wird, dass es ›immer schon‹ Vorstel-

---

[112] Ebd.
[113] René Descartes: *Meditationen über die Grundlagen der Philosophie.* Lat.-dt. Aufgrund der Ausgabe von A. Buchenau neu hrsg. von L. Gäbe. Hamburg ²1977. I. Meditation, 3. Abschn., S. 43/45. Vgl. Bernard Williams: *Descartes. Das Vorhaben der reinen philosophischen Untersuchung.* Königstein/Ts. 1981. S. 52.
[114] *Meditationen* II 5–6. Ebd. S. 44 ff.
[115] *Meditationen* II 6. Ebd. S. 45 f.
[116] Kierkegaard: *Entweder/Oder.* Zweiter Teil. Bd. 2, S. 179.
[117] »Ich denke« ist ebenso wie »ich bin« ein selbst-verifizierender Satz.
[118] Kierkegaard: *Entweder/Oder.* Zweiter Teil. Bd. 2, S. 201.

lungen hatte, ohne sie vor der Zweifelsbetrachtung als solche zu identifizieren (da es ›geradehin‹ auf die Erfahrungswelt gerichtet war), konstituiert sich die »Persönlichkeit« im Akt des Wählens als Handlungssubjekt, wobei sie sich zugleich dessen inne wird, dass sie sich bereits dann, als sie äußeren Vorgaben oder inneren Affektimpulsen unreflektiert gefolgt ist, zum Zukünftigen verhalten hat, ohne dieses als Horizont bewusst zu ergreifender bzw. verwerfender Entscheidungsoptionen zu identifizieren.

B hebt die Rückbindung seines Begriffs des »Selbst« an die Selbstwahl hervor, indem er zur Frage: »was ist denn dies, mein Selbst?« folgendermaßen Stellung nimmt: »Wollte ich von einem ersten Augenblick, einem ersten Ausdruck dafür sprechen, so ist meine Antwort: es ist das Abstrakteste von allem, welches doch in sich zugleich das Konkreteste von allem ist – es ist die Freiheit.«[119] B weist hiermit zunächst darauf hin, dass man ein Individuum nur von dem »Augenblick« an, in dem es sich selbst aus eigenem Antrieb wählt oder von seinen Mitmenschen zur Wahl aufgefordert wird, als »frei« bezeichnen kann; er macht zugleich darauf aufmerksam, dass die legitime Zuschreibung der Entscheidungsfreiheit an alle Kommunikationspartner (die man jederzeit zur Wahl auffordern kann) insofern ›abstrakt‹ bleiben muss, als die Einzelnen mit ihrer Freiheit völlig unterschiedlich umgehen, diese also in heterogener Weise ›konkretisieren‹ können. Dass B der Freiheit die entgegengesetzten Bestimmungen des »Abstrakteste[n]« und des »Konkreteste[n]« zuspricht, verweist darüber hinaus auf den Widerspruch zwischen den Aussagen: »Das, was gewählt wird, ist nicht da und entsteht durch die Wahl; das, was gewählt wird, ist da«:[120] Für die ›konkrete‹ Existenz des Einzelnen ist es von eminenter Bedeutung, ob er sich selber bewusst wählt oder »die Wahl aussetzt«[121] bzw. verweigert; diese Alternative bleibt jedoch vom Standpunkt des Beobachters aus ›abstrakt‹, da er für beides Ursachen sucht.

Dass der ethische Grundbegriff der verantwortlichen Person gegenüber dem wissenschaftlichen Determinismus gerechtfertigt werden muss, schlägt sich in *Entweder/Oder* in einer inhaltlichen und methodischen Neubestimmung der Philosophie nieder – welche da-

---

[119] Ebd. Bd. 2, S. 227 f.
[120] Diese Sätze stehen in unmittelbarer Nachbarschaft der zitierten Bestimmung der Freiheit (ebd. Bd. 2, S. 229).
[121] Ebd. Bd. 2, S. 175.

Smail Rapic

rin zum Ausdruck kommt, dass B den Ansatz beim Wahlakt zur dezidierten Alternative zur cartesischen Zweifelsbetrachtung erklärt. Descartes vollzieht den Überschritt von der ›Ich-Perspektive‹ des ›vorstellenden Subjekts‹ zur Erkenntnis der realen Welt mittels eines Prinzips, das er in der Güte Gottes verankert, dessen Existenz er für beweisbar hält: der »Wahrheitsregel«, derzufolge »alles, was ich klar und deutlich erfasse, notwendig wahr ist«,[122] wobei als Maßstab der ›Klarheit und Deutlichkeit‹ einer Vorstellung die ›Evidenz‹ des »ich denke« fungiert. Die Überzeugung von der Existenz materieller Körper erreicht zwar nicht diesen Grad an Evidenz – insofern sie bezweifelbar ist –, nach Descartes wäre Gott dennoch ein »Betrüger«, wenn sie falsch wäre, da sie für mich unhintergehbar ist.[123] Während Sinnesqualitäten wie Farben, Töne oder Gerüche subjektiv-relativ und damit »verworren« sind, können mathematisch beschreibbare Größenverhältnisse »klar und deutlich« erfasst werden, so dass aus Descartes' Evidenzprinzip gefolgert werden kann, dass uns die mathematische Naturwissenschaft zur wahren Erkenntnis der materiellen Welt (als »res extensa«) verhilft.[124] Descartes führt unsere Irrtümer darauf zurück, dass wir uns nicht mit dem begnügen wollen, was wir »klar und deutlich« einsehen; er macht damit den »Willen«, d. h. einen »unrichtigen Gebrauch meiner Wahlfreiheit«, für sie verantwortlich.[125] Hierbei rechtfertigt er die Annahme, dass unser Wille tatsächlich frei ist, wiederum mittels seiner »Wahrheitsregel« – indem er sich darauf beruft, dass jeder ein »klar[es] und vollkommen[es]« Bewusstsein seiner Entscheidungsfreiheit hat.[126]

Der Determinismus erklärt einen solchen Schluss für ungültig.[127] Die Konzeption des Wahlaktes als des philosophischen Ausgangspunkts in *Entweder/Oder* knüpft an Descartes' Zielsetzung an, die Autonomie des menschlichen »Geistes« gegenüber der materiel-

---

[122] Descartes: *Meditationen* V 15, S. 127.
[123] *Meditationen* VI 10, S. 143.
[124] *Meditationen* VI 10, S. 143/145.
[125] *Meditationen* V 9, 12, S. 107, 109.
[126] Descartes: *Die Prinzipien der Philosophie*. Übers. und erl. von A. Buchenau. Hamburg 1955. I. Teil, §§ 39, 41. S. 13 f.
[127] Er erweist sich auch dann als problematisch, wenn man die Existenz Gottes annimmt. Leibniz formuliert gerade unter dieser Voraussetzung eine ›kompatibilistische‹ Position: Er folgert aus der Allwissenheit Gottes, dass alle unsere Taten grundsätzlich prognostizierbar sind, hält aber zugleich an unserer Verantwortlichkeit fest (*Metaphysische Abhandlung*, § 13. G. W. Leibniz: *Philosophische Schriften*. Bd. I: *Kleine Schriften zur Metaphysik*. Hrsg. und übers. von H. H. Holz. Frankfurt a. M. 1965. S. 84 ff.).

len Welt zu erweisen; in *Entweder/Oder* wird jedoch durch B's widersprüchliche Aussagen zum Selbst und zur Geschichte klar gestellt, dass es kein Zurück zu Descartes' strikter Entgegensetzung von »Geist« und materieller Welt gibt:[128] An die Stelle der cartesischen Zwei-Substanzen-Lehre (res cogitans/res extensa) tritt in *Entweder/Oder* die Differenz zwischen der Perspektive handelnder Personen und der Außenperspektive des Beobachters. Indem B den Begriff des »Geistes« mit dem des »Selbst« identifiziert, erklärt er Freiheit zum zentralen philosophischen Thema. Der ›monologische‹ Ansatz Descartes', der subjektive Evidenz als Wahrheitskriterium reklamieren muss, wird in *Entweder/Oder* durch den Rekurs auf unhintergehbare Voraussetzungen sprachlicher Verständigung, d. h. auf einen impliziten Konsens der Diskursgemeinschaft, abgelöst; hierbei wird die ›Ich-Perspektive‹ aus der ›Wir-Perspektive‹ eines Gesprächs über Handlungsoptionen dadurch gewonnen, dass Entscheidungen in letzter Instanz vom Einzelnen zu treffen sind, dieser also in einem solchen Gespräch mit ›seiner‹ Freiheit konfrontiert ist. Da sich das Selbst in der Wahl allererst konstituiert, kann die in *Entweder/Oder* gleichsam niedergelegte »Wahrheit«, dass jeder ein Selbst ist, nicht als theoretisches »Wissen« mitgeteilt werden, sondern nur in der Weise, dass der Leser durch die Lektüre des Buches in ähnlicher Weise wie der Ästhetiker durch den Appell des Ethikers in eine Situation gerät, in der es »für ihn keinen Ausweg gibt, außer mittels der Wahl«; *Entweder/Oder* hat in diesem Sinne eine ›selbst-verifizierende‹ Struktur. Die ›Übermittlung‹ der »Wahrheit«, dass jeder ein Selbst ist, durch *Entweder/Oder* steht demnach mit der These des Ethikers in Einklang, dass eine angemessene ›Erkenntnis‹ des Selbst nur vermittels einer »Besinnung auf sich selbst, die selber Handlung ist«, gewonnen werden kann. So schlägt sich in der literarischen Darstellungsform von *Entweder/Oder* die in der *Nachschrift* geforderte »Doppelreflexion« nieder, die das Verhältnis der im Text erörterten ›Sache‹ zu ihrer »Aneignung« durch den Leser thematisiert und darauf zu achten hat, dass die ›Mitteilungsform‹ der aufgestellten Thesen nicht in Widerspruch zu ihrem Inhalt steht.[129] Mit seinem Konzept der »indirekten Mitteilung« trägt Kierkegaard der Tatsache Rechnung, dass sich die Explikation des Begriffs der ›Selbstverständigung‹ wiederum als

---

[128] Nach Descartes ist »der Geist vom Körper gänzlich verschieden« (*Meditationen* VI 19. Ebd. S. 155).
[129] Kierkegaard: *Abschließende unwissenschaftliche Nachschrift*, Bd. 1, S. 65 f., 70.

Smail Rapic

›Selbstverständigung‹ vollziehen muss. Betrachtet man ›Selbstverständigung‹ als das zentrale Thema der Philosophie, so kann diese nicht länger ›reine Theorie‹ sein, sie muss sich vielmehr als ›Einheit von Theorie und Praxis‹ begreifen, und zwar in dem Sinne, dass die Formulierung des Begriffs der Selbstverständigung selber ›Praxis‹ ist. Kierkegaard entwickelt dieses Konzept der ›Selbstverständigung‹ in zwei Schritten. (1) In *Entweder/Oder* wird der Begriff des »Selbst«, d. h. des ›praktischen Subjekts‹, im Ausgang vom Begriff der Selbstwahl formuliert und in der Dialog-Situation, d. h. der kommunikativen Praxis, dadurch verankert, dass das Argument, mit dem B seinen Begriff der Selbstwahl gegenüber A legitimiert, ›selbst-referentiell‹ auf die Rezeption des Buches zu übertragen ist. (2) In der *Nachschrift* subsumiert der »subjektive Denker« die Tätigkeit des Wissenschaftlers unter seinen Begriff des Existierens als eines Sich-Verhaltens zum Zukünftigen – womit er ›Selbstverständigung‹ als universalen Begriff von Praxis etabliert –, indem er den Wissenschaftler vor die Wahl stellt, seine Ergebnisse durch das Offenlegen ihrer Genese der Überprüfung auszusetzen oder aber dem »Betrügen durch Abschreiben und Hersagen des Resultats« Vorschub zu leisten. Der »subjektive Denker« rechtfertigt also den Geltungsanspruch seines Begriff des »Sich selbst (in Existenz) Verstehens« dadurch gegenüber der theoretischen Wissenschaft, dass er eine Aufforderung an den Wissenschaftler richtet – womit er diesen darauf aufmerksam macht, dass auch er handelnde Person, d. h. ›praktisches Subjekt‹, ist.

## 2. Die Rolle literarischer Darstellungsmittel in Rousseaus *Diskurs über die Ungleichheit*, Herders *Auch eine Philosophie der Geschichte zur Bildung der Menschheit* und Marx' geschichtsphilosophisch-politischen Frühschriften

Die folgende Interpretation des – mit Habermas zu sprechen – »wissenschaftstheoretisch eigentümlichen Typus« der Geschichtstheorien Rousseaus, des frühen Herder und des jungen Marx[130] orientiert sich an der ersten Stufe dieses Konzepts der ›Selbstverständigung‹, auf der der Begriff ›praktischer Subjektivität‹ entwickelt wird; ein Pendant zur zweiten Stufe, auf der dieser Begriff auf die Tätigkeit des

---

[130] Vgl. Habermas: »Zwischen Philosophie und Wissenschaft: Marxismus als Kritik«, S. 244.

Wissenschaftlers übertragen wird, kommt erst in Marx' Programm eines wechselseitigen Subsumtionsverhältnisses zwischen der »Wissenschaft vom Menschen« und der Naturwissenschaft ins Spiel (s. u. Kap. V 4). Das theoretisch-praktische Doppelgesicht der Texte, die im Folgenden herangezogen werden sollen, lässt sich auf den Begriff der ›Geschichtlichkeit‹ zurückbeziehen, der in *Entweder/Oder* mit dem der Selbstwahl verknüpft ist (s. o. S. 95). Wer sich die Verflechtung seiner individuellen Lebensgeschichte mit der Geschichte des »Geschlechts« bewusst macht, stößt – so der Ethiker – auf »etwas Schmerzhaftes«, das Anlass zur »Reue« gibt, d. h. auf ethische Defizite der gesellschaftlichen Realität, die ihn zur Reflexion auf seine Mitverantwortung nötigen.[131] Wollen sich die Individuen über ihre Verantwortung für ihre gemeinsame Geschichte Rechenschaft ablegen, müssen sie klären, welche Handlungsspielräume ihnen in den sozialen Strukturen und historischen Prozessen, in die sie eingebunden sind, offen stehen. Die angemessene ›Erkenntnis‹ der gegenwärtigen historischen »Situation« verlangt die Bestimmung ihrer spezifischen Möglichkeitshorizonte. W. v. Humboldt stellt in seiner (Fragment gebliebenen) Schrift *Das achtzehnte Jahrhundert* der Geschichtsschreibung die Aufgabe, den »Seiten« des gegenwärtigen Zeitalters, »die wirklich ausgebildet sind«, solche hinzuzufügen, »welche es sein sollten oder sein könnten«;[132] dieses Programm lässt sich seiner Konzeption einer »philosophisch-praktischen Menschenkenntnis« zuordnen, die »die wirkliche Beschaffenheit des Menschen mit Hinsicht auf seine mögliche Entwicklung behandelt.«[133] In *Entweder/Oder* bringt der Ethiker eine solche Geschichtsbetrachtung ins Spiel, indem er eine nach »Notwendigkeit[en]« forschende Geschichtsanalyse mit dem Argument für unzureichend erklärt, sie »halte jene Reflexion ferne, welche darauf aufmerksam macht, dass alles auch anders sein könnte«.[134]

Das – in einer ethischen Perspektive unabweisbare – Programm einer solchen »philosophisch-praktischen« Geschichtsschreibung, welches allerdings weder von Humboldt noch von Kierkegaard ausgeführt worden ist, ist mit einer doppelten Schwierigkeit konfrontiert. Die anvisierten Aussagen über die spezifischen Möglichkeits-

---

[131] Kierkegaard: *Entweder/Oder*. Zweiter Teil. Bd. 2, S. 229 f.

[132] W. von Humboldt: *Das achtzehnte Jahrhundert*. In: Ders.: *Werke*, Bd. I, S. 376.

[133] *Plan einer vergleichenden Anthropologie*. In: Humboldt: *Werke*, Bd. I, S. 352 ff.

[134] Kierkegaard: *Entweder/Oder*. Zweiter Teil. Bd. 2, S. 185,

horizonte der gegenwärtigen Epoche dürfen keine bloßen Behauptungen sein, sondern müssen eine theoretische Dignität beanspruchen können. Darüber hinaus muss eine an Handlungsspielräumen interessierte Geschichtsbetrachtung im Auge behalten, dass sie die Möglichkeit einer lückenlosen kausalen Erklärung historischer Prozesse nicht ausschließen kann; sie muss also den Geltungsanspruch ihrer Aussagen über Handlungsoptionen in der Weise relativieren, dass diese mit einem Geschichtsdeterminismus kompatibel sind.

Die Texte von Rousseau, Herder und Marx, die im Folgenden interpretiert werden sollen, lassen sich insofern dem Konzept einer »philosophisch-praktischen« Geschichtsschreibung zuordnen, als ihr appellativer Aspekt die Botschaft enthält, dass die aktuellen gesellschaftlichen Verhältnisse Möglichkeitsspielräume in sich bergen, die nicht genutzt worden sind. Rousseau, Herder und Marx haben für die beiden angeführten Probleme – der theoretischen Dignität von Aussagen über geschichtliche Möglichkeitshorizonte und der Kompatibilität solcher Aussagen mit einem Geschichtsdeterminismus – Lösungsansätze entwickelt, die zu Kierkegaards Konzept der ›Selbstverständigung‹ Parallelen aufweisen. Dies lässt sich für die Klärung der drei Fragen fruchtbar machen, mit denen jede emanzipatorisch orientierte Gesellschafts- bzw. Geschichtstheorie konfrontiert ist (s. o. S. 10): (1) wie sie den Einwand abwehren kann, dieser Anspruch beeinträchtige die Objektivität ihrer Sachanalysen; (2) wie sie für die selbstreflexive Thematisierung ihrer Wirkungsabsicht – die für ihren spezifischen ›Theorietyp‹ konstitutiv ist – argumentative Verbindlichkeit in Anspruch nehmen kann; (3) wie die Freiheitsunterstellung, die ihrer kritisch-emanzipatorischen Zielsetzung zugrunde liegt, zu rechtfertigen ist.

Rousseau verfolgt im *Diskurs über die Ungleichheit* das Ziel, die cartesische Entgegensetzung von »Geist« und materieller Welt, die durch den Determinismus in Frage gestellt wird, in der Weise zu reformulieren, dass zwar einerseits die Legitimität einer kausalen Erklärung der Evolution der Menschengattung – damit auch unseres Bewusstseins – eingeräumt, andererseits aber die Annahme der Willensfreiheit als der spezifischen Bestimmung des Menschen verteidigt wird (s. u. Kap. III 2 b, 4). Indem Rousseau Buffon zu den »Autoritäten« zählt, auf die er sich im *Diskurs über die Ungleichheit* »vom ersten Schritt an« stütze (*D* 277), weist er den Leser auf die kausale Perspektive seiner Rekonstruktion der Menschheitsgeschichte hin. Darin kommt – wie Leo Strauss und Heinrich Meier hervorheben –

die Annahme der Handlungsfreiheit nirgends ins Spiel.[135] Rousseaus ethische Gesellschaftskritik bildet somit keinen Bestandteil seiner Geschichtsanalyse, sondern einen Kommentar dazu. Da er von der Sachanalyse abgetrennt werden kann, lässt sich diese mühelos anhand der Objektivitätskriterien überprüfen, die an wissenschaftliche Texte anzulegen sind. Seine emanzipatorische Zielsetzung tut damit dem Sachgehalt seiner Geschichtsanalyse in keiner Weise Abbruch.

Die spezifische Textstruktur des *Diskurses über die Ungleichheit* konstituiert sich dadurch, dass in zentralen Passagen, in denen die Rückwirkung von seelischen Strukturen, die durch gesellschaftliche Prozesse geformt bzw. generiert worden sind, auf die soziale Dynamik beschrieben wird, Zweideutigkeiten auftreten, die eine doppelte Lesart der betreffenden Passagen – einerseits in der kausalen Beobachter-, andererseits in der ethisch-kritischen Teilnehmerperspektive – zulassen (D 189 ff., 207 ff., 213 ff., 299 ff.; s. u. Kap. III 4 a). Der kalkulierte Einsatz des literarischen Stilmittels des mehrdeutigen Textsinns berührt sich mit Kierkegaards Konzept der »indirekten Mitteilung«, die sich »künstlerisch mäeutisch« vollzieht.[136] Eine Schlüsselrolle spielt hierbei Rousseaus Schilderung der Einrichtung einer staatlichen Zentralgewalt (D 213 ff.). Er knüpft an Hobbes' Modell eines Urvertrags an, mit dem eine Spirale gewalttätiger Übergriffe im vor-staatlichen Zustand beendet worden sei.[137] Rousseau führt diese nicht – wie Hobbes – auf eine naturwüchsige Aggressivität des Menschen zurück,[138] sondern auf die Zuspitzung sozialer Konflikte – insbes. zwischen Armen und Begüterten – infolge der Arbeitsteilung und der Tauschwirtschaft (D 207 ff., s. u. Kap. III 3 a). Hobbes' Modell wird im *Diskurs über die Ungleichheit* dahingehend modifiziert, dass die Initiative zur Staatsgründung von den Reichen ausgegangen sei, die nicht bloß von der Sorge um ihr Leben, sondern auch vom Interesse an der Wahrung ihres Besitzes umgetrieben worden seien, den letzteren Aspekt jedoch verschleiert hätten. Rousseau bringt dies durch Inkohärenzen in ihrer – fiktiven – »Rede« zum Ausdruck, die zur Schaffung des staatlichen Gewaltmonopols geführt

---

[135] Vgl. Strauss: *Naturrecht und Geschichte.* Frankfurt a. M. 1977. S. 277, 280 und Meiers Stellenkommentar zum *Diskurs über die Ungleichheit,* D 102 f., Anm. 127.
[136] *Abschließende unwissenschaftliche Nachschrift,* Bd. 1, S. 72.
[137] Hobbes: *Leviathan,* S. 96 ff.
[138] Vgl. Hobbes: *Leviathan,* S. 95 f.

habe: Die Reichen stellen in Aussicht, der Staat werde »die Launen des Glücks wiedergutmachen«, d. h. eine allgemeine Chancengleichheit herstellen, und dadurch eine gesellschaftliche »Eintracht« herbeiführen; zu dieser Ankündigung – mit der sie die schlechter Gestellten für ihren Vorschlag eines staatlichen Gewaltmonopols gewinnen wollen – steht jedoch der eingestreute Zusatz in Widerspruch, die Staatsgewalt solle »jedem den Besitz dessen […] sichern, was ihm gehört« (D 215/217), was darauf hinausläuft, dass diese unter dem Deckmantel des Schutzes des Gemeinwohls die ungleichen Besitzverhältnisse und damit eine soziale Hierarchie zementiert. Für die Reichen war es – so Rousseau – ein Leichtes, »krude, leicht verführbare Menschen für sich einzunehmen, die außerdem zu viele Händel unter sich zu regeln hatten, um ohne Schiedsrichter und zuviel Geiz und Ehrsucht, um lange ohne Herren auskommen zu können« (D 217). Rousseau erklärt die ›verführerische‹ Wirkung der Rede der Reichen damit, dass ihre Adressaten entweder aufgrund von Unerfahrenheit bzw. der verlockenden Aussicht, der permanenten Gefährdung zu entrinnen, kein Gespür für die Inkonsistenz der Rede hatten oder aber, sofern sie die drohenden »Missbräuche« der Staatsgewalt durch die Reichen vorhersehen konnten, »darauf zählten, von ihnen zu profitieren«, d. h. die Chance witterten, sich durch Kollaboration mit der Oberschicht einen profitablen Platz in der sozialen Hierarchie zu sichern, was auf »Geiz und Ehrsucht« schließen lässt (D 217/219).

Der Beitrag dieser fiktiven Schilderung der Staatsgründung zur Rekonstruktion des faktischen Geschichtsverlaufs in der kausalen Beobachterperspektive besteht in drei Thesen, die Rousseau hiermit in Ansatz bringt: (1) Die Tauschwirtschaft hat sich bereits im vor-staatlichen Zustand ausgebildet und eine konfliktbeladene Eigendynamik entwickelt, die die Einrichtung des staatlichen Gewaltmonopols unumgänglich machte (s. u. Kap. III 3 a–b). (2) Die Stabilität einer Gesellschaft setzt voraus, dass sie in ihren Selbstbeschreibungen einen Wertekonsens in Anspruch nimmt (s. u. Kap. III 3 c). (3) Die normativen Selbstbeschreibungen der faktischen Gesellschaften sind von der ökonomisch wie auch politisch dominierenden Schicht geprägt und zugleich ideologisch instrumentalisiert worden.

In Rousseaus Schilderung der Staatsgründung kommt die Doppelung von Beobachter- und Teilnehmerperspektive durch die Zweideutigkeit seiner Feststellung ins Spiel, die Adressaten der Rede der

Reichen seien »verführbar« (faciles à séduire, D 216) gewesen: Man kann diese Feststellung in der Weise auffassen, dass die Adressaten ›manipulierbar‹ waren, so dass der Erfolg der Rede aufgrund von sozialpsychologischen Gesetzmäßigkeiten garantiert war; eine alternative Lesart schreibt den Adressaten eine Mitverantwortung am Gelingen der ›Verführung‹ zu. Die erste Sichtweise lässt sich damit stützen, dass die Empfänglichkeit der verschiedenen Adressatengruppen für das Ansinnen der Reichen mittels sozialpsychologischer Faktoren erklärbar ist. Dass die Inkohärenz im Vorschlag der Staatsgründung von einem Großteil der Zuhörer übersehen wurde, ist teils darauf zurückzuführen, dass ein basaler Vertrauensvorschuss im Kommunikationsprozess unabdingbar ist (dieser käme gar nicht erst in Gang, wenn wir unseren Gesprächspartnern von vornherein misstrauten), teils manifestiert sich darin der übermächtige Wunsch, der existentiellen Bedrohung durch permanente »Händel« ein Ende zu bereiten; die Triebfedern des »Geiz[es]« und der »Ehrsucht«, von denen diejenigen geleitet waren, die dem Vorschlag der Reichen im Bewusstsein seiner Inkohärenz zustimmten, entspringen gemäß dem *Diskurs über die Ungleichheit* aus dem Zivilisationsprozess: Im Geiz schlägt sich die Erweiterung materieller Bedürfnisse über das Lebensnotwendige hinaus im Zuge des zivilisatorischen Fortschritts nieder; die »Ehrsucht« entsteht im Gefolge der Ausdifferenzierung sozialer Rangunterschiede (s. u. S. 158). Orientiert man sich am kausalen Aspekt von Rousseaus Darstellung der Genese von »Geiz und Ehrsucht«, liegt es nahe, auch die Handlungsweise der Reichen als Resultat der Prägung ihres Charakters durch den Zivilisationsprozess aufzufassen. In dieser Perspektive stellt sich die Produktion ideologischen Scheins im Interesse der Begüterten bei der Etablierung der Staatsgewalt als ›natürliche‹ Konsequenz gesellschaftlich generierter Verhaltensdispositionen dar. Rousseau relativiert jedoch diese kausale Perspektive, die die Akteure ihrer ethischen Verantwortlichkeit enthebt, indem er von einer ›Verführung‹ spricht: Die moralische Konnotation dieser Redeweise legt die Deutung nahe, dass die Etablierung ideologisch bemäntelter Herrschaftsverhältnisse kein unentrinnbares Schicksal war, sondern durchaus die Chance bestand, eine gerechte und transparente soziale Ordnung zu errichten. Dass die Rede von der ›Verführbarkeit‹ der Adressaten der Reichen einerseits im Sinne der ›Manipulierbarkeit‹ verstanden werden kann, wobei das kausale Erklärungsschema, welches hierbei in Ansatz gebracht wird, im nächsten Schritt auf die Handlungsweise der Reichen zu übertragen ist, der Ausdruck ›Verführung‹ andererseits aber das Moment zurechenbarer Schuld in sich birgt, stellt den Leser vor die Frage, welche der beiden Deutungsperspektiven die ›richtige‹ ist.

Die Funktion der Doppeldeutigkeit, die in Rousseaus Beschreibung der Staatsgründung auftritt, innerhalb der Architektonik des *Diskurses über die Ungleichheit* lässt sich mit Hilfe von Luhmanns Begriff der »Kontingenzkausalität« (s. o. S. 49 f.) in zwei Schritten aufhellen: Der erste besteht in einer »Re-Possibilisierung« (Luhmann) der faktischen Geschichtsentwicklung in der Beobachterperspektive, worin Luhmanns Terminus »Kontingenzkausalität« verortet ist, der zweite in der Interpretation der (in der Beobachterperspektive auszumachenden) Kontingenzspielräume als Freiheitsspielräume in der Teilnehmerperspektive.

(Zu 1) Luhmanns Begriff der »Kontingenzkausalität« bezieht sich auf Etappen der sozio-kulturellen Evolution, in denen Störfaktoren soziale Systeme zu »sinnhaft-selektiv[en]« Anpassungsreaktionen nötigen, die sich in Strukturänderungen niederschlagen, wobei alternative »Problemlösungen« denkbar gewesen wären.[139] Der Terminus »sinnhaft-selektiv« gehört hierbei der »Konstruktion der jeweiligen historischen Situation, so wie sie von den Beteiligten selbst erlebt wird«, zu:[140] Er bringt zum Ausdruck, dass historische Akteure zwischen Handlungsalternativen wählen müssen. Gemäß dem *Diskurs über die Ungleichheit* rufen die aus der Arbeitsteilung und der Tauschwirtschaft entspringenden Konflikte tiefgreifende gesellschaftliche Störungen hervor, die nur durch eine soziale ›Innovation‹ – die Einrichtung einer zentralen Staatsmacht – unter Kontrolle gebracht werden können. Indem Rousseau den faktisch etablierten Herrschaftsstrukturen den Entwurf des Staates als einer Solidargemeinschaft in der Rede der Reichen gegenüberstellt, konfrontiert er den realen Geschichtsverlauf mit »anderen möglichen Problemlösungen« (Luhmann).[141] Laut dem *Diskurs über die Ungleichheit* bildet die »sinnhaft-selektiv[e]« (Luhmann) Handlungsweise der Reichen, die ihren Besitzstand mittels ideologischer Täuschungen sichern wollten, und ihrer ›Kollaborateure‹ die entscheidende Ursache dafür, dass eine repressive Staatsmacht errichtet wurde. Rousseau

---

[139] Luhmann: »Geschichte als Prozess und die Theorie sozio-kultureller Evolution«, S. 184, »Geschichte und Evolution«, S. 156, 164.

[140] »Geschichte und Evolution«, S. 158.

[141] Vgl. ebd. S. 164.

gibt zugleich durch die Inkohärenzen in der Rede der Reichen zu verstehen, dass jeder Versuch, soziale Stabilität mittels ideologischer Täuschungen herbeizuführen, mit Risiken behaftet bleibt: Der Erfolg solcher Versuche muss auch in einer kausalen Beobachterperspektive als ›kontingent‹ betrachtet werden, da nicht auszuschließen ist, dass die Urheber durch die Demaskierung der Ideologie diskreditiert werden. In diesem Sinne intendiert Rousseau mit seiner Schilderung des Ursprungs der faktischen, ideologisch verschleierten Machtstrukturen eine – mit Luhmann zu sprechen – »Re-Possibilisierung der Verhältnisse«.[142]

(Zu 2) Aus der Tatsache, dass der faktische Beitrag inkohärenter normativer Selbstbeschreibungen zur Stabilisierung von Herrschaftsstrukturen in jedem Fall als ›kontingent‹ zu werten ist, lässt sich aber nicht ohne weiteres folgern, dass sich in ideologischen Machtstrukturen eine zurechenbare Schuld der Herrschenden bzw. die Preisgabe der eigenen Freiheit seitens der Beherrschten niederschlägt: Die deterministische Lesart von Rousseaus Schilderung der Staatsgründung fasst die Produktion ideologischen Scheins wie auch seine Wirkung auf die ›Verführten‹ als kausale Folge teils natürlicher, teils sozial generierter Verhaltensdispositionen auf. Dass der *Diskurs über die Ungleichheit* eine solche kausale Deutung zulässt, bildet das Gegenstück zur Aussage Luhmanns, sein Begriff der Kontingenz meine nicht »ursachelose Spontaneität oder ungeregeltes Geschehen«.[143] Es ist denkbar, dass die anthropologischen Faktoren, die den Nährboden herrschaftsstabilisierender Ideologien bilden – Besitz- und Machtstreben, Opportunismus, Fügsamkeit usw. – so wirksam sind, dass die Aufdeckung der ideologischen Inkohärenzen dauerhaft blockiert wird. So stellt sich die Frage, mit welchem Recht man das ›kontingente‹ Faktum der Macht von Ideologien als Ausdruck einer schuldhaften ›Verführung‹ werten kann, wie es in der ethischen Lesart von Rousseaus Schilderung der Staatsgründung geschieht.

Mit seiner Kritik an der zeitgenössischen Feudalordnung, worin »eine Handvoll Leute überfüllt ist mit Überflüssigem, während die ausgehungerte Menge am Notwendigsten Mangel leidet« (*D* 271/ 273), fordert Rousseau seine Leser dazu auf, gegen die – ideologisch verschleierten (vgl. *D* 237, s. u. S. 160 f.) – Herrschaftsstrukturen, in die sie eingebunden sind, anzugehen; er gibt ihnen durch das rheto-

---

[142] Ebd.

[143] »Geschichte als Prozess und die Theorie sozio-kultureller Evolution«, S. 184.

rische Pathos seines Angriffs zugleich zu verstehen, dass nicht nur der Entschluss zu aktivem Widerstand als Akt der Freiheit anzusehen ist, sondern dem Leser auch eine abwehrende bzw. teilnahmslose Reaktion als eigenverantwortliche Entscheidung zugerechnet werden kann. Hiermit konstituiert sich die Teilnehmerperspektive des *Diskurses über die Ungleichheit*. Rousseau bringt seine Leser somit in ähnlicher Weise wie Kierkegaards Ethiker den Ästhetiker in eine Entscheidungssituation:[144] In *Entweder/Oder* geht es um die »Wahl« zwischen »ethischer« Grundsatzorientierung und »ästhetischer« Augenblicksbezogenheit, im *Diskurs über die Ungleichheit* um die Entscheidung zwischen dezidierter Opposition gegen die vorgegebene Gesellschaftsordnung und affirmierender – fügsam-angepasster oder aktiv-unterstützender – Partizipation. In beiden Texten ist die Darlegung der jeweiligen »Wegscheide«[145] mit dem Anspruch verbunden, dass eine der beiden Alternativen die Lösungsperspektive für ein drängendes Problem bildet: die existentielle Verzweiflung des Ästhetikers in *Entweder/Oder* bzw. die gesellschaftliche Repression im *Diskurs über die Ungleichheit*. In keinem der beiden Fälle gibt es eine Garantie dafür, dass der gewiesene Weg tatsächlich zur Lösung des jeweiligen Problems führt – die Verzweiflung des Ästhetikers könnte sich als ›unheilbar‹ erweisen; Rousseau muss mit der Möglichkeit rechnen, dass alle Versuche, die ideologisch bemäntelte Repression abzubauen, scheitern –; dies beeinträchtigt jedoch nicht das gemeinsame Anliegen Rousseaus und Kierkegaards, die vom Determinismus in Frage gestellte Rede von der ›Freiheit des Subjekts‹ – und damit

---

[144] Die sachlichen Bezüge zwischen *Entweder/Oder* und dem *Diskurs über die Ungleichheit*, die im folgenden umrissen werden sollen, sind keinem direkten Einfluss Rousseaus auf Kierkegaard zuzuschreiben. Ihr Bindeglied bildet der Versuch Kants, Determinismus und Willensfreiheit miteinander zu vereinbaren. Kant hat seine ›kritische‹ Ethik in Auseinandersetzung mit Rousseau entwickelt (vgl. Josef Schmucker: *Die Ursprünge der Ethik Kants*. Meisenheim 1961. S. 142 ff.); in Kierkegaards *Entweder/Oder* und der *Abschließenden unwissenschaftlichen Nachschrift* ist das kantische Erbe von eminenter Bedeutung (vgl. Ronald M. Green: *Kierkegaard and Kant*. Albany 1992; Ulrich Knappe: *Theory and Practice in Kant and Kierkegaard*. Berlin/New York 2004). Das Problem der Vereinbarkeit von Determinismus und Willensfreiheit, welches Kant mittels einer – vielfach problematisierten – metaphysischen Interpretation seiner Unterscheidung der »Dinge in der Erscheinung« von den »Dingen an sich selbst« zu lösen versucht (vgl. Allan Wood: *Kant's Ethical Thought*. Cambridge 1999. S. 178 ff.), wird im *Diskurs über die Ungleichheit* und *Entweder/Oder* auf einem Weg angegangen, der metaphysische Annahmen vermeidet.

[145] Kierkegaard: *Entweder/Oder*. Zweiter Teil. Bd. 2, S. 178

vom »Geist« – mittels eines Texttyps zu rehabilitieren, der dem Rezipienten vor Augen führt, dass er sich bei der Lektüre in einem Entscheidungprozess befindet und daher als verantwortliches Subjekt anzusehen ist: In *Entweder/Oder* reflektiert der Leser, indem er die Kontroverse zwischen A und B mitvollzieht, auf die existentielle Alternative von Augenblicksbezogenheit und Grundsatzorientierung, die sich jedem Menschen stellt, so dass die faktische Lebensführung des Lesers fortan als Resultat einer Selbstwahl anzusehen ist – selbst in dem Fall, dass er die Reflexion abbricht, sobald er das Buch zuklappt, da dies als Entschluss zur Verweigerung der Selbstreflexion gewertet werden kann; in analoger Weise gibt der *Diskurs über die Ungleichheit* den Rezipienten (durch seinen kritisch-appellativen Duktus) zu verstehen, dass sie bei der Lektüre insofern einen Selbstverständigungsprozess durchlaufen, als sie dessen inne werden, dass sie an der vom Text nahe gelegten Handlungsoption: durch entschlossenen Widerstand gegen die bestehende Sozialordnung in Erfahrung zu bringen, ob es eine Chance zur Überwindung der Repression gibt, interessiert sind oder aber auf die Klärung dieser Frage verzichten – sei es, weil sie den Versuch einer Umgestaltung der Gesellschaftsordnung als aussichtslos bzw. zu risikoreich einschätzen, sei es, weil sie die bestehenden Verhältnisse favorisieren. Die – für die indirekte Mitteilungsform von *Entweder/Oder* zentrale – Feststellung von Kierkegaards Ethiker, dass jede Reaktion auf die Aufforderung, eine existentielle Grundsatzentscheidung zu treffen, als eine Wahl und damit als Akt der Freiheit anzusehen ist (s. o. S. 105), lässt sich damit auf die Textstruktur des *Diskurses über die Ungleichheit* übertragen: Er ist in dem Sinne selbstreflexiv, dass die Freiheitsunterstellung, die seiner Gesellschaftskritik zugrunde liegt, vermittels dieser Kritik ›verifiziert‹ werden soll – indem sie den Leser in eine Entscheidungssituation bringt, so dass er ›zwangsläufig‹ eine Wahl trifft.[146]

Auf diese Weise lässt sich allerdings nur der »ethische« Begriff der Freiheit als personaler Verantwortlichkeit legitimieren. Ob wir auch in dem Sinne frei sind, dass uns die Realisierung bislang nicht

---

[146] In Kap. III 4 soll gezeigt werden, dass diese – an Kierkegaard orientierte – Interpretationsthese dem Textbefund gerecht wird (s. u. S. 195 ff.). Hierbei muss allerdings berücksichtigt werden, dass Rousseau lediglich den Intellektuellen, an die sich die ›esoterische‹ Argumentationsebene des *Diskurses über die Ungleichheit* wendet, Freiheit zuerkennt (s. u. S. 193).

Smail Rapic

erprobter Lebensmöglichkeiten offen steht, kann nur die Lebenspraxis erweisen. Rousseau bleibt jedoch nicht bei dieser Feststellung stehen: Seine Rechtfertigung der ethischen Freiheitsunterstellung leitet aufgrund der Verflechtung unserer persönlichen Lebensführung mit der Gesellschafts- bzw. Gattungsgeschichte zu der Frage über, inwieweit die Individuen für deren faktischen Verlauf verantwortlich gemacht werden können. Diese Frage schlägt sich im *Diskurs über die Ungleichheit* in der Doppelung von kausaler Beobachter- und kritisch-appellativer Teilnehmerperspektive nieder. Die Zweideutigkeit in Rousseaus Schilderung der Staatsgründung konfrontiert den Leser mit dem Problem, ob die anthropologischen Faktoren, denen ideologische Machtstrukturen ihre Durchsetzungskraft verdanken – »Geiz«, »Ehrsucht«, Opportunismus, Autoritätshörigkeit usw. – als sozialpsychologische Determinanten anzusehen sind oder aber moralische Defizite verraten. Dies können wir nur dadurch in Erfahrung bringen, dass wir den praktischen Versuch unternehmen, uns vom Einfluss dieser Motive zu emanzipieren. Eine – mit Kierkegaards Ethiker zu sprechen – »Besinnung« auf den Status solcher Triebfedern muss sich demnach »als Handlung« vollziehen. In diesem Sinne fordert Rousseau die Leser mit seiner Schilderung der Staatsgründung zu einer Selbstverständigung über den Ursprung gesellschaftlicher Ideologie auf – wobei man demjenigen, der den Appell missachtet, vorhalten kann, dass er eine solche Selbstverständigung »verweigert«.[147] Die dem rhetorischen Pathos des *Diskurses über die Ungleichheit* zugrunde liegende Unterstellung: dass es die Chance zum Abbau der herrschenden ideologischen Repression gibt, gewinnt dadurch theoretisches Gewicht, dass der Leser, der die Triebfedern des Geizes, der Ehrsucht, des Opportunismus usw. sich selber überwindet, hiermit unter Beweis stellt, dass diese Motive keine mit der ›Natur des Menschen‹ unauflöslich verbundenen bzw. durch den Zivilisationsprozess irreversibel produzierten Determinanten sind; wenn es dem Leser gelingt, sie bei sich selber auszuräumen, gibt es Grund zu der Annahme, dass auch andere hierzu imstande sind, so dass ideologische Machtverhältnisse als Resultat einer schuldhaften ›Verführung‹ gewertet werden können.

Rousseau gibt somit durch die Zweideutigkeit, die in seiner Rekonstruktion der Staatsgründung auftritt, den Lesern zu verstehen, dass es von ihrer existentiellen Reaktion auf seinen Appell zur Ge-

---

[147] Vgl. Kierkegaard: *Entweder/Oder*. Zweiter Teil. Bd. 2, S. 277.

sellschaftsveränderung abhängt, ob die Kontingenzspielräume der sozialen Evolution, die in der Beobachterperspektive auszumachen sind, als Freiheitsspielräume interpretiert werden können. Die Doppeldeutigkeit des Textbefundes, in der diese Botschaft ›versteckt‹ ist, erfüllt zugleich die Funktion, die Leser darauf aufmerksam zu machen, dass die kausale Beobachter- und die ethische Teilnehmerperspektive miteinander kompatibel sind: Falls der angestrebte Abbau der herrschenden Repression gelingt, ist es ein legitimes Ziel der theoretischen Wissenschaft, diesen Prozess auf eine neuartige Konstellation von Ursachen zurückzuführen, die die Gegenwart gegenüber früheren Epochen auszeichnet.

Das Spannungsverhältnis zwischen der kausalen Beobachter- und der ethisch-kritischen Teilnehmerperspektive des *Diskurses über die Ungleichheit*, welches sich in den Zweideutigkeiten des Textbefundes gleichsam ›verdichtet‹, bildet das Pendant zum Widerspruch in den Aussagen des Ethikers in Kierkegaards *Entweder/Oder* zum Selbst und zur Geschichte (s. o. S. 96, 99 f.). Beide Texte verankern im Begriff ›praktischer Subjektivität‹, den sie vermittels ihrer selbstreflexiven Struktur etablieren, eine Betrachtungsweise der Weltgeschichte, die nach Möglichkeitsspielräumen forscht – womit sich der Begriff ›geschichtlicher Subjektivität‹ in Ansatz bringen –, ohne jedoch die Legitimität einer streng kausalen Rekonstruktion des Geschichtsprozesses zu bestreiten. In diesem Sinne lässt sich Rousseaus Zielsetzung, die ethische Freiheitsunterstellung im Rahmen einer ›kompatibilistischen‹ Position zu rechtfertigen, der ersten Stufe von Kierkegaards Konzept der ›Selbstverständigung‹ zuordnen (s. o. S. 117). Auf dem Hintergrund von Kierkegaards Begriff der »indirekten Mitteilung« erweist sich Rousseaus Rückgriff auf das literarische Mittel mehrdeutigen Sprechens als integraler Bestandteil seines Programms, durch die Rehabilitierung der Rede vom »Geist« – die durch den naturwissenschaftlichen Determinismus in Frage gestellt wird – die Nachfolge der cartesischen ›Metaphysik‹ anzutreten (s. u. Kap. III 2 b, 4–5).

Die zentralen Aspekte der Textstruktur des *Diskurses über die Ungleichheit*, an die Herder und Marx anknüpfen, lassen sich in Hinblick auf die drei Fragen, auf die eine kritische Gesellschaftstheorie eine Antwort bereit halten muss (s. o. S. 10), folgendermaßen umreißen:

(Zu Frage 3) Der Text rechtfertigt ›selbst-referentiell‹ die Freiheitsunterstellung, die seine ethische Gesellschaftskritik einschließt, indem er den Leser zu einer Verhaltensänderung auffordert, d. h. in eine Entscheidungssituation bringt, und ihn darauf aufmerksam macht, dass er bei der Lektüre zu dieser Aufforderung innerlich Stellung bezieht, was als Beleg für seine ›Entscheidungsfähigkeit‹ – und damit seine ›Schuldfähigkeit‹ – gewertet werden kann. Während Rousseau diese Rechtfertigungsstrategie ausdrücklich thematisiert (s. u. Kap. III 4 b), machen Herder und Marx implizit von ihr Gebrauch (s. u. S. 288, 326 f.).

(Zu Frage 2) Der Text führt dem Leser vor Augen, dass die ethische Freiheitsunterstellung im Rezeptionsprozess bereits verifiziert, hiermit aber noch nichts darüber ausgemacht ist, ob die individuelle Existenz des Lesers wie auch die Struktur der Gesellschaft tatsächlich ›veränderbar‹ sind. In diesem Sinne macht der Text den Leser auf Möglichkeiten aufmerksam, die nur praktisch ausgelotet werden können. Die Annahme, dass es eine ›reale Chance‹ zur Gesellschaftsveränderung gibt, bezieht bei Rousseau, Herder und Marx ihre theoretische Dignität aus dem Hinweis auf die Kaschierung sozialer Antagonismen durch inkohärente Selbstbeschreibungen – und damit auf das Wirkungspotential derer, die ›falsches Bewusstsein‹ bei sich selbst und anderen ausräumen.

(Zu Frage 1) Da die ethische Freiheitsunterstellung in die historischen Analysen von Rousseaus *Diskurs über die Ungleichheit*, Herders *Auch eine Philosophie der Geschichte zur Bildung der Menschheit* und der geschichtsphilosophisch-politischen Frühschriften von Marx (und Engels) nirgends als Prämisse eingeht, steht sie deren wissenschaftlichem Anspruch nicht im Wege.

Habermas' Charakterisierung der marxistischen Theorie als einer »explizit in politischer Absicht entworfenen, dabei wissenschaftlich falsifizierbaren Geschichtsphilosophie«[148] lässt sich auf Rousseaus *Diskurs über die Ungleichheit* und Herders *Auch eine Philosophie der Geschichte* zurückprojizieren: Die der emanzipatorischen Wirkungsabsicht der kritischen Gesellschafts- bzw. Geschichtstheorien Rousseaus, Herders und Marx' zugrunde liegende Annahme, dass Alternativen zum Bestehenden realisiert werden können, hat den Status einer Hypothese, die durch praktische Versuche der Gesellschaftsveränderung – vergleichbar einem naturwissenschaftlichen Experiment – zu ›verifizieren‹ bzw. ›falsifizieren‹ ist; die kausale bzw. systemische Rekonstruktion vergangener Epochen

---

[148] »Zwischen Philosophie und Wissenschaft: Marxismus als Kritik«, S. 244.

in der Beobachterperspektive muss sich am historischen Stoff ›bewähren‹. Wie in Rousseaus *Diskurs über die Ungleichheit* werden auch in Herders *Auch eine Philosophie der Geschichte zur Bildung der Menschheit* und in Marx' geschichtsphilosophisch-politischen Frühschriften die kausale Beobachter- und die kritische Teilnehmerperspektive durch Mehrdeutigkeiten bzw. Inkohärenzen des Textbefundes miteinander verschränkt.[149]

In Herders *Auch eine Philosophie der Geschichte* bildet die ironische Kontrastierung der normativen Selbstbeschreibungen neuzeitlicher Akteure mit ihrem faktischen Verhalten das direkte Pendant zu den Zweideutigkeiten im *Diskurs über die Ungleichheit*, die den Leser für die Frage nach möglichen Alternativen zur faktischen Geschichtsentwicklung sensibilisieren sollen, ohne die Legitimität einer streng kausalen Erklärung historischer Prozesse in Abrede zu stellen. Indem Herder seiner Charakterisierung des europäischen Kolonialismus als eines »großen Geschäfte[s]« das ironische Lob folgen lässt: »Spanier, Jesuiten und Holländer: ihr menschenfreundlichen, uneigennützigen, edlen und tugendhaften Nationen! Wie viel hat euch in allen Weltteilen die Bildung der Menschheit nicht schon zu danken?« (*AP* 71, s. o. S. 69 f.), stellt er deskriptive Befunde in der Weise nebeneinander, dass eine ethische Verantwortlichkeit von Akteuren der jüngeren Vergangenheit suggeriert, aber nicht ausdrücklich postuliert wird: Herder konstatiert auf der einen Seite mit dem Hinweis auf die wirtschaftliche Profitabilität des Kolonialismus und der Wiedergabe seiner gängigen Legitimation, dergemäß er der Verbreitung des Christentums bzw. der ›europäischen Kultur‹ dient, Fakten und verbleibt in diesem Sinne in der Beobachterperspektive; auf der anderen Seite gibt er durch den ironischen Duktus, mit dem er den christlichen bzw. humanitären Anspruch der Kolonialmächte und die wirtschaftliche Ausbeute ihrer globalen Expansion einander gegenüberstellt, zu verstehen, dass es aufgrund des weltgeschichtlichen Reifungsprozesses des normativen Bewusstseins in der Neuzeit zusehends unplausibler wird, den Akteuren das Gespür für eklatante Widersprüche zwischen ihren normativen Selbstbeschreibungen und ihrem faktischen Verhalten abzusprechen. Herders Charakterisierung der Abwehrhaltung, die er beim Großteil seiner Zeitgenossen gegenüber einem »Sokrates unsrer Zeit« (s. o. S. 69) erwartet, bringt

---

[149] Zur Funktion argumentativer Inkohärenzen im *Diskurs über die Ungleichheit* s. u. Kap. III 1, 2 b, 4 b.

zum Ausdruck, dass eine solche Selbstimmunisierung des zeitgenössischen ›falschen Bewusstseins‹ ein schuldhaftes Versagen zumindest derjenigen verrät, die über einen ausreichenden Bildungsstand verfügen, um die Kritik an den kulturspezifischen Vorurteilen der neuzeitlichen europäischen Zivilisaton nachvollziehen zu können: »Dich [= den fiktiven »Sokrates unsrer Zeit«] werden hundert lesen und nicht verstehen: hundert und gähnen: hundert und verachten: hundert und lästern: hundert, und die Drachenfelsen der Gewohnheit lieber haben und bleiben, wer sie sind.« (*AP* 93) Wenn sich ein inkohärent argumentierender Gesprächspartner auf seine Position versteift, sind wir befugt, ihm die Wahrhaftigkeit – oder aber die Einsichtsfähigkeit – abzusprechen. Herder zieht mit dem ironischen Tenor seiner Schilderung des Kolonialismus hieraus den Schluss, dass eine normative Kritik inkohärenter Selbstbeschreibungen historischer Akteure, denen wir intellektuelle Reife unterstellen können, legitim ist, wobei er aber – indem er die Beobachterperspektive nicht explizit durchbricht – die Möglichkeit einer kausalen Erklärung solcher Inkohärenzen offen lässt.

Herder konfrontiert den Leser von *Auch eine Philosophie der Geschichte* mit einer weiteren Form der kalkulierten Zweideutigkeit, indem er einerseits bei der – auf Metaphern rekurrierenden – Einführung des systemtheoretischen Modells dieser Schrift, welche im Anschluss an die Darstellung der antiken Geschichte erfolgt, die These, jede »Nation« lasse eine »Proportion von Kräften und Neigungen« zum »Zwecke« des ›Wohls des Ganzen‹ erkennen und trage in diesem Sinne »ihren Mittelpunkt der Glückseligkeit in sich« (*AP* 32, 35), mit dem Anspruch auf Allgemeingültigkeit vorträgt, andererseits durch den Vergleich des modernen Menschen mit einem »Kranken«, der »im Todesschweiße« mit »Opium« träumt (*AP* 82), zu verstehen gibt, dass die aktuell dominanten Kräfte der europäischen Zivilisation die Menschheit in die Selbstzerstörung treiben. Dem Leser bieten sich zwei verschiedene Deutungsmöglichkeiten dieser Diskrepanz an: Er kann entweder den Schluss ziehen, dass Herders These: »jede Nation hat ihren Mittelpunkt der Glückseligkeit in sich« (*AP* 35) nur auf antike (und evtl. mittelalterliche) Gesellschaften, nicht aber auf die moderne Welt passt – wobei zu fragen bleibt, warum der Autor eine solche Einschränkung nicht explizit vornimmt –, oder aber Herders Gegenwartsdiagnose in der Weise interpretieren, dass hiermit die momentane Situation beschrieben, aber kein definitives Urteil über die gegenwärtige Epoche gefällt werden soll. Für die letztere Deutung spricht, dass Herders eindringliche Warnung vor dem Gefahrenpotential der modernen europäischen Zivilisation den Appell einschließt, deren expansive Eigendynamik – die sich einerseits im rastlosen technischen Fortschritt, andererseits in der Unersättlichkeit der Kolonialmächte manifestiert – zu bremsen. Die beiden gegensätzlichen Deutungsmöglichkeiten der im Text zu beobachtenden Unstimmigkeit verweisen somit auf eine Entscheidungsalternative, vor die der Adressatenkreis seiner Schrift gestellt ist: Wenn sich seine Zeitgenossen in die »Maschine« (AP 59) der modernen Zivilisation widerstandslos einfügen, mündet deren expansive Eigendynamik – sofern Herders Gegenwartsdiagnose zutrifft – in die globale Katastrophe; widersetzen sie sich dieser Dynamik, besteht die Hoffnung, dass die gegenwärtige Situation ein bloßes Durchgangsstadium bildet, so dass Herders These, jede »Nation« lasse »eine Proportion von Kräften und Neigungen« zum »Zwecke« der »Glückseligkeit« erkennen, in der Weise auf die Gegenwart angewandt werden könnte, dass die von ihm intendierte Wirkung seiner Schrift zu den »Kräften« der modernen Gesellschaft zu zählen ist, die die apokalyptische Bedrohung abwenden. Im Rahmen der zweiten Deutungsmöglichkeit kann die Diskrepanz zwischen der Tatsache, dass Herder das systemtheoretische Paradigma des ›gesunden Organismus‹ ohne eine explizite Restriktion auf bestimmte Epochen einführt, und seiner Diagnose einer lebensbedrohlichen Krankheit der modernen Menschheit dadurch aufgelöst werden, dass man dieses Paradigma zu dem des ›vitalen Organismus‹ erweitert, der über Selbstheilungskräfte verfügt, und das Bild des »Todesschweiße[s]« der modernen Zivilisation als rhetorische Zuspitzung der Krankheitsdiagnose wertet – was sich damit stützen lässt, dass Herder prophezeit: »wir nahen uns einem neuen Auftritte, wenn auch freilich bloß durch Verwesung!« (AP 103)

Herder bringt somit zwei verschiedene systemtheoretische Deutungsmöglichkeiten der modernen Zivilisation in Ansatz: das Paradigma des ›todkranken‹ und das des ›vitalen‹, existenzbedrohende Krisen durch seine Selbstheilungskräfte überwindenden Organismus. Der Leser wird durch das rhetorische Pathos von Herders Zeitkritik darauf hingewiesen, dass über die ›theoretische‹ Frage, welches Paradigma das angemessene ist, in der Beobachterperspektive nicht adäquat entschieden werden kann: Es ist denkbar, dass ein entschiedenes aufklärerisches Engagement von Herders Adressatenkreis unverzichtbar ist, um denjenigen »Kräften« der modernen Gesellschaft, die ihren destruktiven Tendenzen entgegenwirken, zum Durchbruch zu verhelfen. Die Diskrepanz zwischen dem Anspruch auf Allgemeingültigkeit, mit dem Herder die These vorbringt, jede »Nation« lasse »eine Proportion von Kräften und Neigungen« zum »Zwecke« der »Glückseligkeit« erkennen, und seiner Metapher der lebensbedrohlichen Krankheit des modernen Menschen bringt demnach eine selbstreflexive Struktur seiner frühen Geschichtsphilosophie zum Ausdruck: Er führt dem Adressatenkreis seiner Schrift vor Augen, dass es in ihrer Hand liegen könnte, die Anwendbarkeit des Paradigmas des ›vitalen Organismus‹ auf die moderne Gesellschaft durch praktisches Engagement zu erweisen.[150] Herder konfrontiert seine Leser auf diese Weise mit ihrer geschichtlichen Verantwortung. Dies entspricht insofern der ersten Stufe von Kierkegaards Konzept der Selbstverständigung, als sich die »Besinnung« darauf, ob es tatsächlich die Chance zur Wiederherstellung des gestörten Gleichgewichts der modernen Welt gibt, nur als »Handlung« vollziehen kann – wobei Herder diejenigen unter seinen Lesern, denen er ein ausreichendes Urteilsvermögen für den Nachvollzog seiner Gegenwartsdiagnose unterstellt, darauf aufmerksam macht, dass sie nicht umhin kommen, eine eigenverantwortliche Entscheidung zwischen der Partizipation an der Eigendynamik der zeitgenössischen Zivilisation und dem Widerstand gegen ihre expansiven Mechanismen zu treffen (*AP* 96 f., s. u. S. 288). Indem er zu einem solchen Widerstand auffordert und die Deutungsperspektive in Ansatz bringt, dessen möglichen Erfolg als Ausdruck von Selbstheilungskräften des zeitgenössischen sozialen Systems aufzufassen, bezieht er eine ›kompatibilistische‹ Position: Vom Beobachterstandpunkt aus stellt sich ein durch Herders Warnung vor den apokalyptischen Gefahren der modernen Zivilisation ausgelöstes gesellschaftskritisches Engagement seiner Leser als kausale Folge der von ihm vermittelten Einsicht dar.[151]

---

[150] Vgl. *AP* 104: »Lasset uns, meine Bruder, mit mutigem, frohlichem Herzen auch mitten unter der Wolke arbeiten: denn wir arbeiten zu einer großen Zukunft.«

[151] Die – für die selbstreflexive Theoriestruktur von Herders früher Geschichtsphilosophie zentrale – Deutung der Wirkungsabsicht des Autors und ihres möglichen Einflusses auf die gesellschaftliche Praxis als Manifestation von Selbstheilungskräften des sozialen ›Organismus‹ stößt allerdings beim Problem des Kolonialismus an ihre Grenzen, da sich die gewaltsame Überformung außereuropäischer Kulturen durch die Kolonialmächte, die Herder moralisch kritisiert, unter einem systemfunktionalen Blickwinkel langfristig als ›sinnvoll‹ erweisen könnte. S. o. S. 73 ff. sowie Kap. IV 5 b.

Herder hält in seiner Darstellung der seelischen Abwehrmechanismen gegenüber seiner Gegenwartsdiagnose, die er bei einem Großteil seiner Zeitgenossen erwartet, an der Doppelung von kausaler Beobachter- und normativer Teilnehmerperspektive fest. Indem er eine solche Abwehrhaltung als Symptom für die ›Krankheit‹ der Zeit wertet,[152] legt er auf der einen Seite eine kausale Deutung der Verdrängungsmechanismen nahe, die einer argumentativen Auseinandersetzung mit seiner Gegenwartsdiagnose im Wege stehen, auf der anderen Seite gibt er mit der Bemerkung: »Was lohnts, dass ich weiterrede?« (*AP* 82) zu verstehen, dass sich diejenigen, die einer solchen Auseinandersetzung aus dem Wege gehen, als Diskurspartner disqualifizieren. Ob Herders Warnung vor der expansiven Eigendynamik der modernen Zivilisation die Zeitgenossen zu einer sachorientierten Auseinandersetzung animiert oder an ihnen abprallt, stellt sich in der Beobachterperspektive als ›kontingent‹ dar; dieser Kontingenzspielraum verweist in der Teilnehmerperspektive auf einen Freiheitsspielraum zumindest der intellektuellen Rezipienten, da Kommunikationspartner befugt sind, den Diskursabbruch als zurechenbaren Akt zu werten.

Im *Kommunistischen Manifest* tritt auf dem Hintergrund von Marx' Explikation des Begriffs der »Selbstverständigung« in den *Deutsch-Französischen Jahrbüchern* eine Zweideutigkeit zutage, die einerseits mit dem Spannungsverhältnis zwischen den beiden gegensätzlichen Deutungsmöglichkeiten der modernen europäischen Zivilisation in Herders früher Geschichtsphilosophie vergleichbar, andererseits mit der für Marx' (und Engels') publizistische Tätigkeit charakteristischen Differenz von ›exoterischer‹ und ›esoterischer‹ Kommunikation (s. o. S. 83 ff.) untrennbar verknüpft ist. Gemäß dem *Kommunistischen Manifest* lautet das Grundgesetz des bisherigen Geschichtsverlaufs, dass die sozialen Antagonismen, die im Kampf zwischen »Unterdrücker[n]« und »Unterdrückte[n]« kulminieren, in jeder Epoche »mit einer revolutionären Umgestaltung der Gesellschaft endete[n] oder mit dem gemeinsamen Untergang der kämpfenden Klassen.« (*MW* II 817 f.) Die aktuelle historische Situation wird im *Manifest* dahingehend charakterisiert, dass sich die

---

[152] »Was lohnts, dass ich weiterrede? Wenns bloß Sieche wäre; und nicht zugleich Hindernis, das jedes Mittel dagegen aufhebet! [...] warum den Kranken stören, ohne dass man ihm hilft?« (*AP* 82)

»Waffen, womit die Bourgeoisie den Feudalismus zu Boden geschlagen hat«, »jetzt gegen die Bourgeoisie selbst« richten und diese durch die Auflösung des handwerklichen Mittelstands im Zuge der Industrialisierung »ihre eigenen Totengräber« produziert hat: »die modernen Arbeiter, die *Proletarier*.« (*MW* II 825, 832) Marx und Engels fügen hinzu, der »Untergang« der Bourgeosie und der »Sieg des Proletariats« seien »gleich unvermeidlich« (*MW* II 832). Ihre Prophezeiung des Zusammenbruchs der bestehenden Herrschaftsordnung suggeriert, dass das genannte Grundgesetz der bisherigen Geschichte auch für die Gegenwart gilt und aus ihm ebenso verlässlich Prognosen abgeleitet werden können wie aus einem Naturgesetz – wobei das angeführte Geschichtsgesetz allerdings offen lässt, ob die revolutionären Bestrebungen zum Erfolg führen oder die »kämpfenden Klassen« gemeinsam untergehen.

Der Anschein, das im *Kommunistischen Manifest* formulierte Geschichtsgesetz sei als determinierendes Kausalprinzip aufzufassen, muss insofern korrigiert werden, als Marx den entscheidenden »Vorzug« seines Konzepts der »Selbstverständigung« gegenüber einem herkömmlichen Theorieverständnis gerade darin sieht, dass es »nicht dogmatisch die Welt antizipieren« will; »die Konstruktion der Zukunft« ist – so Marx – »nicht unsere Sache« (An Ruge, *Ein Briefwechsel von 1843, MW* I 447). Marx weist zugleich auf die Kehrseite dieser Offenheit hin: Das »philosophische Bewusstsein«, welches die »*wirkliche[n]* Kämpfe« der Gesellschaft analysiert, wird in deren »Qual [...] nicht nur äußerlich, sondern auch innerlich hineingezogen« (*MW* I 447, 449).

Ein Interpretationsschlüssel für die Diskrepanz zwischen diesen dezidierten Aussagen und dem vom *Kommunistischen Manifest* erweckten Eindruck einer eindeutigen Prognostizierbarkeit – und damit kausalen Notwendigkeit – des Geschichtsverlaufs lässt sich der Schlusspartie von Marx' Aufsatz *Zur Kritik der Hegelschen Rechtsphilosophie* entnehmen, derzufolge es zur »Emanzipation« von den bestehenden Machtverhältnissen kommen wird, sobald »der Blitz des Gedankens« in den »naiven Volksboden eingeschlagen« ist (*MW* 504). Marx gibt hiermit dem intellektuellen Leserkreis der *Deutsch-Französischen Jahrbücher* zu verstehen, dass die proletarische Revolution mit ›an Sicherheit grenzender Wahrscheinlichkeit‹ ausbrechen wird, wenn hierfür durch die »Erzeugung« eines »kommunistischen Bewusstseins« (*MW* II 45) die »inneren Bedingungen erfüllt sind« (*MW* I 505). Dieser Leserkreis kann somit den apodiktischen Tenor der Prophezeiung des *Kommunistischen Manifests,* die gegenwärtigen Machtverhältnisse würden über kurz oder lang zusammenbrechen, als politische Rhetorik durchschauen, die die praktische Funktion hat, die Proletarier zum Kampf gegen die bestehende Ordnung anzuspornen, und hiermit zugleich die philosophische Funktion, zur ›Verifikation‹ der (in den *Deutsch-Französischen Jahrbüchern* formulierten) These beizutragen, dass es zur Revolution kommen wird, sobald die Erzeugung des kommunistischen Bewusstseins gelungen ist.

In der Perspektive des intellektuellen Lesers des *Kommunistischen Manifests,* der Marx' Hinweis auf die innerliche »Qual« der Ungewissheit hinsichtlich des Fortgangs der Geschichte im *Briefwechsel von 1843* im Auge behält, gewinnt somit das im *Manifest* angeführte ›Grundgesetz der Geschichte‹ einen Status, der dem des systemtheoretischen Paradigmas des ›vitalen Organismus‹ in Herders früher Geschichtsphilosophie vergleichbar ist: Wenn man auf dem Beobachter-Standpunkt verharrt, muss man in beiden Fällen mit der Falsifikation des jeweiligen Erklärungsprinzips rechnen; analog zur Diskrepanz zwischen dem systemischen Paradigma des ›gesunden‹ bzw. ›vitalen Organismus‹ und der Gegenwartsdiagnose in Herders Text schließt die Diskrepanz zwischen der apodiktischen Präsentation des ›Geschichtsgesetzes‹ im *Manifest* und der Rede von der »innerlich[en]« Qual in Marx' Brief an Ruge vom September 1843 den Appell an den verständigen Leser ein, durch praktisches Engagement, d.h. durch »äußerlich[e]« Mitwirkung an den gesellschaftlichen Kämpfen, zur ›Verifikation‹ des exponierten Geschichtsmodells beizutragen. In diesem Sinne bildet das – dem intellektuellen Leser des *Manifests* durchsichtige – Changieren der Prophezeiung vom bevorstehenden Umsturz der etablierten Ordnung zwischen quasi-naturwissenschaftlicher Prognose und rhetorischem Kampfruf ein integrales Moment von Marx' Konzept einer »Selbstverständigung […] der Zeit über ihre Kämpfe und Wünsche«.

In den Kap. III–V sollen die in Kap. I 5 angeschnittenen Sachthemen von Rousseaus *Diskurs über die Ungleichheit,* Herders *Auch eine Philosophie der Geschichte* und der geschichtsphilosophisch-politischen Frühschriften von Marx (und Engels) ausgeführt und auf die selbstreflexive Struktur dieser Texte zurückbezogen werden. Ihr Theorieaufbau wird in Kap. VI 5 vom Verhältnis von Beobachter- und Teilnehmerperspektive in Habermas' *Theorie des kommunikativen Handelns* im Rekurs auf Luhmanns Begriff der »Kontingenzkausalität« abgegrenzt. In Kap. VII 3 soll die »humanistische Tradition« gegen Luhmanns Anspruch, die soziologische Systemtheorie sei einer kritischen Gesellschaftstheorie methodisch überlegen, verteidigt werden

## III. Kausale Beobachter- und ethische Teilnehmerperspektive in Rousseaus *Diskurs über die Ungleichheit*

In der kausalen Beobachterperspektive des *Diskurses über die Ungleichheit* wird die konstitutive Bedeutung der Fortschritte, die der Mensch bei der Sicherung seines Lebensunterhalts gemacht hat, für die Genese psychischer bzw. mentaler wie auch sozialer Strukturen aufgewiesen. Der »Erste Teil« des *Diskurses (D* 76 ff.) ist dem Stadium gewidmet, in dem die Lebensgrundlage des Urmenschen in den Nahrungsquellen bestand, die er vorgefunden hat; er erlernte in dieser Phase den Gebrauch von Werkzeugen und erwarb – zumindest rudimentär – die Fähigkeit zu planmäßigem Handeln (s. u. Abschnitt 2 a). Im »Zweiten Teil« (*D* 172 ff.) steht die Eigendynamik der Tauschwirtschaft im Zentrum, die nach Rousseau die Etablierung einer zentralen Staatsmacht erforderlich macht (Abschnitt 3 a-b). Rousseau entwickelt in seiner fiktiven Schilderung der Staatsgründung in impliziter Gegenwendung zu Hobbes die These, dass jede Gesellschaft in ihren Selbstbeschreibungen einen normativen Konsens postulieren muss, so dass ein konsequent selbstbezügliches Handeln zu inkohärenten Selbstinterpretationen zwingt (Abschnitt 3 c).

Die philosophischen Kernfragen der kritisch-appellativen Teilnehmerperspektive des *Diskurses über die Ungleichheit* betreffen die Legitimität der ethischen Freiheitsunterstellung (Abschnitt 2 b) und den Anspruch evolutionär generierter Moral- und Rechtsprinzipien auf Allgemeinverbindlichkeit (Abschnitt 3 d).

In den Abschnitten 4–5 soll die Interpretationsthese erhärtet werden, dass die Beobachter- und die Teilnehmerperspektive des *Diskurses über die Ungleichheit* durch literarische Darstellungsmittel, deren Funktion anhand von Kierkegaards Konzept der »indirekten Mitteilung« aufgehellt werden kann, zueinander in Beziehung gesetzt werden und Rousseau den Anspruch erhebt, mit dem *Diskurs,* der in einer traditionellen Sichtweise im Zwischenbereich zwischen Philosophie und Literatur anzusiedeln wäre, die Nachfolge der cartesischen ›Metaphysik‹ anzutreten. Zunächst muss jedoch auf die Komplikation eingegangen werden, die sich aus der Verschränkung einer ›exoterischen‹ mit einer ›esoterischen‹ Darstellungsebene des *Diskurses* ergibt.

## 1. Der doppelte Adressatenkreis des *Diskurses über die Ungleichheit*

Rousseau schreibt im autobiographischen Rückblick der *Confessions* (1766–70), er habe im *Diskurs über die Ungleichheit* seine »Prinzipien« erstmals vollständig entwickelt.[1] Den Anspruch dieser Schrift legt er in ihrem »Exordium« (*D* 66 ff.) offen:

»O Mensch, aus welchem Lande du auch seist, welches deine Meinungen auch sein mögen, höre: Hier ist deine Geschichte, wie ich sie zu lesen geglaubt habe – nicht in den Büchern von deinen Mitmenschen, die Lügner sind, sondern in der Natur, die niemals lügt.« (*D* 75)

Rousseaus metaphorische Aussage, er habe sich darum bemüht, die Geschichte des Menschen in der Natur zu »lesen«, bringt zum Ausdruck, dass seine Rekonstruktion der Menschheitsentwicklung einen empirischen Wahrheitsanspruch erhebt. Indem er alle Buchautoren pauschal als »Lügner« abqualifiziert, erklärt er es zu seiner Aufgabe, seine Mitmenschen von der – mit den *Confessions* zu sprechen – »verblendeten Bahn« kulturell vermittelter »Vorurteile« abzubringen.[2] Zu dem rhetorischen Pathos, mit dem er sich im »Exordium« des *Diskurses über die Ungleichheit* an die Menschen aller Länder wendet, steht jedoch eine Passage aus der *Préface d'une seconde lettre à Bordes*, die unmittelbar vor dessen Abfassung niedergeschrieben wurde (1753/54, vgl. *OC* III 1283), in eigentümlichem Kontrast:

»Nur nach und nach und stets für wenige Leser habe ich meine

---

[1] Rousseau: *Œuvres complètes*. Hrsg. von Bernard Gagnebin und Marcel Raymond. 4 Bde. Paris 1959–69 (im folgenden zitiert als: *OC*). Bd. I, S. 388. Vgl. Rousseau: *Die Bekenntnisse. Die Träumereien des einsamen Spaziergängers*. Übers. von A. Semerau und D. Leube. München 1978. S. 383. – Zitate aus Rousseaus Schriften – mit Ausnahme des *Diskurses über die Ungleichheit*, des *Enzyklopädie*-Artikels »Politische Ökonomie«, die jeweils in verlässlichen zweisprachigen Editionen zugänglich sind, sowie des *Essai sur l'origine des langues*, der in die *Œuvres complètes* nicht aufgenommen wurde – werden nach dieser Edition nachgewiesen, wobei die Übersetzung von den angeführten dt. Ausgaben gelegentlich abweicht.

[2] *OC* I 388, *Die Bekenntnisse. Die Träumereien des einsamen Spaziergängers*, S. 383

Ideen entwickelt. Nicht mit mir bin ich dabei schonend umgegangen, sondern mit der Wahrheit, um sie sicherer weiterzugeben und um sie nützlich zu machen [...] oft wird die Mehrzahl meiner Leser meine Reden (discours) schlecht verbunden und beinahe gänzlich unzusammenhängend gefunden haben müssen, da sie den Stamm nicht wahrnahmen, dessen Zweige ich ihnen nur zeigte. Aber es war genug für jene, die zu verstehen wissen, und zu den anderen habe ich niemals sprechen wollen.«[3]

Die Publikationen, auf die sich Rousseau in dieser Passage bezieht, enthalten demnach auf der Oberfläche argumentative Lücken und Unstimmigkeiten, die eine berufene Schar von Adressaten für die jeweilige Botschaft sensibilisieren und diese zugleich vor dem Grossteil der Leser verschleiern sollen. Dass auch der *Diskurs über die Ungleichheit* unter diese Textsorte fällt, wird in den *Confessions* durch die Bemerkung angedeutet, er habe »nur wenige Leser« gefunden, die ihn »verstanden« hätten.[4] Rousseau stellt am Ende seines »Ersten Teils« den »gewöhnlichen Leser[n]« (»Lecteurs vulgaires«) die kompetenten »Richter« des *Diskurses* gegenüber (D 168 ff.). Diese Adressatengruppe wird im »Exordium« in unterschiedlicher Weise konkretisiert. Rousseau schreibt zu Beginn dieses Abschnitts:

»Ich werde die Sache der Menschheit [...] mit Zuversicht vor den Weisen verteidigen, die mich dazu einladen, und ich werde mit mir selbst nicht unzufrieden sein, wenn ich mich meines Themas und meiner Richter würdig erweise.« (D 67)

Die Rede von den »Richter[n]« des *Diskurses über die Ungleichheit* ist zunächst auf die Akademie von Dijon gemünzt, die einen Preis für die überzeugendste Antwort auf die Frage nach dem Ursprung der Ungleichheit unter den Menschen ausgesetzt hatte (vgl. D 65). Im weiteren Verlauf des »Exordiums« entwirft Rousseau jedoch folgendes Bild:

»ich werde mir vorstellen, ich befände mich im Lyzeum von Athen [...] und hätte einen Platon und einen Xenokrates zu Richtern und das Menschengeschlecht zu Zuhörern« (D 73/75).

Es fällt auf, dass Rousseau Platon nicht einen weiteren maßgeblichen Philosophen der Antike zur Seite stellt, sondern Xenokrates: einen seiner Nachfolger als Leiter der Akademie. Indem Rousseau Platon und Xenokrates in einem Atemzug nennt, gibt er zu verste-

---

[3] OC III 106. Übersetzung nach: Meier: »Einführender Essay«, D XXIII f.
[4] OC I 389, *Die Bekenntnisse. Die Träumereien des einsamen Spaziergängers*, S. 384.

hen, dass er als »Richter« seiner Schrift die Vertreter eines Traditionszusammenhangs anerkennt, der durch Platons Philosophie und seine öffentliche Wirksamkeit geprägt worden ist. Offenbar sollen sich die Mitglieder der Akademie von Dijon als Vertreter dieses Traditionszusammenhangs begreifen, um den *Diskurs über die Ungleichheit* adäquat verstehen und beurteilen zu können. Rousseaus plakativer Satz, er wolle bei seiner Rekonstruktion der Geschichte der Menschheit nicht auf Bücher vertrauen, die von Lügnern geschrieben seien, ist allerdings auch auf den Autor Platon zu beziehen. Rousseaus Ausführungen im *Diskurs über die Ungleichheit* erscheinen damit in der Tat »schlecht verbunden«, d. h. inkohärent.[5]

Laut den späten Dialogen *Rousseau juge de Jean-Jacques* (1772–76) ist für ein zureichendes Verständnis seiner Schriften ihre wiederholte Lektüre unabdingbar.[6] Rousseau vermerkt im *Diskurs über die Ungleichheit*, er habe es »so eingerichtet«, dass die »gewöhnlichen Leser« für dessen sorgfältiges Studium keinen Anlass sehen (D 171). Die zu Beginn des »Exordiums« getroffene Feststellung, der *Diskurs* wolle »die Sache der Menschheit [...] vor den Weisen verteidigen«, offeriert einen oberflächlichen, auf den »gewöhnlichen Leser« zugeschnittenen Lösungsansatz für den eigentümlichen Widerspruch in der Bewertung der intellektuellen Adressatengruppe, die Rousseau als »Richter« seiner Schrift bezeichnet, zugleich aber in die Nähe von Lügnern rückt. Dem Leser, der diesen Vorwurf vernommen hat, suggeriert die Formulierung, Rousseau müsse die Sache der Menschheit vor den »Weisen verteidigen«, dass die Kulturträger das Wohl des Bevölkerungsmehrheit bedrohen. Die von Rousseau angekündigte Verteidigung der Sache der Menschheit vor dem Tribunal der Intellektuellen ist demzufolge zugleich eine Anklage der Intellektuellen. Indem Rousseau das Bild entwirft, dass er den *Diskurs über die Ungleichheit* im »Lyzeum von Athen« vorträgt und dabei einen Platon und Xenokrates zu Richtern hat, während die »Menschheit« zuhört, legt er dem »gewöhnlichen Leser« nahe, sich ihm als Anwalt des Volkes anzuvertrauen, der die Kulturträger auf argumentativem Weg, d. h. durch den Appell an ihr intellektuelles Judiz, davon überzeugen will, dass sie gefährliche Vorurteile in die Welt gesetzt haben und von Grund auf umdenken müssen.

---

[5] Vgl. *Préface d'une seconde lettre à Bordes, OC* III 106.
[6] *OC* III 932, Rousseau: *Schriften.* Hrsg. von Henning Ritter. 2 Bde. München/Wien 1978. Bd. II, S. 566.

Dieses Selbstporträt Rousseaus bleibt jedoch einseitig. Der Leser, der an den Anfang des »Exordiums« zurückblättert und ihn unter die Lupe nimmt, stößt auf eine neue Inkohärenz. Die Selbstcharakteristik Rousseaus als Anwalt des Volkes, der die Kulturträger über die verderblichen Vorurteile aufklären will, die sie zu verantworten haben, schließt ein, dass er nicht nur eine tiefere Einsicht erlangt hat als die Intellektuellen, an die er sich wendet, sondern ihnen auch moralisch überlegen ist. Hierzu steht jedoch eine Bescheidenheitsgeste zu Beginn des »Exordiums« in Widerspruch: Rousseau äußert dort die Hoffnung, dass er sich der »Weisen«, die er als seine »Richter« anerkennt, »würdig erweisen« möge (D 67). Dem Leser, der dies im Gedächtnis behält, drängt sich die Vermutung auf, dass die pauschale Apostrophierung aller Buchautoren als »Lügner« den Charakter einer rhetorischen Übertreibung hat; dieser Vorwurf muss offenbar auf spezifische ›Anklagepunkte‹ eingeschränkt werden. Ein Anhaltspunkt hierfür lässt sich der folgenden Passage entnehmen:

»Die Vernunft (raison) […] lässt den Menschen sich auf sich selbst zurückziehen […] Die Philosophie isoliert ihn; ihretwegen sagt er beim Anblick eines leidenden Menschen insgeheim: Stirb, wenn du willst, ich bin in Sicherheit. Nur mehr die Gefahren für die ganze Gesellschaft können den ruhigen Schlaf des Philosophen stören und ihn aus seinem Bett reißen. Man kann seinen Mitmenschen unter seinem Fenster ungestraft umbringen; er braucht sich nur die Ohren zuzuhalten und sich ein paar Argumente zurechtzulegen, um die Natur, die sich in ihm empört, daran zu hindern, sich mit dem zu identifizieren, den man meuchlings ermordet. […] Bei den Unruhen, bei den Streitereien in den Straßen, läuft der Pöbel zusammen, der kluge Mensch entfernt sich; es ist die Kanaille, es sind die Marktweiber, welche die Kämpfenden trennen und die rechtschaffenen Leute daran hindern, einander umzubringen.« (D 149)[7]

Der Vorwurf der Unaufrichtigkeit, den Rousseau den »Philosophen« – als Repräsentanten der »kluge[n] Mensch[en]«, d. h. Intellektuellen im Allgemeinen – macht, ist demnach an der Diskrepanz zwischen ethischem Anspruch und faktischer Untätigkeit festgemacht: Die Intellektuellen sind offenbar der Ansicht, dass sie ihrer ethisch-politischen Verantwortung bereits durch die gedankliche Beschäftigung mit »Gefahren für die ganze Gesellschaft« Genüge tun

---

[7] Zu Rousseaus These, es gebe einen natürlichen Hang, sich mit einem Gewaltopfer zu identifizieren, s. u. S. 174 f.

und sich nicht auf die ›Niederungen‹ sozialer Konflikte einlassen müssen; Rousseau wirft ihnen vor, dass sie hiermit die realen gesellschaftlichen Nöte aus dem Blick verlieren.

Dass er nicht bloß persönliche Defizite intellektueller Zeitgenossen anprangert, sondern seine fundamentale Kritik an der kulturellen Tradition inhaltlich konkretisiert, wird an den Bezügen der zitierten Textpassage zu Platons Beschreibung der existentiellen Dimension der Philosophie deutlich. Rousseaus These, die Vernunft lasse »den Menschen sich auf sich selbst zurückziehen«, erinnert an die Aussage Sokrates' im *Phaidon*, die Philosophie überrede die Seele, sich von der Sinnenwelt »zurückzuziehen« und »in sich selbst zu sammeln« (83 a).[8] Im *Theaitetos*[9] heißt es, die Seele des Philosophen betrachte Alltagsdinge als »nichtig«: »die Natur alles dessen, was ist, im Ganzen erforschend, zu nichts aber von dem, was in der Nähe ist, sich herablassend« (173 e). Dass Rousseau »Marktweiber«, die in eine gewalttätige Auseinandersetzung eingreifen, als Kontrastfiguren zu den Intellektuellen anführt, lässt sich als polemische Anspielung auf Sokrates' Bemerkung im *Theaitetos* verstehen, die Philosophen wüssten »von Jugend auf nicht einmal den Weg zum Markt« (173 d). In Platons Ratschlag, der Philosoph solle sich in die Wirrnisse des Alltagslebens nicht hineinziehen lassen, schlägt sich seine – für die nachfolgende Tradition maßgebliche – These nieder, dass eine kontemplative Lebensform in sich bereits ethisch wertvoll ist: Im Wagenlenker-Gleichnis des *Phaidros*[10] wird dem Ross, das die Vernunft verkörpert, die »Tugend« zugeordnet, während das die Sinne repräsentierende Ross »plump und schlecht« genannt wird (253 d). Die platonische Auffassung von der veredelnden Wirkung intellektueller Tätigkeit steht im Zentrum der Kritik, die Rousseau im *Diskurs über die Ungleichheit* an den »Vorurteilen« der europäischen Kultur übt. Indem er die Angehörigen des »Pöbel[s]«, die in der geschilderten Prügelszene aufeinander losgehen, zu »rechtschaffenen Leute[n]« erklärt und die vermeintliche Vornehmheit der »kluge[n] Mensch[en]«, die sich indigniert abwenden, als egozentrische Attitüde entlarvt, greift er die These seines *Diskurses über die Wissenschaften und Künste* (1750) auf, man

---

[8]  Platon wird – mit der Seitenzählung der Stephanus-Edition – nach folgender Ausgabe zitiert: Platon: *Werke.* Griech./dt. Hrsg. von Günther Eigler. Übers. gemäß der Schleiermacherschen, teilweise der Hieronymus-Müllerschen, teils Neuübersetzung. 8 Bde. Darmstadt 1970–81. Der Dialog *Phaidon* findet sich dort in Bd. III, S. 1–207.

[9]  Platon: *Werke,* Bd. VI, S. 1–217.

[10]  Platon: *Werke,* Bd. V, S. 1–193.

könne nur bei oberflächlicher Betrachtung den Eindruck gewinnen, der Zivilisationsprozess bewirke eine »Läuterung der Sitten«.[11]

Eine Erklärung für den von Rousseau geschilderten Gewaltausbruch von »rechtschaffenen Leute[n]« bietet seine Feststellung am Ende des *Diskurses über die Ungleichheit* an, »dass eine Handvoll Leute überfüllt ist mit Überflüssigem, während die ausgehungerte Masse am Notwendigsten Mangel leidet« (D 271/D 273). Demnach haben Ausbeutung und Unterdrückung die Benachteiligten enthumanisiert. Dies verweist auf die Ausgangsthese des *Diskurses über die Ungleichheit:* die »menschliche Seele« sei »im Schoße der Gesellschaft [...] entstellt« worden, was Rousseau mit einem Platons *Politeia*[12] entlehnten Bild illustriert: der Statue des Meergottes Glaukos, »welche die Zeit, das Meer und die Stürme so verunstaltet hatten, dass sie weniger einem Gott als einem grimmigen Tiere glich« (D 45, vgl. *Politeia* 611 a – 612 a).[13] Dieser Bezug zur *Politeia* liefert einen Interpretationsschlüssel für die widersprüchliche Charakterisierung der von Platon geprägten Tradition im *Diskurs über die Ungleichheit.* Platon erklärt die (metaphorisch geschilderte) Deformation der Seele zum Resultat ihrer »Gemeinschaft mit dem Leibe«; er gibt zugleich durch die Feststellung, diese Deformation manifestiere sich in der Unfähigkeit, »Gerechtigkeit« und »Ungerechtigkeit« klar auseinander zu halten (611 c), zu verstehen, dass die Seele in einer gerechten Gesellschaftsordnung, wie sie in der *Politeia* entworfen wird, ihrer »ursprünglichen Natur« (archaia physis; 611 d) näher gebracht werden kann; die Glaukos-Metapher bekräftigt damit das Kernanliegen der *Politeia*, die – nach Platon korrupten – gesellschaftlichen Verhältnisse von Grund auf umzugestalten. Rousseau greift dieses Anliegen auf, indem er im Schlusssatz des *Diskurses über die Ungleichheit* die zeitgenössische Gesellschaftsform vehement attackiert und halbherzigen Reformversuchen die Forderung entgegensetzt, »zunächst die Tenne freizufegen und alles alte Material aus dem Wege zu räumen, [...] um danach ein gutes Gebäude zu errichten« (D 227). Die Glaukos-Metapher im *Diskurs über die Ungleichheit* verweist aber zugleich auf grundlegende Differenzen zur platonischen Tradition. Pla-

---

[11] *OC* III 1 ff.; *Schriften,* Bd. I, S. 27 ff.
[12] Platon: *Werke,* Bd. IV.
[13] Rousseau modifiziert das platonische Bild, indem er von einer »Statue« spricht (ebd.); in der *Politeia* ist es der Meergott selbst, der sich in einer »übel zugerichtet[en]« Gestalt zeigt (611 c-d).

tons Auffassung, die Seele sei durch »ihre Gemeinschaft mit dem Leibe« ihrer »ursprünglichen Natur« entfremdet worden, liegt seinem Urteil zugrunde, geistige Tätigkeit sei per se ethisch wertvoll, wie auch seiner Mahnung, sich in einer Situation gesellschaftspolitischer »Verwirrung«[14] in den geschützten Raum intellektueller Zirkel zurückzuziehen; Rousseau fordert die Intellektuellen demgegenüber zu konkretem Engagement gerade in Zeiten untragbarer sozialer Missstände auf. Darüber hinaus wird die Annahme einer überzeitlichen »Natur« des Menschen, die in der Glaukos-Metapher der *Politeia* zum Ausdruck kommt, durch Rousseaus Rekonstruktion der Evolution der Menschengattung hinfällig (s. u. Abschnitt 2 a). Dass diese Metapher im *Diskurs über die Ungleichheit* zur Illustration der These, die »menschliche Seele« sei im Schoße der Gesellschaft »entstellt« worden, herangezogen wird, könnte allerdings dazu verleiten, diesen Differenzpunkt zu bagatellisieren; er wird an anderer Stelle von Rousseau bewusst verschleiert (D 301/303, s. u. S. 186). Weshalb Rousseau den »gewöhnlichen Leser« hiermit auf falsche Fährten lockt, bleibt zu klären (s. u. S. 202 f.).

## 2. Die Evolution des menschlichen Bewusstseins

Rousseau vermerkt im »Exordium« des *Diskurses über die Ungleichheit*, er wolle im Folgenden »alle Tatsachen beiseite lassen« und lediglich »Hypothesen« erörtern (D 71). Die naheliegende Schlussfolgerung, seine Schilderung der Evolution des Menschen habe den Charakter eines unverbindlichen Gedankenspiels, sollte – wie Marc F. Plattner und Heinrich Meier gezeigt haben – die Zensur auf eine falsche Fährte locken: Wer den biblischen Schöpfungsbericht in Frage stellte, musste mit kirchlichen und staatlichen Repressalien rechnen.[15] Dem zeitgenössischen Lesepublikum, das mit der »verhüllen-

---

[14] Vgl. Platons *Sieben Brief*. In: *Werke*, Bd. V, S. 366–443 (326 e).

[15] Plattner: *Rousseau's State of Nature. An Interpretation of the* Discourse on Inequality. DeKalb 1979. S. 19 ff.; Meier: »Einführender Essay«, D XXVI–XXXIV, LXXVIII–LXXXV. – So wurde etwa wenige Jahre vor der Veröffentlichung des *Diskurses über die Ungleichheit* die Theorie der Entstehung der Erde in Buffons *Histoire naturelle* von der Sorbonne beanstandet. Buffon verfasste einen förmlichen Widerruf (1753), um sich einer Verurteilung zu entziehen (vgl. Meier: ebd., D LXXIV f.). Zur generellen Bedeutung der Zensurpraxis im 17. und 18. Jahrhundert vgl. Leo Strauss: *Persecution and the Art of Writing*. Glencoe (Ill.) 1952. S. 22–37.

de[n] Schreibweise« (Meier) ›freidenkender‹ Autoren vertraut war, konnte nicht entgehen, dass Rousseaus Rekonstruktion der Menschwerdung einen empirischen Wahrheitsanspruch im Sinne der neuzeitlichen Naturwissenschaft erhebt.[16]

## a) Die Genese des Verstandes und der menschlichen Sprache

Rousseau rekonstruiert die Genese des spezifisch menschlichen Bewusstseins im Ausgang von der anthropologischen Feststellung, dass unsere Instinkte unser Verhalten nicht eindeutig vorzeichnen. Während ein Tier »von der Regel, die ihm vorgeschrieben ist, nicht abweichen kann, selbst dann nicht, wenn es vorteilhaft für es wäre« – Rousseau führt als Beispiel an, dass »eine Taube neben einer mit dem besten Fleisch gefüllten Schüssel« verhungern würde, »eine Katze auf Haufen von Früchten und Korn« –, ist der Mensch in der Lage, Verhaltensalternativen zu erproben (D 99). Rousseau untersucht die Lernprozesse, die hierdurch angestoßen werden, im Rückgriff auf die – von Locke begründete – zeitgenössische Assoziationspsychologie, derzufolge sich Sinneseindrücke, die regelmäßig aufeinander folgen, zu Vorstellungsreihen verbinden, so dass in künftigen Wahrnehmungssituationen, in denen einzelne dieser Eindrücke von neuem gegeben sind, die übrigen wachgerufen werden.[17] Das Ergebnis spontan erprobter Verhaltensalternativen ist zunächst ungewiss. Falls sie zum Erfolg führen oder einen interessanten Effekt haben – wenn sich etwa eine neu entdeckte Frucht als essbar erweist oder aus Steinen, die man aufeinander schlägt, Funken sprühen –, liegt es nahe, die betreffende Aktion zu wiederholen und sich dadurch der erzielten Wirkung zu vergewíssern. Die Erfahrungen, die man hierbei macht, werden assoziativ vergegenwärtigt, wenn man bei künftigen Gelegenheiten vergleichbare Gegenstände wahrnimmt. Hieraus ent-

---

[16] Dies macht die folgende Frage im »Vorwort« deutlich: »Welche Experimente wären notwendig, um zur Erkenntnis des natürlichen Menschen zu gelangen; und welches sind die Mittel, um diese Experimente inmitten der Gesellschaft durchzuführen?« (D 49) So fasst Rousseau etwa zur Klärung der Frage, ob Orang-Utans Affen oder Menschen auf prähistorischem Entwicklungsniveau sind, Züchtungsexperimente ins Auge (D 335/337. – Die Nachkommen artverschiedener Lebewesen sind unfruchtbar).

[17] Vgl. John Locke: An Essay concerning Human Understanding (1690). Hrsg. von P. H. Nidditch. Oxford 1975. II. Buch, XXXIII. Kap., S. 394 ff. – Rousseau rezipiert die Assoziationstheorie in der ›mechanistischen‹ Version Condillacs. S. u. S. 153.

springt die Erwartung, dass das in der Vergangenheit erzielte Resultat reproduziert werden kann. Wird sie immer weiter bestätigt, gewinnt sie den Charakter der Erkenntnis einer Kausalrelation. Zugleich wandeln sich die spontanen Verhaltensreaktionen, die den Ausgangspunkt solcher Lernprozesse bilden, zu Handlungsmöglichkeiten, die wir bewusst ergreifen – bzw. verwerfen – können.

Hierdurch konstituiert sich die spezifische Zeitstruktur unseres Bewusstseins. Solange der Urmensch über keine Kenntnis von Kausalrelationen verfügte und seine Aktivitäten auf – instinktgeleitete oder spontan erprobte – Verhaltensreaktionen beschränkt blieben, fehlte ihm die für den Aufbau eines Zukunftshorizonts erforderliche »Voraussicht« (prévoyance) (D 108 f.). Seine Selbst- und Welterfahrung ging im »bloßen Gefühl« seiner »gegenwärtigen Existenz« auf (D 111). Dieses erstreckte sich zwar in den Phasen gespannter Aktivität – etwa bei der Nahrungssuche oder der Flucht vor Feinden – auch auf die in der jeweiligen Situation sich bietenden Chancen bzw. die aktuellen Gefahren, was eine rudimentäre Antizipation künftiger Ereignisse einschließt; ein Zukunftsentwurf im eigentlichen Sinne setzt jedoch voraus, dass wir nahe bevorstehende von weiter entfernten Zeitpunkten unterscheiden, d. h. zeitliche Ordnungsrelationen herstellen können, und dies ist erst dann möglich, wenn wir in der Lage sind, Kausalketten zu bilden bzw. eine Abfolge verschiedener Handlungsschritte vorzunehmen. Da hierbei die Resultate vergangener Erfahrungen vergegenwärtigt werden, wird im Zuge der Lernprozesse, die einen Horizont von Wahlmöglichkeiten konstituieren, mit dem Vermögen der Antizipation zugleich auch das der Erinnerung geweckt bzw. aktiviert. Dadurch weicht das gegenwartsbezogene Existenzgefühl des Urmenschen einem die Dimensionen der Vergangenheit und Zukunft umspannenden Zeitbewusstsein.

Hierin besteht die Grundlage der spezifisch menschlichen Sprache. Während sich die Kommunikation unserer frühesten Vorfahren, deren Lebensweise sich von der eines Tieres kaum unterschied, im Affektausdruck und einer Appellfunktion erschöpfte,[18] sind wir in der Lage, Aussagesätze zu bilden, die einen intersubjektiv nachprüfbaren Wahrheitsanspruch erheben. Um Aussagen über Erfahrungsgegenstände verifizieren bzw. falsifizieren zu können, müssen wir

---

[18] »Die erste Sprache des Menschen [...] ist der Schrei der Natur« (D 123). Dieser wurde ihm »durch eine Art von Instinkt in dringenden Fällen entlockt [...], um bei großen Gefahren Hilfe oder bei heftigen Schmerzen Linderung zu erflehen.« (ebd.)

wissen, wo diese aufzufinden sind und anhand welcher Merkmale sie identifiziert werden können. Dies setzt die ausgebildete Zeitstruktur unseres Bewusstseins und die Einsicht in Regelstrukturen des Erfahrungsverlaufs voraus.[19] Die Entwicklung unserer Sprache beruht damit auf denselben Voraussetzungen wie unsere Fähigkeit zu bewusstem Handeln. Zugleich wirkt die Sprache auf die »Bildung der Vorstellungen« (D 103) zurück.[20] Solange die Äußerungen der Urmenschen einen rein expressiven bzw. appellativen Charakter hatten, hatte »jedes Wort den Sinn eines ganzen Satzes« (D 125). Demgegenüber lässt sich die spezifisch menschliche »Rede« in »ihre konstitutiven Bestandteile« zerlegen (ebd.). »Eigennamen«, die nach Rousseau die elementarsten Subjektausdrücke bilden, nehmen auf Einzeldinge Bezug; »Attribute«, d. h. Prädikate, haben den Status von Begriffen; durch sie werden nach Rousseau »Allgemeinvorstellungen« konstituiert (D 125/127).[21]

Rousseau bezeichnet die menschliche Entwicklungsfähigkeit – die daraus resultiert, dass unser Verhalten durch unsere Instinkte nicht eindeutig festgelegt wird – als »perfectibilité«; er definiert diese als »Fähigkeit, die, mit Hilfe der Umstände, sukzessive alle anderen entwickelt« (D 102 f.). Indem er die Rolle äußerer »Umstände« in der Evolution der Menschengattung hervorhebt, wendet er sich gegen den traditionellen, aristotelischen Entelechie-Begriff, demzufolge natürliche Entwicklungsprozesse einem vorherbestimmten Ziel zustreben.[22]

Der empirische Wahrheitsanspruch der Darstellung der menschlichen Urgeschichte im *Diskurs über die Ungleichheit* wird durch Rousseaus Hypothese belastet, der Urmensch sei ursprünglich ein Einzelgänger gewesen (D 79 ff., 89): Gemäß der heutigen Anthro-

---

[19] Ohne die Erkenntnis von Kausalrelationen wären wir außerstande, Gegenstände, deren Erscheinungsbild Veränderungen unterworfen ist, wiederzuerkennen.

[20] »Man bedenke, wie viele Ideen wir dem Gebrauch der Sprache verdanken; wie sehr die Grammatik die Operationen des Geistes übt und erleichtert« (D 117).

[21] »Allgemeinvorstellungen« können – so Rousseau – »nur mit Hilfe der Wörter in den Geist gelangen; und der Verstand erfasst sie nur durch Sätze.« (D 127)

[22] Martin Rang: *Rousseaus Lehre vom Menschen*. Göttingen 1959. S. 106; Reimar Müller: *Anthropologie und Geschichte. Rousseaus frühe Schriften und die antike Tradition.* Berlin 1977. S. 96 f. – Der Terminus »perfectibilité« darf nicht dahingehend missverstanden werden, dass Rousseau die Evolution des Menschen als eine beständige ›Vervollkommnung‹ ansehe; er betont ja gerade die Ambivalenz des zivilisatorischen ›Fortschritts‹ (s. o. S. 60).

pologie waren unsere Vorfahren durchgängig soziale Wesen.[23] Die Hypothese vom einzelgängerischen Naturmenschen kann allerdings aus Rousseaus Rekonstruktion der Genese unseres Bewusstseins ohne Schwierigkeiten eliminiert werden. Er weist selber darauf hin, dass die Entdeckungen, die jemand macht, »ohne die Hilfe der Kommunikation«, private »Geheimnisse« bleiben, von denen niemand außer ihm profitiert (D 113); der entscheidende ›Umstand‹, der zur Ausbildung unserer Vernunft geführt hat, besteht demnach in der sozialen Tradierung der Ergebnisse von Lernprozessen. Aus diesem Grunde spricht Rousseau der Phase der »solitäre[n] Lebensweise« (D 89) des Urmenschen, die er im *Diskurs über die Ungleichheit* postuliert, einen statischen Charakter zu.[24] Ob es eine solche Phase tatsächlich gegeben hat, ist für seine Rekonstruktion der Genese unseres Verstandes letztlich unerheblich – da diese an eine soziale Lebensform gebunden ist. Robert Dérathé bezeichnet die Hypothese einer solitären Existenz des Urmenschen aus diesem Grunde als den »schwächsten Punkt« in Rousseaus »System«.[25] Rousseau lässt sie im *Versuch über den Ursprung der Sprachen* (ca. 1753–61) fallen.[26]

## b) Das Problem der Freiheit

In der folgenden Textpartie wirft Rousseau vermittels einer scheinbar »schlecht verbunden[en]« Gedankenführung (*OC* III 106, s. o. S. 140) das Problem der Freiheit auf; da diese Passage seine »Kunst

---

[23] Vgl. Adolf Portmann: »Die Stellung des Menschen in der Natur«. In: Ders.: *Zoologie aus vier Jahrzehnten*. München 1967. S. 312–336, hier S. 333 ff.

[24] »Es gab weder Erziehung noch Fortschritt; die Generationen vermehrten sich unnütz; und da eine jede stets vom gleichen Punkt ausging, flossen die Jahrhunderte in der ganzen Rohigkeit der ersten Zeiten dahin; die Art war schon alt und der Mensch blieb immer noch ein Kind.« (D 161)

[25] Dérathé. *Le Rationalisme de Rousseau*. Paris 1948. S. 19.

[26] Gemäß dem *Versuch über den Ursprung der Sprachen* haben die Menschen bereits »in den ersten Zeiten« sozial gelebt, wobei sie als »Gesellschaftsform nur die der Familie«, »als Sprache nur die der Gebärde und einige undeutliche Laute« hatten (*Essai sur l'origine des langues où il est parlé de la mélodie et de l'imitation musicale*. Hrsg. von Charles Porset. Paris 1970. IX. Kap., S. 91; *Versuch über den Ursprung der Sprachen, in dem von der Melodie und der musikalischen Nachahmung die Rede ist*. In: Rousseau: *Sozialphilosophische und politische Schriften*. Übers. von E. Koch u. a. München 1981. S. 185 f.).

des sorgfältigen Schreibens«[27] exemplifiziert, soll sie ausführlich zitiert werden:

»Ich sehe in jedem Tier nur eine kunstvolle Maschine, der die Natur Sinne gegeben hat, um sich selbst wieder aufzuziehen und sich bis zu einem gewissen Grade vor allem zu bewahren, was darauf abzielt, sie zu zerstören oder in Unordnung zu bringen. Präzise dieselben Dinge stelle ich in der menschlichen Maschine fest, mit dem Unterschied, dass bei den Operationen des Tieres die Natur allein alles tut, wohingegen der Mensch bei den seinen als ein frei Handelnder mitwirkt. Jenes wählt oder verwirft aus Instinkt und dieser durch einen Akt der Freiheit […]

Jedes Tier hat Vorstellungen (idées), da es Sinne hat; es verbindet seine Vorstellungen sogar bis zu einem Punkt miteinander, und der Mensch unterscheidet sich in dieser Hinsicht vom Tier nur graduell. […] Es ist daher nicht so sehr der Verstand (entendement), der die spezifische Unterscheidung des Menschen unter den Tieren ausmacht, als vielmehr dessen Eigenschaft, ein frei Handelnder zu sein. Die Natur befiehlt jedem Lebewesen, und das Tier gehorcht. Der Mensch empfindet den gleichen Eindruck, aber er erkennt sich frei, nachzugeben oder zu widerstehen, und vor allem im Bewusstsein dieser Freiheit zeigt sich die Geistigkeit seiner Seele: denn die Physik erklärt in gewisser Weise den Mechanismus der Sinne und die Bildung der Vorstellungen, aber in dem Vermögen zu wollen, oder vielmehr zu wählen, und im Gefühl dieses Vermögens stößt man auf rein geistige Akte, bei denen man mit den Gesetzen der Mechanik nichts erklärt.

Aber wenn die Schwierigkeiten, die alle diese Fragen umgeben, noch einigen Raum ließen, über diesen Unterschied zwischen Mensch und Tier zu streiten, so gibt es doch eine andere sehr spezifische Eigenschaft, die sie unterscheidet und über die es keinen Zweifel geben kann: die Fähigkeit, sich zu vervollkommnen; eine Fähigkeit, die, mit Hilfe der Umstände, sukzessive alle anderen entwickelt und bei uns sowohl der Art als auch dem Individuum innewohnt – während ein Tier nach einigen Monaten ist, was es sein ganzes Leben lang sein wird, und seine Art nach tausend Jahren, was sie im ersten dieser Tausend Jahre war.« (D 99–103)

Diese Passage ist in der Forschung gegensätzlich gedeutet worden. Der Satz, das Tier wähle oder verwerfe »aus Instinkt«, der

---

[27] Meier: »Einführender Essay«, D XXV.

Mensch dagegen »durch einen Akt der Freiheit«, wird mehrheitlich als authentischer Ausdruck von Rousseaus eigenem Standpunkt gewertet. Dérathé stellt »perfectibilité« und »Freiheit« auf eine Stufe und schreibt Rousseau die Auffassung zu, beide machten gemeinschaftlich das Spezifikum des Menschen aus.[28] Rang führt zur Bekräftigung der Interpretationsthese, gemäß dem *Diskurs über die Ungleichheit* sei bereits »der Mensch im Naturzustand« in »seinem Wollen frei«, an, dass Rousseau den materialistischen Determinismus, der in der französischen Aufklärung beträchtlichen Einfluss gewann, durch den Rekurs auf die »cartesianische Zweisubstanzenlehre« im »Glaubensbekenntnis des savoyischen Vikars« im *Émile* (1762) wie auch im *Brief an Christophe de Beaumont* (1763) »widerlegen« wolle.[29] Auch Fetscher,[30] Masters[31] und Goldschmidt[32] ordnen die zitierte Passage aus dem *Diskurs über die Ungleichheit* einer »dualistischen Metaphysik« zu, die Rousseaus Denken durchziehe. Dass die These Descartes', Tiere seien bloße Maschinen, in dieser Passage aufgegriffen wird (*D* 99, s. o.), wertet Goldschmidt als Hinweis auf die cartesischen Wurzeln des *Diskurses über die Ungleichheit*.[33]

Strauss vertritt demgegenüber den Standpunkt, die »Beweisführung« des *Diskurses* sei so konzipiert, dass sie »für Materialisten in gleicher Weise wie für andere annehmbar« ist: »Sie soll in dem Konflikt zwischen Materialismus und Antimaterialismus neutral sein«.[34] Strauss' Lesart des *Diskurses über die Ungleichheit* lässt sich damit stützen, dass Rousseau im letzten Abschnitt der zitierten Pas-

---

[28] »D'après le *Discours sur l'inégalité*, ce qui distingue l'homme des animaux, ce n'est pas tant l'entendement que la liberté et la faculté de se perfectionner.« (*Le Rationalisme de Rousseau*, S. 10) »C'est la raison qui rend l'homme libre en lui permettant de dominer ses passions.« (ebd. S. 112)

[29] *Rousseaus Lehre vom Menschen*, S. 490, 511, 515, 518.

[30] *Rousseaus politische Philosophie*, S. 30 f., 63 f.

[31] Roger D. Masters: *The Political Philosophy of Rousseau*. Princeton 1968. S. 66 ff.

[32] Victor Goldschmidt: *Anthropologie et politique. Les principes du système de Rousseau*. Paris 1974. S. 281 f.

[33] Descartes: *Discours de la Méthode*. Übers. und hrsg. von L. Gäbe. Hamburg 1960. S. 90 ff.; Goldschmidt: *Anthropologie et politique*, S. 281. – Dieser Interpretationsrichtung lassen sich auch die Bücher von Elke Oberparleiter-Lorke: *Der Freiheitsbegriff bei Rousseau*. Würzburg 1997 (vgl. ebd. S. 93) und – mit Einschränkungen – Karl Heinz Broecken: *»Homme« und »Citoyen«. Entstehung und Bedeutung der Disjunktion von natürlicher und politischer Erziehung bei Rousseau*. Diss. Köln 1974 zuordnen (vgl. ebd. S. 58 ff., 135; s. u. S. 198).

[34] *Naturrecht und Geschichte*, S. 277.

sage den affirmativen Gestus, mit dem er die Freiheit des Willens zuvor apostrophiert hat, gleichsam widerruft, indem er auf die »Schwierigkeiten« zu sprechen kommt, »die alle diese Fragen umgeben«, so dass man über den Unterschied zwischen Tier und Mensch »streiten« könne (D 101/103, s. o.). Worum es bei diesem Streit geht, lässt sich daraus erschließen, dass Rousseau im Anschluss an die Aussage, der Mensch erkenne sich als frei,[35] vermerkt: »vor allem im Bewusstsein dieser Freiheit zeigt sich die Geistigkeit seiner Seele«.[36] Dieser Satz lässt eine doppelte Lesart zu. Man kann ihn in der Weise auffassen, dass das »Bewusstsein«, d. h. die subjektive Erfahrung, zwischen Handlungsalternativen wählen zu können, einen Beweis dafür bildet, dass unser Wille tatsächlich frei ist.[37] Der zitierte Satz lässt sich jedoch auch dahingehend deuten, dass sich die »Geistigkeit unserer Seele« in der Überzeugung, frei zu sein, erschöpft. Die »Schwierigkeiten«, die eine Kontroverse über das Verhältnis von Tier und Mensch provozieren können, betreffen offensichtlich die Frage, ob wir bloß glauben, frei zu sein, oder aber tatsächlich frei sind.

Einen Beleg für Strauss' These, dass die Aussage Rousseaus, es sei eine »Eigenschaft« des Menschen, »ein frei Handelnder zu sein« (D 101, s. o.), nicht für bare Münze genommen werden darf, bildet die Art, wie Rousseau – im Anschluss an seine Ausführungen zum Thema »Freiheit« – den Begriff der »perfectibilité« einführt: Er charakterisiert diese als eine Eigenschaft, »über die es keinen Zweifel geben kann« (D 103, s. o.). Diese Formulierung legt – angesichts der Tatsache, dass unmittelbar zuvor von den »Schwierigkeiten« die Rede war, die den Begriff der Freiheit als Unterscheidungskriterium von Tier und Mensch »umgeben« – die Schlussfolgerung nahe, dass man demgegenüber an der Existenz eines freien Willens durchaus zweifeln kann.

Indem sich Rousseau gegen die Auffassung wendet, dass sich der Mensch durch seinen Verstand gegenüber den Tieren auszeichne – wobei er das Verhalten von Tieren ausdrücklich für determiniert erklärt – (D 101, s. o. S. 150), hebt er den kausalen Charakter des asso-

---

[35] »L'homme [...] se reconnoît libre« (D 100).

[36] »c'est surtout dans la conscience de cette liberté que se montre la spiritualité de son ame« (ebd.).

[37] In diesem Sinne versteht Rang den Satz. In seinen Augen beruft sich Rousseau – ganz im Sinne Descartes' (*Die Prinzipien der Philosophie* I 39, 41, s. o. S. 115) – »auf das unmittelbare Zeugnis unseres Selbstbewusstseins. Danach ist die Freiheit unseres Wollens eine evidente Tatsache« (*Rousseaus Lehre vom Menschen*, S. 511).

ziationspsychologischen Erklärungsmodells hervor, mittels dessen er die Genese unseres Bewusstseins, unserer Handlungsfähigkeit und Sprache rekonstruiert. Mit der Aussage: »die Physik erklärt in gewisser Weise den Mechanismus der Sinne und die Bildung der Vorstellungen« (D 101/103) knüpft er dezidiert an Condillac an, der einer von Descartes und Locke begründeten bewusstseinsphilosophischen Tradition eine anti-cartesische Wendung gibt.[38] Condillac greift die Assoziationstheorie in Lockes *Essay concerning Human Understanding* auf, deutet sie aber völlig anders als ihr Urheber. Locke fasst die Verknüpfung von Sinnesempfindungen zu komplexen Vorstellungen als eine Aktivität des Verstandes auf: Das »Material«, das uns die Sinne liefern, gewinnt laut dem *Essay concerning Human Understanding* durch »Handlungen des Geistes« (Acts of the Mind) eine Struktur, die uns dazu befähigt, wahre Urteile zu fällen und erfolgversprechende Handlungen auszuführen.[39] Indem Locke die Genese komplexer Erfahrungsstrukturen auf »selbständige Handlungen« des Verstandes zurückführt,[40] schließt er sich Descartes' Bestimmung der »res cogitans« an: Descartes wertet die Tatsache, dass das reflexive Innewerden der eigenen Vorstellungen (»cogito«) ein Akt gedanklicher Spontaneität ist, als Beleg dafür, dass das Wirken des Geistes nicht aus den »Kräften der Materie abgeleitet werden kann« – somit autonom ist.[41] Dieser Auffassung widerspricht Condillac mit seiner mechanistischen Deutung der Assoziationsprozesse als »erworbener Gewohnheiten«.[42] Rousseau folgt dieser anti-cartesischen Wendung Condillacs: Die These des *Diskurses über die Ungleichheit*, die Rekonstruktion des »Mechanismus der Sinne« und der »Bildung der Vorstellungen« sei Thema der »Physik«, ist – wie Plattner und Meier hervorheben – mit Descartes' strikter Entgegensetzung von »res cogitans« und »res extensa« unvereinbar.[43]

---

[38] Zu Condillacs Einfluss auf Rousseau – mit dem er befreundet war – vgl. Rang: *Rousseaus Lehre vom Menschen*, S. 99 ff., 174 ff.

[39] Locke: *An Essay concerning Human Understanding*, II. Buch, XII. Kap., § 1, S. 163 f.

[40] Ebd.

[41] *Discours de la Méthode* V 12, S. 97.

[42] *Extrait raisonné du Traité des sensations* (1755). In: *Œuvres philosophiques de Condillac*. Hrsg. von Georges le Roy. 3 Bde. Paris 1947–51. Bd. I, S. 326.

[43] Plattner: *Rousseau's State of Nature*, S. 42; Meier: Stellenkommentar zu D 102, Anm. 127. – Dieser anti-cartesische Zug des *Diskurses über die Ungleichheit* klingt bereits zu Beginn der eingangs zitierten Textpassage an: Unmittelbar im Anschluss an die Wiedergabe der These Descartes', Tiere seien Maschinen, spricht Rousseau ohne jeden kritischen Unterton von der »menschlichen Maschine« (D 99, s. o. S. 150), womit

Die dominierende Interpretationsthese, ein metaphysischer Substanzdualismus bilde eine Konstante in Rousseaus Denken, wird somit dem anti-cartesischen Aspekt des *Diskurses über die Ungleichheit* nicht gerecht.[44] Die Auffassung Strauss', Plattners und Meiers, der *Diskurs* beziehe zum »Konflikt zwischen Materialismus und Antimaterialismus« (Strauss) nicht Stellung, bleibt wiederum insofern unbefriedigend, als sie den affirmativen Duktus nicht erklären kann, mit dem Rousseau die Überzeugung von der Freiheit unseres Willens in der zitierten Textpartie mehrfach vorbringt. Einen Anhaltspunkt für die Deutung des Spannungsverhältnisses zwischen diesem affirmativen Gestus und dem anti-cartesischen Aspekt der zitierten Textpartie liefert die – ihr unmittelbar vorangehende – Ankündigung Rousseaus, er wolle den Menschen im Folgenden »aus metaphysischer und moralischer Warte« (»par la côté Métaphysique et Moral«, *D* 98) betrachten.[45] Indem Rousseau die Stellungnahme zum – für die Ethik grundlegenden – Problem der Willensfreiheit in der zitierten Passage in die Tradition der Metaphysik einordnet, gibt er zu verstehen, dass er hiermit philosophisch Position bezieht – gegen den Materialismus. Dass er unmittelbar im Anschluss an diese Bemerkung Descartes' Bestimmung der Tiere als Maschinen aufnimmt, erweckt den Eindruck, er schließe sich dessen Zwei-Substanzen-Lehre an – wobei jedoch die kritiklose Aufnahme des Schlagwortes von der »menschlichen Maschine« und die Forderung nach einer ›physikalischen‹ Analyse unserer Erkenntnisvermögen diesem Eindruck zuwiderlaufen. Dieses Nebeneinander cartesischer und anti-cartesischer Aspekte lässt Rousseaus Ausführungen »schlecht verbunden und beinahe gänzlich unzusammenhängend« erscheinen (*OC* III 106, s. o. S. 140). Die Inkohärenz des Textbefundes – die von der Mehrheitsposition der Forschung durch die einseitige Akzentuierung von Rousseaus ›Bekenntnis‹ zur Metaphysik, von Strauss, Plattner und Meier durch dessen Ausblendung bagatellisiert bzw. ignoriert wird –

---

er den Titel von La Mettries materialistischer Programmschrift *L'homme machine* (1748) aufgreift.

[44] Diese Auffassung ist noch in jüngster Zeit vertreten worden. Vgl. Walter Mesch: »Vorne Kant und hinten Platon? Gemeinwille und Gesetzgeber in Rousseaus *Du contrat social*«. In: *Zeitschrift für philosophische Forschung* 53 (1999), S. 355–382, hier S. 356, Anm. 7; Andreas Edmüller: »Rousseaus politische Gerechtigkeitskonzeption«. In: *Zeitschrift für philosophische Forschung* 56 (2002), S. 365–387, hier S. 371 f.

[45] Meier weist darauf hin, dass das frz. »Moral« das Bedeutungsmoment »geistig-seelisch« einschließt (*D* 98, Anm. 120).

macht den Leser darauf aufmerksam, dass die Frage der Willensfreiheit in der zitierten Passage nicht ›befriedigend‹ geklärt wird. Diese Frage wird im *Diskurs über die Ungleichheit* an keiner weiteren Stelle behandelt; sie bleibt aber insofern drängend, als der kausale Duktus seiner Sachanalysen in auffälligem Kontrast zum moralischen Pathos seiner Gesellschaftskritik steht. Will der Leser den Widerspruch zwischen der Rede von der »menschlichen Maschine« und der These von der Freiheit unseres Willens in der zitierten Passage dem Autor nicht als gedankenlose Ungereimtheit zur Last legen, muss er die Möglichkeit in Betracht ziehen, den Menschen einerseits als determiniert, andererseits als frei zu betrachten. Folgt man dieser Deutung, lässt sich Rousseaus ›Bekenntnis‹ zur Metaphysik dahingehend interpretieren, dass eine solche ›kompatibilistische‹ Position das Erbe der cartesischen Zwei-Substanzen-Lehre antritt – was einschließt, dass die Willensfreiheit nicht (im Sinne Descartes') als ›evidentes‹ Faktum anzusehen ist. An die Stelle der traditionellen Frage, ob wir tatsächlich frei sind, tritt hiermit die Aufgabe nachzuweisen, dass uns von einer bestimmten Warte aus Freiheit zuerkannt werden muss. Rousseaus Bemerkung, er wolle den Leser gerade durch eine scheinbar »schlecht verbunden[e]« Gedankenführung auf die Fährte der »Wahrheit« bringen, legt die Schlussfolgerung nahe, dass das Nebeneinander von kausaler Geschichtsanalyse und appellativer Gesellschaftskritik im *Diskurs über die Ungleichheit* Aufschluss darüber gibt, wie die ›metaphysische‹ These von der Freiheit unseres Willens gegenüber der Herausforderung des naturwissenschaftlichen Determinismus gerechtfertigt werden kann.

Bevor dieses Problem weiter verfolgt wird (s. u. Abschnitt 4), soll Rousseaus Rekonstruktion der Gründungsphase der Gesellschaft in der kausalen Beobachterperspektive umrissen (Abschnitt 3 a-c) und die normative Basis seiner Sozialkritik erörtert werden (Abschnitt 3 d).

## 3. Die Genese der »bürgerlichen Gesellschaft«

### a) Die Folgen der Arbeitsteilung

»Die Metallurgie und der Ackerbau waren die beiden Künste, deren Erfindung« – so Rousseau – eine »Revolution« der Lebensverhältnisse herbeiführte (D 197): den Übergang vom Naturzustand, in dem »die Erde niemandem« gehörte und ihre »Früchte allen«, zur »bürgerlichen Gesellschaft« (société civile), die privates Eigentum anerkennt (D 172 f.).[46] Rousseau gliedert diese Entwicklung in drei Phasen: In der ersten wurde der Ackerbau mit primitiven Werkzeugen, die jeder selbst herstellte, betrieben, wobei man ausschließlich für den Eigenbedarf produzierte und die einzelnen Familien weitgehend autark lebten (D 183, 201); in der zweiten kam es – im Zuge der Verfeinerung der Metallverarbeitung – zur Arbeitsteilung zwischen Handwerkern und Bauern, womit sich sich die Tauschwirtschaft etablierte; im Zuge dieser Entwicklung entstand eine Schicht von Lohnabhängigen und damit eine soziale Hierarchie (D 201 ff.); in der dritten mündeten – nach Rousseau – die durch die Arbeitsteilung und die Tauschwirtschaft hervorgerufenen gesellschaftlichen Klassengegensätze in einen ›Krieg aller gegen alle‹ ein, der durch die Errichtung einer staatlichen Zentralgewalt beendet wurde – womit der Naturzustand endgültig verlassen wurde (D 209 ff.).

Vor der Einführung der Tauschwirtschaft gab es keinen Anlass, sich mehr Land anzueignen, als für die Befriedigung der eigenen Grundbedürfnisse erforderlich war: Was man nicht selber verzehren konnte, musste verderben. Rousseau beschreibt daher die erste Phase des Übergangs vom Naturzustand zur »bürgerlichen Gesellschaft« als eine Periode der Stabilität, in der sich noch keine Klassenunterschiede herausbildeten (D 193/195). Als man – in der zweiten Phase – Überschüsse an Lebensmitteln auf den Markt bringen und damit Werkzeuge, Kleidung, Schmuck usw. erwerben konnte, wurde ein Anreiz für die Ausdehnung des eigenen Grundbesitzes geschaffen – wobei es im Interesse derjenigen, die über die fruchtbarsten Böden verfügten, lag, dass sich eine Schicht von Mittellosen bildete, die gezwungen war, in ihre Dienste zu treten. Die Entstehung einer solchen Schicht wurde durch die Wechselfälle des Marktes begünstigt. Aufgrund der Schwankungen, denen der Preis einer Ware nach dem Gesetz von Angebot und Nachfrage ausgesetzt ist, können einzelne Produzenten jederzeit ohne ihr Verschulden in Not geraten. Rousseau führt als Beispiel an, dass die Einkünfte eines Schmiedes und eines Bauern nur dann in einem direkten Verhältnis zu ihrer Arbeitsleis-

---

[46] Für Rousseaus Begriff der »société civile« ist die Institution des Privateigentums von konstitutiver Bedeutung (D 172 f.). Zur Genese der »Vorstellung des Eigentums« (D 173) s. u. Abschnitt d.

tung stünden, wenn sich »die Verwendung des Eisens und der Verbrauch an Lebensmitteln […] stets exakt die Waage« hielten (D 205). Die periodische Verknappung einzelner Güter – etwa aufgrund einer Missernte – oder ein gelegentliches Überangebot können zur Folge haben, dass eine Reihe von Marktteilnehmern Gewinne machen, während »andere kaum genug zum Leben« haben, obwohl sie jeweils »gleich viel« arbeiten (ebd.). Diejenigen, die durch solche Wechselfälle ihrer Existenzgrundlage beraubt wurden, bildeten zusammen mit den »Armen«, denen kein »Erbteil« – in Gestalt eines Stückes Land oder eines Handwerksbetriebs – zugefallen war, die Klasse der Lohnabhängigen (D 211). Die Produzenten profitieren davon, dass Konkurrenten vom Markt verdrängt werden: Hierdurch erhöht sich ihr Umsatz; zugleich wächst die Zahl der Arbeitskräfte, die nur überleben können, wenn sie von einem ›Dienstherrn‹ angestellt werden – der wiederum auf ihre Mitwirkung angewiesen ist, um seine Marktposition behaupten und ausbauen zu können.

Durch die Arbeitsteilung und die Tauschwirtschaft entsteht ein soziales Gefüge, das einerseits durch Konfliktpotentiale, andererseits durch wechselseitige Abhängigkeitsverhältnisse geprägt ist. Ebenso wie die Produzenten befinden sich die Lohnabhängigen, die eine Arbeitsstelle benötigen, in einem Konkurrenzverhältnis. Zugleich haben die Mitglieder einer sozialen Klasse gemeinsame Interessen, was eine – zumindest temporäre – Kooperation erforderlich macht, z. B. beim Versuch, Lohnerhöhungen durchzusetzen. Da der Einzelne seine Interessen in der arbeitsteiligen Gesellschaft nur mit Hilfe anderer verfolgen kann, muss er »unablässig danach trachten«, seine Mitmenschen »für sein Schicksal zu interessieren und sie ihren Profit tatsächlich oder scheinbar darin finden zu lassen, dass sie für den seinen arbeiten« (D 209). Durch die Verflechtung von Abhängigkeits- und Konfliktstrukturen werden die sozialen Beziehungen doppelbödig: Aus Gleichgesinnten können unvermutet Rivalen werden, aus Gegnern Geschäftspartner. Die Einsicht, dass gesellschaftliche ›Koalitionen‹ notwendig, aber instabil sind, ruft das Rollenspiel hervor, bei dem sich hinter der »Maske des Wohlwollens« taktische Überlegungen verbergen (ebd.). »Konkurrenz und Rivalität auf der einen Seite, Gegensatz der Interessen auf der anderen, und stets das versteckte Verlangen, seinen Profit auf Kosten anderer zu machen; alle diese Übel sind die erste Wirkung des Eigentums und das untrennbare Gefolge der entstehenden Ungleichheit.« (ebd.)

Das in der Arbeitsteilung und der Tauschwirtschaft verwurzelte

Konfliktpotential wird dadurch verschärft, dass es in Wechselwirkung mit der Verflechtung von Abhängigkeits- und Konkurrenzstrukturen auf der emotionalen Ebene menschlicher Beziehungen tritt. Jedes Bedürfnis nach Nähe – nach Freundschaft, der Geschlechterliebe, einer Familie – führt zu einer emotionalen Abhängigkeit von der »Wertschätzung« anderer; aus den »Bevorzugungen« bei der Partnerwahl und der Wahl seiner Freunde entspringen »einerseits die Eitelkeit und die Geringschätzung, andererseits die Scham und der Neid« (D 189). Bevor sich in der »bürgerlichen Gesellschaft« spürbare Einkommensunterschiede herausbildeten, resultierten persönliche »Bevorzugungen« aus der ungleichen natürlichen Ausstattung der Individuen;[47] mit dem Entstehen der Kluft zwischen Arm und Reich wurden Besitz und ökonomischer Erfolg zu einem Kriterium sozialer Präferenzen. Die Aussicht auf Prestige und den damit verbundenen gesellschaftlichen Einfluss – bzw. die Furcht vor einem Verlust der »öffentliche[n] Wertschätzung« (D 189) beim Absturz in die Armut – wurden zu einem wesentlichen Motiv für die Sicherung und Vermehrung des eigenes Besitzes.

Auf diese Weise transformierte sich die natürliche »Selbstliebe« des Menschen (»Amour de soi-même«), d. h. sein Selbsterhaltungstrieb, zum »Amour propre« (»Eigenliebe«): dem Bestreben, sich in den sozialen Konkurrenz- und Konfliktstrukturen auf Kosten anderer durchzusetzen (D 140 f.). In dem Maße, wie die Lebenschancen vom ökonomischen Erfolg innerhalb solcher Strukturen abhängen, stehen die Individuen vor der Alternative, ihre eigenen Interessen konsequent zu verfolgen oder aber an den Rand gedrängt bzw. zum sozialen Nichts zu werden. Das in der Arbeitsteilung und der Tauschwirtschaft verwurzelte Konfliktpotential spitzte sich durch den – vom Zivilisationsprozess hervorgerufenen – »Amour propre«, dessen wirkmächtigste Erscheinungsformen »Geiz und Ehrsucht« sind (vgl. D 211, 217), so weit zu, dass »die entstehende Gesellschaft« – so Rousseau – »dem entsetzlichsten Kriegszustande Platz« machte (D 213/215).

---

[47] »Derjenige, der am besten sang oder tanzte, der Schönste, der Stärkste, der Gewandteste oder der Eloquenteste wurde zum Geachtetsten« (D 189).

## b) Die Staatsgründung

Gemäß Rousseaus Schilderung der Staatsgründung wurde die drohende Selbstzerstörung der »bürgerlichen Gesellschaft« durch folgende Rede der »Reichen« abgewendet:

»Vereinigen wir uns [...], um die Schwachen vor der Unterdrückung zu schützen, die Ehrgeizigen in Schranken zu halten und einem jeden den Besitz dessen zu sichern, was ihm gehört: Lasst uns Vorschriften der Gerechtigkeit und des Friedens aufstellen, denen nachzukommen alle verpflichtet sind, die kein Ansehen der Person gelten lassen und die in gewisser Weise die Launen des Glücks wiedergutmachen, indem sie den Mächtigen und den Schwachen gleichermaßen wechselseitigen Pflichten unterwerfen. Mit einem Wort: lasst uns unsere Kräfte, statt sie gegen uns selbst zu richten, zu einer höchsten Gewalt zusammenfassen, die uns nach weisen Gesetzen regiert, alle Mitglieder der Assoziation beschützt und verteidigt, die gemeinsamen Feinde abwehrt und uns in einer ewigen Eintracht erhält.« (D 215/217)

Rousseaus Feststellung, dass die Reichen ihre wahren Absichten durch »Scheingründe« verschleierten (D 215), zielt nicht nur auf den Widerspruch zwischen ihren Aussagen, die Staatsgewalt solle einerseits »die Launen des Glücks wiedergutmachen«, andererseits die ungleichen Besitzverhältnisse »sichern«, sondern darüber hinaus auf die Diskrepanz zwischen ihrer Ankündigung, der Staat werde gegenüber äußeren »Feinde[n]« Verteidigungsaufgaben wahrnehmen, und der Realität der nachfolgenden kriegerischen Auseinandersetzungen: Darin wurden »Mordtaten« begangen, »welche die Natur erschaudern lassen und die Vernunft schockieren« (D 221). Rousseau führt es auf »Vorurteile« zurück, dass »die Ehre, menschliches Blut zu vergießen, in den Rang der Tugenden« erhoben wurde (D 221): »schließlich sah man, wie sich die Menschen zu Tausenden niedermetzelten, ohne zu wissen weshalb« (D 223). Dass die Intransparenz, die Rousseau anspricht, durch die ideologische Verschleierung der tatsächlichen Kriegsgründe (mit-) verursacht ist, geht aus seiner Feststellung hervor, dass sich die Reichen bereits vor der Errichtung einer zentralen Staatsgewalt ihrer »Sklaven bedienten«, um »ihre Nachbarn zu unterjochen und zu knechten« (D 211). Ihre Beschreibung des zu errichtenden Staates als einer wehrhaften Verteidigungsgemeinschaft hat demnach die ideologische Funktion, die Bereitschaft, seine »Mitmenschen« auf Geheiß der Machthaber

»umzubringen«, in den Kanon der »Pflichten« eines Staatsbürgers aufzunehmen (*D* 223), womit die Führungsschicht ein schlagkräftiges Instrument für die Sicherung und Erweiterung ihrer Machtbasis gewinnt. Dass sich in der ethischen Hochschätzung des Kriegsdienstes »Vorurteile« niederschlagen, tritt in der Rede der Reichen dadurch zutage, dass sie die »Vorschriften der Gerechtigkeit und des Friedens«, mit denen die drohende Selbstzerstörung der »entstehende[n] Gesellschaft« abgewendet werden soll, von vornherein auf den Kreis ihrer Zuhörer eingrenzen und von ihren Nachbarn nur als potentiellen »Feinde[n]« reden; die Perspektive einer universalen Etablierung solcher »Vorschriften« wird damit ausgeblendet. Da die Reichen diese Perspektive außer Betracht lassen, befördert die Rede von den »Feinden« ihres Adressatenkreises das Vorurteil, Feindschaften zwischen unterschiedlichen Gesellschaften seien ein unentrinnbares Schicksal. Die Verfestigung eines fundamentalen Misstrauens gegenüber den Nachbarn bildet den Nährboden für Angriffskriege, die man auf dieser Basis stets als – durch die permanente Bedrohung, der man ausgesetzt sei, provozierte – Präventivkriege ausgeben kann.

Im Fortgang des *Diskurses über die Ungleichheit* gibt Rousseau dem Leser durch ein Zitat aus einem Dokument Ludwigs XIV. zu verstehen, dass die Diskrepanz zwischen ethischer Fassade und realen Machtansprüchen, die die fiktive Rede der Reichen kennzeichnet, unvermindert aktuell ist (*D* 237). Laut diesem Dokument besteht »die vollkommene Glückseligkeit eines Königreichs« darin, »dass einem Fürsten von seinen Untertanen gehorcht wird, dass der Fürst dem Gesetz gehorcht und dass das Gesetz recht und stets auf das Gemeinwohl gerichtet ist.« (ebd.) Die Schrift, in der dieses Bekenntnis des Sonnenkönigs zum Gemeinwohl zu lesen ist, diente der Vorbereitung eines Eroberungskriegs gegen die Niederlande, dessen rechtliche Basis fadenscheinig war.[48] Rousseaus Bemerkung, man könne aus diesem Dokument ersehen, dass die Herrschaft der »weisen und guten […] Könige von Frankreich« von einer »Tyrannei« weit entfernt sei (*D* 235/237), ist teils eine Vorsichtsmaßnahme gegenüber der Zensur, teils aber ein versteckter Hinweis auf die Rolle ideologischen Scheins im bestehenden Machtgefüge.

In Rousseaus Schilderung der Staatsgründung stößt das von den Reichen entworfene Bild des Staates als einer Solidargemeinschaft auf allgemeinen Zuspruch, wobei diejenigen, die die Täuschungs-

---

[48]  Meier: »Einführender Essay«, *D* XXXVI f.

absicht der Reichen erahnten, das Spiel aus egoistischen Beweggründen mitspielten (s. o. S. 121). An einem solchen Bild des Staates hält auch Ludwig XIV. mit seiner Beschwörung der »vollkommene[n] Glückseligkeit eines Königreichs« fest. Rousseau erklärt den ideologisch verschleierten Widerspruch zwischen diesem Bild und den realen Gegebenheiten zu einer weltgeschichtlichen Konstanten, indem er die Geschichte des Staates mit der Rede der Reichen beginnen lässt und im Anschluss hieran eine vergleichbare Deklamation aus neuerer Zeit zitiert. Rousseau beschreibt hierbei den ideologischen Schein als eine Gemengelage von bewusster Lüge, kalkuliertem Rollenspiel und auf Unwissenheit beruhenden Fehleinschätzungen.

*c) Das Problem der sozialen Integration*

Das Modell eines gesellschaftskonstituierenden Urvertrags in Hobbes' *Leviathan* bildet die ›Folie‹ für Rousseaus Schilderung der Staatsgründung: Beide Autoren bedienen sich einer »methodischen Fiktion«,[49] um die faktische Grundlage und zugleich die legitime Gestalt politischer Herrschaft aufzuhellen. Im Folgenden soll zunächst der (mit Kant zu sprechen) »quid facti«-Aspekt dieser Fragestellung erörtert werden (Abschnitt c); der »quid juris«-Aspekt wird in Abschnitt d) aufgegriffen. Da Parsons seine – von Habermas übernommene – Kernthese, dass die Stabilität einer Sozialordnung einen »moralischen Konsens« der Individuen voraussetzt, in kritischer Auseinandersetzung mit Hobbes formuliert, lässt sich auf dem Hintergrund des *Leviathan* die Mittelstellung der Position Rousseaus zwischen den Standpunkten Parsons' und Habermas' auf der einen Seite und Luhmanns auf der anderen konkretisieren (s. o. S. 28 f.).

Das im *Leviathan* entworfene Bild des »Krieges eines jeden gegen jeden«, der durch den Urvertrag beendet worden sei, darf nicht dahingehend missverstanden werden, dass nach Hobbes im Naturzustand unablässig »Kampfhandlungen« stattgefunden hätten – in diesem Fall hinge die Stichhaltigkeit seines Vertragsmodells vom Wahrheitsgehalt einer Hypothese über die Urgeschichte ab –; Hobbes identifiziert vielmehr das »Wesen des Krieges« mit der »bekannten Bereitschaft« zu gewalttätigen Auseinandersetzungen »während der ganzen Zeit, in der man sich des Gegenteils nicht sicher sein

---

[49] Vgl. Fetscher: »Einleitung« in: Hobbes: *Leviathan*, S. XXIV, XXVIII.

kann«.[50] Die Rede vom »Krieg eines jeden gegen jeden« im *Leviathan* verweist demnach auf das (empirisch gesicherte) Faktum, dass man beim Fehlen eines staatlichen Gewaltmonopols jederzeit damit rechnen muss, von anderen Personen angegriffen bzw. in eskalierende Konflikte hineingezogen zu werden. Das von Hobbes benutzte Bild hat somit den »heuristischen Wert«,[51] den Lesern – die Staatsbürger sind – die Folgen eines Zerfalls der staatlichen Ordnung oder eines Austritts aus dem Staatsverband vor Augen zu führen. Es steht grundsätzlich jedem frei, die Gesellschaft zu verlassen und zur urzeitlichen Lebensform eines Jägers und Sammlers zurückzukehren. Wer diese Möglichkeit ausschlägt, bringt hiermit sein Interesse am Fortbestand gesellschaftlicher Institutionen zum Ausdruck. Der »quid facti«-Aspekt des Modells eines gesellschaftskonstituierenden Urvertrags besteht im Hinweis auf eine solche faktische Zustimmung jedes Mitglieds der Gesellschaft zur Aufrechterhaltung funktionsfähiger Sozialstrukturen. Hierbei ist es von untergeordneter Bedeutung, ob sich die eigenen Vorfahren freiwillig mit anderen Individuen bzw. Gruppen zu einem Staatsverband zusammengeschlossen haben oder aber von einer bereits existierenden Staatsmacht gewaltsam unterworfen wurden.[52]

Hobbes erklärt es zu einer zentralen Aufgabe des Staates, den Bürgern vor Augen führen, dass Diebstahl, Gewalt, Betrug usw. die Gefahr eines Rückfalls in die Anarchie, worin jeder um sein Leben fürchten muss, heraufbeschwören.[53] Ein solcher Appell an das ›wohlverstandene Selbstinteresse‹ der Individuen soll die Furcht vor anarchischen Zuständen als Motiv für die Befolgung sozialer Regelkodices mobilisieren. Dies reicht allerdings nach Hobbes nicht aus, um das destruktive Potential der »Konkurrenz«, des »Misstrauen[s]« und der »Ruhmsucht«, die er zur »Natur« des Menschen zählt,[54] unter Kontrolle zu bringen. Er sieht in der »Angst vor einer Bestrafung« das wirksamste Mittel zur Verhinderung von Verstößen gegen den in einer Gesellschaft etablierten Regelkodex.[55] Die faktische Basis gesellschaftspolitischer Ordnungsstrukturen bilden also nach Hobbes auf der einen Seite die Einsicht der ›aufgeklärten‹ Bürger in

---

[50] Hobbes: *Leviathan*, S. 96 ff., 131.
[51] Vgl. Fetscher: »Einleitung« in: Hobbes: *Leviathan*, S. XXIV.
[52] Vgl. Hobbes: *Leviathan*, S. 155 f.
[53] Ebd. S. 257, 260.
[54] Ebd. S. 95 f.
[55] Ebd. S. 110.

die Vorteile einer funktionsfähigen Sozialordnung, auf der anderen die abschreckende Wirkung von Strafen.

Die Modifikationen, die Rousseau an Hobbes' Erklärung der faktischen Grundlage politischer Institutionen vornimmt, deuten auf Habermas' Modell der Entstehung des Staates voraus, wobei sich zugleich aus Habermas' Nähe zu Parsons (s. o. S. 27 f.) eine entscheidende Differenz ergibt. Während Hobbes »Konkurrenz«, »Misstrauen« und »Ruhmsucht« als anthropologische Konstanten betrachtet, bemüht sich Rousseau um den Nachweis, dass diese »Konflikturachen« (Hobbes)[56] erst durch die Einführung der Tauschwirtschaft so mächtig wurden, dass ihre destruktive Dynamik nur mittels eines staatlichen Gewaltmonopols unter Kontrolle gebracht werden konnte.[57] Wie Rousseau verortet auch Habermas die Staatsgründung in Krisensituationen, in denen sich sozioökonomische »Systemprobleme« – wie die »Landknappheit« und die »Ungleichverteilung des sozialen Reichtums« – dermaßen zugespitzt haben, dass sie mit den vorhandenen Mitteln der Konfliktbewältigung nicht mehr beherrschbar waren.[58] Habermas betont, dass dieser Problemdruck eine notwendige, aber noch keine hinreichende Bedingung für den Aufbau staatlicher Institutionen bildete; dieser setzte – so Habermas – einen »evolutionären Lernvorgang« auf der Ebene des »moralisch-praktischen Bewusstseins« voraus: die Ausbildung von »Gerechtigkeitsvorstellungen«, auf deren Basis eine »Richterposition« etabliert werden konnte, die von allen Mitgliedern der Gemeinschaft anzuerkennen war und eine »konsensuelle Regelung von Handlungskonflikten« ermöglichte.[59] Die »Stabilisierung« einer solchen Richterposition markiert den Übergang von archaischen Stammesgemeinschaften, die im Wesentlichen durch Clan-Strukturen zusammengehalten wurden, zu staatlich organisierten Gesellschaften.[60] In der Rechtsprechung und dem Gewaltmonopol des Staates, welches dieser die nötige Durchsetzungskraft verleiht, fand demnach der Entwicklungsschub

---

[56] Ebd. S. 95.
[57] Rousseau geht davon aus, dass diese Dynamik in die Anarchie eingemündet war (D 213/215). Für den Erklärungsanspruch, den er mit seiner Rekonstruktion der Staatsgründung erhebt, ist es allerdings von untergeordneter Bedeutung, ob die sozioökonomischen Konflikte bereits außer Kontrolle geraten waren oder erst an der Schwelle zur Gewalteskalation standen.
[58] Habermas: »Zur Rekonstruktion des Historischen Materialismus«, S. 178.
[59] Ebd. S. 171, 175 ff.
[60] Ebd. S. 177.

des moralischen Bewusstseins, der durch das »konstruktive Lernen der vergesellschafteten Individuen« als innovativer Reaktion auf überbordende sozioökonomische Systemprobleme erzielt wurde, seinen institutionellen Niederschlag.[61] Dass Rousseau dem Aufbau staatlicher Institutionen eine fiktive Rede vorangehen lässt, in der – unter dem Eindruck ausufernder Konflikte – die Kodifizierung von »Vorschriften der Gerechtigkeit und des Friedens«, welche »kein Ansehen der Person gelten lassen« (*D* 215/217), und damit die Etablierung einer von Clan-Strukturen unabhängigen Jurisdiktion vorgeschlagen wird, lässt sich auf dem Hintergrund von Habermas' Erklärungsmodell als metaphorische Einkleidung der These interpretieren, dass die Staatsgründung die – von krisenerzeugenden Systemproblemen angestoßene – Ausbildung neuer Formen des moralischen Bewusstseins durch innovative Individuen voraussetzt. Rousseau nennt die Absicht der Reichen, ihren Mitmenschen »andere Maximen einzuflößen«, den »durchdachtesten Plan, der dem menschlichen Geist jemals eingefallen ist« (*D* 215). Während Habermas die Staatsgründung in dem Sinne als einen Akt der »sozialen Integration« auffasst, dass der bedrohte Zusammenhalt der Gesellschaft vermittels gemeinsamer »Werte und Normen« gesichert worden sei[62] – was sich mit der Position Parsons' deckt –, besteht die Pointe Rousseaus darin, dass die Gefahr des Zerfalls sozialer Ordnungsstrukturen durch einen Pseudo-Konsens abgewendet wurde, dessen ideologischer Aspekt den gewitzteren Zeitgenossen klar vor Augen stand.

Die argumentative Basis der These Rousseaus, dass jede Gesellschaft in ihren Selbstbeschreibungen die gemeinsame Verpflichtung auf Regeln der »Gerechtigkeit und des Friedens« postulieren muss, ohne dass hieraus die faktische Existenz eines übergreifenden normativen Konsenses gefolgert werden darf, lässt sich mittels eines Textes rekonstruieren, auf den Rousseau im *Diskurs über die Ungleichheit* mehrfach Bezug nimmt: Platons *Politeia* (*D* 43, 90, 131). Die von Parsons als »Hobbes'sches Problem« bezeichnete Frage, was den Zusammenhalt einer Gesellschaft verbürgt, spielt bereits in der Auseinandersetzung Sokrates' und Platons mit der Sophistik eine Schlüsselrolle. Rousseau knüpft an die Kontroverse zwischen Sokra-

---

[61] Habermas: »Historischer Materialismus und die Entwicklung normativer Strukturen«, S. 36 f.
[62] »Zur Rekonstruktion des Historischen Materialismus«, S. 159.

tes und Thrasymachos im I. Buch der *Politeia* an. Thrasymachos vertritt den Standpunkt, dass nur die »Einfältigen« auf das Wohl ihrer Mitmenschen Rücksicht nehmen, während sich die »Stärkeren und Herrschenden« durch konsequenten Egoismus Machtpositionen – und damit zugleich soziales Prestige – sichern (*Politeia* 343 b – 344 c). Diese Radikalposition kann als Reaktion auf einen inneren Zwiespalt der von Protagoras vertretenen Auffassung verstanden werden, politische Institutionen seien im ›aufgeklärten Selbstinteresse‹ der Bürger fundiert – was den Standpunkt Hobbes' im Ansatz vorwegnimmt. Protagoras' ethisch-politische Theorie – wie sie in Platons gleichnamigem Dialog[63] dargestellt wird – setzt bei der Bestimmung des Menschen als eines biologischen Mängelwesens an, das auf die Gemeinschaft angewiesen ist, um diejenigen Kenntnisse zu erwerben, die für die Sicherung seines Lebensunterhalts nötig sind, und sich vor der Bedrohung durch Raubtiere zu schützen (*Protagoras* 321 b – 322 a). Mangelnder Respekt vor dem für ein geordnetes Zusammenleben erforderlichen Regelkanon beschwört die Gefahr unablässiger Konflikte und damit des Zerfalls gesellschaftlicher Ordnungsstrukturen herauf, wodurch das Überleben der Menschengattung gefährdet wird (*Protagoras* 322 b). Es liegt daher in unserem vitalen Interesse, dass solche Regeln allgemein befolgt werden. Erklärt man unser ›wohlverstandenes Selbstinteresse‹ zum adäquaten Motiv normenkonformen Handelns, bleibt allerdings zu fragen, warum ich moralischen Regeln auch in den Situationen treu bleiben soll, in denen mir aus ihrer konsequenten Befolgung gravierende Schäden erwachsen. Warum soll ich etwa unter einem tyrannischen Regime, das jede Opposition gewaltsam unterdrückt, meine Lebensinteressen nicht durch gelegentliche Lügen oder die Duldung offenkundigen Unrechts schützen? Will man verhindern, dass aus Protagoras' Rückbindung moralischer Regeln an unser ›aufgeklärtes Selbstinteresse‹ gefolgert wird, in solchen Konfliktfällen sei es legitim, mein Privatinteresse diesen Regeln überzuordnen, muss man sich darauf berufen, dass es für ein geordnetes Zusammenleben auf lange Sicht schädlich ist, wenn jeder Konfliktsituationen auf diese Weise handhabt. Hiermit wird die Forderung erhoben, die eigenen Absichten stets daraufhin zu prüfen, welche Konsequenzen es für die Stabilität und Funktionsfähigkeit der Gesellschaft hätte, wenn auch alle anderen in derselben Weise handelten. Solange man das

---

[63] Platon: *Werke*, Bd. I, S. 83–217.

Selbstinteresse der Individuen als basalen Orientierungspunkt des Handelns akzeptiert, kann man jedoch niemanden dazu verpflichten, einen klar vorhersehbaren persönlichen Schaden in Kauf zu nehmen, um Nachteile für die Gemeinschaft abzuwenden, die in dem hypothetischen Fall zu erwarten sind, dass jeder in vergleichbaren Konfliktfällen genauso handelt wie man selbst. Hieran scheitert Protagoras' Versuch der zweckrationalen Fundierung staatsbürgerlicher Pflichten im ›wohlverstandenen Selbstinteresse‹ der Individuen. Thrasymachos zieht aus dem Dilemma, in das Protagoras gerät, den Schluss, für die Forderung, Privatinteressen dem ›Wohl des Ganzen‹ unterzuordnen, seien nur die »Einfältigen« empfänglich, die nicht konsequent zweckrational denken (*Politeia* 343 c – 344 c). Die Gefahr, dass aus dem radikalen Eigennutz, den er propagiert, permanente Konflikte entspringen, die die Funktionsfähigkeit der Gesellschaft untergraben, lässt sich nach seiner Überzeugung mit »List und Gewalt« eindämmen: indem man sich den Anschein gibt, auf seine Mitmenschen durchaus Rücksicht zu nehmen, und diejenigen Opfer seines Egoismus, die diesen Betrug durchschauen, einschüchtert (*Politeia* 344 a–c)

Sokrates wendet gegen Thrasymachos' Behauptung, der konsequente Egoismus sei das Erfolgsrezept der »Stärkeren und Herrschenden«, ein, dass jedes Mitglied der Gesellschaft seine Interessen nur durch Kooperation mit anderen durchsetzen kann, radikaler Eigennutz behindere jedoch auf lange Sicht jede Zusammenarbeit, daher seien »die ganz Bösen und vollkommen Ungerechten auch vollkommen unvermögend«, »etwas auszurichten« (*Politeia* 343 c, 350 d – 352 c). Sokrates folgert hieraus, eine funktionsfähige Sozialordnung könne nur auf der Basis der »Gerechtigkeit« – und damit eines normativen Konsenses – errichtet werden. Diese These, die nicht bloß gegen Thrasymachos, sondern zugleich gegen Protagoras' Rekurs auf das ›wohlverstandene Selbstinteresse‹ der Individuen gerichtet ist und Parsons' wie auch Habermas' Stellungnahme zum Problem der sozialen Integration antizipiert, bildet den argumentativen Ausgangspunkt der folgenden Bücher der *Politeia*, worin der Begriff der Gerechtigkeit inhaltlich ausgestaltet wird.

Rousseau stimmt Sokrates' Feststellung zu, dass jedes Mitglied der Gesellschaft auf Kooperation angewiesen ist; auch ein scheinbar allmächtiger Tyrann braucht Bundesgenossen, denen er einen »gewissen Teil« seiner Macht »abzutreten gezwungen ist« (*D* 253). Rousseau grenzt sich jedoch von dem Einwand gegen die Positionen

Protagoras' und Thrasymachos', den Sokrates hieraus ableitet: eine funktionsfähige Sozialordnung bedürfe der »Gerechtigkeit« als normativer Basis, dadurch ab, dass es in seiner Schilderung der Staatsgründung den Reichen, die rein egoistisch handeln, gelingt, stabile soziale Verhältnisse zu schaffen und dabei ihren Besitzstand zu sichern; er gibt hiermit zu verstehen, dass konsequenter Eigennutz durchaus praktikabel sein kann, sofern man geschickt genug ist, je nach Situation taktische Koalitionen einzugehen, ohne sich auf eine langfristige Solidarität mit den aktuellen Bündnispartnern festzulegen.[64] Rousseau bringt allerdings durch die Inkohärenz in der Rede der Reichen (s. o. S. 120 f., 159) zum Ausdruck, dass konsequenter Egoismus zu unstimmigen Selbstbeschreibungen zwingt. Niemand kann sich öffentlich zum radikalen Eigennutz bekennen: Ein solches Geständnis zöge eine soziale Isolation nach sich, da den Mitmenschen die Gefahr bewusst würde, bei passender Gelegenheit übervorteilt bzw. hintergangen zu werden. Dies räumt auch Thrasymachos ein, indem er die »List« zum unerlässlichen Vehikel eines effektiven Egoismus erklärt. Protagoras betont, dass jeder »wenigstens behaupten« muss, »er sei gerecht, möge er es nun sein oder nicht«; »er wäre verrückt, wenn er sich die Gerechtigkeit nicht zuschriebe« (*Protagoras* 323 b – c). Indem Rousseau hieraus folgert, dass die Selbstbeschreibung des radikalen Egoisten inkohärent sein muss, gibt er dem Argument, das Sokrates Thrasymachos entgegenhält, eine entscheidende Wendung: Rousseau ersetzt Sokrates' zweifelhafte Behauptung, ein konsequenter Egoist sei »vollkommen unvermögend«, in der Gesellschaft »etwas auszurichten«, durch die – auch von den Sophisten zuzugestehende – These, dass man die »List«, derer er sich bedienen muss, durch die Analyse seiner Selbstinterpretationen aufdecken, ihn also als radikalen Egoisten entlarven kann, womit er fortan als Kooperationspartner disqualifiziert ist. Rousseau knüpft mit dieser Modifikation der Kritik, die in der *Politeia* an Thrasymachos

---

[64] Dass Rousseau in seiner Darstellung der Staatsgründung die Singular-Form »der Reiche« gebraucht (»[…] ersann der Reiche, von der Notwendigkeit gedrängt, schließlich den durchdachtesten Plan, der dem menschlichen Geist jemals eingefallen ist […]«; D 215), lässt sich dahingehend interpretieren, dass die Wohlhabenden angesichts der eskalierenden Gewalt, die ihr Leben und ihre Güter bedrohte, ihre Klasseninteressen gemeinsam vertraten, wobei aber jeder letztlich nur sein eigenes Wohlergehen im Blick hatte. Rousseau sieht in der Unersättlichkeit eine natürliche Folge von Reichtum und Macht, hieraus entspringen Missgunst und Rivalitäten unter den Begüterten (D 211, 215).

geübt wird, an die methodische Leitfrage der sokratischen Dialoge an: Sokrates prüft die Ansichten, die seine Gesprächspartner vorbringen, daraufhin, ob sie zu einem stimmigen Argumentationszusammenhang verbunden werden können.

Es fällt auf, dass die Reichen in Rousseaus Schilderung der Staatsgründung ihr Ziel, die Staatsgewalt mit Sanktionsmitteln auszustatten, nicht explizit ansprechen; sie entwerfen das Bild einer Solidargemeinschaft, in der Interessengegensätze einvernehmlich geregelt werden; in einer solchen Gemeinschaft sind staatliche Sanktionsmechanismen im Grunde überflüssig. Mit der Erwähnung der Strafandrohung wäre ein egoistisches Motiv normenkonformen Verhaltens – die Furcht vor Strafen und damit die Sorge um das eigene Wohl – ins Spiel gebracht worden. Dass dies unterblieben ist, kann als Hinweis Rousseaus darauf interpretiert werden, dass alle Versuche, die Individuen durch den Appell an ihr ›wohlverstandenes Selbstinteresse‹ zur Respektierung sozialer Regelkodices zu bewegen, zum Scheitern verurteilt sind. Die Schwierigkeiten, in die Protagoras gerät, kehren im *Leviathan* wieder. Hobbes kommt im Abschnitt über die moralische Erziehung der Bürger durch den Staat (II. Buch, 30. Kap.) auf die Möglichkeit zu sprechen, die staatliche Strafandrohung durch Bestechung zu unterlaufen.[65] Die Behörden sollen – so Hobbes – die Bürger auf die »üblen Folgen« einer solchen Handlungsweise aufmerksam machen: Die »Gerechtigkeit« wird »wirkungslos«, wenn die Korruption gängige Praxis ist.[66] Die von Hobbes intendierte Aufklärungsarbeit muss – da er nicht den Standpunkt vertritt, die Gerechtigkeit sei um ihrer selbst willen anzustreben – in dem Sinne aufgefasst werden, dass den Individuen die Gefahren vor Augen geführt werden sollen, die ihrem persönlichen Interesse im Fall gängiger Korruption drohen: Ihnen könnte in einer juristischen Auseinandersetzung mit einem zahlungskräftigeren Gegner ihr Recht vorenthalten werden; zudem könnte die Bevölkerung aufgrund der Erfahrung, dass die Justiz käuflich ist, zu permanenten Rechtsbrüchen oder aber zu dem Versuch animiert werden, sich auf eigene Faust Recht zu verschaffen, was jeweils den Rückfall in die Anarchie provoziert. Aus diesen beiden Argumenten lässt sich jedoch nicht der Schluss ziehen, dass die negativen Folgen für das eigene Wohlergehen, die zu erwarten sind, wenn jeder Be-

---

[65] *Leviathan*, S. 260.
[66] Ebd.

Smail Rapic

stechungsversuche unternimmt, den persönlichen Vorteil zwangsläufig aufwiegen, den man durch die erfolgreiche Bestechung in einem konkreten Fall erzielen kann. Hinsichtlich des ersten Arguments könnten sich die Wohlhabenderen damit beruhigen, dass die Mehrzahl der Bevölkerung gar nicht die nötigen Mittel für eine erfolgversprechende Bestechung von Richtern habe; die reichste Bevölkerungsgruppe könnte eine durchgängige Korruption sogar begrüßen, da sie sich in diesem Fall jederzeit ein genehmes Urteil ›kaufen‹ können. Dem zweiten Argument könnte man entgegenhalten, dass sich eine Reihe korrupter Regimes als zählebig erwiesen hat.

Verknüpft man die Bezüge der Schilderung der Staatsgründung im *Diskurs über die Ungleichheit* zur Auseinandersetzung Sokrates' mit Thrasymachos in der *Politeia* und zu Hobbes' *Leviathan* miteinander, lässt sich Rousseaus implizite Kritik an der Zielsetzung, moralische Regeln bzw. staatsbürgerliche Pflichten im ›aufgeklärten Selbstinteresse‹ der Individuen zu fundieren, in drei Schritten rekonstruieren:

(1) Man könnte den Rekurs auf unser ›wohlverstandenes Selbstinteresse‹ zunächst so verstehen, dass die Individuen zu normenkonformem Verhalten mit dem Argument motiviert werden sollen, die kausalen Auswirkungen eines Regelverstoßes fügten den eigenen Interessen auf lange Sicht größeren Schaden zu, als er kurzfristig an Vorteilen bringt. Die Erfahrung zeigt jedoch genügend Fälle, in denen die langfristigen Auswirkungen einer Normverletzung keineswegs in diesem Sinne auf ihren Urheber zurückschlagen. Wer seine Mitbürger durch den Appell an ihr ›aufgeklärtes Selbstinteresse‹ von Normverletzungen abhalten will, muss daher – zumindest implizit – den Fall heranziehen, dass alle anderen in derselben Weise handeln wie man selbst, wobei er die These vertreten muss, dass der persönliche Schaden, der in diesem Fall droht, gravierender ist als der individuelle Nutzen des Regelverstoßes.[67] (2) Im Rahmen einer ethisch-politischen Theorie, die beim Selbstinteresse der Individuen ansetzt, kann jedoch die Forderung, sich stets die Frage vorzulegen, welche Konsequenzen es hätte, wenn alle anderen genauso handelten wie man selbst, nicht stringent begründet werden. Hierauf macht Thrasymachos aufmerksam, indem er diejenigen, die ihr Privatinteresse

---

[67] Hobbes bringt diese Argumentationsfigur in Ansatz, indem er den staatlichen Erziehungsbehörden die Aufgabe zuweist, die Bürger durch die Schilderung der generellen Folgen der Korruption von individuellen Bestechungsversuchen abzuhalten.

konsequent verfolgen, zu ›Ausnahmemenschen‹ erklärt, und ihnen einfältige ›Herdenmenschen‹ gegenüberstellt:[68] Wer sich durch eine Normverletzung persönliche Vorteile verschaffen will, kann der Aufforderung nachzuprüfen, welche Folgen generelle Verstöße gegen die betreffende Norm hätten, entgegenhalten, dass ihn diese Frage nicht interessiere, da nicht zu erwarten sei, dass seine individuelle Handlungsweise eine allgemeine Normverletzung kausal hervorruft. Ein solcher ›elitärer‹ Standpunkt kann von demjenigen, der Normen im ›wohlverstandenen Selbstinteresse‹ der Individuen fundieren will, nicht moralisch kritisiert werden, da der Geltungsanspruch moralischer Regeln allererst gerechtfertigt werden muss. (3) Selbst in dem Fall, dass die eigene Handlungsweise alle anderen anspornt, es einem gleichzutun, ergeben sich aus einer Normverletzung nicht zwangsläufig fatale Konsequenzen für ihren Urheber. Thrasymachos veranschaulicht dies am Beispiel eines Tyrannen, der »außer dem Vermögen seiner Mitbürger auch noch sie selbst in seine Gewalt bringt und zu Knechten macht«:[69] Wer die bestehende Regierung gewaltsam beseitigt, geht damit das Risiko ein, dass er selbst zum Opfer von Attentats- oder Putschversuchen wird; viele Diktatoren sind diesem Schicksal jedoch durch einen effektiven Machtapparat entgangen.

Die Forderung, die jede Gesellschaft an ihre Mitglieder richten muss: den Regelkanon, dem sie ihre Stabilität und Funktionsfähigkeit verdankt, auch in Situationen zu folgen, in denen dies mit persönlichen Nachteilen verbunden ist, kann somit nicht im ›wohlverstandenen Selbstinteresse‹ der Individuen fundiert werden. In diesem Sinne muss jede Gesellschaft den Begriff ethischer »Pflichten« (devoirs) in Ansatz bringen (D 216) – was insofern einen basalen Begriff der »Gerechtigkeit« (D 214) einschließt, als jedes ihrer Mitglieder Adressat von Pflichten ist.[70] Die Individuen müssen sich bereit erklären, Pflichten zu erfüllen und damit »einen Teil ihrer Freiheit […] zu opfern« (D 219); andernfalls setzten sie sich dem Verdacht aus, rücksichtslose Egoisten zu sein, womit sie eine soziale Ächtung provozierten. Indem die Individuen ihre Zustimmung zu

---

[68] Platon: *Politeia* 343 a – 344 c.
[69] Ebd. 344 b.
[70] Die Gesellschaft kann niemandem – auch nicht einem absoluten Herrscher – freistellen, Normen nach Gutdünken außer Kraft zu setzen, also etwa permanent zu lügen, nach Belieben zu morden usw.

sozialethischen Pflichten bekunden, etabliert sich auf der Ebene ihrer Selbstbeschreibungen ein normativer Konsens. Wer ihm beipflichtet und sich auf diese Weise vom radikalen Egoismus distanziert, deklariert hiermit, dass er von einer Handlungsweise Abstand nimmt, die die sozialen Ordnungsstrukturen untergrübe, wenn sie allgemein praktiziert würde, dass er also für die Frage empfänglich ist, welche Konsequenzen es für die Stabilität und Funktionsfähigkeit der Gesellschaft hätte, wenn jeder genauso handelte wie man selbst. Sokrates erklärt diese Frage im *Kriton*[71] zum Prüfstein einer ethischen Gesinnung.[72] Der von Sokrates formulierte ethische Maßstab klingt in der ›staatskonstituierenden‹ Rede der Reichen im *Diskurs über die Ungleichheit* dadurch an, dass die »Vorschriften der Gerechtigkeit« als Weg zur Herstellung sozialen »Friedens« gekennzeichnet werden (D 217): Die Adressaten der Rede sollen aufgrund der Einsicht, dass ein generell praktizierter radikaler Egoismus die Gesellschaft in die Selbstzerstörung treibt, ihrem eigenen Egoismus Grenzen setzen.

Rousseau modifiziert somit die These der *Politeia*, gesellschaftliche Stabilität setze eine basale Gerechtigkeit – allgemein gesprochen: »das effektive Funktionieren gewisser normativer Elemente« (Parsons)[73] – voraus, zunächst dahingehend, dass der Zerfall sozialer Ordnungsstrukturen nur verhindert werden kann, wenn sich die Individuen öffentlich zu »wechselseitigen Pflichten« (D 217) bekennen, ohne dass hiermit die Wahrhaftigkeit einer solchen Verlautbarung verbürgt ist; indem Rousseau in seiner Schilderung der Staatsgründung vermerkt, die Täuschungsabsicht der Reichen sei vielen Adressaten ihrer Rede entgangen, gibt er aber darüber hinaus

---

[71] Platon: *Werke*, Bd. II, S. 71–107.

[72] Sokrates bringt sein ethisches Kriterium in einem fiktiven Gespräch mit den Gesetzen seiner Heimatstadt über den Vorschlag seines Freundes Kriton, sich seiner bevorstehenden Hinrichtung durch Flucht zu entziehen, in Ansatz, indem er sich die Frage vorlegt: »Ist es nicht so, dass du durch diese Tat [...] den Gesetzen und also dem ganzen Staat den Untergang zu bereiten gedenkst, soviel an dir ist? Oder dünkt es dich möglich, dass jener Staat noch bestehe und nicht in gänzliche Zerrüttung gerate, in welchem die abgetanen Rechtssachen keine Kraft haben, sondern von Einzelpersonen können ungültig gemacht und umgestoßen werden?« (50 a–b) Man könnte gegen Sokrates' Argumentation im konkreten Fall seines Todesurteils einwenden, die Funktionsfähigkeit staatlicher Institutionen werde durch die Weigerung, sich offenkundigen Fehlurteilen zu beugen, nicht untergraben; dieser Einwand berührt aber nicht die sokratische Leitfrage, welche Folgen es für die Gesellschaft im Ganzen hätte, wenn alle anderen genauso handelten wie man selbst.

[73] *The Structure of Social Action*, S. 92.

zu verstehen, dass eine hinreichend große Gruppe der Bevölkerung tatsächlich bereit sein muss, ihr Privatinteresse mit Rücksicht auf ihre Mitmenschen einzuschränken, wenn ein ›Krieg aller gegen alle‹ abgewendet werden soll; solche ›gutgläubigen‹ Menschen, denen die Gesellschaft ihr Überleben verdankt, finden sich gemäß dem *Diskurs über die Ungleichheit* vorwiegend in den benachteiligten Schichten.[74]

## d) Das Eigentumsrecht

Rousseau entwickelt seine Position zur »quid juris«-Frage nach der Legitimitätsgrundlage soziopolitischer Ordnungsstrukturen im *Diskurs über die Ungleichheit* in kritischer Auseinandersetzung mit Hobbes und Locke.

Hobbes legt seiner Staatstheorie das »natürliche Recht« (jus naturale) jedes Einzelnen zugrunde, »seine eigene Macht nach seinem Willen zur Erhaltung seiner eigenen Natur, das heißt seines eigenen Lebens, einzusetzen und folglich alles zu tun, was er nach eigenem Urteil und eigener Vernunft als das zu diesem Zweck geeignetste Mittel ansieht.«[75] Diesem »Recht« korrespondiert nach Hobbes die Verpflichtung sich selbst gegenüber, alles zu vermeiden, was das eigene Leben gefährdet bzw. die Mittel zum Lebensunterhalt schmälert; Hobbes bezeichnet dieses Verbot als ein »Gesetz der Natur« (lex naturalis).[76] Er leitet aus ihm die »Vorschrift« der »Vernunft« ab, den »Krieg eines jeden gegen jeden« zu beenden bzw. zu verhindern.[77] Der einzig praktikable Weg zur Überwindung bzw. Vermeidung der

---

[74] In Rousseaus fiktiver Schilderung der Staatsgründung bleiben die historischen Gestalten herrschaftsstabilisierender Ideologie außer Betracht. Er spricht in einem Nachlassmanuskript zum *Diskurs über die Ungleichheit* dem von »ehrgeizige[n] Priestern« verbreiteten »Aberglauben« eine Schlüsselrolle bei der Befestigung repressiver politischer Strukturen zu (D 389/391). Meier vermutet, dass Rousseau die machtpolitische Funktion der Religion im veröffentlichten Text des *Diskurses* aus Furcht vor der Zensur weitgehend ausgespart hat (»Einführender Essay«, D XLI ff.). Da Rousseau im *Émile* wie auch im *Contrat social* eine ›geläuterte‹ Religion zu einer unentbehrlichen Stütze der Gesellschaftsordnung erklärt (s. u. S. 202), ist es allerdings denkbar, dass ihm die pauschale Apostrophierung der Religion als Priesterbetrug im genannten Nachlassmanuskript selber einseitig erschien.

[75] *Leviathan*, S. 99. Vgl. Strauss: *Naturrecht und Geschichte*, S. 188.

[76] *Leviathan*, S. 99.

[77] Ebd. S. 99 f.

Anarchie besteht in der Errichtung eines staatlichen Gewaltmonopols.[78] Die Individuen sind daher nach Hobbes gehalten, ihr
»Recht«, zur Sicherung ihrer vitalen Interessen Gewalt einzusetzen,
an den Staat abzutreten.[79] Aus Hobbes' These, die normative Basis
staatlicher Macht bilde deren Schutzfunktion gegenüber den Bürgern, folgt, dass die Loyalitätspflicht gegenüber den staatlichen In-
stanzen erlischt, sobald diese keinen wirksamen Schutz mehr gewähren können – etwa beim Ausbruch eines Bürgerkrieges.[80]

Rousseau grenzt sich von der Argumentation Hobbes' dadurch
ab, dass er das Recht auf Eigentum ins Zentrum der Legitimationsbasis staatlicher Autoritäten rückt (D 191, 201/203, 251).[81] Rousseau
knüpft hiermit an die Eigentums- und Staatstheorie Lockes an,[82] modifiziert sie jedoch in einer entscheidenden Hinsicht: Während es
nach Locke bereits auf der prähistorischen Stufe der Jäger und
Sammler ein ›natürliches Recht‹ auf Eigentum gibt,[83] betrachtet
Rousseau das Eigentumsrecht als Resultat der »Bebauung des Grund
und Bodens« (D 201, s. u. S. 176, 180 f.).

In dieser Umakzentuierung der Position Lockes schlägt sich
Rousseaus Kritik am traditionellen Begriff des Naturrechts (droit na-
turel) nieder (D 49 ff.), an dem Locke festhält. Nach Rousseau haben
die antiken wie auch die neuzeitlichen Naturrechts-Theoretiker Fak-
tisches und Normatives miteinander vermischt. Die »römischen
Rechtsgelehrten« unterwerfen »die Menschen und alle anderen Tiere
unterschiedslos demselben natürlichen Gesetz (loi naturelle)«; Rousseau wirft ihnen vor, hiermit die Differenz von Tatsachen und Normen einzuebnen (D 51/53). Die »Modernen« schränken den Begriff

---

[78] Ebd. S. 110, 131 ff.

[79] Ebd. S. 99, 102, 134.

[80] Ebd. S. 171.

[81] In Rousseaus *Enzyklopädie*-Artikel »Politische Ökonomie«, der im selben Jahr wie
der *Diskurs über die Ungleichheit* erschienen ist (1755), heißt es kurz und bündig, »dass
die Grundlage des Gesellschaftsvertrages das Eigentum ist« (Rousseau: *Politische Ökonomie*. Frz.-dt. Hrsg. und übers. von H.-P. Schneider und B. Schneider-Pachaly. Frankfurt a. M. 1977. S. 91).

[82] Vgl. Locke: *Über den wahren Ursprung, die Reichweite und den Zweck der staatlichen Regierung* (1690), § 124: »Das große und hauptsächliche Ziel, weshalb Menschen
sich zu einem Staatswesen zusammenschließen und sich unter eine Regierung stellen,
ist [...] die Erhaltung ihres Eigentums.« (In: Ders.: *Zwei Abhandlungen über die Regierung*. Hrsg. von W. Euchner. Frankfurt a. M. 1977. S. 278)

[83] Locke: *Über den wahren Ursprung, die Reichweite und den Zweck der staatlichen
Regierung*, § 26, S. 216.

des »natürlichen Gesetzes« auf den Menschen als das einzig ver-
nunftbegabte Lebewesen ein (D 53), lassen jedoch – indem sie ihm
bereits im Naturzustand ›natürliche‹ Pflichten und Rechte beilegen –
außer Betracht, dass er erst auf fortgeschritteneren Entwicklungsstufen ein normatives Bewusstsein entwickeln konnte (D 55). An die
Stelle des traditionellen Begriffs des »Naturrechts« treten im *Diskurs
über die Ungleichheit* zwei »Prinzipien«, denen zwar aus der Warte
fortgeschrittener Entwicklungsstufen eine ethische Relevanz zuzuerkennen ist, die jedoch auf der »quid facti«-Ebene angesiedelt sind, da
sie zur biologischen Ausstattung des Menschen gehören: Das erste
besteht im natürlichen Interesse jedes Einzelnen an seiner Selbsterhaltung und seinem »Wohlbefinden« (Amour de soi), das zweite
in einem »natürlichen Widerwillen«, »irgendein empfindendes Wesen, und hauptsächlich unsere Mitmenschen, umkommen oder leiden zu sehen« (D 57). Dass Rousseau ein solches ›instinktives Mit-
gefühl‹ (Pitié, D 140) als empirisches Faktum betrachtet, macht sein
Hinweis auf Beobachtungen deutlich, die dessen Existenz auch bei
Tieren belegen.[84] Rousseau knüpft mit der Formulierung dieser
beiden »Prinzipien« methodisch an Hobbes an, setzt sich aber in inhaltlicher Hinsicht von ihm ab. Er erkennt an, dass Hobbes den »Fehler« der modernen Naturrechts-Theoretiker: den Naturzustand normativ zu überfrachten, vermeidet – indem er das faktische Streben
des Menschen nach Selbsterhaltung zum normativen Ausgangspunkt seiner Staatstheorie macht –; Hobbes verkennt jedoch nach
Rousseau insofern die Natur des Menschen, als er Phänomene, die
erst auf fortgeschritteneren Stufen der sozialen Evolution auftreten
(wie die »Ruhmsucht«[85]), als anthropologische Konstanten auffasst
(D 137 ff.).

Die Zugehörigkeit der beiden »Prinzipien«, die im *Diskurs über
die Ungleichheit* den traditionellen Begriff des Naturrechts vertreten, zur »quid facti«-Ebene wird dadurch bekräftigt, dass Rousseau
in seiner Schilderung des Naturzustands Situationen anspricht, in
denen die Stärkeren den Schwächeren Nahrungsmittel entrissen
(D 165), ohne eine solche Missachtung der »Pitié« als Normverletzung zu werten: Die Urmenschen hatten – so Rousseau – »weder
Laster noch Tugenden« (D 135). Wäre das von Rousseau postulierte

---

[84] Rousseau führt exemplarisch den »Widerwillen der Pferde« an, »einen lebenden Körper mit Füßen zu treten« (D 143).
[85] Vgl. *Leviathan*, S. 95.

»Prinzip« der »Pitié« als normative Forderung nach ›teilnahmsvollem‹ Umgang mit anderen Wesen zu verstehen, geriete er durch seine Feststellung, dass im Naturzustand das »Recht des Stärkeren« gilt (D 210, vgl. D 164), in einen Selbstwiderspruch. Rousseau vermeidet ihn, indem er die beiden widerstreitenden »Prinzipien« gleichermaßen auf der »quid facti«-Ebene verortet: Wenn das eigene Überleben bedroht ist, tritt die instinktive »Pitié« faktisch hinter den Wunsch nach Selbsterhaltung zurück; die Rede vom »Recht des Stärkeren« besagt im *Diskurs über die Ungleichheit* lediglich, dass sich vor der Einrichtung des staatlichen Gewaltmonopols der physisch Überlegene beim Kampf um knappe Ressourcen in der Regel durchsetzt (vgl. D 164 f.). Im *Contrat social* verwirft Rousseau ausdrücklich die Deutung des »Rechts des Stärkeren« als eines normativen Prinzips – mit dem Argument, dass eine solche Lesart völlig nichtssagend ist.[86] Sie suggeriert, dass man durch die Unterwerfung anderer Personen einen Rechtsanspruch auf deren Gehorsam erwirbt. Es ist jedoch denkbar, dass sich die Kräfteverhältnisse im Laufe der Zeit umkehren: Wer von einem anderen beherrscht wird und die normative Lesart des »Rechts des Stärkeren« akzeptiert, muss sich somit beständig die Frage vorlegen, ob er immer noch zum Gehorsam verpflichtet oder aber inzwischen selber der Stärkere ist. Um dies in Erfahrung zu bringen, muss er sich auf einen Kampf einlassen. Im Fall einer Niederlage ist er aufgrund der physischen Überlegenheit seines ›Herrn‹ gezwungen, ihm weiterhin zu gehorchen, so dass die normative Auskunft, er *solle* ihm auch in Zukunft untertan sein, überflüssig ist; im Falle eines Sieges büßt der bisherige Herr seine Macht ein, womit die normative Aussage, er habe seinen Rechtsanspruch auf Gehorsam verwirkt, wiederum »bedeutungslos« ist.[87]

Rousseau nimmt in seine Rekonstruktion des Ursprungs normativer Verpflichtungen im *Diskurs über die Ungleichheit* das »Axiom des weisen Locke« auf, es könne »kein Unrecht geben, wo es kein Eigentum gibt« (D 191).[88] Nach Masters und Meier hat das Lob, das Rousseau Locke zollt, einen ironischen Beiklang, wobei Meier aber einen sachlichen Kern nicht in Abrede stellt.[89] Dass ein kriti-

---

[86] *Du Contrat social*, Buch I, Kap. 3. OC III 354 f., *Vom Gesellschaftsvertrag*, S. 9 f.
[87] Ebd.
[88] Vgl. Locke: *An Essay concerning Human Understanding*, IV. Buch, III. Kap., §18, S. 549.
[89] Masters: *The Political Philosophy of Rousseau*, S. 199, Anm. 176; Meier: Stellenkommentar zu D 191, Anm. 238.

scher Unterton in der Tat im Spiel ist, zeigen die Anfangssätze des »Zweiten Teils« des *Diskurses*, worin der Ackerbau, den Rousseau (anders als Locke) als Ursprung des Eigentums betrachtet, als gesellschaftliche ›Ursünde‹ beschrieben wird, da er die Etablierung der Tauschwirtschaft nach sich gezogen hat, deren Eigendynamik gemäß Rousseaus Geschichtsanalyse soziale Klassenkonflikte, politische Unterdrückung und den rücksichtslosen »Amour propre« generiert hat:

»Der erste, der ein Stück Land eingezäunt hatte und es sich einfallen ließ zu sagen: *dies ist mein* und der Leute fand, die einfältig genug waren, ihm zu glauben, war der wahre Gründer der bürgerlichen Gesellschaft. Wie viele Verbrechen, Kriege, Morde, wie viel Not und Elend und wie viele Schrecken hätte derjenige dem Menschengeschlecht erspart, der die Pfähle herausgerissen oder den Graben zugeschüttet und seinen Mitmenschen zugerufen hätte: ›Hütet euch, auf diesen Betrüger zu hören; ihr seid verloren, wenn ihr vergesst, dass die Früchte allen gehören und die Erde niemandem.‹« (*D* 173)

Rousseau fügt allerdings hinzu, »mit großer Wahrscheinlichkeit« seien »die Dinge damals bereits bei dem Punkt angelangt, an dem sie nicht mehr bleiben konnten, wie sie waren« (ebd.). Er gibt hiermit zu verstehen, dass sich die wachsende Weltbevölkerung nicht länger von der Jagd und dem Sammeln von Früchten, Wurzeln usw. ernähren konnte (vgl. *D* 175). Die in der zitierten Passage von einem fiktiven Zeitgenossen aufgestellte Behauptung, die Inbesitznahme von Land für den Ackerbau sei als Betrug zu werten, wird von Rousseau durch die Feststellung relativiert, der Ackerbau sei nicht bloß der faktische Ursprung der »Vorstellung des Eigentums«, er begründe auch einen Rechtsanspruch auf Privatbesitz:[90]

»Allein die Arbeit, die dem Bauern ein Recht auf das Produkt des Feldes gibt, das er bestellt hat, gibt ihm [...] ein Recht auf den Boden, zumindest bis zur Ernte, und so von Jahr zu Jahr – was, da es einen ununterbrochenen Besitz schafft, sich leicht in Eigentum verwandelt.« (*D* 203)

Mit dieser Rekonstruktion des »Recht[s] des ersten Besitznehmers« (*D* 211) schließt sich Rousseau Lockes Fundierung der Institution des Privatbesitzes in einem Rechtsanspruch auf den Ertrag der

---

[90] Unter »Privatbesitz« soll hierbei nicht nur das Eigentum von Individuen, sondern auch von sozialen Kleingruppen (Familien bzw. Clans) verstanden werden.

eigenen Arbeit an[91] – mit der Einschränkung, dass er es als verfehlt ansieht, dieses normative Prinzip – mit Locke – bereits auf die Stufe der Jäger und Sammler zu applizieren,[92] da die Urmenschen (nach Rousseau) noch kein Bewusstsein für Recht und Unrecht ausbilden konnten.[93] Locke legitimiert den Rechtsanspruch auf den Ertrag der eigenen Arbeit auf doppelte Weise. Die erste Begründungsfigur setzt dabei an, dass »jeder Mensch ein Eigentum an seiner eigenen Person« habe; Locke verknüpft dies mit der Annahme, dass sich der eigene Körper bei der Arbeit mit ihrem Objekt »vermischt« – insofern sie dieses »dem Zustand entrückt, den die Natur vorgesehen hat« –; hieraus folgert er, dass der natürliche Rechtsanspruch auf körperliche Unversehrtheit durch die Arbeit auf ihr Objekt übertragen werde.[94] Locke betrachtet hierbei die Arbeit als »eine reale, aus dem Menschen fließende, von ihm abtrennbare Substanz«.[95] Die zweite Begründungsfigur geht von einem Gerechtigkeitsprinzip aus: Wer einem anderen den Ertrag seiner Arbeit entwenden will, trachtet »nach dem Nutzen« seiner »Mühen«: Um selber ohne Energieaufwand konsumieren zu können, schmälert er den Gewinn, den andere aus ihrer Arbeitsleistung ziehen. Diese Begründungsfigur erweist sich in Hinblick auf die von Locke postulierte Schranke des legitimen Eigentums in der Frühphase der Menschheitsgeschichte als die überlegene.[96] Locke erklärt es zu einem Unrecht, durch seine Arbeit einen solchen Vorrat an Lebensmitteln anzuhäufen, dass die eigenen Überschüsse verderben, während andere Mangel leiden.[97] Diese Eigentumsschranke ist nach Locke allerdings durch die Etablierung eines

---

[91] Locke: *Über den wahren Ursprung, die Reichweite und den Zweck der staatlichen Regierung*, §§ 26 ff., S. 216 ff.

[92] Locke wertet auch das Pflücken oder Aufsammeln von Früchten, Wurzeln etc. und das Erlegen von Tieren im Naturzustand als eine Arbeitsleistung, die einen Rechtsanspruch auf ihren Ertrag begründe (ebd. § 26, S. 216).

[93] Dass Locke naturrechtliche Normen schon in Bezug auf die primitivsten Entwicklungsstufen der Menschheit geltend macht, verrät den theologischen Hintergrund seines Rechtsbegriffs: ›Sub specie aeternitatis‹ kann eine Handlungsweise auch dann als Verletzung der Schöpfungsordnung gewertet werden, wenn der Betreffende noch kein Unrechtsbewusstsein entwickelt hat. Vgl. Walter Euchner: *Naturrecht und Politik bei John Locke*. Frankfurt a. M. 1969. S. 64, 80 f.

[94] Locke: *Über den wahren Ursprung, die Reichweite und den Zweck der staatlichen Regierung*, § 27, S. 216 f.

[95] Euchner: *Naturrecht und Politik bei John Locke*, S. 82.

[96] Vgl. Locke: *Über den wahren Ursprung, die Reichweite und den Zweck der staatlichen Regierung*, § 37, S. 222 f.

[97] Ebd.

Marktes hinfällig geworden, da seither die Möglichkeit besteht, Überschüsse an Lebensmitteln gegen andere Konsumgüter einzutauschen.[98] Fundiert man das Recht auf den Ertrag der eigenen Arbeit – im Sinne der zweiten Begründungsfigur – in einem Gerechtigkeitsprinzip, ergibt sich die von Locke postulierte Eigentumsschranke als direkte Konsequenz: Wer durch seine Überaktivität andere ihrer Konsummöglichkeiten beraubt und seine eigenen Überschüsse verkommen lässt, beeinträchtigt die Selbsterhaltung seiner Mitmenschen ebenso willkürlich wie derjenige, der andere Personen durch gewaltsame Eingriffe daran hindert, von ihrer Arbeit zu profitieren. Im Rahmen der ersten Begründungsfigur kann die Eigentumsschranke dagegen nur mittels eines zusätzlichen Prinzips abgeleitet werden: der Forderung, keine übergroße Menge an Naturgegenständen mit der eigenen Arbeit zu ›vermischen‹.[99] Diese Forderung bringt wiederum ein Gerechtigkeitsprinzip in Ansatz: indem sie verlangt, das Recht auf Selbsterhaltung, welches man für sich selber in Anspruch nimmt, auch anderen zuzugestehen. Beide Begründungsstrategien machen somit vom Postulat einer basalen Gleichberechtigung aller Menschen im Sinne eines »axiomatisch Satz[es]«[100] Gebrauch, wobei die erste Begründungsfigur dieses Gerechtigkeitsprinzip – mit dem die zweite auskommt – mit der geradezu ›magisch‹ anmutenden Annahme einer ›Vermischung‹ der eigenen Person mit dem bearbeiteten Gegenstand verknüpft. Innerhalb der ersten Begründungsfigur ergibt sich nicht bloß das Problem, wie diese Annahme begründet werden kann, sondern auch die Schwierigkeit, hierbei plausibel zu machen, inwiefern sie dem Gerechtigkeitsprinzip unterzuordnen ist – was nach Locke insofern der Fall ist, als er es in seinen Ausführungen zur ursprünglichen Eigentumsschranke als legitim hinstellt, sich Nahrungsmittel anzueignen, die ein anderer geerntet – also mit seiner Arbeit ›vermischt‹ – hat, jedoch nicht selber nutzt.[101] Beide Probleme bleiben bei Locke ungelöst.

Rousseau greift Lockes erste Begründungsfigur im *Émile* auf; im *Diskurs über die Ungleichheit* argumentiert er demgegenüber allein auf der Basis des Gerechtigkeitsbegriffs. Er plädiert im *Émile*

---

[98] Ebd. §46, S. 228f.

[99] Vgl. ebd. §27, S. 217.

[100] Vgl. C. B. Macpherson: *Die politische Theorie des Besitzindividualismus. Von Hobbes bis Locke*. Frankfurt a. M. 1973. S. 224.

[101] *Über den wahren Ursprung, die Reichweite und den Zweck der staatlichen Regierung*, §38, S. 224.

dafür, den gattungsgeschichtlichen Ursprung des »Recht[s] der ersten Besitznahme durch die Arbeit« pädagogisch nachzukonstruieren, um Kindern den »Begriff des Eigentums« auf »natürliche Weise« vermitteln zu können.[102] Émile wird von seinem Erzieher dazu angeleitet, in einem Gartenbeet Bohnen anzupflanzen; dieser erklärt das Beet zu Émiles Besitz und führt ihm dabei – im Sinne der ersten Begründungsfigur Lockes – vor Augen, »dass er seine Zeit, seine Arbeit, seine Mühe, seine Person darangesetzt hat; dass also in diesem Boden etwas von ihm selber enthalten ist, das er gegen jeden behaupten kann«.[103] Als Émile eines Tages entdeckt, dass jemand seine Bohnen herausgerissen hat, ist er »empört«; dies ist in seinem Erziehungsgang die erste Erfahrung von Unrecht.[104] Émile erfährt allerdings, dass das Beet Eigentum des Gärtners ist, der darin Melonenkerne gesät hatte, die Émile unwissentlich beschädigt hat; der Gärtner hat sich hierfür durch das Herausreißen der Bohnen gerächt.[105] Émile erkennt an, dass er sich am Beet des Gärtners vergriffen hat; ihm war nicht in den Sinn gekommen, dass das Beet jemandem anderen gehören könnte, der es schon seit längerem bearbeitet. Émile erfasst mit seinem Eingeständnis erstmals die Reziprozität von Recht und Pflicht und damit ein basales Gerechtigkeitsprinzip: Den Besitzanspruch auf die Früchte der eigenen Arbeit, den er reklamiert, muss er auch anderen zugestehen. Sein Erzieher Jean-Jacques – dessen Namengebung ein Indiz dafür ist, dass seine Auffassungen mit Rousseaus eigenen übereinstimmen – kommentiert diesen Lernprozess mit den Worten, der Eigentumsbegriff, der Émile vermittelt worden ist, sei »klar, deutlich, einfach und jedem Kind fasslich«.[106] Hiermit greift er den Begriff der »perceptio clara et distincta« auf, mittels dessen Descartes seine »regula veritatis« formuliert.[107] Rousseaus Kennzeichnung des Eigentumsbegriffs, den Émile erworben hat, d.h. des »Recht[s]« auf »Besitznahme durch die Arbeit«, als

---

[102] OC IV 332f., *Emil oder Über die Erziehung*. Übers. von L. Schmidts. Paderborn ⁵1981. S. 80. – Rousseau weist darauf hin, dass mit der bloßen Tatsache, dass Erwachsene Kindern bestimmte Gegenstände übereignen, noch nicht verbürgt ist, dass Kinder einen Begriff von Eigentum haben. Er macht dies daran fest, dass sie häufig etwas ›verschenken‹ und anschließend wieder zurückfordern (OC IV 330, *Emil oder Über die Erziehung*, S. 78).
[103] OC IV 331, *Emil oder Über die Erziehung*, S. 78.
[104] OC IV 331, *Emil oder Über die Erziehung*, S. 79.
[105] Ebd.
[106] OC IV 333, *Emil oder Über die Erziehung*, S. 80.
[107] Descartes: *Meditationen* VI 15, S. 126f. – S. o. S. 115.

»klar« und »deutlich« schließt die These ein, dass dieses »Recht« aufgrund seiner intuitiven Evidenz normativ gültig ist. Gemäß dem *Diskurs über die Ungleichheit* ist an einem eindeutig angebbaren Punkt der Evolution der menschlichen Gesellschaft – der Einführung des Ackerbaus – mit dem Eigentumsrecht die erste ethische und zugleich rechtliche Norm entstanden: »Aus der Bebauung des Grund und Bodens folgte notwendigerweise seine Aufteilung, und aus dem Eigentum, war es einmal anerkannt, die ersten Regeln der Gerechtigkeit.« (*D* 203) Rousseau beantwortet somit die Frage, wie historisch situierte Normen den Anspruch auf Allgemeingültigkeit erheben können (s. o. S. 62), mit dem Hinweis auf intuitive Evidenzen – womit er die cartesische »regula veritatis« ins Ethische wendet. Ein solches Evidenzprinzip bringt implizit bereits Locke mit seiner »axiomatischen« Einführung eines basalen Gerechtigkeitsbegriffs in Ansatz.

Wie ist auf diesem Hintergrund der Anfang des »Zweiten Teils« des *Diskurses über die Ungleichheit* zu deuten – wo es Rousseau bedauert, dass niemand die Abmessungen des ersten Ackers unkenntlich gemacht hat, und einen Zeitgenossen des »Gründer[s] der bürgerlichen Gesellschaft« ausrufen lässt: »Hütet euch, auf diesen Betrüger zu hören« (s. o. S. 176)? Wer ein brachliegendes Stück Land einzäunt, kann einen Besitzanspruch auf die Früchte seiner Arbeit erst reklamieren, nachdem er begonnen hat, es zu bestellen; würde er hieran gehindert, könnte er seinen Besitzanspruch in keiner Weise geltend machen. Der Vorwurf des Betruges ist darauf gemünzt, dass es im Naturzustand keinerlei Rechtsgrundlage dafür gab, andere von der Nutzung des fraglichen Stückes Land auszuschließen. Rousseau gibt allerdings dadurch, dass er diesen Vorwurf nicht selber vorbringt, sondern einem Dritten in den Mund legt, zu verstehen, dass die Einzäunung auch nicht als Normverletzung gewertet werden kann; gemäß seiner Geschichtstheorie hatte sich ja vor der Einführung des Ackerbaus die normative Sphäre noch gar nicht ausgebildet.

Das Bewusstsein für »Gerechtigkeit« wurde dadurch geweckt, dass die ›erste Landnahme‹ von den Zeitgenossen nicht zunichte gemacht, sondern nachgeahmt und der Boden aufgeteilt wurde, wobei »jeder etwas haben« konnte (*D* 201). Die Landverteilung war offensichtlich dadurch motiviert, dass der Ackerbau eine Produktivitätssteigerung versprach, die aufgrund des Bevölkerungswachstums dringend notwendig war. Die Aufteilung des Bodens geschah durch »Konvention« (*D* 241). Dieses kausal erklärbare Faktum gewann auf doppelte Weise normative Kraft: Es beförderte die ›intuitive‹ Einsicht, dass es ›ungerecht‹ ist, jemandem die Früchte seiner Arbeit zu rauben – woraus sich allmählich ein normativer Anspruch auf den Boden, den man beständig bearbeitet, entwickelte (D 203); zugleich war die Einführung des Ackerbaus insofern die normative Keimzelle des Staates, als diejenigen, die den Boden in der Weise unter sich aufteilten, dass »jeder etwas haben« konnte, ihre einzelnen »Willen zu einem einzigen vereinigt[en]« (vgl. D 243): Rousseau führt mit dieser Formulierung den Begriff der »volonté générale« ein, der im Mittelpunkt der Staatstheorie seines *Contrat social* steht.[108] Rousseau verknüpft diese beiden normativen Implikationen des Faktums der Landverteilung durch seine These miteinander, »dass die Grundlage des« – staatskonstituierenden – »Gesellschaftsvertrages das Eigentum ist«,[109] wobei er den Begriff des Eigentums im Sinne Lockes nicht nur auf Sachen, sondern auch auf das ›Eigentum an der eigenen Person‹ bezieht: Er erklärt es zur zentralen Aufgabe des Staates, »Besitz, Leben und Freiheit jedes Mitgliedes« zu »sichern«,[110] womit er Lockes Trias der Menschenrechte – »life, liberty, estate« – aufgreift.[111]

Rousseau verwirft allerdings Lockes Auffassung, in der Tauschwirtschaft sei die ursprüngliche Eigentumsschranke hinfällig geworden. Nach Locke haben die Menschen mit der Einführung des Geldes ihre »stillschweigende und freiwillige Zustimmung« zu »einem ungleichen und unproportionierten Bodenbesitz« gegeben.[112] Im *Diskurs über die Ungleichheit* hält demgegenüber ein Mitglied der benachteiligten Schichten den Reichen vor:

»Wisst ihr nicht, dass viele eurer Brüder sterben oder Not leiden an dem, was ihr zuviel habt, und dass ihr einer ausdrücklichen und einmütigen Zustimmung des Menschengeschlechts bedurftet, um

---

[108] Die diffizile, völlig kontrovers interpretierte Ausgestaltung des Begriffs der »volonté générale« im *Contrat social* soll im folgenden außer Betracht bleiben. Sie wird teils der liberal-demokratischen Tradition zugerechnet, teils als eine Wurzel des Totalitarismus gedeutet. Einen Abriss der Forschungspositionen gibt Edmüller: »Rousseaus politische Gerechtigkeitskonzeption«, S. 365 ff.

[109] Rousseau: *Politische Ökonomie*, S. 91.

[110] Ebd. S. 39.

[111] Locke: *Über den wahren Ursprung, die Reichweite und den Zweck der staatlichen Regierung*, §123, S. 278.

[112] Ebd. §50, S. 230.

euch irgend etwas vom gemeinsamen Lebensunterhalt anzueignen, das über euren eigenen hinausging?« (*D* 215)

Dieser Vorwurf, den die Reichen mit ihrer Ankündigung, der zu errichtende Staat werde »die Launen des Glücks wiedergutmachen«, zum Schein beherzigen, wird von Rousseau selber im Schlusssatz des *Diskurses über die Ungleichheit* an den zeitgenössischen Feudalismus gerichtet: Mit seiner These, es sei »wider das Gesetz der Natur, auf welche Weise man es auch definieren mag«, dass »eine Handvoll Leute überfüllt ist mit Überflüssigem, während die ausgehungerte Menge am Notwendigsten Mangel leidet« (*D* 271/273), überträgt er die normative Eigentumsschranke, die Locke in Bezug auf die Anfangsphase der Menschheitsgeschiche postuliert, auf die entwickelte arbeitsteilige Gesellschaft – wobei Rousseau mit der Formulierung, die extreme Ungleichheit des Besitzes in der zeitgenössischen Gesellschaft sei selbst dann als Verstoß gegen das »Gesetz der Natur« zu werten, wenn man dieses in völlig anderer Weise bestimmt, zu verstehen gibt, dass die Oberschicht ihren materiellen Überfluss auch nicht mittels des »Rechts des Stärkeren« legitimieren kann: Ihre Mitglieder sind gerade aufgrund ihrer luxuriösen Lebensweise denjenigen Bauern und Arbeitern, die nicht unter Mangelernährung oder chronischer Überanstrengung zu leiden haben, physisch unterlegen (vgl. *D* 307).

Für Rousseaus Begriff der »vernünftigen Gerechtigkeit« (justice raisonée, *D* 150) ist es somit von zentraler Bedeutung, dass er Lockes These, in der Tauschwirtschaft gebe es keine normative Eigentumsschranke, ablehnt. Er setzt sich allerdings nirgends mit den Argumenten auseinander, mit denen Locke seine Auffassung begründet.[113] Rousseau hält seinen eigenen Standpunkt offensichtlich für ›evident‹. An diesem Diskursabbruch tritt die prinzipielle Unzulänglichkeit seines Versuchs zutage, den Begriff der »vernünftigen Gerechtigkeit«, der seiner Gesellschaftskritik zugrunde liegt, in Intuitionen zu verankern.

---

[113] Ebd. §37, S. 222 f.; vgl. Macpherson: *Die politische Theorie des Besitzindividualismus*, S. 238 ff.

## 4.  Kausalität und Freiheit

*a)  Die ›exoterische‹ und die ›esoterische‹ Lesart von Rousseaus Rekonstruktion des Zivilisationsprozesses*

Rousseaus Rekonstruktion des Übergangs vom Naturzustand zur bürgerlichen Gesellschaft enthält eine Reihe von Aussagen, worin die Genese ihrer ökonomischen Strukturen und deren sozialpsychologische Auswirkungen in einer dezidiert kausalen Perspektive beschrieben wird:[114] (1) Rousseau kommentiert die Einführung des Ackerbaus folgendermaßen: »mit großer Wahrscheinlichkeit waren die Dinge damals bereits an dem Punkt angelangt, an dem sie nicht mehr bleiben *konnten,* wie sie waren« (D 173). (2) »Aus der Bebauung des Grund und Bodens folgte *notwendigerweise* seine Aufteilung« (D 201). (3) »Konkurrenz und Rivalität [...] sind die erste *Wirkung* des Eigentums und das *untrennbare Gefolge* der entstehenden Ungleichheit.« (D 209, s. o. S. 157) (4) »Man bewundere die menschliche Gesellschaft soviel man will, es wird deshalb nicht weniger wahr sein, dass sie die Menschen *notwendigerweise* dazu bringt, einander in dem Maße zu hassen, in dem ihre Interessen sich kreuzen« (D 303).

Rousseau bedient sich in seiner Schilderung der Folgeschäden sozialer »Bevorzugungen« (D 189, s. o. S. 158 f.) einer physikalistischen Sprache, indem er die – hieraus entspringenden – Triebfedern der »Eitelkeit«, des »Neid[es]« usw. als »Gärstoffe« charakterisiert, die unheilvolle »Zusammensetzungen« hervorbrachten (D 189).

Der von den angeführten Passagen vermittelte Eindruck, sozioökonomische und sozialpsychologische Prozesse seien kausal determiniert, wird allerdings in den folgenden Aussagen über die Eskalation sozialer Konflikte im Vorfeld der Staatsgründung und die Genese des »Amour propre« durch Mehrdeutigkeiten des Textbefundes relativiert, die derjenigen der Feststellung ähneln, bei den Adressaten der Rede der Reichen habe es sich um »leicht verführbare Menschen« gehandelt (D 217, s. o. S. 121): (1) »Die Reichen [...] hatten die Lust zu herrschen kaum kennen gelernt, als sie sogleich alle anderen verschmähten; und indem sie sich ihrer alten Sklaven bedienten, um neue zu unterwerfen, dachten sie nur daran, ihre Nachbarn zu unterjochen und zu knechten – jenen ausgehungerten Wölfen

---

[114]  Die Hervorhebungen in den folgenden Zitaten finden sich nicht im Originaltext.

gleich, die, haben sie einmal Menschenfleisch geschmeckt, jede andere Nahrung ausschlagen und nur noch Menschenfleisch verschlingen wollen.« (D 211) Der Vergleich eines expansiven Machtstrebens mit der Gier ausgehungerter Wölfe kann einerseits als moralische Kritik gelesen werden, andererseits als Diagnose eines psychopathologischen Phänomens: dass Macht ein Suchtpotential in sich birgt, welches einen zu immer stärkeren ›Dosen‹ greifen lässt. (2) »Die Usurpationen der Reichen, die Räubereien der Armen, die zügellosen Leidenschaften aller erstickten das natürliche Mitleid und die noch schwache Stimme der Gerechtigkeit und machten so die Menschen geizig, ehrsüchtig und böse.« (D 211) Indem Rousseau auf der einen Seite konstatiert, die Menschen seien im Verlauf der geschilderten Entwicklung »geizig, ehrsüchtig und böse« geworden, auf der anderen Seite schon im Anfangszustand »Leidenschaften« mit destruktivem Potential ausmacht, gibt er zu verstehen, dass sich diese Neigungen sukzessive zu beherrschenden Charaktereigenschaften verfestigt haben. Dieser Prozess kann auf doppelte Weise gedeutet werden: Man kann ihn auf einen mangelnden Widerstand der Individuen gegenüber korrumpierenden Triebkräften zurückführen und damit den Aspekt moralischer Verantwortlichkeit bzw. Schuld in den Vordergrund rücken oder aber in den Konkurrenz- und Konfliktstrukturen der »bürgerlichen Gesellschaft«, aus denen die Kluft zwischen Arm und Reich entspringt, den Stachel sehen, der den natürlichen Wunsch nach Befriedigung vitaler Bedürfnisse und nach sozialer Anerkennung in die Extremformen des »zügellosen« Besitzstrebens und des »verzehrende[n] Ehrgeiz[es]« (D 209) transformiert, womit der Aspekt der sozialen Prägung unserer »Leidenschaften« betont wird. (3) »Die Eigenliebe (Amour propre) ist nur ein relatives, künstliches und in der Gesellschaft entstandenes Gefühl, das jedes Individuum dazu veranlasst, sich selbst höher zu schätzen als jeden anderen, das den Menschen all die Übel eingibt, die sie sich wechselseitig antun« (D 368 f.). Die passivische Formulierung, der »Amour propre« – der zur Ursache des Leides, das sich Menschen zufügen, erklärt wird – sei ein »in der Gesellschaft entstandenes Gefühl«, legt die Auffassung nahe, die Selbstsucht werde durch soziale Umstände erzeugt; diese Sichtweise muss jedoch in Hinblick darauf eingeschränkt werden, dass Rousseau den Egoismus moralisch brandmarkt.[115]

---

[115] »Es gibt vielleicht keinen wohlhabenden Menschen, dem nicht habgierige Erben, und oft seine eigenen Kinder, insgeheim den Tod wünschen; [...] kein Haus, das nicht

Für Rousseaus Zielsetzung, die Freiheitsunterstellung, die der ethisch-kritischen Teilnehmerperspektive des *Diskurses über die Ungleichheit* zugrunde liegt, zu rechtfertigen und mit dessen kausaler Beobachterperspektive in Einklang zu bringen, ist es von zentraler Bedeutung, dass er eine doppelte Lesart der angeführten Mehrdeutigkeiten – eine ›exoterische‹ und eine ›esoterische‹ – offeriert. Ihren gemeinsamen Ausgangspunkt bildet eine rhetorische Frage, die das Diktum: »Die Menschen sind böse; eine traurige und fortdauernde Erfahrung erübrigt den Beweis« (D 301) kommentiert: »was […] kann ihn [= den Menschen] so sehr depraviert haben, wenn nicht die Veränderungen, die in seiner Verfassung eingetreten sind, die Fortschritte, die er gemacht hat, und die Kenntnisse, die er erworben hat?« (D 303) Aus dem frz. Originaltext[116] geht hervor, dass Rousseau die Veränderungen, die zum Bösen geführt haben, als »anthropologisch kontingent« kennzeichnet.[117] Die These von ihrer ›Kontingenz‹ kann in einem ›exoterischen‹ und einem ›esoterischen‹ Sinne gelesen werden.

Die ›exoterische‹ Deutung ergibt sich daraus, dass dem Diktum: »Die Menschen sind böse; eine traurige und fortdauernde Erfahrung erübrigt den Beweis« der Satz folgt: »jedoch, der Mensch ist von Natur aus gut« (D 301). Dieser Satz suggeriert, dass die Selbstsucht und Missgunst des zivilisierten Menschen von außen über ihn gekommen ist – ihm gleichsam durch die Macht der Umstände aufoktroyiert wurde – und ihn seinem wahren, nämlich guten, ›Wesen‹ entfremdet hat. Die »Veränderungen, die in seiner Verfassung eingetreten sind«, sind demzufolge als ›akzidentell‹ – und in diesem Sinne als ›kontingent‹ – anzusehen. Die ›exoterische‹ Lesart löst die Doppeldeutigkeit in Rousseaus Darstellung des Zivilisationsprozesses durch die Unterscheidung zweier Ebenen auf: der durch ›akzidentelle‹ Einwirkungen hervorgerufenen ›Erscheinung‹, welche suggeriert, die Menschen seien verderbt, und eines von diesen solchen Einwirkungen unberührten ›ursprünglichen Wesens‹ des Menschen. Dieses tritt – gemäß der ›exoterischen‹ Lesart – durch die entschiedene Ab-

---

ein unehrlicher Schuldner mit allen Papieren, die es enthält, wollte brennen sehen; kein Volk, das sich nicht am Desaster seiner Nachbarn freute.« (D 303)

[116] »qu'est-ce donc qui peut l'avoir dépravé à ce point sinon les changement *survenus* dans sa constitution …« (D 300/302; Hervorh. von mir).

[117] Broecken: *»Homme« und »Citoyen«*, S. 323 f., Anm. 353. – Broecken belegt dies mit dem Hinweis auf die Wortbedeutung von »survenir«: »arriver inopinément ou accidentellement« (ebd.).

kehr von entfremdenden äußeren Einflüssen und die Hinwendung zu unserer »natürlichen Güte« (bonté naturelle, *D* 150), d.h. durch die freie Entscheidung zum Guten, ans Licht.

Der Eindruck, der *Diskurs über die Ungleichheit* rekurriere auf die Unterscheidung von ›innerem Wesen‹ und ›äußerer Erscheinung‹, wird – allerdings nur bei oberflächlicher Lektüre – dadurch verstärkt, dass Rousseau die platonische Glaukos-Metapher, die auf diese Unterscheidung Bezug nimmt, aufgreift (s. o. S. 144). Wer sich auf die Argumentation des *Diskurses* ernsthaft einlässt, wird aber gerade durch diesen Bezug zu Platon für die Fragwürdigkeit einer solchen Auffassung sensibilisiert: Die Annahme eines ›ursprünglichen, inneren Wesens‹ des Menschen, das von äußeren Einflüssen unberührt bleibe, wird durch Rousseaus Rekonstruktion der Genese des spezifisch menschlichen Bewusstseins widerlegt: Dieses entwickelt sich aufgrund sozial tradierter Lernprozesse bei der Sicherung unseres Lebensunterhalts; es wird somit durch unser Umweltverhältnis allererst konstituiert. Rousseaus Definition der »perfectibilité« als der »Fähigkeit, die, *mit Hilfe der Umstände*, sukzessive alle anderen entwickelt« (*D* 102, Hervorh. von mir), ist mit der Annahme eines von äußeren Einflüssen abgrenzbaren ›ursprünglichen Wesenskerns‹ des Menschen unvereinbar.

In analoger Weise muss der Anschein, den das plakative Urteil: »Die Menschen sind böse; […] jedoch, der Mensch ist von Natur aus gut« erweckt: Rousseau betrachte die Moralität als eine ›ursprüngliche Wesensbestimmung‹ des Menschen, korrigiert werden. Der sachliche Gehalt der Rede von der »bonté naturelle« im *Diskurs über die Ungleichheit* erschöpft sich darin, dass die Urmenschen von ihren Grundinstinkten des »Amour de soi« und der »Pitié« geleitet werden: Sie sind »präzise deshalb nicht böse […], weil sie nicht wissen, was gut sein ist« (*D* 141); sie stehen also noch außerhalb ethischer Kategorien.

Das rhetorische Pathos, mit dem Rousseau die ›Bosheit‹ der Menschen brandmarkt und zugleich ihre ›natürliche Güte‹ beschwört, lenkt den »gewöhnlichen Leser« nicht nur von seiner Feststellung ab, dass die Menschen ursprünglich »weder Laster noch Tugenden« hatten (*D* 135), es verdeckt auch die Tatsache, dass Rousseau unsere Freiheit und Verantwortlichkeit keineswegs für ›evident‹ hält, sondern problematisiert. Auf diese Verschleierungstaktik passt seine Bemerkung in der *Préface d'une seconde lettre à Bordes*, er zeige dem Publikum nur die »Zweige« seiner Argumentation, während der

»Stamm« von den ›kundigen‹ Lesern selber aufgespürt werden müsse (s. o. S. 140).

Die ›esoterische‹ Lesart seiner Aussage, der Mensch sei durch die »Veränderungen, die in seiner Verfassung eingetreten sind«, »depraviert« worden, berührt sich darin mit der ›exoterischen‹, dass auch sie den Anstoß für die Herausbildung des »Amour propre« in äußeren ›Umständen‹ sieht: den Konkurrenz- und Konfliktstrukturen, die sich aus der Arbeitsteilung und der Tauschwirtschaft zwangsläufig ergeben. Die ›esoterische‹ Lesart reduziert das plakative Diktum, »die Menschen« seien »böse«, »der Mensch« dagegen »von Natur aus gut«, auf die Feststellung, dass uns kein ›Aggressionstrieb‹ angeboren ist – wie Hobbes annimmt –, der »Amour propre« vielmehr durch die systemischen Rückkopplungseffekte im Wechselverhältnis sozioökonomischer und seelischer Strukturen hervorgerufen wird: Das aus der Tauschwirtschaft entspringende Konfliktpotential befördert den Wunsch, zu den Gewinnern des Kampfes um Wohlstand und Einfluss zu gehören; da der materielle Erfolg in der »bürgerlichen Gesellschaft« zu einem zentralen Kriterium sozialer Präferenzen wird, stachelt das Bedürfnis nach gesellschaftlicher Anerkennung die sozioökonomischen Konfliktstrukturen weiter an, woraus eine Eigendynamik resultiert, die in einen ›Krieg aller gegen alle‹ einzumünden droht (s. o. Abschnitt 3 a). Rousseau kennzeichnet diese Entwicklung im ›esoterischen‹ Sinne als ›kontingent‹, indem er mit seiner fiktiven Schilderung der Staatsgründung eine Weggabelung beschreibt: Faktisch ist die Gefahr des Zerfalls der Gesellschaft in einem ›Krieg aller gegen alle‹ durch eine repressive Staatsgewalt abgewendet worden, die das Wohlstands- und Machtgefälle der »bürgerlichen Gesellschaft« zementiert – wobei aus der Tatsache, dass niemand die konsequente Durchsetzung seiner Partikularinteressen öffentlich zu seinem Lebensziel erklären darf, folgt, dass die realen Herrschaftsverhältnisse ideologisch verschleiert werden müssen; das Bild der Gesellschaft als einer Wertegemeinschaft, den die Reichen in ihrer staatskonstituierenden Rede ›notgedrungen‹ entwerfen, führt den Lesern zugleich die Möglichkeit vor Augen, dass die fatale Eigendynamik der »bürgerlichen Gesellschaft« durchbrochen wird, indem die Individuen den »Amour propre« in sich selber bekämpfen und die Solidaritätsprinzipien, zu denen sie sich in ihren Selbstbeschreibungen bekennen müssen, tatsächlich umsetzen. Da Rousseau hiermit der faktisch realisierten ›Strategie‹ zur Abwendung (bzw. Beendigung) des ›Krieges aller gegen alle‹ einen denkbaren

Ausweg aus den die historischen Staatsformen prägenden Konflikt- und Machtstrukturen der »bürgerlichen Gesellschaft« gegenüber-stellt, lässt sich das ›esoterische‹ Verständnis der ›Kontingenz‹ des Zivilisationsprozesses Luhmanns Begriff der »Kontingenzkausalität« zuordnen (s. o. S. 49 f., 123 f.).

Während für die ›exoterische‹ Deutung die Freiheit unseres Willens außer Frage steht, muss die ›esoterische‹ den Widerspruch berücksichtigen, der in Rousseaus Ausführungen zum Freiheits-begriff zwischen seinem ›Bekenntnis‹ zur Metaphysik und der Rede von der »menschlichen Maschine« auftritt (s. o. S. 131 f.). Die in Kap. II 2 formulierte Interpretationsthese, dass Rousseau die ethische Freiheitsunterstellung im *Diskurs über die Ungleichheit* in ähnlicher Weise wie Kierkegaard in *Entweder/Oder* mittels einer selbstreflexi-ven Textstruktur rechtfertigt und hierbei eine ›kompatibilistische‹ Position bezieht (s. o. S. 125 ff.), kann im Rekurs auf das »Glaubens-bekenntnis des savoyischen Vikars« im *Émile* erhärtet werden, wobei es von entscheidender Bedeutung ist, dass die Aussagen des Vikars zur Freiheit sowohl für sich betrachtet als auch in ihrem Verhältnis zum *Diskurs über die Ungleichheit* »schlecht verbunden« (*OC* III 106) erscheinen (s. u. S. 162 f.).

*b) Rousseaus Rechtfertigung der ethischen Freiheitsunterstellung*

Der savoyische Vikar postuliert einen fundamentalen Zwiespalt in der menschlichen Natur:

»Als ich […] über die Natur des Menschen nachdachte, glaubte ich zwei deutlich verschiedene Prinzipien entdeckt zu haben. Das eine erhob ihn zur Erforschung der ewigen Wahrheiten, zur Liebe der Ge-rechtigkeit und des moralisch Schönen in die Regionen der intellek-tuellen Welt, deren Betrachtung das Entzücken der Weisen ausmacht; das andere zog ihn zu sich herab, unterwarf ihn der Herrschaft der Sinne, den Leidenschaften, die ihre Diener sind, und trat so in Gegen-satz zu allem, was ihm das Gefühl des ersten einflößte. […] ich bin aktiv, wenn ich auf die Vernunft höre, passiv, wenn mich meine Lei-denschaften fortreißen; und wenn ich ihnen unterlegen bin, ist das Gefühl, dass ich widerstehen hätte können, meine größte Qual.«[118]

Der platonische Duktus dieser schroffen Entgegensetzung von

---

[118] *OC* IV 583, *Emil oder über die Erziehung*, S. 290 f.

Vernunft und Sinnlichkeit, der in der Rede von der »Betrachtung« der »Regionen der intellektuellen Welt« zum Ausdruck kommt, wird dadurch unterstrichen, dass der Vikar einen natürlichen »Hang«, sich selbst allen anderen »vorzuziehen«, als den Gegenpol zur Gerechtigkeit bezeichnet:[119] Platon charakterisiert den Ungerechten dahingehend, dass er seinen Mitmenschen etwas »voraushaben« will (*Politeia* 349 c).

Das Freiheitsverständnis des savoyischen Vikars ist von diesem Dualismus geprägt: »Ich bin Sklave durch meine Laster, aber frei durch mein Gewissen.«[120] Der Vikar betont zwar, dass auch derjenige, der sich von seinen »Leidenschaften« leiten lässt, für sein Handeln verantwortlich bleibt (s. o.), er betrachtet eine solche Verhaltensweise jedoch nicht als eine Form der Selbstbestimmung, sondern als eine Unterwerfung unter das »Gesetz des Körpers«.[121] Er sieht allerdings ein vernunftorientiertes Handeln ebenso wenig als Resultat einer eigenständigen Entscheidung an; er erklärt es statt dessen zur unmittelbaren Konsequenz der ›richtigen Einsicht‹:

»Wenn man mich nach der Ursache fragt, die meinen Willen bestimmt, so frage ich nach der Ursache, die mein Urteil bestimmt. […] Urteilt er [= der Mensch] falsch, so wählt er falsch. Welches ist also die Ursache, die seinen Willen bestimmt? Es ist seine Urteilskraft.«[122]

Im Freiheitsverständnis des Vikars droht sich damit das – unverzichtbare – Moment der selbständigen Entscheidung aufzulösen.

Auf dem Hintergrund des *Diskurses über die Ungleichheit* erweist sich auch seine Abwehrhaltung gegenüber dem naturwissenschaftlichen Determinismus als philosophisch unzulänglich. Er nennt die Überzeugung von der Freiheit unseres Willens einen »Glaubensartikel« und hält den »Materialisten« vor, sie seien für die »innere Stimme« taub, »die ihnen mit einem Ton, der schwer misszuverstehen ist, zuruft: eine Maschine denkt nicht.«[123] Der Vikar wertet somit unser Denkvermögen als Beleg dafür, dass wir keine »Maschine[n]«, d. h. frei, sind. Im *Diskurs über die Ungleichheit* wird diese – an Descartes orientierte – Auffassung in Frage gestellt: indem das

---

[119] *OC* IV 584, *Emil oder über die Erziehung*, S. 291.
[120] *OC* IV 586, *Emil oder über die Erziehung*, S. 292.
[121] Ebd.
[122] *OC* IV 586, *Emil oder über die Erziehung*, S. 293.
[123] *OC* IV 585 ff., *Emil oder über die Erziehung*, S. 292 f.

materialistische Schlagwort von der »menschlichen Maschine« aufgegriffen und die Analyse unseres Verstandes zum Thema der »Physik« erklärt wird (D 99 ff.). Ein offener Widerspruch zwischen dem »Glaubensbekenntnis des savoyischen Vikars« und dem *Diskurs über die Ungleichheit* ergibt sich dadurch, dass die platonische Hierarchie von Vernunft und Sinnlichkeit im *Diskurs* verworfen wird: »Was immer die Moralisten darüber sagen mögen, der menschliche Verstand (entendement) verdankt den Leidenschaften viel« (D 107) – da das vitale Bedürfnis nach Sicherung unseres Lebensunterhalts die Lernprozesse vorangetrieben hat, aus denen das spezifisch menschliche Bewusstsein hervorgegangen ist. Die Rekonstruktion des gattungsgeschichtlichen Ursprungs der »Regeln der Gerechtigkeit« (D 203) im *Diskurs über die Ungleichheit* entkräftet die Annahme des Vikars, uns sei ein »Gefühl für Gerechtigkeit eingeboren«.[124]

Rousseaus Bemerkung in der *Préface d'une seconde lettre à Bordes*, den Inkohärenzen, die in seinen Schriften auftreten, seien Hinweise auf deren Bauprinzip zu entnehmen (OC III 106), lässt erwarten, dass gerade die argumentativen Brüche zwischen dem *Diskurs über die Ungleichheit* und dem »Glaubensbekenntnis des savoyischen Vikars« in Hinblick auf die Problemstellung beider Texte aufschlussreich sind. Von besonderer Bedeutung ist hierbei die Aussage des Vikars, noch nie sei »durch das Gerede der Metaphysik eine einzige Wahrheit entdeckt worden«, es habe statt dessen »die Philosophie mit Ungereimtheiten angefüllt«.[125] Dieses Urteil enthält eine implizite Kritik an der Passage im *Diskurs über die Ungleichheit*, in der die Frage nach dem Unterscheidungskriterium von Tier und Mensch aus »metaphysischer« Warte erörtert wird (D 99 ff., s. o. S. 150). Da der Vikar der Herausforderung des Determinismus mit dem argumentativ unzureichenden Hinweis auf die ›Evidenz‹ unseres Freiheitsbewusstseins begegnet, muss sein abschätziges Urteil über die Versuche der überlieferten Metaphysik, die Rede vom »Geist« philosophisch zu begründen, zunächst als Ausdruck eines Reflexionsdefizits gewertet werden – woraus der Leser folgern kann, dass das im *Diskurs über die Ungleichheit* verhandelte Problem, ob wir tatsächlich oder nur vermeintlich frei sind, im »Glaubensbekenntnis« außer Betracht bleibt. Das Urteil des Vikars darf aber nicht einfach als Ausdruck philosophischer Inkompetenz abgetan

---

[124] OC IV 584, *Emil oder über die Erziehung*, S. 291.
[125] OC IV 577, *Emil oder über die Erziehung*, S. 285.

werden, da es eine Erklärung für die eigentümliche Inkohärenz der fraglichen Passage des *Diskurses* anbietet: Dass in dieser zwei unvereinbare Standpunkte – ein cartesischer und ein materialistischer – ineinander geschoben werden, gewinnt eine plausible Bedeutung, wenn man die »Ungereimtheiten« dieser Passage als versteckten Hinweis darauf interpretiert, dass das Problem der Freiheit von der Metaphysik im herkömmlichen Sinne – bzw. der theoretischen Philosophie im Allgemeinen – überhaupt nicht gelöst werden kann. Dass sich Rousseau im *Diskurs über die Ungleichheit* dennoch zur Metaphysik ›bekennt‹, lässt sich dahingehend deuten, dass er an der ›metaphysischen‹ Zielsetzung, die Eigenständigkeit des menschlichen »Geistes« gegenüber der Materie zu erweisen, festhält, dabei aber einen Begründungsweg einschlägt, der aus der theoretischen Philosophie hinausführt.

Dieser Interpretationsansatz kann anhand der Bezüge des *Diskurses über die Ungleichheit* wie auch des »Glaubensbekenntnisses des savoyischen Vikars« zu Platon weiter ausgestaltet werden. Dessen Versuch, den Materialismus durch die Unterscheidung von Sinnen- und Ideenwelt und die Zuordnung der menschlicher Seele zu dieser in die Schranken zu weisen (vgl. *Sophistes* 246 a-e), ist durch die wissenschaftliche Rekonstruktion der Evolution der Menschengattung überholt; die Anspielung auf die Glaukos-Metapher der *Politeia* im *Diskurs über die Ungleichheit* und der Rekurs auf die platonische Unterscheidung von ›Wesen‹ und ›Erscheinung‹ in der ›exoterischen‹ Lesart der Zweideutigkeiten, die in Rousseaus Schilderung des Zivilisationsprozesses auftreten, können jedoch als Hinweis darauf gelesen werden, dass Rousseau eine ›zeitgemäße‹ Reformulierung der platonischen Entgegensetzung von Geist und Sinnlichkeit anstrebt. Der vom savoyischen Vikar postulierte – antiquierte – Dualismus von Vernunft und Leidenschaften bleibt dadurch an den *Diskurs über die Ungleichheit* zurückgebunden, dass er mit einer existentiellen Entscheidungssituation verknüpft wird: der Alternative zwischen der Realisierung der »Gerechtigkeit« und dem »Hang«, sich selbst den anderen »vorzuziehen«; mit einer solchen Alternative wird der Leser des *Diskurses über die Ungleichheit* durch den Kontrast zwischen dem verbalen Bekenntnis zu den »Regeln der Gerechtigkeit« in der staatskonstituierenden Rede der Reichen und ihrem faktischen Verhalten konfrontiert, welches vom »Amour propre« geleitet ist – dieser schlägt sich darin nieder, dass man allen anderen etwas ›voraushaben‹ will (*D* 305/307). Dieselbe Alternative kehrt in Rousseaus Kritik am fehlenden gesellschaftspolitischen Engagement der »Philosoph[en]« wieder (*D* 149, s. o. S. 142): Er gibt ihnen mit seinem Vorwurf, sie schauten den Konflikten und Nöten der sozialen Wirklichkeit aus sicherer Warte teilnahmslos zu, zu verstehen, dass sie letztlich Privatinteressen verfolgen, anstatt sich für die Realisierung der »vernünftigen Gerechtigkeit« einzusetzen. Da Rousseau in dieser Passage auf die Aussagen Platons anspielt, die Seele des Philosophen sammle sich »in sich selbst«, »zu nichts aber von dem, was in der Nähe ist, sich herablassend« (*Phaidon* 83 a, *Theaitetos* 173 e, s. o. S. 143), wird die generelle Kritik an den Intellektuellen im *Diskurs über die Ungleichheit* in dem fiktiven Bild seiner Präsentation im Kreise Platons und seine Nachfolger (*D* 73/75, s. o. S. 140) dahingehend spezifiziert, dass die Philosophen die platonische Wertschätzung geistiger Tätigkeit revidieren und die praktische Aufgabe einer grundlegenden Umgestaltung der Gesellschaft, die Platon mit seiner *Politeia* formuliert hat, in Angriff nehmen sollen. Dieser Appell gewinnt in Hinblick auf das Problem der Freiheit dadurch theoretische Relevanz, dass die eigentümliche Inkohärenz der Passage des *Diskurses über die Ungleichheit*, in der dieses Problem aus »metaphysischer« Warte verhandelt wird, als Vorausdeutung auf die These des savoyischen Vikars gelesen werden kann, die Metaphysik habe noch nie eine »Wahrheit« entdeckt: Platon hat zwar einerseits mit seiner Ideenlehre der Überzeugung Vorschub geleistet, man könne die Eigenständigkeit des »Geistes« gegenüber der Materie theoretisch erweisen, andererseits hat er in seiner *Politeia* erstmals die Aufgabe formuliert, die Gesellschaftsordnung am Leitfaden der Vernunft von Grund auf umzugestalten; dass Rousseau Platon und seine Nachfolger zu den berufenen »Richtern« des *Diskurses über die Ungleichheit* erklärt (*D* 73/75), lässt vermuten, dass er die wegweisende Alternative zu den erfolglosen Versuchen, die ethische Freiheitsunterstellung im Rahmen der theoretischen Philosophie zu begründen, in der platonischen Tradition findet – konkret: im politischen Impetus der *Politeia*, an den er mit seiner Forderung anknüpft, »die Tenne freizufegen und alles alte Material aus dem Wege zu räumen, […] um danach ein gutes Gebäude zu errichten« (*D* 227).

Das rhetorische Pathos, mit dem Rousseau die faktische Untätigkeit der Philosophen attackiert, lässt keinen Zweifel daran, dass er die Intellektuellen als ›schuldfähig‹ und in diesem Sinne als frei betrachtet. In der Passage des *Diskurses über die Ungleichheit*, die

die Differenz von Tier und Mensch in »metaphysischer« Perspektive behandelt, wird unsere Freiheit mit der Entscheidungsalternative, einem sinnlichen »Eindruck [...] nachzugeben oder zu widerstehen«, gleichgesetzt (*D* 101, s. o. S. 150). Dieser Freiheitsbegriff lässt sich auf die fiktive Szene des vor der Haustür des Philosophen stattfindenden Mordes, mit der Rousseau seine Kritik an der Passivität der Intellektuellen illustriert (*D* 149, s. o. S. 142), in der Weise anwenden, dass der betreffende Philosoph vor der Wahl stand, seiner »Pitié« zu folgen oder aber der Furcht, bei einem Rettungsversuch selber zu Schaden zu kommen, nachzugeben. Rousseau gibt mit dieser fiktiven Schilderung zu verstehen, dass Feigheit und Bequemlichkeit die Motive sind, die die Intellektuellen von einem entschlossenen, der »vernünftigen Gerechtigkeit« verpflichteten Widerstand gegen die korrupten Sozialstrukturen, in die sie eingebunden sind, abhalten. Diese profanen Beweggründe können dem Bereich der Sinnlichkeit im Sinne des savoyischen Vikars zugeordnet werden.

Rousseau erkennt allerdings im *Diskurs über die Ungleichheit* nur den Intellektuellen die Fähigkeit zur bewussten Entscheidung zwischen dem konsequenten Streben nach Gerechtigkeit und einer selbstbezüglichen Lebensweise zu. Dies wird daran deutlich, dass er es zu einer Aufgabe derjenigen Philosophen, die für seinen Appell zur Gesellschaftsveränderung offen sind, erklärt, die Kriterien für die Vergabe sozialer Anerkennung in der Weise neu zu regeln, dass die Bürger nicht länger nach ihrem materiellen Erfolg, ihrem Einfluss usw. taxiert, sondern entsprechend ihren tatsächlichen »Diensten« für die Gemeinschaft »ausgezeichnet und begünstigt werden« (*D* 381). Da sich im Wunsch nach sozialer Bevorzugung – in letzter Konsequenz: »nach dem ersten Platz« – der »Amour propre« niederschlägt,[126] läuft dieses sozialpädagogische Programm darauf hinaus, dass die intellektuelle ›Avantgarde‹ des gesellschaftlichen Umbruchs den »Amour propre« ihrer Zeitgenossen als ein »nützliches« – wenn auch »gefährliches« – »Instrument« handhaben soll:[127] Wenn man ihn im beschriebenen Sinne »bewusst kanalisiert«, kann er eine »positive Wirkung entfalten«, indem der Wunsch nach sozialer Bevorzugung zu tatkräftigem Engagement für das Ganze anspornt.[128] In

---

[126] OC IV 523, *Emil oder über die Erziehung*, S. 239.
[127] Vgl. OC IV 536, *Emil oder über die Erziehung*, S. 251.
[128] Meier: Stellenkommentar zu *D* 368, Anm. 453. Vgl. Fetscher: *Rousseaus politische Philosophie*, S. 197.

seinem Artikel »Politische Ökonomie« spitzt Rousseau dieses Programm plakativ zu: »Formt also Menschen, wenn ihr Menschen befehlen wollt.«[129]

Rousseau geht somit davon aus, dass die Mehrzahl der Bevölkerung den »Amour propre« nicht mehr abschütteln kann, so dass sich eine gerechte Gesellschaftsordnung nur herbeiführen lässt, wenn es der Avantgarde gelingt, ihn in neue Bahnen zu lenken. Während seine Kritik an den Intellektuellen insofern einen konsequent ethischen Duktus hat, als er von ihnen verlangt, die Risiken tagespolitischer Kämpfe auf sich zu nehmen, um der Gerechtigkeit zum Durchbruch zu verhelfen, richtet sich sein Appell an die »gewöhnlichen Leser«, zur Gesellschaftsveränderung beizutragen, durchaus auch an ihr Eigeninteresse – da ihnen der in Aussicht gestellte Abbau der gesellschaftlichen Machtstrukturen persönlich zugute kommt (sofern sie nicht selber der privilegierten Oberschicht angehören, was bei der überwiegenden Mehrzahl sicherlich nicht der Fall ist).

Indem Rousseau in der Passage des *Diskurses über die Ungleichheit*, die dem Unterscheidungskriterium von Tier und Mensch gewidmet ist (*D* 99 ff.), die Überzeugung von unserer Willensfreiheit ›vollmundig‹ vorträgt, suggeriert er den »gewöhnlichen Leser[n]«, dass auch sie verantwortliche Personen und in diesem Sinne frei sind; er schließt sie jedoch von seinem Vorhaben, die ethische Freiheitsunterstellung zu rechtfertigen, insofern aus, als die Inkohärenzen dieser Passage – aus denen hervorgeht, dass er »Freiheit« als klärungsbedürftiges Problem betrachtet – nur demjenigen ins Auge fallen, der mit Descartes und dem zeitgenössischen Determinismus vertraut ist. Dass die (für den »gewöhnlichen Leser« bestimmte) ›exoterische‹ Lesart des *Diskurses* dessen Sachanalysen in rhetorisch-suggestiver und dabei bewusst entstellender Weise aufarbeitet, trägt durchaus manipulative Züge – was Rousseaus Diktum entspricht, dass die (mit dem *Contrat social* zu sprechen:) »Führer« des gesellschaftlichen Umbruchs[130] Menschen ›formen‹ sollen,[131] wie auch der Deutungsmöglichkeit der Rede von der ›Verführbarkeit‹ der Adressaten der Rede der Reichen als ›Manipulierbarkeit‹ (s. o. S. 122): Die

---

[129] *Politische Ökonomie*, S. 47/49. Vgl. auch Rousseaus *Considérations sur le gouvernement de Pologne* (1770/71; *OC* III 966 ff., *Sozialphilosophische und politische Schriften*, S. 578 ff.).

[130] *OC* III 380, *Vom Gesellschaftsvertrag*, S. 42.

[131] *Politische Ökonomie*, S. 47/49.

intellektuelle Avantgarde soll mit der ›Verführbarkeit‹ der »gewöhnlichen« Menschen in der Weise umgehen, dass sie »die blinde Menge, die oft nicht weiß, was sie will«, zu dem hinlenkt, »was ihr zum Guten gereicht«.[132]

Rousseau schränkt hiermit die Freiheit im Sinne ethischer Verantwortlichkeit auf diejenigen ein, die das intellektuelle Rüstzeug haben, argumentative Diskurse zu führen. Diese Rückbindung der Freiheit an die ›Diskursfähigkeit‹ bildet die philosophische Quintessenz der ›platonisierenden‹ These des savoyischen Vikars, man werde erst dadurch frei, dass man der Vernunft folgt.[133]

Auf diesem Hintergrund kann die Interpretationsthese, dass Rousseau die ethische Freiheitsunterstellung im *Diskurs über die Ungleichheit* in ähnlicher Weise wie Kierkegaard in *Entweder/Oder* mittels einer selbstreflexiven Textstruktur rechtfertigt, in vier Schritten erhärtet werden:

(1) In beiden Texten wird die Überzeugung von der Freiheit unseres Willens – die in *Entweder/Oder* vom »Ethiker«, im *Diskurs über die Ungleichheit* von Rousseau selbst vorgetragen wird – dadurch in Frage gestellt, dass die Position des Determinismus jeweils angesprochen, aber nirgends theoretisch entkräftet wird; statt dessen stößt der Leser auf Inkohärenzen bzw. Doppeldeutigkeiten der Gedankenführung beider Texte (in *Entweder/Oder* auf Unstimmigkeiten bzw. Widersprüche in den Aussagen des Ethikers zum Selbst und zur Geschichte (s. o. S. 96 ff.), im *Diskurs über die Ungleichheit* auf die Oszillation zwischen Cartesianismus und Materialismus und die Zweideutigkeiten der Geschichtsanalyse, die eine deterministische Lesart zulassen).

(2) Die fiktive Szene, in der Rousseau den *Diskurs über die Ungleichheit* im Kreise Platons und seiner Nachfolger vorträgt, bildet insofern das Pendant zum literarischen ›Gespräch‹ zwischen dem Ethiker und dem Ästhetiker in *Entweder/Oder*, als in beiden ›Diskurssituationen‹ eine theoretische Erörterung der Themen »Geist« und »Freiheit« mit der Aufforderung zur Verhaltensänderung verknüpft wird. Kierkegaards Ethiker stellt explizit fest, dass sein Appell

---

[132] *Du Contrat social, OC* III 380, *Vom Gesellschaftsvertrag,* S. 42.

[133] *OC* IV 585 f., *Emil oder über die Erziehung,* S. 291 f. – Zu den Beweggründen für die affirmative Präsentation der geistesgeschichtlich überholten platonischen Dichotomie von Vernunft und Sinnlichkeit im »Glaubensbekenntnis des savoyischen Vikars« s. u. S. 202 f.

den Adressaten in eine Situation bringt, in der jede denkbare Reaktion als Akt der Freiheit zu werten ist (s. o. S. 105); dass Rousseaus Kritik an den »Philosophen« dieselbe Implikation hat, geht aus ihrem rhetorisches Pathos – womit die Adressatengruppe als ›schuldfähig‹ deklariert wird – hervor.

(3) Beide Texte enthalten zugleich einen Appell an die Leser: Der fiktive Herausgeber von *Entweder/Oder* fordert sie zur Klärung der Frage auf, ob eine »ästhetische« oder »ethische« Lebensform vorzuziehen ist,[134] Rousseau zum Widerstand gegen die vorgegebene Gesellschaftsordnung. Der Leser von *Entweder/Oder* erfasst die selbstreflexive Struktur des Buches, indem er die Feststellung des Ethikers, jede Reaktion des Adressaten seines Appells sei als eigenverantwortliche Entscheidung zu werten, auf seinen eigenen Umgang mit dem Appell des fiktiven Herausgebers überträgt – was insofern angebracht ist, als er faktisch einen Entscheidungsprozess hinsichtlich der aufgeworfenen Frage durchläuft, d. h. einen Akt der Selbstbestimmung vollzieht, so dass die ethische Freiheitsunterstellung in der Rezeption des Buches ›praktisch verifiziert‹ wird (s. o. S. 109 f.). Zwischen der Aussage Kierkegaards, er wolle den Leser durch den bewussten Einsatz von Widersprüchen zur selbständigen ›Aneignung‹ einer »Wahrheit«, die nicht auf direktem Wege mitgeteilt werden kann, animieren,[135] und Rousseaus Selbstcharakteristik in der *Préface d'une seconde lettre à Bordes*, derzufolge er mittels einer scheinbar »schlecht verbunden[en]« Gedankenführung die ›berufenen‹ Leser auf die Fährte der »Wahrheit« bringen will, die seine Texte vermitteln sollen (*OC* III 106), besteht eine auffällige Parallele (ohne dass Kierkegaard die *Préface* gekannt hat – sie erschien erst 1861; vgl. *OC* III 1283). So lässt sich aus der Tatsache, dass Rousseau die ganze »Menschheit« in die fiktive Szene der Präsentation des *Diskurses über die Ungleichheit* im Kreise der athenischen ›Akademiker‹ als Publikum einbezieht (*D* 73/75), folgern, dass die intellektuellen Leser des *Diskurses*, die durch dessen Zweideutigkeiten und Inkohärenzen für die Schwierigkeiten des Versuchs, den Determinismus theoretisch zu widerlegen, sensibilisiert worden sind, die Zuschreibung ethischer Verantwortlichkeit, die mit Rousseaus Appell an die Philosophen verbunden ist, auf sich selbst anwenden sollen – indem sie sich vor Augen führen, dass sie bei der Lektüre des

---

[134] Kierkegaard: *Entweder/Oder*. Erster Teil. Bd. 1, S. 15.
[135] Kierkegaard: *Die Tagebücher*, Bd. I, S. 299 (s. o. S. 98).

Buches mit sich selbst darüber zu Rate gehen, wie sie mit Rousseaus Aufforderung zum Widerstand gegen die vorgegebene Gesellschaftsordnung praktisch umgehen wollen, so dass das Resultat dieser Überlegungen als eigenständige Entscheidung, d. h. als Akt der Freiheit, anzusehen ist. Demnach hat der *Diskurs über die Ungleichheit* insofern eine selbstreflexive Struktur, als der Wahrheitsanspruch der ethischen Freiheitsunterstellung, die auf seiner theoretischen Argumentationsebene formuliert, aber nicht zureichend legitimiert wird, dadurch gerechtfertigt werden soll, dass seine ethischen Appelle den (intellektuellen) Leser in eine Situation bringen, in der es für ihn – mit Kierkegaards Ethiker zu sprechen – »keinen Ausweg gibt, außer mittels der Wahl«.[136] Der Entscheidungsprozess, den er bei der Lektüre des *Diskurses über die Ungleichheit* durchläuft, ist eine ›Selbstverständigung‹ im Sinne Kierkegaards, d. h. eine »Besinnung auf sich selbst, die selber eine Handlung ist«.[137] Dieser Begriff der Selbstverständigung lässt sich auf die ›praktische Verifikation‹ der ethischen Freiheitsunterstellung vermittels der Rezeption des *Diskurses* in der Weise übertragen, dass der Text einen Konsens in Bezug auf die Unhintergehbarkeit dieser Unterstellung etabliert, indem er die (intellektuellen) Leser darauf aufmerksam macht, dass er sie faktisch bereits zu einem Selbstverständigungsprozess hinsichtlich der Alternative von gesellschaftskritischem Engagement und angepasster bzw. affirmierender Partizipation an den bestehenden Verhältnissen animiert hat.

(4) Dass die »indirekte« Mitteilungsform von Kierkegaards *Entweder/Oder* auf den *Diskurs über die Ungleichheit* zurückprojiziert werden kann, wird dadurch bekräftigt, dass beide Texte an Descartes' Begriff des Geistes – für den der Akt der Selbstreflexion konstitutiv ist – anknüpfen, hierbei aber – durch den Verzicht auf eine theoretische Widerlegung des Determinismus – die cartesische These einer ›ontologischen Differenz‹ von »res cogitans« und »res extensa« fallen lassen:[138] In *Entweder/Oder* bringen die widersprüchlichen Aussagen des Ethikers zum Selbst und zur Geschichte, im *Diskurs über die Ungleichheit* die Zweideutigkeiten in der Rekonstruktion des Zivilisationsprozesses zum Ausdruck, dass an die Stelle der traditionellen Zielsetzung nachzuweisen, dass der Mensch als »denkendes Wesen«

---

[136] Kierkegaard: *Entweder/Oder*. Zweiter Teil. Bd. 2, S. 178.
[137] Ebd. Bd. 2, S. 275.
[138] Zur Descartes-Rezeption in *Entweder/Oder* s. o. S. 112 ff.

der Naturkausalität enthoben ist, das Vorhaben treten muss, die Unhintergehbarkeit einer praktisch-ethischen Beschreibungsperspektive des menschlichen Verhaltens darzulegen, ohne dass hiermit eine
kausale Determination unseres Lebens im Ganzen ausgeschlossen
wird. Indem sich die Leser in der ›Aneignung‹ der selbstreflexiven
Textstruktur des *Diskurses über die Ungleichheit* bzw. von *Entwe-
der/Oder* ihres Status' als ›praktischer Subjekte‹ bewusst werden,
tritt die Irreduzibilität der ethischen Beschreibungsperspektive zutage. Während sich Kierkegaards Ethiker mit der Formulierung des
›kompatibilistischen‹ Programms begnügt, die Weltgeschichte einerseits als Sphäre der »Notwendigkeit«, andererseits als »Bereich der
Freiheit und also der Ethik« zu beschreiben,[139] wird im *Diskurs über
die Ungleichheit* eine solche Doppelperspektive dadurch konkret ausgestaltet, dass seine kausale Rekonstruktion des Geschichtsverlaufs
mit Passagen durchsetzt ist, die eine deterministische und zugleich
eine ethisch-kritische Lesart zulassen.

Die Etablierung der ethisch-praktischen Beschreibungs-, d. h.
Teilnehmerperspektive leitet zu der Frage nach dem gattungs-
geschichtlichen Ursprung der Freiheit über, die wir einander in jeder
Diskurssituation zuschreiben müssen. Rousseau beantwortet diese
Frage in zwei Schritten: (1) Unsere Entscheidungsfreiheit setzt voraus, dass uns ein Horizont von Alternativen offen steht; der
Ursprung eines solchen Möglichkeitshorizontes wird im »Ersten
Teil« des *Diskurses über die Ungleichheit* rekonstruiert (s. o. Abschnitt 2 a). Rousseau erkennt mit seiner These, dass die Freiheit
das Unterscheidungskriterium von Mensch und Tier ausmacht
(*D* 99 ff.), bereits dem Urmenschen ein Freiheitspotential zu – in
dem Sinne, dass sich dieser aufgrund seiner fehlenden Instinktdetermination eine Palette von Nahrungsquellen erschließen und fortan
zwischen ihnen ›wählen‹ konnte; die ›Freiheit‹ im Naturzustand erstreckt sich allerdings – wie Broecken hervorhebt – »nur auf die nicht
instinktiv eingeschränkte Wahl der *Mittel,* mit denen die Bedürfnisse
befriedigt werden […]; nicht willkürlich ist hingegen die Festsetzung
des Handlungsziels, welches unter den vorausgesetzten Umständen
einzig und allein die Befriedigung der von der Natur instinktiv vorgegebenen physischen Bedürfnisse sein kann.«[140] (2) Entscheidungsalternativen in Bezug auf Handlungs- bzw. Lebensziele ergeben sich

---

[139] Kierkegaard: *Entweder/Oder.* Zweiter Teil. Bd. 2, S. 185, 292 (s. o. S. 100).
[140] Broecken: »*Homme*« und »*Citoyen*«, S. 60.

erst durch die Ausdifferenzierung soziokultureller Lebensformen im Zuge des zivilisatorischen Fortschritts, der im »Zweiten Teil« des *Diskurses über die Ungleichheit* thematisiert wird. Wenn die ethische Beschreibungs- bzw. Teilnehmerperspektive durch die vom *Diskurs* angestoßene Selbstverständigung der Leser einmal etabliert ist, kann sie retrospektiv auf historische Situationen ausgeweitet werden, in denen die Interessen der beteiligten Akteure untereinander bzw. mit normativen Ansprüchen in Konflikt gerieten: Hierauf weist Rousseau vermittels der Doppeldeutigkeit seiner Geschichtsdarstellung hin, die eine normative Kritik an der Ausbildung des »Amour propre« zulässt.

Dass diese Doppeldeutigkeit zugleich die ›Kompatibilität‹ von Rousseaus Rechtfertigung der ethischen Freiheitsunterstellung mit dem Determinismus zum Ausdruck bringt, wird durch seinen Brief an Voltaire vom 17. August 1756 bestätigt, worin er darauf insistiert, dass wir eine durchgängige kausale Bestimmtheit des Weltgeschehens nicht ausschließen können.[141] Die Leser des *Diskurses über die Ungleichheit*, die dessen selbstreflexive Struktur erfasst haben, müssen somit auf der einen Seite ihre jeweilige Reaktion auf Rousseaus Appell zur Gesellschaftsveränderung als Akt der Freiheit interpretieren, sich aber auf der anderen dessen bewusst bleiben, dass es legitim ist, sowohl den Entschluss zur konsequenten Realisierung der »vernünftigen Gerechtigkeit« als auch das Verharren in einer selbstbezüglichen Lebensweise auf Ursachen zurückzuführen. Die vom savoyischen Vikar formulierte, zunächst befremdliche Alternative zwischen einem Sinnen- und einem Vernunftdeterminismus, mit der er seinen Freiheitsbegriff aushöhlt (s. o. S. 189), lässt sich für eine deterministische Deutung der Reaktion der intellektuellen Leser auf die ethischen Appelle des *Diskurses über die Ungleichheit* fruchtbar machen: Wenn die intellektuellen Adressaten Rousseaus Aufforderung zum Widerstand gegen die korrupten Verhältnisse, in die sie verflochten ist, abwehren, kann dies als Resultat von Feigheit, Opportunismus, Besitz- bzw. Machtstreben usw. und in diesem Sinne als Unterwerfung unter das »Gesetz des Körpers«[142] gewertet werden, wenn sie hingegen der Aufforderung folgen, als Resultat der Einsicht

---

[141] »Sie unterscheiden die Begebenheiten, die Wirkungen haben, von denen, die keine haben. Ich zweifle, ob dieser Unterschied gründlich ist.« (*OC* IV 1065, *Schriften*, Bd. I, S. 322)

[142] *OC* IV 586, *Emil oder über die Erziehung*, S. 292.

in die Diskrepanz zwischen der »vernünftigen Gerechtigkeit« und der faktischen Gesellschaftsordnung.

Während die ethische Freiheitsunterstellung mit der ›Aneignung‹ der *Diskurses über die Ungleichheit* durch die intellektuellen Leser bereits – im Rahmen einer ›kompatibilistischen‹ Position – gerechtfertigt ist, kann über den Wahrheitsgehalt der Annahme, die seinem sozialpolitischen Impetus zugrunde liegt: dass die faktischen Verhältnisse Möglichkeitsspielräume in sich bergen, die noch nicht genutzt worden sind, nur entschieden werden, wenn sein Aufruf zur Gesellschaftsänderung auch bei den »gewöhnlichen Lesern« auf fruchtbaren Boden fällt. Falls er diese nicht erreicht, führt der Versuch der ›berufenen‹ Adressaten von Rousseaus Appell, den »Amour propre« bei sich selber auszuräumen, ins soziale Abseits – eventuell auch in die Selbstzerstörung. In diesem Sinne können die Leser des *Diskurses über die Ungleichheit* ihre Freiheitsspielräume nur durch gemeinsame Anstrengungen ausloten.

## 5. »Metaphysik« und »bürgerliche Religion«

Rousseau kennzeichnet die Zielsetzung, die Überzeugung von der Freiheit unseres Willens zu legitimieren, als ein ›metaphysisches‹ Anliegen, indem er seine – inkohärenten – Ausführungen zum Unterscheidungskriterium von Tier und Mensch mit der Bemerkung einleitet, er wolle dieses Thema »aus metaphysischer und moralischer Warte« betrachten. Da die »Ungereimtheiten«[143] dieser Passage als Hinweis auf die Aussichtslosigkeit der Versuche, den Determinismus theoretisch zu widerlegen, gelesen werden können, liegt der Schluss nahe, dass Rousseau die ›praktische‹ Rechtfertigung der ethischen Freiheitsunterstellung mittels der selbstreflexiven Textstruktur des *Diskurs über die Ungleichheit* als eine Reformulierung der tradierten ›Metaphysik des Geistes‹ aufgefasst hat. Plattner hält der – in der Forschung mehrheitlich vertretenen – These, aus dem »Glaubensbekenntnis des savoyischen Vikars« und dem *Brief an Christophe de Beaumont* gehe hervor, dass Rousseau eine Zwei-Substanzen-Metaphysik vertritt (s. o. S. 151), entgegen, seine ›eigentliche‹ Metaphysik sei im *Diskurs über die Ungleichheit* zu finden.[144]

---

[143] Vgl. OC IV 577, *Emil oder über die Erziehung*, S. 286.
[144] Plattner: *Rousseau's State of Nature*, S. 44.

Gegen die Zuordnung des »Glaubensbekenntnisses des savoyischen Vikars« zur Metaphysik spricht nicht nur dessen Polemik gegen die Philosophen[145] und insbes. die Metaphysiker, sondern auch die Tatsache, dass er keinerlei Versuch macht, einen philosophischen Begründungszusammenhang zu entwickeln. Er schließt sich zwar der Feststellung Descartes' an, dass die unbezweifelbare Gewissheit meiner eigenen Existenz die »erste Wahrheit« ist, »die mir entgegentritt«,[146] verlässt aber schon im nächsten Schritt den Weg der cartesischen *Meditationen*, indem er die Frage nach der Realität der Außenwelt zu einem Scheinproblem erklärt – was seinem generellen Urteil entspricht, die Erkenntnisbemühungen der tradierten Metaphysik seien fruchtlos.[147] Im Anschluss hieran trägt er die Überzeugungen, dass es einen allmächtigen und gerechten Gott gibt und die menschliche Seele immateriell und damit unsterblich ist, als »Glaubensartikel« vor; Gottes- und Unsterblichkeitsbeweise hält er weder für möglich noch für nötig.[148]

Broecken hat darauf hingewiesen, dass diejenigen Autoren, die Rousseau einen metaphysischen »Dualismus der Substanzen« zuschreiben, »gemeinhin übersehen oder zumindest nicht genügend herausgearbeitet« haben, dass bei ihm zwei verschiedene »Dualismen ineinander spielen«: einerseits von »physischem und psychischem Sein«, andererseits von Sinnlichkeit und Vernunft.[149] Die Interpretation des »Glaubensbekenntnisses des savoyischen Vikars« als einer Zwei-Substanzen-Metaphysik cartesischen Ursprungs[150] geht darüber hinweg, dass Descartes' Entgegensetzung von »res cogitans« und »res extensa« auf der einen Seite und die platonische Dichotomie von Vernunft und Sinnlichkeit auf der anderen, die vom Vikar miteinander vermischt werden, insofern heterogen sind, als unter Descartes' Begriff der »res cogitans« sowohl die Vernunft als auch die Sinnlichkeit fallen.[151] Erst recht liegt Rousseaus Deutung

---

[145] »Dank dem Himmel sind wir nun von dem ganzen abstoßenden Getriebe der Philosophie befreit: Wir können Menschen sein, ohne Gelehrte sein zu müssen.« (*OC* IV 601, *Emil oder über die Erziehung*, S. 306).

[146] *OC* IV 570 f., *Emil oder über die Erziehung*, S. 279.

[147] »alle Streitigkeiten der Idealisten und Materialisten [haben] keinen Sinn für mich: ihre Unterscheidungen von Erscheinung und Realität der Körper sind Hirngespinste.« (*OC* IV 571, *Emil oder über die Erziehung*, S. 280).

[148] *OC* IV 576 ff., 589 ff., 632 ff., *Emil oder über die Erziehung*, S. 284 ff., 296 f., 332 ff.

[149] Broecken: *»Homme« und »Citoyen«*, S. 135.

[150] Goldschmidt: *Anthropologie et politique*, S. 281.

[151] Vgl. Descartes: *Meditationen* II 9, S. 51.

des »sinnliche[n] Trieb[es]« und der Vernunft als »zwei[er] Substanzen« im *Brief an Christophe de Beaumont*[152] quer zur cartesischen
Metaphysik. Angesichts der apologetischen Zielsetzung dieses Briefes – Beaumont hatte als Erzbischof von Paris den *Émile* verurteilt –
bleibt zu fragen, ob Rousseau darin überhaupt eine philosophische
Position formulieren will oder nicht vielmehr Konzessionen an den
tradierten metaphysischen Sprachgebrauch macht.

Eine Alternative zur – zweifelhaften – Interpretationsthese, der
savoyische Vikar entwickle eine Metaphysik im herkömmlichen Sinne, ergibt sich daraus, dass seine »Glaubensartikel« mit den »Dogmen der bürgerlichen Religion« (réligion civile) im *Contrat social*
übereinstimmen: Rousseau erklärt dort den politischen Souverän
für befugt, den Bürgern ein »Glaubensbekenntnis« vorzuschreiben,
dessen Kernsätze die Existenz Gottes und die Belohnung der »Gerechten« bzw. Bestrafung der Frevler in einem künftigen Leben betreffen.[153] Gemäß dem *Contrat social* darf jeder, der diesen Dogmen
nicht zustimmt, verbannt werden, da er »unfähig« sei, »Gesetze und
Gerechtigkeit aufrichtig zu lieben und im Notfall sein Leben seiner
Pflicht zu opfern.«[154] Im *Émile* vertritt der Erzieher Jean-Jacques die
Auffassung, bei einem völligen Verlust des Glaubens an Gott und
eine unsterbliche Seele seien »Ungerechtigkeit, Heuchelei und Lüge
unter den Menschen« unausweichlich.[155] Es fällt allerdings auf, dass
die zentralen Glaubenssätze der »bürgerlichen Religion« im *Contrat
social* nirgends explizit für wahr erklärt und im *Émile* von Jean-
Jacques nicht als seine eignen Überzeugungen vorgebracht, sondern
in Gestalt des Glaubensbekenntnisses eines savoyischen Vikars, den
er in seiner Jugend kennen gelernt habe, referiert werden.[156] Jean-
Jacques kommentiert es mit den Worten, es eröffne wirksame »Einflussmöglichkeiten« auf die Heranwachsenden, wobei unklar bleibt,
ob er den Glauben des Vikars teilt.[157] Im *Brief an Christophe de
Beaumont* erwähnt Rousseau seine »Zweifel« an den tradierten
Glaubensinhalten.[158]

Das »Glaubensbekenntnis des savoyischen Vikars« erfüllt somit

---

[152] *OC* IV 936, *Schriften*, Bd. I, S. 509.
[153] *Du Contrat social*, IV. Buch, 8. Kap.; *OC* III 468, *Vom Gesellschaftsvertrag*, S. 151.
[154] Ebd.
[155] *OC* IV 636, *Emil oder über die Erziehung*, S. 336.
[156] *OC* IV 558 ff., *Emil oder über die Erziehung*, S. 270 ff.
[157] *OC* IV 635, *Emil oder über die Erziehung*, S. 335 f.
[158] *OC* IV 964, *Schriften*, Bd. I, S. 540.

in erster Linie eine sozialpädagogische Funktion. Rousseau gibt den intellektuellen Lesern des *Émile* und *Contrat social* zu verstehen, dass eine Neuregelung der Kriterien sozialer Bevorzugung nicht ausreiche, um die »blinde Menge« zu normenkonformem Verhalten zu animieren, sondern darüber hinaus eine Vergeltung irdischer Taten im Jenseits in Aussicht gestellt werden müsse. Ein solcher Rekurs auf tradierte Glaubensinhalte wird im *Diskurs über die Ungleichheit* durch die platonische Färbung seiner ›exoterischen‹ Lesart vorbereitet: Dass diese die Unterscheidung von ›ursprünglichem, innerem Wesen‹ und ›äußerer Erscheinung‹ in Ansatz bringt – was durch die Anspielung auf die Glaukos-Metapher der *Politeia* unterstrichen wird –, deutet auf den »Glaubensartikel« des savoyischen Vikars voraus, die menschliche Seele sei immateriell und damit unsterblich.[159] Rousseau will mittels der ›exoterischen‹ Lesart des *Diskurses über die Ungleichheit* die »gewöhnlichen Leser« nicht nur von seiner Problematisierung des Freiheitsbegriffs ablenken, um einer Abschwächung der rhetorischen Wirkung seiner Schrift auf diejenigen vorzubeugen, die in seinen Augen ohnehin nicht frei sind; der Platonismus der ›exoterischen‹ Lesart stimmt sie zugleich auf das »Glaubensbekenntnis« ein, das die intellektuelle Avantgarde dem Staatsvolk gemäß dem *Contrat social* abverlangen soll.

In der ›esoterischen‹ Lesart des *Diskurses über die Ungleichheit* spielen »Glaubensartikel« keine Rolle. Sein ›metaphysisches‹ Programm der Rechtfertigung der ethischen Freiheitsunterstellung – und damit des Begriffs des menschlichen »Geistes« – lässt sich als eine Umkehrung des tradierten Verständnisses philosophischer Begründung beschreiben. Descartes vergleicht in einem Brief an Picot, der seine *Prinzipien der Philosophie* ins Französische übersetzt hat, die Philosophie mit einem Baum, »dessen Wurzel die Metaphysik, dessen Stamm die Physik und dessen Zweige alle übrigen Wissenschaften sind«.[160] Während für Descartes – wie für die tradierte Metaphysik im Ganzen – deren apriorische Reflexion das Fundament der empirischen Erkenntnis bildet, rechtfertigt im Begründungsprogramm des *Diskurses über die Ungleichheit* das historische Faktum der ›Aneignung‹ seiner selbstreflexiven Struktur – für die der Appell zur Gesellschaftsveränderung von konstitutiver Bedeutung ist – durch eine Diskursgemeinschaft allererst den Gebrauch einer spezi-

---

[159] OC IV 589, *Emil oder über die Erziehung*, S. 296 f.
[160] Descartes: *Die Prinzipien der Philosophie*, S. XLII.

fisch philosophischen, von der Naturwissenschaft kategorial verschiedenen Begrifflichkeit: der Rede vom »Subjekt«. Albert Camus hat diese Umkehrung des cartesischen Begründungswegs auf die Formel gebracht: »Ich empöre mich, also sind wir.«[161]

---

[161] *Der Mensch in der Revolte. Essays.* Reinbek 1953. S. 27.

# IV. Systemische Geschichtserklärung und Gegenwartskritik in Herders *Auch eine Philosophie der Geschichte zur Bildung der Menschheit*

Herders Zielsetzung, im Rahmen einer systemischen Analyse historischer Gesellschaften den Einfluss der materiellen Lebensbedingungen auf ihre jeweiligen kulturellen Produktionen und normativen Selbstinterpretationen aufzudecken und zugleich eine gattungsgeschichtliche Fortentwicklung des moralischen Bewusstseins zu rekonstruieren, weist auf Parsons' Rezeption des marxistischen Basis/Überbau-Theorems voraus,[1] an die Habermas mit seinem Programm einer »Rekonstruktion des Historischen Materialismus« anknüpft (s. o. S. 20 f.). Herders Vergleich der historischen Evolution des normativen Bewusstseins mit lebensgeschichtlichen Reifungsprozessen (*AP* 10, 22, 26), dem die These zugrunde liegt, die »menschliche Natur« müsse »alles lernen, durch Fortgänge gebildet werden« (*AP* 31), antizipiert Habermas' Programm, homologe normative »Lernprozesse« in der Individual- und Gattungsgeschichte aufzuweisen;[2] beide Autoren unterscheiden hierbei zwischen der – mit Habermas zu sprechen – »Entwicklungslogik« des moralischen Bewusstseins und seiner gattungsgeschichtlichen »Entwicklungsdynamik«, die durch äußere Faktoren mitbestimmt wird.[3] Herder rekonstruiert mit seiner Darstellung der Evolution des moralischen Bewusstseins die Genese der normativen Maßstäbe, auf denen seine Kritik am zeitgenössischen Absolutismus und Kolonialismus in *Auch eine Philosophie*

---

[1] Nach Parsons bestehen die »Wasserscheiden« zwischen den »primitiven«, »intermediären« und »modernen« Gesellschaften in »kritischen Entwicklungen der Code-Elemente der normativen Strukturen«, wobei er den »physisch-organische[n]« Lebensumständen den Status von »bedingenden Faktoren« der kulturell-normativen Sphäre zuspricht (*Gesellschaften*, S. 46, 50 f., s. o. S. 35 ff.).

[2] Habermas: »Historischer Materialismus und die Entwicklung normativer Strukturen«, S. 13; »Zur Rekonstruktion des Historischen Materialismus«, S. 176. S. o. S. 21 ff.

[3] Habermas: »Historischer Materialismus und die Entwicklung normativer Strukturen«, S. 12; »Zur Rekonstruktion des Historischen Materialismus«, S. 154; *TkH* II 218. S. u. S. 283 f., 351.

*der Geschichte zur Bildung der Menschheit* beruht. – womit er eine Alternative zu Rousseaus Inanspruchnahme moralischer Evidenzen formuliert.

Die unterschiedliche Einschätzung der systemischen Rolle von kulturspezifischen Vorurteilen, durch die Inkohärenzen normativer Selbstinterpretationen verdeckt werden, in Herders früher Geschichtsphilosophie und seinen *Ideen zu einer Philosophie der Geschichte der Menschheit* ist für die Klärung der – von Parsons und Luhmann gegensätzlich beantworteten[4] – Frage aufschlussreich, ob ein biologistischer Begriff sozialer Systeme es nahe legt, Ideologien als grundsätzlich pathogen anzusehen (s. u. S. 225 ff.).

Da in Herders *Ideen* das Verhältnis der kausalen Beobachterperspektive zur normativ-kritischen Teilnehmerperspektive aporetisch bleibt (s. u. S. 253 ff.), steht im Folgenden seine frühe Geschichtsphilosophie im Vordergrund. Er wertet in *Auch eine Philosophie der Geschichte* den Kolonialismus als Symptom für die rastlose Eigendynamik der modernen europäischen Zivilisation, vor deren Selbstzerstörung er mit dem Bild des »Kranken«, der »im Todesschweiße« mit »Opium« träumt, warnt (*AP* 70 f., 82). Herder konstatiert zwar auf der einen Seite eine fortschreitende Ohnmacht des Einzelnen gegenüber dem weltumspannenden ökonomischen »System«, auf der anderen Seite vermittelt sein Appell, »mit mutigem, fröhlichem Herzen auch mitten unter der Wolke [zu] arbeiten«, die Hoffnung, dass durch eine nachhaltige Kritik am realitätsfernen Überlegenheitsanspruch der modernen europäischen Zivilisation die bedrohlichen Entwicklungen aufgehalten werden können (*AP* 59, 72, 104). Durch den bewussten Einsatz von Mehrdeutigkeiten und Inkohärenzen des Textbefundes stößt Herder – wie Rousseau – eine ›Selbstverständigung‹ der Leser über die spezifischen Möglichkeitshorizonte der aktuellen historischen Situation an.

---

[4] S. o. S. 31, 43.

# 1. Die systemtheoretischen Erklärungsmodelle der Geschichtsphilosophie Herders

*a)* *Der systemische Ansatz in* Auch eine Philosophie der Geschichte zur Bildung der Menschheit

Der sachliche Gehalt des systemischen Gesellschaftsmodells, das Herder in *Auch eine Philosophie der Geschichte zur Bildung der Menschheit* in Ansatz bringt, erschließt sich aus dem Bezug der verschiedenen Metaphern zueinander, mittels derer er es einführt. Das ›mechanistische‹ Bild: »jede Nation hat ihren Mittelpunkt der Glückseligkeit in sich, wie jede Kugel ihren Schwerpunkt!« (*AP* 35) verknüpft die – kaum bestreitbare – Feststellung, dass in jeder historisch situierten Kultur nur ein bestimmter »Horizont« (*AP* 35) an Lebensmöglichkeiten realisiert werden kann,[5] mit zwei weit reichenden Thesen: Die erste besagt, dass in jeder historischen Gesellschaft ein zentrales Organisationsprinzip wirksam ist, anhand dessen die Verflechtung ihrer kulturellen Produktionen und Selbstinterpretationen mit dem jeweiligen Bedingungsgefüge von »Zeit, Klima, Bedürfnis, Welt, Schicksal« (*AP* 32) kausal rekonstruiert werden kann.[6] Die

---

[5] »Ein Patriarch kann kein römischer Held, kein griechischer Wettläufer, kein Kaufmann von der Küste sein; [...] er ist, wozu ihn Gott, Klima, Zeit und Stufe des Weltalters bilden konnte, Patriarch! – hat also, gegen alle Verluste späterer Zeiten, Unschuld, Gottesfurcht, Menschlichkeit« (*AP* 32). Jeder historische Fortschritt verschließt demnach einen bestimmten Umkreis tradierter Lebensformen. So erschüttert etwa die Ausbildung wissenschaftlicher Rationalität das naive Vertrauen in überlieferte mythisch-religiöse Weltdeutungen.

[6] Herder unterstreicht mit der Applikation der der Mathematik bzw. mathematischen Naturwissenschaft entlehnten Kugel-Metapher auf historische Gesellschaften sein Programm einer »Physik der Geschichte« (*AP* 83).
Auch Habermas postuliert für die einzelnen historischen Entwicklungsstufen einen »das Ganze organisierenden Nukleus« (*Legitimationsprobleme im Spätkapitalismus*, S. 30). Während Herder in *Auch eine Philosophie der Geschichte* in jeder der untersuchten ›Kulturwelten‹ einen eigenen »Mittelpunkt« aufweisen will, beschränkt sich Habermas auf die Formulierung dreier Organisationsprinzipien, die die Verschränkung von »normativen Strukturen mit dem materiellen Substrat« auf den Stufen der »vorhochkulturelle[n]«, »traditionale[n]« und »liberalkapitalistische[n]« Gesellschaftsformationen verständlich machen sollen (ebd. S. 32 ff.). »Das Organisationsprinzip vorhochkultureller Gesellschaften bilden die Primärrollen Alter und Geschlecht. [...] Familienstrukturen bestimmen den gesamten gesellschaftlichen Verkehr« (ebd. S. 32.). Das Organisationsprinzip traditionaler Gesellschaften »ist eine Klassenherrschaft in politischer Form. [...] Das Verwandtschaftssystem [...] gibt die zentralen Macht- und Steuerungsfunktionen an den Staat ab.« (ebd. S. 33) Der »Nukleus« liberalkapitalistischer Gesellschaf-

zweite These kommt dadurch ins Spiel, dass Herder das postulierte Organisationsprinzip historischer Gesellschaften »ihren Mittelpunkt der Glückseligkeit« nennt: Das kausal zu erklärende Strukturgefüge einer Gesellschaft lässt sich demnach als ein auf den Zweck des allgemeinen Wohls bezogener Funktionszusammenhang begreifen. Durch diese Verschränkung einer kausalen mit einer teleologischen Perspektive konstituiert sich der systemfunktionale Ansatz, den Herder in *Auch eine Philosophie der Geschichte* einführt.

Seine These, der spezifische »Horizont« der Lebensmöglichkeiten einer Gesellschaftsformation lasse eine »Proportion von Kräften und Neigungen« zum »Zwecke« der »Glückseligkeit« erkennen, »der ohne jene nimmer erreicht werden könnte« (*AP* 32, 35), muss – da Herder das historische Faktum von Unterdrückung und Ausbeutung keineswegs bagatellisiert (*AP* 34) – dahingehend interpretiert werden, dass das allgemeine Wohl jeweils unter den spezifischen Einschränkungen realisiert ist, die sich aus dem weltgeschichtlichen Entwicklungsstand des – nach Herder nur langsam heranreifenden – moralisch-praktischen Bewusstseins ergeben (s. u. S. 216 ff.). Er stellt darüber hinaus die Behauptung, jede »Nation« trage »ihren Mittelpunkt der Glückseligkeit in sich«, in Bezug auf die neuzeitliche europäische Zivilisation durch die Metapher einer lebensbedrohlichen Krankheit des modernen Menschen selber in Frage – was für die selbstreflexive Theoriestruktur seiner frühen Geschichtsphilosophie von konstitutiver Bedeutung ist (s. o. S. 131 ff.).

Die Verschränkung einer kausalen mit einer teleologischen Perspektive im systemischen Gesellschaftsmodell von *Auch eine Philosophie der Geschichte* wird dadurch bekräftigt, dass Herder das mechanistische Bild des Schwerpunkts einer Kugel durch eine biologische Metapher ergänzt, indem er die Rezeption kultureller Einflüsse mit der Assimilation von Nährstoffen durch einen Organismus vergleicht:

»Alles was mit meiner Natur noch gleichartig ist, was in sie assimiliert werden kann, beneide ich, strebs an, mache mirs zu Eigen; darüber hinaus hat mich die gütige Natur mit Fühllosigkeit, Kälte und Blindheit bewaffnet; – sie kann gar Verachtung und Ekel werden – hat aber nur zum Zweck, mich auf mich selbst zurückzustoßen, mir auf dem Mittelpunkt Gnüge zu geben, der mich trägt. Der Grieche

---

ten »ist das im bürgerlichen Privatrechtssystem verankerte Verhältnis von Lohnarbeit und Kapital.« (ebd. S. 36)

macht sich so viel vom Ägypter, der Römer vom Griechen zu Eigen, als er für sich braucht: er ist gesättigt, das übrige fällt zu Boden und er strebts nicht an! Oder wenn in dieser Ausbildung eigner Nationalneigungen zu eigner Nationalglückseligkeit der Abstand zwischen Volk und Volk schon zu weit gediehen ist: siehe, wie der Ägypter den Hirten, den Landstreicher hasset! wie er den leichtsinnigen Griechen verachtet!« (*AP* 35 f.)

Mit seiner These, die Blockade ›fremdartiger‹ kultureller Einwirkungen habe den »Zweck, mich auf mich selbst zurückzustoßen, mir auf dem Mittelpunkt Gnüge zu geben, der mich trägt«, stellt Herder einen inneren Zusammenhang zwischen der Kugel-Metapher und dem Organismus-Modell her. Er sieht in der Abwehr von Einflüssen, die sich gegen die Integration in das Strukturgefüge der eigenen Kultur sperren, eine identitätsstiftende und damit lebensdienliche Funktion von Vorurteilen.[7] Diese systemfunktionale Interpretation von Vorurteilen basiert auf einer Umdeutung von Humes Rekonstruktion des Vorurteils, an die er im *Journal meiner Reise im Jahre 1769* explizit anknüpft.[8]

Indem Herder im *Journal* die Philosophie zum »Resultat aller Erfahrungswissenschaften« erklärt und der »Metaphysik« jede eigenständige Erkenntnis abspricht, bezieht er eine empiristische Position.[9] Er hält in *Auch eine Philosophie der Geschichte* an ihr fest: Mit der dort formulierten These:»die menschliche Natur […] muss alles lernen« (*AP* 31) schließt er sich der Kritik des zeitgenössischen Empirismus an der Annahme eingeborener Ideen an. Herders Bestimmung der Psychologie als einer »Physik der Seele«, die erforschen solle, wie diese »Ideen sammlet, urteilt, schließt«, im *Journal meiner Reise im Jahre 1769* berührt sich mit Humes (und Condillacs) ›mechanistischer‹ Erklärung des assoziativen Aufbaus komplexer

---

[7] »Das Vorurteil ist gut, zu seiner Zeit, denn es macht glücklich. Es drängt Völker zu ihrem Mittelpunkte zusammen« (*AP* 36, s. o. S. 67).
[8] *Journal meiner Reise im Jahre 1769*, S. 27. – Herder führt im *Journal* noch weitere Autoren an (Moses Mendelsohn, Bernoulli und Lambert; ebd.); die Schlüsselrolle Humes (den er als ersten erwähnt) wird daran sichtbar, dass Herder seine Analyse der Vorurteils mit der Frage nach den Graden der »Wahrscheinlichkeit« von Überzeugungen verknüpft (ebd. S. 26): Hume erörtert das Vorurteil im *Treatise of Human Nature* (I. Buch, III. Teil, 13. Abschn.) unter der Überschrift »Über unphilosophische Wahrscheinlichkeit« (*Ein Traktat über die menschliche Natur (A Treatise of Human Nature)*. Hrsg. von R. Brandt. 2 Bde. Hamburg 1978. Bd. I, S. 200 f.).
[9] *Journal meiner Reise im Jahre 1769*, S. 54.

Vorstellungen:[10] Nach Hume werden Zukunftserwartungen, die aus der assoziativen Vergegenwärtigung vergangener Erfahrungen entspringen, im Normalfall in dem Maße verfestigt, wie sie sich fortan bewähren – und dementsprechend beim Auftreten widerstreitender Beobachtungen proportional zu deren Häufigkeit abgeschwächt –, wobei er hinzufügt, dass diese Gesetzmäßigkeit durch Vorurteile außer Kraft gesetzt werden kann.[11] Hume führt als Beispiel gängige Ressentiments gegenüber anderen Nationen an:

»›Ein Irländer kann keinen Witz und ein Franzose kein gesetztes Wesen haben.‹ Dieser Regel gemäß bringen wir, mag auch die Unterhaltung des einen in einem gegebenen Falle sichtlich sehr angenehm, die des anderen sehr wohl bedacht sein, doch beiden ein solches Vorurteil entgegen, dass der eine für uns ein Dummkopf, der andere ein Geck ist, aller Wahrnehmung und vernünftigen Einsicht zum Trotz. Die menschliche Natur verfällt sehr leicht in Irrtümer solcher Art«.[12]

Man kann somit hinsichtlich der Frage, ob bestimmte Erfahrungen als ›Falsifikationsinstanz‹ einer generellen Behauptung zu werten sind, unterschiedlicher Meinung sein: Vorurteile können die eigene Wahrnehmung so weit beeinflussen, dass eine konsensuelle Beschreibung der ›Phänomenbasis‹, anhand derer die Stichhaltigkeit eines allgemeinen Satzes zu überprüfen ist, nahezu unmöglich wird. Herder veranschaulicht den Einfluss von Vorurteilen auf die Interpretation von Wahrnehmungen im *Journal* – angeregt durch die biographische Situation, in der es entstanden ist: seine Seereise von Riga nach Nantes – anhand des Glaubens von »Schiffern und Kindern und Narren« an Fabelwesen.[13] Mit seiner Aussage, die »abenteuerlichen Erwartungen«, die aus einem solchen Glauben entspringen, würden durch »jedes Abenteuer, das wir erfahren, bestätigt« – er fügt hinzu: »wer will sie widerlegen?« –, weist er darauf hin, dass abergläubische Seeleute aufgrund der erschwerten Wahrnehmungsbedingungen in Seenot bestimmte Phänomene nicht bloß selber als Beleg für die Existenz von Seeungeheuern werten, sondern diese Sicht unter Um-

---

[10] Zum Einfluss Condillacs auf Herder vgl. Marion Heinz: *Sensualistischer Idealismus. Untersuchungen zur Erkenntnistheorie des jungen Herder (1763–1778).* Hamburg 1994. S. 57 f., 169 f. – Die Rede von einer »Physik der Seele« im *Journal* erinnert an Rousseaus – von Condillac beeinflusster – Zuordnung des »Mechanismus der Sinne« und der »Bildung von Vorstellungen« zur »Physik« (D 101/103; s. o. S. 150).

[11] *Treatise* I, III 12–13; *Ein Traktat über die menschliche Natur,* Bd. I, S. 178 ff., 200 f.

[12] *Ein Traktat über die menschliche Natur,* Bd. I, S. 200.

[13] *Journal meiner Reise im Jahre 1769,* S. 24 ff.

Smail Rapic

ständen auch ihren Mitreisenden erfolgreich nahe bringen können.[14] So kann aus »Vorurteilen der Kindheit« eine »Gewohnheit des Auges«, »Fabel zu sehen«, entspringen.[15] Während Hume die Einwirkung gesellschaftlich vermittelter Vorurteile auf Erfahrungsprozesse als Störfaktor behandelt, der die Gültigkeit des Gesetzes der Verfestigung bzw. Lockerung assoziativer Verknüpfungen in Abhängigkeit von der Häufigkeit bestätigender bzw. widerstreitender Beobachtungen einschränkt, fasst Herder eine solche Einwirkung als Erklärungsschlüssel für »eine Menge Phänomena aus der menschlichen Seele« auf.[16] Er hält der These Lockes und Humes, komplexe Vorstellungen würden durch die Verknüpfung elementarer Sinnesdaten (»simple impressions«, »simple ideas«) gebildet,[17] entgegen, dass sich solche diskreten ›Wahrnehmungselemente‹ nirgends aufweisen lassen; Herder erklärt statt dessen »Wellen von Reiz und Gefühl« zur basalen Schicht unserer Welterfahrung.[18] Mit diesem Bild gibt er zu verstehen, dass wir es auf allen ihren Stufen mit »immer schon geeinte[n] Vielheiten« zu tun haben;[19] Reizungen unserer Sinnesorgane besitzen insofern bereits eine Gefühlsqualität, als sie nach dem Schema »angenehm/unangenehm« klassifiziert werden und dadurch eine instinktive Zuwendung oder Abwehr auslösen;[20] solche Instinktreaktionen sind von konstitutiver Bedeutung für Erfahrungsprozesse, wie das Phänomen der selektiven Wahrnehmung relevanter Reize zeigt. »Herder unterstellt den Sinnen als solchen bereits eine ordnende Funktion: in der Sinneswahrnehmung liegt bereits eine Reduktion der an sich unendlichen Mannigfaltigkeit von Welt«.[21] In *Auch eine Philosophie der Geschichte* wird die Rolle von Vorurteilen bei der Konstitution historischer Lebenswelten mit einer solchen Filtrierung von Sinnesreizen verglichen:

»Gut hat auch hier die gute Mutter gesorgt. Sie legte Anlagen zu der Mannigfaltigkeit ins Herz, machte jede aber an sich selbst so

---

[14] Ebd. S. 25.

[15] Ebd. S. 24 f.

[16] Ebd. S. 26.

[17] Locke: *An Essay concerning Human Understanding*, II. Buch, II. Kap., § 1;, Hume: *Treatise* I, I 1; *Ein Traktat über die menschliche Natur*, Bd. I, S. 11 ff.

[18] *Vom Erkennen und Empfinden der menschlichen Seele* (1778). Herder: *Werke*, Bd. IV, S. 346.

[19] Heinz: *Sensualistischer Idealismus*, S. 159.

[20] Herder: *Vom Erkennen und Empfinden der menschlichen Seele. Werke*, Bd. IV, S. 346.

[21] Heinz: *Sensualistischer Idealismus*, S. 130.

wenig dringend, dass, wenn nur einige befriedigt werden, sich die Seele bald aus diesen erweckten Tönen ein Konzert bildet und die unerweckten nicht fühlet, als wiefern sie stumm und dunkel den lautenden Gesang unterstützen. Sie legte Anlagen von Mannigfaltigkeit ins Herz, nun einen Teil der Mannigfaltigkeit im Kreise um uns, uns zu Händen: nun mäßigte sie den menschlichen Blick, dass nach einer kleinen Zeit der Gewohnheit ihm dieser Kreis Horizont wurde – nicht drüber zu blicken: kaum drüber zu ahnden!« (*AP* 35)

Diese Beschreibung der vorurteilsgeleiteten Assimilation kultureller Einflüsse als eines quasi-naturhaften Prozesses weist auf den biologistischen Erkenntnisbegriff der Schrift *Vom Erkennen und Empfinden der menschlichen Seele* voraus: »folge der Natur! […] lass den Strom deines Lebens frisch in deiner Brust schlagen, aber auch zum feinen Mark deines Verstandes hinauf geläutert, und da Lebensgeist werden.«[22] Der Funktionszusammenhang eines Organismus bildet somit das Paradigma der von Herder postulierten Einheit des »innere[n] Mensch[en]«.[23]

---

[22] Herder: *Werke*, Bd. IV, S. 362.

[23] »Der innere Mensch mit allen seinen dunklen Kräften, Reizen und Trieben ist nur *Einer*.« (ebd. S. 338 f.) Vgl. *AP* 29: »*Ganze Natur* der Seele, die durch alles *herrscht* […]«.
Hans-Georg Gadamer erklärt es zu einer zentralen »Einsicht« Herders, dass »jedes Leben« einen »geschlossenen Horizont« habe, der sich zwangsläufig in Vorurteilen niederschlage (»Nachwort« zu Herder: *Auch eine Philosophie der Geschichte zur Bildung der Menschheit*. Frankfurt a. M. 1967. S. 146–177, hier S. 161). Zwischen Herders und Gadamers Metakritik der aufklärerischen Kritik an allen Vorurteilen bestehen allerdings signifikante Unterschiede.
Bei Gadamer bildet die Abkehr von der »Pauschalforderung der Aufklärung« nach »Überwindung aller Vorurteile« den Ausgangspunkt einer philosophischen Hermeneutik, die »ein angemessenes Verständnis der Endlichkeit freimacht«, welche »nicht nur unser Menschsein, sondern ebenso unser geschichtliches Bewusstsein beherrscht.« (*Wahrheit und Methode*. Tübingen ⁶1990 (= *Gesammelte Werke*, Bd. 1). S. 280) Gadamers Argumentation setzt beim hermeneutischen Zirkel an, demgemäß jede konkrete Beschäftigung mit einem Text von einer Antizipation des Textsinns im Ganzen geleitet ist; bei Texten aus vergangenen Epochen gehen in diese Antizipation »Vormeinung[en]« ein, die von der gegenwärtigen Sicht der betreffenden Epoche bzw. der fraglichen Autoren beeinflusst sind (ebd. S. 270 ff., 296). Die hermeneutische Bemühung, den Text auf dem Hintergrund seiner Zeit zu verstehen, bringt die Färbung des Vor-Verständnisses des Interpreten durch seine eigene Gegenwart ans Licht: indem etwa das Bedeutungsspektrum von Begriffen, die einen Bedeutungswandel durchlaufen haben, im damaligen Sprachgebrauch rekonstruiert oder eine zeitspezifische Differenz der Auffassungen darüber, was als ›vernünftig‹, ›normal‹, ›schicklich‹ bzw. ›abwegig‹, ›bizarr‹, ›ungehörig‹ usw. zu gelten hat, aufgehellt wird. Hierdurch gewinnt der Rezipient das Bewusstsein

In der *Abhandlung über den Ursprung der Sprache* nennt
Herder das »Gewebe« der »menschliche[n] Natur« ein »Sys-

---

für den spezifischen »Horizont«, in dem er sich als ›Kind seiner Zeit‹ bewegt; zugleich
erschließt sich ihm der andersartige Horizont der vergangenen Epoche, in die er ein-
dringt (ebd. S. 307 ff.). Die Einsicht in die Differenz beider Horizonte ist in sich bereits
eine »Horizontverschmelzung«, da der Rezipient in dem Augenblick, wo ihm die Rückbindung seiner Vormeinungen an den spezifischen Horizont seiner Gegenwart bewusst
wird, seine ursprünglichen Erwartungen einer Revision unterzieht; in diesem Korrek-
turprozess manifestiert sich die Erweiterung seines Verstehenshorizonts durch die Begegnung mit dem »Horizont der Überlieferung« (ebd. S. 271, 311 f.). Der Rezipient
muss sich allerdings der Tatsache bewusst bleiben, dass sein revidiertes Textverständnis
an seinen aktuellen Erfahrungshorizont angebunden bleibt und von künftigen Interpreten – etwa aufgrund neu entdeckter Quellen – überholt werden kann, wobei in die
Deutungen künftiger Interpreten wiederum deren zeitspezifische Vormeinungen einge-
hen werden: Hierin manifestiert sich die unaufhebbare »Endlichkeit« jedes Verstehens-
prozesses (ebd. S. 280). Gadamer bringt dies auf die plakative Formel, die »Selbstbesin-
nung des Individuums« auf seinen hermeneutischen Standort sei »nur ein Flackern im
geschlossenen Stromkreis des geschichtlichen Lebens.« (ebd. S. 281) »In Wahrheit gehört die Geschichte nicht uns, sondern wir gehören ihr.« (ebd.)
Gadamers These, es gebe ein »grundlegende[s] Vorurteil der Aufklärung«: »das Vorurteil gegen die Vorurteile überhaupt«, zielt auf den – von Bacon und Descartes paradigmatisch artikulierten – Gestus des Bruchs mit überlieferten Autoritäten zum Zweck
der »Neukonstruktion aller Wahrheiten aus der Vernunft« (ebd. S. 275, 283; vgl. Gerhard Sauder – Aufklärung – Vorurteile der Aufklärung«. In: *Deutsche
Vierteljahrsschrift für Literaturwissenschaft und Geistesgeschichte* 57 (1983), S. 259–
277, hier S. 259 f., 275). Indem die Aufklärung zur kritischen Distanz gegenüber Traditionsbeständen als »Quelle von Vorurteilen« auffordert, geht sie – so Gadamer – darüber hinweg, dass die »undurchschauten Vorurteile« der eigenen Gegenwart gerade
durch die Beschäftigung mit der Überlieferung aufgedeckt und überwunden werden
können (*Wahrheit und Methode*, S. 274, 283). Die von der Aufklärung betriebene »Ent-
machtung der Überlieferung« verführt demnach zur Verabsolutierung des eigenen
Standpunkts und unterläuft auf diese Weise die hermeneutische Zielsetzung, sich der
eigenen Vormeinungen bewusst zu werden und durch deren Revision zum »rechte[n]«
Verständnis« historischer Texte zu gelangen (ebd. S. 274 f.).
Während Gadamer die »sachliche Wahrheit« überlieferter Texte zum Leitbegriff der
Hermeneutik erklärt und den Verstehensprozess als »Einrücken in ein Überlieferungs-
geschehen« beschreibt (ebd. 274, 295), formuliert Herder den »Begriff eines Verstehens,
das die Vergangenheit gerade vom Standpunkt der eigenen Gegenwart aus befragt«
(Irmscher: »Grundzüge der Hermeneutik Herders«. In: *Bückeburger Gespräche über
Johann Gottfried Herder 1971*. Hrsg. von J. G. Maltusch. Bückeburg 1973. S. 17–57,
hier S. 18]: Indem er die »selektive Funktion« (Irmscher: ebd. S. 55) »gut[er]« Vorurteile
im Umgang mit Traditionsbeständen bzw. anderen Kulturen mit der Rolle der selektiven
Wahrnehmung im Lebensprozess von Organismen auf eine Stufe stellt (*AP* 35 f.), rückt
er das Interesse an der Gewinnung und Ausgestaltung eigener Lebensmöglichkeiten ins
Zentrum jedes ›fruchtbaren‹ Rezeptionsprozesses. Es geht ihm – wie sein Vergleich der
›Aneignung‹ kultureller Einflüsse mit der Assimilation von Nährstoffen durch einen
Organismus andeutet (ebd.) – in keiner Weise um eine »Rekonstruktion«, sondern um

tem«.[24] Der für das System-Modell der *Ideen* grundlegende Begriff des »Gleichgewicht[s]« (*I* 669 f., s. u. S. 220) passt sowohl auf den Vergleich einer ›in sich gefestigten‹ Nation mit einer Kugel in *Auch eine Philosophie der Geschichte* als auch auf die Analogie zwischen der Verarbeitung kultureller Einflüsse und der Nahrungsaufnahme (*AP* 35 f.) – falsche Ernährung zerrüttet die Gesundheit, d. h. das organismische Gleichgewicht, eines Lebewesens. Da die Verschränkung einer kausalen mit einer teleologischen Perspektive, die Herders Vergleich der »Glückseligkeit« einer Nation mit dem Schwerpunkt einer Kugel anvisiert, für die Erkenntnis von Organismen charakteristisch ist und in der Mathematik bzw. Mechanik keinen Platz hat, ist das Paradigma des Organismus für das Gesellschaftsmodell in *Auch eine Philosophie der Geschichte* basal; das mechanistische Bild der Kugel hat in erster Linie die Funktion, den Begriff des Gleichgewichts in metaphorischer Form ins Spiel zu bringen.[25] Die Strukturverwandtschaft, die Herder zwischen dem Organismus, dem »innere[n] Mensch[en]« und historischen Gesellschaftsformationen postuliert, rechtfertigt es, auf die letzteren den in der *Abhandlung über den Ursprung der Sprache* verwendeten Begriff des »System[s]« der »menschliche[n] Natur« zu übertragen.

Für die selbstreflexive Theoriestruktur von *Auch eine Philosophie der Geschichte* (s. o. S. 130 ff.) ist es von zentraler Bedeutung, dass das Systemmodell dieser Schrift mit Hilfe von Metaphern präsentiert wird. Herder macht mit dem Bild der lebensbedrohlichen

---

die »Fortbildung der Vergangenheit« (Irmscher: ebd. S. 53). Die Zielsetzung eines Innewerdens der »Wahrheit« historischer Texte, die das hermeneutische Unternehmen Gadamers mit dem aufklärerischen Ideal vorurteilsfreier Erkenntnis verbindet (*Wahrheit und Methode*, S. 273 ff.), hat im biologistischem Verstehensbegriff, den Herder in *Auch eine Philosophie der Geschichte* und *Vom Erkennen und Empfinden der menschlichen Seele* in Ansatz bringt, keinen Platz: Die »Borniertheit« dessen, der kulturelle Einflüsse, die er als ›fremdartig‹ empfindet, abwehrt – also keinerlei Anstalten macht, seine negative Vormeinung auf ihre Stichhaltigkeit hin zu prüfen –, ist nach Herder legitim, sofern es sich hierbei um eine »*produktive* Einseitigkeit« handelt (Irmscher: »Grundzüge der Hermeneutik Herders«, S. 56).

[24] »Könnte ich […] einmal das Gewebe sichtbar machen, was menschliche Natur heißt: […] – alles wiegt gegeneinander! […] Einheit und Zusammenhang! Proportion und Ordnung! Ein Ganzes! Ein System!« (*Abhandlung über den Ursprung der Sprache*. Hrsg. von H. D. Irmscher. Stuttgart 1966. S. 61).

[25] Die Formulierung »alles wiegt gegeneinander!« aus der *Abhandlung über den Ursprung der Sprache* (s. o. Anm. 24) ähnelt der Kugel-Metapher in *Auch eine Philosophie der Geschichte*: Sie bringt – wie diese – implizit den Begriff des Gleichgewichts in Ansatz.

Krankheit des modernen Menschen zunächst darauf aufmerksam, dass das Paradigma des Organismus, welches er mit seiner biologistischen Interpretation kultureller Traditionsprozesse in Ansatz bringt, die Differenz ›gesund/krank‹ umgreift und damit sowohl auf ›intakte‹ als auch ›fragile‹ Gesellschaften angewendet werden kann – in diesem Sinne appliziert Herder den ›engen biologistischen‹ Systembegriff (s. o. S. 25) auf die Weltgeschichte im Ganzen; er gibt zugleich zu verstehen, dass die mechanistische Metapher: »jede Nation hat ihren Mittelpunkt der Glückseligkeit in sich, wie jede Kugel ihren Schwerpunkt« auf die aktuelle Situation nicht passt. Herder schränkt den Geltungsanspruch dieser metaphorischen Aussage jedoch nicht explizit ein; der Leser steht daher – sofern er dem Autor keine inkohärente Argumentation unterstellen will – vor der Aufgabe, nach einer Deutungsmöglichkeit des Textes Ausschau zu halten, die die disparaten Partien in einen stimmigen Zusammenhang bringt. Da Herders Beschwörung einer »großen Zukunft«, auf die der Adressatenkreis seiner Schrift »mit mutigem, fröhlichem Herzen« hinarbeiten solle (*AP* 104), dem Bild des »Todesschweiße[s]« der modernen Zivilisation zuwiderläuft, kann man diesem Bild die rhetorische Funktion zusprechen, die fortschrittsgläubigen Leser aufzurütteln und sie dazu anzuspornen, sich gegen die drohende Katastrophe zu stemmen.[26] Die Diskrepanz zwischen der Metapher der tödlichen Krankheit des modernen Menschen und der Hoffnung auf eine künftige »selige Zeit«, die Herder nicht preisgeben will,[27] lässt sich somit als Ausdruck der These interpretieren, dass es eine ›reale Chance‹ zur Wiederherstellung des gestörten Gleichgewichts der neuzeitlichen Zivilisation gibt, wenn sich die Zeitgenossen ihrer expansiven Eigendynamik entschlossen widersetzen, wobei Herder mit dem Bild des »Todesschweiße[s]« zugleich zu verstehen gibt, dass diese These falsch, die Selbstzerstörung der Menschheit also unausweichlich sein könnte. Die Mehrdeutigkeit des Textes, die mit der metaphorischen Präsentation seines Systemmodells im Anschluss an die Darstellung der antiken Geschichte einhergeht – der Textbefund lässt es offen, ob die Aussage, jede Nation trage »ihren Mittelpunkt der Glückseligkeit

---

[26] Vgl. Irmscher: Nachwort zu *AP*, S. 142: »diese Schrift ist auch das Werk eines Predigers. Herder spricht von ›Verfall‹, ›Verwesung‹, ›Auflösung‹ als Kennzeichen der Gegenwart in kräftigen Bildern. Aber als eine rechte Bußpredigt enthält die Abhandlung auch den Appell zur Umkehr«.

[27] »wenn einmal all die Keime aufwachen, zu denen auch der edlere Teil unsers Jahrhunderts […] beitrug – in welche selige Zeit verliert sich mein Blick!« (*AP* 97)

in sich, wie jede Kugel ihren Schwerpunkt«, nur auf vergangene Epochen zu applizieren ist oder aber die Prognose einschließt, dass die gegenwärtige Krise ein Durchgangsstadium zu einer »großen Zukunft« ist – verweist den Leser demnach auf einen Möglichkeitsspielraum der aktuellen historischen Situation, der nur durch praktisches Engagement ausgemessen werden kann. In diesem Sinne ist der Verzicht auf eine ›wissenschaftlich präzise‹ Darlegung des Systemmodells in Herders früher Geschichtsphilosophie ein konstitutives Moment ihrer selbstreflexiven Struktur.

Die für Herders *Auch eine Philosophie der Geschichte* grundlegenden Thesen: (1) dass das moralisch-praktische Bewusstsein nur Schritt für Schritt heranreifen kann, und (2) Vorurteilen eine systemstabilisierende Funktion zukommt, erlauben es ihm, das Paradigma des gesunden Organismus auf historische Gesellschaftsformationen anzuwenden, die sich dem heutigen Bewusstsein als eklatant repressiv darstellen. Er bezieht die Aussage, jede Nation trage »ihren Mittelpunkt der Glückseligkeit in sich«, ausdrücklich auf die erörterten antiken Gesellschaften,[28] obwohl er die verbreitete Praxis der Versklavung unterworfener Völker unmissverständlich als ein Ausbeutungsverhältnis kennzeichnet: »Um edle Spartaner wohnen unmenschlich behandelte Heloten. Der römische Triumphator, mit Götterröte gefärbt, ist unsichtbar auch mit Blute getüncht: […] vor ihm her Unterdrückung: Elend und Armut zieht ihm nach.« (*AP* 34) Der Eindruck eines Widerspruchs zwischen diesem Diktum und Herders expliziter Anwendung der Metapher des »Mittelpunkt[s] der Glückseligkeit« einer »Nation« auf antike Gesellschaften lässt sich mittels der genannten Thesen in zwei Schritten auflösen:

(1) Herder wendet sich in der Textpassage, der dieses Diktum entstammt, gegen »Machtsprüche Lobes und Tadels«, bei denen »Muster andrer Zeiten« an das Sozialgefüge »entfernter […] Nationen« angelegt werden (*AP* 32 f.), wobei er sich darauf beruft, dass »die menschliche Natur […] alles lernen, durch Fortgänge gebildet werden, im allmählichen Kampf immer weiterschreiten« müsse (*AP* 31). Er verweist somit auf das historische Faktum, dass Institutionen wie die Sklaverei, die vom heutigen Standpunkt aus als ethisch inakzeptable Repression zu werten sind, auf unausgereiften

---

[28] Er leitet zur Darlegung des Systemmodells mit dem Satz über: »Lasset uns indessen noch vom Ufer einen Blick auf die Völker werfen, deren Geschichte wir durchlaufen sind.« (*AP* 28)

Entwicklungsstufen des moralisch-praktischen Bewusstseins weitgehend akzeptiert wurden. Da auch Parsons einen kontinuierlichen Fortschritt der »Code-Elemente der normativen Strukturen« historischer Gesellschaften annimmt,[29] bildet der Satz Herders, jede Nation trage »ihren Mittelpunkt der Glückseligkeit in sich«, das Gegenstück zu Parsons' Überzeugung, die soziale Ordnung setze »gesellschaftliche ›Harmonie‹ und ›Koordination‹« voraus:[30] Bei beiden Autoren ist die Applikation des Paradigmas eines gesunden Organismus auf historische Gesellschaften Ausdruck der These, dass in ihnen die materielle Versorgung der Bevölkerung auf der Basis eines normativen Konsenses in einer dem jeweiligen welthistorischen Entwicklungsstand ›adäquaten‹ Weise organisiert wurde (wobei Herder an dieser These in Hinblick auf die moderne Welt Abstriche macht, s. o. S. 72).

In der griechischen Antike war etwa die Sklaverei eine »so feststehende Einrichtung, dass niemand ernstlich an ihr zu rütteln wagt[e]«[31] – auch nicht die Betroffenen. Die Aufstände der Heloten waren ein Unabhängigkeitskampf der von den Spartanern unterworfenen und versklavten Messenier[32] – ihr Ziel war nicht die Abschaffung der Sklaverei als solcher.

(2) Herder betrachtet allerdings – anders als Parsons (s. o. S. 31 f.) – historische Gesellschaftsformationen nicht als kohärente Implementierung der jeweils geltenden Moralvorstellungen. Er führt die Unterdrückung besiegter Völker durch die Spartaner und Römer als Beispiel dafür an, dass eine »Nation [...] bei Tugenden der erhabensten Gattung von einer Seite, von einer andern Mängel haben, Ausnahmen machen, Widersprüche und Ungewissheiten zeigen« könne, »die in Erstaunen setzen« (*AP* 32). Da sich Herders Kritik an anachronistischen »Machtsprüche[n] Lobes und Tadels« in Bezug auf ›entfernte‹ Kulturen in unmittelbarer Nachbarschaft dieses Zitats findet (*AP* 33), liegt die Schlussfolgerung nahe, dass die »Mängel«, die er im Blick hat, nicht erst in moderner, sondern bereits in zeitgenössischer Perspektive als ethische Defizite einzustufen sind: Nur eine solche Lesart macht verständlich, dass er von irritierenden »Widersprüche[n]« zwischen »Tugenden« und »Mängel[n]« bzw. von

---

[29] *Gesellschaften*, S. 46. S. o. S. 36 f.
[30] *Das System modernen Gesellschaften*, S. 21.
[31] *Griechen und Perser. Die Mittelmeerwelt im Altertum I*. Hrsg. von Hermann Bengtson (= *Fischer Weltgeschichte*, Bd. 5). Frankfurt a. M. 1965. S. 145.
[32] Vgl. ebd. S. 75, 218.

»Ausnahmen« von diesen Tugenden redet. Demnach lief das Verhalten der Spartaner gegenüber den Heloten bzw. der Römer bei ihren Eroberungszügen den ethischen Maßstäben, auf die sich die Akteure jeweils beriefen, zuwider. So widerspricht die alljährliche förmliche Kriegserklärung der Spartaner an die Heloten – mit der willkürliche Übergriffe, die jeden Widerstand lähmen sollten, legitimiert wurden – ihrem Tapferkeits- und Männlichkeitsideal: Wer einen Unbewaffneten niedersticht, ordnet das kriegerische ›Ethos‹ eines Kampfes Mann gegen Mann seinem (Über-) Lebenswillen unter. Herder gibt allerdings mit der Feststellung: »Um edle Spartaner wohnen unmenschlich behandelte Heloten« zugleich zu verstehen, dass man aus dem Widerspruch zwischen der normativen Selbstbeschreibung der Spartaner und ihrem Verhalten gegenüber den Heloten nicht den Schluss ziehen darf, sie seien gar nicht im Besitz der reklamierten Tugenden gewesen. Dieser Vorwurf wäre insofern unangemessen, als etwa die spartanische Streitmacht an den Thermopylen ihre Tapferkeit unter Beweis gestellt hat, indem sie durch ihre Selbstaufopferung den persischen Vormarsch verzögert und auf diese Weise die Voraussetzung für die Abwehr der Invasion geschaffen hat (vgl. I 544 f.).[33] Die Pointe der Feststellung: »Um edle Spartaner wohnen unmenschlich behandelte Heloten« liegt somit darin, dass den Spartanern ›Edelmut‹ konzediert werden muss, obwohl ihr Verhalten gegenüber den Heloten auch nach Maßgabe ihrer eigenen Moralvorstellungen als »unmenschlich« zu werten ist:

»Für jeden, der menschliches Herz aus dem Elemente seiner Lebensumstände erkennen will, sind dergleichen Ausnahmen und Widersprüche vollkommen menschlich: Proportion von Kräften und Neigungen zu einem gewissen Zwecke, der ohne jene nimmer erreicht werden könnte; also gar keine Ausnahmen, sondern Regel.« (AP 32)

Dass die Spartaner selber keinen Widerspruch zwischen ihrem Tapferkeitsideal und ihrer Behandlung der Heloten gesehen haben, lässt sich demnach »aus dem Elemente« ihrer »Lebensumstände« in einer systemfunktionalen Perspektive erklären. Die jährliche Kriegserklärung an die Heloten war eine hergebrachte Sitte, die kritiklos

---

[33] »Trotz also aller bösen zum Teil auch schrecklichen Folgen, die für Heloten, Pelasger, Kolonien, Ausländer und Feinde mancher Griechenstaat gehabt hat; so können wir doch das hohe Edle jenes Gemeinsinnes nicht verkennen, der in Lacedämon, Athen und Thebe, ja gewissermaßen in jedem Staate Griechenlands zu seinen Zeiten lebte.« (I 544)

übernommen wurde: Die Staatsverfassung Spartas in Frage zu stellen, galt als »unverzeihliches Sakrileg« gegenüber dem »Vaterland«.[34] Die spartanische Auffassung, Gewalttaten gegenüber unbewaffneten Heloten widersprächen nicht der ›Kriegerehre‹, fällt unter diejenigen kulturspezifischen Vorurteile, die gemäß Herders früher Geschichtsphilosophie Völker zum »Mittelpunkte« ihrer »Glückseligkeit« hindrängen: Der spartanische Militärstaat beruhte »auf der geduldigen Fronarbeit der vielen tausend Heloten«;[35] ohne das Militärpotential Spartas hätten die griechischen Stadtstaaten ihre Unabhängigkeit niemals gegen das zentralistische Großreich der Perser behaupten können – die griechische Kultur wäre dem Untergang geweiht gewesen.[36]

Herder zieht somit aus seiner These von der systemstabilisierenden Funktion von Vorurteilen die Konsequenz, dass auf unausgereiften Entwicklungsstufen des moralischen Bewusstseins Widersprüche zwischen der normativen Selbstinterpretation der jeweiligen ›herrschenden Klasse‹ und ihrem faktischen Verhalten nicht als Indiz für eine intendierte ideologische Verschleierung repressiver Sozialstrukturen aufgefasst werden dürfen; er kann daher die Metapher des »Mittelpunkt[s]« der »Glückseligkeit einer Nation« auf antike Gesellschaften applizieren, ohne eine »normative Kohärenz« (Parsons) ihrer Selbstbeschreibungen zu postulieren.[37]

Aus den Leitthesen der frühen Geschichtsphilosophie Herders ergibt sich die folgende Aufgabenstellung ihrer Gesellschaftsanalysen:

(1) Die kulturellen Produktionen und Selbstinterpretationen historischer Gesellschaften müssen auf das Bedingungsgefüge von »Zeit, Klima, Bedürfnis, Welt, Schicksal« (*AP* 32) systemfunktional zurückbezogen werden, wobei für jede Gesellschaftsformation ein zentrales Organisationsprinzip zu ermitteln ist.[38]

---

[34] *Griechen und Perser,* hrsg. von H. Bengtson, S. 75.

[35] Ebd. S. 218.

[36] Ebd. – In analoger Weise visiert Herder eine systemfunktionale Erklärung der Reflexionsdefizite an, aufgrund derer die Widersprüche zwischen »Tugenden« und »Mängel[n]« im römischen Staat für die Akteure »unsichtbar« (*AP* 34) blieben. S. u. S. 249.

[37] Vgl. Parsons: *Das System moderner Gesellschaften*, S. 21: »Die gesellschaftliche Ordnung erfordert […] normative Kohärenz«.

[38] Herder hat den »Mittelpunkt der Glückseligkeit« der dargestellten Gesellschaftsformationen nirgends explizit benannt; die Aussagen, in denen dies im folgenden geschieht, haben den Charakter von Interpretationsthesen.

(2) Im Rekurs auf die »Lebensumstände« (*AP* 32) einer Gesellschaft muss der Ursprung kulturspezifischer Vorurteile bzw. Reflexionsdefizite aufgewiesen werden, die Widersprüche zwischen normativen Selbstbeschreibungen und den faktischen Zuständen verdecken, wobei jeweils zu prüfen bleibt, inwieweit dies eine systemstabilisierende Funktion hat.

(3) Im Fortgang der Geschichte muss ein Reifungsprozess des normativen Bewusstseins aufgewiesen werden.

(4) Es muss gezeigt werden, dass in fortgeschrittenen Phasen dieses Entwicklungsprozesses eine Kritik an tiefgreifenden Inkohärenzen normativer Selbstinterpretationen legitim ist – womit der Übergang von der Beobachter- zur Teilnehmerperspektive vollzogen wird.

Bevor auf Herders historische Einzelanalysen eingegangen wird, soll das Systemmodell der *Ideen* skizziert werden, wo die These von der systemstabilisierenden Funktion von Vorurteilen fallen gelassen wird.

*b)*   *Das systemtheoretische Modell der* Ideen zu einer Philosophie
      der Geschichte der Menschheit

Herder charakterisiert die Menschheit – »sowohl im Ganzen als in ihren einzelnen Individuen, Gesellschaften und Nationen« – in den *Ideen* als »ein daurendes Natursystem der vielfachsten lebendigen Kräfte« (*I* 648). Während er sich in seiner frühen Geschichtsphilosophie damit begnügt, mittels mechanistischer und biologischer Metaphern Analogien zwischen Naturprozessen und Gesellschaftsformationen herzustellen, erhebt er in den *Ideen* explizit den Anspruch, dass das dort formulierte Systemmodell universal anwendbar ist – was auf die moderne Allgemeine Systemtheorie vorausweist (s. o. S. 10 f.):

»Die Regel, die Weltsysteme erhält und jeden Krystall, jedes Würmchen, jede Schneeflocke bildet, bildete und erhält auch mein Geschlecht […] Alle Werke Gottes haben ihren Bestand in sich und ihren schönen Zusammenhang mit sich: denn sie beruhen alle in ihren gewissen Schranken auf dem Gleichgewicht widerstrebender Kräfte durch eine innere Macht, die diese zur Ordnung lenkte. Mit diesem Leitfaden durchwandre ich das Labyrinth der Geschichte« (*I* 669).

Herder spricht dezidiert von »*Ein- und demselben Natur-gesetz*«, welches den »ganze[n] Weltbau« regiere (*I* 655); er gliedert es in drei Momente auf:

»Erstes Naturgesetz. In der mathematischen Naturlehre ists er-wiesen, dass zum Beharrungszustande eines Dinges jederzeit eine Art Vollkommenheit, ein Maximum oder Minimum erfordert werde, das aus der Wirkungsweise der Kräfte dieses Dinges folget. [...] Zweites Naturgesetz. Gleichergestalt ists erwiesen, dass alle Vollkommenheit und Schönheit zusammengesetzter Dinge oder ihrer Systeme auf einem solchen Maximum ruhe. [...] Drittes Naturgesetz. Eben sowohl ists erwiesen, dass wenn ein Wesen oder ein System derselben aus diesem Beharrungszustande seiner Wahrheit, Güte und Schönheit verrückt worden, es sich dem-selben durch innere Kraft, entweder in Schwingungen oder in einer Asymptote wieder nähere, weil außer diesem Zustande es keinen Be-stand findet.« (*I* 647 f.)

Den Ausgangspunkt des Systemmodells der *Ideen* bildet somit die mathematische Physik. Herder beruft sich insbes. auf Kants Re-konstruktion der Genese der Planetensysteme im Ausgang von einem ungestalteten ›Urnebel‹ in seiner *Allgemeinen Naturgeschichte und Theorie des Himmels* (1755; *I* 21 f., 636 f.). Die physikalische Kosmo-gonie zeigt, dass die Natur nicht dem »Minimum« einer diffusen Gleichverteilung der Materie zustrebt, sondern komplexe Strukturen hervorbringt:

»Als einst im Unermesslichen der Werkstoff künftiger Welten ausgebreitet schwamm, gefiel es dem Schöpfer dieser Welten, die Materie sich bilden zu lassen nach den ihnen anerschaffenen inneren Kräften. Zum Mittelpunkt des Ganzen, der Sonne, floss nieder, was nirgend eigne Bahn finden konnte oder was sie auf ihrem mächtigen Thron mit überwiegenden Kräften an sich zog. Was einen andern Mittelpunkt der Anziehung fand, ballte sich gleichartig zu ihm und ging entweder in Ellipsen um seinen großen Brennpunkt oder flog in Parabeln und Hyperbeln hinweg und kam nie wieder. So reinigte sich der Äther: so ward aus einem schwimmenden, zusammenfließenden Chaos ein harmonisches Weltsystem, nach welchem Erden und Ko-meten in regelmäßigen Bahnen Äonen-durch um ihre Sonne einher-gehn; ewige Beweise des Naturgesetzes, dass vermittelst eingepflanz-ter göttlicher Kräfte aus dem Zustande der Verwirrung Ordnung werde.« (*I* 636)

Da Herder der Idee eines welttranszendenten Schöpfergottes

skeptisch gegenübersteht (s. u. S. 256), muss die Rede von den »anerschaffenen inneren Kräften« der Materie im Sinne eines immanenten Vermögens verstanden werden; die Evolution der Planetensysteme verdankt sich demnach einer Selbstorganisation der Materie.[39] Herder betrachtet den Versuch Kants, mittels des – von Newton in Ansatz gebrachten – Spannungsverhältnisses von Attraktions- und Repulsionskraft die kosmologische ›Gestaltenbildung‹ zu erklären, als ein erkenntnisleitendes Paradigma, anhand dessen auch historische Gesellschaftsformationen als »sich selbst organisierende Systeme« begriffen werden können.[40] Das physikalische Modell von Attraktion und Repulsion klingt bereits in der Beschreibung der Assimilation der geschichtlichen Überlieferung in *Auch eine Philosophie der Geschichte* an – da Herder dort der Abwehr von Einflüssen, gegen die sich der Strukturzusammenhang der eigenen Lebenswelt ›sperrt‹, die Funktion zuspricht, »mich auf mich selbst zurückzustoßen, mir auf dem Mittelpunkt Gnüge zu geben, der mich trägt«, d. h. auf dem »Mittelpunkt der Glückseligkeit« einer Nation, den Herder mit dem Schwerpunkt einer Kugel, also dem Zentrum ihrer Anziehungskraft, vergleicht (*AP* 35).

Indem Herder in den *Ideen* jedem System die Tendenz zu einem »Beharrungszustande seiner Wahrheit, Güte und Schönheit« zuspricht (*I* 648), deutet er die Natur- und Menschheitsgeschichte insgesamt teleologisch. In seiner Schrift *Gott. Einige Gespräche* (1787), worin das Systemmodell der *Ideen* zum Gottesbegriff Spinozas in Beziehung gesetzt wird, heißt es unmissverständlich: »Alle Kräfte der Natur wirken organisch.«[41] Die Applikation des Begriffs der »Schönheit« auf den Gleichgewichtszustand eines Systems in den *Ideen* lässt sich zum Paradigma des Organismus in Beziehung setzen: Gemäß der klassischen Ästhetik ist ein schöner Gegenstand ein ›in sich vollendetes Ganzes‹, worin alle Details in einer den Organen eines Lebewesens vergleichbaren Weise aufeinander abgestimmt sind. Herder unterstellt demnach mit seiner These, jedes System tendiere zu einem »Beharrungszustande seiner Wahrheit, Güte und Schönheit«, die universale Anwendbarkeit des ›engen biologisti-

---

[39] Vgl. Irmscher: »Aneignung und Kritik naturwissenschaftlicher Vorstellungen bei Herder«, S. 62 f.

[40] Irmscher: ebd. S. 44 ff., 62.

[41] Herder: *Werke*, Bd. IV, S. 741. – Herders *Gott* erschien im selben Jahr wie der 3. Teil der *Ideen*, wo das systemische Paradigma formuliert wird (15. Buch, *I* 627–671).

schen‹ Systembegriffs; der physikalistische Ausgangspunkt des Systemmodells der *Ideen* wird somit von einer biologistischen Betrachtungsweise überlagert.[42] Hierdurch unterscheidet sich das Systemmodell der *Ideen* grundlegend von der modernen Allgemeinen Systemtheorie, die sich auf der höchsten Abstraktionsebene mit einem unspezifischen Systembegriff begnügt, dessen einzige Bestimmung die (durch Rückkopplungseffekte gekennzeichnete) »Wechselwirkung« von »Elementen« ist.[43]

Bei der Formulierung des in den *Ideen* postulierten systemischen »Naturgesetz[es]« (s. o. S. 221) verwendet Herder den Begriff der »Wahrheit« in einem doppelten Sinne. In seiner Aussage: »Jedes bestehende Dasein trägt also nach diesem schönen Naturgesetz seine physische Wahrheit, Güte und Schönheit als den Kern seines Bestehens in sich« (*I* 646) ist »Wahrheit« gleichbedeutend mit ›wahrem‹ – im Sinne von stabilem, in sich gegründetem – ›Sein‹. Legt man dieses Verständnis des Terminus »Wahrheit« zugrunde, ist er in der Rede von einem systemischen »Beharrungszustande« der »Wahrheit, Güte und Schönheit« (*I* 648) entbehrlich: Ein Beharrungszustand hat ja per se den Charakter des ›wahren Seins‹. Eine spezifisch erkenntnistheoretische Dimension gewinnt die Trias »Wahrheit, Güte und Schönheit« dadurch, dass Herder bei der Erläuterung des postulierten systemischen Naturgesetzes vermerkt, die »sparsam-schönste Form« eines Systems verbürge dessen »innern Bestand, Güte und Wahrheit« (*I* 647). Der Bezug, den er zwischen einer »sparsam[en]« und dadurch ›schönen‹ systemischen Form und dem Begriff der Wahrheit herstellt, lässt sich anhand der zeitgenössischen Ansätze zu einer Kohärenztheorie der Wahrheit bei Johann Heinrich Lambert und Georg Christoph Lichtenberg konkretisieren. Lambert erklärt es zum entscheidenden Kriterium für die Objektivität unserer Erkenntnis, dass sich diese nicht als Stückwerk, sondern als ein »Ganzes« präsentiert, dessen Momente »voneinander abhängen«:[44] »Die Harmonie in einem Konzert ist ein sehr schwacher Schattenriss von der

---

[42] Martin Bollacher spricht in seinem Kommentar zu den *Ideen* von Herders »organologischer Sichtweise« (*I* 1045).

[43] Bertalanffy: *General System Theory*, S. 38, 45. S. o. S. 24 f.

[44] *Neues Organon oder Gedanken über die Erforschung und Bezeichnung des Wahren und dessen Unterscheidung vom Irrtum und Schein* (1764), § 606, 611, 619. In: Lambert: *Texte zur Systematologie und zur Theorie der wissenschaftlichen Erkenntnis.* Hrsg. von G. Siegwart. Hamburg 1988. S. 5, 8, 12.

Harmonie in den Wahrheiten«.[45] Lamberts Argumentation ist daran festgemacht, dass wir Aussagen über die Erfahrungswelt niemals mit den Gegenständen, auf die sie sich beziehen, direkt vergleichen können, um auf diese Weise ihre Wahrheit oder Falschheit zu ermitteln; wir müssen statt dessen »Erfahrungen mit Erfahrungen […] vergleichen«.[46] Ein Kriterium für die Wahrheit (bzw. Falschheit) empirischer Aussagen kann daher nur in der internen Struktur unserer Erfahrung gefunden werden. Da diese nur als sprachlich artikulierte intersubjektiv relevant ist, muss sich das gesuchte Kriterium auf Aussagezusammenhänge beziehen. Empirische Behauptungen müssen durch Beobachtungen bestätigt werden, wobei allerdings – wie Lichtenberg hervorhebt – die Sätze, in denen diese festgehalten werden, nicht sakrosankt sind: Kein Wissenschaftler würde eine gut bewährte Hypothese beim ersten Auftreten widersprechender Beobachtungsergebnisse verwerfen, da diese aufgrund von Sinnestäuschungen, Messfehlern usw. ungültig sein könnten.[47] Je enger eine Hypothese mit anderen empirisch bestätigten Aussagen verknüpft, je fester sie also in gewachsene Theoriezusammenhänge eingebunden ist, umso eher ist gegenüber zuwiderlaufenden Beobachtungsresultaten Skepsis angebracht. Falls diese Resultate wiederholten Überprüfungen jedoch standhalten und damit die Formulierung einer alternativen Hypothese erforderlich machen, stellt sich die Aufgabe, den Aussagezusammenhang, in den die falsifizierte Hypothese eingegliedert war, der neuen Situation anzupassen, d. h. Widersprüche zur alternativen Hypothese auszuräumen. Das Ideal, von dem diese Bemühung geleitet ist, besteht in einem hierarchisch gegliederten Hypothesen-Zusammenhang, der eine größmögliche Vielfalt von Phänomenen mittels möglichst weniger Grundprinzipien erklärt: Hierin besteht die »sparsam-schönste Form«, d. h. ›Kohärenz‹, einer Theorie.[48] Dass es umso eher gerechtfertigt ist, eine Hypothese

---

[45] Lambert: *Neues Organon*, §620. Ebd. S. 13.
[46] Ebd. §611, S. 8.
[47] Lichtenberg: »Betrachtungen über einige Methoden, eine gewisse Schwierigkeit in der Berechnung der Wahrscheinlichkeit beim Spiel zu heben« (1770). In: Ders.: *Schriften und Briefe*, Bd. III, S. 9f.; »Nicolaus Copernicus« (1800). In: *Schriften und Briefe*, Bd. III, S. 155 ff. – Lichtenbergs Feststellung, dass Beobachtungssätze kein unumstößliches Fundament unserer Welterkenntnis bilden, ist das geltungstheoretische Pendant zu Herders Kritik an der empiristischen Annahme, unsere Welterfahrung beruhe auf der Verknüpfung elementarer Sinnesdaten (s. o. S. 211).
[48] Vgl. Nicholas Rescher: *The Coherence Theory of Truth*. Oxford 1973. S. 59 ff.

Smail Rapic

angesichts zuwiderlaufender Beobachtungen bis auf weiteres aufrechtzuerhalten, je fester sie in ein solches Theoriegeflecht eingebettet ist, ist gleichbedeutend damit, dass wir befugt sind, die Kohärenz empirischer Aussagezusammenhänge als Kriterium ihrer Wahrheit zu werten.[49]

In den *Ideen* wertet Herder demnach mit der These, Systemen wohne eine ›natürliche‹ Tendenz zu einem »Beharrungzustande« der »Wahrheit, Güte und Schönheit« inne, die Inkohärenz von Aussagezusammenhängen als destabilisierenden ›Störfaktor‹. Er korrigiert in den *Ideen* mit der Zuordnung des Begriffs der »Wahrheit« zum Gleichgewichtszustand von Systemen implizit die Annahme seiner frühen Geschichtsphilosophie, dass kulturspezifischen Vorurteilen eine systemstabilisierende Funktion zukommt. Indem er den Terminus »sparsam-schönste Form« sowohl mit dem Begriff der »Wahrheit« als auch mit dem der »Güte« verknüpft, erklärt er ›Kohärenz‹ zum gemeinsamen Beurteilungskriterium theoretischer Welterklärungen und praktisch-ethischer Selbstbeschreibungen. Die Spezifikation des Begriffs des systemischen Gleichgewichts mittels der Trias »Wahrheit, Güte und Schönheit« in den *Ideen* schließt damit die – von Parsons explizit formulierte – Annahme ein, dass soziale Systeme normativer Kohärenz bedürfen.[50]

Da Herder in seiner frühen Geschichtsphilosophie und in den *Ideen* jeweils einen biologistischen Systembegriff in Ansatz bringt, die Rolle der Kohärenz von Aussagezusammenhängen bei der Aufrechterhaltung stabiler Sozialstrukturen jedoch unterschiedlich einschätzt – was auf die gegensätzliche Standpunkte Luhmanns und Parsons' vorausdeutet –, stellt sich die Frage, ob eine der beiden Positionen einem solchen Systembegriff adäquater ist. Herder suggeriert in *Auch eine Philosophie der Geschichte* mit der plakativen Aussage: »Alles was mit meiner Natur noch gleichartig ist, was in sie assimiliert werden kann, beneide ich, strebs an, mache mirs zu Eigen; darüber hinaus hat mich die gütige Natur mit Fühllosigkeit, Kälte und Blindheit bewaffnet« (*AP* 35), dass eine Abwehrhaltung gegenüber Einflüssen aus der Außenwelt, die festgefügten eigenen Überzeugungen zuwiderlaufen, generell lebensdienlich ist. Eine solche Annahme ist jedoch in Bezug auf empirische Hypothesen, die unseren Umgang

---

[49] Lichtenberg bringt dies auf die Formel: »Durch das Einfache geht der Eingang zur Wahrheit.« (*Schriften und Briefe*, Bd. II, Aufzeichnung K 361).
[50] Vgl. Parsons: *Das System moderner Gesellschaften*, S. 21.

mit Naturphänomenen anleiten, verfehlt: Wenn etwa ein Arzt über Beobachtungsergebnisse, die seine Prognosen durchkreuzen, hinweggeht, riskiert er die Schädigung künftiger Patienten. Empirische Theorien, die praktisch relevant sind, können somit ihre lebensdienliche Funktion nur dann bewahren, wenn sie beim Auftreten widerstreitender Beobachtungsresultate, die wiederholter Überprüfung standhalten, dem veränderten Erfahrungsstand angepasst werden – wenn es also gelingt, die jeweilige Theorie in der Weise zu revidieren, dass sie mit den neuen Resultaten zu einem kohärenten Ganzen verbunden werden kann. Geht man – mit Herders früher Geschichtsphilosophie – davon aus, dass bestimmte kulturelle Vorurteile, die die Einsicht in Widersprüche zwischen normativen Selbstbeschreibungen und den faktischen Zuständen versperren, zur ›störungsfreien‹ Reproduktion etablierter Sozialstrukturen beitragen, ergibt sich daher die Konsequenz, dass in der empirischen Welterkenntnis und in unseren normativen Selbstinterpretationen entgegengesetzte Strategien lebensdienlich sind: In unserer Welterkenntnis müssen wir dem aktuellen Erfahrungsstand Rechnung tragen und eine maximale Kohärenz unserer Überzeugungssysteme anstreben,[51] im praktisch-ethischen Bereich kommt demgegenüber gemäß Herders früher Geschichtsphilosophie der Selbstimmunisierung inkohärenter Selbstbeschreibungen eine vitale Funktion zu. In den *Ideen* beseitigt Herder diese Diskrepanz, indem er Systemen im Allgemeinen die Tendenz zu einem »Beharrungszustande« der »Wahrheit, Güte und Schönheit« zuspricht. Das Systemmodell des Organismus, das er in seiner frühen Geschichtsphilosophie wie auch den *Ideen* in Ansatz bringt, lässt es offen, ob zwischen unserer Welterkenntnis und unserem normativem Selbstverhältnis eine solche Diskrepanz oder aber eine Strukturanalogie besteht: Der Rekurs auf die Biologie trägt zur Klärung dieser Frage insofern nichts bei, als die Formulierung von Hypothesen über Naturphänomene wie auch unsere praktisch-ethischen Selbstbeschreibungen die spezifisch menschliche Sprachfähigkeit und damit Vernunft voraussetzen.

Das Paradigma des Organismus lässt sich auf unsere individuel-

---

[51] Herder verpflichtet sich in *Auch eine Philosophie der Geschichte* mit dem Programm einer »Physik der Geschichte« selber zu kohärenter wissenschaftlicher Argumentation – und kritisiert dementsprechend diejenigen unter seinen Lesern, die durch ihre Vorurteile von einer ernsthaften Auseinandersetzung mit seiner Analyse der modernen Zivilisation abgehalten werden (*AP* 93, s. o. S. 134).

le und soziale Existenz nicht bruchlos übertragen. Unterstellt man – mit Herders *Auch eine Philosophie der Geschichte* – eine Analogie zwischen der selektiven Wahrnehmung von Organismen und Abwehrmechanismen gegenüber Irritationen in der kulturell-normativen Sphäre (s. o. S. 211 f.), macht der hieraus resultierende Bruch zwischen dem Bereich unserer Welterkenntnis und unserem praktisch-ethischen Selbstverhältnis die Rede von der »*Ganze[n] Natur der Seele*« (*AP* 29), d. h. von einem »System« der »menschliche[n] Natur« im Sinne eines ›organischen Ganzen‹,[52] hinfällig. Will man an der Annahme festhalten, dass die »menschliche Natur [...] Ein Ganzes« ist,[53] muss man daher unsere praktische wie auch theoretische Vernunft auf einer höheren Stufe als die selektive Informationsverarbeitung von Organismen ansiedeln. Herder betont dementsprechend in den *Ideen* die Differenz von Mensch und Tier: Er nennt dort den Menschen den »erste[n] Freigelassene[n] der Schöpfung« – in dem Sinne, dass er durch seine fehlende Instinktdetermination zur Ausbildung der Vernunft befähigt ist: »Die Waage des Guten und Bösen, des Falschen und Wahren hängt in ihm« (*I* 145 f.).

Mit der gegensätzlichen Deutung der Rolle der Kohärenz von Aussagezusammenhängen bei der Aufrechterhaltung stabiler Sozialstrukturen in *Auch eine Philosophie der Geschichte* und den *Ideen* formuliert Herder somit zwei gleichermaßen legitime Varianten eines biologistischen Modells sozialer Systeme. Welches Systemmodell das adäquatere ist, muss daher auf rein empirischem Wege geklärt werden.

Die Behauptung der *Ideen*, Systemen wohne eine ›natürliche‹ Tendenz zu einem »Beharrungszustande« der »Wahrheit, Güte und Schönheit« inne, erweist sich dadurch als problematisch, dass in Herders früher Geschichtsphilosophie die These von der systemstabilisierenden Funktion kulturspezifischer Vorurteile anhand zahlreicher Beispiele erhärtet und dieser empirische Befund in den *Ideen* nirgends revidiert wird. Herder versucht ihn mit dem Systemmodell der *Ideen* dadurch in Einklang zu bringen, dass er die ideologische Verschleierung von Herrschaftsverhältnissen in dieser Schrift auf ein schuldhaftes Versagen der beteiligten Akteure zurückführt (*I* 146, s. o. S. 75). Hierbei ergeben sich jedoch – wie die Analyse der römi-

---

[52] Herder: *Abhandlung über den Ursprung der Sprache*, S. 61. S. o. S. 214, Anm. 24.
[53] Ebd.

schen Gesellschaft in den *Ideen* zeigt – aporetische Konsequenzen
(s. u. S. 253 ff.).

## 2. Der Anfang der Geschichte

Herder stellt in *Auch eine Philosophie der Geschichte* – anders als in
den *Ideen* – der systemischen Analyse historischer Zivilisationen
eine skizzenhafte Darstellung der archaischen Stufe des nomadischen
Hirtenlebens voran, wobei er exemplarisch auf die Verhältnisse im
»Morgenland« eingeht. (*AP* 5 ff., 11). Er beschreibt die Sozialstruktur des nomadischen Hirtenlebens als ein patriarchalisches Verwandtschaftssystem (*AP* 9 ff.). Herder gibt der aufklärerisch gefärbten Feststellung, dass »Autorität« und »Furcht« die »Triebfeder[n]«
dieses Regiments« waren, in der Sache Recht, wendet jedoch gegen
dessen Etikettierung als eines »Despotismus« ein, dass sich auf der
damaligen Kulturstufe die »Keime« der Moralität nicht anders entwickeln konnten (*AP* 9 f.):

»siehe, was jedem einzelnen Menschen in seiner Kindheit unumgänglich not ist: dem ganzen Menschengeschlecht in seiner Kindheit gewiss nicht weniger. Was du Despotismus [...] nennest, und
eigentlich nur Vaterautorität war, Haus und Hütte zu regieren –
siehe [...] wie's das, was recht und gut war oder wenigstens so dünk-
te, zwar nicht demonstrierte, aber dafür in ewige Formen festschlug,
mit einem Glanz von Gottheit und Vaterliebe« (*AP* 10).

Herders Vergleich dieser Kulturstufe mit dem Entwicklungsstand eines Kindes im Alter von »drei Jahren« (*AP* 14 f.) und seine
Feststellung, dass »Gottesfurcht« und »Gehorsam« das damalige
»Religionsgefühl« prägten (*AP* 10, 12), weisen auf Habermas' Paral-
lelisierung des archaischen Moralbewusstseins mit der »präkonventionellen« Stufe der individuellen Moralentwicklung im Sinne Kohlbergs voraus – wobei allerdings berücksichtigt werden muss, dass
Habermas vor einer pauschalen Gleichsetzung beider Phasen warnt
(s. o. S. 22). Herder erklärt das – bei allen Völkern nachweisbare –
Aufkommen religiöser Mythen zu Beginn der Menschheitsgeschichte in den *Ideen* zu einer anthropologischen Notwendigkeit: Die aus
der fehlenden Instinktsicherheit des Menschen und der Erkenntnis
der eigenen Sterblichkeit resultierende »Furcht« trieb den »Verstand« dazu an, den »Zusammenhang aller Dinge« zu ergründen;
unter archaischen Lebensumstände »musste« der Mensch – so Her-

der – »unsichtbare mächtigere Wesen vermuten«, die man sich durch Wohlverhalten »zu Freunden« machen könne (*I* 161 f., vgl. 372 ff.). Die mythische Urform der Religion lässt sich damit nach Herder kausal erklären.[54] Herder spricht den religiösen Mythen eine unentbehrliche sozialintegrative Funktion zu: In der »Kindheit« des Menschengeschlechts gab es »keine wirksamere Triebfeder als Religion« (*I* 511), um die Individuen, die sich infolge der gattungsgeschichtlichen Herausbildung der Vernunft ihrer Freiheit bewusst wurden, zur Befolgung der für ein geordnetes Zusammenleben unentbehrlichen moralischen Regeln zu motivieren.

Herder betrachtet somit das Paradigma der Kindheit als gemeinsamen Bezugspunkt der Gesellschaftsstruktur des »Patriarchenalters« (*AP* 6) der Menschheit und der mythischen Religiosität: Die – aus moderner Perspektive als Ausdruck von Unmündigkeit zu wertende – »Ergebung in den Wink der Obern«, die die Stabilität der »Patriarchenwelt« sicherte, wurzelte in der Anerkennung ihrer sakralen Autorität (*AP* 12);[55] zugleich wurde die frühkindliche Wahrnehmung, dass die Erwachsenen durch Zuwendung bzw. Belohnung »helfen« und durch Strafen »schaden«, auf »unsichtbare mächtigere Wesen« projiziert (vgl. *I* 161). Das Fehlen jedes »Raisonnement[s]« in Bezug auf die Entscheidungen der »Obern« verrät dem modernen Betrachter tief sitzende »Vorurteile«; diese sind allerdings nach Herder »Grundsäulen alles dessen, was später über sie gebaut werden soll[te]«, d. h. eines weltgeschichtlichen Entwicklungsprozesses funktionsfähiger Sozialstrukturen, in dessen Verlauf das normative Bewusstsein allmählich heranreifte (*AP* 10). Die »Gottregentschaft« der Patriarchen bildete demnach den »Mittelpunkt der Glückseligkeit« archaischer Gemeinschaften, denen keine staatlichen Sanktionsmechanismen zur Aufrechterhaltung ihrer Stabilität und Funktionsfähigkeit zur Verfügung standen.[56]

---

[54] In vergleichbarer Weise führt Habermas mythische Weltbilder auf die archaische »Erfahrung des schutzlosen Ausgeliefertseins an die Kontingenzen einer nicht beherrschten Umwelt« zurück: »Diese Risiken können bei dem unentwickelten Stand der Produktivkräfte nicht unter Kontrolle gebracht werden. So entsteht das Bedürfnis, die Flut der Kontingenzen, wenn schon nicht faktisch, so doch imaginär enzudämmen, d. h. wegzuinterpretieren.« (*TkH* 1 // f.)

[55] In diesem Sinne spricht Herder von der »Gottregentschaft« (*AP* 6) der Patriarchen.

[56] In *Auch eine Philosophie der Geschichte* wird die These, dass in der Weltgeschichte »Widersprüche« zwischen den »Tugenden«, auf die sich die Mitglieder einer Gesellschaft verpflichten, und ethischen »Mängel[n]« – und damit zwischen normativen Selbstbeschreibungen und dem faktischen Verhalten – die »Regel« sind (*AP* 32), in Be-

## 3. Antike Gesellschaften

### a) Materielle Basis und politisch-kultureller Überbau in der ägyptischen und phönizischen Zivilisation

Aus dem Lebensalter-Schema, das Herder auf die soziale Evolution projiziert, geht hervor, dass er die altägyptische und die phönizische Zivilisation im Wesentlichen auf derselben Kulturstufe ansiedelt: Er vergleicht die Ägypter mit Schulkindern, nennt sie und die Phönizier »Zwillinge einer Mutter des Morgenlands« und ordnet die »Jünglingszeit« dem antiken Griechenland zu (*AP* 15, 21 f.).

Herder will in seiner Analyse der altägyptischen Zivilisation nachweisen, dass deren Strukturgefüge durch die geographisch-ökonomischen Verhältnisse auf der einen Seite und das Weiterwirken der mythischen Religiosität auf der anderen determiniert wird; da er die archaischen Mythen als notwendiges Produkt der Erfahrung einer übermächtigen Natur zu Beginn der Menschheitsgeschichte ansieht, bringt er hiermit ein Gesellschaftsmodell in Ansatz, worin die materiellen Lebensumstände die bestimmende ›Basis‹ bilden. Für die sozioökonomischen Verhältnisse Ägyptens ist es von fundamentaler Bedeutung, dass der Nil die einzige Lebensader des weitgehend unfruchtbaren Landes bildet. Es gab in Ägypten keine »Viehweide[n]« und damit kein »Hirtenleben«; die Einwohner konnten nur dadurch überleben, dass sie mit Hilfe des Nilschlamms Ackerbau trieben (*AP* 14 f.). Dies zwang zu einer sesshaften Lebensweise und damit zum Aufbau politischer Institutionen, die die Verteilung des Landbesitzes kontrollierten: »Länder mussten ausgemessen, jedem das Seine bestimmt, jeder bei dem Seinen beschützt werden: [...] es ward Landessicherheit, Pflege der Gerechtigkeit, Ordnung, Polizei« (*AP* 15). Herder führt die straffe zentralistische Organisation des ägyptischen Staates[57] darauf zurück, dass der Bau von Kanälen und Dämmen – der die planvolle Zusammenarbeit vieler Menschen vo-

---

zug auf die archaische »Patriarchenwelt« (*AP* 9) nicht konkretisiert. Da Herder davor warnt, die Patriarchen zu einem »Ideal« zu stilisieren (*AP* 32), liegt die Schlussfolgerung nahe, dass zwischen dem »Siegel göttlicher Autorität«, welches sie für sich in Anspruch nahmen, und den unvermeidlichen Halbheiten und Unzulänglichkeiten unserer Existenz eine solche – durch »Vorurteile« verdeckte – Kluft bestand (*AP* 6, 10, 12).

[57] Vgl. Parsons: *Gesellschaften*, S. 95: »Überall in der [altägyptischen] Gesellschaft konnten ungeheure menschliche Mittel für bedeutende Ziele eingesetzt werden, sobald der Plan weitgehend von der Spitze her entworfen und durchgeführt werden konnte.«

raussetzt – erforderlich war, um die Überschwemmungen des Nils für die Landwirtschaft nutzbar zu machen (*AP* 16). Die Aussage der *Ideen:* »Ohne Polizei und Kunst wäre Ägypten ein Schlamm des Nils worden« (*I* 269) legt den Schluss nahe, dass das Ziel, seine Überschwemmungen zu regulieren, die entscheidende Triebkraft beim Aufbau des ägyptischen Staates war. Nach neueren Erkenntnissen entstanden die ersten künstlichen Bewässerungsanlagen allerdings erst Jahrhunderte nach der Gründung des ersten ägyptischen Einheitsstaates (des »Alten Reiches«).[58] Herders Kernthese, dass der ägyptische Zentralismus seine Wurzeln in geographisch-ökonomischen Lebensbedingungen hat, lässt sich dennoch in modifizierter Gestalt aufrechterhalten: Die ersten historisch nachweisbaren Hungersnöte traten in Ägypten nach dem Zusammenbruch des »Alten Reiches« auf – woraus gefolgert werden kann, dass eine staatlich gelenkte Vorratswirtschaft unabdingbar war, um die Versorgung der Bevölkerung in den Jahren sicherzustellen, in denen die Landwirtschaft durch Dürre oder massive Überschwemmungen beeinträchtigt wurde.[59]

Die – in den geographischen Gegebenheiten fundierte – ökonomische Rolle des ägyptischen Staatsapparates schlug sich in gesellschaftlichen Wertvorstellungen nieder, die den Nomaden der archaischen Epoche des »Orient[s]« fremd waren: »Ordnung, Fleiß, Bürgersitten« machten die »ägyptische Tugend« aus; die »Neigungen, die dort [= in Vorderasien] bloß väterlich, kindlich, schäfermäßig, patriarchalisch gewesen waren, wurden hier bürgerlich, dörflich, städtisch« (*AP* 15, 17). Die Ausbildung der Schriftkultur als der Basis der staatlichen Administration und die – von den materiellen Lebensbedingungen angestoßene – Entwicklung künstlerischer und wissenschaftlicher Fertigkeiten[60] verlangten »Schulfleiß«; er ging mit dem Respekt vor der »Autorität« der Überlieferung und der ge-

---

Die Entstehung einer solchen Fähigkeit zu organisierten kollektiven Anstrengungen war in der sozialen Evolution etwas völlig Neues.«

[58] Renate Müller-Wollermann: »Der altägyptische Staat und dezentrales Krisenmanagement«. In: *Überlebensstrategien in Afrika.* Hrsg. von M. Bollig und F. Klees. Köln 1994. S. 317–323.

[59] Vgl. ebd. S. 320.

[60] »Ägypten hatte kein Holz: man musste mit Stein bauen lernen [...] – wie hoch ist die Kunst gestiegen! wie viel entwickelte sie andere Künste! Der Nil überschwemmte, man brauchte Ausmessungen« (*AP* 16); »jene periodischen Überschwemmungen, von denen ihre Wohlfahrt abhing, lehrten sie messen und rechnen.« (*I* 504)

sellschaftlichen Führungseliten einher (*AP* 16 f.). Die Verankerung der sozialen Hierarchie in einem machtvollen Traditionszusammenhang fand in den Monumentalbauten Ägyptens sinnenfälligen Ausdruck (*AP* 20).[61]

Zum inneren Zusammenhalt des ägyptischen Staates trug seine Abgrenzung nach außen bei (*AP* 20). Diese wurde durch seine geographische Lage begünstigt – die Sahara und das Mittelmeer bilden natürliche Grenzen Ägyptens, nach Vorderasien führt nur eine schmale Landzunge –; die »Verschlossenheit« der Ägypter »von andern Völkern« wurde – so Herder – durch kulturelle Vorurteile befestigt (*AP* 20). Er konstatiert einen »Hass gegen die Fremden« infolge der Verherrlichung der eigenen Kultur (ebd.). So hatte etwa die

---

[61] Herder spricht der Verwurzelung der staatlichen Institutionen und »Bürgersitten« (*AP* 15) Ägyptens in den ökonomischen Bedingungen eine exemplarische Bedeutung für die gesellschaftlichen Folgen der Einführung des Ackerbaus zu (*AP* 17). Er hebt in den *Ideen* hervor, dass »keine Lebensart in der Gesinnung der Menschen so viele Veränderungen bewirkt« habe, »als der Ackerbau auf einem bezirkten Stück Erde. Indem er Hantierungen und Künste, Flecken und Städte hervorbrachte, und also Gesetze und Polizei befördern musste: hat er notwendig« – so Herder – einem »Despotismus den Weg geöffnet, der, da er jeden auf seinem Acker zu finden wusste, zuletzt einem jeden vorschrieb, was er auf diesem Stück Erde allein tun und sein sollte. Der Boden gehörte jetzt nicht mehr den Menschen, sondern der Mensch dem Boden.« (*I* 312) Diese Passage knüpft an Rousseaus Feststellung an, der »erste, der ein Stück Land eingezäunt hatte und es sich einfallen ließ zu sagen: *dies ist mein*«, sei »der wahre Gründer der bürgerlichen Gesellschaft gewesen« (*D* 173), und weist zugleich auf Marx' und Engels' Bestimmung der politischen und normativen Sphäre als »Superstruktur« der ökonomischen Produktionsbedingungen voraus (*MW* II 92). Die Rede vom »Despotismus« in der zitierten Passage schließt – da Herder die subalterne Stellung der Ackerbauern betont – die Unterscheidung von ›herrschender‹ und ›beherrschter Klasse‹ ein, wobei er allerdings mit der Feststellung: »Der Boden gehörte jetzt nicht mehr dem Menschen, sondern der Mensch dem Boden« die staatlichen Machtträger in dieser historischen Phase zu bloßen Ausführungsorganen ökonomischer Mechanismen erklärt. Hiermit modifiziert er Rousseaus Rekonstruktion der Staatsgründung im *Diskurs über die Ungleichheit* in einer entscheidenden Hinsicht: Er stimmt Rousseau darin zu, dass die ökonomische Dynamik, die aus der Einführung des Ackerbaus entsprang, die Etablierung eines staatlichen Machtapparats »notwendig« (*I* 312) machte, schließt sich aber nicht dessen These an, dieser sei von der Führungsschicht von Beginn an für die Durchsetzung ihrer Klasseninteressen bewusst missbraucht worden. Angesichts der Entschiedenheit, mit der Herder auf Ausbeutungsstrukturen in der griechischen und römischen Zivilisation hinweist (*AP* 34, s. o. S. 216), muss der ›harmonistische‹ Zug, den die Applikation der Metapher des »Mittelpunkt[s] der Glückseligkeit« einer »Nation« auf antike Gesellschaften in *Auch eine Philosophie der Geschichte* in sich birgt, daran festgemacht werden, dass er den antiken Führungseliten in dieser Schrift zugesteht, ihre systemerhaltende soziale Rolle in der subjektiven Überzeugung aufgefüllt zu haben, vorgegebene Pflichten konsequent zu befolgen.

Wertschätzung der »Arbeit« und »Bürgertreue« bei den Ägyptern nach Herder zur Folge, dass sie sich vor den »müßige[n]« Nomaden und »Hüttenbewohner[n]« in ihrer Nachbarschaft, die auf einer archaischeren Kulturstufe verharrten, »ekelte[n]« (*AP* 15 f.). Herder deutet mit den drastischen Ausdrücken des Hasses und Ekels an, dass es sich hierbei um einen – durch die Internalisierung der »ägyptische[n] Tugend« hervorgerufenen – Abwehrreflex gehandelt hat, dessen Vehemenz nur mittels der sozialpsychologischen Hypothese erklärbar ist, dass die Ägypter hiermit zugleich den eigenen natürlichen Wunsch nach einer ungebundenen Lebensweise unterdrückt, gleichsam ›ausgegrenzt‹, haben.[62]

Da Herder der Internalisierung von sozialen Normen, die die Stufe juristischer Kodifizierung erreicht hatten, eine Schlüsselrolle bei der Konstitution des »ägyptischen Geistes« beimisst (*AP* 15 f.), entspricht seine Zuordnung der altägyptischen Zivilisation zur Entwicklungsstufe eines »Knabe[n] […] auf der Schulbank« (*AP* 15) der These Habermas', dass das »konventionelle« Moralniveau mit der Staatsgründung erreicht wurde (s. o. S. 22 f.).

Das normative Bewusstsein der Ägypter war mit der Religion untrennbar verknüpft: »Die Entwicklung geschah aus Orient und der Kindheit herüber – natürlich musste also noch immer Religion, Furcht, Autorität, Despotismus das Vehikulum der Bildung werden« (*AP* 17).[63] Herder hält der Kritik zeitgenössischer Aufklärer an der ägyptischen Religiosität entgegen: »Du kannst so viel Galle du willt über den ägyptischen Aberglauben und das Pfaffentum ausschütten […] – alles wahr, alles gut, wenn das Ägyptentum für dein Land und

---

[62] Herders Feststellung, dass die »Neigungen«, die im »Wanderleben des Orients« noch »kindlich, schäfermäßig, patriarchalisch gewesen waren«, in Ägypten »bürgerlich, dörflich, städtisch« wurden (*AP* 15), beschreibt die Genese der emotionalen Triebkräfte der ägyptischen Zivilisation als einen aus archaischen Gefühlswelten herausführenden Transformationsprozess. Indem Herder hinzufügt, dass die Ägypter ihren gesellschaftlichen Institutionen »mit Bedürfnis und Genuss verpflichtet« und hierdurch »unter sie gefesselt« waren (ebd.), gibt er zu verstehen, dass aufgrund des unverzichtbaren Beitrags dieser Institutionen zum Überleben der Bevölkerung die von ihnen vermittelten Normen Macht über das Seelenleben der Individuen gewannen. Mit seiner dezidierten Aussage, dass Neigungen in Abhängigkeit von soziokulturellen Umständen »gebildet werden« (*AP* 14), schließt sich Herder der These Rousseaus an, dass der Einfluss der Gesellschaft bis in unsere innersten Gefühle hineinreicht.

[63] Vgl. Parsons: *Gesellschaften*, S. 96: »Das auffälligste Merkmal des ägyptischen Systems war sein religiöser Aspekt, wobei die ›bürokratische‹ Effektivität weitgehend von diesem Aspekt abhängig war.«

deine Zeit sein sollte.« (ebd.) Die ägyptische Religion weist insofern Züge des »Aberglauben[s]« auf, als in der kosmisch-sakralen Funktion, die dem Pharao zuerkannt wurde, magisch-animistische Mythen nachwirken;[64] die Rede vom ägyptischen »Pfaffentum« spielt auf die Entstehung einer Priesterkaste als des religiösen Gegenstücks zur staatlichen Bürokratie an. Herders Metakritik an der aufklärerischen Verurteilung der – aus unserer Warte – abergläubischen und autoritären Züge der ägyptischen Staatsreligion setzt dabei an, dass es sich um »unvermeidliche Übel« gehandelt habe (*AP* 18): Mit seiner These, dass die ägyptische Zivilisation von »Religion, Furcht, Autorität, Despotismus« geprägt sein »musste« (*AP* 17), führt Herder die spezifische Gestalt der ägyptischen Religion kausal auf die Adaptation der überkommenen, archaischen Religiosität an die hierarchische Staatsform Ägyptens zurück, die wiederum in den geographisch-ökonomischen Lebensbedingungen verwurzelt war. Herder verbindet diese kausale Erklärungs- mit einer teleologischen Deutungsperspektive: »eine gewisse Privation von Kenntnissen, Neigungen und Tugenden musste da sein, um das zu entwickeln, was [...] in der Reihe der Weltgegebenheiten nur *das Land, die Stelle* entwickeln konnte« (*AP* 18). Demnach sicherte der religiöse befestigte hierarchische Geist der ägyptischen Zivilisation durch die soziale Disziplinierung der Individuen die Funktionsfähigkeit der staatlichen Institutionen und die bruchlose Weitergabe der Kunstfertigkeiten, ohne die die ökonomischen Aufgaben, die sich aus den geographischen Lebensumständen ergaben, nicht hätten bewältigt werden können (vgl. *AP* 17).[65] In diesem Sinne erklärt Herder »Religion, Furcht, Autorität, Despotismus« zum »Vehikulum der Bildung« des ägyptischen Volkes (*AP* 17), d. h. zu einem Organisationsprinzip der ägyptischen Zivilisation, der er mit seinem Lebensalter-Schema einen festen Platz

---

[64] Vgl. Parsons: *Gesellschaften*, S. 97 ff.: »Sowohl göttlich als auch menschlich, war er das entscheidende Bindeglied der Kontinuität aller sinnvollen Phänomene. Er war der ›Sohn‹ Rhas, des Sonnengottes, der für die primäre Ursache und Begründung alles Lebendigen gehalten wurde. [...] Daher stand seine Menschlichkeit in Zusammenhang mit der allgemeinen Zeugungsordnung [...] Die Folgerung, dass die Ägypter glaubten, die Verfassung des Kosmos sei gefährdet, wenn der Pharao und seine Priester den Kult nicht aufrechterhielten, ist daher nicht ganz abwegig.«

[65] Parsons weist darauf hin, dass die »Führer der ägyptischen Bürokratie« keine Arbeitskräfte im modernen Sinne anwerben mussten; die »Mobilisierung menschlicher Dienstleistung für große kollektive Unternehmungen« gelang vielmehr dadurch, dass die Individuen die Mitwirkung an solchen Projekten als ihre Pflicht gegenüber der Gesellschaft ansahen, als deren Repräsentant das Königtum galt (*Gesellschaften*, S. 92 f.).

in der »Erziehung des Menschengeschlechts« (*I* 337) zuweist.[66] Die staatliche Lenkung der Wirtschaft, die durch die geographischen Lebensbedingungen erzwungen und mittels einer Religiosität, deren Genese systemfunktional rekonstruierbar ist, abgesichert wurde, bildete demnach den »Mittelpunkt der Glückseligkeit« des ägyptischen Volkes.[67]

Herder räumt mit seinem Zugeständnis, dass der zeitgenössischen Kritik am »Aberglauben« und »Pfaffentum« der ägyptischen Zivilisation ein Wahrheitsmoment zukommt,[68] ein, dass in ihr durchaus Anhaltspunkte für die radikal-aufklärerische These zu finden sind, hinter religiösen Deutungssystemen, die »Furcht« produzieren und auf diese Weise soziale Autoritäten stützen, verberge sich das Machtinteresse einer politisch-religiösen Führungselite (vgl. *AP* 17). Er bekräftigt hiermit seine Feststellung, dass die Herrschaftsstrukturen Ägyptens dem »Despotismus« Vorschub leisteten, die ägyptischen Führungseliten also keineswegs als untadelige Diener des Gemeinwohls anzusehen sind, sondern durchaus Privilegien genossen und mit despotischen Mitteln verteidigten. Zwischen der normativen Selbstbeschreibung der »Führer der ägyptischen Bürokratie« als Verwalter eines »›Wohlfahrts‹-Staat[s]«[69] und ihrem faktischen Handeln bestand demnach eine Kluft.[70] Herder spricht allerdings durch den Vergleich der Ägypter mit einem »Knaben von sieben Jahren«, der noch nicht gelernt habe zu »vernünfteln«

---

[66] Herder bindet seinen Bildungsbegriff in den *Ideen* an die »Gestaltenbildung« (Irmscher) anorganischer und organischer Körper an (*I* 263 ff., 636 ff., 669; vgl. Irmscher: »Die geschichtsphilosophische Kontroverse zwischen Kant und Herder«. In: *Hamann – Kant – Herder*. Acta des vierten Internationalen Hamann-Kolloquiums im Herder-Institut zu Marburg/Lahn 1985. Hrsg. von B. Gajek. Frankfurt a. M. 1987. S. 111–192, hier S. 125).

[67] Dass Herder die aufklärerische Kritik an der ägyptischen Religion mit dem Hinweis auf deren Funktion beim Aufbau und Erhalt leistungsfähiger ökonomisch-politischer Institutionen relativiert, entspricht Parsons' Applikation seiner These, eine »adäquate normative Ordnung in einem politischen System« sei »eine Bedingung der effektiven Mobilisierung zum Erreichen von Zielen«, auf den Funktionszusammenhang zwischen der Religiosität der Ägypter und der »›bürokratische[n]‹ Effektivität« ihres Staates (*Gesellschaften*, S. 96, 179, Anm. 20).

[68] »[...] alles wahr, alles gut, wenn das Ägyptentum für dein Land und deine Zeit sein sollte.« (*AP* 17, s. o.)

[69] Parsons: *Gesellschaften*, S. 92 f.

[70] So war etwa die Verteilung von Nahrungsmitteln durch lokale Potentaten in Notzeiten »nicht von humanitären, sondern von machtpolitischen Erwägungen gesteuert« (Müller-Wollermann: »Der altägyptische Staat und dezentrales Krisenmanagement«, S. 320).

(*AP* 17), den Herrschenden wie den Beherrschten das Bewusstsein für diese Diskrepanz ab. Er ist offensichtlich der Auffassung, dass die Führungseliten einem tradierten Rollenverständnis unreflektiert folgten und auf Seiten der Beherrschten die Furcht vor Strafen überirdischer Mächte gesellschaftskritische Reflexionsprozesse blockierte. In diesem Sinne haben laut Herders *Auch eine Philosophie der Geschichte* Reflexionsdefizite – und damit Vorurteile –, die aus der Unreife des damaligen normativen Bewusstseins resultierten und Widersprüche zwischen normativen Selbstbeschreibungen und dem faktischen Verhalten verdeckten, zur Aufrechterhaltung eines Wertekonsenses in der ägyptischen Zivilisation beigetragen, den wir als authentisch werten müssen.

Herder erkennt dem »ägyptischen Schulfleiß« eine wichtige Rolle im weltgeschichtlichen Aufklärungsprozess zu (*AP* 16). Er unterstreicht die Entwicklungslinie, die von der ägyptischen Theokratie zur griechischen Philosophie hinführt, indem er darauf hinweist, dass sich der Beitrag der ägyptischen Religion zum Aufbau leistungsfähiger staatlicher Institutionen in einer allmählichen Abkehr von irrationalen Tendenzen der archaischen Religiosität niederschlug: An die Stelle von »Orakelsprüchen der Gottheit« traten in Ägypten – so Herder – »Gesetze«, »und der Rest von jenen ward bloß als heiliges Bild an die Tafel gemalt, dass es nicht unterginge, dass der Knabe davor stehen, entwickeln und Weisheit lernen sollte.« (*AP* 15) Aus der Adaptation der archaischen Religiosität an die sozioökonomischen Lebensbedingungen Ägyptens resultierte demnach eine allmähliche Abkehr vom mythischen Denken, die in den Säkularisierungstendenzen der griechischen Kultur (s. u. S. 239 f.) weiterwirkte.[71]

Herders Analyse der phönizischen Zivilisation setzt wiederum bei den geographischen Lebensumständen an. Aufgrund der Küstenlage des Landes basierte die Wirtschaft »ganz auf Handel« (*AP* 19). Herder spricht den geographisch-ökonomischen Lebensbedingungen der Phönizier unmissverständlich einen determinierenden Einfluss auf ihre Sozialstruktur und Staatsform, ihre kulturellen Produktionen und ihre »Neigung[en]« zu: »Auf einer handelnden Küste *mussten*« – da der Aufbau eines Netzes von Handelsniederlassungen eine

---

[71] Herders Vergleich des Verhältnisses von ägyptischer und griechischer Kultur mit den »Stufen« einer »Leiter« (*AP* 16) berührt sich mit Habermas' Deutung der Aufklärung als konsequenter Fortführung theologischer Rationalisierungstendenzen (»Historischer Materialismus und die Entwicklung normativer Strukturen«, S. 19; s. o. S. 23 f.).

Smail Rapic

Dezentralisierung der Staatsmacht nach sich zog – »Aristokratien von Städten, Häusern und Familien werden – mit allem welch eine Veränderung in Form menschlicher Gesellschaft. Also auch Hass gegen die Fremden und Verschlossenheit von andern Völkern schwand […] Nun *musste* natürlich aus der schweren, geheimnisreichen Hieroglyphenschrift leichte, abgekürzte, bräuchliche Rechen- und Buchstabenkunst werden: nun *musste* der Bewohner des Schiffs und der Küste, der expatriierte Seestreicher und Völkerläufer dem Bewohner des Zelts und der Ackerhütte ein ganz anderes Geschöpf dünken: der Morgenländer musste ihm vorwerfen können, dass er menschliches, der Ägypter, dass er Vaterlandsgefühl geschwächt« habe (*AP* 20 f.; Hervorh. von mir). Verglichen mit der zentralistischen Staatsgewalt der Ägypter und der Traditionsbindung ihrer Kultur, verkörpert die phönizische Zivilisation die »Gegenseite von Bildung« – gleichsam die Antithese (*AP* 19).

Die Mobilität und merkantile »Klugheit« (*AP* 21) der Phönizier schlug sich in ihrem Kunsthandwerk nieder. Während die Kunst der Ägypter einen Zug »ins Große und Ungeheure« aufweist und auf diese Weise die Prägung ihres »Geistes« durch »Religion, Furcht, Autorität, Despotismus« zum Ausdruck bringt (*AP* 15, 17, 20), konzentrierte sich der phönizische »Kunsttrieb« auf die ästhetische Veredlung von Dingen des täglichen Gebrauchs, die sich als Exportgüter eigneten: Man »spielte […] vorteilhaft mit Glas, mit zerstücktem, gezeichnetem Metall, Purpur und Leinwand, Gerätschaft vom Libanon, Schmuck, Gefäßen, Zierrat – man spielts fremden Nationen in die Hände« (*AP* 20).

Herder weist in den *Ideen* auf das Fortwirken archaischer Religionsformen in der phönizischen Zivilisation hin (*I* 493); in *Auch eine Philosophie der Geschichte* hebt er demgegenüber ihre aufklärerischen Züge hervor, die über die Stufe der ägyptischen Kultur hinausweisen: In der Handelspolitik der Phönizier wurde erstmals »eine Art von Völkerliebe, Völkerbekanntschaft, Völkerrecht sichtbar« (*AP* 20).[72] Herder stellt allerdings mit seiner Bemerkung, dass die Phönizier »nicht aus Menschenliebe Nationen besuchte[n]«, klar,

---

[72] Im Unterschied etwa zu den Griechen haben die Phönizier keine fremden Territorien erobert, um dort Kolonien anzulegen; ihre Auslandsniederlassungen waren reine Handelsplätze (*I* 496; vgl. Maria Eugenia Aubet: *The Phoenicians and the West. Politics, Colonies and Trade.* Cambridge 1993). Herder charakterisiert die Phönizier – im Vergleich zu den Ägyptern – als »erwachsenere Knabe[n]«, die »umherlief[en]« (*AP* 21).

dass ihre Ideen von Völkerverständigung und Völkerrecht »gewinn-
süchtigen« Motiven entsprangen (*AP* 20 f.): Wer mit seinen Handels-
partnern ins Geschäft kommen will, muss ihren Interessen Rechnung
tragen und sie in diesem Sinne als gleichberechtigte Personen anerkennen. Indem Herder diese Keimzelle der Idee des Völkerrechts in
derselben Weise wie die phönizische Staatsverfassung, die »einen ge-
waltigen Schritt zur Freiheit der Republik« tat, »von der weder Morgenländer noch Ägypter eigentlich Begriff gehabt«, auf den merkan-
tilen Grundzug der phönizischen Gesellschaft zurückführt (*AP* 20),
gibt er eine kausale Erklärung ihres normativen ›Überbaus‹, die dessen lebensdienliche Funktion hervorhebt. Die phönizische Zivilisation ist demnach um den Handel als den »Mittelpunkt« ihrer »Glückseligkeit« zentriert. Herder gibt mit ihrer Zuordnung zur ›Kindheit‹
der Menschheit zu verstehen, dass die Phönizier aufgrund der ›Unreife‹ ihres normativen Bewusstseins kein Gespür für die Verwurzelung ihrer Ideen von »Völkerbekanntschaft« und »Völkerrecht«
in ökonomischen Interessen, also letztlich im Egoismus, hatten –
und damit für den Widerspruch zwischen ihrem normativen Selbstverständnis und ihrem faktischen Verhalten.

b)   *Traditionsbestände und Rationalisierungsprozesse in der
     griechischen Kultur*

Die Darstellung der griechischen und römischen Antike in *Auch eine
Philosophie der Geschichte* bleibt fragmentarisch; sie muss daher
durch die parallelen Analysen der *Ideen* ergänzt werden. Hierbei
muss allerdings die Differenz zwischen den Systemmodellen beider
Schriften im Auge behalten werden, aus der sich eine entscheidende
Akzentverschiebung in der Interpretation der römischen Geschichte
ergibt (s. u. S. 252 ff.). Die normativ-kulturelle Sphäre wirkt in der
griechischen und römischen Zivilisation nach Herder erstmals auf
die politischen Verhältnisse zurück – ohne jedoch den prägenden Einfluss materieller Lebensumstände aufzubrechen. Herder hält an dem
Anspruch fest, die kulturellen Fortschritte dieser Epoche »wie eine
Naturerzeugung« erklären zu können (*I* 559, 623).[73]
    Herder charakterisiert den Siedlungsbereich der Griechen als

---

[73] »Warum waren die aufgeklärten Griechen in der Welt? Weil sie […] unter solchen
Umständen nicht anders als aufgeklärte Griechen sein konnten.« (*I* 569) »[…] so sei es

»ein rechtes Zwischenland der Kultur, wo aus zwei Enden alles zusammen floss«, so dass sich der griechische »Geist« durch eine »Mischung phönizischer und ägyptischer Denkart« konstituierte
(*AP* 23). Die Griechen ließen sich bevorzugt an Küsten und auf Inseln nieder; hieraus resultierte eine »Abtrennung« der einzelnen
»Völker« und »Kolonien«, die die Bildung eines Einheitsstaates verhinderte; die »Regimentsform« stand daher der phönizischen nahe
(*AP* 22 f.). Bei den Griechen überwand allerdings im Fall äußerer
Bedrohung (zu Beginn des 5. Jahrhunderts v. Chr. durch die Perser
und in der zweiten Hälfte des 4. durch die Makedoner) der »ge-
meinschaftliche Geist« die Trennlinien zwischen den Stadtstaaten
(*AP* 23 f.). Das »Gefühl einer Nation« wurde durch die gemeinsame
kulturelle Überlieferung und panhellenische Einrichtungen wie die
Olympischen Spiele wachgehalten (ebd.).[74]

Herder erklärt den fortschreitenden Aufklärungsprozess zum
hervorstechenden und wirkungsreichsten Merkmal der griechischen
Kultur (*AP* 24 f., *I* 511 f., 545 f.). In seiner frühen Geschichtsphilosophie akzentuiert er dessen skeptisch-relativistische Konsequenzen:

»Der Religion des Morgenlandes ward ihr heiliger Schleier
genommen: und natürlich, da alles auf Theater und Markt und Tanz-
platz Schau getragen wurde, wards in kurzem ›Fabel, schön ausgedehnt, gedichtet und neugedichtet – Jünglingstraum und Mädchen-
sage!‹ die morgenländische Weisheit, dem Vorhang der Mysterien
entnommen, ein schön Geschwätz, Lehrgebäude und Zänkerei der
griechischen Schulen und Märkte.« (*AP* 24)

Der Säkularisierungsprozess der griechischen Zivilisation[75]
setzte demnach mit dem Bewusstsein vom literarischen Charakter
der überlieferten Mythen ein und wurde durch die These philosophischer Aufklärer (wie Xenophanes) vorangetrieben, dass das tradierte
Götterbild auf menschlicher Projektion beruht. Herder bindet diesen
Aufklärungsprozess – durch die Betonung ägyptischer und phönizischer Einflüsse auf die Griechen – an die Rationalisierungstendenzen der ägyptischen Religion (s. o. S. 236) und den ›universalisti-

---

mir vergönnt, vom Charakter der Römer in ihren besten Zeiten bloß allgemein zu reden
und auch diesen Charakter lediglich als Folge ihrer Zeitumstände zu betrachten.« (*I* 610)
[74] Vgl. Parsons: *Gesellschaften*, S. 161: »Die Kombination und Interaktion dieser einzigen und allgemeinen Kultur mit einer Vielzahl gesellschaftlicher Einheiten hat sicherlich viel zur besonderen Kreativität der griechischen Zivilisation beigetragen.«
[75] Parsons nennt die griechische Kultur eine »mehr oder minder säkulare« (*Gesellschaften*, S. 88).

schen‹ Aspekt des phönizischen Handelsgeistes an. Laut den *Ideen* wird »auf Inseln, Halbinseln oder Küsten von glücklicher Lage« auf natürlichem Wege eine »freiere Kultur erzeugt« (*I* 517): offensichtlich dadurch, dass die aus Handelsbeziehungen resultierende »Völkerbekanntschaft« die Vielfalt religiöser Traditionen und damit die Begrenztheit der eigenen vor Augen führt. Herder sieht die Basis der aufklärerischen Tendenzen der griechischen Zivilisation somit im Zusammenwirken geographisch-ökonomischer Lebensumstände mit historischen Einflüssen.

Infolge dieses Säkularisierungsprozesses trennte sich die »Gesetzgebung allmählich von der Religion« (*I* 511 f.). Hierdurch gewann die griechische »Sittenbildung« (*I* 547) – wie Herder in den *Ideen* hervorhebt – zukunftsweisende Bedeutung:

»Die Grabschrift jener Spartaner, die bei Thermopylä fielen: Wanderer, sag's zu Sparta, dass seinen Gesetzen gehorsam/ Wir erschlagen hier liegen – bleibt allemal der Grundsatz der höchsten politischen Tugend, bei dem wir auch zwei Jahrtausende später nur zu bedauern haben, dass er zwar einst auf der Erde der Grundsatz weniger Spartaner über einige harte Patrizier-Gesetze eines engen Landes, noch nie aber das Principium für die reinen Gesetze der gesamten Menschheit hat werden mögen. Der Grundsatz selbst ist der höchste, den Menschen zu ihrer Glückseligkeit und Freiheit ersinnen und ausüben mögen. Ein Ähnliches ists mit der Verfassung Athens, obgleich dieselbe auf einen ganz andern Zweck führte. Denn wenn die Aufklärung des Volks in Sachen, die zunächst für dasselbe gehören, der Gegenstand einer politischen Einrichtung sein darf: so ist Athen ohnstreitig die aufgeklärteste Stadt in unsrer bekannten Welt gewesen. […] Da nun *Patriotismus* und *Aufklärung* die beiden Pole sind, um welche sich alle Sittenkultur der Menschheit beweget: so werden auch Athen und Sparta immer die beiden großen Gedächtnisplätze bleiben, auf welchen sich die Staatskunst der Menschen über diese Zwecke zuerst jugendlich-froh geübt hat. […] Sokrates war nur ein Atheniensischer Bürger, alle seine Weisheit nur Atheniensische Bürgerweisheit […] In Ansehung der bürgerlichen Aufklärung sind wir dem einzigen Athen also das Meiste und Schönste aller Zeiten schuldig.« (*I* 544 ff.)

In der zitierten Grabschrift der Spartaner manifestiert sich die Bereitschaft, Privatinteressen konsequent dem Wohl der Gemeinschaft unterzuordnen. Indem Herder diese Gesinnung zum »Grundsatz der höchsten politischen Tugend« und einem unverzichtbaren

Moment der »Staatskunst« erklärt, knüpft er an die Position an, die Rousseau in seiner Auseinandersetzung mit Hobbes im *Diskurs über die Ungleichheit* entwickelt hat (s. o. Kap. III 3 c): Jede Gesellschaft muss ihre Mitglieder in dem Sinne zur Befolgung sozialer Pflichten anhalten, dass sie von ihnen verlangt, den Verhaltensregeln, die die Funktionsfähigkeit der Sozialordnung sichern, auch in Situationen treu zu bleiben, in denen dies zu Lasten ihrer Privatinteressen geht; eine Gesellschaft ist nur dann vor dem Zerfall geschützt, wenn eine ausreichende Zahl ihrer Mitglieder dieser Aufforderung Folge leistet; in diesem Sinne ist der genannte »Grundsatz« für die »Glückseligkeit« der Gesellschaft unabdingbar, ohne aber im ›wohlverstandenen Selbstinteresse‹ der Individuen verankert werden zu können – wie gerade das Beispiel der Spartaner zeigt: Sie haben das Angebot der Perser, ›ehrenvoll‹ zu kapitulieren, ausgeschlagen und damit den sicheren Tod gewählt, da sie wussten, dass der Verlust der politischen Freiheit der griechischen Stadtstaaten unausweichlich war, wenn es ihnen nicht gelingen würde, den persischen Vormarsch zu verzögern, wobei völlig offen blieb, ob der Krieg überhaupt noch zu gewinnen war. Herder macht mit der Zuordnung der Grabschrift zur »jugendlich[en]« Periode der Staatskunst darauf aufmerksam, dass die Spartaner als Motiv ihrer Opferbereitschaft nicht den Gehorsam gegenüber den Göttern, sondern gegenüber den Gesetzen ihres Staates nennen: Die Grabschrift verrät die Abkehr von der – die »Kindheit« der Menschheit prägenden – religiösen Legitimation politischer Institutionen (vgl. *I* 511 f.). Herder kann »Patriotismus« und »Aufklärung« insofern die beiden »Pole [...] alle[r] Sittenkultur der Menschheit« nennen, als nach seinem Verständnis das Wohl der Gesellschaft den basalen Orientierungsrahmen eines vernunftgeleiteten ethischen Handelns bildet: Gemäß seinen *Briefen zu Beförderung der Humanität* (1793–97) müssen Politik und Moral »Eins werden«.[76] Durch die Gegenüberstellung des »Patriotismus« der Spartaner mit der »bürgerlichen Aufklärung« Athens gibt Herder zu verstehen, dass die Spartaner ihre Pflichten aus Treue gegenüber der hergebrachten Sitte erfüllt haben, ohne der Frage nach der rationalen

---

[76] II. Sammlung, 25. Brief. Herder: *Werke*, Bd. VII, S. 130. Dies entspricht dem Standpunkt Rousseaus (»Wer Politik und Moral getrennt behandeln will, wird keine von beiden jemals verstehen«; *OC* IV 524, *Emil oder über die Erziehung*, S. 240), der seinerseits an die Antike anknüpft: Sokrates identifiziert die »menschliche« Tugend mit der »politischen« (*Apologie* 20 b); Aristoteles zählt seine *Nikomachische Ethik* zur »Wissenschaft der Politik« (*Eth. Nic.* 1094 b 10–11).

Begründbarkeit ihres Handelns nachzugehen. Die zukunftsweisende Antwort auf das Problem der Moralbegründung, das beim Schwund tradierter religiöser Legitimationssysteme virulent wird, hat nach Herder Sokrates gegeben: Er war der »Weise«, der die »echte *menschliche* Philosophie [...] vom Himmel rief« (*I* 160). Sokrates hat den Übergang vom »konventionellen« zum »postkonventionellen« Moralniveau eingeleitet, indem er mit der Forderung, das eigene Handeln stets daraufhin zu prüfen, welche Konsequenzen es für die Funktionsfähigkeit der Gesellschaftsordnung hätte, wenn jeder genauso handelte, wie man selbst es intendiert, ein universal anwendbares Moralprinzip benannt hat (s. o. S. 171, Anm. 72), welches allerdings noch insofern einen ›partikularistischen‹ Aspekt enthält, als Sokrates den Bezugspunkt des moralischen Handelns ausschließlich im Wohl des eigenen »Vaterland[s]« (patris) sieht (*Kriton* 50 a–b). Herder erklärt mit seiner These, die »Weisheit« des Sokrates sei »nur Atheniensische Bürgerweisheit« gewesen, das sokratische Moralprinzip zur Frucht der politischen Praxis Athens, d. h. der direkten Demokratie, der Athen seinen Rang als »aufgeklärteste Stadt in unsrer bekannten Welt« verdankt. Die Beratung von Gesetzesvorlagen in der Volksversammlung kreist um die Frage, welche Konsequenzen es für das Wohl der anwesenden Bürger hätte, wenn das betreffende Gesetz eingeführt und damit allgemein befolgt würde. Sokrates erweitert dieses Entscheidungskriterium basisdemokratischer Gesetzgebungsprozesse zum Grundprinzip des moralischen Handelns, indem er jeden Staatsbürger dazu auffordert nachzuprüfen, ob es für das Gemeinwohl förderlich oder schädlich wäre, wenn die eigene Handlungsweise zur generellen Praxis würde.

Herder betrachtet den republikanischen ›Föderalismus‹ der griechischen Stadtstaaten, dessen »Idee« er auf die Formel bringt: »Gehorsam mit Freiheit gepaart und mit dem Namen Vaterland umschlungen« (*AP* 22 f.), als den »Mittelpunkt« ihrer »Glückseligkeit«.[77] Er hebt allerdings hervor, dass die »griechische Freiheit« (*AP* 23) für eine privilegierte Gruppe von ›Vollbürgern‹ reserviert blieb (*I* 544 f.). In *Auch eine Philosophie der Geschichte* führt er die

---

[77] Vgl. Parsons: *Gesellschaften*, S. 162: »Obwohl [...] das klassische Griechenland in aristokratisch-oligarchische und demokratische Poleis unterteilt war, galt doch in allen das Prinzip, dass die Polis eine korporative Gruppe von Bürgern war, in welcher hinsichtlich der fundamentalen Bürgerrechte formale Gleichheit herrschen sollte. Sogar die [...] Tyrannen waren ganz entschieden ›Sprecher‹ für die Gemeinschaft der Bürger; die ›Tyrannen‹ spielten sogar eine wichtige Rolle in der Demokratisierung gewisser Poleis.«

Unterdrückung der Heloten durch die Spartaner als eindringliches Beispiel eines – durch Vorurteile verdeckten – Widerspruchs zwischen der normativen Selbstdeutung der ›staatstragenden‹ Schicht und ihrem faktischen Verhalten an (s. o. S. 216). Dem Selbstverständnis des athenischen Staates als einer Demokratie läuft zuwider, dass nur ein Minderheit der Bevölkerung stimmberechtigt war.[78] Herder gibt mit dem Hinweis auf die privilegierte Stellung der griechischen ›Vollbürger‹ zu verstehen, dass sich deren ethisch-politische Grundsätze erst dann in »Prinzipien […] für die gesamte Menschheit« transformieren, wenn das Bewusstsein für die Unrechtmäßigkeit von »Patrizier-Gesetze[n]«, die den benachteiligten Schichten die Selbstbestimmung vorenthalten, erwacht (I 545). Den Anstoß zu dieser Entwicklung gab nach Herder das Christentum, welches er in einer aufklärerischen Perspektive interpretiert (s. u. Abschnitt 3 a).

*c)  Das System des römischen »Kriegsstaats«*

In *Auch einer Philosophie der Geschichte* wird die römische Zivilisation dem »Mannesalter« zugeordnet (*AP* 26). Herder sieht im Ziel der Weltherrschaft ihre zentrale Triebkraft (*AP* 26).[79] Rom war »von seinem höchsten bis zu seinem niedrigsten Gliede« ein »Kriegsstaat« (I 586).[80] Die »Römertugend« war dementsprechend der spartanischen verwandt: Sie verrät die »großmütige Anlage der Seele, über Wolllüste, Weichlichkeit und selbst das feinere Vergnügen hinwegzusehen und fürs Vaterland zu würken« (*AP* 26). Herders Vergleich des Verhältnisses von römischer und griechischer Antike mit dem Fortgang von der »Jünglingszeit« zum »Mannesalter menschlicher Kräfte und Bestrebungen« (*AP* 21, 26) ist darauf gemünzt, dass die der griechischen Aufklärung entstammende Rationalisierung der Politik bei den Römern eine neue Gestalt annahm: Ihre konsequent vorangetriebene militärische Expansion verrät einen »große[n], immer unterhaltene[n] Plan« – »mit nichts wenigerm sich zu begnügen, als bis ihr Adler den Weltkreis deckte« (*AP* 26).

---

[78] »Selbstverständlich näherte sich eine solche Demokratie häufig einer milden Diktatur.« (Parsons: *Gesellschaften*, S. 163)

[79] Er beruft sich herbei auf Vergil: »tu regere imperio populos, Romane, memento« (*Aeneis* VI, 851; *AP* 26).

[80] Parsons bringt dies auf die Formel, »dass Rom weniger eine Armee ›hatte‹, als in prinzipieller Hinsicht eine Armee ›war‹« (*Gesellschaften*, S. 143).

Herder relativiert allerdings seine Feststellung, dem Aufbau des römischen Weltreichs habe ein bewusst entworfener »Plan« zugrunde gelegen, indem er hervorhebt, dass die Römer als »Glieder« einer »großen Maschine fast unwissend« handelten (*AP* 26 f.). Der Eindruck eines Widerspruchs zwischen diesen beiden Aussagen lässt sich anhand der *Ideen* auflösen, wo Herder darauf insistiert, dass das frappierende Phänomen des Aufstiegs einer einzelnen Stadt zur »Beherrscherin« eines Weltreichs »wie eine Naturerzeugung« erklärt werden muss: Er verlangt, das Römische Reich durch den Aufweis einer »genaue[n] Zusammenkettung der Umstände […] als ein Lebendiges [zu] betrachten« (*I* 602 f., 623 f.). Demnach muss der »Plan« der Römer, ein Weltreich zu errichten, mittels eines biologistischen Systemmodells rekonstruierbar sein.[81] Herders Aussage, die Römer hätten als »Glieder« einer »großen Maschine fast unwissend« gehandelt, lässt sich auf diesem Hintergrund dahingehend interpretieren, dass ihnen die systemischen Mechanismen, aus denen ihr »Plan« entsprang, nicht deutlich wurden.

Die politische Verfassung Roms als eines »Kriegsstaat[s]« war mit seiner Wirtschaftsstruktur untrennbar verknüpft: Die Kriegsgefangenen bearbeiteten als Sklaven »die weitläuftigen, reichen Äcker« und sicherten damit den Wohlstand der einheimischen Bevölkerung (*I* 605).[82] Herder erklärt in den *Ideen* einen fundamentalen »Zwiespalt« in der Struktur des römischen Staates zum Movens seiner Expansionspolitik: Einerseits blieb der Senat als das politische Machtzentrum der Republik in den Händen der Patrizier – was damit zu erklären ist, dass ein »Kriegsstaat« einer mit unumschränkter Befehlsgewalt ausgestatteten Führungsspitze bedarf, so dass die Aufrechterhaltung einer ausgeprägten sozialen Hierarchie funktional notwendig war –, andererseits besaßen die Plebejer durch ihre Teilnahme am Militärdienst ein Machtpotential, das den hierarchischen Staatsaufbau bedrohte (*I* 601 ff.). Die wirtschaftliche Aus-

---

[81] Dass Herder die römische Gesellschaft einerseits mit einer »Maschine«, andererseits einem Organismus vergleicht, liegt auf der Linie der Verschränkung eines mechanistischen mit einem biologischen Paradigma in den Systemmodellen seiner frühen Geschichtsphilosophie und der *Ideen*, wobei das biologische das übergreifende ist (s. o. S. 208, 214 f.).

[82] Parsons betont – im Anschluss an Max Weber –, dass das »System« des Römischen Reiches »auf die Sklaverei angewiesen war, vor allem um landwirtschaftliche Produkte in dem von seinen Stadtbevölkerungen und wohlhabenden Schichten verlangten Umfang bereitzustellen.« (*Gesellschaften*, S. 145)

beute der Kriegszüge ermöglichte es den Patriziern, die Plebejer durch die Hebung des allgemeinen Lebensstandards so weit zufrieden zu stellen, dass die Bestrebungen, die Vormachtstellung des Senates zu beseitigen, unter Kontrolle gehalten werden konnten.[83] Die militärische Expansion war also insofern der »Mittelpunkt der Glückseligkeit« der römischen Gesellschaft, als sie den materiellen Lebensstandard der ›Vollbürger‹ – auf Kosten der Sklaven – hob und die Plebejer zugleich mit den Privilegien der Führungsspitze angesichts deren ›effizienter Arbeit‹ versöhnte. Diese systemerhaltende Strategie schuf allerdings Probleme in den eroberten Gebieten, da deren einheimische Bevölkerung wirtschaftlich ausgenutzt wurde und politisch benachteiligt war. Wiederholte Aufstände in abhängigen Territorien zwangen zur Ausweitung des römischen Bürgerrechts auf unterworfene Völker (I 603 f.) – was wiederum das Risiko einer Unzufriedenheit der bislang privilegierten ›Kernbevölkerung‹ mit sich brachte. Als Ausweg bot sich das erprobte Mittel ökonomischer Prosperität durch militärische Expansion an – die durch die Rekrutierung zusätzlicher Soldaten in den eroberten Territorien ermöglicht wurde. Infolge dieses Grundmusters, das sich in der Kaiserzeit durchhält, manifestiert sich im römischen Weltreich im doppelten Sinne die »Reife des Schicksals der alten Welt« (AP 27): Herder weist mit dieser Formulierung einerseits auf Parallelen zum zentralistischen ›Wohlfahrtsstaat‹ der Ägypter[84] und auf das Weiterwirken der phönizischen Ideen von »Völkerbekanntschaft« und »Völkerrecht« wie auch der »Verallgemeinerungsprinzipien der griechischen Philosophie« (Parsons)[85] in der kontinuierlichen Ausweitung des römischen Bürgerrechts auf die Gesamtbevölkerung des Reiches (mit Ausnahme der Sklaven) hin; er betont andererseits, dass das römische System kollabieren musste, als die militärische Expansion definitiv an Grenzen stieß: »Der Keim der Verwesung lag im Innern des

---

[83] Herder hebt in den *Ideen* hervor, dass der römische Staat »Kriege schaffen« musste, »damit inwendig die Ruhe gesichert bliebe« (I 603). Vgl. I 587 f.: »der römische Soldat nahm an den Ehren und am Lohne der Feldherren Teil. In den ersten Zeiten der Bürgertugend Roms diente man um keinen Sold: […] mit den Eroberungen aber und der Emporhebung des Volks durch seine Tribunen wuchsen Gold, Lohn und Beute.«
[84] So setzen etwa die »öffentlichen Austeilungen« von Getreide in Rom (I 604) die ägyptische Tradition der Versorgung Bedürftiger durch staatliche Stellen fort (vgl. Müller-Wollermann: »Der altägyptische Staat und dezentrales Krisenmanagement«, S. 317).
[85] Parsons: *Gesellschaften*, S. 138.

Gewächses: der Wurm nagte an seiner Wurzel [...]; und so musste auch dieser riesenhafte Baum endlich sinken.« (*I* 601)[86]

Herder und Parsons interpretieren das Verhältnis zwischen der normativen Sphäre der römischen Gesellschaft und den politischen Realitäten, d. h. die Rolle des kulturellen ›Überbaus‹, in unterschiedlicher Weise. Parsons betrachtet die fortschreitende Ausweitung des Bürgerrechts als »konsisten[e]« institutionelle Implementierung der Rationalisierungstendenzen der griechischen Kultur: »Durch die Anwendung der Verallgemeinerungsprinzipien der griechischen Philosophie konnte das System der römischen Rechtsordnung [...] in Form universalistischer Prinzipien formuliert werden, die auf alle Menschen anwendbar waren«; dies gab dem römischen Staat – so Parsons – die »konstitutionelle Fähigkeit«, »Ressourcen zu mobilisieren und in ganz verschiedenen Kontexten relativ rational und konsistent zu handeln.«[87] Nach Parsons erlangten somit »Innovationen« innerhalb der normativ-kulturellen Sphäre[88] bereits in der Antike eine gesellschaftliche Wirkungsmacht, die die ursprüngliche Dominanz der ökonomischen Basis aufbrach. Herders Feststellung, dass die Römer »die griechischen Muster« auf ihre »Republik« applizier-

---

[86] In der Geschichtswissenschaft ist es umstritten, ob der Zerfall des römischen Weltreichs systemische Ursachen hatte – wie Herder annimmt – oder auf die Völkerwanderung zurückzuführen ist (vgl. Franz Georg Maier: *Die Verwandlung der Mittelmeerwelt* (= *Fischer Weltgeschichte,* Bd. 9). Frankfurt a. M. 1968. S. 141 ff.). Der Standpunkt Herders wird durch eine Reihe empirischer Befunde gestützt: (1) Die ersten Auflösungserscheinungen – bis hin zur Etablierung faktisch unabhängiger Teilstaaten – traten lange vor Beginn der Völkerwanderung auf: zur Zeit der ›Soldatenkaiser‹ um die Mitte des 2. Jahrh. n. Chr. (vgl. Maier: ebd. S. 28). (2) Da die Germanen, die ab der Mitte des 3. Jahrh. von den Hunnen an die Reichsgrenzen gedrängt wurden, eine neue Existenzgrundlage suchten, strebten sie vielfach die »Inkorporation in die höhere Zivilisation des Reiches« an (ebd. S. 124). Die Goten schlossen nach ihrem Sieg über die Römer unter Valens bei Adrianopel (378) mit seinem Nachfolger Theodosius einen Ansiedlungsvertrag, der sie zum (besoldeten) Dienst im (ost-) römischen Heer verpflichtete. Der Einfall der Hunnen in Gallien 451 wurde von einer weströmischen Armee, die sich mindestens zur Hälfte aus Germanen rekrutierte, abgewehrt. (3) Interessengegensätze innerhalb des Imperiums, die beim Stillstand der Expansionspolitik nicht mehr beherrschbar waren, untergruben seine Abwehrkraft. So gingen etwa den germanischen Invasionen in Gallien und Italien 407–410 militärische Auseinandersetzungen zwischen dem West- und Ostteil des Reiches voran (388/89, 393/94), in denen die Truppen des Westteils aufgerieben wurden. »Hinter der scheinbar festgefügten Klassenordnung der Gesellschaft bestand eine Situation des Konflikts [...] Diese innenpolitische Zersplitterung trug wesentlich zum Gelingen der germanischen Angriffe bei.« (ebd. S. 148, 151)

[87] Parsons: *Gesellschaften,* S. 138

[88] Vgl. ebd. S. 176.

ten, bezieht die griechische Philosophie ein; er stellt jedoch – anders als Parsons – die fortschreitende Integration der unterworfenen »Nation[en]« in das (mit Bürgerrechten ausgestattete) ›Staatsvolk‹ des Römischen Reiches zwiespältig dar (*AP* 27). Auf der einen Seite hebt er die ›völkerverbindenden‹ Konsequenzen der Ausweitung des römischen Bürgerrechts hervor:

»[…] was wurde für ein römischer Erdkreis! Der Name knüpfte Völker und Weltstriche zusammen, die sich vorher nicht dem Laut nach gekannt hatten. […] mit der Zeit wurden die Bande immer fester, endlich sollte das ganze römische Reich gleichsam nur Stadt Rom werden – alle Untertanen Bürger« (*AP* 27).

Auf der anderen Seite führt er diese Entwicklung auf Herrschaftsansprüche einer ›staatstragenden‹ Klasse zurück: »Die Mauer ward zerbrochen, die Nation von Nation schied, der erste Schritt gemacht, die Nationalcharaktere aller zu zerstören, alle in eine Form zu werfen, die ›Römervolk‹ hieß.« (ebd.)

Indem Herder die »Klugheit« im »Geschäfte« des römischen »Weltbaus« hervorhebt (*AP* 26), gibt er zu verstehen, dass das Doppelgesicht der beschriebenen Egalisierungstendenz im Rekurs auf die systemische Strategie, die der römischen Expansion zugrunde lag, konsistent erklärbar sein muss. Herder lässt keinen Zweifel daran, dass die Verleihung des Bürgerrechts an unterworfene Völker einzig und allein der Aufrechterhaltung der imperialen Macht Roms diente, die durch Aufstände in eroberten Gebieten bedroht war (*I* 603 f.): Die systemerhaltende Strategie, mit der es gelungen war, das Unruhepotential unter den schlechter Gestellten innerhalb der römischen Kernbevölkerung unter Kontrolle zu bringen und damit die interne Herrschaftsstruktur des römischen Staates zu stabilisieren – den Wohlstand durch militärische Expansion zu vergrößern –, wurde auf die unterworfenen Völker in der Weise ausgedehnt, dass diese Zugang zur römischen Armee erhielten und dadurch in die Lage versetzt wurden, von der wirtschaftlichen Ausbeute der Kriegszüge – nach dem Prinzip »divide et impera« – zu profitieren. Die Ambivalenz in Herders Darstellung der Egalisierungstendenz im Römischen Reich macht darauf aufmerksam, dass die Beförderung der »Glückseligkeit« der Völker, denen das Bürgerrecht verliehen wurde, durch die Beendigung ihrer politischer Diskriminierung und die Hebung ihres Lebensstandards mit der Assimilation ihrer »Nationalcharaktere« an das System des römischen »Kriegsstaat[s]« einherging. Die »Romanisierung« (*I* 604) des Reichsgebietes, die in der Verdrängung der Nationalsprachen durch lateinische Dialekte in einer Reihe von Provinzen (etwa dem heutigen Frankreich und Spanien) ihren sichtbaren Ausdruck fand, schloß demnach die Absorption kultureller Diversität durch die systemischen Mechanismen des römischen »Weltbaus« ein. Herder vergleicht diesen Prozess mit einem »Sturm, der die innersten Kammern der Nationaldenkart jedes Volkes durchdrang« – so dass die von den Römern unterworfenen »Völker […] gewissermaße die Völker zu sein aufhörten, die sie waren«, indem »über die ganze Erde *eine* Staatskunst, Kriegskunst und Völkerrecht eingeführt wurde« (*AP* 27 f.).

Herder gibt mit seiner ambivalenten Darstellung der Egalisierungstendenz im Römischen Reich zu verstehen, dass diese nicht als konsistente Umsetzung der Universalisierungsprinzipien der griechischen Philosophie begriffen werden kann. Sokrates erklärt mit seiner Forderung, die eigenen Absichten stets daraufhin zu prüfen, welche Konsequenzen es für die Stabilität der Gesellschaftsordnung hätte, wenn alle anderen genauso handelten, die Bereitschaft, dieselben Maßstäbe an sich selbst und seine Mitmenschen anzulegen, sich also mit allen anderen auf eine Stufe zu stellen, zum ethischen Grundprinzip. Die rechtliche Gleichstellung der unterworfenen »Nation[en]« mit der römischen Kernbevölkerung stellt sich zwar, äußerlich betrachtet, als institutionelle Implementierung dieses – von Sokrates paradigmatisch formulierten – ethischen Prinzips dar; der Abbau der Privilegien der römischen Kernbevölkerung war jedoch nicht ethisch, sondern machtstrategisch motiviert; die »griechischen Muster« wurden somit vom römischen »Kriegsstaat« instrumentalisiert. Ihre Anwendung in der römischen Rechtsordnung bildet demnach einen Beleg für Herders biologistische These, dass kulturelle Traditionsbestände von historischen Gesellschaftsformationen nach Maßgabe ihrer ›vitalen Bedürfnisse‹ adaptiert werden.[89] Die Instrumentalisierung der Universalisierungsprinzipien der griechischen Philosophie durch die römische Politik schloss insofern ihre Deformation ein, als das sokratische Moralprinzip, dessen politischen Hintergrund laut Herders *Ideen* basisdemokratische Entscheidungsprozesse bilden (s. o. S. 242 ), in veräußerlichter Form für die Stabilisierung eines Gesellschaftssystems eingesetzt wurde, für das die autoritative Stellung der politisch-militärischen Führungsspitze

---

[89] »Der Grieche macht sich so viel vom Ägypter, der Römer vom Griechen zu eigen, als er für sich braucht: er ist gesättigt, das übrige fällt zu Boden« (*AP* 36). S. o. S. 208 f.

(zunächst des patrizischen Senats, später des kaiserlichen Hofes) von konstitutiver Bedeutung war.[90]

Herders dezidierte Aussage, dass die Römer als »Glieder« einer »großen Maschine fast unwissend« handelten, schließt die These ein, dass ihnen die Instrumentalisierung der griechischen Universalisierungsprinzipien durch ihre Politik nicht bewusst war; sie waren demnach der Auffassung, die Verleihung des römischen Bürgerrechts an ›Barbaren‹, die gegen die bestehenden Herrschaftsverhältnisse aufbegehrten, habe den Charakter eines ›ehrlichen Interessenausgleichs‹. In diesem Zusammenhang ist Herders metaphorische Beschreibung der unmittelbaren Auswirkungen der römischen Eroberungszüge aufschlussreich: »Der römische Triumphator, mit Götterröte gefärbt, ist unsichtbar auch mit Blute getüncht: Raub, Frevel und Wolllüste sind um seinen Wagen: vor ihm her Unterdrückung: Elend und Armut zieht ihm nach.« (*AP* 34) Diesen Sätzen geht das Diktum voran: »Um edle Spartaner wohnen unmenschlich behandelte Heloten« (ebd., s. o. S. 216). Wie den Spartanern gesteht Herder auch den Römern ›Edelmut‹ zu, indem er ihnen Vaterlandsliebe und »männliche Gerechtigkeit« bescheinigt (*AP* 26): Diese manifestierten sich darin, dass die Führungsspitze in derselben Weise wie die Soldaten ihr Leben in den Kriegszügen aufs Spiel setzte. Das Wort vom »Frevel« der römischen Eroberer ist – wie das von der »unmenschlich[en]« Behandlung der Heloten durch die Spartaner – aus der Perspektive des Historikers gesprochen, der Widersprüche zwischen den normativen Selbstbeschreibungen ›staatstragender‹ Schichten und ihrem faktischen Verhalten konstatiert und mit dem Hinweis auf kulturspezifische Vorurteile erklärt: Da die Versklavung Kriegsgefangener eine in der Antike weit verbreitete Praxis war, hätten die Römer die Ausbeutung der unterworfenen Völker nur dann selber als »Frevel« werten müssen, wenn ihnen deutlich geworden wäre, dass ihr gesamtes Wirtschafts- und Gesellschaftssystem auf der Ausnutzung der menschlichen und materiellen Ressourcen anderer Völker beruhte. Indem Herder den Römern eine

---

[90] »In Rom erfand man keine Systeme; aber man übte sie aus und führte sie in das Recht, in die Staatsverfassung, ins tätige Leben. [...] man suchte, woran man sich halten könnte, und brauchte das, was der Grieche ausgedacht hatte, [...] als Waffe, als Rüstung.« (*I* 617) Vgl. Maier: *Die Verwandlung der Mittelmeerwelt*, S. 27: »die *constitutio Antoniniana* von 212 sprach allen Staatsangehörigen das volle römische Bürgerrecht zu. Das bedeutete aber weniger die politische Gleichberechtigung aller Bürger (die längst Untertanen waren), als ein weiteres Element der Gleichschaltung.«

»großmütige Anlage der Seele, [...] fürs Vaterland zu würken«, zuerkennt (*AP* 26), trennt er ihr Selbstbild von der Perspektive des Historikers ab, der ihre militärische Expansion als systemstabilisierende
Strategie begreift, die den Wohlstand des Staatsvolks mehrte und
zugleich der Führungsspitze zur Bewahrung ihrer Privilegien verhalf: Während sich der militärische Einsatz den Betroffenen selbst
als patriotische Pflicht darstellte, erkennt der Historiker gleichsam
hinter ihrem Rücken systemische Mechanismen, die ihren ökonomischen und politischen Interessen entgegenkamen. Die für Herders
frühe Geschichtsphilosophie zentrale These, dass Widersprüche zwischen normativen Selbstbeschreibungen und der gesellschaftlichen
Realität demjenigen, »der menschliches Herz aus dem Elemente seiner Lebensumstände erkennen will«, eine »Proportion von Kräften
und Neigungen zu einem gewissen Zwecke« – der »Glückseligkeit« –
verraten, »der ohne jene nimmer erreicht werden könnte« (*AP* 32,
34 f.), schließt eine systemfunktionale Erklärung der Reflexionsdefizite ein, aufgrund derer die Römer in Bezug auf die systemischen
Mechanismen ihres Staates »fast unwissend« geblieben sind: Wären
ihnen die ökonomischen Triebkräfte ihrer Politik bewusst geworden,
hätten sie die patriotischen Tugenden, die sie internalisiert hatten,
als illusionär betrachten müssen; hiermit wäre ihrer Selbstdisziplin
und ihrem Todesmut, denen ihre Armee ihre überlegene Schlagkraft
verdankte, der Boden entzogen worden, was ihre systemstabilisierende Expansionspolitik untergraben hätte. Die patriotischen Vorurteile, aufgrund derer die realen Beweggründe ihrer Eroberungspolitik wie auch der Verleihung des Bürgerrechts an unterworfene
Völker für die Römer selbst »unsichtbar« blieben, »drängt[en]« sie
somit zum »Mittelpunkt« ihrer »Glückseligkeit« hin, indem sie entscheidenden Anteil am ungebrochenen Fortgang der militärischen
Aggression hatten.

Parsons betrachtet auf der einen Seite – wie Herder – die Ausweitung des Bürgerrechts als unerlässliche Voraussetzung für die
»Stabilisierung der römischen Herrschaft« in den eroberten Gebieten,[91] auf der anderen Seite verbietet es ihm seine Kernthese, jede
soziale Ordnung bedürfe »normative[r] Kohärenz«,[92] die Integration
der unterworfenen Völker in das Staatsvolk des Römischen Reiches
auf eine deformierende Instrumentalisierung der »Verallgemeine-

---

[91] Parsons: *Gesellschaften*, S. 138 f.
[92] Parsons: *Das System moderner Gesellschaften*, S. 21.

rungsprinzipien der griechischen Philosophie« zurückzuführen. Dass er deren Rolle in der römischen Politik hiermit verzeichnet, tritt in seiner doppeldeutigen Anwendung des Begriffs der »Rationalisierung« auf die römische Rechtsordnung zutage:[93] Er rekurriert einerseits auf den Begriff der ›Zweckrationalität‹ im Sinne von ›systemischer Effizienz‹, indem er darauf hinweist, dass die Ausweitung des Bürgerrechts unerlässlich war, um die römische Herrschaft in den eroberten Gebieten zu stabilisieren und wirtschaftliche wie auch militärische »Ressourcen zu mobilisieren« – was auf der Linie seiner Leitthese liegt, eine »adäquate normative Ordnung in einem politischen System« sei »eine Bedingung der effektiven Mobilisierung für die Erreichung von Zielen« –, andererseits spricht er von der »Rationalisierung« des römischen Rechts in Hinblick auf dessen »philosophische Begründung« mittels der griechischen »Verallgemeinerungsprinzipien«;[94] diese bringen einen Begriff ethisch-praktischer Vernunft in Ansatz, demgemäß wir ›vernünftig‹ handeln, wenn wir an uns selbst und unsere Mitmenschen dieselben Maßstäbe anlegen.[95] Beide Vernunftbegriffe stehen insofern in einem Spannungsverhältnis zueinander, als die ethischen Verallgemeinerungsprinzipien der griechischen Philosophie in der Kritik des Sokrates am Versuch des Sophistik, Moral und Recht zweckrational zu begründen, verwurzelt sind (s. o. Kap. III 3 c). Parsons suggeriert mit seiner Aussage, die »Anwendung« der griechischen Verallgemeinerungsprinzipien auf die römische Rechtsordnung habe »dem römischen Staat die konstitutionelle Fähigkeit« verliehen, »Ressourcen zu mobilisieren und in ganz verschiedenen Kontexten relativ rational und konsistent zu handeln«,[96] dass der systemstabilisierende Effekt der Ausweitung des römischen Bürgerrechts als kausale Folge einer ethisch motivierten Politik anzusehen ist. Dies läuft jedoch der – von Herder hervorgehobenen – Tatsache zuwider, dass es zu dieser Ausweitung erst dann gekommen ist, als die römischen Gebietsgewinne durch Aufstände bedroht waren. Parsons bagatellisiert somit die Kluft zwischen den systemfunktionalen Mechanismen der römischen Gesellschaft und der »philosophische[n] Begründung« ihrer Rechtsordnung, d. h. ihrer normativen Selbstbeschreibung. Sei-

---

[93] Parsons: *Gesellschaften*, S. 138.
[94] Ebd. S. 138, 179, Anm. 20.
[95] Vgl. etwa Aristoteles: *Nikomanische Ethik* 1169 a 3–6, *Politik* 1324 b 18–22.
[96] Parsons: *Gesellschaften*, S. 138.

ne These von der Notwendigkeit »normative[r] Kohärenz« hindert ihn daran, sein Schichtenmodell sozialer Systeme (s. o. S. 35 f.) konsequent auf die römische Gesellschaft anzuwenden: Da gemäß diesem Modell die ökonomischen Verhältnisse die basalsten – »notwendig[en]«, wenn auch nicht »zureichend[en]« – »bedingenden Faktoren« der normativ-kulturellen Sphäre bilden,[97] müsste Parsons die Rolle der römischen Wirtschaft bei der Adaptation der griechischen Universalisierungsprinzipien in der Rechtsordnung des Imperiums thematisieren; er stellt jedoch keinen Zusammenhang zwischen seinem Hinweis auf den »Demokratisierungsprozess«, der mit der Ausweitung des Bürgerrechts einherging, und seiner Feststellung her, dass die Versklavung Kriegsgefangener für die römische Ökonomie lebenswichtig war.[98] Auf einen solchen Zusammenhang macht Herder aufmerksam, indem er die militärische Expansion, deren kontinuierlicher Fortgang an die rechtliche Aufwertung unterworfener Völker gebunden war, als den »Mittelpunkt der Glückseligkeit« der römischen Gesellschaft bestimmt, wobei er zugleich die Diskrepanz zwischen dem normativen Selbstverständnis der römischen Bürger und den realen Mechanismen ihrer Politik hervorhebt. Er bietet hiermit eine kohärente systemfunktionale Erklärung der Phänomene an, die Parsons unverbunden nebeneinander stellt.

Die Darstellung Roms in Herders früher Geschichtsphilosophie und den *Ideen* stimmt hinsichtlich der Phänomenbeschreibung weitgehend überein; in der Interpretation der römischen Geschichte tritt jedoch dadurch eine grundsätzliche Differenz auf, dass Herder in den *Ideen* eine ›natürliche‹ Tendenz sozialer Systeme zur Herstellung von Gleichgewichtszuständen der »Wahrheit, Güte und Schönheit« annimmt (*I* 647 f.), die durch menschliches Handeln blockiert werden könne. Laut den *Ideen* hätten sich die Römer die ethische Fragwürdigkeit ihrer Expansionspolitik eingestehen müssen, wenn sie sie vorurteilslos betrachtet hätten:

»Ihr großen edlen Seelen, Scipionen und Cäsar, was dachtet, was fühltet ihr, da ihr als abgeschiedne Geister von eurem Sternenhimmel auf Rom, die Räuberhöhle und euer vollführtes Mörderhandwerk hinunter saht? Wie unrein musste euch eure Ehre, wie blutig euer Lorbeer, wie niedrig und menschenfeindlich eure Würgekunst dünken!« (*I* 600 f.)

---

[97] Ebd. S. 50 f.
[98] Ebd. S. 139, 144 f.

Herder erklärt es in den *Ideen* zur »gerechten« Strafe für eine »verderbte [...] Lebensart«, dass die politische Strategie der Römer, den ungelösten Konflikt zwischen Patriziern und Plebejern durch die Versklavung anderer Völker zu kanalisieren, über kurz oder lang kollabieren musste (*I* 607, 609). Er wertet dies als Beleg für die Existenz eines »Gesetz[es] der Wiedervergeltung« (*I* 601), welches er im Rückgriff auf die antike Vorstellung der Nemesis formuliert: »Wie bei einer Waage keine Schale niedergedrückt werden kann, ohne dass die andre höher steige: so wird auch kein politisches Gleichgewicht gehoben, kein Frevel gegen die Rechte der Völker und die gesamte Menschheit verübt, ohne dass sich derselbe räche und das gehäufte Übermaß selbst sich einen desto schrecklichern Sturz bewirke.« (*I* 601)[99]

Aus der Annahme eines ›natürlichen Dranges‹ sozialer Systeme zur »Wahrheit, Güte und Schönheit«, der durch ein ›strafwürdiges‹ Versagen des Menschen paralysiert werden könne, resultieren argumentative Lücken und Unstimmigkeiten der *Ideen:*

(1) Da Herder in den *Ideen* die These aufrechterhält, dass das normative Bewusstsein im Verlauf der Weltgeschichte Schritt für Schritt heranreifen musste,[100] bleibt zu fragen, ob sein Urteil, die Römer hätten ihre Expansionspolitik ›sub specie aeternitatis‹ selber als »Mörderhandwerk« werten müssen (*I* 600 f., s. o.), nicht zu den anachronistischen »Machtsprüche[n] Lobes und Tadels« zu zählen ist, die er in seiner frühen Geschichtsphilosophie selber kritisiert (*AP* 31, 33). Er führt in den *Ideen* die Tatsache, dass sich Cäsar – dem er bescheinigt, »edelmütiger« als »irgend ein Römer« gewesen zu sein – der Zahl seiner getöteten ›Feinde‹ gerühmt hat, als Beleg dafür an, dass er »das Schicksal seiner Römischen Bestimmung nicht ändern« konnte (*I* 600 f.). Diese Formulierung legt die Schlussfolgerung nahe, dass das mangelnde Unrechtsbewusstsein der römischen Eroberer gegenüber den Opfern ihrer Kriegszüge kausal zu erklären ist – was sich damit stützen lässt, dass Herder in den *Ideen* verlangt, den »Charakter der Römer in ihren besten Zeiten [...] lediglich als Folge ihrer Zeitumstände zu betrachten« (*I* 610). Herder bietet in

---

[99] Vgl. Wulf Koepcke: »Nemesis und Geschichtsdialektik«. In: *Herder Today.* Hrsg. von K. Mueller-Vollmer. Berlin/New York 1990. S. 85–96.

[100] Er bezeichnet die »theokratisch[e]« Anfangsphase der Weltgeschichte auch in den *Ideen* als die »Kindheit« des Menschengeschlechts (*I* 511) und spricht von der »jugendlich[en]« Periode der »Staatskunst« im »Zeitalter griechischer Republiken« (*I* 542, 545).

seiner frühen Geschichtsphilosophie eine solche Erklärung an: mit seiner These von der systemstabilisierenden Funktion kulturspezifischer Vorurteile; dieses Erklärungsmodell läuft jedoch der Annahme der *Ideen* zuwider, dass soziale Systeme einen Gleichgewichtszustand der »Wahrheit, Güte und Schönheit« anstreben. In den *Ideen* besteht eine ungelöste Spannung zwischen der Aussage, es sei die schicksalhafte »Bestimmung« selbst einer »großen Seele« wie Cäsars gewesen, die Unterwerfung anderer Völker als Heldentat zu feiern, und der Bewertung der römischen Expansionspolitik als eines strafwürdigen »Frevel[s]« (*I* 600 f.).

(2) Die Diskrepanz zwischen Herders Forderung, den »Charakter« der Römer »lediglich als Folge ihrer Zeitumstände zu betrachten«, und der Tatsache, dass er den Untergang ihres Weltreiches in den *Ideen* als Strafe für eine zurechenbare Schuld darstellt, befremdet umso mehr, als das »Gesetz der Wiedervergeltung«, auf das er sich hierbei beruft, keinerlei Erklärungsgewinn bringt: Dass die römische Strategie, die gesellschaftlichen Spannungen durch fortgesetzte Expansion zu kanalisieren, früher oder später kollabieren musste, folgt bereits aus der schlichten Tatsache, dass die Erde nicht unendlich ausgedehnt ist. Die systemische Erklärung der römischen Expansion, die Herder in den *Ideen* de facto vorlegt, macht den Rekurs auf den Nemesis-Mythos nicht bloß überflüssig; sie erweist sich gerade in der Gegenüberstellung mit dem postulierten »Gesetz der Wiedervergeltung« als die angemessene, da sie verständlich macht, weshalb das Römische Reich erst nach einem halben Jahrtausend in eine existenzbedrohende Krise geriet – nachdem es einerseits an unüberwindliche geographische Grenzen (die Sahara, die Wälder Germaniens usw.), andererseits auf einen gleichwertigen militärischen Gegner (die persischen Sassaniden) gestoßen war –, wogegen die Inanspruchnahme des Nemesis-Mythos lediglich eine Erklärung für die Tatsache, nicht aber für den Zeitpunkt der Auflösung des Imperiums anbietet.[101]

(3) Indem Herder den Untergang des Römischen Reiches darauf zurückführt, dass sich aufgrund der »verderbte[n]« Lebensweise seiner Bürger das zu einem »Beharrungszustande« der »Wahrheit, Güte und Schönheit« hinleitende systemische »Naturgesetz« nicht habe entfalten können, erhebt er mit einem moralischen Urteil einen his-

---

[101] Das definitive Ende der römischen Expansionspolitik markiert der gescheiterte Angriff Julian Apostatas auf das Perserreich (363).

torischen Erklärungsanspruch. Dies widerspricht der programmatischen Forderung der *Ideen,* »jedes Phänomen der Geschichte« wie »eine Naturerzeugung« zu betrachten (*I* 623). Herder gibt damit in den *Ideen* die ›kompatibilistische‹ Position auf, die er in seiner frühen Geschichtsphilosophie vertritt (s. u. S. 268, 290).

## 4. Die historische Rolle des Christentums

Mit dem Auftreten des Christentums beginnt für Herder – wie für Parsons – eine »neue Welt« (*AP* 40 ff.).[102] Herder konstatiert im europäischen Mittelalter erstmals einen tiefgreifenden Einfluss normativer Entwicklungen auf soziale Institutionen, wobei er allerdings die Differenz zwischen der christlichen »Religion [...] nach dem Sinne des Urhebers« und dem »sogenannte[n] ›Christentum‹« hervorhebt, das sich durch die Verquickung des christlichen Glaubens mit den zeitgenössischen gesellschaftlichen Realitäten herausbildete (*AP* 44, 47). Die wirtschaftlichen Verhältnisse im Feudalismus bleiben sowohl in Herders früher Geschichtsphilosophie als auch den *Ideen* weitgehend außer Betracht; seine Darstellung des Mittelalters erreicht damit nicht die Komplexität seiner Analysen antiker Gesellschaften.

### a) Herders Deutung des Urchristentums

Herder charakterisiert die christliche »Religion [...] nach dem Sinne des Urhebers« in *Auch eine Philosophie der Geschichte* folgendermaßen:

»sie sollte eigentliche Religion der Menschheit, Trieb der Liebe und Band aller Nationen zu einem Bruderheere werden – ihr Zweck von Anfang zu Ende! Ebenso gewiss ists, dass sie (ihre Bekenner mögen späterhin aus ihr gemacht haben, was sie wollten) dass sie die erste gewesen, die so reine geistige Wahrheiten und so herzliche Pflichten, so ganz ohne Hülle und Aberglauben, ohne Schmuck und Zwang gelehret: die das menschliche Herz so allein, so allgemein, so

---

[102] Nach Parsons »schuf die Gesellschaft der westlichen Christenheit die Grundlage, auf die das ›System‹ der modernen Gesellschaften [...] zurückgeht.« (*Das System moderner Gesellschaften,* S. 9)

ganz und ohne Ausnahme hat verbessern wollen. Alle vorigen Religionen der besten Zeiten und Völker waren doch nur enge national, voll Bilder und Verkleidungen [...] – kurz, Religionen eines Volks, eines Erdstrichs, eines Gesetzgebers einer Zeit! – diese offenbar in allem das Gegenteil, die lauterste Philosophie der Sittenlehre, die reinste Theorie der Wahrheiten und Pflichten, von allen Gesetzen und kleinen Landesverfassungen unabhängig, kurz, wenn man will, der menschenliebendste Deismus.« (*AP* 44 f.)

Herder rückt – indem er das Urchristentum eine »Philosophie der Sittenlehre« nennt – seinen ethischen Impetus ins Zentrum und drängt den Glauben an den biblischen Gott in den Hintergrund. Er sieht in der Religion keine göttliche Offenbarung, sondern ein menschliches Phänomen: »die Religion soll nichts als Zwecke durch Menschen und für Menschen bewürken« (*AP* 46). In den *Ideen* charakterisiert er sie als »die erste und letzte Philosophie« und ihre historischen Gestalten als »Nachahmung des Höchsten und Schönsten im menschlichen Bilde« (*I* 160 f.). Herder bekennt sich gegenüber Fr. H. Jacobi – den er ironisch »bester extramundaner Personalist« tituliert – zum unpersönlichen ›Gott des Spinoza‹.[103] Laut Herders *Briefen zu Beförderung der Humanität* ist »der Geist einer allgemeinen Vernunft und Humanität« das »Gesetz« der »großen Stadt Gottes auf Erden«.[104] In der Beschreibung des Urchristentums in *Auch eine Philosophie der Geschichte* kommt der Begriff Gottes lediglich in ihrem Vergleich mit dem »Deismus« zur Sprache, der sich als Vernunftreligion vom Autoritätsanspruch der Offenbarung abgrenzt.

Herder erweckt gelegentlich den Eindruck, seine Charakterisierung der »Religion Christi« als des Inbegriffs der Humanität[105] gebe das Selbstverständnis ihres Stifters wieder: »Hier auf Erden wollte Christus ein Reich Gottes führen; er wies es nicht in den Himmel, und worauf gründete er's als auf allgemeine, echte Humanität und

---

[103] »Was Ihr, lieben Leute, mit dem: ›außer der Welt existieren‹ wollt, begreife ich nicht; existiert Gott nicht in der Welt, [...] so existiert er nirgend.« (Brief an Jacobi vom 6. Februar 1784. Herder: *Briefe. Gesamtausgabe 1763–1803.* Hrsg. von den Nationalen Forschungs- und Gedenkstätten der klassischen deutschen Literatur in Weimar unter der Leitung von K. H. Hahn. Bearbeitet von W. Dobbek und G. Arnold. Weimar 1977 ff. Bd. V, S. 28 f.).

[104] III. Sammlung, 29. Brief. Herder: *Werke*, Bd. VII, S. 154.

[105] »Die Religion Christi, die er selbst hatte, lehrte und übte, war die Humanität selbst.« (*Briefe zu Beförderung der Humanität*, 2. Sammlung, 25. Brief. Herder: *Werke*, Bd. VII, S. 130).

Menschengüte?«[106] Herders Feststellung, dass das »Reich der Himmel, dessen Ankunft Jesus verkündigte«, als eine ›hier und jetzt‹ erfahrbare Realität zu verstehen ist (*I* 708, 720), stützt sich auf unmissverständliche Aussagen des Neuen Testaments;[107] seine These, die kirchliche Lehre der Göttlichkeit Christi laufe seinem Selbstverständnis zuwider,[108] wird durch die – im 18. Jahrhundert einsetzende – historisch-kritische Bibelexegese bestätigt;[109] der Bezugspunkt der Botschaft Christi ist aber zweifellos der persönliche, sich offenbarende Gott und nicht »der Geist einer allgemeinen Vernunft und Humanität«. Es wäre jedoch ungereimt, dem Theologen Herder zu unterstellen, dass ihm dies nicht bewusst war. Seine Charakterisierung der Verkündigung Christi als einer Religion der Humanität lässt sich – ebenso wie die parallelen Ausführungen Lessings, dessen Wort von der »Erziehung des Menschengeschlechts« er in den *Ideen* aufgreift (*I* 337 ff.)[110] – dahingehend interpretieren, dass vom heutigen Standpunkt aus ein zukunftsweisendes rationales Potential der religiösen Ethik eruiert werden kann, ohne dass hiermit der Anspruch verknüpft ist, die Intentionen der Religionsstifter adäquat zu erfassen.

Herder sieht im Urchristentum die konsequente Fortführung der antiken Entwicklungsgeschichte des moralischen Bewusstseins: »Es habens andre und selbst ihre Feinde bewiesen, dass eine sol-

---

[106] *Briefe, die Fortschritte der Humanität betreffend,* 24. Brief. Herder: *Werke,* Bd. VII, S. 805.

[107] »Da er aber gefragt ward von den Pharisäern: ›Wann kommt das Reich Gottes?‹ antwortete er ihnen und sprach: ›Das Reich Gottes kommt nicht mit äußerlichen Gebärden. Man wird auch nicht sagen können: Siehe, hier oder da ist es. Denn seht, das Reich Gottes ist inwendig in euch.‹« (Luther) bzw. »[…] mitten unter euch.« (entos hēmōn; *Luk.* 17,20). Der Kernsatz der Verkündigung Christi (ēngiken hē basileia tou theou; *Mark.* 1,15) besagt wörtl.: »Das Reich Gottes [bzw. die Gottesherrschaft] ist gekommen« (Luther: »[…] herbei gekommen«). Die in heutigen Bibelübersetzungen verbreitete Version: »Das Reich Gottes ist nahe gekommen« läuft durch die Akzentuierung einer Zukunftserwartung dem Wortlaut des griech. Textes zuwider, der ein gegenwärtiges Geschehen beschreibt.

[108] »Christus kannte für sich keinen edleren Namen, als dass er sich den *Menschensohn,* d. i. einen Menschen, nannte.« (*Briefe zu Beförderung der Humanität,* 2. Sammlung, 25. Brief. Herder: *Werke,* Bd. VII, S. 130).

[109] Vgl. Rudolf Bultmann: *Jesus.* Neuausgabe. Tübingen 1988. S. 43 ff.

[110] Vgl. Lessings *Die Erziehung des Menschengeschlechts* (1780), §4: »Erziehung gibt dem Menschen nichts, was er nicht auch aus sich selbst haben könnte […] Also gibt auch die Offenbarung dem Menschengeschlechte nichts, worauf die menschliche Vernunft, sich selbst überlassen, nicht auch kommen würde: sondern sie gab und gibt ihm die wichtigsten dieser Dinge nur früher.« (Gotthold Ephraim Lessing: *Werke.* Hrsg. von H. G. Göpfert. 8 Bde. München 1970–79. Bd. VIII, S. 490)

che Religion gewiss nicht zu anderer Zeit, früher oder später hätte aufkeimen oder aufkommen oder sich einstehlen können [...] Das menschliche Geschlecht musste zu dem Deismus so viel Jahrhunderte bereitet, aus Kindheit, Barbarei, Abgötterei und Sinnlichkeit allmählich hervorgezogen; seine Seelenkräfte durch so viel Nationalbildungen, orientalische, ägyptische, griechische, römische usw. als durch Stufen und Zugänge entwickelt sein, ehe selbst die mindsten Anfänge nur zu Anschauung, Begriff und Zugestehung des Ideals von Religion und Pflicht und Völkerverbindung gemacht werden konnten.« (*AP* 45)

Herder verortet die christliche Ethik – indem er sie eine von den Eigenheiten »eines Volks, eines Erdstrichs, eines Gesetzgebers, einer Zeit« unabhängige »Theorie der [...] Pflichten« nennt (*AP* 45) – auf dem ›postkonventionellen‹ Moralniveau, das erstmals mit dem sokratischen Moralprinzip erreicht wurde (s. o. S. 242).[111] In den *Ideen* führt er als Beleg für seine These, die »Humanität«, welcher die »echte *menschliche* Philosophie« des Sokrates nachforsche, finde ihren »höchste[n]« Ausdruck in der »Religion«, die ›Goldene Regel‹ an, mit der Christus in der Bergpredigt an die alttestamentarische Spruchweisheit anknüpft: »was du willst, dass andre dir nicht tun sollen, tue ihnen auch nicht; was jene dir tun sollen, tue du auch ihnen« (*I* 159 f., vgl. *Matth.* 7,12, *Tobias* 4,16). Indem Herder die ›Goldene Regel‹ das »große Gesetz der Billigkeit und des Gleichgewichts« nennt, welches »alles Menschen-, Völker- und Tierrecht gestiftet« habe (*I* 159), setzt er sie zum sokratischen Moralprinzip in doppelter

---

[111]  Seine Charakterisierung der antiken »Nationalbildungen« im Mittelmeerraum als aufeinander aufbauender »Stufen« entspricht seinem Lebensalter-Schema. Führt man dieses konsequent weiter, müsste das Christentum allerdings als ein Alters-, d. h. Dekadenzphänomen bewertet werden. Alexander Demandt fasst Herders Wort von den »altgreisen Jahren« des modernen Menschen (*AP* 91) als Indiz dafür auf, dass in *Auch eine Philosophie der Geschichte* der »Übergang ins Greisenalter« mit dem »Ende des Römertums« anzusetzen ist (*Metaphern für Geschichte. Sprachbilder und Gleichnisse im historisch-politischen Denken.* München 1978. S. 65). Diese Deutung lässt außer Acht, dass Herder die christliche Ethik – entsprechend seiner Leitthese: »läuternder Fortgang der Tugendbegriffe aus den sinnlichsten Kinderzeiten hinauf durch alle Geschichte ist offenbar« (*AP* 99) – auf einer höheren Stufe als die antike ansiedelt. Die Rede von den »altgreisen Jahren« des modernen Menschen wird durch Herders Hoffnung auf eine künftige »selige Zeit« (*AP* 97) relativiert: Sie nimmt auf das destruktive Potential der neuzeitlichen europäischen Zivilisation Bezug, das im Zentrum seiner Zeitkritik steht. – Die Lebensalter-Analogie verliert somit beim Auftreten des Christentums ihre Leitfunktion. Weshalb Herder ein Schema verwendet, das an einer weltgeschichtlichen Umbruchstelle abbricht, bleibt zu klären. S. u. S. 268.

Hinsicht in Beziehung: Sie lässt sich insofern als ein »Gesetz der Billigkeit«, d. h. der »Gerechtigkeit« (ebd.), charakterisieren, als sie – wie das sokratische Prinzip – verlangt, dieselben Maßstäbe an sich selbst und seine Mitmenschen anlegen; eine weitere Parallele stellt Herder mit seiner zunächst befremdlichen Bemerkung her, sie werde selbst von »Tiere[n], die in Gesellschaft leben«, instinktiv befolgt (ebd.): offensichtlich dadurch, dass diese im Rahmen der ›kooperativen‹ Organisationsstruktur ihrer Sozialverbände Funktionen erfüllen, die für das Überleben der Gattung unerlässlich sind. Mit der Charakterisierung der ›Goldenen Regel‹ als eines Gesetzes »des Gleichgewichts« weist Herder darauf hin, dass durch ihre allgemeine Akzeptanz ein Ausgleich zwischen unseren heterogenen Individual- und Gruppeninteressen herbeigeführt und auf diese Weise die Funktionsfähigkeit sozialer Institutionen dauerhaft gesichert werden könnte; er spricht der ›Goldenen Regel‹ hiermit eine den systemerhaltenden Instinkten sozial lebender Tiere analoge Rolle zu. Indem er den Beitrag akzentuiert, den sie zur Realisierung des Gemeinwohls leistet,[112] bindet er die Idee der »großen Stadt Gottes auf Erden« an die sokratische Forderung an, für die Aufrechterhaltung einer funktionsfähigen Sozialordnung Sorge zu tragen. Herders These, im Urchristentum artikuliere sich eine höhere Form der Humanität als in der sokratischen Ethik, ist an zwei Aspekten der christlichen Idee der Brüderlichkeit festgemacht: (1) Während für Sokrates die Stabilität und Funktionsfähigkeit des eigenen »Vaterland[s]« den Bezugspunkt des moralischen Handelns bildet (*Kriton* 51 a), hat sich das Urchristentum für Menschen »aller Nationen« geöffnet (*AP* 44).[113] Dieser universalistische Zug geht allerdings nicht, wie Herder annimmt, auf Christus selbst zurück – er hat sich nur an das jüdische Volk gewandt (*Matth.* 15,24) –, sondern wurde erst von Paulus gegen Widerstände in der Jerusalemer Gemeinde theologisch festgeschrieben.[114] Dies nötigt jedoch nicht zu einer grundsätzlichen Revision

---

[112] »Wenn die schlechte Moral sich an dem Satz begnügt: ›Jeder für sich allein, Niemand für alle!‹, so ist der Spruch ›Niemand für sich allein, jeder für Alle!‹ des Christentums Losung.« (*Briefe zu Beförderung der Humanität*, X. Sammlung, 124. Brief. Herder: *Werke*, Bd. VII, S. 752)

[113] »Die frühe christliche Kirche entwickelte sich [...] zu einer religiösen Vereinigung, die von *jeder* Gemeinschaft mit zugewiesener Mitgliedschaft (ascriptive community), gleich ob ethnischen oder territorialen Charakters, unabhängig war.« (Parsons: *Das System moderner Gesellschaften*, S. 44)

[114] Friedrich Wilhelm Horn: »Ist Paulus der Begründer des Christentums?« In: *Theo-*

von Herders Deutung des Urchristentums. Die christliche Urgemeinde wuchs über ihren Anfangsstatus als »sektiererische Bewegung im Judentum Palästinas« erst hinaus, als sie die theologische Grundsatzentscheidung getroffen hatte, dass auch Nichtjuden das ›Heil‹ offen steht.[115] Dass Paulus, der als römischer Bürger mit den politischen und kulturellen Traditionen des Imperiums vertraut war, an dieser Entscheidung maßgeblich beteiligt war, bestätigt gerade Herders These, dass das Urchristentum nur auf der Basis der antiken »Stufen« des normativen Bewusstseins »aufkeimen« konnte (*AP* 44, s. u. S. 264). (2) Während Sokrates die Aufspaltung der griechischen Gesellschaft in Bürger und Rechtlose nicht in Frage gestellt hat, schließt der Appell Christi zur »Umkehr« (Metanoia) eine Gegenwendung zur Kluft zwischen Privilegierten und Benachteiligten ein: Dies geht aus seiner unmissverständlichen Aussage hervor, dass eher ein Kamel durch ein Nadelöhr geht, als dass ein Reicher ins Reich Gottes kommt (*Matth.* 19,24), wie auch seiner dezidierten Forderung, sich der »Not der Armen« (*AP* 47) anzunehmen. Indem Herder die »harte[n] Patrizier-Gesetze« der Griechen als Beleg dafür anführt, dass ihre »Bürgertugend« defizitär blieb (*I* 544 f.), spricht er dem sozialkritischen Aspekt der Botschaft Christi eine Schlüsselrolle bei der Transformation der »Prinzipien« der politischen »Einrichtung[en]« Griechenlands in die »reinen Gesetze der gesamten Menschheit« (ebd.) zu.

Herder postuliert auf der einen Seite – mit seinem Lebensalter-Schema – eine immanente Teleologie des normativen Bewusstseins, auf der anderen Seite bindet er dessen historische Entwicklung – mit der These, man bilde nichts aus, »als wozu Zeit, Klima, Bedürfnis, Welt, Schicksal Anlass gibt« (*AP* 32) – an äußere Bedingungen zurück. Die Zielperspektive der normativen Entwicklungslogik, die er annimmt, bezeichnet sein Begriff der Humanität, dessen höchste Form er im »Gesetz« Christi ›der Billigkeit und des Gleichgewichts« sieht (*I* 160) – wobei er dieses in einer aufklärerischen Perspektive interpretiert. Die Grundbestimmungen des Humanitätsbegriffs, den er in den *Ideen* in Ansatz bringt, sind demnach die Forderung, dieselben Maßstäbe an sich selbst und alle anderen anzulegen, und die – hiermit verknüpfte – Idee eines gesellschaftlichen »Gleichgewichts«

---

*logie und Kirchenleitung. Festschrift für Peter Steinacker zum 60. Geburtstag.* Hrsg. von H. Deuser, G. Linde und S. Rink. Marburg 2003. S. 31–44, hier S. 33 f., 39.

[115] Parsons: *Das System moderner Gesellschaften*, S. 44.

im Sinne eines Ausgleichs von Partikularinteressen, der allen gleichermaßen einen Freiraum der Selbstbestimmung offen hält.

Laut den *Ideen* ist in allen menschlichen »Sitten« und »Gebräuchen [...] Ein und dieselbe Humanität« angelegt; Herder fügt allerdings hinzu, dass sie nur »wenige Völker auf der Erde getroffen und hundert durch Barbarei und falsche Künste verunziert haben« (*I* 160). Die Fortschritte innerhalb der postulierten Entwicklungsgeschichte des moralischen Bewusstseins, deren Gelenkstellen er in der sokratischen Ethik und im Urchristentum sieht, verdanken sich demzufolge der expliziten Formulierung und Ausgestaltung von Prinzipien, die in den normativen Kodices aller Gesellschaften implizit enthalten sind.

Die Tatsache, dass jede Gesellschaft ihren Mitgliedern sozialethische Pflichten auferlegen muss, um der Auflösung ihrer Ordnungsstrukturen vorzubeugen, wird in der »bürgerlichen Aufklärung« (*I* 546) der Griechen, die mit der Sophistik einsetzt, zum Prinzip des moralischen Handelns erhoben, wobei Sokrates darauf hinweist, dass eine solche rationale Moralbegründung nicht am ›wohlverstandenen Selbstinteresse‹ der Individuen festgemacht werden kann, sondern diesen abverlangen muss, dieselben Maßstäbe an sich selbst und die Mitmenschen anzulegen – auch um den Preis persönlicher Opfer (s. o. Kap. III 3 c). Dieses elementare Gerechtigkeitsprinzip ist im Normenkodex jeder Gesellschaft insofern implizit im Spiel, als er jedem ihrer Mitglieder den Respekt vor ethischen Regeln – wie dem Verbot der Lüge oder des Mordes – abverlangt (ohne hiermit Ausnahmen in Notsituationen kategorisch zu verbieten): Da die Sozialordnung zusammenbräche, wenn solche Regeln beständig verletzt würden, wird der Einzelne bereits dadurch, dass er zu ihrer Respektierung angehalten wird, mit der Forderung konfrontiert, so zu handeln, wie alle handeln müssen, wenn die Gesellschaft funktionsfähig bleiben soll.

Indem Herder im Abschnitt »Griechenlands Lage und Bevölkerung« der *Ideen* hervorhebt, dass »auf Inseln, Halbinseln oder Küsten von glücklicher Lage« eine »freiere Kultur erzeugt« werde (*I* 517), erklärt er die in den geographischen Bedingungen verwurzelten ökonomischen und politischen Rahmenbedingungen der griechischen Zivilisation – die Schlüsselrolle des Handels, der den Blick für die Vielfalt der Kulturen öffnete, und das Fehlen einer zentralen Staatsmacht, welches die Ausbildung der republikanischen »Regimentsform« (*AP* 22) begünstigte – zur Basis der griechischen Aufklärung, deren rationale Moralbegründung eine Abkehr vom »theo-kratisch[en]« (*I* 511) Staatsverständnis einschließt, das die Frühphase der Weltgeschichte prägt (s. o. S. 228, 233 ff.). Herder schreibt dieses ›Basis/Überbau‹-Modell mit seiner These fort, dass dem ›Aufkeimen‹ des Christentums »der römische Eroberungsgeist vorhergehen musste, überall Wege zu bahnen, einen politischen Zusammenhang zwischen Völkern zu machen, der voraus unerhört war, auf eben dem Wege Toleranz, Ideen vom Völkerrechte in Gang zu bringen, in dem Umfang voraus unerhört!« (*AP* 45) Gemäß Herders systemischer Rekonstruktion der römischen Expansionspolitik ging der Anstoß zu den Veränderungen im normativen Bewusstsein der Völker des Imperiums, die durch dessen politische und juristische Institutionen herbeigeführt wurden, letztlich von sozioökonomischen Mechanismen aus. Die »Verallgemeinerungsprinzipien der griechischen Philosophie« (Parsons) bildeten zwar ein konstitutives Moment der Rechtsordnung des Imperiums – aber nur in dem Sinne, dass sie für die Stabilisierung der römischen Herrschaft instrumentalisiert wurden (s. o. S. 248). Dennoch ging die ›Assimililation‹ der »griechischen Muster« (*AP* 27) durch die römische Jurisdiktion mit einem philosophischen Fortschritt einher, da nicht länger die Polis den Bezugsrahmen des ethisch-politischen Denkens bildete – wie in der klassischen Epoche Griechenlands –, sondern eine völkerübergreifende Rechtsordnung. Herders Bemerkung, die »Weisheit« des Sokrates sei »nur Atheniensische Bürgerweisheit« gewesen, schließt den kritischen Hinweis darauf ein, dass sein Moralprinzip die Funktionsfähigkeit der Sozialordnung des eigenen Vaterlands fokussiert und die normative Dimension der Beziehungen zwischen verschiedenen Völkern bzw. Staaten außer Betracht lässt. Dieses Defizit wurde nach Herder durch den Universalismus des Urchristentums behoben, dem die Institutionen des römischen Weltreichs den Boden bereiteten (*AP* 45).[116]

Mit seiner These, dass die griechische »Bürgertugend« den höchsten sozialethischen Grundsatz in sich berge, »den Menschen zu ihrer Glückseligkeit und Freiheit ersinnen und ausüben mögen«, wobei jedoch die bruchlose Tradierung »harte[r] Patrizier-Gesetze« in der griechischen Antike dazu nötige, dasjenige, was »von schwa-

---

[116] Vgl. Parsons: *Das System moderner Gesellschaften*, S. 44: »die Rechtsordnung des Römischen Reiches stellte eine unerlässliche Bedingung für die christliche Bekehrung dar.«

chen Menschen« in dieser Epoche »wirklich getan« wurde, von dem abzugrenzen, »was aus den Prinzipien ihrer Einrichtung für die gesamte Menschheit folge«, konstatiert Herder ein Spannungsverhältnis zwischen dem ›Nukleus‹ des »Gemeinsinnes« der Griechen und der Struktur ihrer Gesellschaft (*I* 544 f.). Er bezieht in dieses Urteil die sokratische Ethik ein (*I* 545 f.). Wird die Forderung, so zu handeln, wie alle handeln müssen, wenn die Stabilität und Funktionsfähigkeit der Sozialordnung gesichert werden soll, an die Mitglieder einer Gesellschaft gerichtet, die in eine privilegierte und eine benachteiligte Schicht aufgeteilt ist, ergibt sich eine Diskrepanz zwischen dem in der Forderung enthaltenen Gerechtigkeitsprinzip und der Tatsache, dass sich in der bestehenden Sozialstruktur – auf deren Stabilität die Einzelnen hinwirken sollen – ein Klassenegoismus niederschlägt, die genannte Forderung also de facto darauf hinausläuft, dass die vorhandenen Privilegien zementiert werden. Im Dialog *Kriton* wird angedeutet, dass das sokratische Moralprinzip ein Beurteilungskriterium für die Struktur einer Gesellschaft in sich befasst: indem die Gesetze Athens Sokrates fragen, ob er an ihnen etwas auszusetzen habe (*Kriton* 51 c–d). Sie weisen ihn hiermit auf das demokratische Partizipationsrecht hin, das ihm als athenischem Bürger zusteht (*Kriton* 52 a). Sokrates verneint die genannte Frage (*Kriton* 51 d–e), was dem Leser suggeriert, Athen sei eine intakte Demokratie, in der jeder seine Belange geltend machen könne. Dass diese Frage aufgeworfen wird, legt die Schlussfolgerung nahe, dass das sokratische Moralprinzip die Bürger eines ›ungerechten‹ Staates nicht darauf verpflichtet, auf den Erhalt seiner bestehenden Verfassung hinzuwirken, sondern es ihnen freistellt, eine vorübergehende Destabilisierung der gegebenen Ordnung in Kauf zu nehmen, um die Missstände zu beseitigen. Das von Herder konstatierte fehlende Gespür der griechischen Bürger für die Rechtlosigkeit ganzer Bevölkerungsschichten tritt im *Kriton* insofern beispielhaft zutage, als Sokrates mit seinem Lob der Gesetze Athens darüber hinweggeht, dass diese das demokratische Partizipationsrecht dem Großteil der Bevölkerung vorenthielten. Dass im *Kriton* zwar eine Relativierung des Geltungsanspruchs des sokratischen Moralprinzips in ›ungerechten‹ Verhältnissen ins Auge gefasst wird, die Frage aber keinerlei Rolle spielt, ob nicht die Gesetze Athens aus der Perspektive der benachteiligten Schichten kritikwürdig sind, verrät ein Reflexionsdefizit, welches sich im Sinne der frühen Geschichtsphilosophie Herders mit der systemstabilisierenden Funktion von Vorurteilen erklären

lässt. Da auch die Römer die Fremdbestimmung ganzer Bevölkerungsschichten nicht als Unrecht betrachteten, bedeutete es eine
»Revolution«, dass Christus das elementare Gerechtigkeitsprinzip,
welches die ›Goldene Regel‹ mit der sokratischen Ethik verbindet,
mit der Seligpreisung der »Arme[n] und Notleidende[n], Gedrück-
te[n], Knechte und Sklaven« verknüpfte (*I* 709, 714). Herder betont
allerdings, dass das Urchristentum »den Unterschied der Stände nach
der damaligen Weltverfassung weder aufheben konnte noch wollte«
(*I* 714).[117] Angesichts der Schlüsselrolle, die die Sklaverei im römischen »Kriegsstaat« spielte, war der politische Kampf gegen seine
Unterdrückungsmechanismen nur mit militärischen Mitteln zu führen – Christus verwarf jedoch den Einsatz von Gewalt. Da er seine
Botschaft vom »Reich der Himmel« mit »unirdischer Lauterkeit«
vortrug, blieb die »Revolution«, die er herbeiführte, zunächst »geis-
tig« (*AP* 46, *I* 708, 710). Die frühchristlichen Gemeinden beschränkten sich darauf, die Idee der Brüderlichkeit im persönlichen Umfeld
zu praktizieren (*I* 714). Herder wendet gegen diese Form der Fröm-
migkeit ein, dass sie repressive Sozialstrukturen hinnimmt: Entsprechend seiner These, dass Moral und Politik »Eins werden« müssen,[118]
vertritt er die Auffassung, dass ein »irdisches Himmelreich« erst zur
»Blüte« kommt, indem »ein vollkommener Staat« geschaffen wird
(*I* 729). Die Teleologie des normativen Bewusstseins war demnach
mit dem Urchristentum aufgrund seines apolitischen Zugs noch
nicht abgeschlossen. Sie wurde durch ein zutiefst zwiespältiges Ereignis vorangetrieben: die Erhebung des Christentums zur Staatsreligion des Römischen Reiches.

### b) Das Christentum als geschichtliche Wirkungsmacht

Herder erklärt den Aufstieg des Christentums zur dominierenden
Religion im Römischen Reich systemfunktional: Als dessen soziale
Spannungen nicht mehr durch fortgesetzte militärische Expansion
kaschiert werden konnten, entstand das Bedürfnis, den Zusammenhalt der Gesellschaft durch eine gemeinsame religiöse Basis zu si-

---

[117] »Das frühe Christentum war [...] keine soziale Reform- und Revolutionsbewe-
gung.« (Parsons: *Das System moderner Gesellschaften*, S. 47)
[118] *Briefe zu Beförderung der Humanität*, II. Sammlung, 25. Brief. Herder: *Werke*,
Bd. VII, S. 130.

chern; als Beleg für diese Deutung führt Herder den – gescheiterten – Versuch Julian Apostatas an, eine neue Staatsreligion auf der Basis orientalischer Kulte zu etablieren:

»Religion – das sahe Er und Jedermann! – Religion in aller Stärke des Worts war seinem verfallnen Jahrhunderte unentbehrlich. Griechische Mythologie und römische Staatszeremonie – das sahe Er ebenfalls! – war dem Jahrhunderte zu seinen Zwecken nicht zureichend. Er griff also zu allem, wozu er konnte; zur kräftigsten und ältesten Religion, die er kannte, zur Religion des Morgenlandes – [...] alles umsonst! sie erlag! sie war verlebt – [...] die nackte, neue christliche Religion siegte!« (*AP* 44)

Herder bewertet die Erhebung des Christentums zur römischen Staatsreligion ambivalent: Auf der einen Seite verlor die christliche Botschaft vom »Reich der Himmel« hiermit ihren weltentrückten Zug und gewann gesellschaftspolitische Bedeutung, was in der sozialethischen Perspektive Herders einen entscheidenden Fortschritt darstellt,[119] auf der anderen Seite war es »schlechterdings unmöglich«, die »Höhe« und »Lauterkeit« der Botschaft Christi in einer Staatskirche zu bewahren (*AP* 46). Herder relativiert seine Aussage, die »nackte« christliche Religion habe gesiegt, indem er hervorhebt, dass der »feine Duft« des Urchristentums mit dem »Teige [...] der verschiedensten und oft der abscheulichsten Denkart« der Zeitgenossen vermischt werden musste, um eine sozialintegrative Funktion übernehmen zu können (*AP* 44, 46). In der Geschichtswissenschaft ist es strittig, ob das Christentum tatsächlich zur Integration der vom Zerfall bedrohten römischen Gesellschaft beigetragen hat;[120] den Zusammenbruch des weströmischen Reiches hat es letztlich nicht verhindern können. Diese Streitfrage ist für Herders Sicht seiner welthistorischen Bedeutung jedoch zweitrangig, da er den Beitrag des Christentums zur Konstitution der mittelalterlichen Welt akzen-

---

[119] Parsons weist darauf hin, dass die institutionelle Etablierung des Christentums eine theologische Neubestimmung des Verhältnisses von Kirche und Gesellschaft nach sich zog: »Besonders unter dem Einfluss des Augustinus wurde dem ›Erdenstaat‹, im Unterschied zum ›Gottesstaat‹, ein annähernd legitimer Platz auf höchster theologischer Ebene eingeräumt. Im Gegensatz zu der vollkommenen Abwendung von der weltlichen Gesellschaft unter dem frühen Christentum brachte das Denken des Augustinus der Gesellschaft ›negative Toleranz‹ entgegen, die ihre moralische Verbesserung durch christlichen Einfluss als legitimes Anliegen zuließ.« (*Das System moderner Gesellschaften*, S. 48)
[120] Parsons: *Gesellschaften*, S. 146 f.

tuiert. Hierbei verschoben sich die Gewichte im Verhältnis von Kirche und Staat grundlegend: Während das Christentum in der Spätantike (wie zuvor die griechische Philosophie) für die Stabilisierung des römischen Imperiums instrumentalisiert wurde – was daran sichtbar wird, dass die Kaiser theologische Diskussionen politisch beeinflussten[121] –, war die Kirche nach der Zersplitterung des Westteils des Reiches in zahlreiche Einzelstaaten die einzige stabile völkerübergreifende Institution und als solche bis ins späte Mittelalter »leistungsfähiger als alle weltlichen Reiche.«[122] Ihre zentralistische supranationale Struktur, in der das »institutionelle Erbe Roms«[123] fortlebte, verschaffte ihr gesellschaftspolitische Wirkungsmöglichkeiten, die sie entschlossen und machtbewusst nutzte. Diese Entwicklung vertiefte die Ambivalenz, welche Herder in der spätantiken Transformation des Christentums in eine ›politische‹ Religion konstatiert. Indem die Kirche »den Bischofsstab zum Schwert schärfte, da alles Schwert trug, und geistliche Pfründen, Lehne und Sklaven schuf, weil's überall nur solche gab«,[124] entfernte sie sich weit von der »Lauterkeit« Christi (*AP* 46 f.), gewann aber gerade dadurch die organisatorischen Mittel, um den Zerfall des europäisch-mediterranen Kulturraums infolge des Zusammenbruchs des weströmischen Reiches abzuwenden – worin Herder ihre welthistorische Leistung sieht: »die halbe Welt war Trümmer […] – welch eine große Leere! wie ein Riss im Faden der Weltbegebenheiten! Nichts minder, als eine neue Welt war nötig, den Riss zu heilen« (*AP* 40).[125] An die Stelle der politischen Einheit des römischen Weltreichs trat im Mittelalter eine – im Christentum fundierte – kulturelle Einheit Europas,

---

[121] »Bald fühlte sich niemand geschickter, Glaubenslehren zu bestimmen, als die christianisierten Kaiser« (*I* 716). »Die Kirche sah sich vor der Gefahr, […] ein Werkzeug säkularer politischer Autorität zu werden.« (Parsons: *Das System moderner Gesellschaften*, S. 47)

[122] Parsons: *Das System moderner Gesellchaften*, S. 48.

[123] Parsons: ebd. S. 49.

[124] Unter »Sklaven« sind hierbei Leibeigene zu verstehen: Herder weist (in einem unveröffentlichten Nachlassmanuskript zu den *Ideen*) darauf hin, dass die mittelalterliche Kirche zur »Vertilgung des Sklavenstandes« in Europa beigetragen hat (*I* 1109).

[125] Auch Parsons betrachtet die mittelalterliche Kirche als »die wichtigste institutionelle Brücke zwischen der antiken und der modernen westlichen Gesellschaft« (*Das System moderner Gesellschaften*, S 54). »Um die Entwicklung jedoch nachhaltig beeinflussen zu können, musste die Kirche an strategischen Punkten mit weltlichen Strukturen verbunden sein.« (ebd.)

die aufgrund der weltlichen Macht der Kirche zugleich politische Bedeutung hatte:

»Diese Vielheit von Königreichen! dies Nebeneinander von Brudergemeinden; [...] alle nach *einem* Ideal der Verfassung, alle im Glauben *einer* Religion, jedes mit sich selbst und seinen Gliedern kämpfend, und von *einem* heiligen Winde, dem päpstlichen Ansehen, fast unsichtbar aber sehr durchdringend getrieben« (*AP* 54).

Da die kulturelle Einheit der mittelalterlichen Christenheit eine Vielfalt von »Nationalbildungen« (*AP* 45) umspannte, sieht Herder in ihr einen Fortschritt gegenüber der politischen Einheit des Römischen Reiches, die zur Folge hatte, dass sich die »Nationalcharaktere« der unterworfenen Völker allmählich in »eine Form« auflösten, »die ›Römervolk‹ hieß« (*AP* 27).[126] Herder erklärt mittels einer Metapher die Transformation des »institutionelle[n] Erbe[s] Roms« (Parsons) durch die Kirche zum »Mittelpunkt der Glückseligkeit« der mittelalterlichen Welt: »Von Orient bis Rom wars Stamm: jetzt gingen aus dem Stamme Äste und Zweige; keiner an sich stammfest, aber ausgebreiteter, luftiger, höher!« (*AP* 53) Herder betont in diesem Zusammenhang, dass in der Antike »aufgrund der uralten Simplizität [...] zu dergleichen raffiniertem System« wie dem Papsttum – das darauf aus war, »alles zu binden, dass es doch nicht gebunden wäre« – noch »kein Sinn, kein Raum war« (*AP* 53). Indem er die ›Raffiniertheit‹ des Papsttums der »Simplizität« der Antike wie auch der »Lauterkeit« Christi gegenüberstellt, gibt er zu verstehen, dass sich die kirchliche Führungselite der Durchmischung des Christentums mit »welt- und menschliche[n] Triebfedern« (*AP* 46) im Zuge seines Wandels zu einer ›politischen‹ Religion bewusst war. Er wertet die »Gewandtheit« (*AP* 53), mit der die Kirche agierte, als Beleg dafür, dass ihre Führungsschicht über den Entwicklungsstand des normativen Bewusstseins hinausgelangt war, auf dem Diskrepanzen zwischen normativen Ansprüchen und faktischen Verhaltensformen aufgrund von kausal bzw. systemfunktional rekonstruierbaren Reflexionsdefiziten – religiösen Tabuisierungen, der fraglosen Hinnahme

---

[126] Herder konzipiert somit die Genese der mittelalterlichen Welt – wie bereits die Konstitution der griechischen Zivilisation vermittels einer »Mischung phönizischer und ägyptischer Denkart« (s. o. S. 239) – im Sinne eines »dialektischen Prinzips«, d. h. nach dem Modell von ›These‹, ›Antithese‹ und ›Synthese‹ (vgl. Irmscher: »Die geschichtsphilosophische Kontroverse zwischen Kant und Herder«, S. 125): Der Zentralismus des Römischen Reiches schlug in die chaotische Zersplitterung der Epoche der Völkerwanderung um und wurde im Mittelalter in ›geläuterter‹ Form wiederhergestellt.

der tradierten Sitte oder schlicht intellektueller Unreife – verborgen blieben: Päpste und Konzilien strebten konsequent danach, die Gesellschaft zu formen, und scheuten sich dabei nicht, zentrale Aussagen Christi, die ihrem Gestaltungswillen Fesseln anlegten – wie das Gebot strikter Gewaltlosigkeit – außer Kraft zu setzen.

Herders These, dass sich die kirchliche Führungsschicht über die Zwiespältigkeit ihres Handelns im Klaren sein musste, liefert einen Anhaltspunkt für die Interpretation der eigentümlichen Tatsache, dass das Lebensalter-Schema in *Auch eine Philosophie der Geschichte* beim Auftreten des Christentums beiseite gelegt wird (s. o. S. 258, Anm. 111). Da dieses Schema einen »naturgesetzlichen« Duktus hat,[127] lässt sich aus Herders Charakterisierung der Botschaft Christi als einer »Philosophie des Himmels« (*AP* 46) der Schluss ziehen, dass das Verhalten historischer Akteure in der »neue[n] Welt« (*AP* 40), die durch das Christentum eröffnet wurde, nicht mehr ausschließlich kausal bzw. systemfunktional zu erklären ist, sondern zugleich als eigenverantwortliches Handeln von Personen aufgefasst werden kann – womit zur Beobachterperspektive eine Teilnehmerperspektive hinzutritt. Hierbei muss allerdings berücksichtigt werden, dass Herder nur den mittelalterlichen Kirchenoberen – und ihren Antipoden: den ›Häretikern‹ – ein Bewusstsein dafür unterstellt, dass die »Gewaltsamkeit«, mit der das Papsttum seinen gesellschaftspolitischen Wirkungsanspruch verfolgte, den Geboten Christi zuwiderlief (*AP* 53 ff.): Mit seiner Feststellung, die mittelalterliche Christenheit »sei von *einem* heiligen Winde, dem päpstlichen Ansehen, fast unsichtbar aber sehr durchdringend getrieben« worden (*AP* 54), wendet er seine These von der systemstabilisierenden Funktion von Vorurteilen auf die ordnungspolitische Funktion der Interpretationshoheit an, die der kirchlichen Hierarchie in Bezug auf die biblischen Schriften von der überwiegenden Mehrheit der Bevölkerung zugebilligt wurde. Da Herders Aussage, »jede Nation« trage »ihren Mittelpunkt der Glückseligkeit in sich, wie jede Kugel ihren Schwerpunkt«, das mittelalterliche Europa einbezieht, kann aus dem naturgesetzlichen Duktus der Kugel-Metapher gefolgert werden, dass sich die Aktivität der Kirche – des ›organisierenden Zentrums‹ der mittelalterlichen Gesellschaft (*AP* 47) – insgesamt systemfunk-

---

[127] Martin Maurer: »Die Geschichtsphilosophie des jungen Herder in ihrem Verhältnis zur Aufklärung«. In: *Johann Gottfried Herder 1744–1803*, S. 141–155, hier S. 149.

Smail Rapic

tional begreifen lässt. In Herders Darstellung des mittelalterlichen Papsttums deutet sich damit eine ›kompatibilistische‹ Verschränkung von Beobachter- und Teilnehmerperspektive an; sie wird in seiner Gegenwartsdiagnose konsequent ausgestaltet.

## 5. Die Ambivalenzen der Moderne

*a)* *Die Konstitution der neuzeitlichen europäischen Zivilisation*

Herder schildert den Übergang vom Mittelalter zur Neuzeit vor der Folie des zeitgenössischen Fortschrittsoptimismus, wobei die Konturen seiner eigenen Position nicht unmittelbar ersichtlich sind:

»Wenn die Römer bei ihrer Unterjochung der Erde den Völkern, nicht auf dem besten Wege, zu einer Gattung von ›Völkerrecht und allgemeiner Römererkennung‹ hatten helfen müssen: das Papsttum mit alle seiner Gewaltsamkeit ward in der Hand des Schicksals Maschine zu einer ›noch höhern Verbindung, zur allgemeinen Erkennung sein sollender Christen! Brüder! Menschen!‹ Das Lied stieg durch Missklänge und kreischende Stimmungen gewiss in höhern Ton: gewiss mehrere gesammlete, abstrahierte, gegärte Ideen, Neigungen und Zustände breiteten sich über die Welt hin – wie schoss der eine simple Stamm des Menschengeschlechts in Äste und Zweige!

Endlich folgte, wie wir sagen, die Auflösung, die Entwickelung: lange, ewige Nacht klärte sich in Morgen auf, es ward Reformation, Wiedergeburt der Künste, Wissenschaften, Sitten! – Die Hefen sanken; und es ward – unser Denken! Kultur! Philosophie!« (*AP* 55) Herder fügt auf französisch hinzu: »Man begann zu denken, wie wir heute denken: man war nicht mehr barbarisch.«[128]

Herder konkretisiert den Einschub: »wie wir sagen« durch den Hinweis auf Repräsentanten der Aufklärung wie d'Alembert, Hume und Iselin, denen er ironisch attestiert, sie sähen in der zeitgenössischen europäischen Kultur als dem »höchsten Gipfel menschlicher Bildung« den Fix- bzw. Fluchtpunkt »alle[r] Fäden«, die »von Ost und West, von Anbeginn und gestern […] gezogen sind, oder wie Herbstspinnen im Kopfe flattern« (ebd.). Der ironische Bescheiden-

---

[128] »on commençoit à penser comme nous pensons aujourd'hui: on n'étoit plus barbare.« (*AP* 55) Diese Sätze sind als Zitat nicht nachgewiesen; möglicherweise sollen sie eine in der französischen Aufklärung gängige Auffassung wiedergeben.

heitstopos, den er seinem Kommentar zu dieser Auffassung vorausschickt – »da das System nun schon […] vollkommen ausgemacht ist: so wage ich nichts hinzuzusetzen – ich lege bloß einige kleine Anmerkungen nebenan« (ebd.) – verrät dem Leser durch seinen Rückbezug auf den Untertitel von *Auch eine Philosophie der Geschichte (Beitrag zu vielen Beiträgen des Jahrhunderts)*, dass die folgenden »Anmerkungen« ins Zentrum der Geschichtskonzeption des Buches führen:

»Zuerst muss ich zum überhohen Ruhm des menschlichen Verstandes sagen, dass immer weniger er, wenn ich so sagen darf, als ein blindes Schicksal, was die Dinge warf und lenkte, an dieser allgemeinen Weltveränderung würkte. Entweder warens so große, gleichsam hingeworfene Begebenheiten, die über alle menschliche Kräfte und Aussichten gingen, denen sich die Menschen meist widersetzten, wo niemand die Folge, als überlegten Plan, träumte; oder es waren kleine Zufälle, mehr Funde als Erfindungen, Anwendungen einer Sache, die man lange gehabt und nicht gesehen, nicht gebraucht hatte – oder gar nichts als simple Mechanik, neuer Kunstgriff, Handwerk, das die Welt änderte – Philosophen des achtzehnten Jahrhunderts, wenn das ist, wo bleibt eure Abgötterei gegen den menschlichen Geist?« (*AP* 56)

Herder betrachtet die – in Europa entwickelte – neuzeitliche Technik als die basale Triebkraft der modernen Welt: »Das Rad, in dem sich seit drei Jahrhunderten die Welt bewegt, ist unendlich – und woran hings? Was stieß es an? die Nadelspitze zwei oder drei mechanischer Gedanken!« (*AP* 59) Der Kompass, Buchdruck und das Schießpulver zählen zu den »simple[n] mechanische[n] Erfindungen« zu Beginn der Neuzeit, »die man zum Teil längst gesehen, gehabt, damit gespielt, die aber jetzt durch einen Einfall so und anders angewandt, die Welt veränderten.« (*AP* 58) Mit dem Bild des von der »Nadelspitze […] mechanischer Gedanken« angestoßenen, »unendlich« weiterrollenden Rades erklärt Herder den technischen Fortschritt zum Movens einer ungehemmt voranschreitenden sozioökonomischen Eigendynamik, deren Grundtendenz er auf die Formel bringt: »es ward *Maschine*« (*AP* 59). Er spricht hiermit der Mechanisierung der ökonomischen Produktion einen prägenden Einfluss auf die gesellschaftspolitischen Realitäten wie auch den persönlichen Lebensstil zu. Die waffentechnische Überlegenheit, die die europäischen Mächte an der Schwelle der Neuzeit erlangten, ermöglichte ihre – von ökonomischen Interessen geleitete – koloniale Expansion und damit den Aufbau eines von ihnen dominierten globalen »System[s] des Handels« (*AP* 74). In der »allgemeinen Weltveränderung« der neuzeitlichen Geschichte waltet insofern ein »blindes Schicksal« (*AP* 56, s. o.), als die Urheber der epochemachenden Erfindungen und Entdeckungen deren weltgeschichtliche Auswirkungen auch nicht ansatzweise vorhersehen konnten.[129]

Herder stellt mit dem Hinweis auf die Schlüsselrolle »mechanische[r] Erfindungen« beim Übergang vom Mittelalter zur Neuzeit die Auffassung in Frage, dieser sei durch autonome Entwicklungen innerhalb der kulturell-normativen Sphäre herbeigeführt worden. Indem er das mittelalterliche Christentum ein »Mittel der Progression« nennt (*AP* 47), ordnet er es zwar in eine Teleologie des normativen Bewusstseins ein, die zur neuzeitlichen Kultur hinführt – wobei er sich zugleich gegen die verbreitete Kontrastierung des »Licht[es]« der Aufklärung mit der vermeintlichen »Nacht« des Mittelalters wendet –; mit seinem Diktum: »Philosophen des achtzehnten Jahrhunderts, […] wo bleibt eure Abgötterei gegen den menschlichen Geist?« erklärt er jedoch die sozioökonomischen und politischen Entwicklungen, die durch die »Nadelspitze […] mechanischer Gedanken« angestoßen wurden, zur ›basalen‹ Voraussetzung der modernen »Kultur« – und diese damit zu einem ›Überbau‹-Phänomen (*AP* 52, 55 f.). Er will »die Umstände des Ursprungs aller sogenannten Welterleuchtungen« im Rahmen einer »Physik der Geschichte« rekonstruieren; hiermit überträgt er das von der Aufklärung maßgeblich beförderte Paradigma der kausalen Welterklärung auf die Genese ihrer normativen »Ideal[e]«: der Begriffe von »*Freiheit, Geselligkeit* und *Gleichheit*, wie sie jetzt überall aufkeimen« (*AP* 57, 82 f., 100).

In welcher Weise er seine Kernthese: »Man bildet nichts aus, als wozu Zeit, Klima, Bedürfnis, Welt, Schicksal Anlass gibt« (*AP* 32), auf die moderne europäische Kultur appliziert, bleibt insofern klärungsbedürftig, als er deren Ablösung von der mittelalterlichen in Gestalt einer ironisch gefärbten Wiedergabe eines zeitgenössischen Geschichtsklischees schildert,[130] ohne seine eigene Position eindeutig zu definieren. Anhaltspunkte für deren Aufhellung liefert die Schlusspartie seiner Darstellung des Mittelalters (*AP* 55, s. o. S. 269).

---

[129] So stieß etwa Kolumbus im festen Glauben, Indien erreicht zu haben, auf einen bislang unbekannten Kontinent.

[130] »Endlich folgte, wie wir sagen, die Auflösung, die Entwickelung, lange, ewige Nacht klärte sich in Morgen auf« (*AP* 55, s. o.).

Herder hebt darin auf der einen Seite hervor, dass die mittelalterliche Kirche gegenüber der zentralistischen Staatsordnung des Römischen Reiches einen entscheidenden Fortschritt erzielt hat, indem sie durch die Inanspruchnahme eines gemeinsamen normativen Fundaments einen völkerübergreifenden Ordnungsrahmen schuf, der der nationalen und kulturellen Diversität wie auch internen gesellschaftlichen Differenzierungsprozessen Raum ließ,[131] auf der anderen Seite spricht er die »Missklänge« in der gesellschaftspolitischen Rolle des Papsttums an – die offenkundig aus der »Gewaltsamkeit« resultierten, mit der es seinen Gestaltungsanspruch durchsetze (ebd.). Die Metapher der Disharmonie wird in Herders Wiedergabe der aufklärerischen Sicht des Übergangs zur neuzeitlichen Kultur aufgegriffen: »Endlich folgte, wie wir sagen, die Auflösung« (ebd.). Herder gibt der aufklärerischen Kirchenkritik darin Recht, dass die für das Mittelalter konstitutive politische Macht der Religion Konsequenzen hatte, die aus moderner Perspektive als repressiv zu werten sind; er verlangt jedoch, sie differenziert zu betrachten: »Ich will nichts weniger, als die ewigen Völkerzüge und Verwüstungen, […] Mönchsheere, Wallfahrten, Kreuzzüge verteidigen: nur erklären will ich sie: wie in allem doch Geist hauchet!« (AP 51) Herder greift hiermit die Argumente auf, die er bereits in seiner Stellungnahme zur aufklärerischen Kritik am ägyptischen »Despotismus« in Ansatz gebracht hat: Eine wissenschaftlich seriöse Geschichtstheorie darf Herrschaftsverhältnisse vergangener Epochen nicht anhand normativer Maßstäbe, die ihnen fremd sind, beurteilen, sondern muss statt dessen die systemische Funktion historischer Machtkonstellationen relativ auf den jeweiligen Entwicklungsstand des normativen Bewusstseins untersuchen (s. o. S. 234 ff.):[132] Der »Geist« der mittelalterlichen Kirche, dessen soziale Wirkungsmacht sich in Phänomenen wie den »Mönchsheere[n], Wallfahrten« und »Kreuzzüge[n]« dokumentiert, erwies sich als systemisch effizient, indem er »würkliche Ordnung und Sicherheit« in die fragilen Staatenbildungen nach dem Zerfall des römischen Weltreichs hineinbrachte (AP 47); das gesellschaftliche »Ansehen« der Kirche, aufgrund derer diese eine ordnungspolitische Funktion erfüllen konnte (AP 54), verhinderte zugleich eine

---

[131] Dies bringt sein Vergleich der mittelalterlichen Welt mit einer Baumkrone zum Ausdruck.

[132] Vgl. AP 47: »welche Torheit, außer dem Geiste der Zeit, über seinen Geist zu wähnen!«

nachhaltige Kritik an der »Gewaltsamkeit«, die ihren weltlichen Machtanspruch zwangsläufig begleitete. Da Herder die Botschaft Christi in einer aufklärerischen Perspektive als »Philosophie der Sittenlehre« interpretiert, das mittelalterliche Christentum ein »Mittel der Progression« nennt und zugleich dessen »Missklänge« anspricht (*AP* 45, 47, 55), steht es außer Frage, dass die aufklärerischen Begriffe von »*Freiheit, Geselligkeit* und *Gleichheit*«, die eine kritische Wendung gegen die religiöse Fundierung politischer Herrschaft einschließen, für ihn auf einer höheren Stufe des normativen Bewusstseins angesiedelt sind als der »Geist« des Mittelalters. Dem Anspruch der aufklärerischen Kultur, die aus der weltlichen Macht der Kirche resultierenden »Missklänge« zur Auflösung zu bringen, muss demnach im Rahmen der von ihm konzipierten Teleologie des normativen Bewusstseins, deren Zielpunkt die »Humanität« ist, ein Wahrheitsmoment zugebilligt werden. Herder gibt allerdings dem Bild der nach Auflösung drängenden Disharmonie im mittelalterlichen Credo der »allgemeinen Erkennung sein sollender Christen! Brüder! Menschen!« eine Wendung, die der aufklärerischen Kernmetapher des »Licht[es]« der Vernunft, das die »Nacht« des überkommenen »Aberglauben[s]«, der »Unwissenheit« und »Rohigkeit der Sitten« zerstreut, zuwiderläuft (*AP* 52, 55), indem er mit seiner Charakterisierung des mittelalterlichen Christentums als eines »Mittel[s] der Progression« die aufklärerischen Begriffe von »*Freiheit, Geselligkeit* und *Gleichheit*« an die christlich-mittelalterliche Sozialethik zurückbindet – wobei er zugleich die Auffassung verwirft, diese habe sich aus immanenter Notwendigkeit in die aufklärerische transformiert. Auf dem Hintergrund seines Programms, die »Umstände des Ursprungs aller sogenannten Welterleuchtungen« im Rahmen einer »Physik der Geschichte« zu rekonstruieren, muss sein Konzept einer »Progression« von der christlich-mittelalterlichen zur aufklärerischen Sozialethik dahingehend interpretiert werden, dass die sozioökonomischen und politischen Auswirkungen der Erfindungen und Entdeckungen an der Schwelle zur Neuzeit eine Situation herbeiführten, in der die im Mittelalter »gesammelte[n], abstrahierte[n], gegärte[n] Ideen« (*AP* 55) eine fundamentale Kritik an der tradierten Verknüpfung von christlicher Religion und politischer Herrschaft unausweichlich machten, wobei diese Kritik anfangs noch von christlichen Voraussetzungen aus geführt wurde, sich im Fortgang der neuzeitlichen Geschichte jedoch gegen die religiöse Legitimation staatlicher Macht im Allgemeinen richtete.

Einen Hinweis auf die konkrete Gestalt dieses Säkularisierungsprozesses gibt die eigentümliche Rede von der »allgemeinen Erkennung sein sollender Christen! Brüder! Menschen!« in der Schlusspartie von Herders Darstellung des Mittelalters angesichts der
Tatsache, dass in diesem Abschnitt das »Völkerrecht« als Leit-
perspektive der »Progression« genannt wird, die von der völkerübergreifenden Rechtsordnung des Römischen Reiches über die mittelalterliche Kirche zur neuzeitlichen Kultur hinführt (AP 47, 55).
Die Formulierung, die Kirche habe eine allgemeine »Erkennung sein
sollender Christen« erstrebt, nimmt auf ihre Missionstätigkeit Bezug, wobei die Apostrophierung aller »Menschen« am Schluss der
zitierten Wendung auf das Ziel der Bekehrung aller Völker anspielt.
Die christliche Missionierung geriet im frühen Mittelalter in eine
lang anhaltende Phase der Stagnation und wurde an der Schwelle
zur Neuzeit im Zuge des beginnenden Kolonialismus intensiviert.
In dieser Phase rechtfertigten die Kolonialmächte (insbes. Portugal
und Spanien) die Eroberung fremder Territorien mit dem Ziel der
Verbreitung des christlichen Glaubens, wozu sie durch päpstliche
Bullen autorisiert wurden (»Romanus Pontifex«, 1455; »Inter cetera«, 1493).

In Herders Schilderung des Kolonialismus ist der apologetische
Unterton seiner Darstellung der mittelalterlichen Kirche als sozialer
Ordnungsmacht dem ironischen Hinweis auf die unübersehbare Diskrepanz von Anspruch und Wirklichkeit gewichen.[133] Während das
Christentum seine Missionserfolge im Römischen Reich und bei den
benachbarten Völkern (germanischen Stämmen, in Äthiopien usw.)
weitgehend friedlich erzielte, stieß es bei der neuzeitlichen kolonialen Expansion fast überall auf fest eingewurzelte Kulturen, die für
das Missionsanliegen wenig aufgeschlossen waren – zumal die ökonomischen Interessen der Kolonialmächte offen zutage lagen. Wo
außereuropäische Kulturen von ihnen geduldet wurden – wie auf
Ceylon –, blieb das Christentum eine Randerscheinung. Es breitete
sich zu Beginn der Neuzeit nur auf dem amerikanischen Kontinent
großflächig aus – vor allem deswegen, weil die indianische Bevölke-

---

[133] »In Europa ist die Sklaverei abgeschafft, [...] nur eins haben wir uns noch erlaubt:
drei Weltteile als Sklaven zu brauchen« (AP 74). »Handel und Papsttum, wie viel habt
ihr schon zu diesem großen Geschäfte beigetragen! Spanier, Jesuiten und Holländer: ihr
menschenfreundlichen, uneigennützigen, edlen und tugendhaften Nationen! Wie viel
hat euch in allen Weltteilen die Bildung der Menschheit nicht schon zu danken?«
(AP 71). S. o. S. 69f.

rung durch Kriegshandlungen, Zwangsarbeit und von den Europäern eingeschleppte Krankheiten beständig dezimiert wurde, während aus Europa immer neue Einwanderer kamen. Die Ironie in Herders Schilderung des ›christlichen‹ Kolonialismus ist daran festgemacht, dass die »Gewaltsamkeit«, die die politische Macht des Christentums seit seiner Erhebung zur Staatsreligion des Römischen Reiches begleitete, nun eine Dimension erreicht hatte, deren Widerspruch zum propagierten Anliegen, die außereuropäischen Völker an den ›Segnungen‹ christlicher Kultur teilhaben zu lassen, für unvoreingenommene europäische Zeitgenossen aufgrund des inzwischen erreichten Entwicklungsniveaus des normativen Bewusstseins nicht mehr zu übersehen war: Während die mittelalterlichen Kreuzzüge das begrenzte Ziel verfolgten, die ›Heiligen Stätten‹ zurückzuerobern, und die Inquisitoren den ›Häretikern‹ die Möglichkeit einräumten, ihr Leben durch einen Widerruf zu retten, zwangen die Kolonisatoren bei der Eroberung Mittel- und Südamerikas die Bewohner zu Formen der – nominellen oder faktischen – Sklavenarbeit, die zur Entvölkerung ganzer Landstriche führte. Da die Institution der Sklaverei in Europa während des Mittelalters aus religiösen Gründen weitgehend beseitigt worden war, provozierte diese koloniale Praxis eine normative Kritik von Theologen, die sich der Tatsache bewusst blieben, dass es im Neuen Testament keinerlei Stütze für die Auffassung gibt, im Umgang mit Nichtchristen gälten andere ethische Maßstäbe als im Verhältnis der Christen untereinander. Eine Schlüsselrolle kommt hierbei der (von Herder allerdings nicht erwähnten) Schule von Salamanca zu, die in der Auseinandersetzung mit dem zeitgenössischen Kolonialismus die ersten Ansätze zur neuzeitlichen Völkerrechts- und Menschenrechtskonzeption entwickelte.[134] Herder erklärt in den *Briefen zu Beförderung der Humanität* – im Anschluss an den

---

[134] Domingo de Soto forderte – gemeinsam mit Bartolomé de las Casas – in der Disputation von Valladolid die spanische Krone zu wirksamen Maßnahmen gegen die Ausbeutung der Indianer auf und verwarf die Auffassung J. G. de Sepúlvedas, sie seien ›geborene Sklaven‹ (s. o. S. 70, Anm. 244). Francisco de Vitoria sprach auch den »Barbaren« – zu denen er die Indianer zählte – das Recht auf Selbstbestimmung und staatliche Eigenständigkeit zu (*De indis recenter inventis et de iure belli hispaniorum in barbaros. Relectiones/Vorlesungen über die kürzlich entdeckten Inder und das Recht der Spanier zum Krieg gegen die Barbaren* [1532]. In: Vitoria: *Vorlesungen (Relectiones). Völkerrecht, Politik, Kirche.* Hrsg. von Ulrich Horst, Heinz-Gerhard Justenhoven, Joachim Stüben. 2 Bde. Stuttgart 1995/97. Bd. II, S. 370–541). Er vertrat dementsprechend den Standpunkt, Papst Alexander VI. habe mit der ›Schenkung‹ des amerikanischen Kontinents an Spanien und Portugal in der Bulle »Inter cetera« seine Befugnisse über-

Abbé de Saint-Pierre[135] – die Überwindung der Institution des Krieges durch eine »Allianz aller gebildeten Nationen« zum Zielpunkt der Evolution des Völkerrechts.[136] Indem Herder ein solches Bündnis ein Werk der »Friedensgöttin *Vernunft*« nennt, gibt er zu verstehen, dass sich die beteiligten Völker auf eine gemeinsame normative Basis jenseits ihrer spezifischen religiösen Traditionen verpflichten müssen.[137] Dies verleiht der Idee einer »Allianz aller gebildeten Nationen« ein dezidiert aufklärerisches Gepräge. Herder postuliert in den *Briefen zu Beförderung der Humanität* mit der Aussage, »der Geist einer allgemeinen Vernunft und Humanität« sei das Gesetz der »großen Stadt Gottes auf Erden«,[138] zugleich einen teleologischen Fortgang von der christlichen Sozialethik zum aufklärerischen Völkerbund-Konzept, womit er die Charakterisierung der mittelalterlichen Kirche als eines »Mittel[s] der Progression« in *Auch eine Philosophie der Geschichte* aufgreift. Das Projekt einer der »Friedensgöttin *Vernunft*« verpflichteten »Allianz aller gebildeten Nationen« bildet demnach die den spezifischen historischen Bedingungen der Neuzeit adäquate ›Übersetzung‹ der ordnungspolitischen Konzeption der mittelalterlichen Kirche als einer supranationalen Institution, die sich auf eine gemeinsame normative Basis der europäischen Völker stützte und ihrer Diversität Raum ließ. Der Anstoß zur »Progression« von der tradierten kirchlichen Ordnungskonzeption zur neuzeitlichen Völkerrechtsidee ging vom historischen Faktum des europäischen Kolonialismus aus, wobei die Ablösung dieser Idee von ihrer christlichen Ausgangsbasis im Wesentlichen auf die Tatsache zurückzuführen ist, dass die Kolonialmächte auf autochtone Kulturen mit heterogener religiöser Prägung stießen. Da die eroberten Gebiete nur dort weiträumig ›christianisiert‹ wurden, wo die einheimische Bevölkerung dezimiert wurde, ließ sich das tradierte kirchliche Ordnungsmodell im Zeitalter des Kolonialismus nur noch um den Preis

---

schritten. Kriege dürfen nach Vitoria nur zur Selbstverteidigung oder zur Beendigung massiver Grausamkeit (etwa der Sitte des Kannibalismus) geführt werden.

[135] Charles Irenée Castel de Saint-Pierre: *Projet pour rendre la paix perpétuelle en Europe* (1713–17).

[136] X. Sammlung, 119. Brief. Herder: *Werke*, Bd. VII, S. 719 ff. Herder wendet allerdings gegen das Programm Saint-Pierres, einen friedenssichernden Völkerbund auf dem Weg der Kabinettsdiplomatie zu errichten, ein, die Initiative hierzu müsse von den Völkern selbst ausgehen.

[137] Ebd. S. 725 f.

[138] Ebd. III. Sammlung, 29. Brief. Herder: *Werke*, Bd. VII, S. 154.

ideologischer (Selbst-) Täuschungen aufrechterhalten. Um den so-zialethischen Aspekt dieses Modells – die Verankerung supranatio-naler Institutionen in einem gemeinsamen normativen Fundament – bewahren zu können, musste daher die Inanspruchnahme gemein-schaftlicher religiöser Überzeugungen durch den Rekurs auf die »all-gemeine Menschenvernunft«[139] ersetzt werden. Dieser ›Umschlag‹ der mittelalterlichen Vision eines »Nebeneinander[s] von Brüder-nationen«, die sich zu »*einer* Religion« bekennen, in das moderne säkulare Völkerrecht bildet das von Herder anerkannte Wahrheits-moment des Anspruchs der Aufklärung, die »Missklänge« im mittel-alterlichen »Lied« der »allgemeinen Erkennung sein sollender Chris-ten! Brüder! Menschen!« zur »Auflösung« zu bringen (*AP* 54 f.): An die Stelle der Zielsetzung, universale Brüderlichkeit durch die Be-kehrung aller Menschen zum Christentum herbeizuführen, muss der Versuch treten, auf argumentativem Weg einen kulturübergrei-fenden normativen Rahmen freizulegen.

Indem Herder die Vernunft in den *Briefen zu Beförderung der Humanität* eine »Friedensgöttin« nennt, vertritt er die These, dass die Forderung nach Überwindung der Institution des Krieges zu den »reinen« ethischen »Gesetze[n] der gesamten Menschheit« gehört, welche – gemäß der Kernaussage der *Ideen*, in allen »Sitten« und »Gebräuchen« sei »Ein' und dieselbe Humanität« angelegt – durch die adäquate Explikation eines in den Normenkodices aller Völker enthaltenen Kernbestandes gewonnen werden können (*I* 160, 545). Der »erste Schritt« zu dieser Explikation und damit zur »Mündigkeit des menschlichen Geistes in der wichtigen Angelegenheit, wie Men-schen von Menschen zu regieren wären«, wurde nach Herder im »Zeitalter griechischer Republiken« getan, wobei er Sokrates als den maßgeblichen Repräsentanten der griechischen »Aufklärung« an-führt (*I* 542, 545 f.). Sokrates bringt mit seiner Forderung, sich stets die Frage vorzulegen, welche Folgen es für die Gesellschaftsordnung, an der man partizipiert, hätte, wenn die eigenen Absichten zur gene-rellen Praxis würden (*Kriton* 50 a-b), insofern einen universalisti-schen Begriff ethisch-praktischer Vernunft in Ansatz, als er ein von jedem sozial lebenden Menschen anzuwendendes Prüfverfahren zum normativen Beurteilungsmaßstab unseres Handelns erklärt, welches an der Tatsache festgemacht ist, dass jeder, der die Gemeinschaft nicht verlässt, hiermit sein Interesse an ihrem Fortbestand bekundet

---

[139] Ebd. X. Sammlung, 119. Brief. Herder: *Werke*, Bd. VII, S. 719.

– wobei Sokrates zugleich darauf hinweist, dass die konsequente Respektierung ethischer Regeln nicht auf das ›wohlverstandene Selbstinteresse‹ der Individuen zurückgeführt werden kann, sondern den Entschluss voraussetzt, dasjenige, von dem man einsieht, dass es um der Funktionsfähigkeit der Gesellschaft willen allen abverlangt werden muss, auch dann zu tun, wenn dies mit persönlichen Nachteilen verbunden ist (s. o. S. 166, 171 Anm. 72). Herder kann das sokratische Moralprinzip in eine über das »Zeitalter griechischer Republiken« hinausweisende Teleologie des ethisch-politischen Bewusstseins einordnen, da Sokrates weder die Diskrepanz zwischen dem in seinem Moralkriterium enthaltenen Gerechtigkeitsprinzip und der Aufspaltung der griechischen Gesellschaft in Bürger und Rechtlose zum Thema gemacht hat noch der Frage nachgegangen ist, welche Implikationen sich aus seinem Moralkriterium, welches das Wohl des eigenen Vaterlands fokussiert, in Bezug auf die normative Dimension der Beziehungen zwischen verschiedenen Staaten bzw. Völkern ergeben (s. o. S. 264 f.). Ebenso wie die Funktionsfähigkeit jeder Gesellschaft voraussetzt, dass sie ihren Mitgliedern verbietet, nach Belieben zu lügen, zu stehlen, zu morden usw., können zwischenstaatliche Handelskontakte nur dann aufrechterhalten werden, wenn sich die Geschäftspartner darauf verpflichten, solche Verbote auch im Umgang miteinander zu respektieren; sie müssen somit eine normative Selbstbeschreibung in Ansatz bringen, die einen gemeinsamen Kernbestand ihrer innerstaatlichen Moralkodices auf die Ebene zwischenstaatlicher Beziehungen überträgt. Hierin besteht der Ausgangspunkt für die Erweiterung des sokratischen Moralprinzips über die Grenzen des eigenen Vaterlands hinaus.

Herder schließt sich mit seiner programmatischen These, dass Politik und Moral »Eins werden« müssen, der Überzeugung an, die Sokrates mit Protagoras teilt: dass eine rationale Moralbegründung die Funktionsfähigkeit sozialer Ordnungsstrukturen ins Zentrum rücken muss; Herder nimmt hiermit zugleich das sokratische Anliegen einer kritischen Überprüfung und Anleitung der politischen Praxis durch die philosophische Reflexion auf. Mit seiner Feststellung, dass »der Phönizier […] nicht aus Menschenliebe Nationen besuchte«, macht Herder exemplarisch auf den prekären Status eines aus Handelskontakten entspringenden »Völkerrecht[s]« aufmerksam (*AP* 20): Da Geschäftsbeziehungen interessegeleitet sind, verdanken sich die daran geknüpften normativen Selbstbeschreibungen letztlich egoistischen Motiven; sie können dementsprechend jederzeit außer

Kraft gesetzt werden, wenn sich die eigene Interessenlage ändert.[140] Die Übertragung des sokratischen Moralprinzip auf zwischenstaatliche Handelsbeziehungen in Gestalt der Forderung, die eigenen Absichten stets daraufhin zu überprüfen, welche Folgen es für die Funktionsfähigkeit der Geschäftskontakte hätte, wenn die ›andere Seite‹ in derselben Weise agierte, könnte einen nicht von einem Betrug oder einer Gewalttat abhalten, die größeren Vorteil versprechen, als man von der Fortführung der Handelskontakte erwarten kann.

Für die Klärung der Frage, ob bzw. wie das sokratische Moralprinzip in nachhaltigerer Weise auf zwischenstaatliche Beziehungen ausgeweitet werden kann, spielt Herders Wort von der »Friedensgöttin *Vernunft*« eine Schlüsselrolle, mit dem er eine entschiedene Gegenposition zu Sokrates' Stellungnahme zum Kriegsdienst im *Kriton* bezieht. Sokrates bezeichnet es dort als Pflicht der Bürger gegenüber dem Vaterland, »zu tun, was es befiehlt«, wenn es den Entschluss fasst, sie »in den Krieg zu schicken« – wobei aus seiner Aussage, man müsse das Vaterland entweder »überzeugen« oder gehorchen, hervorgeht, dass er die ›Bürger-Demokratie‹ Athens im Blick hat, wo die Volksversammlung über Krieg und Frieden entschied (*Kriton* 51 b). Sokrates kann seine Position insofern mit seinem Moralprinzip begründen, als der Staat von seinen Feinden jederzeit zugrunde gerichtet werden könnte, wenn der Wehrdienst allgemein verweigert würde. Sokrates unterscheidet allerdings nicht zwischen Verteidigungs- und Angriffskrieg. Nach seinem Urteil ist demnach die vorsätzliche Tötung von Bürgern anderer Staaten in einem demokratisch beschlossenen Angriffskrieg kein Unrecht – wogegen die vorsätzliche Tötung von Mitbürgern als Mord zu gelten hat, sofern man nicht in Notwehr handelt. Da Sokrates die Frage, welche Folgen es für die Funktionsfähigkeit des eigenen Staates hätte, wenn die anderen genauso agierten, wie man selbst es intendiert, nur in Bezug auf die eigenen Mitbürger stellt, kann jemand, der in der Volksversammlung dafür plädiert, einen militärisch unterlegenen Nachbarstaat aus wirtschaftlichen Gründen zu unterwerfen, seinen Vorsatz mit dem sokratischen Moralprinzip (in seiner originalen Fassung) ohne weiteres in Einklang bringen: Das Vaterland wird ja aller Voraussicht nach profitieren, wenn das eigene Ansinnen Zuspruch fin-

---

[140] Herder spricht daher in Bezug auf die Handelsbeziehungen der Phönizier nur von »eine[r] Art […] von Völkerrecht« (*AP* 20)

det und die Bürger den Nachbarstaat gemeinsam überfallen.[141] Die Beschränkung des Anwendungsbereichs eines Moralkriteriums auf die eigenen Mitbürger erweist sich jedoch als unzureichend, sobald Angehörige verschiedener Staaten im Zuge des Aufbaus von Handelsbeziehungen gemeinschaftliche normative Selbstbeschreibungen formuliert haben. Bezieht man die Bürger anderer Staaten in die Frage ein, welche Folgen es für die Funktionsfähigkeit der eigenen Staatsordnung hätte, wenn alle anderen genauso handelten wie man selbst, ergibt sich im Fall des Angriffskriegs eine völlig neue Situation: Wenn auch alle anderen Staaten Kriege vom Zaum brechen, sobald sie die Risiken für beherrschbar halten, muss man jederzeit damit rechnen, dass der eigene Staat durch den Angriff eines überlegenen Gegners zugrunde gerichtet wird; dies gilt auch für eine Weltmacht, da sich alle übrigen Staaten gegen sie verbünden könnten. Mittels desselben Arguments, mit dem die innerstaatlichen Verbote des Mordes und der Körperverletzung im sokratischen Moralprinzip verankert werden können: wenn jeder andere Personen willkürlich attackiert, droht der eigene Staat »in gänzliche Zerrüttung« zu geraten (vgl. *Kriton* 50 b), lässt sich somit ein völkerrechtliches Verbot des Angriffskriegs daraus ableiten, sobald man die (mit der Etablierung zwischenstaatlicher Handelsbeziehungen überholte) Einschränkung des sokratischen Prüfverfahrens auf den Kreis der eigenen Mitbürger fallen lässt. Da Sokrates mit seinem Moralprinzip die ethische Legitimität des Einsatzes von Zwangsmitteln gegen Rechtsbrecher erweisen will, kann man auf dieser Basis die Forderung nach einem Staatenbündnis erheben, das in der Lage ist, wirksame Sanktionen gegen Angreifer zu verhängen – womit zugleich eine neue Beurteilungsperspektive des politischen Handelns ins Spiel kommt: dieses stets daraufhin zu überprüfen, ob es den Aufbau eines friedenssichernden Staatenbündnisses befördert oder erschwert.

Dass Sokrates eine Verurteilung des Angriffskriegs selber fern lag, lässt sich damit erklären, dass dieser nach traditionellem griechischen Verständnis legitim ist, sofern es sich um einen Akt der Selbstjustiz handelt, mit dem erlittenes Unrecht vergolten werden

---

[141] Wird der Beschluss zum Angriff gefasst, können seine Initiatoren eventuelle Kritiker unter Berufung auf das sokratische Moralprinzip zum Kriegsdienst verpflichten: mit dem Argument, dass das Vaterland in dem nunmehr erklärten Krieg auch von schwachen Gegnern überrannt werden könnte, falls der Vorsatz zu desertieren zur generellen Praxis würde.

soll: Die homerischen Epen rechtfertigen den Angriff auf Troja damit, dass Paris mit der Entführung Helenas das Gastrecht verletzt hat. Die völkerrechtlichen Implikationen des sokratischen Moralprinzips konnten daher im »Zeitalter griechischer Republiken« noch nicht freigelegt werden. Zu den »unerhört[en]« Ideen »vom Völkerrechte«, die die Römer – »nicht auf dem besten Wege« – »in Gang« brachten (*AP* 45, 55), zählt der Aufbau einer völkerübergreifenden Friedensordnung (›Pax romana‹), die allen Bürgern des Imperiums Rechtssicherheit verschaffte und dadurch jede Selbstjustiz überflüssig machte. Da die römische Friedensordnung die Frucht einer (sozioökonomisch motivierten) militärischen Expansionspolitik war, hatte sie jedoch einen ebenso prekären Status wie ein aus Handelsinteressen resultierendes »Völkerrecht«: Herder folgert aus seiner systemischen Rekonstruktion des römischen »Kriegsstaat[s]«, dass dieser »das Schwert in seine Eingeweide kehren musste«, als die Expansion stagnierte (*I* 608).[142] Herder siedelt daher die mittelalterliche Idee eines von einem gemeinsamen normativen Fundament getragenen »Nebeneinander[s] von Brüdernationen« auf einer höheren Stufe des ethisch-politischen Bewusstseins an als die ›Pax romana‹ (*AP* 54 f.). Zu den Wurzeln der mittelalterlichen Konzeption gehört Christi Forderung nach Gewaltlosigkeit – deren Radikalität allerdings mit der ordnungspolitischen Funktion der Kirche unvereinbar war: Das Gebot der Bergpredigt, demjenigen, der einen auf die linke Backe schlägt, auch die andere hinzuhalten (*Matth.* 5,39), verrät – da es auch den Einsatz von Gewalt gegen Angreifer verwirft – den apolitischen Charakter der Botschaft Christi. Dass die Kirche vor der Rechtfertigung ökonomisch motivierter Angriffskriege (wie der kolonialen Eroberungen Spaniens und Portugals) nicht zurückscheute, provozierte wiederum eine – zunächst theologische, später aufklärerische – Kritik, die in die Idee eines der »Friedensgöttin *Vernunft*« verpflichteten »Allianz aller gebildeten Nationen« einmündet.

Herder bindet mit seiner Vision eines Bündnisses der »gebildeten Nationen« den Aufbau einer internationalen Friedensordnung an gesellschaftspolitische Fortschritte in den beteiligten Staaten zurück. Aus seiner Kritik am Vorhaben Saint-Pierres, einen Völkerbund auf dem Weg der Kabinettsdiplomatie zu errichten, geht hervor, dass er die Überwindung der Institution der Krieges erst dann für möglich

---

142 Das Imperium geriet bereits im 3. Jahrh. aufgrund bürgerkriegsähnlicher Wirren in eine existenzbedrohende Krise.

hält, wenn nicht mehr die zeitgenössischen Führungseliten, sondern die Völker selbst die Politik bestimmen.[143] In der anvisierten »Allianz aller gebildeten Nationen« kommt somit die von ihm konzipierte Teleologie des normativen Bewusstseins auch in innenpolitischer Hinsicht zum Abschluss: indem durch die Abschaffung von »Patrizier-Gesetze[n]« (*I* 545) jedem Mitglied der Gesellschaft die Möglichkeit politischer Partizipation eröffnet wird. Herder brandmarkt die Führungseliten des zeitgenössischen Absolutismus in *Auch eine Philosophie der Geschichte* als Cliquen von »Haus-, Kammer- und Bettträuber[n]« (*AP* 100).[144] Er erhebt hiermit unmissverständlich die Forderung nach Volkssouveränität – im Sinne der aufklärerischen Begriffe von »*Freiheit, Geselligkeit* und *Gleichheit*, wie sie jetzt überall aufkeimen« (*AP* 100): Zwei Jahre nach dem Erscheinen von *Auch eine Philosophie der Geschichte* wurde in der Unabhängigkeitserklärung der Vereinigten Staaten (1776) erstmals ein – von Locke inspirierter – Inbegriff von Menschenrechten zum Richtmaß des staatlichen Handelns erhoben (wobei allerdings durch einen Verfassungs-Zusatz an der Sklaverei noch festgehalten wurde).

Indem Herder die Anbindung der Evolution der Ideen des Völkerrechts, der Menschenrechte und der Volkssouveränität an sozioökonomische und politische Entwicklungen thematisiert, rekonstruiert er die Genese der normativen Maßstäbe, die seiner Kritik am Kolonialismus und Absolutismus zugrunde liegen, im Sinne seiner Leitthese, man bilde nichts aus, »als wozu Zeit, Klima, Bedürfnis, Welt, Schicksal Anlass gibt«.[145] Einen Hinweis auf die Stoßrichtung der Polemik Herders gegen die »Abgötterei gegen den menschlichen Geist«, die er bei denjenigen »Philosophen des 18. Jahrhunderts« beobachtet, die »von Ost und West, von Anbeginn und gestern alle

---

[143] *Briefe zu Beförderung der Humanität.* X. Sammlung, 119. Brief. Herder: *Werke,* Bd. VII, S. 722 f.

[144] Aufgrund solcher Attacken hatte er allen Grund, gegenüber seinem Verleger auf einer anonymen Verfasserschaft des Buches zu bestehen (Irmscher: Nachwort zu *AP,* S. 142).

[145] Die – für die Aufklärung grundlegende – Menschenrechtskonzeption Lockes verrät durch die Schlüsselrolle, die er dem Begriff des »Eigentums« (property) beimisst – er subsumiert darunter die Grundrechte auf »Leben, Freiheit« und »Besitz« (life, liberty, estate; s. o. S. 181) – ihre Verwurzelung im aufkommenden bürgerlichen Kapitalismus (vgl. Macpherson: *Die politische Theorie des Besitzindividualismus,* S. 222 ff.). Lockes Entwurf einer Gesellschaft prinzipiell gleichberechtigter ›Eigentümer‹, die keine staatlichen Übergriffe befürchten müssen und über ihre Arbeitskraft frei verfügen können, ist ein Gegenbild zum zeitgenössischen feudalistischen Absolutismus.

Fäden« auf die moderne europäischen Kultur als Zielpunkt »zu ziehen wissen« (*AP* 54 f.), gibt seine Bemerkung im *Journal*, dass in der zeitgenössischen Aufklärung »der AntiRousseauism herrscht«.[146] Herder knüpft mit seiner Kritik an der Überzeugung, der geschichtliche Fortgang des normativen Bewusstseins entspringe einer immanenten Notwendigkeit, an Rousseaus Begriff der menschlichen »perfectibilité« an, die sich (nach Rousseau) nur »mit Hilfe der Umstände« – und zwar in erster Linie ökonomischer – entfaltet (*D* 102 f., s. o. S. 150 f.), wobei Herder allerdings durch die Annahme einer Teleologie des normativen Bewusstseins über Rousseau hinausgeht: Das Rousseau'sche Erbe des Entwicklungsmodells, das er mit seinem Lebensalter-Schema in Ansatz bringt, besteht somit darin, dass er (wie später Habermas) von der postulierten Entwicklungslogik des normativen Bewusstseins die konkrete, durch äußere Umstände beeinflusste Entwicklungsdynamik seiner historischen Evolution unterscheidet.[147] Eine Rousseau'sche Färbung hat auch die Ironie, mit der Herder in *Auch eine Philosophie der Geschichte* die Auffassung wiedergibt, die Menschheit sei erst dann »nicht mehr barbarisch« gewesen, als man angefangen habe »zu denken, wie wir heute denken« (*AP* 55, s. o. S. 269). Herder konkretisiert seine Kritik am Überlegenheitsanspruch der zeitgenössischen europäischen Zivilisation in der folgenden Passage:

»Wahrlich ein *großes Jahrhundert* als *Mittel* und *Zweck*: ohne Zweifel der höchste Gipfel des Baums in Betracht aller vorigen, auf denen wir stehen! […] hoch über Morgenländer, Griechen, Römer, zumal über den mittlern [= mittelalterlichen] gotischen Barbaren! hoch sehen wir also über die Erde, gewissermaße alle Völker und Weltteile unter unserm Schatten, und wenn ein Sturm zwei kleine Zweige in Europa schüttelt, wie bebt und blutet die ganze Welt![148] […] Wenn hat man mehr *Macht* und *Maschinen* gehabt, mit einem *Druck*, mit einem *Fingerregen* ganze Nationen zu erschüttern! […] Zu gleicher Zeit – wenn ist die Erde so allgemein *erleuchtet* gewesen als nun? und fährt immer fort mehr erleuchtet zu werden. Wenn

---

[146] *Journal meiner Reise im Jahre 1769*, S. 90.

[147] Vgl. Habermas: »Historischer Materialismus und die Entwicklung normativer Strukturen«, S. 12; »Zur Rekonstruktion des Historischen Materialismus«, S. 154; *TkH* II 218. S. u. S. 304.

[148] Herder spielt hiermit wahrscheinlich auf die Kämpfe zwischen britischen und französischen Kolonialtruppen während des Siebenjährigen Krieges (1756–63) an, dem die preußische Annexion Schlesiens vorangig.

voraus die Weisheit nur enge *national* war [...] – wie weit gehen jetzt ihre Strahlen! wo wird nicht, was Voltaire schreibt, gelesen! [...] Und wie scheint dies immer fortzugehen! Wo kommen nicht europäische Kolonien hin und werden hinkommen!« (*AP* 70 f.)

Wer die ›voraufklärerischen‹ Entwicklungsstufen der europäischen Zivilisation als »barbarisch« ansieht, muss ein solches Urteil auch über die ›unaufgeklärten‹ außereuropäischen Kulturen treffen, wo nach wie vor »väterliche Vorurteile, Hangen an der Erdscholle« und »Abneigung gegen die Fremden« anzutreffen sind (*AP* 75).[149] Herder sieht im zeitgenössischen Kolonialismus den Beleg dafür, dass das aufklärerische Ideal »allgemeine[r] Völkerliebe« zu »toleranter Unterjochung« und »Aussaugung [...] nach hohem Geschmack« führen kann (*AP* 13):

»*Freiheit, Geselligkeit* und *Gleichheit*, wie sie jetzt überall aufkeimen – sie haben in tausend Missbräuchen Übels gestiftet und werdens stiften.« (*AP* 100). »Das allgemeine Kleid von Philosophie und *Menschenliebe* kann *Unterdrückungen* verbergen, Eingriffe in die wahre, persönliche Menschen- und Landes, Bürger- und Völkerfreiheit, wie Cäsar Borgia sie nur wünschte: alle das den angenommenen Grundsätzen des Jahrhunderts gemäß mit einem Anstande von Tugend, Weisheit, Menschenliebe und Völkervorsorge« (*AP* 102).

Man kann mit der aufklärerischen Idee der Menschenrechte Angriffe auf ›unaufgeklärte‹ Staaten legitimieren, indem man sich darauf beruft, dass man die betreffenden Völker aus den Fesseln rückständiger Regimes, die Menschenrechte verletzen, befreien wolle. Selbst das Programm, die Institution des Krieges durch eine »Allianz aller gebildeten Nationen« zu überwinden, lässt sich für eine solche Rechtfertigungsstrategie nutzbar machen: mittels der Behauptung, dieses Ziel sei erst dann realisierbar, wenn die ›unaufgeklärten‹ Völker auf die Stufe der »gebildeten« emporgehoben worden sind, was wiederum nur durch die gewaltsame Öffnung ihres Kulturkreises gelingen könne. Herder spricht solchen Legitimationsmustern im Blick auf die Realitäten der zeitgenössischen Kolonialpolitik denselben ideologischen Status zu wie dem Missionsanspruch der ›christlichen‹ Kolonisatoren: Seine sarkastische Aussage, die Kolonialherren hätten »Menschen in Bergwerke« und »Sklavenmühlen hineinbekehrt oder hineinkultiviert« (*AP* 59), schließt den Hinweis auf eine

---

[149] Vgl. *AP* 91: »der größte Teil der Nationen der Erde ist noch in Kindheit«.

»Dialektik der Aufklärung«[150] ein, die sich im Verhältnis zu den außereuropäischen Völkern darin manifestiert, dass die aufklärerische Kritik an der herkömmlichen, vorwiegend religiösen Legitimation politischer Macht selber zur Rechtfertigung von Herrschaftsverhältnissen benutzt und damit an die Stelle dessen gesetzt werden kann, was sie kritisiert.[151]

Herder gibt mit der ironischen Etikettierung »väterliche[r] Vorurteile«, des »Hangen[s] an der Erdscholle« und der »Abneigung gegen die Fremden« als »Barbarei« (*AP* 75) zu verstehen, dass die aufklärerische Kritik der Sitten und Gebräuche ›unaufgeklärter‹ Völker zwar unabweisbar ist, wenn man deren Verhaltensnormen isoliert betrachtet, dass eine systemische Analyse der Verflechtung der normativ-kulturellen Sphäre mit den jeweiligen ökonomischen und politischen Rahmenbedingungen jedoch zu einem differenzierteren Urteil nötigt: indem sie zeigt, dass den monierten Phänomenen auf unausgereiften Stufen des moralischen Bewusstseins eine unentbehrliche sozialintegrative Funktion zukommen kann. Die koloniale Expansion der europäischen Zivilisation bringt die Gefahr mit sich, dass die »sinnlichen, starken Bande« traditionaler außereuropäischer Gesellschaften aufgelöst werden (*AP* 103 f.), ohne dass die gewaltsam eingeführten europäischen Institutionen diese Lücke füllen, da sie von den betroffenen Völkern zunächst als aufoktroyiert empfunden werden; dies kann eine soziale Desintegration in den eroberten Gebieten nach sich ziehen, die den Kolonialmächten wiederum als Legitimationsbasis offener Repression dienen kann. Herder apostrophiert die zeitgenössischen Aufklärer, die die Verschränkung der normativ-kulturellen Sphäre mit den wirtschaftlichen und politischen Verhältnissen außer Acht lassen, als »Thronsitzer des 18. Jahrhunderts« (*AP* 83) – womit er ihnen Blindheit für ihre faktische gesellschaftliche Rolle attestiert: Sie leisten gerade dadurch, dass sie die Normenkodices historischer Gesellschaften auf einer philosophisch-abstrakten Ebene miteinander vergleichen – und dementsprechend die Überlegenheit der aufklärerischen Kultur konstatieren –, der ideologischen Instrumentalisierung der Ideen der Menschenrechte und des Völkerrechts durch das koloniale »System des Handels« Vor-

---

[150] Irmscher: Nachwort zu *AP*, S. 142.
[151] Dies wird durch die Tatsache bekräftigt, dass ein dezidiert laizistischer Staat wie Frankreich nach der Abdankung Napoleons III. seine koloniale Eroberungspolitik mit derselben Konsequenz vorantrieb wie zu Beginn der Neuzeit Spanien oder Portugal.

schub. Herders Wort vom »Licht, das wir in die Welt säen, womit wir jetzt viel Augen blenden, viel elend machen und verfinstern« (*AP* 98), zielt auf dieses ideologische Potential aufklärerischer Positionen, die die Anbindung des »Geistes« an materielle Lebensprozesse ignorieren.

Herder beobachtet auch innerhalb der modernen europäischen Staaten eine »Dialektik der Aufklärung«. Der Aufbau eines globalen »System[s] des Handels« auf der Basis der – von der Aufklärung beförderten – »allumfassenden Wissenschaft« engt die Gestaltungsspielräume der Individuen zunehmend ein und nötigt sie zur Anpassung an übermächtige sozioökonomische Mechanismen (*AP* 74 f.). Herder bringt dies mit einer drastischen Metapher zum Ausdruck: »Sehet ein Kriegheer; das schönste Urbild menschlicher Gesellschaft! […] harmonisch denkend, frei und bequem in allen Gliedern! edel sich bewegend!« (*AP* 72)

Herder befürchtet somit, dass die von der Aufklärung initiierten Demokratisierungsprozesse nur eine »scheinbare […] Freiheit« herbeiführen werden (*AP* 49). Sein Diktum, die moderne europäische Zivilisation werde vom »einzigen Gott aller Götter, Mammon«, als einem »zweiten Proteus« beherrscht (*AP* 72), schließt die Vermutung ein, dass beim zu erwartenden Niedergang des Absolutismus an die Stelle des persönlichen Regiments der feudalistischen Führungsschicht die anonyme Macht ökonomischer Interessenverbände treten wird. Der ironische Tenor seiner Prophezeiung: »Heil uns! was unsre Philosophie so rühmet und anstrebt, – Herr und Knecht, Vater und Kind, Jüngling und die fremdeste Jungfrau, wir alle werden *Brüder*« (*AP* 101) bringt zum Ausdruck, dass sich die aufklärerische Zuversicht, die Realisierung universaler Brüderlichkeit sei in greifbare Nähe gerückt, über die fortschreitende Dominanz des vom Profitstreben regierten ökonomischen Systems hinwegtäuscht; Herder macht mit der karikierenden Wendung, »Vater und Kind«, »Jüngling« und »Jungfrau« würden demnächst »*Brüder*«, zugleich auf die Diskrepanz zwischen dem Kernanliegen der Aufklärung, jedem Individuum zur freien Selbstbestimmung zu verhelfen, und der faktischen Einebnung der Diversität durch die technisch geprägte europäische Einheitszivilisation aufmerksam (vgl. *AP* 75).[152]

---

[152] Wie Herder machen auch Horkheimer und Adorno in ihrer *Dialektik der Aufklärung* deren fundamentale Ambivalenz daran fest, dass ihr faktischer Beitrag zur Ausbildung eines weltumspannenden technisch-ökonomischen »Systems« ihr emanzipato-

Herder weist mit dem Bild des »Kranken«, der »im Todes-schweiße« mit »Opium« träumt, mit aller Entschiedenheit darauf hin, dass die expansive Eigendynamik der modernen Zivilisation auf eine existenzbedrohende Krise zusteuert, wobei er die Selbsttäu-schung zu einem Symptom dieser Entwicklung erklärt.[153] Er will je-doch keinen Fatalismus verbreiten, sondern zur Opposition gegen die repressiven Mechanismen und bedrohlichen Entwicklungen der zeit-genössischen Gesellschaft anspornen. Mit unverkennbaren Anklän-gen an Rousseaus Beschwörung der Tugend als »erhabener Wissen-schaft einfältiger Seelen«[154] wendet er sich an »Vater, Mutter in der armen Hütte«:

»Kannst dein Kind nicht […] für väterlichen Herd, Vatersitten, Tugend und Dasein erziehen […] Musst besorgen, dass, sobald es dir aus den Händen gerissen wird, es mit einmal ins große Lichtmeer des Jahrhunderts, Abgrund sinke! […] Verzweifle nicht im Hefen des Zeitalters! was dich auch drohe und hindere – *erziehe*. […] Untätig sein kannst du doch nicht: böse oder gut erziehen musst du: gut – und wie größere Tugend, wie größerer Lohn, als in jedem Paradiese leich-terer Zwecke und einförmigerer Bildung. Wie nötig hat jetzt die Welt *einen* der simplen Tugend Erzogenen, als sie's jemals hatte! […] den-ke, zu welcher höhern Tugend du ihn erziehest, als zu der Lykurg und Platon erziehen konnten und durften! […] wenn einmal alle die Kei-

---

rische Anliegen unterläuft: »Die Steigerung der wirtschaftlichen Produktivität, die ei-nerseits die Bedingungen für eine gerechtere Welt herstellt, verleiht andererseits dem technischen Apparat und den sozialen Gruppen, die über ihn verfügen, eine unmäßige Überlegenheit über den Rest der Bevölkerung.« (Max Horkheimer/Theodor W. Ador-no: *Dialektik der Aufklärung*. Neuausgabe. Frankfurt a. M. 1969. S. 4, vgl. ebd. S. 45) Zu Herders Vergleich der modernen Gesellschaft mit einer exerzierenden Armee gibt es in der *Dialektik der Aufklärung* ein direktes Pendant: »Unter der nivellierenden Herr-schaft des Abstrakten, die alles in der Natur zum Wiederholbaren macht, und der Indus-trie […] wurden schließlich die Befreiten selbst zu jenem ›Trupp‹, den Hegel als das Resultat der Aufklärung bezeichnet hat.« (ebd. S. 19) Die Feststellung Horkheimers und Adornos, ein »gesellschaftlicher Verblendungszusammenhang« versperre die Ein-sicht in die »Gewalt des Systems über die Menschen« (ebd. S. 45, 48), erinnert an Her-ders Wort, von »innerer Verbesserung« der modernen Staaten könne nur »nach dem Wahne des Jahrhunderts« die Rede sein (*AP* 69). Die schonungslose Zeitkritik der *Dia-lektik der Aufklärung* entspringt wie diejenige Herders der »Parteinahme für die Resi-duen von Freiheit, für Tendenzen zur realen Humanität, selbst wenn sie angesichts des großen historischen Zuges ohnmächtig scheinen.« (ebd. S. IX)
[153] »Wenns bloß Sieche wäre; und nicht zugleich Hindernis, das jedes Mittel dagegen aufhebet!« (*AP* 82)
[154] *Discours sur les Sciences et les Arts*, OC I 30, *Schriften* I 59.

me aufwachen, zu denen auch der edlere Teil unsers Jahrhunderts still und schweigend beitrug – in welche selige Zeit verliert sich mein Blick!« (*AP* 96 f.)

Herder gibt mit dem Lobpreis des »väterlichen Herd[es]« zu verstehen, dass er – wie Rousseau – das Heilmittel gegen die ›Krankheit‹ der Zeit in der Gegenwendung zur »endlose[n] Steigerung der Produktion« als dem Motor der technischen Innovationen wie auch der kolonialen Expansion der europäischen Wirtschaftssystems sieht.[155] Sein Appell an »Vater, Mutter in der armen Hütte« erweckt den Eindruck, er propagiere den in Rousseaus *Émile* geschilderten Rückzug in eine geschützte Privatsphäre; am Schluss der zitierten Textpassage äußert er jedoch die Hoffnung auf eine nachhaltige Veränderung der Gesellschaft im Ganzen. Mit seiner Mahnung: »Untätig sein kannst du doch nicht: böse oder gut erziehen musst du« stellt er die Leser vor die Wahl, sich der expansiven Eigendynamik der modernen europäischen Zivilisation anzupassen oder zu widersetzen, wobei er ihnen durch das moralische Vokabular, mit dem er die Alternative schildert, zu verstehen gibt, dass ihre Stellungnahme hierzu in jedem Fall als eigenverantwortliche Entscheidung zu werten ist. Hiermit knüpft er an Rousseaus Rechtfertigung der ethischen Freiheitsunterstellung im *Diskurs über die Ungleichheit* an. Sollte sich die am Ende der zitierten Passage ausgedrückte Zuversicht, dass die konsequente Umsetzung der inzwischen erreichten »Tugendbegriffe« (*AP* 99) und ein verantwortlicher Umgang mit dem technischen Fortschritt einer »selige[n] Zeit« den Boden bereiten, bewahrheiten, wäre das Ziel der Aufklärung, die »Missklänge« der überkommenen Herrschaftsformen zur Auflösung zu bringen (*AP* 55), erreicht. Herder gibt durch den Widerspruch zwischen der Verheißung einer »selige[n] Zeit« und der Metapher des tödlichen Krankheit des modernen Menschen zu verstehen, dass es aufgrund gegenläufiger Tendenzen der europäischen »Globalzivilisation« offen bleibt, ob diese Verheißung realistisch ist: Einerseits wird durch die »Verfeinerung« und »Umherbreitung« der »Begriffe von menschlicher Freiheit, Geselligkeit, Gleichheit« im Zuge der neuzeitlichen Aufklärung die Perspektive einer bewussten, kooperativen Gestaltung historischer Prozesse eröffnet, andererseits drohen diese Fortschritte durch das ökonomische System absorbiert zu werden (vgl. *AP* 99 f.). Herders – auf ›gesunde‹ Gesellschaften gemünzte – Metapher des »Mittelpunkt[s] der Glück-

---

[155] Vgl. Fetscher: *Rousseaus politische Philosophie*, S. 19.

seligkeit« einer »Nation« lässt sich auf diese historische Situation in der Weise applizieren, dass die ›basalen‹ ökonomischen Triebkräfte der modernen Zivilisation faktisch den Charakter ihres dominierenden Zentrums anzunehmen drohen – ohne dass dieses (aufgrund ihres destruktiven Potentials) als »Mittelpunkt der Glückseligkeit« zu werten ist –, bei entschlossenem Widerstand gegen diese eigendynamische Entwicklung jedoch die demokratische Selbstbestimmung zum Nukleus der modernen Gesellschaft werden könnte. In diesem Sinne macht die Mehrdeutigkeit des Textbefundes den Leser auf Möglichkeitshorizonte der Gegenwart aufmerksam, die nur durch praktisches Engagement ausgelotet werden können (s. o. S. 132 f.).

Indem Herder seine Gesellschaftskritik in *Auch eine Philosophie der Geschichte* in Form der Kontrastierung von Selbstdeutungen seiner Zeitgenossen mit den faktischen Verhältnissen vorträgt, lässt er die Möglichkeit offen, dass die dargestellten Missstände wie auch das ›falsche Bewusstsein‹ derer, die sie ignorieren bzw. befördern, kausal zu erklären sind. Sein Programm einer »Physik der Geschichte« reicht damit bis zur Gegenwart. Die ideologische Instrumentalisierung der aufklärerischen Menschenrechts- und Völkerrechtsidee durch das koloniale »System des Handels« lässt sich in derselben Weise wie die ›Assimiliation‹ der Universalisierungsprinzipien der griechischen Philosophie durch den römischen »Kriegsstaat« (s. o. S. 248) als ›Überbau‹-Phänomen beschreiben. Mit der Opium-Metapher diagnostiziert Herder in der modernen Zivilisation Züge eines Suchtverhaltens, das zum Realitätsverlust führt. Dass die »Nadelspitze [...] mechanischer Gedanken« eine rastlos fortlaufende ökonomische Eigendynamik in Gang gesetzt hat, kann – im Anschluss an Rousseau – damit erklärt werden, dass die Erweiterung unserer Bedürfnisse infolge des zivilisatorischen Fortschritts zum Stachel permanenter Neuerungen wird. Rousseau macht in diesem ›Rückkopplungseffekt‹ selber ein Suchtpotential aus, indem er die Reichen – die am ehesten ›gesättigt‹ sein müssten – mit »ausgehungerten Wölfen« vergleicht (D 211). So lässt sich Herders Opium-Metapher dahingehend deuten, dass die vom zivilisatorischen Fortschritt hervorgerufene Überzeugung, auf den erreichten Lebensstandard nicht mehr verzichten zu können, für die globalen Gefahren, die ein unersättlicher ›Fortschritt‹ heraufbeschwört, blind macht – und zugleich die Nutznießer der ökonomischen Produktivitätssteigerung die Perspektive der Benachteiligten bzw. Ausgebeuteten aus den Augen verlieren lässt.

Die ›kompatibilitische‹ Verschränkung der kausalen Beobachter-mit der kritisch-appellativen Teilnehmerperspektive von *Auch eine Philosophie der Geschichte* spiegelt sich darin nieder, dass Herder einerseits die Leser dazu auffordert, das emanzipatorische Anliegen seiner Schrift weiterzutragen, andererseits auf hartnäckige Abwehr-mechanismen gegenüber der Aufklärungsarbeit eines »Sokrates un-serer Zeit« zu sprechen kommt (*AP* 92 f., s. o. S. 69). Mit der Bemer-kung: »was lohnts, dass ich weiterrede?« (*AP* 82), gibt er denjenigen unter seinen Lesern, die sich auf eine ernsthafte Auseinandersetzung mit seiner Gesellschaftskritik einlassen, zu verstehen, dass eine Selbstimmunisierung des zeitgenössischen ›falschen Bewusstseins‹ zwar auf der einen Seite psychologisch erklärbar ist, dass auf der anderen Seite jedoch denjenigen, bei denen sie zu beobachten ist, im persönlichen Umgang der Vorwurf der Unaufrichtigkeit gemacht werden kann (sofern sie über eine ausreichende Vorbildung für das Verständnis der Argumente, die man vorbringt, verfügen), da in der Gegenwart ein Entwicklungsniveau erreicht ist, welches die Mög-lichkeit eröffnet, sich von kulturspezifischen Vorurteilen zu emanzi-pieren. Es ist daher legitim, solchen Gesprächspartnern vorzuhalten, sie degradierten sich selbst zum Objekt sozialpsychologischer Erklä-rungen.

Da Herder in *Auch eine Philosophie der Geschichte* die Genese der normativen Maßstäbe seiner Gesellschaftskritik im Rahmen sei-nes Programms einer »Physik der Geschichte« (womit er die neuzeit-liche Konzeption ›exakter Wissenschaft‹ auf die soziale Realität über-trägt) rekonstruiert und zugleich die zu erwartende Rezeption seiner Auseinandersetzung mit dem zeitgenössischen ›falschen Bewusst-sein‹ thematisiert, wird seine Schrift dem Anspruch gerecht, den Habermas an eine Theorie der sozialen Evolution stellt: sowohl »ihren eigenen Entstehungszusammenhang« als auch »ihre mögli-chen Funktionen in gegebenen gesellschaftlichen Kontexten« zu re-flektieren.[156] Im Folgenden soll allerdings die These erhärtet werden, dass die von Herder anvisierte, für die selbstreflexive Verknüpfung der Teilnehmer- mit der Beobachterperspektive seiner Schrift essen-tielle Interpretation der von ihm intendierten Gesellschaftsverände-rung als Ausdruck von Selbstheilungskräften des sozialen Systems beim Problem des Kolonialismus an ihre Grenzen stößt – womit in

---

[156] Habermas: »Zum Theorienvergleich in der Soziologie: am Beispiel der Evolutions-theorie«, S. 130.

der Theoriestruktur von *Auch eine Philosophie der Geschichte* ein Bruch auftritt (s. o. S. 73 ff., 133 Anm. 151).

*b)   Der ›aufgeklärte Kolonialismus‹ als systemfunktionale Ideologie*

Um Aufschluss darüber zu erlangen, ob in *Auch eine Philosophie der Geschichte* eine ungelöste Spannung zwischen Herders Kritik an der erwarteten Abwehrhaltung zeitgenössischer Aufklärer gegenüber seiner Mahnung, auch solche Kulturen zu respektieren, die durch »Abneigung gegen die Fremden«, »väterliche Vorurteile« und »Hangen an der Erdscholle« geprägt sind (*AP* 75), und der These, dass kulturspezifische Vorurteile zum Aufbau eines effizienten Gesellschaftssystems beitragen können, auftritt, ob also das Diktum: »Das Vorurteil ist gut, zu seiner Zeit: denn es macht glücklich« (*AP* 35) auch auf ein aufklärerisches ›Vorurteil gegen die Vorurteile‹ appliziert werden könnte, soll hypothetisch der Fall eines ernst gemeinten ›aufgeklärten Kolonialismus‹, der sich dennoch ideologisch immunisiert, in Betracht gezogen werden. Es soll unterstellt werden, dass die Ausdehnung des Territoriums der Vereinigten Staaten bis zu den Rocky Mountains durch den Kauf Louisianes, das zum Kolonialbesitz Frankreichs gehörte, in Herders Todesjahr (1803) sozialethisch motiviert war. Ende des 18. Jahrhunderts zeichnete sich aufgrund medizinischer Fortschritte (wie der Einführung der Pockenimpfung) ein deutlicher Rückgang der Kindersterblichkeit und als Konsequenz ein erhebliches Überangebot an Arbeitskräften in Europa ab; die französische Kolonialverwaltung in Louisiane war aufgrund der Napoleonischen Kriege außerstande, die Besiedlung des riesigen Gebietes, in dem größtenteils noch nomadische Indianerstämme lebte, zu organisieren; die ›Erschließung‹ des Territoriums für Ackerbau und Viehzucht durch die USA schuf eine Existenzgrundlage für europäische Arbeitslose, wodurch sich wiederum der Absatzmarkt der aufkommenden europäischen Industrie vergrößerte; es bestand somit die Aussicht auf nachhaltige Überwindung der drohenden Massenarbeitslosigkeit.[157] Das Projekt der wirtschaftlichen ›Erschließung‹ Louisianes verlangte allerdings, dass die Indianer ihre Jagdgebiete

---

[157] Adam Smith wies im *Wohlstand der Nationen* (1776) darauf hin, dass der wirtschaftliche Aufschwung in den von Europäern besiedelten Gebieten Nordamerikas zu-

zur Verfügung stellten und damit ihre nomadische Lebensweise aufgaben. Es soll angenommen werden, dass die US-Regierung gewillt war, ihnen so viel Ackerland zu belassen, wie für die Sicherung ihres Lebensunterhalts erforderlich war.

Passt auf eine solche Form des Kolonialismus[158] Herders Diktum, das »allgemeine Kleid von Philosophie und Menschenliebe« könne »Unterdrückungen verbergen, Eingriffe in die wahre, persönliche Menschen- und Landes, Bürger- und Völkerfreiheit [...] mit einem Anstande von Tugend, Weisheit, Menschenliebe und Völkerfürsorge« (AP 102)? Der ›aufgeklärte Kolonialismus‹, den Herder hier im Blick hat, weist – indem er mit dem Anspruch der »Völkerfürsorge« auftritt – den Vorwurf zurück, er missachte das Selbstbestimmungsrecht der eroberten Völker: Er behauptet, dass diese durch die Kolonialisierung zu bewusster Selbstbestimmung allererst befähigt werden – zuvor also unter der dumpfen Herrschaft fraglos weitergegebener Traditionen dahinlebten. Den ›unaufgeklärten‹ Völkern müssen demzufolge durch das Aufbrechen ihres Kulturkreises die Augen dafür geöffnet werden, was ihnen ›gut tut‹. So kann der ›aufgeklärte Kolonialist‹ etwa die Vorteile herausstellen, die die Indianer von der Anpassung an die Lebensweise der weißen Siedler erwarten können: Wenn sie sich von der Jagd auf Ackerbau und Viehzucht verlegen, besteht Aussicht auf ein Ende der Revierkämpfe, die bei nomadisch lebenden Stämmen kaum zu vermeiden sind; mit der Etablierung einer zentralen Staatsgewalt auf ihrem Territorium kann die archaische Blutrache durch ein ›ziviles‹ Rechtssystem ersetzt werden; die Lebenserwartung wird durch Teilhabe am medizinischen Fortschritt erhöht. Herder lässt eine solche Argumentation nicht gelten: »Lobredner dieser Hüllen zu sein, als ob sie Taten wären, mag ich nicht: ohne Zweifel hätte auch Machiavell in unserm Jahrhundert nicht geschrieben, wie er schrieb« (AP 102). Der Behauptung des ›aufgeklärten Kolonialisten‹, ihm sei insofern keine Verletzung des Selbstbestimmungsrechts der eroberten Völker anzulasten, als deren erzwungener Übergang auf eine höhere Kulturstufe

---

gleich den Lebensstandard in der ›Alten Welt‹ erhöhte (Der Wohlstand der Nationen. Übers. und hrsg. von H. C. Recktenwald. München 1978. S. 61 f., 496 ff.).

[158] Dass die USA Louisiane aufgrund des Kaufvertrags mit Frankreich ihrem Staatsgebiet einverleibten, war insofern ein Akt des Kolonialismus, als sie hiermit die Inbesitznahme des Territoriums durch die französischen Kolonialtruppen als rechtmäßig anerkannten; aus der Perspektive der Indianer betrachtet, wechselten lediglich die Kolonialherren.

in ihrem ›wohlverstandenen Selbstinteresse‹ liege, setzt Herder seine These entgegen, dass jede Nation ihre spezifische Form der »Glückseligkeit« in sich trage und jeder historische Fortschritt mit einem Verlust tradierter Möglichkeiten eines erfüllten Lebens einhergeht (*AP* 32, 35, s. o. S. 207 Anm. 5); zu den unvermeidlichen Kehrseiten der modernen, europäisch geprägten »Lebensart« gehört etwa eine fortschreitende Anonymität infolge der Technisierung und globalen Vernetzung der Arbeits- und Lebenswelt (*AP* 75).[159]

Der ›aufgeklärte Kolonialist‹ kann der Behauptung Herders, die Integration der eroberten Völker in die moderne europäische Zivilisation werde ihre »Glückseligkeit« keineswegs vermehren, entgegenhalten, dass Fortschritte bei der medizinischen Versorgung, der Rechtssicherheit usw. die Lebensqualität ›objektiv‹ steigern und solche nachprüfbaren Verbesserungen schwerer wiegen als die von Herder beklagten sozialpsychologischen Schattenseiten der modernen Zivilisation – so wird etwa deren Anonymität nicht durchgängig negativ erlebt, sondern von vielen als Entlastung von der sozialen Kontrolle festgefügter Gemeinschaften empfunden. Herder kann sich wiederum darauf berufen, dass die außereuropäischen Völker die Kolonialisierung im Allgemeinen als gewaltsame Vereinnahmung durch eine fremde Zivilisation aufgefasst und ihre einheimischen Traditionen zäh verteidigt haben. Der ›aufgeklärte Kolonialist‹ sieht in einer solchen Abwehrhaltung allerdings gerade einen Beleg dafür, dass ›voraufklärerische‹ Zivilisationen durch »väterliche Vorurteile«, »Hangen an der Erdscholle« und »Abneigung gegen die Fremden« gekennzeichnet sind – wobei er seine Sicht damit stützen kann, dass nur derjenige ein fundiertes Urteil über eine andere Kultur abzugeben vermag, der sich mit ihr vertraut gemacht hat. Der ›aufgeklärte Kolonialist‹ kann daher die erzwungene Einbeziehung der eroberten Völker in das Bildungssystem und die Arbeitswelt der Kolonialmächte als Voraussetzung dafür hinstellen, dass die Einheimischen ihre herkömmliche und die moderne Kultur gegeneinander abwägen und auf dieser Basis eine kompetente Entscheidung über ihr künftiges Leben treffen können – wobei seine These von der Über-

---

[159] Herder hebt die Auflösung traditioneller sozialer Bindungen in der europäischen ›Einheitszivilisation‹ in einer karikierenden Lobrede hervor: »Wie elend, als es noch Nationen und Nationalcharakter gab: [...] Bei uns sind – gottlob! alle Nationalcharaktere ausgelöscht! wir lieben uns alle, oder vielmehr keiner bedarfs, den andern zu lieben« (*AP* 75).

legenheit der neuzeitlichen europäischen Zivilisation die Prognose einschließt, dass sich die überwiegende Mehrzahl der Einheimischen, die eine fundierte Kenntnis des europäischen Systems erworben haben, seinem Urteil zustimmen und der Kolonialmacht für den Zivilisationssprung, den sie erwirkt hat, dankbar sein werden.

Der ›aufgeklärte Kolonialist‹ bringt den – aus seinem Blickwinkel – ›rückständigen‹ Völkern insofern ein Vorurteil entgegen, als für ihn feststeht, dass Widerstände der Einheimischen gegen das Ansinnen, die Bildungsinstitutionen, Wirtschaftsformen und Staatsstrukturen der Kolonialmächte ›von innen heraus‹ kennen zu lernen, Ausdruck »väterliche[r] Vorurteile« (*AP* 75), also nicht als autonome Entscheidung zu werten sind. Zu der von Herder prognostizierten Selbstimmunisierung des aufklärerischen ›Vorurteils gegen die Vorurteile‹ kommt es dann, wenn der ›aufgeklärte Kolonialist‹ den Wunsch von Einheimischen, die Einblick in die moderne Zivilisation gewonnen haben, nach Rückkehr zu ihren traditionellen Lebensformen[160] nicht als Falsifikationsinstanz seiner Behauptung gelten lässt, die überwiegende Mehrheit derer, die beide Kulturstufen miteinander vergleichen können, werde die Überlegenheit der ›fortgeschritteneren‹ anerkennen.[161] Der ›aufgeklärte Kolonialist‹ kann sich hierbei auf den Standpunkt zurückziehen, dass diejenigen, die die herkömmliche Lebensart der modernen vorziehen, eine irrationale Bindung an die Welt ihrer Vorfahren erkennen lassen, was ein Beleg dafür sei, dass die innere Befreiung von machtvollen Traditionen nur in einem mehrere Generationen umfassenden Reifungsprozess gelingen könne. Wenn der ›aufgeklärte Kolonialist‹ mittels einer solchen Argumentation die kontinuierliche institutionelle Verfestigung der modernen Zivilisation im okkupierten Territorium – und damit die fortschreitende Verdrängung der traditionellen Kultur – rechtfertigt, wird seine Position inkohärent; denn er verschiebt die ›unparteiische‹ Entscheidung der Einheimischen für eine den beiden konkurrierenden Lebensformen, die er herbeizuführen beansprucht, auf eine zu-

---

[160] Eine Abbildung auf dem Frontispiz von Rousseaus *Diskurs über die Ungleichheit* (*D* 2) hält den in einem zeitgenössischen Reisebericht geschilderten Moment fest, in dem sich ein »in der Praxis der europäischen Gebräuche« erzogener Hottentotte seines »europäischen Putz[es]« entledigt und von seinem weißen Mentor mit den Worten verabschiedet: »es ist mein Entschluss, in der Religion, den Sitten und Gebräuchen meiner Vorfahren zu leben und zu sterben.« (*D* 377/379)

[161] Herder hält denjenigen, die »Aufklärung für Glückseligkeit« nehmen, vor, sie blendeten »Gegenfakta« aus (*AP* 37).

künftige Geschichtsperiode, in der die autochtone Kultur der eroberten Landes nur noch in einer gleichsam ausgedörrten Gestalt erfahrbar ist. Diese ideologische Immunisierungsstrategie hat angesichts der Tatsache, dass die Aversion der eroberten Völker gegen die Kolonialherren durch Generationen hindurch nicht verschwunden ist, für den ›aufgeklärten Kolonialismus‹ eine systemerhaltende Bedeutung: Sie schützt ihn vor der Einsicht, dass er de facto das Selbstbestimmungsrecht der Völker – auf das er sich explizit beruft – verletzt. Im geschilderten Beispielfall einer ›aufgeklärten Kolonialisierung‹ Lousianes lässt sich eine solche Immunisierungsstrategie insofern unter Herders Aussage: »Das Vorurteil ist gut, zu seiner Zeit: denn es macht glücklich« subsumieren, als auf der einen Seite der Bevölkerungsdruck in Europa nur durch die Expansion der modernen Zivilisation in die Territorien von ›Naturvölkern‹ aufgefangen werden konnte – andernfalls wären Hungersnöte unvermeidlich gewesen – und auf der anderen das Gefühl, die eigene kulturelle Identität werde von der europäischen ›Einheitszivilisation‹ aufgesogen, in dem Maße verblasst, wie die autochtonen Traditionen schwinden: Ein zentraler Aspekt von Herders ironischem Lobpreis der neuen ›Globalkultur‹ – »Wie elend, als es noch Nationen und Nationalcharakter gab: […] wir […] sind einander völlig gleich, gesittet, höflich, glückselig!« (*AP* 75) –, besteht in der Feststellung, dass die Einebnung kultureller Diversität in der modernen Zivilisation von den Betroffenen in einem ›fortgeschrittenen‹ Stadium gar nicht mehr wahrgenommen wird, so dass diese sich selbst als »glückselig« betrachten, sofern ihre auf den materiellen Konsum reduzierten Bedürfnisse befriedigt werden. Herder wendet gegen dieses Selbstbild ein, die kritiklose Hinnahme der Nivellierungstendenzen der technischen Zivilisation verrate eine innere Verarmung (*AP* 63 f.),[162] es bleibt jedoch problematisch, jemanden, der selber keinen Leidensdruck empfindet, für innerlich abgestorben und in diesem Sinne ›wahrhaft unglücklich‹ – Herder benutzt den Ausdruck »siechherzig« (*AP* 66) – zu erklären. Wenn die aufklärerische These, der neuzeitlichen Zivilisation sei eine überprüfbare Erhöhung der Lebensqualität zu verdanken, durch das Zeugnis der überwiegenden Mehrheit der Zeitgenossen bestätigt wird, muss Herder deren Zufriedenheit (unter der Voraussetzung,

---

[162] Auch Horkheimer und Adorno halten denjenigen, die die moderne Kultur umstandslos bejahen, eine »Verwechslung der Freiheit mit dem Betrieb der Selbsterhaltung« vor (*Dialektik der Aufklärung*, S. 47).

dass die globalen Risiken der Technik kontrollierbar sind) als die den spezifischen Lebensumständen der Gegenwart adäquate Form der »Glückseligkeit« akzeptieren – und damit seine Aussage: »Jede Nation hat ihren Mittelpunkt in sich, wie jede Kugel ihren Schwerpunkt« auch auf die moderne ›Weltgesellschaft‹ applizieren, deren »Mittelpunkt« die technische »Mechanik« und das aufklärerische »Raisonnement« bilden (*AP* 63). Herder muss daher einräumen, dass in der Selbstimmunisierung des aufklärerischen Vorurteils gegenüber ›rückständigen‹ Kulturen unter Umständen (wie im geschilderten Beispielfall einer ›vernunftgeleiteten‹ Kolonialisierung Louisianes) diejenige »Fühllosigkeit, Kälte und Blindheit« zum Ausdruck kommt, der er selbst eine systemische Funktion im Konstitutionsprozess historischer Zivilisationen zuerkennt (*AP* 35).

Herder ist es somit nicht gelungen, die selbstreflexive Theorieanlage von *Auch eine Philosophie der Geschichte* stringent auszugestalten. Hierdurch wird die methodische Überlegenheit einer solchen Theoriestruktur gegenüber einer Gegenwartsanalyse, die in der Beobachterperspektive verharrt, jedoch nicht beeinträchtigt. Dies tritt anhand der Kritik Habermas' an Parsons' Zeitdiagnose zutage.

## c)  Parsons' Sicht der modernen Zivilisation

Da Parsons davon ausgeht, dass die globalen Risiken der modernen Technik unter Kontrolle gebracht werden können, wertet er die Dominanz der europäischen Zivilisation in der Neuzeit – entsprechend seiner biologistischen Kernthese, dass sich in der sozialen Evolution diejenigen Gesellschaftssysteme durchsetzen, die ihrer Umwelt optimal ›angepasst‹ sind – als Beleg dafür, dass die modernen westlichen Gesellschaften »ein größeres allgemeines Anpassungsvermögen als alle anderen haben«.[163] Parsons' Begriff des »Anpassungsvermögens« einer Gesellschaft »konzentriert« sich auf ihre ökonomische Leistungsfähigkeit, reicht aber insofern darüber hinaus, als er diese als Gradmesser des gesellschaftlichen Entwicklungsstands im Ganzen betrachtet: Die Erhöhung der wirtschaftlichen Produktivität ist an eine zunehmende Arbeitsteilung und damit die Ausdifferenzierung sozioökonomischer Subsysteme gebunden, woraus wiederum – gemäß Parsons' These, dass soziale Stabilität einen normativen Kon-

---

[163] Parsons: *Das System moderner Gesellschaften*, S. 9 ff., 181. S. o. S. 32 f.

sens voraussetzt – die Notwendigkeit der »Integration« (bzw. »Inklusion«) der vielfältigen Teilbereiche in ein gesamtgesellschaftliches Gefüge mittels einer »Wertverallgemeinerung« entspringt.[164] Parsons sieht dementsprechend den Schlüssel zum ›evolutionären Erfolg‹ der modernen westlichen Staaten im Liberalismus, der die Kräfte des Marktes von staatlicher Reglementierung befreit und einen Pluralismus von Lebensformen zulässt, sofern sie demokratische Verfahrensregeln anerkennen. Parsons weist zugleich darauf hin, dass die ökonomischen Leistungen staatssozialistischer Gesellschaften mit Demokratisierungstendenzen einhergehen; so war etwa der Aufstieg der Sowjetunion zur Weltmacht nur dadurch möglich, dass breiten Schichten Bildungs- und soziale Aufstiegschancen eröffnet wurden.[165] Die Liberalisierung in der Sowjetunion nach dem Tod Stalins betrachtet er als Indiz dafür, dass eine »Befehlswirtschaft« auf Dauer nicht lebensfähig ist.[166] Er äußert daher in seinem Buch *Das System moderner Gesellschaften* (dessen Originalausgabe 1971 erschienen ist[167]) die Hoffnung, dass sich der Kommunismus langfristig den westlichen Demokratien angleichen wird.[168]

Der »weitverbreitete[n] Furcht« vor der Selbstzerstörung der Menscheit durch Massenvernichtungswaffen begegnet Parsons mit der Hoffnung, »dass gesellschaftliche Verantwortung als Motivation ausreichen wird, den Rückzieher vor dem eigentlichen totalen Konflikt […] wahrscheinlich zu machen.«[169] Dem Eindruck »sensible[r] Gruppen«, dass die globalen ökomisch-politischen Systemstrukturen, welche in der »Bürokratie« ihren sichtbaren institutionellen Niederschlag finden, die Individuen einer »zentralisierte[n] Kontrolle« unterwerfen und auf diese Weise die Freiheitsspielräume aushöhlen, die die Aufklärung erkämpft hat, hält er entgegen, die Freiheits-

---

[164] Ebd. S. 11, 20, 90 f.

[165] »Das Sowjetregime hat […], trotz seines vorwiegend diktatorischen Charakters, viele Merkmale der demokratischen Revolution eingeführt. Viele Zuweisungskomponenten der alten Gesellschaft sind eliminiert worden« (ebd. S. 158). »Die soziale Komponente der sowjetischen Staatsbürgerschaft hat sich sehr stark entwickelt. Obwohl sie viel stärker als in den wichtigsten westlichen Gesellschaften in hierarchische, bürokratische und autoritäre Strukturen eingebettet ist, zeigt sich, wie weit sich die Sowjetunion aus dem Absolutismus des 17. Jahrhunderts herausentwickelt hat.« (ebd. S. 161)

[166] Ebd. S. 160.

[167] *The System of Modern Societies.* Englewood Cliffs.

[168] *Das System moderner Gesellschaften*, S. 161 f.

[169] Ebd. S. 178 f.

gewinne der modernen westlichen Zivilisation seien unübersehbar.[170] Die »Anklage[n] gegen den ›militärisch-industriellen Komplex‹« in den westlichen Staaten, wonach dieser für das Fortbestehen von »Krieg und Imperialismus«, »Armut und Rassendiskriminierung« verantwortlich ist, sind in seinen Augen überzogen: Er gesteht zwar zu, dass in innenpolitischer Hinsicht das Ziel allgemeiner Chancengleichheit noch nicht erreicht wurde und in außenpolitischer die »Geschichte der modernen Gesellschaftssysteme« eine »Geschichte häufiger, wenn nicht ständiger Kriege« gewesen ist, beruft sich jedoch darauf, dass die »Institutionalisierung eines grundsätzlich egalitären Musters vorangetrieben« werde und man einen »langsamen, aber stetigen Trend zu verminderter Gewaltanwendung« beobachten könne.[171]

Habermas wirft Parsons vor, seine Theorie der Moderne verharmlose deren »Pathologien«: »Parsons kann« – so Habermas – »die in Modernisierungsprozessen angelegte Dialektik der Folgelasten […] nicht erfassen«; unter diese Dialektik fallen die zunehmende Ohnmacht des Individuums gegenüber der »wachsenden Systemkomplexität« des Wirtschaftsprozesses wie auch der »bürokratisierten Staatsverwaltung« und die potentiell »selbstdestruktiven Folgen« des technischen Fortschritts (TkH II 422, 458, 577 ff.). Nach Habermas verrät Parsons' »harmonistisches Bild« der Moderne Defizite seines theoretischen Ansatzes: Er wirft Parsons auf der einen Seite explizit vor, die soziale Realität ausschließlich aus der Beobachterperspektive und nicht zugleich aus der »Handlungsperspektive« zu thematisieren, auf der anderen Seite suggeriert er mit seiner Behauptung, Parsons verfüge nicht »über die Mittel für eine plausible Erklärung pathologischer Entwicklungsmuster«, dessen »harmonistisches« Gegenwartskonzept ergebe sich innerhalb seiner »Variante des Systemfunktionalismus«, die die soziale Realität »im Rahmen einer allgemeinen Theorie der Evolution lebender Systeme […] begreifen« will,[172] nahezu zwangsläufig (TkH II 303, 421 f.).

Der zweite Kritikpunkt muss insofern revidiert werden, als Parsons mit dem Schlusssatz seines Buches *Das System der modernen Gesellschaften* seiner biologistischen Kernthese, die »Zunahme der allgemeinen Anpassungsfähigkeit« sozialer Systeme mache den

---

170 Ebd. S. 149.
171 Ebd. S. 146 ff., 151, 178.
172 Ebd. S. 10.

Richtungsfaktor des Geschichtsprozesses aus, den Status einer falsifizierbaren Hypothese zuspricht: »Auch wenn wir die unleugbar gegebene Möglichkeit einer alles vernichtenden Katastrophe in Betracht ziehen, erwarten wir dennoch, dass der Haupttrend des nächsten, vielleicht auch übernächsten Jahrhunderts auf die Vollendung jenes Gesellschaftstyps zusteuern wird, den wir ›modern‹ nennen.«[173] Eine Falsifikation seiner Prognose, die Menschheit werde die globalen Risiken der modernen Technik in den Griff bekommen, lässt sich in sein biologistisches Systemmodell insofern integrieren, als die neuzeitliche Zivilisation in diesem Fall als ›evolutionärer Irrweg‹ anzusehen wäre.

Im Schlusssatz des *Systems der modernen Gesellschaften* kommt jedoch ein Reflexionsdefizit zum Ausdruck, welches – im Sinne von Habermas' erstem Kritikpunkt – daraus resultiert, dass Parsons bei der Beobachtung des Geschichtsprozesses stehen bleibt und die Handlungsperspektive ausblendet (*TkH* II 421 f.): Er macht sich nicht bewusst, dass jede Gesellschaftstheorie – wie Habermas im Anschluss an Horkheimer betont – »dem objektiven Lebenszusammenhang, den sie zu erfassen trachtet, durch die Akte des Erkennens hindurch auch zugehört« (*TkH* II 590 f.). Indem Parsons aus zeitgeschichtlichen Ereignissen und Entwicklungen (wie dem Einlenken der sowjetischen Führung in der Kuba-Krise 1962 und dem anschließenden Übergang zur Politik der ›friedlichen Koexistenz‹ von NATO und Warschauer Pakt) die Prognose ableitet, auch in künftigen weltpolitischen Krisen würden die Verantwortlichen vor dem »totalen Konflikt« zurückschrecken,[174] leistet er der Auffassung Vorschub, die Existenz von Massenvernichtungswaffen berge keine ›reale‹ Gefahr in sich; diese Auffassung könnte – wenn sie sich im öffentlichen Bewusstsein festsetzt – die Regierungen der Atommächte dazu verleiten, ihr nukleares Potential auch weiterhin als politisches Druckmittel (wie während der Kuba-Krise) einzusetzen und die Irritationen, die die eigenen Provokationen auf der Gegenseite auslösen, zu verharmlosen; so könnte gerade die von Parsons verbreitete Zuversicht, die Selbstzerstörung der Menschheit sei nicht ernsthaft zu befürchten, die Gefahr eines Atomkriegs erhöhen, indem sie die Führungseliten zu einem unbedachten Spiel mit dem Feuer animiert.

---

[173] Ebd. S. 181.
[174] Ebd. S. 163, 178 f.

# V. Die Idee der »kritischen Philosophie« in Marx' Frühschriften

Die in Marx' Brief an Ruge vom September 1843 anvisierte »kritische Philosophie«, deren spezifisches Erkenntnisverfahren er als »Selbstverständigung« bestimmt (*MW* I 450), hat einen dreifachen Impetus: Sie kritisiert (1) faktische Herrschaftsverhältnisse, (2) unangemessene Interpretationen dieser Verhältnisse in der Philosophie, Wissenschaft, Religion, politischen Praxis usw., d. h. ›falsches Bewusstsein‹, (3) die Überzeugung zeitgenössischer Ideologiekritiker – insbes. unter den Junghegelianern –, die Analyse von Fehldeutungen der Menschheitsgeschichte bzw. der aktuellen historischen Situation habe per se emanzipatorische Wirkung.[1]

Um ›falsches Bewusstsein‹ aufdecken zu können, muss die kritisierende Instanz eine adäquate Erkenntnis der gesellschaftlichen Realität gewinnen. Marx betont allerdings im genannten Brief an Ruge, er wolle nicht »doktrinär« eine neue »Wahrheit« verkünden (*MW* I 449): Er charakterisiert die angestrebte »Selbstverständigung […] der Zeit über ihre Kämpfe und Wünsche« als ein »Werk vereinter Kräfte« mit offenem Ausgang (*MW* I 450). Indem er es mit einer »Beichte« vergleicht (ebd.), gibt er zu verstehen, dass der angestrebte Erkenntnisgewinn existentielle Entscheidungen und Anstrengungen voraussetzt.

Im Folgenden wird zunächst die – in der Beobachterperspektive verortete – Rekonstruktion der Gattungsgeschichte in den Frühschriften von Marx und Engels skizziert (Abschnitt 1). Die Abschnitte 2–4 sind der Darstellung und Metakritik von Habermas' Vorwurf gewidmet, Marx habe die Differenz zwischen kritischer Gesellschafts- bzw. Geschichtstheorie und Naturwissenschaft »verschleiert« und dadurch sein Projekt einer emanzipatorisch orientierten »Wissenschaft vom Menschen […] desavouiert.«[2] Es soll gezeigt

---

[1] Gegen diese Zuversicht richtet sich der ironische Untertitel der – von Marx und Engels gemeinsam verfassten – *Heiligen Familie* (1845): *Kritik der kritischen Kritik. Gegen Bruno Bauer und Konsorten.* S. u. Abschnitt 3 b.
[2] Habermas: *Erkenntnis und Interesse,* S. 85 f.

werden, dass sich dieses Projekt durch seine selbstreflexive Struktur, die als ›Einheit von Theorie und Praxis‹ begriffen werden kann, von der Naturwissenschaft abhebt und in einem der Figur des »subjektiven Denkers« in Kierkegaards *Abschließender unwissenschaftlicher Nachschrift* vergleichbaren Reflexionsschritt die Tätigkeit des Naturwissenschaftlers einbezieht.

## 1. Die historische Dynamik von Basis und Überbau

*a) Arbeitsteilung und Staatsgründung*

Marx und Engels konzipieren die »Wissenschaft der Geschichte«, die sie in der *Deutschen Ideologie* zur Wissenschaft schlechthin erklären,[3] als empirische »Darstellung der praktischen Betätigung, des praktischen Entwicklungsprozesses der Menschen.« (*MW* II 15, 21, 24) Dessen Anfangsphase rekonstruieren sie im Anschluss an Rousseau. Sie modifizieren die herkömmliche Auffassung, der Mensch hebe sich durch sein Bewusstsein von den Tieren ab, dahingehend, dass dieses als Resultat eines Evolutionsprozesses begriffen werden muss, der dadurch in Gang gesetzt wurde, dass der Urmensch aufgrund seiner fehlenden Instinktdetermination sein Nahrungsspektrum erweitern konnte (*MW* II 16 f.); im Zuge der Tradierung und Kumulation der Lernprozesse, die ihn hierzu befähigten, konstituierte sich das Bewusstsein als »gesellschaftliches Produkt« (*MW* II 31 f.). Das basale Unterscheidungskriterium des Menschen gegenüber den Tieren ist demnach in seiner ›Entwicklungsfähigkeit‹ (mit Rousseau zu sprechen: seiner »perfectibilité«) zu sehen. Wie Rousseau betrachten auch Marx und Engels die Arbeitsteilung als den Ursprung einer Eigendynamik, die die gesamte Weltgeschichte durchherrscht (*MW* II 17 ff., 34 ff.). »Die Teilung der Arbeit innerhalb einer Nation führt zunächst die Trennung der industriellen und kommerziellen von der ackerbauenden Arbeit und damit die Trennung von Stadt und Land und den Gegensatz der Interessen Beider herbei.« (*MW* II 18) Während jeder Produzent eine möglichst große Gewinnspanne anstrebt, sind die Zwischenhändler und Konsumenten an niedrigen ›Einkaufspreisen‹ interessiert. Dies führt zu einem Kon-

---

[3] »Wir kennen nur eine einzige Wissenschaft, die Wissenschaft der Geschichte.« (*MW* II 15)

kurrenzkampf unter den ›Anbietern‹, dessen Wechselfälle sich in einer sozioökonomischen Hierarchisierung niederschlagen – da die Einführung der Arbeitsteilung und Tauschwirtschaft die des Privateigentums nach sich zieht,[4] so dass die auf dem Markt erfolgreichen Produzenten ihren Besitz vermehren und dadurch sich selbst und ihren Nachkommen eine dauerhafte Überlegenheit sichern können. Die Angehörigen verarmter oder von vornherein mittelloser Familien bilden ein Reservoir von Arbeitskräften, das die Begüterten zur weiteren Vermehrung ihres Wohlstands nutzen können. Die Kluft zwischen den »durch die Teilung der Arbeit bereits bedingten Klassen« (*MW* II 35) verschärft sich aufgrund der systemischen Wechselwirkung von ökonomischer Produktion und Bedürfnis: Die vom zivilisatorischen Fortschritt – den die Arbeitsteilung mit sich bringt – bereitgestellten »Instrument[e]« der Bedürfnisbefriedigung führen »zu neuen Bedürfnissen« (*MW* II 29), die den Fortschritt weiter vorantreiben und zugleich den Wunsch nach größtmöglichem Anteil an den verfügbaren Ressourcen wecken – und damit nach einer einträglichen Position in der sozioökonomischen Klassenstruktur; »jedes neue Produkt« birgt in diesem Sinne eine »neue Potenz […] der wechselseitigen Ausplünderung« in sich (Marx: *Ökonomisch-philosophische Manuskripte, MW* I 608). Marx und Engels stimmen Rousseau darin zu, dass der aus der Arbeitsteilung entspringende »Kampf« der »Sonderinteressen« die »Dazwischenkunft und Zügelung« durch den Staat erforderlich macht (*MW* II 37).

Die Aussagen zur Staatsgründung in der *Deutschen Ideologie* erscheinen zunächst disparat: Marx und Engels vertreten einerseits die Auffassung: »Die gesellschaftliche Gliederung und der Staat gehen beständig aus dem Lebensprozess bestimmter Individuen hervor« (*MW* II 21 f.), was die Schlussfolgerung nahe legt, dass die staatlichen Institutionen ein ›natürliches Produkt‹ des materiellen Lebensprozesses bilden; andererseits stellen sie die These auf: »das sich emanzipierende und mit der bestehenden Produktionsweise in Widerspruch geratene Bewusstsein bildet nicht allein Religionen und Philosophien, sondern auch Staaten.« (*MW* II 34) Der Anschein einer Diskrepanz bzw. eines Widerspruchs zwischen diesen Aussagen

---

[4] »Teilung der Arbeit und Privateigentum« sind – so Marx und Engels – »identische Ausdrücke« (*MW* II 35). Der Stufe der Jäger und Sammler ordnen sie ein »Stammeigentum« zu – etwa an einem gemeinsam erlegten Tier (*MW* II 18).

lässt sich auf dem Hintergrund der Geschichtstheorien Rousseaus und Herders auflösen.

Da Marx und Engels die Notwendigkeit einer »Zügelung« der aus der Arbeitsteilung und der Tauschwirtschaft resultierenden Interessenkonflikte hervorheben, kann ihre These, der Staat gehe aus dem materiellen Lebensprozess »hervor«, zunächst dahingehend interpretiert werden, dass die Errichtung einer zentralen Staatsgewalt unabdingbar war, um die – von Rousseau geschilderte – heraufziehende Selbstzerstörung der arbeitsteiligen Gesellschaft durch einen ›Krieg aller gegen alle‹ abzuwenden. Ein weiterer Aspekt der angeführten These ergibt sich aus dem Begriff der »herrschenden Klasse« (*MW* II 93), demgemäß sich ökonomische Macht in politischer Macht niederschlägt – und zugleich in »geistiger Macht«: »Die Gedanken der herrschenden Klasse sind in jeder Epoche die herrschenden Gedanken« (*MW* II 55),[5] was bereits in Rousseaus fiktiver Schilderung der Staatsgründung anklingt, derzufolge die normative Selbstbeschreibung des Staates von den Reichen konzipiert wurde. Verknüpft man beide Aspekte miteinander, kann man den Staat insofern eine von der ökonomischen »Basis« kausal erwirkte »Superstruktur« nennen (*MW* II 92), als seine Etablierung von der Eigendynamik der arbeitsteiligen Gesellschaft erzwungen wurde und sein Machtgefüge deren Klassenstruktur widerspiegelt. Die hierzu gegenläufige These der *Deutschen Ideologie*, »das sich emanzipierende, mit der bestehenden Produktionsweise in Widerspruch geratene Bewusstsein« sei das ›Bildungsprinzip‹ der Staaten, ist daran festgemacht, dass der Staat – wie Marx und Engels in Einklang mit Rousseau feststellen – als Sachwalter des »›Allgemein‹-Interesse[s]« auftreten muss, so dass seine Selbstbeschreibung ein Gegenbild zum »Kampf« der Partikularinteressen abgibt, der aus der »Produktionsweise« der arbeitsteiligen Gesellschaft entspringt (*MW* II 37). Die fiktive Schilderung der Staatsgründung im *Diskurs über die Ungleichheit* lässt sich für die Interpretation der These der *Deutschen Ideologie* von der Fundierungsfunktion eines von den ökonomischen Realitäten ›emanzipierten‹ Bewusstseins für den Staat in der Weise fruchtbar machen, dass der innovative Entwurf einer mit der Wahrung von Allgemeininteressen betrauten Staatsgewalt die historische

---

5 Marx und Engels führen als Beleg die dominierende Rolle der aristokratischen Werte »Ehre, Treue etc.« im Feudalismus und der bürgerlichen Begriffe von »Freiheit« und »Gleichheit« im modernen Kapitalismus an (*MW* II 56).

Voraussetzung für den Aufbaus staatlicher Institutionen bildete (s. o. Kap. III 3 b). Rousseau lässt allerdings keinen Zweifel daran, dass der ›staatskonstituierende‹ Entwurf der Gesellschaft als einer Solidargemeinschaft überlebensnotwendig und in diesem Sinne wiederum eine ›Frucht‹ der ökonomischen Dynamik war. Die Aussage der *Deutschen Ideologie:* »Die Produktion der Ideen, Vorstellungen, des Bewusstseins ist zunächst unmittelbar verflochten in die materielle Tätigkeit und den materiellen Verkehr der Menschen« (*MW* II 22) kann damit auf Rousseaus fiktive Schilderung der »Produktion« der »Idee« des Staates zurückbezogen werden. Der Eindruck eines Widerspruchs zwischen den beiden gegenläufigen Aussagen der *Deutschen Ideologie* zum Ursprung des Staates löst sich dadurch auf, dass auch Marx und Engels in der staatskonstituierenden Formulierung von Allgemeininteressen, d. h. im Entwurf eines Gegenbildes zu den Konkurrenz- und Konfliktstrukturen der arbeitsteiligen Gesellschaft – worin sich die ›Emanzipation‹ des Bewusstseins von deren »Produktionsweise« manifestiert –, eine von ihrer bedrohlichen Eigendynamik hervorgerufene Notwendigkeit (*MW* II 37) und in diesem Sinne ein Überbau-Phänomen sehen.

Dies wird durch ihre Deutung der historischen Rolle der Religion bekräftigt, mit der sie zugleich den Eindruck relativieren, den ihre Aussage, der Staat verkörpere das »*illusorische* ›Allgemein‹-Interesse« (*MW* II 37, Hervorh. von mir), auf dem Hintergrund der Tatsache weckt, dass sie mit ihrer These von der »geistige[n] Macht« der »herrschenden Klasse« an Rousseaus Schilderung der Rolle der Reichen bei der Staatsgründung anknüpfen: bei der staatskonstituierenden Formulierung von Allgemeininteressen handle es sich um eine auf bewusste Täuschung der Bevölkerungsmehrheit angelegte Strategie der ökonomischen Führungsschicht zur Sicherung ihres Überlebens und Besitzstandes. Die These der *Deutschen Ideologie:* »das sich emanzipierende, mit der bestehenden Produktionsweise in Widerspruch geratene Bewusstsein bildet nicht allein Religionen und Philosophien, sondern auch Staaten« nimmt auf eine »Entwicklungsstufe des menschlichen Geistes« Bezug (vgl. Marx: *Zur Judenfrage* (1843/44), *MW* II 468), die über die archaische, magisch-mythische »Naturreligion« (*MW* II 32) hinausführt. Marx und Engels charakterisieren diese als »ein rein tierisches Bewusstsein der Natur«, welche »den Menschen anfangs als eine durchaus fremde, allmächtige und unangreifbare Macht gegenübertritt, […] von der sie sich imponieren lassen wie das Vieh« (ebd.). Die ökonomische Produktivitätssteigerung infolge der Arbeitsteilung führt sie aus dieser Ohnmacht heraus (ebd.) und entzieht damit der Naturreligion den Boden:

»von diesem Augenblicke an ist das Bewusstsein imstande, sich von der Welt zu emanzipieren und zur Bildung der ›reinen‹ Theorie, Theologie, Philosophie, Moral etc. überzugehen. Aber selbst wenn diese Theorie, Theologie, Philosophie, Moral etc. in Widerspruch mit den bestehenden Verhältnissen treten, so kann dies nur dadurch geschehen, dass die bestehenden gesellschaftlichen Verhältnisse mit der bestehenden Produktionskraft in Widerspruch getreten sind.« (*MW* II 33)

Die Eigendynamik der Tauschwirtschaft ruft insofern einen »Widerspruch« zwischen der »Produktionskraft« und den gesellschaftlichen Verhältnissen hervor, als sie die Auflösung der Sozialstrukturen in einem ›Krieg aller gegen alle‹ heraufbeschwört. Dieser Widerspruch innerhalb der sozioökonomischen Basis bildete nach Marx und Engels den Anstoß – und damit eine notwendige Bedingung – für die Transformation der archaischen Religiosität in die fortgeschrittene Theologie, Philosophie und Moral, die sich durch die Formulierung von Allgemeininteressen von den ökonomischen Verhältnissen emanzipierten, d. h. in »Widerspruch« zu diesen traten. Marx und Engels stellen mit der Rede vom »illusorische[n]« Allgemeininteresse allerdings klar, dass die soziale Realität in den etablierten Staaten vom Entwurf der Gesellschaft als einer Solidargemeinschaft erheblich abwich, dieser Entwurf also ideologisch deformiert wurde. Dass sie in der faktischen Schlüsselrolle der Religionen beim Aufbau stabiler Staatsstrukturen dennoch keine intendierte Verschleierung realer Machtverhältnisse sehen, lässt sich nicht nur aus der (von Engels in das Manuskript der *Deutschen Ideologie* eingefügten) Aussage erschließen, die überlieferte »Religion, Moral etc.« sei erst im modernen Kapitalismus »zur handgreiflichen Lüge« geworden (*MW* II 73), sondern auch aus Marx' Charakterisierung der fortgeschrittenen Religion als einer »Protestation gegen das wirkliche Elend«: »Die Religion ist der Seufzer der bedrängten Kreatur, das Gemüt einer herzlosen Welt, wie sie der Geist geistloser Zustände ist. Sie ist das Opium des Volks.« (*Zur Kritik der Hegelschen Rechtsphilosophie, MW* I 488) Marx konkretisiert seine Bewertung der Religion als des »Geist[s] geistloser Zustände« dahingehend, dass sie »in demselben Gegensatz« zur »profanen Welt« steht wie der »vollendete politische Staat« als Repräsentant des »Gattungsleben[s]« des Menschen«, d. h. der gesellschaftlichen Allgemeininteressen, zu den sozioökonomischen Konkurrenz und Konfliktstrukturen (*Zur Judenfrage, MW* I 461). Marx sieht in der fortgeschrittenen Religion den Ausdruck derjenigen »Entwicklungsstufe des menschlichen Geistes«, die in der Phase der Staatsgründung – wo erstmals Allgemeininteressen explizit formuliert wurden – erreicht wurde; er verlangt, dass dieses Entwicklungsniveau in seiner »weltlichen Form heraustritt«: »Dies geschieht im demokratischen Staat.« (*MW* I 468) Da Marx die fortgeschrittenen Religionen als notwendiges Glied im Entwicklungsprozess des »menschlichen Geistes« betrachtet, wäre es kurzschlüssig, sein Wort vom »Opium des Volks« mit der radikal-aufklärerischen These gleichzusetzen, die Religion sei ein Machwerk betrügerischer Priester. Die Aussage der *Deutschen Ideologie*, die »Gedanken der herrschenden Klasse« seien »in jeder Epoche die herrschenden Gedanken«, lässt sich mit Marx' Charakterisierung der Religion als des »Seufzer[s] der bedrängten Kreatur« und des »Geist[es] geistloser Zustände« in der Weise in Einklang bringen, dass die Transformation der archaischen Religiosität in die fortgeschrittene von einer aus privilegierten Verhältnissen stammenden intellektuellen Elite geleistet wurde, die durch die unablässigen sozialen Konflikte dazu angetrieben wurde, ein Gegenbild zu den bestehenden Verhältnissen zu entwerfen. Das Wort vom »Opium des Volks« ist darauf gemünzt, dass der Impuls zur Überwindung ökonomisch-politischer Machtstrukturen, der aus einem solchen Gegenbild entspringen kann, von den Religionen faktisch abgebogen bzw. paralysiert wurde: durch die Verengung des Blickwinkels auf das eigene Seelenheil, die Vertröstung aufs Jenseits oder die Verbrämung der Herrschaft von Potentaten, mit denen sich die Religionsführer arrangierten.

Marx und Engels nähern sich, indem sie die Formulierung »illusorische[r]« Allgemeininteressen in der Phase der Staatsgründung nicht – wie Rousseau – als intendierten Betrug werten, Herders differenzierter Sicht des Problems der Ideologie an. Herder nennt in den *Ideen zur Philosophie der Geschichte der Menschheit* eine »Tradition«, die »in praktischen Staatsanstalten« wie auch »im Unterricht […] allen Fortgang der Menschenvernunft und Verbesserung nach neuen Umständen und Zeiten hindert«, »das wahre Opium des Geistes.« (*I* 513)

## b) Die Entstehung des modernen Kapitalismus

Marx und Engels gliedern den bisherigen Verlauf der Weltgeschichte in vier »Entwicklungsstufen der Teilung der Arbeit«, denen sie jeweils eine spezifische »Verkehrform« zuordnen – hierunter verstehen sie soziale Mechanismen und Institutionen, die die Kontrolle über die verfügbaren Produktionsmittel und die Distribution der Produkte regeln; in der »Verkehrsform« einer Gesellschaft manifestiert sich somit die Verteilung von Besitz und ökonomischer Macht (*MW* II 18 ff., 74, 817 ff.). (1) Auf der archaischen Stufe, die mit der Einführung der Tauschwirtschaft endete, beschränkte sich die Arbeitsteilung auf die unterschiedlichen familiären Rollen von Mann und Frau (*MW* II 18, 34 f.). Marx und Engels betrachten die Inbesitznahme von Land für den Ackerbau noch nicht – wie Rousseau – als den Beginn des Privateigentums, sondern gehen davon aus, dass das bestellte Land zunächst der Dorfgemeinschaft gehörte und erst später den einzelnen Familien übereignet wurde (*MW* II 18, 817). (2) Die nächste Stufe wurde mit der Gründung der antiken Staaten erreicht. Deren ökonomische Basis sehen Marx und Engels in der Arbeit der Sklaven; diese waren anfangs gemeinschaftliches, später z. T. auch individuelles Eigentum der Staatsbürger (*MW* II 19). (3) Im mittelalterlichen (und frühneuzeitlichen) Feudalismus prägten Lehnsherrschaft und Leibeigenschaft die ökonomische Produktion auf dem Land; in der Städten kontrollierten die Zünfte die Ausübung der einzelnen Handwerke. (4) Mit der Auflösung der Feudalordnung durch die kapitalistische Produktionsweise begann das ›bürgerliche‹ Zeitalter.

Die Übergänge zwischen diesen Entwicklungsstufen kommen nach Marx und Engels dadurch zustande, dass sich die jeweilige Verkehrsform früher oder später als »Fessel« vorwärtsdrängender »Produktivkräfte« erweist und von einer »neue[n] Klasse«, die die ökonomische Dynamik repräsentiert, gesprengt wird – wobei sich die »Kollisionen« zwischen dieser aufbegehrenden Klasse und den traditionellen Herrschaftseliten im Bewusstsein der Zeitgenossen in der Weise niederschlagen, dass die progressiven Produktivkräfte neue normative Selbstbeschreibungen initiieren und diese kritisch gegen das bestehende Sozialgefüge wenden; um die bisherige Führungsschicht entmachten zu können, muss die »neue Klasse« breite Unterstützung gewinnen und daher als Anwalt von Allgemeininteressen auftreten (*MW* II 56 f., 74 f., 84 ff.). Den ›klassischen‹ Anwendungsfall dieses Erklärungsprinzips bildet die Ablösung des Feudalismus durch den Kapitalismus.[6]

Den Anstoß zur allmählichen Ausbildung der kapitalistischen Produktionsweise gab der Ausbau der Handelsverbindungen im Spätmittelalter; er zog eine Konzentration einzelner Städte auf besondere Produktionszweige als neue Form der Arbeitsteilung nach sich (*MW* II 64 f.). Die ersten Manufakturen entstanden in der Branche, die das größte Wachstumspotential hatte: der Weberei, die bisher von den Bauern nebenbei betrieben worden war und dementsprechend nicht von den Handwerkszünften reglementiert wurde (*MW* II 66). Die hohe Qualität der professionellen Textilproduktion in den Manufakturen weckte Luxusbedürfnisse, die die Nachfrage und damit den Gewinn der Manufaktur-Besitzer und Kaufleute steigerten, womit sich diese als ökonomischer Machtfaktor neben den Feudalherren und den Zünften etablierten (*MW* II 66 ff.). Die Ausdehnung der Märkte zum Weltmarkt im Zuge der kolonialen Expansion Europas verschob die Gewichte endgültig zu ihren Gunsten (*MW* II 68). Durch die neuen Absatzmärkte in den Kolonien stieg die Nachfrage nach Manufakturprodukten weiter an; dies wurde an der Schwelle zum 19. Jahrhundert zur treibenden Kraft für die »Anwendung der mechanischen Wissenschaft, die bereits im 18. Jahrhundert fertig da war«, in der Wirtschaftsproduktion (*MW* II 72 f., Marx: *Das Elend der Philosophie* (1847), *MW* II 775 f.). Die aufkommende Industrie trat in immer neuen Sparten in Konkurrenz zu den Handwerkern und verdrängte diese vom Markt.

Die neue Klasse der »Bourgeosie«, die durch »Handel und Manufaktur« geschaffen worden war, wirkte auf die Beseitigung der Fesseln hin, die die tradierte Verkehrsform der »große[n] Industrie« anlegte: einerseits der Zunftordnung, die das Handwerk reglementierte und dadurch die unternehmerischen Aktivitäten einschränkten, an-

---

[6] Gegen die Applikation des Erklärungsschemas auf den Übergang von der antiken Sklavenhalter-Gesellschaft zum Feudalismus kann eingewendet werden, dass dieser nicht durch eine aufstrebende Gesellschaftsschicht in den antiken Staaten etabliert wurde, sondern sich im Zuge der germanischen Eroberung des weströmischen Reiches herausbildete, was mit einem zivilisatorischen Rückschritt einherging (*MW* II 85 f.). Marx und Engels lassen dies jedoch nicht als Argument gegen ihre Auffassung vom progressiven Grundzug der Geschichte gelten (ebd.). Sie begründen ihren Standpunkt damit, dass das auf die Versklavung unterworfener Völker gegründete römische Wirtschafts- und Sozialsystem fragil war (*MW* II 86), so dass der Übergang zum Feudalismus als ökonomischer Konsolidierungsprozess gedeutet werden kann.

dererseits der Handelsbarrieren, mit denen die feudalistischen Führungseliten ihre ökonomische Kontrolle über ihre Territorien befestigten (*MW* II 68 f., 72 f.). Die Bourgeoisie führte ihren Kampf gegen die ökonomische Macht der handwerklichen »Kleinbürgerschaft« (*MW* II 69) auf der einen Seite und der feudalistischen Führungsschicht auf der anderen[7] im Namen der ›bürgerlichen Freiheiten‹, die im Katalog der Menschenrechte programmatisch ausformuliert wurden (*MW* I 471 ff.). Marx und Engels werfen der Bourgeoisie vor, die reklamierten Freiheitsrechte auf ihre Klasseninteressen zugeschnitten zu haben (*MW* II 830, 840 f.): Der Wegfall der Zunftordnung, die von den Bourgeoisie mit dem sozialethischen Argument kritisiert wurde, sie behindere die freie Berufswahl als zentrale Form individueller Selbstbestimmung, setzte den handwerklichen Mittelstand der übermächtigen Konkurrenz industrieller Billigprodukte aus und zog seinen sozialen Abstieg nach sich; mit der Durchsetzung der bürgerlichen Forderung nach demokratischer Partizipation wurde das »Joch des feudalistischen Feudalismus« von der Macht des »mobilen Kapitals« der Bourgeoisie abgelöst (*MW* II 67, 819 f., 831).[8]

Obwohl Marx und Engels das tradierte Handwerk für weitaus humaner als die Fabrikarbeit halten, warnen sie vor einem nostalgischen Widerstand gegen die Industrialisierung (*MW* II 64, 830). Sie sehen in der Produktivitätssteigerung durch den Einsatz von Maschinen eine einzigartige Chance zur Überwindung der Armut (*MW* II 54) und hoffen darauf, dass eines Tages die gesamte Produktion maschinell erfolgen wird; hieraus speist sich ihre Erwartung, in einer künftigen sozialistischen Gesellschaft werde die »Teilung der Arbeit« – ja die Arbeit selbst im Sinne der erzwungenen Berufstätigkeit – in der Weise »aufgehoben«, dass sich jeder in einem breiten Spektrum von Tätigkeitsfeldern, die seinen vielfältigen Vermögen gemäß sind, frei bewegen kann (*MW* II 34 ff., 45).[9]

---

[7] An dieser doppelten Frontstellung wird deutlich, dass die gesellschaftlichen Klassenkämpfe nicht auf eine plane Dichotomie von ›herrschender‹ und ›beherrschter‹ Klasse reduziert werden können. Dass dies zu Beginn des *Kommunistischen Manifests* geschieht (*MW* II 817), ist dessen ›exoterischem‹ Duktus zuzuschreiben.

[8] Das »mobile« – überall investierbare und jederzeit transferierbare – Kapital bildet die spezifische Eigentumsform der kapitalistischen Produktionsweise (das »naturwüchsigständische Kapital« im Feudalismus, welches in Grundbesitz und Handwerksbetrieben besteht, ist demgegenüber ein ›fixes‹; *MW* II 67).

[9] Dieses Zukunftsbild behält insofern einen utopischen Zug, als im Dienstleistungssektor (Verkehr, Warenvertrieb, Erziehung und Bildung, Alten- und Krankenpflege usw.) die fachkundige Arbeit von Menschen unentbehrlich ist, so dass Spezialisierung

Marx' und Engels' Rekonstruktion der sozialen Evolution lässt sich aufgrund der Schlüsselrolle, die darin den Rückkopplungseffekten zwischen den Faktoren ›Innovationen in der Produktion‹, ›Ausbau der Handelsverbindungen‹ und ›Intensivierung der Bedürfnisse‹ zukommt, als »Theorie dynamischer Systeme« charakterisieren.[10] Da die Ersetzung einer zur »Fessel« (MW II 84), d. h. dysfunktional, gewordenen Verkehrsform durch eine neue, die der Dynamik der Produktivkräfte adäquat ist, als Steigerung des Anpassungsvermögens des sozialen Systems an seine materielle Umwelt gedeutet werden kann, nennt Iorio Marx einen »Gesellschaftsphysiologe[n]« – wobei er klarstellt, dass er hiermit nicht den »organizistische[n]« (d. h. ›engen biologistischen‹) Systembegriff auf faktische Gesellschaftsformationen übertragen will (was sich im Horizont der Marx'schen Theorie, die soziale Antagonismen ins Zentrum rückt, verbietet).[11] Die Applikation des ›weiten biologistischen System-begriffs‹ auf Marx' und Engels' Geschichtstheorie im Sinne Iorios stößt allerdings insofern an Grenzen, als dieser Systembegriff die Stabilisierung einer System/Umwelt-Differenz ins Zentrum rückt,[12] während Marx und Engels die Sprengkraft der Konflikte zwischen dynamischen Produktivkräften und überkommenen Verkehrsformen – woraus der gemeinsame »Untergang der kämpfenden Klassen« resultieren kann – hervorheben (MW II 818).

Marx und Engels beobachten auch in ihrer Gegenwart eine fortschreitende soziale Destabilisierung – aufgrund der Auflösung des handwerklichen Mittelstands und der Verelendung der Industriearbeiter (MW II 28 ff.). Marx stellt im Rahmen seiner kritischen Auseinandersetzung mit der zeitgenössischen Nationalökonomie in den Pariser *Ökonomisch-philosophischen Manuskripten* die These auf, dass das Wohlstandsgefälle in der bürgerlichen Gesellschaft kon-

---

und Arbeitsteilung auch in einer sozialistischen Gesellschaft nicht verschwinden – womit zwangsläufig Interessengegensätze zwischen ›Anbietern‹ und ›Abnehmern‹ der einzelnen Dienstleistungen, Konkurrenz um attraktive Arbeitsplätze usw. fortbestehen. Überträgt man die Kontrolle des Dienstleistungssektors – um dieses Konfliktpotential einzudämmen – staatlichen Behörden, wird die in Marx' Pariser Manuskripten beschriebene Gefahr heraufbeschworen, dass die Gesellschaft als »der allgemeine Kapitalist« die Freiheitsspielräume der Individuen von neuem reglementiert (MW I 592).

[10] Iorio: *Karl Marx*, S. 169.

[11] Ebd. S. 169 ff.

[12] S. o. S. 25. Vgl. Iorio: ebd. S. 169.

tinuierlich zunehmen muss (*MW* I 510 ff.). Adam Smith weist darauf hin, dass eine wirtschaftliche Rezession bzw. Stagnation die Arbeiter härter trifft als die Industriellen, da diese durch die Reduzierung der Belegschaft Kosten sparen können und die steigende Arbeitslosigkeit die Arbeitnehmer dazu zwingt, auch schlechter bezahlte Stellen anzunehmen, was eine allgemeine Absenkung des Lohnniveaus nach sich zieht, die wiederum den Arbeitgebern zugute kommt.[13] In Zeiten des Wirtschaftswachstums können die Arbeitnehmer dagegen nach Smith aufgrund des steigenden Bedarfs an Arbeitskräften nach dem Gesetz von Angebot und Nachfrage Lohnerhöhungen durchsetzen und den Kapitalgewinn minimieren.[14] Smith blendet hierbei jedoch aus, dass die Industriellen auch in Wachstumsphasen durch die Umstellung auf maschinelle Produktion einen Teil der Belegschaft entlassen und aufgrund des hieraus resultierenden Überangebots an Arbeitskräften das Lohnniveau auf das »kümmerlichste Minimum« reduzieren können (*MW* I 515). In der hieraus resultierenden Verschärfung der sozialen Gegensätze sehen Marx und Engels die historische Ausgangsbedingung einer proletarische Revolution (*MW* II 825).

## 2. Habermas' Kritik an Marx' (und Engels') Konzept einer Wissenschaft vom Menschen

Im »Nachwort« zur 2. Auflage des *Kapitals* (1873) zitiert Marx zustimmend die Aussage eines russischen Rezensenten, er betrachte »die gesellschaftliche Bewegung als einen naturgeschichtlichen Prozess, den Gesetze lenken, die nicht nur von dem Willen, dem Bewusstsein und der Absicht der Menschen unabhängig sind, sondern vielmehr umgekehrt deren Wollen, Bewusstsein und Absichten bestimmen«. (*MW* IV, S. XXIX) Habermas führt dieses Zitat in *Erkenntnis und Interesse* als einen Beleg für seine These an, Marx habe der Naturwissenschaft paradigmatische Bedeutung für die Gesellschaftstheorie beigemessen.[15] Habermas räumt allerdings – insbes. im Blick auf die *Deutsche Ideologie* und *Die heilige Familie* – ein,

---

[13] Smith: *Der Wohlstand der Nationen*, S. 62 ff.
[14] Ebd. S. 60 f.
[15] *Erkenntnis und Interesse*, S. 63.

dass Marx historische Entwicklungsprinzipien nicht mit Naturgesetzen auf eine Stufe stellt:[16]

»Marx unterscheidet zwischen praktischer und theoretischer Notwendigkeit. Diese charakterisiert die Kategorien gesellschaftlicher Veränderungen, die sich über die Köpfe der Menschen hinweg ›objektiv‹ durchsetzen, mithin ›naturwissenschaftlich treu‹ berechnet und vorausberechnet werden können; jene dagegen die ganz andere Kategorie gesellschaftlicher Veränderungen, die sich mit Willen und Bewusstsein der Menschen und nicht ›objektiv‹ durchsetzen, mithin nur in ihren objektiven Bedingungen der Möglichkeit vorausgesagt werden können.«[17]

Marx und Engels führen die Unterscheidung, die Habermas im Blick hat, in der *Deutschen Ideologie* mit der Bemerkung ein, der »kommunistische Materialist« sehe in der Gegenwart »die Notwendigkeit und zugleich die Bedingung einer Umgestaltung sowohl der Industrie wie der gesellschaftlichen Gliederung« (*MW* II 28). Dass diese Bemerkung nicht besagt, die aktuelle geschichtliche Situation werde mit kausaler Notwendigkeit in einen tiefgreifenden Transformationsprozess einmünden, geht aus Marx' Absage an eine »Konstruktion der Zukunft« und seinen Hinweis auf die »Qual« der Ungewissheit hinsichtlich des Fortgangs der Geschichte im *Briefwechsel von 1843* hervor (*MW* I 447, s. o. S. 135). Engels betont, dass der Kommunismus keine »Doktrin« ist, die »von einem bestimmten theoretischen Prinzip als Kern« ausgeht und daraus »Konsequenzen« zieht: »Der Kommunismus, soweit er theoretisch ist, ist […] die theoretische Zusammenfassung der Bedingungen der Befreiung des Proletariats.«[18] Hiermit ist die Differenz der von Marx und Engels »in politischer Absicht entworfenen, dabei wissenschaftlich falsifizierbaren Geschichtsphilosophie«[19] gegenüber der Naturwissenschaft bezeichnet: Während naturwissenschaftliche Kausalerklärungen Determinanten in Ansatz bringen, sind die historischen »Bedingungen der Befreiung des Proletariats« (Engels), die der kom-

---

[16] Im Folgenden soll nur auf Habermas' Kritik am frühen Marx eingegangen werden (s. o. S. 15).

[17] Habermas: »Literaturbericht zur philosophischen Diskussion um Marx und den Marxismus« (1957). In: Ders.: *Theorie und Praxis*, S. 387–463, hier S. 413.

[18] *Die Kommunisten und Karl Heinzen* (1847). In: Karl Marx/Friedrich Engels: *Werke*. 39 Bde. Berlin 1956 ff. Bd. IV, S. 321 f.

[19] Habermas: »Zwischen Philosophie und Wissenschaft: Marxismus und Kritik«, S. 244.

munistische Materialist in der Gegenwart »sieht« (*MW* II 28) – hierzu gehört insbes. die Destabilisierung des Sozialgefüges durch die Auflösung des Mittelstands –, ›notwendige‹ Voraussetzungen, aber noch keine ›hinreichenden‹ Bedingungen für den Umsturz der herrschenden Ordnung. Marx' und Engels' politisch-publizistische Tätigkeit ist durch die Überzeugung motiviert, dass es zur proletarischen Revolution erst dann kommen wird, wenn die »Erzeugung« eines »kommunistischen Bewusstseins« unter den Arbeitern gelungen ist (vgl. *MW* II 45). In diesem Sinne betrachten sie die bestehende Gesellschaftsordnung als eine durch entschlossenes Handeln »veränderbare«;[20] der Erkenntnisanspruch ihrer Gegenwartsdiagnose bezieht sich auf die spezifischen »Möglichkeiten«, die die aktuelle historische Situation eröffnet.[21] Ihre These, dass es eine ›reale Chance‹ zur Umgestaltung der herrschenden Ordnung gibt, ist ›empirisch falsifizierbar‹ und kann in diesem Sinne einen wissenschaftlichen Anspruch erheben – wobei es für den Theoriestatus ihrer in politischer Absicht entworfenen Geschichtsphilosophie (den Marx als »Selbstverständigung« bestimmt) von zentraler Bedeutung ist, dass über den Wahrheitsanspruch ihrer Gegenwartsanalyse erst dann entschieden werden kann, wenn man aus der Beobachterperspektive heraustritt und die Möglichkeitshorizonte der aktuellen historischen Situation durch praktisch-politisches Engagement auslotet. Der Appell zur Gesellschaftsveränderung, in den Marx' und Engels' Gegenwartsdiagnose einmündet, ist demnach nicht nur durch die ethische »Notwendigkeit« motiviert, der faktischen Versklavung der Proletarier entgegenzutreten (*MW* II 28, 44),[22] er hat zugleich eine theoretische Dimension: indem er die Adressaten darauf hinweist, dass sie die ›Verifikations-‹ bzw. ›Falsifikationsbedingungen‹ der Zeitdiagnose Marx' und Engels' durch eine praktisch-politische Tätigkeit allererst herstellen müssen. Die Teilnehmerperspektive gehört damit essentiell zum »wissenschaftstheoretisch eigentümlichen Status« (Habermas) von Marx' und Engels' Gesellschafts- bzw. Geschichtstheorie.

Habermas wirft ihnen vor, dieser Konzeption »ein auf den kategorialen Rahmen der Produktion eingeschränktes philosophisches Selbstverständnis übergestülpt« und sie dadurch »verschleiert« zu

---

[20] Andreas Arndt: *Karl Marx*. Bochum 1985. S. 55.
[21] Arndt: ebd. S. 74.
[22] Zur Frage nach der normativen Begründung dieser Forderung s. u. S. 319 ff.

haben.[23] Laut Habermas' *Erkenntnis und Interesse* muss die kritische Gesellschaftstheorie konsequent als Ideologiekritik auftreten; Marx habe jedoch (wie Engels) – »obwohl er selbst die Wissenschaft vom Menschen in Form der Kritik und nicht als eine Naturwissenschaft etabliert hat« – »den bestimmten Sinn einer als Ideologiekritik durchgeführten Wissenschaft vom Menschen im Unterschied zum instrumentalistischen Sinn der Naturwissenschaft niemals explizit erörtert.«[24] Habermas beruft sich hierbei auf eine programmatische Aussage in Marx' Pariser Manuskripten: »Die Naturwissenschaft wird später ebenso wohl die Wissenschaft von dem Menschen, wie die Wissenschaft von dem Menschen die Naturwissenschaft unter sich subsumieren: Es wird *eine* Wissenschaft sein.« (*MW* I 604)[25] Habermas erblickt hierin die »positivistisch gefärbte Forderung nach einer Naturwissenschaft vom Menschen«, die das »Moment der Reflexion, durch das eine Kritik ausgezeichnet ist« – worunter auch die »erkenntniskritische Selbstreflexion der Wissenschaft« fällt –, unterschlage.[26] Ob dieser Vorwurf triftig ist, bleibt insofern klärungsbedürftig, als Marx im angeführten Zitat nicht die Auflösung der Wissenschaft vom Menschen in Naturwissenschaft, sondern ein wechselseitiges Subsumtionsverhältnis beider anvisiert.

Bevor die Frage nach dem Status der von Marx (und Engels) konzipierten »*eine[n]* Wissenschaft«, die die Naturwissenschaft und die Wissenschaft vom Menschen aufeinander bezieht, weiter verfolgt wird (s. u. Abschnitt 4), soll Habermas' Vorwurf, Marx und Engels hätten ihrer kritischen Gesellschaftstheorie »ein auf den kategorialen Rahmen der Produktion eingeschränktes philosophisches Selbstverständnis übergestülpt«, anhand einer Passage aus der *Deutschen Ideologie* konkretisiert werden, worin der gesellschaftspolitische Einfluss der Ideologiekritik skeptisch bewertet wird:

»Diese [= Marx' und Engels'] Geschichtsauffassung [...] bleibt fortwährend auf dem wirklichen Geschichtsboden stehen, erklärt nicht die Praxis aus der Idee, erklärt die Ideenformationen aus der materiellen Praxis und kommt demgemäß auch zu dem Resultat, dass alle Formen und Produkte des Bewusstseins nicht durch geistige

---

[23] Habermas: *Erkenntnis und Interesse*, S. 85. Vgl. Habermas' »Literaturbericht zur philosophischen Diskussion um Marx und den Marxismus«, S. 459, Anm. 55.
[24] *Erkenntnis und Interesse*, S. 62.
[25] Ebd. S. 63.
[26] Ebd. S. 63 f.

Kritik, […] sondern nur durch den praktischen Umsturz der realen gesellschaftlichen Verhältnisse […] aufgelöst werden können – dass nicht die Kritik, sondern die Revolution die treibende Kraft der Geschichte auch der Religion, Philosophie und sonstigen Theorie ist.« (*MW* II 46 f.)

Nach Habermas schlägt sich Marx' und Engels' skeptischer Vorbehalt gegenüber den Wirkungsmöglichkeiten der Ideologiekritik darin nieder, dass sie die von ihrer Gesellschaftstheorie initiierte politische Praxis nicht als kommunikative »Interaktion« gleichberechtigter Personen konzipieren, sondern nach dem Modell der »Arbeit im Sinne der produktiven Tätigkeit«, welche das Verhältnis des Menschen zur Natur prägt: »Marx reduziert den Vorgang der Reflexion auf die Ebene instrumentalen Handelns.«[27] Habermas verwendet die Ausdrücke »Arbeit« und »zweckrationales Handeln« synonym; durch »Arbeit« verwirklicht man demnach »definierte Ziele unter gegebenen Bedingungen«.[28] »Instrumentales Handeln« wird von Habermas unter die Arbeit subsumiert: Es stützt sich auf empirische Hypothesen, die »Prognosen über beobachtbare Ereignisse, physische oder soziale« vorzeichnen; »diese können sich als triftig oder unwahr erweisen.«[29] Hieraus ergibt sich der Bezug der »Arbeit« zur Naturwissenschaft, die »die Wirklichkeit unter dem leitenden Interesse an der möglichst informativen Sicherung und Erweiterung erfolgskontrollierten Handelns« erschließt.[30] Habermas' kann seine Begriffe der »Arbeit« und des »instrumentalen Handelns« insofern auf das argumentativ-appellative Doppelgesicht von Marx' und Engels' kritischer Gesellschaftstheorie anwenden, als deren Gegenwartsdiagnose (welche die »Bedingungen der Befreiung der Proletariats« fokussiert) anhand der Prognose zu ›verifizieren‹ bzw. ›falsifizieren‹ ist, dass es zum Umsturz der bestehenden Ordnung kommen wird, wenn die Aufgabe der »Erzeugung« eines kommunis-

---

[27] Ebd. S. 60, 71.

[28] Habermas: »Technik und Wissenschaft als ›Ideologie‹. In: Ders.: *Technik und Wissenschaft als ›Ideologie‹*, S. 48–103, hier S. 62. – Zur Problematik von Habermas' Unterscheidung von »Arbeit« und »Interaktion« s. u. S. 336 f.

[29] Ebd.

[30] Habermas: »Erkenntnis und Interesse«, S. 157. »Die Erkenntnis der Natur geht, von der Stufe des pragmatischen Alltagswissens bis zur modernen Naturwissenschaft, in gleichem Maße aus der primären Auseinandersetzung des Menschen mit der Natur hervor, wie sie ihrerseits als Produktivkraft auf das System der gesellschaftlichen Arbeit zurückwirkt« (ebd. S. 64).

tischen Bewusstseins unter den Arbeitern entschlossen in Angriff genommen wird; diese Anbindung einer Prognose an die Aufforderung zu einer praktischen Tätigkeit ähnelt der Planung eines naturwissenschaftlichen Experiments. Es bleibt jedoch zu fragen, ob Marx und Engels hiermit die Differenz zwischen dem »logischen Status der Naturwissenschaft« und dem einer kritischen Gesellschaftstheorie »verschleiert« haben.[31]

Um dies klären zu können, muss der Kontext beleuchtet werden, in dem sie ihren skeptischen Vorbehalt gegenüber den gesellschaftlichen Wirkungsmöglichkeiten der Ideologiekritik vorbringen: ihre Auseinandersetzung mit den Junghegelianern (Abschnitt 3 b). Marx entwickelt im Ausgang von der Kritik der Junghegelianer an Hegels Rechts- und Geschichtsphilosophie das Programm einer Selbstaufhebung der Philosophie (Abschnitt 3 a), welches sich im Theoriestatus der von ihm konzipierten *»eine[n] Wissenschaft«* niederschlägt (Abschnitt 4).

## 3. Marx' Programm der Selbstaufhebung der Philosophie

### a) Marx' Stellungnahme zur Geschichtstheorie Hegels

Marx erklärt in seinem Aufsatz *Zur Kritik der Hegelschen Rechtsphilosophie* die Überwindung der bestehenden Herrschaftsverhältnisse zur zentralen Aufgabe einer »Philosophie, die im Dienst der Geschichte steht« (*MW* I 489): »Die Philosophie kann sich nicht verwirklichen ohne die Aufhebung des Proletariats, das Proletariat kann sich nicht aufheben ohne die Verwirklichung der Philosophie.« (*MW* I 505) Die von Marx verlangte Umsetzung der Philosophie in der politischen Praxis hat insofern den Charakter ihrer ›Selbstaufhebung‹, als sie die »Negation« der »Philosophie als Philosophie«, d. h. als theoretischer Disziplin, einschließt (*MW* I 496). Marx versteht dieses Programm als konsequente Weiterführung der »Kritik der spekulativen Rechtsphilosophie« Hegels durch die Junghegelianer (*MW* I 496 f.). Im Folgenden soll zunächst der Ausgangspunkt des Marx'schen Programms in der Geschichtstheorie Hegels – die den Schlussteil seiner Rechtsphilosophie bildet – umrissen werden.

Hegel legt seiner Rechtsphilosophie den ›spekulativen‹ Begriff

---

[31] Habermas: *Erkenntnis und Interesse*, S. 60 f., 85.

der Freiheit unseres Willens zugrunde, welche er mit der Selbstverwirklichung der sinnlich-vernünftigen Doppelnatur des Menschen gleichsetzt: Der freie Wille orientiert sich demnach einerseits an »Trieb und Neigung«, gibt sich andererseits aber – als ein vernünftiger – selber das Gebot, »nicht eigensüchtigen«, sondern »allgemeinen Inhalt« anzustreben, womit er sich nach Hegel ethischen Regeln unterstellt.[32] In Hegels Begriff der Willensfreiheit geht zugleich die Bestimmung des Menschen als eines sozialen Wesens ein.[33] Wer in den Freiheitsspielräumen der anderen in erster Linie eine Beschränkung seiner eigenen Freiheit sieht, bleibt insofern einem »abstrakte[n]« Freiheitsbegriff verhaftet, als er die konstitutive Rolle der Gemeinschaft für die Ausbildung der spezifisch menschlichen Vermögen außer Acht lässt; demgegenüber gelangt man zu einem »substantiellen« Freiheitsverständnis, indem man das Verhältnis zu den Mitmenschen als integrales Moment der eigenen Identität begreift.[34]

Hegels Geschichtstheorie basiert auf der These, dass sich die Freiheit unseres Willens aus immanenter »Notwendigkeit« zur »Wirklichkeit einer Welt gestaltet«.[35] »Die Weltgeschichte ist der Fortschritt im Bewusstsein der Freiheit – ein Fortschritt, den wir in seiner Notwendigkeit zu erkennen haben.«[36] Hegel postuliert hiermit auf der einen Seite einen kontinuierlichen Abbau repressiver Sozialstrukturen und schließt sich auf der anderen dem Standpunkt Herders an, dass das ethische Bewusstsein im Verlauf der Geschichte nur Schritt für Schritt heranreifen kann, woraus sich in den einzelnen Epochen spezifische Restriktionen der jeweils realisierbaren Freiheitsspielräume ergeben; so erklären etwa Herder und Hegel den Fortbestand der Sklaverei bis zum Ende der Antike übereinstimmend damit, dass das Bewusstsein für deren Unrechtmäßigkeit noch nicht ausgebildet war.[37]

Unter einem »sittlichen Gemeinwesen«[38] versteht Hegel eine

---

[32] Hegel: *Enzyklopädie*, §§469 Anm., 473. *Werke*, Bd. X, S. 288, 295. Vgl. Allan Wood: *Hegel's Ethical Theory*. Cambridge 1990. S. 36 ff., 49 ff.

[33] Hegel: *Grundlinien der Philosophie des Rechts*, §§145, 153. *Werke*, Bd. VII, S. 294, 303.

[34] Ebd. §§29, 149. *Werke*, Bd. VII, S. 80 f., 297 f.

[35] Hegel: *Enzyklopädie*, §484. *Werke*, Bd. X, S. 303.

[36] Hegel: *Vorlesungen über die Philosophie der Geschichte*. *Werke*, Bd. XII, S. 32.

[37] Hegel: *Grundlinien der Philosophie des Rechts*, §57 Anm. *Werke*, Bd. VII, S. 123. Zum Standpunkt Herders s. o. S. 263 f.

[38] Hegel: *Grundlinien der Philosophie des Rechts*, §150 Anm. *Werke*, Bd. VII, S. 298 f.

Gesellschaftsordnung, die jedem Individuum die Realisierung seiner sinnlich-vernünftigen Doppelnatur in dem Maße ermöglicht, wie es der jeweilige weltgeschichtliche Entwicklungsstand zulässt. In den Phasen, in denen sich die historischen Umstände so weit verändert haben, dass unter den existierenden Gesellschaftsformen keine einzige mehr als zeitspezifische Gestalt eines »sittlichen Gemeinwesens« gelten kann, treten nach Hegel »welthistorische Individuen« auf, die durch den Umsturz der bestehenden Rechtsordnung den Geschichtsprozess vorantreiben, wobei sie sich ihrer welthistorischen Rolle in der Regel jedoch nicht bewusst sind.[39]

Arnold Ruge bringt die Kritik der Junghegelianer an Hegels Geschichtstheorie auf die Formel: »Aus olympischer Ruhe sieht er alles an, […] und siehe, es war gut.«[40] Hegel legt den theologischen Hintergrund seiner Geschichtsphilosophie, auf den Ruge ironisch anspielt, selber offen, indem er seine »Betrachtung« der Weltgeschichte eine »Theodizee« nennt: Sie soll eine »Aussöhnung« mit dem »Negative[n]« in der historischen Realität herbeiführen, indem sie die Einsicht vermittelt, dass sich darin der »Endzweck der Welt« – die allgemeine Freiheit – sukzessive »verwirklicht«;[41] Hegel postuliert allerdings keinen persönlichen, welttranszendenten Gott, sondern identifiziert den »Geist Gottes« mit der vernünftigen Struktur der Wirklichkeit.[42] Ruges Vorwurf, Hegel beschönige aufgrund seiner Deutung der Weltgeschichte als unaufhaltsam voranschreitender Entfaltung des Begriffs des freien Willens die Unterdrückung in den zeitgenössischen Staaten,[43] ist an dessen apologetischen Äußerungen zur preußischen Monarchie festgemacht, insbes. an seiner Rechtfertigung der Repressalien gegen die demokratische Oppositionsbewegung nach dem Wartburg-Fest (1817) und den Karlsbader Beschlüssen (1819) in der »Vorrede« zu den *Grundlinien der Philosophie des Rechts*.[44]

Marx gibt der junghegelianischen Kritik an Hegels spekulativer

---

[39] Hegel: *Vorlesungen über die Philosophie der Geschichte. Werke*, Bd. XII, S. 44 ff.

[40] Ruge: *Die Hegelsche Rechtsphilosophie und die Politik unserer Zeit* (1842). In: *Materialien zu Hegels Rechtsphilosophie.* Hrsg. von M. Riedel. Frankfurt a. M. 1975. Bd. I, S. 323–349, hier S. 334.

[41] Hegel: *Vorlesungen über die Philosophie der Geschichte. Werke*, Bd. XII, S. 28.

[42] Hegel: *Vorlesungen über die Philosophie der Religion. Werke*, Bd. XVI, S. 40 f.; Bd. XVII, S. 96.

[43] Ruge: *Die Hegelsche Rechtsphilosophie und die Politik unserer Zeit*, S. 330 f., 334.

[44] Hegel: *Werke*, Bd. VII, S. 18 ff.

Geschichtsdeutung darin Recht, dass das Bild des welthistorischen Prozesses als sukzessiver Entfaltung des Begriffs des freien Willens als »Traumgeschichte« einzustufen ist (*MW* I 495). Die »empirische« Geschichtsdarstellung der *Deutschen Ideologie* versteht sich als materialistischer Gegenentwurf zur Hegel'schen Theorie (*MW* II 21 f., 58 f.). Marx warnt jedoch – bereits in den »Anmerkungen« zu seiner Dissertation (1841) – davor, Hegels fragwürdige tagespolitische Äußerungen als direkte Konsequenz seiner Geschichtsphilosophie zu werten und diese pauschal zu verwerfen (*MW* I 70 f.): Sie blendet gesellschaftspolitische Situationen, in denen die bestehenden Verhältnisse »den besseren Willen nicht befriedigen« können, keineswegs aus,[45] sondern sieht in ihnen gerade die Schnittstellen des historischen Fortschritts, an denen »welthistorische Individuen« auf den Plan treten. Hätte sich Hegel die Schärfe der ökonomisch-politischen Repression in den zeitgenössischen Staaten eingestanden, hätte er die Gegenwart als eine solche Krisenzeit werten und aus seinem welthistorischen Erklärungsschema die Prognose ableiten müssen, dass eine grundlegende Umgestaltung der Gesellschaft bevorsteht. Marx weist mit seiner Forderung, die Hegel'sche Geschichtsphilosophie »zu verwirklichen« und zugleich »aufzuheben«, darauf hin, dass man über den Wahrheitsanspruch einer solchen Prognose nicht adäquat befinden kann, solange man auf dem Standpunkt der theoretischen »Betrachtung«, den Hegel einnimmt, verharrt: Es ist denkbar, dass die Rezipienten der Geschichtstheorie Hegels durch tagespolitisches Engagement einen entscheidenden Beitrag zur Verifikation der fraglichen Prognose leisten und damit die Rolle, die er den »welthistorischen Individuen« zuweist, selber einnehmen können.

Marx kann dieses Programm einer ›Selbstaufhebung‹ der Hegel'schen Geschichtstheorie in der politischen Praxis auf die Philosophie im Ganzen übertragen, da auch über den Wahrheitsanspruch seines eigenen Geschichtsmodells – demzufolge tiefgreifende soziale Krisensituationen in eine umfassende gesellschaftliche Erneuerung oder aber in den »gemeinsamen Untergang der kämpfenden Klassen« einmünden – erst dann entschieden werden kann, wenn man die Beobachterperspektive verlässt (s. o. S. 136).

Marx' Programm einer ›Selbstaufhebung‹ der Hegel'schen Rechts- und Geschichtsphilosophie hat darüber hinaus eine normative Dimension. Er formuliert in seinem Aufsatz *Zur Kritik der Hegel-*

---

[45] Hegel: *Grundlinien der Philosophie des Rechts*, §138 Anm. *Werke*, Bd. VII, S. 258.

*schen Rechtsphilosophie* den »kategorischen Imperativ, alle Verhältnisse umzuwerfen, in denen der Mensch ein erniedrigtes, ein geknechtetes, ein verlassenes, ein verächtliches Wesen ist« (*MW* I 497). Aus seiner Feststellung im *Briefwechsel von 1843*, er trete »nicht der Welt doktrinär mit einem neuen Prinzip« entgegen, geht hervor, dass dieser Imperativ in den bestehenden Formen des »praktischen Bewusstseins« verankert werden kann: Marx will »aus den *eigenen* Formen der existierenden Wirklichkeit die wahre Wirklichkeit als ihr Sollen und ihren Endzweck entwickeln.« (*MW* I 448 f.) Die Einsicht in die ethische »Notwendigkeit einer gründlichen Revolution« (*MW* II 44) ergibt sich demnach aus einer konsequenten Weiterführung der bisherigen »Entwicklungsstufe[n] des menschlichen Geistes« (*MW* I 468). Wie Herder sieht auch Marx in der philosophischen Ethik der Neuzeit eine Transformation der christlichen (vgl. *MW* I 498). Im *Kommunistischen Manifest* wird die gesellschaftspolitische Rolle der Bourgeosie – entsprechend dem Marx'schen Programm, an die »*eigenen* Formen der existierenden Wirklichkeit« anzuknüpfen – zunächst einer immanenten Kritik unterzogen: Marx und Engels werfen ihr vor, die Ideale von Freiheit und Gleichheit, die sie propagiert, auf ihre Klasseninteressen zurechtzustutzen (*MW* II 837). Das *Manifest* stellt aber zugleich klar, dass die bürgerlichen Ideale kein ausreichendes normatives Fundament der kommunistischen Bewegung abgeben (*MW* II 841). Marx sieht in der Hegel'schen Rechtsphilosophie eine über die bürgerlich-aufklärerische Ethik hinausführende Entwicklungsstufe des normativen Bewusstseins: Die im 17. und 18. Jahrhundert formulierte Menschenrechtsidee, deren Intention es ist, die Freiheitsspielräume der Individuen aufeinander abzustimmen, bleibt in seinen Augen einem im Hegel'schen Sinne »abstrakten« Freiheitsverständnis verhaftet (s. o. S. 317), welches die Bestimmung des Menschen als eines »Gattungswesen[s]« ausklammert und daher die Individuen »im andern Menschen nicht die Verwirklichung, sondern vielmehr die Schranke« ihrer Freiheit finden lässt (*Zur Judenfrage, MW* I 474). Marx beruft sich in diesem Zusammenhang ausdrücklich auf Hegel (ebd.), womit er zu verstehen gibt, dass dieses Defizit in dessen Rechtsphilosophie behoben sei. In den »Anmerkungen« zu seiner Dissertation hebt er das gesellschaftskritische Potential des Hegel'schen Begriffs des »sittlichen Gemeinwesens« hervor, indem er es zu einem Anstoß sozialer Transformationsprozesse erklärt, dass die Hegel'sche »Philosophie als Wille sich gegen die erscheinende Welt herauskehrt« (*MW* I 71).

Marx' und Engels' – in Platons *Politeia* vorgebildete – Kernforderung nach der Abschaffung des Privateigentums an Produktionsmitteln (*MW* II 91, 841) lässt sich allerdings aus der Rechtsphilosophie Hegels nicht ableiten: Er spricht dem Privatbesitz – im Anschluss an Locke – dieselbe normative Dignität zu wie dem Recht auf körperliche Unversehrtheit und wirft Platon vor, das »Unrecht gegen die Person, des Privateigentums unfähig zu sein«, zum politischen »Prinzip« zu erheben.[46] Marx hält Hegels Auffassung entgegen, dass die Institution des Privateigentums die Klassengegensätze der arbeitsteiligen Gesellschaft zementiere und dadurch die Umsetzung des Ideals eines »sittlichen Gemeinwesens«, worin alle gleichermaßen ihre sinnlich-vernünftige Doppelnatur zur Entfaltung bringen können, verhindere (*Kritik des Hegelschen Staatsrechts* (1843), *MW* I 398 ff.); Marx bringt diesen Einwand auf die Formel: »Das Privateigentum ist das Gattungsdasein des Privilegiums« (*MW* I 401). In der *Deutschen Ideologie* ziehen Marx und Engels hieraus den Schluss, dass beim Fortbestehen des Privatbesitzes an Produktionsmitteln der Staatsapparat die »Form« bleiben müsse, »in welcher die Individuen einer herrschenden Klasse ihre gemeinsamen Interessen geltend machen« (*MW* II 93, vgl. 89 f.). Die empirische Rekonstruktion der Genese von Klassenstrukturen in der *Deutschen Ideologie* soll somit diejenigen, die Hegels Begriff des »sittlichen Gemeinwesens« als normative Zielperspektive des politischen Handelns akzeptieren, von der – mit Habermas zu sprechen – »praktischen Notwendigkeit« einer kommunistischen Revolution überzeugen. Dass Marx und Engels den Begriff des »sittlichen Gemeinwesens« in dieser Weise gegen Hegels These von der »Notwendigkeit des Privateigentums«[47] ausspielen, lässt sich insofern als normative ›Selbstaufhebung‹ seiner Rechtsphilosophie charakterisieren, als hiermit seine Kritik am revolutionären Impetus von Platons *Politeia* einer immanenten Metakritik unterzogen wird.[48]

---

[46] Hegel: *Grundlinien der Philosophie des Rechts*, §§ 44, 46, 48. *Werke*, Bd. VII, S. 106 ff., 111 f.

[47] Ebd. § 46, Zusatz. *Werke*, Bd. VII, S. 110.

[48] In den Pariser *Ökonomisch-philosophischen Manuskripten* schlägt Marx einen alternativen Begründungsweg ein, indem er einen direkten Zusammenhang zwischen dem Privateigentum und der Selbstentfremdung der Arbeiter herstellt (*MW* I 559 ff.). Auf die abstrakte und dadurch plakative Argumentation in den Pariser Manuskripten soll nicht näher eingegangen werden, da sie von Klaus Hartmann (*Die Marxsche Theorie*. Berlin 1970. S. 149 ff.) einer eingehenden, m. E. unabweisbaren Kritik unterzogen wor-

## b)   Die Kritik an den Junghegelianern in der Deutschen Ideologie

Marx' Forderung nach einer Selbstaufhebung der Philosophie in der politischen Praxis bezieht das ideologiekritische Programm der Junghegelianer ein. Da Marx und Engels hieran ihren grundsätzlichen skeptischen Vorbehalt gegenüber den gesellschaftlichen Wirkungsmöglichkeiten der philosophischen Ideologiekritik illustrieren, ist ihre Auseinandersetzung mit den Junghegelianern für die Klärung der Frage von zentraler Bedeutung, ob die kritische Intention ihrer Gesellschaftstheorie vom Modell der Produktion bzw. des instrumentalen Handelns überlagert wird.

Die Junghegelianer attackieren die »Herrschaft der Religion« – welche sie als menschliche Projektion betrachten – in ihrer manifesten wie auch einer untergründigen Form, etwa in Gestalt theologischer Residuen philosophischer Weltdeutungen (MW I 14). Ihnen gelten »die Vorstellungen, Gedanken, Begriffe [...] für die eigentlichen Fesseln der Menschen«; sie richten »konsequenterweise das moralische Postulat« an ihre Zeitgenossen, »ihr gegenwärtiges Bewusstsein mit dem menschlichen, kritischen« zu vertauschen »und dadurch ihre Schranken zu beseitigen« (MW II 14f.). Marx und Engels konstatieren in der *Deutschen Ideologie* die gesellschaftspolitische Einflusslosigkeit der Junghegelianer und bieten ihnen eine Erklärung hierfür an: Ihrer Zielsetzung, »das Bewusstsein zu verändern«, liegt in dem Sinne die Überzeugung von der ›Autonomie des Geistes‹ zugrunde, dass sie erwarten, die Adressaten ihrer Kritik seien einer rationalen Argumentation, die unreflektierte Kernbestände ihrer Selbst- und Weltdeutung aufdeckt, zugänglich (ebd.); die Junghegelianer blenden hierbei die psychischen Abwehrmechanismen aus, die bereits Herder als Grund für die Mühsal, die ein »Sokrates unserer Zeit« zu erwarten hat, anführt (AP 92). Während Herder allgemein-anthropologische Faktoren – wie die Macht der Gewohnheit, Bequemlichkeit usw. – hierfür verantwortlich macht (ebd.), heben Marx und Engels die Prägung der Individuen durch ihre klassenspezifische Sozialisation hervor: Die Klasse »verselbständigt« sich insofern »gegen die Individuen«, als diese »ihre Lebensbedingungen prädestiniert vorfinden, von der Klasse ihre Lebensstellung

---

den ist. (Habermas wertet Hartmanns Buch in der Neuausgabe von *Theorie und Praxis* (1971) als »in gewisser Weise abschließenden Beitrag zur akademisch geführten philosophischen Marxdiskussion der letzten Jahre«, ebd. S. 281.)

und damit ihre persönliche Entwicklung angewiesen bekommen« (*MW* II 77). Hierin manifestiert sich das »Sichfestsetzen der sozialen Tätigkeit [...] zu einer sachlichen Gewalt über uns« – »eines der Hauptmomente in der bisherigen geschichtlichen Entwicklung« (*MW* II 37).

Marx und Engels erklären somit die Wirkungslosigkeit der junghegelianischen Ideologiekritik mit ihrem Basis/Überbau-Theorem: Der Versuch, die »Formen und Produkte des Bewusstseins« durch »geistige Kritik« zu verändern (*MW* II 46), ist in ihren Augen zum Scheitern verurteilt, da eine philosophische Ideologiekritik nur von hinreichend gebildeten Mitgliedern privilegierter Schichten rezipiert werden kann, die wiederum nach Marx und Engels größtenteils in herrschaftsstabilisierenden Vorurteilen befangen sind und sich daher auf eine ernsthafte Auseinandersetzung mit den vorgetragenen Argumenten gar nicht einlassen.

Das Anliegen, tradierte Herrschaftsverhältnisse zu überwinden, hat demnach nur dann Aussicht auf Erfolg, wenn man den »Boden der Philosophie« verlässt und sich in die »*wirkliche[n]*«, politischen »Kämpfe« einmischt (*MW* I 449, II 13), wobei als Verbündete nur die Opfer der bestehenden Verhältnisse in Frage kommen: die Proletarier. Marx und Engels halten den Junghegelianern mit der bissigen Bemerkung, sie seien »trotz ihrer angeblich ›welterschütternden‹ Phrasen die größten Konservativen«, vor, sie scheuten die ›Niederungen‹ der Tagespolitik und nähmen dafür die Wirkungslosigkeit ihrer Ideologiekritik in Kauf (*MW* II 15): »Der Mangel *wirklicher*, leidenschaftlicher, praktischer Parteienkämpfe« macht die kritisch-emanzipatorische »soziale Bewegung« der Junghegelianer zu einer »bloß literarischen.« (*MW* II 553)

Marx und Engels unterstreichen ihre Forderung nach einer ›Selbstaufhebung‹ der junghegelianischen Ideologiekritik in der politischen Praxis mit der – im Basis/Überbau-Theorem verankerten – These, dass die »Existenz revolutionärer Gedanken« die »Existenz einer revolutionären Klasse« voraussetzt (*MW* II 56): Die Junghegelianer sollen sich über den Zusammenhang »ihrer Kritik mit ihrer eignen materiellen Umgebung« (*MW* II 15) in der Weise Rechenschaft ablegen, dass sie ihre ideologiekritische Tätigkeit als ›Reflex‹ auf die Herausbildung eines revolutionären Potentiales unter den Proletariern begreifen und sich mit ihnen politisch solidarisieren.

Wie Rousseau halten auch Marx und Engels eine suggestivvergröbernde Aufbereitung gesellschaftskritischer Analysen in der

Kommunikation mit dem »naiven Volksboden« (*MW* I 504) für unabdingbar, sofern die intellektuelle Avantgarde »irgend etwas durch ihre literarische Tätigkeit ausrichten« will (*MW* II 568 f.). Dass der strategische Einsatz ›exoterischer‹ Darstellungsmittel in Texten wie dem *Kommunistischen Manifest* als »instrumentales Handeln« im Habermas'schen Sinne einzustufen ist, macht Marx' Diktum deutlich, die »Philosophie« finde im Proletariat ihre »materiellen [...] Waffen« (*MW* I 504).

Marx' und Engels' Kommunikation mit den Adressaten ihrer ›esoterischen‹ Schriften (wie der *Deutschen Ideologie*) ist demgegenüber als argumentative »Interaktion« konzipiert: Sie weisen auf die spezifischen ›Verifikations-‹ bzw. ›Falsifikationsbedingungen‹ ihrer Gegenwartsdiagnose hin, erklären die faktische Wirkungslosigkeit der junghegelianischen Ideologiekritik mittels des empirisch überprüfbaren Basis/Überbau-Theorems und legen ihre – ebenfalls falsifizierbare – Überzeugung offen, dass die Zielsetzung, die gesellschaftspolitischen Gestaltungsspielräume der aktuellen historischen Situation auszuloten, zum Rückgriff auf verzerrende ›exoterische‹ Kommunikationsformen nötigt.

Der »instrumentale« Zug von Marx' und Engels' publizistischer Tätigkeit ist somit nicht als Ausdruck einer »kategorialen« Verwechslung von »strikter Erfahrungswissenschaft und Kritik« zu werten;[49] ihm liegt vielmehr die Überzeugung zugrunde, dass die Proletarier noch nicht imstande sind, argumentative Diskurse mit ihren »theoretischen Vertreter[n]« zu führen (*MW* II 568).

## 4.  Marx' universaler Praxis-Begriff

Der Verdacht, bereits der frühe Marx habe »die Idee einer Wissenschaft vom Menschen« durch »die Identifikation mit Naturwissenschaft verdunkelt«,[50] ist allerdings erst dann ausgeräumt, wenn plausibel gemacht werden kann, dass die in den Pariser *Ökonomisch-philosophischen Manuskripten* und der *Deutschen Ideologie* angesprochene »*eine* Wissenschaft« (*MW* I 604, II 15)[51] – trotz Marx' programmatischer Aussage, die Naturwissenschaft solle die

---

[49]  Vgl. Habermas: *Erkenntnis und Interesse*, S. 85.
[50]  Habermas: *Erkenntnis und Interesse*, S. 85.
[51]  Laut der *Deutschen Ideologie* sind die »Geschichte der Natur« und die »Geschichte

»Basis der *menschlichen* Wissenschaft« werden (*MW* I 604) – nicht als kausal erklärende Einheitswissenschaft aufzufassen ist. Um das von ihm anvisierte wechselseitige Subsumtionsverhältnis zwischen der Naturwissenschaft und der – als »kritische Philosophie« der Geschichte konzipierten – Wissenschaft vom Menschen konkretisieren zu können, sollen zunächst die bisherigen Ausführungen zum Theoriestatus der Wissenschaft vom Menschen (im Sinne Marx' und Engels') in Hinblick auf den Leitbegriff der »Selbstverständigung« zusammengefasst werden (Abschnitt a). Sodann wird der Frage nachgegangen, in welchem Sinne die Tätigkeit des Naturwissenschaftlers in die Wissenschaft vom Menschen einbezogen werden kann (Abschnitt b). In einem abschließenden Schritt soll die Marx'sche Figur der ›Selbstverwirklichung der Philosophie in ihrer Negation‹ auf die Konstitution der »*eine[n]* Wissenschaft« durch die wechselseitige Subsumtion der Naturwissenschaft und der Wissenschaft vom Menschen appliziert werden (Abschnitt c).

*a)   Der Theoriestatus der »kritischen Philosophie« der Geschichte*

Die Verschränkung von Beobachter- und Teilnehmerperspektive in Marx' und Engels' kritischer Gesellschaftstheorie als einer »Selbstverständigung […] der Zeit über ihre Kämpfe und Wünsche« lässt sich in vier Schritten explizieren:

(1) Marx und Engels formulieren in der kausalen Beobachterperspektive – in Gegenwendung zu Hegels spekulativer Geschichtsdeutung – eine »Gesetzlichkeit«[52] des bisherigen Geschichtsverlaufs als einer Abfolge von »Entwicklungsstufen der Teilung der Arbeit«, wonach Konflikte zwischen vorwärtsdrängenden Produktivkräften und überkommenen Verkehrsformen auf jeder Stufe zwangsläufig zu einer tiefgreifenden Erneuerung der Gesellschaftsordnung oder aber zum »gemeinsamen Untergang der kämpfenden Klassen« führen; mit der Prognose eines bevorstehenden Umsturzes der herrschenden Verhältnisse im *Kommunistischen Manifest* (*MW* II 832) beziehen sie die Gegenwart – die sie als Krisenzeit ansehen – in diese

---

der Menschen« die beiden Felder der universalen »Wissenschaft der Geschichte« (*MW* II 15).
[52]  Hartmann: *Die Marxsche Theorie*, S. 217.

Gesetzlichkeit ein (wobei ihre – daraus nicht abzuleitende – Versicherung, das Proletariat werde siegen, als politische Rhetorik zu werten ist).

(2) Die intellektuellen Adressaten ihrer kritischen Gesellschafts- bzw. Geschichtstheorie können Marx' Absage an eine »Konstruktion der Zukunft« (*MW* I 447), seinem Programm einer Selbstaufhebung der Philosophie in der politischen Praxis und Engels' Feststellung, ihre Theorie sei eine »Zusammenfassung der Bedingungen der Befreiung des Proletariats« (s. o. S. 312), entnehmen, dass Marx und Engels die historische Gesetzlichkeit, die sie in Ansatz bringen, nicht als eine determinierende, gleichsam ›naturkausale‹, auffassen, sondern mit ihrer Prognose vom bevorstehenden Umsturz der Gesellschaftsordnung eine Hypothese über den Möglichkeitshorizont der aktuellen geschichtlichen Situation aufstellen, derzufolge mit der Destabilisierung der Gesellschaftsordnung infolge der gegenwärtigen sozioökonomischen »Kämpfe« eine notwendige Voraussetzung für die Realisierung des ›Wunsches‹ nach Beseitigung der bestehenden Herrschaftsverhältnisse gegeben ist und die bereits vorhandenen ›notwendigen‹ Bedingungen eines sozialen Umbruchs zu ›hinreichenden‹ werden, wenn die Intellektuellen dem Appell folgen, als Avantgarde des Proletariats in die politische Praxis eingreifen. Im argumentativ-appellativen Doppelgesicht von Marx' und Engels' kritischer Gesellschaftstheorie manifestiert sich insofern deren selbstreflexive Struktur, als die Aufforderung, Alternativen zum Bestehenden zu erproben, ein integrales Moment des spezifischen Wahrheitsanspruchs von ›Theorien‹ bildet, deren zentrales Thema die Möglichkeitshorizonte geschichtlicher Situationen sind: Die von einer solchen ›Theorie‹ intendierte ›Erkenntnis‹ kann nur durch praktische Bemühungen ihrer Rezipienten gewonnen werden; hierauf weist Marx mit seinem Programm einer Selbstaufhebung der Philosophie in der Praxis hin. Sein Begriff der »Selbstverständigung« als ›adäquater Erkenntnis‹ der Gestaltungsmöglichkeiten, die sich aus den spezifischen historischen Bedingungen der Gegenwart ergeben, bildet damit das Gegenstück zur Feststellung des Ethikers in Kierkegaards *Entweder/Oder*, dass sich die »Besinnung« auf die eigenen Lebensmöglichkeiten nur als »Handlung« vollziehen kann (s. o. S. 92 ff.).

(3) Indem Marx im *Briefwechsel von 1843* den Entschluss, sich auf den von seiner »kritischen Philosophie« gewiesenen Weg der »Selbstverständigung« einzulassen, mit einer »Beichte« vergleicht,

mit der man sich von den »Sünden« seines bisherigen Lebens abwendet (*MW* I 450), gibt er dem intellektuellen Leserkreis dieses *Briefwechsels* zu verstehen, dass positive wie auch negative Reaktionen auf seinen Appell zur Gesellschaftsveränderung als eigenverantwortliche Entscheidungen anzusehen sind. Wie Rousseaus *Diskurs über die Ungleichheit* und Kierkegaards *Entweder/Oder* bringt somit auch Marx' »kritische Philosophie« den Begriff der ›handelnden Person‹ (bzw. des ›praktischen Subjekts‹) dadurch in Ansatz, dass sie die Adressaten vor eine Entscheidung stellt. Auf diese Weise konstituiert sich die Teilnehmerperspektive der »kritischen Philosophie«, die sich durch die Thematisierung geschichtlicher Möglichkeitshorizonte handelnder Personen als »Wissenschaft vom Menschen« kategorial von der Naturwissenschaft unterscheidet.

(4) Marx bezieht mit seiner Feststellung, dass man die »Wissenschaft von dem Menschen« unter die Naturwissenschaft »subsumieren« könne (*MW* I 604), eine ›kompatibilistische‹ Position: Falls sich die Prognose, bei entschlossenem politischem Engagement der Intellektuellen werde die bestehende Ordnung zusammenbrechen, als zutreffend erweist, ist die Anwendbarkeit der »Gesetzlichkeit«, die Marx und Engels dem bisherigen Geschichtsverlauf entnehmen, auf die Gegenwart erwiesen, wobei das Basis/Überbau-Theorem eine kausale Erklärung des Entschlusses der Intellektuellen zum Überschritt in die Praxis, den sie selbst als Akt der Freiheit interpretieren müssen, erlaubt – gemäß diesem Theorem unterliegen ja die »Ideenformationen«, die die Individuen zu ihrem jeweiligen Verhalten motivieren, dem Einfluss sozioökonomischer Prozesse –; wird die fragliche Prognose dagegen falsifiziert, erweisen sich die Verhältnisse als resistent gegenüber Veränderungsversuchen und in diesem Sinne als determiniert, wobei es aber legitim bleibt, den Entschluss, sich über die Handlungsspielräume der aktuellen historischen Situation Klarheit zu verschaffen, als Akt der Freiheit zu werten.

### b) Die Arbeit als das »sich bewährende Wesen des Menschen«

Laut der *Deutschen Ideologie* sind die beiden Themenfelder der universalen »Wissenschaft der Geschichte« voneinander »nicht zu trennen«: »solange Menschen existieren, bedingen sich Geschichte der Natur und Geschichte der Menschen gegenseitig.« (*MW* II 15 f.) Marx und Engels weisen hiermit zunächst darauf hin, dass die menschliche Arbeit, die sie als die »Basis« der Gattungsgeschichte betrachten, die natürliche Umwelt verändert (*MW* II 25 f.); durch die Gleichsetzung der »Geschichte der Natur« mit der »sogenannte[n] Naturwissenschaft« (*MW* II 16) bringen sie darüber hinaus eine erkenntnistheoretische Dimension ins Spiel. Diese lässt sich im Ausgang von Marx' zweiter These *ad Feuerbach* konkretisieren, die auf den ersten Blick Habermas' Vorwurf zu stützen scheint, er habe die Wissenschaft vom Menschen dem Paradigma des »Produktionswissen[s]« angeglichen und dadurch die »Dimension der Selbstreflexion« verdeckt:[53]

»Die Frage, ob dem menschlichen Denken gegenständliche Wahrheit zukomme – ist keine Frage der Theorie, sondern eine *praktische* Frage. In der Praxis muss der Mensch die Wahrheit, i. e. Wirklichkeit und Macht, Diesseitigkeit seines Denkens beweisen. Der Streit über die Wirklichkeit oder Nichtwirklichkeit des Denkens – das von der Praxis isoliert ist – ist eine rein scholastische Frage.« (*MW* II 1)

Den philosophie- bzw. wissenschaftsgeschichtlichen Anknüpfungspunkt der Zuordnung von »Wahrheit« und »Macht«, die Marx hiermit vornimmt, bildet Bacons *Neues Organon* (1620), wo die Abkehr der neuzeitlichen experimentellen Naturwissenschaft von der scholastischen Naturphilosophie programmatisch formuliert wurde. Bacons Kernthese, die »menschliche Wissenschaft und Macht« seien »Zwillingsziele«, die »auf dasselbe hinauslaufen«,[54] schließt drei Aspekte ein: (1) Bacon lässt als ›wissenschaftlich‹ nur Aussagen über Naturgesetze gelten, die anhand von Beobachtungen zu überprüfen sind, sich also empirisch bewähren müssen;[55] die Erkenntnis von Kausalrelationen, die solche Aussagen vermitteln, ist für ein erfolgreiches Handeln unverzichtbar, da sie die Auswahl geeigneter Mittel für die Erreichung von Handlungszielen anleitet. (2) Erkenntnis und Macht sind zudem in der modernen Naturwissenschaft in der Weise miteinander verknüpft, dass Naturgegenstände in einem Experiment unter künstlich hergestellten Bedingungen, die ihre Beschaffenheit beeinflussen bzw. verändern können, beobachtet werden, so dass

---

[53] *Erkenntnis und Interesse*, S. 68 f.
[54] »Scientia et potentia humana in idem concidunt« (Francis Bacon: *Neues Organon*. Lat.-dt. Hrsg. von Wolfgang Krohn. 2 Bde. (durchgehende Seitenzählung). Hamburg 1990. I. Buch, 3. Aphorismus, S. 80).
[55] Ebd. II. Buch, Aph. 2, S. 281.

uns die technische Umsetzung der Naturwissenschaft dazu befähigt, »in einem gegebenen Körper eine neue Eigenschaft [...] zu erzeugen«.[56] (3) Bacon gerät mit seiner These, dass die »menschliche Wissenschaft und Macht« auf »dasselbe hinauslaufen«, bewusst in einen performativen Selbstwiderspruch: Seine erkenntnistheoretische Behauptung, nur empirisch überprüfbaren Gesetzeshypothesen sei Wissenschaftlichkeit zuzuerkennen, ist selber keine empirische Gesetzeshypothese und dementsprechend als unwissenschaftlich zu werten. Dieser Selbstwiderspruch wird dadurch noch verschärft, dass Bacon seine These von der ›Koinzidenz‹ von Wissen und Macht in einer historischen Situation formuliert hat, in der die scholastische Metaphysik und Naturphilosophie den Wissenschaftsbetrieb beherrschte. Diesem wissenschaftspolitischen Kontext lässt sich ein Interpretationsschlüssel für den Selbstwiderspruch seiner Kernthese entnehmen: Bacon appelliert mit ihr an seine akademischen Zeitgenossen, sich die Fruchtlosigkeit philosophischer Erkenntnisbemühungen einzugestehen, die scholastische Tradition ad acta zu legen und die technisch nutzbringende experimentelle Naturwissenschaft als institutionelle ›Macht‹ zu etablieren; in diesem Sinne fordert auch Bacon die Philosophen dazu auf, sich der Praxis zuzuwenden, wobei es ihm aber nicht – wie Marx – um die Selbstaufhebung, sondern um die Liquidation der Philosophie geht.[57]

Marx bettet die Bacon'sche Verknüpfung von »Wahrheit« und »Macht« in seinen Feuerbach-Thesen in das erkenntnistheoretische Programm einer Vermittlung von Idealismus und Materialismus ein:

»Der Hauptmangel alles bisherigen Materialismus [...] ist, dass der Gegenstand, die Wirklichkeit, Sinnlichkeit, nur unter der Form des *Objekts oder der Anschauung* gefasst wird, nicht aber als *sinnliche menschliche Tätigkeit, Praxis*; nicht subjektiv. Daher die *tätige* Seite abstrakt im Gegensatz zu dem Materialismus von dem Idealismus – der natürlich die wirkliche, sinnliche Tätigkeit als solche nicht kennt – entwickelt.« (*MW* II 1)

Marx vermisst im »bisherigen Materialismus« die Einsicht, dass uns Erfahrungsgegenstände immer nur im Medium unserer subjektiven Wahrnehmungs- und Erkenntnisbedingungen gegeben sind;

---

[56] Ebd. II. Buch, Aph. 2, S. 279.
[57] Vgl. hierzu die Bacon-Interpretation in meiner Untersuchung *Erkenntnis und Sprachgebrauch. Lichtenberg und der Englische Empirismus.* Göttingen 1999, insbes. S. 139 ff.

wir können unsere Welterfahrung niemals mit hiervon schlechthin unabhängigen ›Dingen an sich‹ vergleichen, um uns auf diese Weise vom Wahrheitsgehalt unserer Erkenntnis zu überzeugen. Mit der These, die »Sinne« seien »unmittelbar in ihrer Praxis Theoretiker geworden« (*MW* I 599) – so dass sich in der »sinnliche[n] Welt« die »sinnliche *Tätigkeit* der sie ausmachenden Individuen« manifestiere (*MW* II 28) –, spielt Marx auf die im Englischen Empirismus entwickelten und von Kant weitergeführten Konstitutionsanalysen unserer Welterfahrung an, denen zufolge sich die anschauliche Präsenz gestalthafter Gegenstände in unserer Erfahrung der Verknüpfung einer rezeptiv gegebenen Datenmannigfaltigkeit zu regelhaften Zusammenhängen verdankt, wobei Marx' Charakterisierung der Sinne als »Theoretiker« Lockes und Kants Deutung dieser Verknüpfung als einer Verstandesleistung näher steht als der Auffassung Humes, sie sei ein gewohnheitsmäßig eingespielter assoziativer ›Mechanismus‹. Marx wendet in den Pariser Manuskripten seinen Begriff der »Arbeit« als des »sich bewährende[n] Wesen[s] des Menschen« (*MW* I 646) in einer doppelten Perspektive auf die ›theoretische Tätigkeit‹ der Sinne an, womit er die Bacon'sche ›Koinzidenz‹ von Wahrheit und Macht in seinem Programm einer Vermittlung von Idealismus und Materialismus verankert: (1) Mit seiner Aussage, die »Sache selbst« sei »ein *gegenständliches menschliches* Verhalten«, deutet er – im idealistischen Sinne – die Konstitution des Gegenstandsbezugs unserer Welterfahrung durch die »Arbeit« der ›Synthesis‹ von Sinnesdaten als ein »Fürsichwerden des Menschen« (*MW* I 599, 646). Diese Konstitutionsleistung lässt sich insofern unter seine erkenntnistheoretische Kernthese, der Mensch müsse die »Wahrheit, i. e. Wirklichkeit und Macht«, seines Denkens »in der Praxis« beweisen, subsumieren, als sich die Strukturprinzipien, mittels derer unser Verstand die sinnlich gegebenen Daten ›bearbeitet‹, an ihnen ›bewähren‹ müssen; so muss etwa die – für unsere Gegenstandserkenntnis und Handlungsorientierung basale – Kategorie der Kausalität in der Weise auf Sinnesdaten anwendbar sein, dass die Prognosen, die durch Hypothesen über Kausalrelationen vorgezeichnet werden, nicht permanent falsifiziert werden.[58] Über den Wahrheitsgehalt der Strukturprinzipien, die der Verstand auf die rezeptiv gegebenen Daten anwendet, entscheidet somit der Erfolg seiner Synthesisleistungen. (2) Indem Marx die »Bildung der fünf Sinne« eine

---

[58] Vgl. Kant: *Kritik der reinen Vernunft,* A 100 f.

»Arbeit der ganzen bisherigen Weltgeschichte« nennt, d. h. zum Produkt der Evolution erklärt (MW I 601), grenzt er sich von der Auffassung Kants ab, die Konstitution des Gegenstandsbezugs unserer Erfahrung sei das Werk eines jenseits der empirischen Sphäre angesiedelten ›transzendentalen Subjekts‹. Marx Vorwurf, der »Idealismus« kantischer Prägung kenne nicht »die wirkliche, sinnliche Tätigkeit als solche« (MW II 1, s. o.), besagt demnach, dass eine subjektivitätsphilosophische Konstitutionsanalyse unserer Welterfahrung an eine materialistische Evolutionstheorie zurückgebunden werden muss, die die Anwendbarkeit der Strukturprinzipien unseres Erkenntnisapparats auf Sinnesdaten damit erklärt, dass sich diese Prinzipien in einem Anpassungsprozess des Lebewesens Mensch an seine Umweltbedingungen herausgebildet haben; in ihrer ›Wahrheitsfähigkeit‹ kommt demnach der Erfolg evolutionär generierter Überlebensstrategien zum Ausdruck. Marx bezieht mit diesem »materialistischen Begriff der Synthese«[59] – der sich mit Herders biologistischer Umformulierung der empiristischen Erkenntnistheorie berührt (s. o. S. 211) – die ›Formung‹ unserer Sinneswahrnehmungen in die evolutionäre Perspektive von Rousseaus Diskurs über die Ungleichheit ein.

Durch diese Anbindung ›idealistischer‹ Erfahrungstheorien, die den Gegenstandsbezug unserer Wahrnehmungen auf subjektive Leistungen zurückführen, an eine Evolutionstheorie, die die Genese dieser Leistungen als organischen Anpassungsprozess erklärt, wird der Materialismus zunächst zur dominanten Position. Hierauf weist Marx mit der Feststellung hin, das menschliche »Wesen« könne nur deshalb Gegenstände ›setzen‹, »weil es durch Gegenstände gesetzt ist, weil es von Haus aus Natur ist« (MW I 650). Die Naturwissenschaft wird durch den Erfolg ihrer Bemühungen, die Evolution unserer »Wesenskräfte« (MW I 649) kausal zu rekonstruieren, zur »Basis der menschlichen Wissenschaft« (MW I 605). Marx' These, diese sei nur dann »wirkliche Wissenschaft«, wenn sie »von der Natur ausgeht« (MW I 604), darf jedoch nicht dahingehend missverstanden werden, dass sie hierbei stehen bleiben solle: Den »Akt der Weltgeschichte« kann – so Marx – nur ein »durchgeführte[r] Naturalismus oder Humanismus« adäquat »begreifen«, »der sich sowohl von dem Idealismus als dem Materialismus unterscheidet und zugleich ihre beide vereinigende Wahrheit ist.« (MW I 650) Marx konfron-

---

[59] Habermas: Erkenntnis und Interesse, S. 85.

tiert die materialistische Feststellung, das menschliche »Wesen« sei »durch Gegenstände gesetzt« und »von Haus aus Natur« (ebd.), mit der ›idealistischen‹ These, die »ganze sogenannte Weltgeschichte« sei »nichts anderes als die Erzeugung des Menschen durch die menschliche Arbeit, als das Werden der Natur für den Menschen«, der darin »den anschaulichen, unwiderstehlichen Beweis von seiner Geburt durch sich selbst« finde (*MW* I 607). Den Ausgangspunkt für eine Synthese dieser zunächst unvereinbar erscheinenden Standpunkte bildet folgende Aussage:

»wie alles Natürliche entstehen muss, so hat auch der Mensch seinen Entstehungsakt, die Geschichte, die aber für ihn eine gewusste und darum als Entstehungsakt mit Bewusstsein sich aufhebender Entstehungsakt ist.« (*MW* I 652)

Die von Marx anvisierte ›Selbstaufhebung‹ des ›natürlichen‹ Entstehungsakts des Menschen soll in vier Schritten erläutert werden:

(1) Die Rede von der »Erzeugung des Menschen durch die menschliche Arbeit« nimmt zunächst auf das Faktum Bezug, dass sich das spezifisch menschliche Bewusstsein aufgrund von Lernprozessen bei der Nahrungsbeschaffung herausgebildet hat (vgl. *MW* II 15 f.). Die Konstitution der »Wesenskräfte« des Menschen setzt sich in seiner »Emanzipation« (*MW* I 608) von der Macht der Natur durch die Einführung und fortschreitende Ausdifferenzierung der Arbeitsteilung fort. Dieser Entwicklungsprozess lässt sich kausal rekonstruieren und ist in diesem Sinne Thema einer »menschliche[n] Naturwissenschaft« bzw. »natürliche[n] Wissenschaft vom Menschen« (*MW* I 605).

(2) Das Streben des Menschen nach Emanzipation von der vorgegebenen Naturordnung gewinnt in der modernen Naturwissenschaft eine neue Qualität, da sie ihn dazu befähigt, »in einem gegebenen Körper [...] neue Eigenschaften einzuführen.«[60] Kant führt Bacon in der Vorrede zur 2. Auflage der *Kritik der reinen Vernunft* als Exponenten einer »Revolution der Denkungsart« an, die sich mit der Ausbildung der experimentellen Methode der neuzeitlichen Naturwissenschaft vollzieht (B XII): Das traditionelle Verständnis theoretischer Erkenntnis, wonach sich diese nach ihren Gegenständen »richten«, d. h. diejenigen Bestimmungen ergründen soll, die ihnen von sich her zukommen, hat in der modernen Naturwissenschaft

---

[60] Bacon: *Neues Organon*, II. Buch, Aph. 2, S. 279.

keinen Platz mehr (ebd. B XVI). Da die Bestimmtheit ihrer Erkenntnisobjekte nicht fertig vorgegeben, sondern technisch veränderbar ist, hat deren ›Erkenntnis‹ insofern den Charakter der »Arbeit«, als sie mit dem Ausmessen technischer Gestaltungsmöglichkeiten zusammenfällt; in diesem Sinne lässt sich die naturwissenschaftliche ›Praxis‹ als ein »Werden der Natur für den Menschen« (*MW* I 607) charakterisieren. Die – zunächst befremdliche – Identifikation der »Geschichte der Natur« mit der »Naturwissenschaft« in der *Deutschen Ideologie (MW* II 16) bringt zum Ausdruck, dass der Anspruch des erkenntnistheoretischen Realismus auf die Erkenntnis einer ›an sich seienden‹ Gegenständlichkeit am naturwissenschaftlich überholten Begriff einer ›festen Bestimmtheit‹ von Naturdingen festhält. Durch die moderne Wissenschaft ist die technische Beeinflussbarkeit materieller Strukturen bzw. Prozesse zum Moment des Naturbegriffs selbst geworden; die Natur kann daher nur noch in Relation zum Menschen bestimmt werden.

(3) Die empirische »Wissenschaft vom Menschen« konstatiert einen beständigen »Widerspruch« zwischen den normativ-kulturellen Selbstbeschreibungen historischer Gesellschaften, worin Solidaritätsprinzipien in Ansatz gebracht werden, und der Realität ökonomisch-politischer »Kämpfe« (*MW* I 450, II 33), wobei sowohl die Genese der sozialen Antagonismen als auch der ethischen und religiösen Selbstbeschreibungen in einer kausalen Perspektive rekonstruiert werden kann (s. o. Abschnitt 1 a). Marx wertet diesen Widerspruch als Beleg dafür, dass die Gesellschaft – infolge der Verfestigung sozioökonomischer Systemstrukturen zu einer »sachlichen Gewalt über uns« (*MW* II 37) – ein »Reich der fremden Wesen« geworden sei, »denen der Mensch unterjocht ist« (*MW* I 608). Die von ihm anvisierte ›Selbstaufhebung‹ der ›natürlichen‹ Gesellschaftsgeschichte (*MW* I 652, s. o.) tritt dann ein, wenn die sozialen Antagonismen so massiv und die Widersprüche zwischen Selbstbeschreibungen und den faktischen Verhältnissen so eklatant geworden sind, dass das »Bedürfnis« nach einer grundlegenden Umgestaltung der Gesellschaft übermächtig wird: Für diesen Moment ist – so Marx – »die ganze Geschichte die Vorbereitungs-, Entwicklungsgeschichte« (*MW* I 604). Marx und Engels wollen zur »Emanzipation« von der Eigenmacht antagonistischer Systemstrukturen dadurch beitragen, dass sie als Resultat ihrer kausalen Geschichtsanalysen publik machen, in der Gegenwart seien die notwendigen Voraussetzungen für einen revolutionären Umbruch gegeben (*MW* I 608).

(4) Die Naturwissenschaft bleibt insofern die »Basis« (*MW* I 604) der von Marx und Engels konzipierten »kritischen Philosophie« der Geschichte, als diese nur aufgrund einer Kausalanalyse sozialer Strukturen und Prozesse fundierte Hypothesen über die spezifischen Handlungsoptionen bzw. Gestaltungsmöglichkeiten der gegenwärtigen historischen Situation aufstellen kann. Die Wissenschaft vom Menschen im Marx'schen Sinne kann aber zugleich die Naturwissenschaft unter sich »subsumieren«: Deren experimentelle Methode impliziert den Begriff des ›experimentierenden Wissenschaftlers‹ als einer handelnden – und damit verantwortlichen – Person, dieser Begriff ist (aufgrund des Aspekts der Verantwortlichkeit) selber kein naturwissenschaftlicher; darüber hinaus erlaubt es die (von Bacon hervorgehobene) Tatsache, dass die ›Erkenntnis‹ von Naturgegenständen in der modernen Wissenschaft mit dem Ausmessen technischer Wirkungs- bzw. Gestaltungsmöglichkeiten zusammenfällt, die naturwissenschaftliche Forschung in Marx' Begriff der »Selbstverständigung« als der ›Erkenntnis‹ der spezifischen Gestaltungsmöglichkeiten der gegenwärtigen historischen Situation einzubeziehen. Indem die Wissenschaft vom Menschen die Naturwissenschaft in dieser Weise unter sich subsumiert, ›hebt‹ sie den materialistischen Begriff der ›festen Bestimmtheit vorgegebener Dinge‹ in einen ›idealistischen‹ Realitätsbegriff auf, demzufolge die Bestimmtheit aller Erfahrungsgegenstände veränderbar ist und damit das Moment der Gestaltungsmöglichkeit einschließt. Der »durchgeführte Naturalismus oder Humanismus« im Marx'schen Sinne begreift den »Akt der Weltgeschichte« vermittels einer Synthese von Materialismus und Idealismus, indem er auf der einen Seite die gattungsgeschichtliche Genese menschlicher Gestaltungsmöglichkeiten rekonstruiert und auf der anderen den Begriff der Gestaltungsmöglichkeit in den Begriff ›gegenständlicher Wirklichkeit‹ hineinträgt.

c)    *Marx' Begriff der Philosophie als methodischer Selbstreflexion der universalen »Wissenschaft der Geschichte«*

Habermas fasst seine Marx-Kritik in *Erkenntnis und Interesse* folgendermaßen zusammen:

»Wenn Marx auf die methodologischen Voraussetzungen der Gesellschaftstheorie, wie er sie entworfen hat, reflektiert und ihr nicht ein auf den kategorialen Rahmen der Produktion eingeschränktes philosophisches Selbstverständnis übergestülpt hätte, wäre die Differenz von strikter Erfahrungswissenschaft und Kritik nicht verschleiert worden. Hätte Marx Interaktion mit Arbeit nicht unter dem Titel der gesellschaftlichen Praxis zusammengeworfen, hätte er statt dessen den materialistischen Begriff der Synthesis auf die Leistungen instrumentalen und die Verknüpfungen kommunikativen Handelns gleichermaßen bezogen, dann wäre die Idee einer Wissenschaft vom Menschen nicht durch die Identifikation mit Naturwissenschaft verdunkelt worden. [...] Mit dieser Idee wäre [vielmehr] ausgesprochen worden, dass eine radikalisierte Erkenntniskritik am Ende nur in Form einer Rekonstruktion der Gattungsgeschichte durchgeführt werden kann; und dass umgekehrt die Theorie der Gesellschaft, unter dem Gesichtspunkt einer Selbstkonstitution der Gattung im Medium der gesellschaftlichen Arbeit und des Klassenkampfes, nur als Selbstreflexion des erkennenden Bewusstseins möglich ist. Die Stellung der Philosophie zur Wissenschaft hätte auf dieser Grundlage explizit geklärt werden können.«[61]

Gegen diese Kritik kann zunächst eingewendet werden, dass Marx mit der Explikation des Begriffs der »Selbstverständigung« als der ›Vollzugsform‹ der kritisch-emanzipatorischen Gesellschaftstheorie und mit der Ausweitung dieses Begriffs auf den (von Bacon paradigmatisch formulierten) Erkenntnisbegriff der modernen Naturwissenschaft sein Konzept der Wissenschaft vom Menschen durchaus in einer »Selbstreflexion des erkennenden Bewusstseins« verankert hat. Die »Differenz von strikter Erfahrungswissenschaft und Kritik« wird von ihm insofern herausgearbeitet, als der – für seine »kritische Philosophie« konstitutive – Begriff geschichtlicher Möglichkeitshorizonte den der ›handelnden Person‹ einschließt. Marx löst zugleich seine programmatische Behauptung, in der wechselseitigen Subsumtion der Naturwissenschaft und der Wissenschaft vom Menschen konstituiere sich die »*eine* Wissenschaft« der Geschichte, dadurch ein, dass er – in der zweiten Feuerbach-These – Bacons Begriff der Bewährung zum gemeinsamen Wahrheitskriterium der Naturwissenschaft und der Wissenschaft vom Menschen erklärt. Ebenso wie die Hypothesen der experimentellen Naturwissenschaft müssen auch die der Wissenschaft vom Menschen über geschichtliche Handlungsoptionen bzw. Gestaltungsmöglichkeiten

---

[61] *Erkenntnis und Interesse*, S. 85 f.

›praktisch‹ überprüft werden: Über den Wahrheitsanspruch der fraglichen Hypothesen entscheidet der Erfolg naturwissenschaftlicher Experimente bzw. sozialer Gestaltungsversuche. Mit seinem Entwurf einer kritisch-emanzipatorischen Wissenschaft vom Menschen und seinem Rekurs auf die These Bacons, dass in der modernen Naturwissenschaft Erkenntnis und Macht »auf dasselbe hinauslaufen«, hat Marx bereits das Kernthema einer »kritischen Wissenschaftstheorie« im Sinne Habermas' – den »Zusammenhang von logisch-methodologischen Regeln und erkenntnisleitenden Interessen« – beleuchtet und dessen Feststellung vorweggenommen, dass in den »Ansatz der empirisch-analytischen Wissenschaften« ein »technisches«, in den der »kritische[n] Sozialwissenschaft« dagegen ein »emanzipatorische[s] Erkenntnisinteresse« eingeht.[62] Marx unterschlägt also keineswegs die »kritische Selbstreflexion der Wissenschaft«.[63]

Habermas tut Marx auch mit dem Vorwurf Unrecht, er habe »Interaktion mit Arbeit […] zusammengeworfen« und seiner Gesellschaftstheorie »ein auf den kategorialen Rahmen der Produktion eingeschränktes philosophisches Selbstverständnis übergestülpt«.[64] Habermas suggeriert hiermit, Marx habe seinen Arbeitsbegriff dem Paradigma der Herstellung von Dingen angeglichen und dadurch die Dimension kommunikativer Interaktion verkürzt. Marx' Bestimmung der Arbeit als des »sich bewährende[n] Wesen[s] des Menschen« lässt sich zwar insofern unter Habermas' Begriff des »instrumentalen Handelns« subsumieren, als der Begriff der ›Bewährung‹ den der ›Antizipation‹ einschließt und die Orientierung an »Regeln«, durch die »Prognosen« vorgezeichnet werden, für Habermas' Begriff des »instrumentalen Handels« konstitutiv ist;[65] es ist jedoch »irreführend«, die Unterscheidung von »Arbeit« und »Interaktion« als »eine zwischen zwei Handlungs*typen* darzustellen, wie Habermas es tut.«[66] So durchdringen sich etwa in jedem Lehrer/Schüler-Verhältnis, das keinen rein geschäftsmäßigen Charakter hat, die Begriffspaare, mittels derer Habermas diese Unterscheidung konkretisiert:[67] Dem Schüler geht es um das »Lernen von Fertigkeiten und Qualifikationen« und damit um eine »Zielerreichung, definiert in

---

[62] Habermas: »Erkenntnis und Interesse«, S. 155, 158.
[63] Vgl. Habermas: *Erkenntnis und Interesse*, S. 64.
[64] Ebd. S. 85 (s.o.).
[65] Habermas: »Technik und Wissenschaft als Ideologie«, S. 62.
[66] McCarthy: *Kritik der Verständigungsverhältnisse*, S. 37.
[67] Habermas: »Technik und Wissenschaft als Ideologie«, S. 64.

Zweck-Mittel-Relationen«, wobei eine Missachtung der »technische[n] Regeln«, auf deren Kenntnis bzw. Aneignung die angestrebten »Qualifikationen« beruhen, das »Scheitern an der Realität« zur Folge hat – dies sind Bestimmungsmomente der »Arbeit« im Habermas'schen Sinne –, zugleich schließt das Lehrer/Schüler-Verhältnis die »Internalisierung von Rollen«, »reziproke Verhaltenserwartungen« und ein »Scheitern an der Autorität« des fachlich Überlegenen im Fall von »Regel-Verletzung[en]« ein, wobei es einem Lehrer, der seine Schüler zur Mündigkeit erziehen will, um die kontinuierliche »Ausdehnung herrschaftsfreier Kommunikation« und damit die »Individuierung« und »Emanzipation« seiner ›Zöglinge‹ geht – hierin bestehen zentrale Aspekte der sozialen »Interaktion«.[68] Habermas' Vorwurf, Marx verlasse die Ebene der »Reflexion« zugunsten der des »instrumentalen Handelns«,[69] findet lediglich an dessen ›exoterischer‹ Kommunikation mit der Proletariern eine Stütze – ohne dass hieraus jedoch der Schluss gezogen werden dürfte, Marx habe das die »Reflexion« insgesamt auf die Ebene instrumentalen Handelns »reduziert«.[70].

Marx hat mit der Explikation seines Begriffs der »Selbstverständigung« und dessen Ausweitung auf die Naturwissenschaft im Anschluss an Bacon die »Stellung der Philosophie zur Wissenschaft«[71] im Sinne seiner Figur der ›Selbstverwirklichung der Philosophie in ihrer Aufhebung in der Praxis‹ bestimmt. »Die selbständige Philosophie verliert« durch die von Marx und Engels anvisierte empirische Universalwissenschaft der Geschichte »ihre Existenzberechtigung« (*MW* II 24) – »nicht die Philosophie überhaupt«.[72] Das traditionelle Verständnis der Philosophie als theoretischer Disziplin, deren Erkenntnisverfahren von der empirischen Forschung unabhängig sind, hat in Marx' und Engels' Konzept der »Wissenschaft der Geschichte« insofern keinen Platz mehr, als darin (1) die empirische Analyse historischer Prozesse in der kausalen Beobachterperspektive die argumentative Basis für Hypothesen über den Spielraum an Handlungs- bzw. Gestaltungsmöglichkeiten der gegenwärtigen historischen Situation bildet, durch dessen Thematisierung sich die »Wissenschaft

---

[68] Ebd.
[69] *Erkenntnis und Interesse*, S. 60.
[70] Ebd. S. o. Abschnitt 3 b
[71] Vgl. ebd. S. 86.
[72] Arndt: *Karl Marx*, S. 60.

vom Menschen« als eigenständige, von der Naturwissenschaft kategorial verschiedene Disziplin allererst konstituiert, und (2) über den Wahrheitsgehalt dieser Hypothesen nicht im Medium theoretischer Argumentation, sondern nur auf Weg praktischer Überprüfung entschieden werden kann. Die Aufhebung der Philosophie als theoretischer Disziplin geht mit der Etablierung der »kritischen Philosophie« als ethisch-politischer Selbstreflexion geschichtlicher Subjekte einher. Marx' und Engels' »kritische Philosophie« knüpft durch ihr argumentativ-appellatives Doppelgesicht (wie Herders *Auch eine Philosophie der Geschichte*) an die Theoriestruktur von Rousseaus *Diskurs über die Ungleichheit* an, der den Leser im Ausgang von einer kausalen Geschichtsanalyse vor eine Entscheidung stellt und die für seine philosophische Teilnehmerperspektive konstitutive Freiheitsunterstellung im empirischen Faktum seiner ›Aneignung‹ durch den Leser als einer Selbstverständigung über die eigenen Wahlmöglichkeiten verankert (s. o. S. 203 f.). Dies entspricht der ersten Stufe des Selbstverständigungsprozesses bei Kierkegaard (s. o. S. 117).

Das Pendant zur zweiten Stufe bilden die Subsumtion der Naturwissenschaft unter die Wissenschaft vom Menschen in Marx' Pariser Manuskripten – womit er einen universalen Begriff der Praxis formuliert – und die Verknüpfung beider Wissenschaften mittels des gemeinsamen Wahrheitskriterium der Bewährung. Marx' These, dass der Mensch »die Wahrheit, i. e. Wirklichkeit und Macht«, seines Denkens in der Praxis beweisen müsse (*MW* II 1), hat als geltungstheoretische Aussage einen dezidiert philosophischen Status; in ihrer mangelnden Selbstkonsistenz manifestiert sich aber zugleich Marx' Programm der Selbstaufhebung der Philosophie: Die geltungstheoretische Behauptung, dass den Ergebnissen unseres Denkens nur insoweit Wahrheit zuzuerkennen ist, wie sie sich praktisch bewähren, kann offensichtlich nicht empirisch verifiziert oder falsifiziert werden. Marx entschärft allerdings dieses Problem, indem er hinzufügt: »Der Streit über die Wirklichkeit oder Nichtwirklichkeit des Denkens – das von der Praxis isoliert ist – ist eine rein scholastische Frage« (ebd.): Mit dieser Absage an weitergehende erkenntnistheoretische Reflexionen gibt er zu verstehen, dass er weder beansprucht, ein erschöpfendes Wahrheitskriterium benannt, noch die Bedeutung des Begriffs »Wahrheit« geklärt zu haben. Die »kritische Philosophie« im Marx'schen Sinne begnügt sich damit, einen einheitlichen Beurteilungsmaßstab für Aussagen der Naturwissenschaft und der

Wissenschaft vom Menschen in Ansatz zu bringen. Das »scholastische« Problem, ob der traditionelle Begriff der Wahrheit als Übereinstimmung der Erkenntnis mit ihrem Gegenstand auf dem Hintergrund der neuzeitlichen Subjektphilosophie und der modernen Naturwissenschaft noch aktuell ist, überlässt sie den Streitigkeiten der Idealisten und Materialisten.

# VI. System und Lebenswelt in Habermas' *Theorie des kommunikativen Handelns*

## 1. Das Programm der *Theorie des kommunikativen Handelns*

Den systematischen Ausgangspunkt von Habermas' *Theorie des kommunikativen Handelns* bildet die Frage: »Wie ist soziale Ordnung möglich?«[1] »Der soziologischen Handlungstheorie geht es [...] um Mechanismen der Handlungskoordinierung, die eine regelhafte und stabile Vernetzung von Interaktionen ermöglichen.«[2] Gemäß der *Theorie des kommunikativen Handelns* bilden die »Sozialintegration« durch einen »normativ gesicherten oder kommunikativ erzielten Konsens« und die »Systemintegration«, deren Leistung darin besteht, Handlungszusammenhänge »über die funktionale Vernetzung von Handlungs*folgen* [zu] stabilisieren«, die beiden Grundformen gesellschaftlicher Handlungskoordinierung (*TkH* II 226).[3] Die Mechanismen der Systemintegration vollziehen sich über weite Strecken hinter dem Rücken der Akteure und können daher nur in der »Außenperspektive eines Beobachters« adäquat erfasst werden (*TkH* II 226 f.). Der Sozialintegration ordnet Habermas demgegenüber – da ihre Analyse von den normativen Selbstbeschreibungen der Mitglieder einer Gesellschaft ausgehen muss – deren »Binnenperspektive«, d. h. die »Teilnehmerperspektive handelnder Subjekte«, zu (*TkH* II 179, 226). In dieser methodischen Doppelperspektive

---

[1] »Erläuterungen zum Begriff des kommunikativen Handelns« (1982). In: *VE* 571–606, hier S. 571.

[2] Ebd.

[3] Habermas reserviert den Begriff der Systemintegration an der zitierten Stelle für »nicht-intendierte Handlungszusammenhänge« (*TkH* II 226), lässt diese Einschränkung jedoch in seiner Replik auf kritische Kommentare zur *Theorie des kommunikativen Handelns* fallen: »Während die Mechanismen der sozialen Integration an Handlungsorientierungen ansetzen, greifen die systemintegrativen Mechanismen durch die Handlungsorientierungen hindurch und integrieren Handlungsfolgen (ob diese nun als Ergebnisse intendiert waren oder sich als unbeabsichtigte Konsequenzen einstellen).« (»Entgegnung«. In: Honneth/Joas (Hrsg.): *Kommunikatives Handeln*, S. 327–405, hier S. 379 f.).

verankert er eine »Differenzierung im Begriff der Gesellschaft selbst«: von »System« und »Lebenswelt« (*TkH* II 179).

Habermas verknüpft hiermit die Unterscheidung zwischen einer systemischen und einer kommunikativen Rationalität (*TkH* I 27 f., 532 f.). Die »Rationalität einer Äußerung« bemisst sich nach ihrer »Kritisierbarkeit und Begründungsfähigkeit«; die Zielperspektive einer kommunikativen »Rationalisierung der Lebenswelt« besteht somit in einer »Konsensbildung, die sich *letztlich* auf die Autorität des besseren Arguments stützt« (*TkH* I 27, II 218 f.). Demgegenüber macht die Effizienz systemischer Integrationsmechanismen deren spezifische »Rationalität« aus. Solche Mechanismen können von einem Beobachter als »Quasi-Handlungen« beschrieben werden, sofern sie Probleme der Bestandserhaltung von Gesellschaftssystemen lösen; in diesem Sinne lässt sich der Begriff »instrumenteller« Rationalität über den Bereich intentionalen menschlichen Handelns hinaus erweitern (*TkH* I 28, 31).

Habermas führt in der *Theorie des kommunikativen Handelns* ein Programm aus, welches es bereits in sechziger Jahren formuliert hat: eine »Hermeneutik der sozialen Lebenswelt« mit den »vergegenständlichenden Prozeduren kausalanalytischer Wissenschaft« zu verknüpfen, um beide methodischen Ansätze »zu ihrem Recht kommen« zu lassen und auf diese Weise die »Einseitigkeit« der soziologischen Systemtheorie zu korrigieren.[4] Habermas trägt in der *Theorie des kommunikativen Handelns* allerdings eine deutlich abgestufte Kritik an Parsons' und Luhmanns Thematisierung des Problems, wie »soziale Ordnung möglich« ist, vor. Er betrachtet die Theorie Parsons' zwar insofern als unzulänglich, als das Konzept der Lebenswelt darin fehlt, erkennt jedoch an, dass sie »konkurrenzlos im Hinblick auf Abstraktionshöhe und Differenziertheit, gesellschaftstheoretische[r] Spannweite und Systematik« sei, so dass »heute keine Gesellschaftstheorie ernst genommen werden« könne, »die sich nicht zu der von Parsons wenigstens in Beziehung setzt.« (*TkH* II 297, 342 ff., 421 f.) Gegenüber Luhmann bekräftigt Habermas den Ideologieverdacht, den er bereits in »Theorie der Gesellschaft oder Sozialtechnologie?« vorgebracht hat (s. u. Kap. VII 2): »Ich sehe die methodische Schwäche eines absolut gesetzten Systemfunktionalismus darin, dass er die methodischen Grundbegriffe so wählt, […] als *hätte* eine total gewordene Bürokratisierung die Gesellschaft im ganzen

---

4 Habermas: »Analytische Wissenschaftstheorie und Dialektik«, S. 158, 163.

dehumanisiert [...] Diese ›verwaltete Welt‹ war für Adorno die Vision des äußersten Schreckens; für Luhmann ist sie zur trivialen Voraussetzung geworden.« (*TkH* II 462) Habermas erhebt den Vorwurf, den Systemfunktionalismus absolut zu setzen, nicht gegen Parsons, da dieser die – von Luhmann für ›sinnlos‹ erklärte – These von der Notwenigkeit eines Wertekonsenses vertritt (s. o. S. 26 ff.): Die Spannung zwischen normativen Konsistenzforderungen und funktionalen Imperativen, in der Parsons einen Stachel der sozialen Evolution sieht, übernimmt in seiner Systemtheorie – so Habermas – eine »Statthalter«-Funktion für das Begriffspaar »kommunikative/systemische Rationalität« (*TkH* II 308 f., 340 ff., 420 f.). Habermas' Diagnose der »Pathologien« der Moderne liegt die Unterscheidung beider Rationalitätsformen zugrunde: Der kritische Impetus der *Theorie des kommunikativen Handelns* gilt der »Unterwerfung« der »Lebensformen kapitalistisch modernisierter Lebensformen« unter »Imperative einer vereinseitigten, aufs Kognitiv-Instrumentelle beschränkten Rationalität.« (*TkH* I 112 f., II 422). Habermas bringt dies auf die Formel der »Kolonialisierung der Lebenswelt« durch systemische Mechanismen der »Ökonomie und Staatsverwaltung« (*TkH* II 452, 476, s. u. S. 377).

Gegen die Rolle der Begriffspaare »Sozial-/Systemintegration« und »Lebenswelt/System« in der *Theorie des kommunikativen Handelns* sind Einwände mit unterschiedlicher Stoßrichtung vorgebracht worden: (1) Johannes Weiß, Günter Dux und Johannes Berger vertreten die Auffassung, Habermas überschätze die Bedeutung von Konsensstrukturen in der sozialen Realität. Nach Weiß hätte er auf die »Annahme eines ursprünglichen«, die Sozialintegration tragenden »Konsensbedürfnisses« verzichten sollen.[5] Weiß bekräftigt hiermit die These Luhmanns, Habermas operiere mit einem zu »rationalistischen«, an der »Klärung und Vergemeinsamung von Begründungen« im Diskurs orientierten Begriff von Intersubjektivität.[6] Dux bezweifelt, dass man der »Realordnung« historischer Gesellschaften gerecht wird, wenn man einen »normativen Urkonsens« im Sinne der *Theorie des kommunikativen Handelns* (vgl. *TkH* II 10) postuliert.[7] Berger hält Habermas die »Ausblendung von Macht- und

---

[5] Weiß: »Die ›Bindungseffekte‹ kommunikativen Handelns. Einige skeptische Bemerkungen«. In: Honneth/Joas (Hrsg.): *Kommunikatives Handeln*, S. 433–452, hier S. 441.

[6] Luhmann: »Systemtheoretische Argumentationen«, S. 319 ff.; Weiß: »Die ›Bindungseffekte‹ kommunikativen Handelns«, S. 441.

[7] Dux: »Kommunikative Vernunft und Interesse. Zur Rekonstruktion der normativen

Dissensphänomenen« zugunsten des ihn »vorrangig interessieren-
den Aspekt[s] der ›Erzielung, Erhaltung und Erneuerung von Konsens‹« (*TkH* I 37) vor.[8] In seiner »Entgegnung« im Sammelband
*Kommunikatives Handeln* akzentuiert Habermas die These, die soziale Integration setze einen »normativ gesicherten oder kommunikativ erzielten Konsens« voraus (*TkH* II 226), um und insistiert zugleich darauf, dass er keineswegs »kategorial genötigt« sei, »Dissens-
und Machtphänomene aus der Lebenswelt auszuschließen.«[9] In den
Abschnitten 3 und 4 soll gezeigt werden, dass der Vorwurf, Habermas mache die unrealistische »Annahme eines ursprünglichen [...]
Konsensbedürfnisses« (Weiß) und bagatellisiere auf diese Weise das
historische Faktum sozialer Repression (Dux, Berger), den Duktus
der Gesellschaftsanalysen der *Theorie des kommunikativen Handelns* verfehlt. (2) Die zweite Gruppe von Einwänden zielt auf Mehrdeutigkeiten bzw. Inkonsistenzen in Habermas' Gebrauch des Begriffspaars »System/Lebenswelt«. Nach Herbert Schnädelbach wird
in der *Theorie des kommunikativen Handelns* die lebensweltliche
Teilnehmerperspektive in der »Perspektive des Beobachters – salopp
gesagt: die 1. Person in der 3. Person« präsentiert und der Begriff der
Lebenswelt darüber hinaus in der Diagnose ihrer »Kolonialisierung«
äquivok verwendet.[10] McCarthy äußert den Verdacht, Habermas sei
durch seinen »Flirt mit der Systemtheorie« zu genau dem Fehler
»verführt« worden, den er selbst Marx vorwirft: die kritische Gesellschaftstheorie dem Paradigma »strenger Wissenschaft« anzugleichen.[11] Wolfgang Detel wirft Habermas vor, seine »Dichotomie von
konsensueller und systemischer Handlungskoordination«, d. h. von
lebensweltlicher Sozial- und Systemintegration, enthalte einen »Kategorienfehler«.[12] Habermas gibt in seiner »Entgegnung« im Sam-

---

Ordnung in egalitär und herrschaftlich organisierten Gesellschaften«. In: Honneth/Joas
(Hrsg.): *Kommunikatives Handeln*, S. 110–143, hier S. 116, 120.

[8] Berger: »Die Versprachlichung des Sakralen und die Entsprachlichung der Ökonomie«. In: Honneth/Joas (Hrsg.): *Kommunikatives Handeln*, S. 53–72, hier S. 264 f.

[9] »Entgegnung«, S. 372, 383. S. u. S. 363 ff.

[10] Schnädelbach: »Transformation der Kritischen Theorie«, S. 28 f. Eine solche Äquivo-
kation konstatieren auch Thomas McCarthy und Hans Joas: mit dem Hinweis auf eine
»Substantialisierung« (Joas) der Begriffe »System« und »Lebenswelt«, die als unter-
schiedliche methodische Perspektiven auf die Gesellschaft im Ganzen eingeführt werden
(McCarthy: *Kritik der Verständigungsverhältnisse*, S. 602 ff., Joas: »Die unglückliche
Ehe von Hermeneutik und Funktionalismus«, S. 171). S. u. S. 377 f.

[11] McCarthy: *Kritik der Verständigungsverhältnisses*, S. 602.

[12] Detel: »System und Lebenswelt bei Habermas«. In: Stefan Müller-Dohm (Hrsg.):

melband *Kommunikatives Handeln* zu, dass die Bestimmung des Verhältnisses von System und Lebenswelt in der *Theorie des kommunikativen Handelns* durch »Unklarheiten und widersprüchliche Formulierungen« belastet ist.[13] Er hat den Einwand McCarthys und Schnädelbachs, die lebensweltliche Teilnehmerperspektive habe in der *Theorie des kommunikativen Handelns* gegenüber der Beobachterperspektive kein Eigengewicht, allerdings auch durch die Korrekturen, die er in seiner »Entgegnung« vornimmt, nicht entkräften können (Abschnitt 5). Aus der Integration systemtheoretischer Ansätze in eine kritische Gesellschaftstheorie resultiert jedoch nicht zwangsläufig eine Absorption der Teilnehmer- durch die Beobachterperspektive. Dass dies in der *Theorie des kommunikativen Handelns* faktisch geschieht, ist maßgeblich dadurch bedingt, dass sie beide Perspektiven – anders als in der von Rousseau zu Marx (und Engels) hinführenden Traditionslinie – nicht durch die Kritik zeitgenössischer Ideologien miteinander verzahnt (s. u. S. 381 ff.).

Im Folgenden wird zunächst der Begriff des »kommunikativen Handelns«, als dessen »Komplementärbegriff« Habermas den Ausdruck »Lebenswelt« bezeichnet (*TkH* II 182), umrissen. In den Abschnitten 3 und 4 wird Habermas' Rekonstruktion der Gattungsgeschichte in der Doppelperspektive von »Lebenswelt« und »System« in Hinblick auf die von Weiß, Dux und Berger formulierten Einwände skizziert. Im Schlussabschnitt (5) soll das Verhältnis von Beobachter- und Teilnehmerperspektive in der *Theorie des kommunikativen Handelns* der zugleich systemisch und ideologiekritisch orientierten Theoriestruktur von Rousseaus *Diskurs über die Ungleichheit*, Herders *Auch eine Philosophie der Geschichte* und der geschichtsphilosophisch-politischen Frühschriften von Marx (und Engels) im Rekurs auf Luhmanns Begriff der »Kontingenzkausalität« gegenübergestellt werden.

## 2. Kommunikatives und strategisches Handeln

Habermas konkretisiert seinen Begriff der »kommunikativen Rationalität« im Ausgang von einer Analyse der »Geltungsbasis« sprach-

---

*Das Interesse der Vernunft. Rückblicke auf das Werk von Jürgen Habermas seit »Erkenntnis und Interesse«.* Frankfurt a. M. 2000. S. 175–197, hier S. 190. S. u. S. 378.
[13] »Entgegnung«, S. 377 f.

licher Verständigung.[14] Wer »überhaupt an einem Verständigungsprozess teilnehmen will, kann« – so Habermas – »nicht umhin«, für
jede seiner Äußerungen die »Geltungsansprüche: Verständlichkeit,
Wahrheit, Wahrhaftigkeit und Richtigkeit« zu erheben: Er muss
(1) »einen *verständlichen* Ausdruck wählen«, (2) »die Absicht haben,
einen *wahren* propositionalen Gehalt auszudrücken«, (3) »seine Intentionen *wahrhaftig* äußern wollen« und (4) »eine im Hinblick auf
bestehende Normen und Werte *richtige* Äußerung wählen«
(VE 354f.). Habermas begründet diese Kernaussage seiner »Universalpragmatik«[15] mit dem Hinweis darauf, dass in jeder der drei
Klassen von Sprechakten: den »konstativen« (d. h. Behauptungen),
»expressiven« (d. h. Erlebnissätzen) und »regulativen« (d. h. Bitten
bzw. Befehlen und Absichtssätzen mit einer normativen Dimension),[16] vier Formen der Kommunikationsstörung – die in Rückfragen
bzw. Einwänden zum Ausdruck kommen – auftreten können:[17]
(1) Der Hörer kann den Sprecher bitten, sich klarer auszudrücken.
(2) Er kann ihm vorhalten, er irre bzw. täusche sich – auch in Bezug
auf regulative und expressive Äußerungen: Aufforderungen und
Absichtserklärungen schließen Annahmen ein, die sich als falsch erweisen können;[18] die Individuen können ihre eigenen Gefühle, Willensregungen usw. – etwa aufgrund internalisierter Verbote – miss-
deuten; je wirksamer solche Tabuisierungen sind, umso weniger ist
es gerechtfertigt, eine hierdurch hervorgerufene Täuschung über
sich selbst mit Unwahrhaftigkeit gleichzusetzen. (3) Der Hörer kann
dem Sprecher nicht nur im Fall von Aussage-, Erlebnis- und Absichtssätzen, sondern auch von Aufforderungen Unaufrichtigkeit
vorwerfen.[19] (4) Eine normative Kritik kann nicht bloß an regulativen, sondern auch an konstativen und expressiven Äußerungen geübt werden: »Mitteilungen« können »›unangebracht‹« sein, »Berich-

---

[14]  »Was heißt Universalpragmatik?« (1976), VE 353ff.; TkH I 114ff.
[15]  »Die Universalpragmatik hat die Aufgabe, universale Bedingungen möglicher Verständigung zu identifizieren und nachzukonstruieren.« (VE 353)
[16]  Vgl. TkH I 414, VE 599.
[17]  Habermas: »Wahrheitstheorien«, VE 138f.
[18]  So wird etwa bei der Bitte um eine Information unterstellt, dass der Angesprochene
kompetent ist, bei der Ankündigung: »Ich gehe jetzt etwas essen«, dass etwas Essbares
in Reichweite ist (vgl. TkH I 411f., 417f.).
[19]  Habermas erläutert den letzteren Fall anhand der Bitte eines Professors, ein Student
möge ihm ein Glas Wasser bringen: Dieser kann die Wahrhaftigkeit der Äußerung mit
dem Satz in Zweifel ziehen: »eigentlich haben Sie ja nur die Absicht, mich vor anderen
Seminarteilnehmern in ein schiefes Licht zu bringen.« (TkH I 411)

te ›fehl am Platz‹, Geständnisse ›peinlich‹, Enthüllungen ›verletzend‹.« (*TkH* I 418)

Dass diese Rückfragen bzw. Einwände bei jedem Sprechakt möglich sind und den Fluss der Kommunikation unterbrechen, zeigt, dass im Normalfall die Verständlichkeit, Wahrheit, Wahrhaftigkeit und normative Richtigkeit unserer Äußerungen anerkannt wird, dass also ein Konsens zwischen Sprecher und Hörer in Bezug auf diese Geltungsansprüche besteht.[20]

Habermas definiert den Begriff des »kommunikativen Handelns« dahingehend, dass die Sprecher hierbei ihre Äußerungen »an der Möglichkeit, dass deren Geltung von anderen Aktoren bestritten wird«, »relativieren«, d. h. die »Gewähr« dafür übernehmen, dass sie sich im Zweifelsfall »bemühen« werden, die damit erhobenen Geltungsansprüche »einzulösen« (*TkH* I 148, *VE* 597). Die Ausweisung von Wahrheits- und Richtigkeitsansprüchen verlangt das »Beibringen von Gründen«; demgegenüber können wir unsere Gesprächspartner von der Wahrhaftigkeit unserer Äußerungen nur »durch konsistentes Verhalten« überzeugen. (*VE* 597) Habermas Begriff der kommunikativen Rationalität ist am Prozess der intersubjektiven Überprüfung von Sprechhandlungen festgemacht: Darin wird das »Rationalitätspotential« aktualisiert, welches sie aufgrund

---

[20] In der *Theorie des kommunikativen Handelns* wertet Habermas die Verständlichkeit nicht länger als einen Geltungsanspruch, sondern als eine triviale Voraussetzung sinnvoller Kommunikation (*TkH* I 149, 416) – offensichtlich deshalb, weil kritische Rückfragen in Bezug auf die Wahrheit, Wahrhaftigkeit und normative Richtigkeit einer Äußerung den Charakter von Einwänden haben, in Bezug auf die Verständlichkeit dagegen den der Aufforderung, Unklarheiten bzw. drohende Missverständnisse auszuräumen.- Habermas ordnet den Geltungsansprüchen der Wahrheit, Wahrhaftigkeit und Richtigkeit drei »Weltbezüge« jeder Sprechhandlung zu: zur »Gesamtheit der Tatsachen«, »wobei Tatsache bedeutet, dass die Aussage über die Existenz eines entsprechenden Sachverhalts ›p‹ als wahr gelten darf«, zur »soziale[n] Welt« im Sinne der »Gesamtheit aller interpersonalen Beziehungen«, »die von den Angehörigen als legitim anerkannt werden«, und zur »subjektive[n] Welt«, d. h. »Gesamtheit der Erlebnisse, zu denen jeweils nur ein Individuum einen privilegierten Zugang hat.« (*TkH* I 84, 114, 126) Indem Habermas die »Gesamtheit der Entitäten, über die wahre Aussagen möglich sind«, als »objektive Welt« bezeichnet (*TkH* I 130, II 183), blendet er allerdings (wie bereits in *Erkenntnis und Interesse* und »Theorie der Gesellschaft oder Sozialtechnologie?«, s. o. S. 54 f.) aus, dass Sätze des religiöses Glaubens, die keine objektive Gültigkeit beanspruchen können, wahr sein könnten. In den *Vorstudien und Ergängungen zur Theorie des kommunikativen Handelns* bestimmt Habermas die »objektive Welt« als einen Kausalzusammenhang: Er identifiziert sie mit der »Gesamtheit der gesetzmäßig verknüpften Sachverhalte«, »die zu einem gegebenen Zeitpunkt bestehen oder eintreten bzw. durch Interventionen herbeigeführt werden können.« (*VE* 584 f.)

ihrer Geltungsansprüche in sich bergen (*TkH* I 149), d. h. ihr Potential für eine Konsensbildung durch »Einsicht in Gründe« im Fall von Wahrheits- und Richtigkeitsansprüchen (*TkH* I 410) – wobei allerdings die Auffassungen darüber, was als ›zureichende Begründung‹ zu werten ist, historischen Wandlungen unterliegen (s. u. S. 351) – sowie für eine fundierte Beurteilung der Glaubwürdigkeit eines Sprechers.

Habermas grenzt das »kommunikative« Handeln vom »strategischen« ab: »*strategisch* nennen wir eine erfolgsorientierte Handlung, wenn wir sie unter dem Aspekt der Befolgung von Regeln rationaler Wahl betrachten und den Wirkungsgrad der Einflussnahme auf die Entscheidungen eines rationalen Gegenspielers bewerten. [...] Hingegen spreche ich von *kommunikativen* Handlungen, wenn die Handlungspläne der beteiligten Aktoren nicht über egozentrische Erfolgskalküle, sondern über Akte der Verständigung koordiniert werden. Im kommunikativen Handeln sind die Beteiligten nicht primär am eigenen Erfolg orientiert« (*TkH* I 385). Ein konsequenter Egoist kann somit nach Habermas nicht kommunikativ handeln, d. h. keine »(glaubwürdige) Garantie«[21] für alle Geltungsansprüche übernehmen, die er mit seinen Äußerungen erhebt. Diese These kann sich – da radikaler Eigennutz nicht notwendigerweise Irrtümer nach sich zieht – nur auf die Geltungsansprüche der Wahrhaftigkeit und normativen Richtigkeit beziehen. In seinem Aufsatz »Theorie der Gesellschaft oder Sozialtechnologie?« nennt Habermas das strategische Handeln ein »monologisches«, er erklärt hiermit den konsequenten Egoisten für dialogunfähig.[22]

Luhmann wendet gegen Habermas' Entgegensetzung von kommunikativem und strategischem Handeln ein, dieses könne sich durchaus »an reziproken Verhaltenserwartungen orientiere[n]« und liege daher nicht zwangsläufig »außerhalb des kommunikativen«.[23] Auch Johannes Berger, Jeffrey Alexander und Andreas Dorschel kritisieren Habermas' »Dichotomisierung«[24] beider Handlungstypen:[25]

---

[21] Habermas: »Entgegnung«, S. 338.
[22] »Theorie der Gesellschaft oder Sozialtechnologie?«, S. 252. Vgl. *VE* 575: »Die erfolgsorientierte Einstellung isoliert den Handelnden von den anderen Aktoren«.
[23] Luhmann: »Systemtheoretische Argumentationen«, S. 320, Anm. 51.
[24] Berger: »Die Versprachlichung des Sakralen und die Entsprachlichung der Ökonomie«, S. 266.
[25] Vgl. *VE* 602: »Kommunikatives und strategisches Handeln betrachte ich als zwei Typen sozialen Handelns, die aus der Perspektive des Handelnden selbst eine Alternative

Alexander betont, dass Konflikt und Strategie nicht »notwendig einen Mangel an Verständigung« beinhalten;[26] Dorschel weist auf die »Reziprozität des Wissens um das Instrumentalisieren des anderen und das Instrumentalisiertwerden durch den anderen« in der »strategischen Interaktion des ökonomischen Austauschs« hin.[27]

Habermas räumt in seiner »Entgegnung« auf die Beiträge zum Sammelband *Kommunikatives Handeln* ein, dass sich strategisches Handeln auch in »Formen [...] der Kooperation« verwirklichen und in »Mischformen« mit dem kommunikativen auftreten kann.[28] In der Aufsatzsammlung *Zur Rekonstruktion des Historischen Materialismus* charakterisiert er die »Arbeitsbeziehungen im kapitalistischen Betrieb« als eine solche Mischform, er nennt sie einen »universalistisch organisierten Bereich strategischen Handelns«:[29] Ökonomische Tätigkeiten sind von Bedürfnissen geleitet und können damit, für sich genommen, rein strategisch orientiert sein; Habermas insistiert jedoch darauf, dass die »legalen Rahmenbedingungen« des Wirtschaftskreislaufs, d.h. die staatliche Aufsicht über die Einhaltung von Arbeits-, Lieferverträgen usw.,[30] einen »normative[n] Konsens« voraussetzen.[31] Er stimmt Durkheim, Max Weber und Parsons darin zu, »dass instrumentelle Ordnungen nicht stabil sind, dass soziale Ordnungen nicht ausschließlich über ineinander greifende Interessenlagen auf Dauer gestellt werden können« (*VE* 577). Dass sich strategisches Handeln in »wohlumschriebenen Bereichen« (*TkH* I 352) an »reziproken Verhaltenserwartungen orientieren« (Luhmann) und in diesem Sinne mit einer ›Verständigung‹ der Akteure einhergehen kann, stellt Habermas nicht in Abrede: Seine These, der konsequente Egoist könne nicht kommunikativ handeln kann, besagt, dass radikaler Eigennutz eine authentische Beschreibung des eigenen Handelns

---

darstellen; die Interaktionsteilnehmer müssen, wie intuitiv auch immer, zwischen verständigungs- und erfolgsorientierter Einstellung wählen.«

[26] Alexander: »Habermas' neue Kritische Theorie: Anspruch und Probleme«. In: Honneth/Joas (Hrsg.): *Kommunikatives Handeln*, S. 73–109, hier S. 94 f.

[27] Dorschel: »Handlungstypen und Kriterien. Zu Habermas' *Theorie des kommunikativen Handelns*«. In: *Zeitschrift für philosophische Forschung* 44 (1990), S. 220–252, hier S. 230.

[28] »Entgegnung«, S. 371, 401 f., Anm. 63.

[29] »Evolution und Geschichte«, S. 243.

[30] Hierin besteht die »universalistisch[e]« Organisation des Wirtschaftskreislaufs. Vgl. »Moralentwicklung und Ich-Identität«, S. 84.

[31] »Entgegnung«, S. 410, Anm. 63.

*im Ganzen* verbietet[32] – was sich damit begründen lässt, dass die für ein funktionierendes Zusammenleben unverzichtbaren Normenkodices nicht im ›wohlverstandenen Selbstinteresse‹ der Individuen fundiert werden können (*TkH* II 122 f., 142), so dass auch der konsequente Egoist zur verbalen Anerkennung sozialethischer Pflichten genötigt ist (s. o. S. 169 ff.).

Habermas' Aussage, dass die für die »Reproduktion der Gattung« unerlässliche »Kooperation« der Individuen »in zentralen Bereichen durch eine auf Einverständnis zielende Kommunikation hergestellt werden muss« und »eben *auch* die Erfüllung der Bedingungen einer dem kommunikativen Handeln innewohnenden Rationalität« erfordert (*TkH* I 532), erinnert an die Position, die Sokrates in Platons *Politeia* gegenüber Thrasymachos vertritt: konsequenter Egoismus verhindere soziale Kooperation (350 d – 352 c, s. o. S. 166) – zumal Habermas die »Solidarität« zum integralen Moment jeder Sozialordnung erklärt: »*Gesellschaft* nenne ich die legitimen Ordnungen, über die die Kommunikationsteilnehmer ihre Zugehörigkeit zu sozialen Gruppen regeln und damit Solidarität sichern« (*TkH* II 209); die Rede von »legitimen Ordnungen« meint hierbei, dass diese »von den Angehörigen als legitim anerkannt werden.« (*TkH* I 84) Diese Definition der Gesellschaft entspricht der Auffassung Parsons', jede Sozialordnung bedürfe eines authentischen normativen Konsenses.[33] Habermas schwächt allerdings seine These, dass die Mechanismen der sozialen Integration »Solidarität sichern«, in seiner »Entgegnung« im Sammelband *Kommunikatives Handeln* dahingehend ab, dass eine funktionsfähige Sozialordnung zwar an »Präsuppositionen der Verständigungsorientierung« gebunden ist, diese jedoch nur »unter 'den unwahrscheinlichen Umständen nichtrepressiver Lebensformen vorbehaltlos, d. h. ohne Täuschung und Selbsttäuschung, erfüllt« werden.[34] Trotz dieses Hinweises auf das historische Faktum ideologisch befestigter Herrschaftsverhältnisse hält Habermas in der »Entgegnung« daran fest, dass die soziale Integration an »Konsensmechanismen« zurückgebunden ist.[35] Aufschluss darüber, was die Rede von einem normativen Konsens in der

---

[32] In diesem Sinne ist der konsequente Egoist ›dialogunfähig‹.

[33] Vgl. Parsons: *Gesellschaften*, S. 27: »keine Gesellschaft [...] kann ihre Stabilität aufrechterhalten, wenn nicht die Interessenkonstellationen ihrer Mitglieder auf Solidarität, internalisierten Loyalitäten und Verpflichtungen beruhen.«

[34] »Entgegnung« S. 383.

[35] Ebd. S. 386. Vgl. ebd. S. 401, Anm. 63.

*Theorie des kommunikativen Handelns* konkret besagt und ob der von Berger, Dux und Weiß erhobene Vorwurf, Habermas verzeichne durch ein einseitiges Interesse an der »Erzielung, Erhaltung und Erneuerung von Konsens« (*TkH* I 37) die soziale Realität (s. o. S. 342 f.), triftig ist, lässt sich nur anhand seiner konkreten Geschichtsanalysen gewinnen.

## 3. Die Rationalisierung der Lebenswelt als »Versprachlichung des Sakralen«

Habermas führt den Begriff der Lebenswelt »handlungstheoretisch«,[36] d. h. im Ausgang von der »Innenperspektive« von Akteuren, ein (*TkH* II 10). Die Lebenswelt der Mitglieder einer Gesellschaft ist um die »Handlungssituation«, in der sie sich jeweils befinden, zentriert (*TkH* II 118). Eine »Situation« birgt spezifische »Handlungsmöglichkeiten« in sich (*TkH* II 187 f.); diese sind als solche, d. h. als Optionen, zwischen denen man wählen muss, nur in der Innenperspektive der Akteure präsent. Die – für die Reproduktion der Gattung unerlässliche – Koordination unserer Tätigkeiten setzt einen »Wissensvorrat« (*TkH* II 195), anhand dessen die Realisierbarkeit von Handlungsplänen beurteilt werden kann, und die Bereitschaft voraus, Beschlüsse in die Tat umzusetzen, die von der Mehrheit einer Gruppe oder einzelnen Autoritätspersonen getroffen wurden. Die »Hintergrundüberzeugungen« und sozialen »Praktiken«, die die Auswahl und koordinierte Umsetzung von Handlungsoptionen anleiten bzw. steuern – sie gehören in diesem Sinne zur Lebenswelt –, sind in Traditionszusammenhänge eingebunden (*TkH* II 204 f.): »Die Reproduktion der Lebenswelt besteht wesentlich in einer Traditionsfortsetzung und -erneuerung, die sich zwischen den Extremen der bloßen Fortschreibung von, und eines Bruchs mit Traditionen bewegt.« (*TkH* II 210) Ein adäquates Verständnis der »Lebensweltstrukturen« kann daher nur in einer historischen Perspektive gewonnen werden (*TkH* II 218). Um eruieren zu können, inwieweit das Welt- und Selbstverhältnis der Mitglieder einer Gesellschaft ein »Produkt von Überlieferungen« ist, muss man die »Aktorperspektive aufgeben« (*TkH* II 204 f., *VE* 584); der kulturspezifische »Hintergrund« ihrer

---

[36] Habermas: »Entgegnung«, S. 377.

Lebenswelt bleibt ihnen – aufgrund seiner Selbstverständlichkeit – weitgehend »im Rücken« (*TkH* I 449, II 225).

Habermas konstatiert eine fortschreitende kommunikative »Rationalisierung der Lebenswelt« in der historischen Abfolge »der mythischen, der religiös-metaphysischen und der modernen Denkweise« (*TkH* I 104, 108), denen er die Entwicklungsstufen der archaischen Stammesgesellschaften, der außereuropäischen und antik-mittelalterlichen europäischen Hochkulturen und der neuzeitlichen, europäisch geprägten ›Globalzivilisation‹ zuordnet (*TkH* I 277, II 230, 279 ff.). Dieser Rationalisierungsprozess aktualisiert das »in sprachlicher Kommunikation stets enthaltene Potential« für eine konsensuelle Beurteilung der darin erhobenen Geltungsansprüche durch »Einsicht in Gründe« (*TkH* I 410) auf doppelte Weise: Beim Überschritt zu einer höherstufigen »Denkweise« werden durch die »Entwertung« der tradierten Auffassung darüber, was als ›zureichende Begründung‹ von Geltungsansprüchen akzeptabel ist, Reflexionsdefizite abgebaut; zugleich werden die Hintergrundüberzeugungen und »sozial eingelebten Praktiken« (*TkH* II 205) historischer Lebenswelten in zunehmendem Maße einer intersubjektiven Überprüfung unterzogen (*TkH* I 104, II 219 f.). Die Lebenswelt-Analysen der *Theorie des kommunikativen Handelns* thematisieren die »Entwicklungslogik« dieses Prozesses, wobei der normative Aspekt der sozialen Integration im Mittelpunkt steht, die systemischen Analysen demgegenüber seine »Entwicklungsdynamik«, welche mit den jeweiligen ökonomischen und soziopolitischen Verhältnissen verflochten ist, d. h. das Verhältnis von »Basis« und »Überbau« (in einem ›nichtreduktionistischen‹ Sinne; *TkH* II 218, 231).

Habermas betont, dass eine »Theorie der Rationalität«, die die Entwicklungslogik historischer Lebensweltstrukturen rekonstruieren will, nur durch eine Kooperation der Philosophie mit empirischen Wissenschaften (Psychologie, Soziologie, Geschichtswissenschaft) formuliert werden kann (*TkH* II 587 f.). Als exemplarische Vertreter eines solchen Theorietypus, bei dem »die erfahrungswissenschaftlichen und die philosophisch-begriffsanalytischen Arbeitsgänge ineinander greifen«, nennt er G. H. Mead, É. Durkheim und M. Weber (ebd.). Habermas' Bestimmung der historischen Rationalisierung der lebensweltlichen Sozialintegration als einer »Versprachlichung des Sakralen« beruht auf einer Synthese der Sozialpsychologie Meads mit Durkheims »Annahmen über die sakralen Grundlagen der Moral« (*TkH* II 10, 218). An Webers Analyse des neuzeitlichen »okzidentalen Rationalismus« knüpft die Darstellung des Übergangs zur Moderne in der *Theorie des kommunikativen Handelns* an (*TkH* I 225 ff., II 449 ff.).

Meads Rekonstruktion der Genese eines reflektierten Selbstverhältnisses im Zuge der Transformation der instinktgeleiteten Signalsprache, die zu unserer biologischen Ausstattung gehört, in die spezifisch menschliche Kommunikation verknüpft einen ontogenetischen mit einem phylogenetischen Aspekt und ist daher für Habermas' Zielsetzung, eine homologe Entwicklung von Bewusstseinsstrukturen in der Individual- und Gattungsgeschichte aufzuweisen,[37] von besonderer Bedeutung. Meads Analyse dieses Transformationsprozesses setzt beim Gebärdenspiel an, das auch bei Tieren zu beobachten ist – z. B. Hunden, die ihre Reviergrenzen abstecken.[38] Mead sieht den lebens- wie auch den gattungsgeschichtlichen Ursprung unseres Selbstbewusstseins darin, dass wir uns anhand der Reaktionen, die unsere unwillkürlichen Gesten (etwa ein Schrei oder eine Drohgebärde) auslösen, erstmals der Antriebe unseres Verhaltens inne werden. Dies befähigt uns dazu, Gesten bewusst einzusetzen – sie werden hierdurch zu »signifikanten Symbolen« –, was damit einhergeht, dass wir die instinktive Steuerung von Verhaltensabläufen durch die Antizipation von »Alternativreaktionen« aufbrechen können.[39] Das Durchspielen verschiedener Handlungsoptionen bildet die elementarste Form des Denkens.[40] In dem Maße, wie Gesten in Symbole verwandelt werden, nimmt das Gebärdenspiel den Charakter eines Dialoges an. Die Ablösung konditionierter Reaktionen durch die zielgerichtete Stellungnahme zu den Äußerungen des jeweiligen Gegenüber bereitet den Übergang zur spezifisch menschlichen Sprachebene vor; sie ist gegenüber der tierischen Signalsprache dadurch ausgezeichnet, dass sich unsere Kommunikation auf sich selbst zurückwenden kann: in Form von Rückfragen bzw. kritischen Nachfragen an unsere Gesprächspartner und retrospektiven Kommentaren zu unseren eigenen Äußerungen. Beim Überschritt zu dieser Sprach-

---

[37] »Historischer Materialismus und die Entwicklung normativer Strukturen«, S. 13, 31 f. (s. o. S. 21); *TkH* II 259 ff.
[38] George Herbert Mead: *Geist, Identität und Gesellschaft aus der Sicht des Sozialbehaviorismus.* Mit einer Einl. hrsg. von Charles W. Morris [1934]. Frankfurt a. M. 1973. S. 52 ff., 81 ff. Vgl. *TkH* II 15 ff.
[39] Mead: *Geist, Identität und Gesellschaft*, S. 86, 50.
[40] Ebd. S. 86.

ebene wird die Sprachform des Aussagesatzes eingeführt. Die hiermit gewonnene Möglichkeit, uns über den Bedeutungs- und Wahrheitsgehalt unserer Äußerungen und unsere Handlungsintentionen zu verständigen, bereitet in unserer individuellen Lebens- wie auch der Gattungsgeschichte eine einschneidende Veränderung der Welterfahrung vor: die klare Abgrenzung von Personen und Naturgegenständen; im »Geist« des Kleinkindes und des »primitiven Menschen« sind beide Bereiche noch miteinander vermischt:[41] Ein Kleinkind nimmt Begebenheiten in seiner physischen Umwelt, die es affizieren, in derselben Weise wie Verhaltensäußerungen seiner Mitmenschen mit »Freundlichkeit oder Zorn« auf;[42] dass Naturmächte wie Blitz und Donner ähnliche Instinktreaktionen auslösen können wie Drohgebärden, hat wesentlich zu ihrer Personifizierung in archaischen Mythen beigetragen.

Mead erklärt die Herausbildung des normativen Bewusstseins damit, dass Kinder die Verhaltensaufforderungen ihrer nächsten Bezugspersonen in dem Maße internalisieren, wie sie beim Heranwachsen erkennen, dass deren Erwartungen von einer ganzen Gruppe geteilt werden und in diesem Sinne ›allgemeinverbindlich‹ sind: »Die Haltung der Gemeinschaft gegenüber unserer eigenen Reaktion nehmen wir [...] in uns herein.«[43] Die lebensgeschichtliche Anbindung des normativen Bewusstseins an die Instanz des »verallgemeinerte[n] Andere[n]«, welche dem Heranwachsenden in seinen Erziehern begegnet, führt zunächst zu einer affirmativen Einstellung gegenüber den vorgegebenen normativen »Konventionen«, kann jedoch langfristig in eine kritische umschlagen: indem man an sein soziales Umfeld die Maßstäbe einer »größeren Gemeinschaft« und in letzter Konsequenz einer antizipierten weltumspannenden »rationale[n] Gesellschaft« anlegt:[44]

»Man wendet sich von starren Konventionen ab [...] und appelliert an andere unter der Annahme, dass es eine Gruppe organisierter anderer gibt, die auf den eigenen Appell reagieren, sogar wenn dieser an die Nachkommen gerichtet sein sollte.«[45] »Eine Person kann den Punkt erreichen, wo sie sich der ganzen Umwelt in den Weg stellt

---

[41] Ebd. S. 428 f. Vgl. *TkH* I 79, II 48 f.
[42] Mead: *Geist, Identität und Gesellschaft*, S. 429.
[43] Ebd. S. 239.
[44] Ebd. S. 196, 239 ff.
[45] Ebd. S. 243.

[…] Dazu aber muss sie zu sich selbst mit der Stimme der Vernunft sprechen.«[46]

Habermas stimmt Mead darin zu, dass die Internalisierung vorgegebener sozialer Normen die lebensgeschichtliche Wurzel des moralischen Bewusstseins bildet; er weist aber zugleich auf ein Defizit dieses Erklärungsansatzes hin (TkH II 57, 86): Solange man sich darauf beschränkt, die Konstitution des moralischen Bewusstseins in einer ontogenetischen Perspektive auf Internalisierungsprozesse zurückzuführen – was Mead nach Habermas weitgehend tut (TkH II 69 ff.) –, bleibt unklar, wie es zu dem von ihm beschriebenen Umschlag von einer normenkonformen in eine kritische Einstellung kommt, welche die Differenz zwischen der faktischen und der legitimen Geltung sozialer Normen in Ansatz bringt.[47] Um die Erklärungslücke, die in einer rein ontogenetischen Betrachtungsweise des moralischen Bewusstseins auftritt, zu füllen, verknüpft Habermas den sozialpsychologischen Ansatz Meads mit der These Durkheims, dass die gattungsgeschichtliche Wurzel des Verpflichtungscharakters ethischer Normen (der nicht im ›wohlverstandenen Selbstinteresse‹ der Individuen fundiert werden kann) in einem »rituell gehegten Fundus« der »Solidarität« archaischer Stammesgesellschaften besteht (TkH II 10). Durch die fortschreitende Aktualisierung des Reflexionspotentials sprachlicher Verständigung – dessen Herausbildung Mead rekonstruiert – kommt es zu einer »kommunikativen Verflüssigung« dieses religiös fundierten »normativen Grundeinverständnisses« (TkH II 126, 119). Sie vollzieht sich in zwei Etappen: (1) Mit der Ablösung der magisch-animistischen Mythen, die die Autoritätsbasis der Normenkodices von Stammesgesellschaften bilden, durch die »argumentativ durchgestaltet[en]« Hochreligionen erwacht das Bewusstsein für die Differenz zwischen der faktischen und der legitimen Geltung sozialer Normen (TkH II 279 ff.). (2) Die neuzeitliche Aufklärung stellt den Rekurs auf religiöse Überzeugungen bei der Begründung von Rechtsnormen grundsätzlich in Frage und erklärt den Prozess demokratischer Willensbildung zu deren einzig legitimer Grundlage; sie setzt diesen Prozess – der die fortgesetzte

---

[46] Ebd. S. 210 f.
[47] Ob Habermas' Vorwurf, Mead könne den Ursprung dieser Differenz nicht erklären (TkH II 73), stichhaltig ist, soll im folgenden außer Betracht bleiben. Vgl. Mitchell Aboulafia: »Habermas und Mead: Über Universalität und Individualität«. In: Honneth/Joas (Hrsg.): Kommunikatives Handeln, S. 406–432, hier S. 423 ff.

kritische Überprüfung normativer Konventionen einschließt – damit an die Stelle der »bindende[n] Kraft eines sakral begründeten normativen Einverständnisses« (*TkH* II 124).

Habermas geht – indem er die Entwicklungslogik der historischen Rationalisierung der Lebenswelt als »Versprachlichung des Sakralen« kennzeichnet – davon aus, dass in Stammesgesellschaften ein präreflexiver Wertekonsens herrscht, dessen Authentizität durch seine religiöse Fundierung verbürgt ist. Den »institutionelle[n] Nukleus« dieser Gesellschaftsformation bildet das »System der Verwandtschaftsbeziehungen«:[48]

»Es teilt die Lebenswelt in Bereiche der Interaktion mit Verwandten und Nichtverwandten. Diesseits dieser Grenze unterliegt das Verhalten der Verpflichtung zu Aufrichtigkeit, Loyalität, gegenseitiger Unterstützung, kurz: zu verständigungsorientiertem Handeln. Das Prinzip von ›amity‹, das Meyer-Fortes in diesem Zusammenhang verwendet, lässt sich als die Metanorm verstehen, die dazu verpflichtet, *im Verkehr mit Verwandten die Voraussetzungen kommunikativen Handelns zu erfüllen*. Das schließt Rivalität, Auseinandersetzungen, latente Feindseligkeiten nicht aus, wohl aber manifest strategisches Handeln.« (*TkH* II 235)

Während in der neuzeitlichen »bürgerliche[n] Gesellschaft« egozentrische Nutzenkalküle in »wohlumschriebenen Bereichen« wie dem kapitalistischen Betrieb sozial akzeptiert werden (*TkH* I 352, II 266), sind sie in Stammesgesellschaften grundsätzlich verpönt; deren Mitglieder sollen auch im Umgang mit Nichtverwandten stets die gemeinsamen Interessen ihres Clans im Auge haben. Habermas begründet seine These, dass die verlangte Solidarität mit dem Clan tatsächlich praktiziert wird, mit dem Hinweis auf die Verankerung des Verwandtschaftssystems in magisch-animistischen Mythen: »ein Verstoß gegen zentrale Normen [...] gilt als Sakrileg« (*TkH* II 237); die Furcht vor Bestrafung durch göttliche Naturwesen motiviert zu normenkonformem Verhalten – und verhindert zugleich jede kritische Reflexion auf das überlieferte Weltbild.[49] Soziale Normen erscheinen als Teil der Naturordnung: »das *Böse* ist mit dem *Schädlichen* ebenso verwoben wie das *Gute* mit dem *Gesunden* und dem *Vorteilhaften*.« (*TkH* I 80) Tradierte Auffassungen werden auch

---

[48] Habermas: *Legitimationsprobleme im Spätkapitalismus*, S. 32 f.; *TkH* II 235.
[49] »Der Mythos bindet das kritische Potential verständigungsorientierten Handelns« (*TkH* II 238).

beim Auftreten von Inkohärenzen weitergegeben, »dissonante Erfahrungen« in einem solchen Fall tabuisiert (*TkH* I 96, 100). Die Kommunikation in Stammesgesellschaften bewegt sich insofern »unterhalb der Schwelle grammatischer Rede«, als Wahrheits- und normative Richtigkeitsansprüche noch nicht voneinander unterschieden, ja nicht einmal als kritisierbare Geltungsansprüche identifiziert werden (*TkH* II 74, 238): Sie werden mit dem schlichten Hinweis auf das herkömmliche Überzeugungs- und Normensystem ›begründet‹.

Da die magisch-animistischen Mythen die Individuen durch die »Konfusion von Natur und Kultur« an der (für die »grammatische Rede« konstitutiven) Identifikation und »Ausdifferenzierung« der Geltungsansprüche von Sprechakten hindern und zugleich von strategischen Verhaltensweisen abhalten, nennt Habermas den »rituell gehegten Fundus« der »Solidarität« von Stammesgesellschaften eine »vorsprachliche Wurzel kommunikativen Handelns« (*TkH* I 82, II 97, 10, 74): Die Stammesangehörigen erfüllen insofern die »*Voraussetzungen kommunikativen Handelns*« (*TkH* II 237), als ihnen egozentrische Nutzenkalküle fremd sind;[50] sie handeln aber noch nicht im Vollsinne des Wortes »kommunikativ«, da sie aufgrund ihrer »blind[en]« Bindung an das tradierte Weltbild (*TkH* I 96) ihre Äußerungen nicht in Hinblick auf mögliche Kritik »relativieren« (vgl. *TkH* I 148, s. o. S. 346).[51]

G. Dux interpretiert Habermas' Bestimmung der Lebenswelt als »Komplementärbegriff zum kommunikativen Handeln« (*TkH* II 182) dahingehend, dass Habermas beanspruche, »mit dem kommunikativen Handeln« im Sinne eines »handlungsentlastete[n] Diskurs[es]«[52] das »für jede Gesellschaftsbildung schlechterdings konstitutive Verfahren aufgedeckt zu haben«[53] – Habermas unterscheidet jedoch zwischen einem »durch Tradition vorgegebenen« und einem »kommu-

---

[50] Vgl. *TkH* I 385: »Im kommunikativen Handeln sind die Beteiligten nicht primär am eigenen Erfolg orientiert«.

[51] Habermas fasst beide Aspekte in dem Satz zusammen: »Soweit das mythische Weltverständnis die aktuellen Handlungsorientierungen steuert, können verständigungs- und erfolgsorientiertes Handeln noch nicht auseinandertreten, kann das Nein eines Interaktionsteilnehmers noch nicht Kritik oder Zurückweisung eines Geltungsanspruchs bedeuten.« (*TkH* II 238)

[52] »Ersichtlich ist das Muster des kommunikativen Handelns der handlungsentlastete Diskurs« (Dux: »Kommunikative Vernunft und Interesse«, S. 110).

[53] Ebd. S. 111.

nikativ erzielten, d.h. *vereinbarten*« normatives Einverständnis (*TkH* I 346). Dux konkretisiert seine kritische Anfrage an Habermas, »ob es überhaupt sinnvoll ist, von einem normativen Urkonsens auszugehen und nach ihm zu forschen«,[54] in dreierlei Hinsicht:

(1) Da gemäß der *Theorie des kommunikativen Handelns* eine faktisch anerkannte soziale Norm auch »idealiter *gilt*«, wenn sie in einem »kommunikativ erzielten, begründeten Konsens« verankert ist (*TkH* I 132 f., II 132), muss Habermas nach Dux aufgrund der Tatsache, dass er den Begriff der »Lebenswelt« mit dem des »kommunikativen Handelns« und den »Sozialintegration« mit dem des »Konsenses« verknüpft, allen historischen Normenkodices legitime Geltung zuerkennen.[55] Dux beruft sich hierbei auf Habermas' definitorische Gleichsetzung von sozialen und »legitimen Ordnungen« (*TkH* II 209, s. o. S. 349)[56] – womit er darüber hinweg geht, dass diese Definition den faktischen Bestand einer Gesellschaftsordnung daran bindet, dass sie »von den Angehörigen als legitim anerkannt« wird (vgl. *TkH* II 80) – sowie auf das folgende Zitat, worin Habermas die Ontogenese des Moralbewusstseins auf die Internalisierung der Verhaltensaufforderungen des »verallgemeinerten Anderen« im Sinne Meads zurückführt:

»Dieses Konzept ermöglicht die Vorstellung von Sanktionen, hinter denen der kollektive Wille einer sozialen Gruppe steht. Dieser Wille bleibt freilich eine, wie auch immer generalisierte, Willkür. Die Autorität der Gruppe besteht einfach darin, dass diese für den Fall von Interessenverletzungen Sanktionen androhen und ausüben kann. Diese *imperativische Autorität* wird erst durch Verinnerlichung in eine *normative Autorität* umgewandelt. Erst damit entsteht die Instanz des ›verallgemeinerten Anderen‹, die die Sollgeltung von Normen begründet.« (*TkH* II 63)

Dux kommentiert dieses Zitat folgendermaßen: »Dieser Darlegung muss man nachsinnen: In dem Maße, in dem die faktische Gewalt der organisierten anderen in das Selbst aufgenommen wird, gewinnt sie jene Kraft der Sollgeltung, die Normen eignet - Das kann nicht sein; ja, man möchte sagen, das kann nicht einmal gemeint sein. Denn wieso soll äußerer Zwang dadurch, dass er verinnerlicht wird, eine neue Qualität erfahren, die Weihe des Normativen erhalten?

---

[54] Ebd. S. 116.
[55] Ebd. S. 111.
[56] Ebd.

Allenfalls, so würden wir annehmen, entsteht zu dem äußeren Zwang ein neuer innerer, verbunden mit einer Deformation des Selbst.«[57]

Dux konstatiert eine solche Deformation in traditionalen Gesellschaften, die »spätestens seit der Entstehung von Staat und Herrschaft durch ein gerüttelt Maß von Gewalt durchsetzt« und zugleich »borniert« sind: »die moralische Kompetenz reicht nicht hin, die faktischen Verhältnisse in dem Sinne zu hinterfragen, dass der Ist-Bestand in seiner Geltung dispensiert werden könnte.«[58] Genau diese ›Borniertheit‹ hat Habermas in dem angeführten Zitat im Auge; in seiner Aussage, die »*imperativische Autorität*« werde »durch Verinnerlichung in eine *normative Autorität* umgewandelt«, ist zu ergänzen: »in der Perspektive der Betroffenen«:

»Dem Moment des Allgemeinen im ›verallgemeinerten Anderen‹ haftet noch die faktische Macht eines verallgemeinerten Imperativs an; denn der Begriff bildet sich auf dem Wege der Verinnerlichung der sanktionierten Macht einer konkreten Gruppe. [...] Erst wenn die Macht der Tradition soweit gebrochen ist, dass die Legitimität bestehender Ordnungen im Lichte hypothetischer Alternativen betrachtet werden kann, fragen sich die Angehörigen einer auf Kooperation, d. h. auf gemeinsame Anstrengungen zur Erreichung kollektiver Ziele angewiesenen Gruppe: ob die fraglichen Normen die Willkür der Angehörigen in der Weise regulieren, dass *ein jeder von ihnen sein* Interesse gewahrt sehen kann.« (*TkH* II 64 f.)

Habermas wendet sich ausdrücklich gegen die Annahme, »dass die faktische Geltung von Handlungsnormen von Anbeginn und überall auf einem rational motivierten Einverständnis aller Betroffenen beruht – dagegen spricht der repressive Charakter, der sich darin äußert, dass Normen, Gehorsam heischend, in der Form sozialer Kontrolle wirksam werden.« (*TkH* II 64) Da sich die Mitglieder traditionsgebundener Gesellschaften die Frage, ob die vorgegebenen Normen es jedem von ihnen erlauben, seine jeweiligen Interessen zur Geltung zu bringen, gar nicht stellen, gibt es für Habermas keinerlei Anlass, den Moralkodices solcher Gesellschaften zusätzlich zu ihrer faktischen eine legitime Geltung zuzusprechen: Gemäß der *Theorie des kommunikativen Handelns* gelten Normen »idealiter«,

---

[57] Ebd. S. 118 f.
[58] Ebd. S. 119.

wenn sichergestellt ist, dass sie »Handlungsprobleme« im »gemeinsamen Interesse« der Betroffenen lösen (*TkH* I 132 f.).

(2) Nach Dux erweist sich Habermas' Annahme eines normativen Urkonsenses als zweifelhaft, da es schwer fällt, »der Realordnung der Frühzeit ein konstitutives Prinzip nach Art des kommunikativen Handelns« im Sinne des handlungsentlasteten Diskurses »zu unterlegen«.[59] Habermas begründet die fragliche Annahme aber gerade mit dem Hinweis darauf, dass den Mitgliedern von Stammesgesellschaften das »kritische Potential verständigungsorientierten Handelns« verschlossen bleibt (*TkH* II 238), so dass sie sich die Normen des Verwandtschaftssystems fraglos zu Eigen machen.

(3) Dux hält Habermas' These, in ›voraufklärerischen‹ Gesellschaftsformationen gebe es einen religiös fundierten Normenkonsens, darüber hinaus entgegen: »Die auf Herrschaft gegründeten, mit kruder Gewalt durchsetzten Verhältnisse der traditionalen Gesellschaften haben in so eklatanter Weise die Interessen der Gewaltunterworfenen verletzt, dass wir davon ausgehen müssen, dass diese Verletzungen auch empfunden wurden. Tatsächlich gibt es dafür durch die Geschichte hin Belege.«[60] Dies lässt sich nur dann als Argument gegen die These eines Wertekonsenses verwenden, wenn sich der Protest der Betroffenen nicht nur gegen konkrete Gewalterfahrungen gerichtet, sondern auch auf herrschaftsstabilisierende Institutionen (wie die Monarchie bzw. Aristokratie, die Sklaverei oder das Kastenwesen), die durch den tradierten Normenkodex legitimiert wurden, als solche erstreckt hat – was in der Frühzeit der Menschheitsgeschichte jedoch nicht der Fall war. Dux räumt dies implizit selber ein: mit der Feststellung, in traditionsverhafteten Gesellschaften reiche »die moralische Kompetenz […] nicht hin, die faktischen Verhältnisse in dem Sinne zu hinterfragen, dass der Ist-Bestand in seiner Geltung dispensiert werden könnte.«[61]

Habermas konstatiert in der Phase der Staatsgründung eine »Steigerung sozialer Ungleichheit« – bis hin zu »massenhafte[r] ökonomischer Ausbeutung«; in Stammesgesellschaften beugt das Verwandtschaftssystem noch einer gravierenden sozialen Ungleichheit vor (*TkH* II 280 f.). Er schließt sich der These Max Webers an, dass die Weltreligionen das Problem der »ungleichen Verteilung der

---

59 Ebd. S. 120.
60 Ebd. S. 121.
61 Ebd. S. 119.

Glücksgüter unter den Menschen« umkreisen und durch den Rekurs auf eine »Welt *hinter* der sichtbaren Welt« zu lösen versuchen (*TkH* II 281). So wird etwa vom Hinduismus schicksalhaftes Leiden als Folge von Verfehlungen in einem früheren Leben gedeutet, vom Christentum als göttliche Prüfung und damit als Pforte zum ewigen Heil. Die »religiösen und metaphysischen Weltbilder prophetischen Ursprungs«, die die magisch-animistische Religiosität in den frühen Hochkulturen ablösen, haben »die Form intellektuell bearbeitbarer Lehren« (*TkH* II 282): Sie erheben dezidiert Wahrheitsansprüche, entwickeln im Ausgang von grundlegenden Dogmen kohärente Argumentationszusammenhänge, die sie gegen herkömmliche bzw. konkurrierende Auffassungen verteidigen; sie formulieren Begriffe moralischer Verantwortung und Schuld, mit denen die normative Sphäre von Naturprozessen abgegrenzt und zugleich die archaische Aufspaltung der sozialen Umwelt in Verwandte und Nichtverwandte ihrer ethischen Bedeutung entkleidet wird. Dieser Rationalisierungsschub stößt bei den grundlegenden Dogmen bzw. Axiomen, die statuarisch gesetzt und insbes. von den Religionen »gegen Einwände immunisiert« werden, an seine Grenze (ebd.).

In den Klassengesellschaften, die sich in der Phase der Staatsgründung herausbilden, übernehmen die Weltreligionen »ideologische Funktionen«: Ihr Rekurs auf eine »Welt *hinter* der sichtbaren Welt« zur Erklärung des »als ungerecht wahrgenommenen Leidens« lenkt soziales Protestpotential in ein »individuelles Heilsbedürfnis« um und stützt damit die hierarchische Gesellschaftsstruktur (*TkH* II 252, 281). Habermas verwendet den Begriff der Ideologie in diesem Zusammenhang in einer doppelten Bedeutung: Auf der einen Seite gebraucht er den Begriff des »falschen Bewusstseins« (vgl. *TkH* II 278) im Sinne des ›Irrtums‹, indem er von einer »illusionären Deutung der Klassengesellschaft« durch die Religionen spricht (*TkH* II 258) – womit er darüber hinweg geht, dass die religiösen Erklärungen der sozialen Ungleichheit nicht zwangsläufig falsch sind; sie sind weder verifizierbar noch falsifizierbar[62] –; auf der anderen Seite zieht er mit seiner Aussage, dass die sozialen Konflikte traditionaler Gesellschaften durch die »Maske eines rational undurchdringlichen«, in der »Autorität des Heiligen« verankerten »normativen Grundeinverständnisses […] kaschiert« werden (*TkH* II 219), die Authentizität des reklamierten Wertekonsenses in Zweifel, verwendet den Begriff

---

[62] Habermas erkennt dies in *Zwischen Naturalismus und Religion* an (ebd. S. 149).

der Ideologie also im Sinne der ›inkohärenten Selbstinterpretation‹.[63]

Beim Überschritt von der »religiös-metaphysischen« zur »modernen Denkweise« werden religiöse Dogmen und metaphysische Axiome infrage gestellt. Die neuzeitliche Naturwissenschaft ersetzt die deduktiven Argumentationsmuster der metaphysischen Naturphilosophie durch die induktive Aufstellung von Erklärungshypothesen, die sich anhand der daraus zu gewinnenden Prognosen bewähren müssen. Sobald die religiöse Legitimationsbasis der tradierten Rechtsnormen nicht mehr sakrosankt ist, wird die Frage virulent – zumindest für diejenigen, denen Zweifel am überlieferten Glauben kommen –, ob die gesellschaftlichen Autoritäten die Individuen an der Wahrnehmung ihrer jeweiligen Interessen hindern. Falls diese Frage von einer signifikanten Gruppe bejaht wird, stehen die religiösen Bürger vor der Alternative, die bestehende Rechtsordnung mittels repressiver Maßnahmen aufrechtzuerhalten – und damit die ethischen Gebote der Religion auszuhöhlen – oder aber einen normativen Konsens mit ihren ›säkularen‹ Mitbürgern anzustreben, der beiden Seiten die Wahrung ihrer spezifischen Interessen erlaubt, womit das Verfahren demokratischer Willensbildung zur verbindenden Meta-Norm erhoben wird. In einer historischen Situation, in der das »kritische Potential« verständigungsorientierten Handelns« (*TkH* II 238) soweit aktualisiert ist, dass statuarisch gesetzte ›erste Prinzipien‹ keine ungeteilte Zustimmung mehr finden, lässt sich somit der »Fundus gesellschaftlicher Solidarität« (*TkH* II 10), über den archaische Gesellschaften aufgrund der Verankerung des Verwandtschaftssystems im Mythos und Hochkulturen aufgrund der ethischen Gebote der Weltreligionen verfügen, nur dadurch bewahren, dass die Staatsordnung »von den sakralen Grundlagen der Legitimation auf die Grundlage eines in der politischen Öffentlichkeit kommunikativ gebildeten, diskursiv geklärten Gemeinwillens« umgestellt wird (*TkH* II 125). In diesem Sinne vollzieht sich die »Entzauberung und Entmächtigung des sakralen Bereichs« als »Versprachlichung« eines ursprünglich »rituell gesicherten normativen Grundeinverständnisses« (*TkH* II 119). Hiermit erreicht die »Wertgeneralisierung«, die mit der ethischen Neutralisierung der archaischen Abgrenzung von Clan-Mitgliedern und ›Fremden‹ durch die Weltreligionen einsetzt, ihre abschließende Stufe (*TkH* II 266 f.): Die Meta-Norm demokrati-

---

[63] Die These, die religiösen Erklärungsmuster seien illusionär, lässt die Möglichkeit ihrer internen Kohärenz offen.

scher Willensbildung schließt die universalistische Idee der Menschenrechte ein.

Diese Entwicklungslogik der lebensweltlichen Sozialintegration kommt in der Neuzeit sukzessive zum Tragen. Sie darf jedoch nicht als historisches Gesetz mit prognostischem Wert aufgefasst werden: Habermas betont, dass sie »allenfalls als Folie« dienen kann, um »undeutliche Entwicklungstendenzen« moderner Gesellschaften »in grelleren Konturen hervortreten zu lassen« (*TkH* II 163).

Die neuzeitlichen Emanzipationsbewegungen haben eigene Ideologien produziert – etwa Geschichtseschatologien, die es erlauben, Gewalttaten mittels postulierter historischer Notwendigkeiten zu rechtfertigen (vgl. *TkH* II 517 f.). Habermas vertritt in der *Theorie des kommunikativen Handelns* allerdings die These, dass die »Kommunikationsstruktur der entwickelten Moderne«, die durch die klare Scheidung der Sphären von »Wissenschaft, Moral und Kunst« gekennzeichnet ist, den Spielraum für ideologische »Gesamtdeutung[en]« von Gesellschaft und Geschichte, die sich gegen Kritik immunisieren, immer weiter einengt (*TkH* II 520, 585):[64]

»Wenn erst einmal die auratischen Spuren des Sakralen getilgt, die Produkte der weltbildhaft synthetisierenden Einbildungskraft verflogen sind, wird die in ihrer Geltungsbasis voll ausdifferenzierte Verständigungsform so transparent, dass die kommunikative Alltagspraxis keine Nischen mehr für die strukturelle Gewalt von Ideologien gewährt.« (*TkH* II 520)[65]

In *Zwischen Naturalismus und Religion* revidiert Habermas die

---

[64] Habermas ordnet der modernen Kunst, die sich von der Bindung an kirchliche und weltliche Auftraggeber gelöst hat, den Geltungsanspruch der Wahrhaftigkeit zu – aufgrund der zentralen Bedeutung, die »expressiver Selbstdarstellung« in ihr zukommt (*TkH* I 234, II 585). In der Abtrennung von Wissenschaft, Moral und Kunst als dreier »Wertsphären«, die jeweils einer eignen Logik folgen« – worin Habermas im Anschluss an Max Weber eine Grundbestimmung des neuzeitlichen »okzidentalen Rationalismus« sieht (*TkH* I 225, 234) –, kommt demnach die Ausdifferenzierung der sprachlichen Geltungsansprüche, die mit dem Übergang von der mythischen zur religiös-metaphysischen Denkweise beginnt, zum Abschluss.

[65] Die Religion behält somit in der *Theorie des kommunikativen Handelns* die ambivalente Rolle, die ihr Marx mit seiner Aussage zuspricht, sie sei das »Gemüt einer herzlosen Welt, wie sie der Geist geistloser Zustände ist«, und zugleich »das Opium des Volks« (*MW* I 488): Habermas erkennt an, dass sie zum »Fundus gesellschaftlicher Solidarität«, von dem die neuzeitlichen Emanzipationsbewegungen gezehrt haben, entscheidend beigetragen hat, betont aber zugleich, dass sich die demokratische Staatsform erst dann durchsetzen konnte, als die Macht der religiös-metaphysischen Tradition »gebrochen« war (*TkH* II 10, 65, 124 ff.).

These der *Theorie des kommunikativen Handelns,* dass die moderne »rationalisierte Lebenswelt ihre strukturellen Möglichkeiten für Ideologiebildung einbüßt« (*TkH* II 521), dahingehend, dass es dem religiösen Fundamentalismus bislang gelungen ist, die neuzeitlichen Rationalisierungstendenzen in einer Reihe von Gesellschaften (des Nahen Ostens, Südasiens, Afrikas und den USA) zu unterlaufen.[66]

Wie lassen sich Habermas' Bestimmung der Lebenswelt als »Komplementärbegriff zum kommunikativen Handeln« und seine Zuordnung von »Sozialintegration« und »Konsens« (*TkH* II 182, 226) mit der historischen Rolle herrschaftsstabilisierender Ideologien in Einklang bringen? Habermas nimmt zum Einwand, er habe in der *Theorie des kommunikativen Handelns* Dissens- und Machtphänomene vernachlässigt, folgendermaßen Stellung:

»Da [...] die Lebenswelt keineswegs das unschuldige Bild ›machtfreier Kommunikationssphären‹ bietet, werden die Präsuppositionen der Verständigungsorientierung nur unter den unwahrscheinlichen Umständen nicht-repressiver Lebensformen vorbehaltlos, d. h. ohne Täuschung und Selbsttäuschung, erfüllt. Sonst vollzieht sich die soziale Integration über gewaltsublimierende Herrschaftsformen und eine sprachliche Konsensbildung, die die Bedingungen latent strategischen Handelns erfüllt. Insoweit besteht auch auf seiten der sozialen Integration keine apriorische Zuordnung zu einem bestimmten Handlungstyp.«[67] Habermas fügt in einer Anmerkung hinzu, dass er hiermit seine Behauptung, »zwischen dem kommunikativen Handeln und der sozialen Integration« bestehe eine »eindeutige Zuordnung« (*VE* 603), korrigiert.[68]

In der *Theorie des kommunikativen Handelns* werden zwei Formen des latent strategischen Handelns unterschieden: die »Manipulation«, bei der man seine egoistischen Motive bewusst vor anderen verschleiert, und die »systematisch verzerrte Kommunikation«, bei der man sie auch vor sich selbst verbirgt: mit Hilfe von Abwehrstrategien, die psychoanalytisch aufgeklärt werden können (*TkH* I 445 f.). Die eigenen Selbstbeschreibungen sind in beiden Fällen zwangsläufig inkohärent. Da Habermas davon ausgeht, dass jede Gesellschaft ihre Mitglieder auf gemeinsame Werte verpflichten muss – ein offen strategisches Handeln somit nur in »wohlumschriebenen

---

[66] »Religion in der Öffentlichkeit«, S. 119 f.
[67] Habermas: »Entgegnung«, S. 383.
[68] Ebd. S. 403. Anm. 85.

Bereichen« tolerieren kann –, erklärt er (im obigen Zitat) die erfolgreiche Verschleierung selbstbezüglicher Machtinteressen zum integralen Moment stabiler repressiver Lebensformen. Falscher Schein kann nur auf der Basis von »Präsuppositionen verständigungsorientierten Handelns«, d. h. eines Vertrauensvorschusses, erweckt werden. Dieser würde aufgezehrt, wenn Unaufrichtigkeit allgemein üblich wäre; das latent strategische Handeln ist somit gegenüber dem kommunikativen parasitär (vgl. *TkH* I 388). Habermas kann in seiner Entgegnung auf den Einwand, die *Theorie des kommunikativen Handelns* bagatellisiere Dissens- und Machtphänomene, die Annahme einer »*eindeutige[n]* Zuordnung« von Lebenswelt und kommunikativem Handeln (*VE* 603, Hervorh. von mir) fallen lassen, ohne hiermit seine Grundthese aufgeben zu müssen, dass man auf das Konzept der Lebenswelt am »Leitfaden der Sozialintegration […] entlang den Strukturen verständigungsorientierten Handelns« stößt,[69] da funktionsfähige Sozialstrukturen »eben *auch* die Erfüllung der Bedingungen einer dem kommunikativen Handeln innewohnenden Rationalität« voraussetzen (*TkH* I 532).

Das obige Zitat aus Habermas' »Entgegnung« im Sammelband *Kommunikatives Handeln* lässt es offen, ob die »Manipulation« oder die »systematisch verzerrte Kommunikation« das historisch wirkungsmächtigere Paradigma herrschaftsstabilisierender Ideologie bildet. Die erste Deutungsmöglichkeit – welche der Position Rousseaus im *Diskurs über die Ungleichheit* entspricht – scheidet jedoch insofern aus, als Habermas in der »Entgegnung« an der These, die Sozialintegration bedürfe einer ›realen‹ normativen Konsensbasis, grundsätzlich festhält,[70] wobei er sie allerdings gegenüber der *Theorie des kommunikativen Handelns* umakzentuiert, indem er die Annahme einer »*eindeutige[n]* Zuordnung« von kommunikativem Handeln und lebensweltlicher Sozialintegration fallen lässt. In der *Theorie des kommunikativen Handelns* schließt er sich der Auffassung Parsons' an, dass tiefgreifende Inkohärenzen normativer Selbstinterpretationen »pathologische« Auswirkungen haben, die das soziale System zur Reorganisation nötigen (*TkH* II 345): »Das falsche Bewusstsein« im Sinne der »illusionäre[n] Erfüllung derjenigen Geltungsansprüche, die einen Wertekonsens ermöglichen«, »wird von Symptomen, also von Einschränkungen begleitet, die die

---

[69] Ebd. S. 380, 383.
[70] Ebd. S. 386, 401, Anm. 63.

Interaktionsteilnehmer [...] dem sozialen Lebenszusammenhang zurechnen und als wie immer uneingestandene Repression empfinden« (*TkH* II 350), was (gemäß der *Theorie des kommunikativen Handelns*) zu destabilisierenden sozialen Konflikten führt (*TkH* II 213 ff.).[71] Die These der *Theorie des kommunikativen Handelns*, die Sozialintegration setze ein »normative[s] Einverständnis voraus (*TkH* I 346, II 226), deckt sich demnach mit Parsons' Annahme, dass gesellschaftliche Ordnungsstrukturen nur dann stabil sind, wenn in ihnen ein allgemein akzeptierter Fundus von Wertvorstellungen in weitgehend kohärenter Form ›institutionalisiert‹ ist; in diesem Sinne erklärt Habermas in der *Theorie des kommunikativen Handelns* die »Solidarität« zur Grundbestimmung jeder funktionsfähigen Gesellschaft (*TkH* II 209, s. o. S. 349).[72] Dass Habermas in der *Theorie des kommunikativen Handelns* auf der einen Seite – anders als Parsons – herrschaftsstabilisierenden Ideologien eine historische Schlüsselrolle zuspricht, auf der anderen dessen Auffassung zustimmt, tiefgreifen-

---

[71] Die Rede von der »illusionäre[n] Erfüllung derjenigen Geltungsansprüche, die einen Wertekonsens ermöglichen«, bezieht sich auf interne Inkohärenzen normativer Selbstbeschreibungen – sie ist nicht dahingend zu verstehen, dass der herrschende Normenkodex selber illusionäre Züge trägt (was laut der *Theorie des kommunikativen Handelns* bei religiösen Wertorientierungen der Fall ist); eine solche Lesart verbietet sich insofern, als Irrtümer nicht zwangsläufig in Form von »Symptome[n]« manifest werden.
Habermas hält Parsons vor, er könne seine These, dass hartnäckige Inkohärenzen normativer Selbstbeschreibungen soziale Pathologien hervorrufen, im Rahmen seines biologistischen Systemmodells nicht zureichend begründen, da ein solches Modell die Möglichkeit offen lassen muss, dass bei der Interpretation sozialer Interaktionsprozesse Verdrängungsmechanismen eine ähnlich vitale Funktion zukommt wie Selektionsprozessen in der Sinneswahrnehmung (*TkH* II 346, s. o. S. 38 f.). Gemäß der *Theorie des kommunikativen Handelns* lässt sich die »Intuition, die Parsons bei seinen Hinweisen auf symptombildende Konflikte geleitet hat«, mittels des »zweistufigen« Konzepts der Gesellschaft als Lebenswelt und System (welches Habermas bei Parsons vermisst) »zwanglos explizieren« (*TkH* II 346, 349). Inkohärente Selbstbeschreibungen, die sich gegen Kritik immunisieren, sind in einer kommunikationstheoretischen Perspektive insofern als pathologisch zu werten, als sie durch die kontinuierliche Verletzung des Geltungsanspruchs der Wahrhaftigkeit Kommunikationsstörungen zementieren (Habermas: »Überlegungen zur Kommunikationspathologie«, *VE* 226–270, hier S. 246 ff.); laut der *Theorie des kommunikativen Handelns* resultieren hieraus zwangsläufig Störungen der lebensweltlichen Sozialintegration, die sich auf der systemischen Ebene widerspiegeln.
[72] Vgl. Parsons: *Das System moderner Gesellschaften*, S. 21: »Die gesellschaftliche Ordnung erfordert klare und deutliche Integration, womit wir einerseits normative Kohärenz und andererseits gesellschaftliche ›Harmonie‹ und ›Koordination‹ meinen.« S. o. S. 31 f.

de Inkohärenzen normativer Selbstbeschreibungen seien pathogen, steht insofern nicht in Widerspruch zueinander, als er – mit seiner These, dass die Lebenswelt ihre »strukturellen Möglichkeiten für Ideologiebildung« in dem Maße einbüßt, wie »die auratischen Spuren des Sakralen getilgt« werden (*TkH* II 520 f.) – die Religion zum ideologischen Paradigma schlechthin erklärt,[73] wobei er sie dahingehend interpretiert, dass sie durch den Rekurs auf eine transzendente Sphäre zur Erklärung der »ungleichen Verteilung der Glücksgüter unter den Menschen« per se zur Stabilisierung von Herrschaftsverhältnissen beitragen kann (*TkH* II 218), die gesellschaftlichen Eliten also nicht genötigt sind, sie durch inkohärente Interpretationen für die Legitimation der sozialen Hierarchie allererst nutzbar zu machen. Habermas bestreitet in der *Theorie des kommunikativen Handelns* nicht, dass solche Deformationen stattgefunden haben;[74] er betrachtet die ›inkohärente Selbstbeschreibung‹ in dem Buch jedoch nicht als das Grundmuster der Ideologie, das Bedeutungsmoment der ›Illusion‹ (s. o. S. 360) hat in ihm Vorrang. In seiner »Entgegnung« im Sammelband *Kommunikatives Handeln* verschiebt Habermas diese Gewichtung, indem er eine »Konsensbildung, die die Bedingungen latent strategischen Handelns erfüllt« – und damit von Inkohärenzen durchsetzt ist – zum historischen Regelfall erklärt.[75] Er hält in der »Entgegnung« zwar daran fest, dass die »systematisch verzerrte Kommunikation« pathologische Züge trägt, verweist in diesem Zusammenhang jedoch auf seinen Aufsatz »Überlegungen zur Kommunikationspathologie« (*VE* 226–270),[76] worin er hervorhebt, dass »verbogen[e]« (d. h. von inkohärenten Selbstbeschreibungen durchzogene) Kommunikationsformen eine systemstabilisierende Funktion übernehmen können.[77] Da Habermas in der Religion die Quelle

---

[73] Die neuzeitlichen Ideologien gehören demzufolge zur »sakrale[n] Restsphäre« der Moderne (*TkH* II 518).

[74] Indem er von einer »juristisch bemäntelte[n] Repression der abhängigen Klassen« in den traditionalen Gesellschaften spricht (*TkH* II 218), gibt er zu verstehen, dass die von den Religionen verlangte »Solidarität« mit der Glaubensgemeinschaft (vgl. *TkH* II 10) von den Führungseliten nicht konsequent praktiziert wurde.

[75] »Entgegnung‹, S. 393 (s. o. S. 363).

[76] Ebd. S. 342.

[77] Vgl. *VE* 253: »Systematisch verzerrte Kommunikationen sind Ausdruck eines Konfliktpotentials, das nicht vollständig unterdrückt werden kann, aber nicht manifest werden soll. Einerseits wird die Kommunikationsstruktur unter der Gewalt unausgetragener Konflikte gleichsam verbogen, weil die Geltungsbasis der Rede versehrt ist; andererseits ist diese verbogene Struktur zugleich die Form der Stabilisierung eines

gesellschaftlicher Ideologien sieht, ist es konsequent, dass er die »systematisch verzerrte Kommunikation« (bei der die Täuschung der Adressaten mit einer Selbsttäuschung einhergeht) als die historisch primäre Gestalt der von latent strategischem Handeln durchherrschten »Konsensbildung« betrachtet: Für die Annahme, dass die Führungseliten traditionaler Gesellschaften religiös-metaphysische Weltbilder bewusst als Instrument der Manipulation benutzt, selber also ungläubig waren, gibt es allenfalls in Ausnahmefällen Indizien; demgegenüber kann man das ideologische Paradigma der Selbsttäuschung anhand zahlreicher Beispiele veranschaulichen: etwa derjenigen ›christlichen‹ Herrscher, die sich einerseits auf die Mahnung des Paulus beriefen, jedermann sei der Obrigkeit untertan, da sie von Gott zur »Rächerin zur Strafe über den, der Böses tut«, eingesetzt worden sei (*Römer* 13, 1–4), andererseits ohne Gewissensbisse dem biblischen Fürsorgegebot – etwa durch eine rücksichtslose Kriegspolitik – zuwiderhandelten, oder hinduistischer Regenten, die soziale Not damit quittierten, sie sei durch Verfehlungen der Betroffenen in einem früheren Leben verursacht, jedoch kein Gespür dafür entwickelten, dass sie selber eine Handlungsweise an den Tag legten, die nach hinduistischer Lehre eine schlechte Wiedergeburt unausweichlich macht. Der historische Einfluss solcher ideologischen Verzerrungen in traditionalen Gesellschaften lässt sich damit erklären, dass die Frage, ob die vorgegebene normative und institutionelle Ordnung »die Interessen aller Betroffenen berücksichtigt«, erst dann gesellschaftliche Relevanz gewinnt, wenn die Macht der religiös-metaphysischen Tradition »gebrochen« ist (*TkH* II 64 f.). Indem Habermas in seiner »Entgegnung« den Ideologiebegriff der *Theorie des kommunikativen Handelns* umakzentuiert und zugleich die These aufrechterhält, die soziale Integration bedürfe eines normativen Konsenses, nähert er sich dem Standpunkt Herders (in *Auch eine Philosophie der Geschichte*) an, wonach in traditionsgebundenen Gesellschaften trotz tiefgreifender Inkohärenzen normativer Selbstbeschreibungen insofern ein ›authentischer‹ Wertekonsens herrscht, als solche Inkohärenzen durch kulturspezifische Reflexionsdefizite verdeckt werden (s. o. S. 216 ff.). Um auch angesichts historischer Situation, in denen die ideologische Verschleierung von Herrschaftsverhältnissen nicht (mehr) gelingt, ohne dass ein konsensueller Aus-

---

Handlungszusammenhangs, der zwar mit Konfliktpotential aufgeladen ist, der aber dieses Potential auch bindet und gewissermaßen stillstellt.«

gleich der sozialen Interessengegensätze herbeigeführt wird, – d. h. von Situationen offener Repression – an der These, dass die Sozialintegration in einem normativen Konsens verankert sein muss, festhalten zu können, überträgt Habermas das Paradigma von »Krankheit und Gesundheit« auf Gesellschaften (*TkH* I 112): Mit seiner Behauptung, dass es zu einer tiefgreifenden sozialen Krise kommt, wenn die herrschende institutionelle Ordnung mehrheitlich nicht mehr »als legitim anerkannt« wird (vgl. *TkH* I 84, II 214 f.), erklärt er – wie Herder (s. o. S. 72 f., 217) – einen (sei es unreflektiert internalisierten, sei es kommunikativ erzielten) normativen Konsens zum unverzichtbaren Moment einer ›gesunden‹ Sozialordnung. Man kann gegen diesen Standpunkt unterschiedliche Argumente vorbringen: das empirische, dass einige offen repressive Regimes zählebig waren, oder das wissenschaftstheoretische, dass die Rede von ›kranken‹ Gesellschaften metaphorisch bleibe; Habermas weist jedoch zu Recht darauf hin, dass er durch die Zuordnung der Begriffe »Lebenswelt/kommunikatives Handeln« und »Sozialintegration/Konsens« nicht »kategorial« dazu genötigt ist, Dissens- und Machtphänomene aus der Lebenswelt auszuschließen.[78]

Berger wird mit seinem Einwand, in der *Theorie des kommunikativen Handelns* würden aufgrund eines vorrangigen Interesses an der »Erzielung, Erhaltung und Erneuerung von Konsens« (*TkH* I 37) die aus der menschlichen »Triebstruktur« und der »Hierarchisierung sozialer Beziehungen« entspringenden »Hemmnisse kommunikativer Vernunft« bagatellisiert,[79] der Tatsache nicht gerecht, dass Habermas zwischen dem »kommunikativ erzielten« normativen Einverständnis demokratischer und dem in religiös-metaphysischen Weltbildern verankerten Wertekonsens traditionaler Gesellschaften unterscheidet und den letzteren gerade zu einem wirkungsmächtigen ›Hemmnis‹ kommunikativer Vernunft und damit von Demokratisierungsprozessen erklärt: in dem Sinne, dass solche Weltbilder die Individuen davon abhalten, sich die Frage, ob unter den gegebenen Umständen alle gleichermaßen ihre Interessen geltend machen können, überhaupt zu stellen, wodurch hierarchische Sozialstrukturen befes-

---

[78] Habermas: »Entgegnung«, S. 372.

[79] Berger: »Die Versprachlichung des Sakralen und die Entsprachlichung der Ökonomie«, S. 265. »Gilt, was Habermas gegen Mead ins Feld führt, er vernachlässige ›Ökonomie, Kriegsführung, Kampf um politische Macht‹ (*TkH* II 369) etc., nicht auch für seine eigenen Überlegungen?« (ebd.)

tigt werden, die die Durchsetzung egozentrischer Machtansprüche seitens der ›herrschenden Klasse‹ begünstigen (*TkH* I 346, II 64 f.). Dem Vorwurf eines beschönigenden »Konsenspathos« in der *Theorie des kommunikativen Handeln*[80] kann somit entgegengehalten werden, dass Habermas im Aufbrechen des »sakral begründeten moralischen Einverständnisses« traditionaler Gesellschaft durch Säkularisierungs- und Aufklärungsprozesse eine unerlässliche Voraussetzung für den Aufbau demokratischer Strukturen sieht (*TkH* II 124).

Auch Weiß trägt mit seiner These, Habermas operiere mit einem zu »rationalistischen« Begriff von Intersubjektivität, indem er die »Annahme eines ursprünglichen, da mit der Sprache notwendig verknüpften Konsensbedürfnisses« mache (womit Weiß einen Kritikpunkt Luhmanns in *Theorie der Gesellschaft oder Sozialtechnologie* auf die *Theorie des kommunikativen Handelns* überträgt),[81] Habermas' entschiedener Abgrenzung eines »kommunikativ erzielten« normativen Einverständnisses von einem »durch Tradition vorgegebenen« (*TkH* I 346) nicht zureichend Rechnung. Weiß fasst – wie Dux (s. o. S. 356 f.) – Habermas' Zuordnung von »Lebenswelt« und »kommunikativem Handeln« in dem Sinne auf, dass er hiermit die diskursive Überprüfung der Geltungsansprüche von Sprechakten zum integralen Moment jeder (stabilen) Sozialintegration erkläre.[82] Nach Weiß vertritt Habermas den Standpunkt, dass »Rationalität und Sozialität, hinreichend radikal verstanden, übereinkommen«,[83] wobei unter »Rationalität« die »kommunikative« zu verstehen sei.[84] Weiß schreibt Habermas dementsprechend die These zu, in den »Religionen im Allgemeinen und in den universalistischen Religionen im Besonderen« spreche sich »Vernunft im Sinne ›kommunikativer

---

[80] Berger: ebd.

[81] Weiß: »Die ›Bindungseffekte‹ kommunikativen Handelns«, S. 441, 445. S. o. S. xxx.

[82] »Tatsächlich behauptet er [= Habermas] ja, dass eine übergreifende und dauerfähige soziale Koordination und Integration intersubjektiven Handelns letzten Endes nur durch kommunikatives Handeln geleistet und abgesichert werden könne. […] Im Unterschied zum bloß ›normenregulierten‹ oder ›normenkonformen‹ Handeln, das bestimmten Normen wegen ihrer faktischen sozialen Geltung zu entsprechen sucht, liegt das Charakteristikum kommunikativen Handelns darin, dass die intersubjektive Geltung von Normen nicht fraglos hingenommen und bestätigt, sondern als gegenseitiger Geltungs*anspruch*, der akzeptiert und bestritten werden kann, deutlich gemacht wird.« (Weiß: ebd. S. 436).

[83] Weiß: ebd. S. 444.

[84] »Das Konzept des ›kommunikativen Handelns‹ ist Habermas' Fassung der geschichtlich wirklichen und wirksamen Vernünftigkeit« (ebd. S. 435).

Rationalität‹« aus.[85] Habermas charakterisiert den neuzeitlichen Säkularisierungsprozess jedoch dahingehend, dass in ihm die »irrational bindende, sakral konservierte Kraft« von »Grundüberzeugungen, die kulturell sanktioniert sind und keiner Argumentation bedürfen, verdampft« (*TkH* II 519); die Rede von der »irrational bindende[n]« Kraft religiöser Weltbilder zielt darauf, dass diese ihre sozialintegrative Funktion nur erfüllen können, indem sie das »kritische Potential verständigungsorientierten Handelns« stillstellen (vgl. *TkH* II 238): Im Horizont des mythischen Denkens werden die überlieferten Überzeugungs- und Normsysteme umstandslos weitergegeben; die Weltreligionen immunisieren ihre dogmatischen Prämissen gegen Kritik. Der von Weiß gegen Habermas ins Feld geführte Standpunkt Luhmanns: der sozialintegrative Konsens könne nur »in sehr begrenztem Umfange die Form begründeter Annahme oder Ablehnung von Argumenten« annehmen,[86] stimmt somit in Bezug auf traditionale Gesellschaften mit der Position der *Theorie des kommunikativen Handelns* voll und ganz überein.[87] Habermas verankert das normative Einverständnis traditionsgebundener Gesellschaften in der *Theorie des kommunikativen Handelns* nicht – wie ihm Weiß unterstellt – in einem ›Bedürfnis‹ der Individuen nach Konsens, sondern einerseits in der seelischen Wirkungsmacht religiöser Tabuisierungen, andererseits in systemintegrativen Mechanismen, in denen sich die systemische Rationalität historischer Gesellschaftsformationen manifestiert (s. u. S. 374).

## 4.  »Basis« und »Überbau« in der sozialen Evolution

Die systemische Perspektive der *Theorie des kommunikativen Handelns* fokussiert die Etablierung neuer »den Systembestand definie-

---

[85]  Ebd. S. 443 f.

[86]  Ebd. S. 445; Luhmann: »Systemtheoretische Argumentationen«, S. 321.

[87]  Zu den Akzentverschiebungen hinsichtlich der Moderne s. u. S. 375 ff. Der Einwand Luhmanns, den Weiß aufgreift, gilt der in Habermas' »Vorbereitende[n] Bemerkungen zu einer Theorie der kommunikativen Kompetenz« (in: Habermas/Luhmann: *Theorie der Gesellschaft oder Sozialtechnologie*, S. 101–141) formulierten Behauptung, dass »zurechnungsfähige Subjekte« nur solche Normen als legitim betrachten, »von denen sie überzeugt sind, dass sie notfalls einer uneingeschränkten und ungezwungenen Diskussion standhalten würden.« (ebd. S. 119) In der *Theorie des kommunikativen Handelns* wird diese These in Hinblick auf traditionsverhaftete Gesellschaften relativiert.

render Strukturmuster« (*TkH* II 223), d. h. die Transformation des »institutionelle[n] Nukleus« von Gesellschaftsformationen,[88] beim Übergang von den Stammesgesellschaften zu den frühen Hochkulturen und der Herausbildung der modernen Gesellschaften »mit ausdifferenziertem Wirtschaftssystem« (vgl. *TkH* II 230). Beide evolutionären Schübe wurden nach Habermas »einerseits durch Imperative gesteuert«, die aus »Problemen der Bestandsicherung, d. h. der materiellen Reproduktion der Lebenswelt« entsprangen, und haben andererseits »strukturelle Möglichkeiten« genutzt, die durch die »Rationalisierung der Lebenswelt« eröffnet wurden (*TkH* II 223).[89] Der Aufbau der staatlichen Rechtsordnung setzt den Überschritt von der archaischen Stufe des moralischen Bewusstseins zur »konventionellen« voraus, auf der der Begriff persönlicher Schuld formuliert und hierdurch die »präkonventionelle« Verquickung der normativen Sphäre mit der Natur aufgelöst wird (*TkH* II 259 ff., s. o. S. 22 f.). Die bürgerlich-kapitalistische Modernisierung der neuzeitlichen europäischen Gesellschaften konnte nur in dem Maße voranschreiten, wie die feudalistische Ständeordnung geschwächt wurde; das unterschiedliche Fortschrittstempo in liberalen und klerikal-absolutistischen Staaten (Großbritannien, Niederlande vs. Frankreich, Spanien usw.) macht die Verflechtung dieser Entwicklung mit der Aufklärung deutlich, deren Menschenrechts- und Völkerrechtsideen das »konventionelle« Moralniveau endgültig hinter sich lassen. Beide historischen Umbrüche führten durch die Steigerung gesellschaftlicher Systemkomplexität zu einem Produktivitätsschub (*TkH* II 257, 280 f., 474) und damit zu einem Zuwachs an systemischer Rationalität (vgl. *TkH* II 223).

Habermas gibt dem Begriffspaar »Basis/Überbau« eine »evolutionstheoretische« Wendung: Er bezieht den Ausdruck »Basis« auf denjenigen Teilbereich der Gesellschaft, in dem die jeweiligen »Systemprobleme« verortet sind, von denen der Anstoß zur Umgestaltung überkommener Strukturen ausgeht; die kulturellen Ressourcen für »evolutionäre Neuerungen« entstammen dem »Überbau« (*TkH* II 251). Habermas warnt davor, den »Basisbereich« im Sinne der marxistischen Orthodoxie mit den ökonomischen Verhältnissen

---

[88] Habermas: *Legitimationsprobleme im Spätkapitalismus,* S. 33 ff. S. o. S. 207 f., Anm. 6.
[89] Vgl. Habermas: »Zur Rekonstruktion des Historischen Materialismus«, S. 154 ff., 175 ff.

pauschal zu identifizieren (*TkH* II 251, 504). So entsprang etwa der Modernisierungsdruck, unter dem die ostasiatischen Mächte seit der Mitte des 19. Jahrhunderts standen, nicht internen Wirtschaftsproblemen, sondern der geopolitischen Destabilisierung durch den Kolonialismus. Habermas hält allerdings daran fest, dass die beiden epochalen Umbrüche der gesellschaftlichen »Systemgeschichte« – die Staatsgründung und die Geburt der modernen ›Globalzivilisation‹ in Europa – auf Probleme der »materiellen Reproduktion« zurückgehen (*TkH* II 169, 223); in diesem Sinne spricht er in marxistischer Tradition vom »strukturbildenden ökonomischen Bereich« (*TkH* II 265).[90]

Habermas formuliert in der *Theorie des kommunikativen Handelns* die These, dass sich gesellschaftliche Entwicklungsschübe der »Lösung der jeweils krisenerzeugenden Systemprobleme« durch die »institutionelle Verkörperung von Rationalitätsstrukturen«, »die auf kultureller Ebene schon ausgeprägt sind«, verdanken (*TkH* II 464). Seine Detailanalysen der Entwicklungsdynamik sozialer Systeme weisen jedoch de facto eine Wechselwirkung zwischen gesellschaftlichen Umbrüchen und Fortschritten bei der Rationalisierung der Denkstrukturen auf – was der programmatischen Forderung seiner Aufsatzsammlung *Zur Rekonstruktion des Historischen Materialismus* entspricht, eine Theorie der sozialen Evolution solle einerseits das »Einwirken« von »Bewusstseinsstrukturen« auf die »Geschichte«, andererseits »das Einwirken der Geschichte auf die Strukturen« nachzeichnen.[91] Die »argumentativ durchgestaltet[en]« religiös-metaphysischen Weltbilder kamen in den frühen Hochkulturen auf, deren ökonomische Prosperität mit der »Umformung des familialen Schichtungssystems in eine stratifizierte Klassengesellschaft erkauft« wurde (*TkH* I 281, II 280 ff.). Durch die Erfahrung »massenhafte[r] ökonomische[r] Ausbeutung und juristisch bemäntelte[r] Repression« wurde – so Habermas – das »Bedürfnis nach einer reli-

---

[90] Die materiellen »Imperative« (*TkH* II 223) an den beiden Schnittstellen der sozialen Evolution werden allerdings in der *Theorie des kommunikativen Handelns* nicht spezifiziert. Habermas führt in »Zur Rekonstruktion des Historischen Materialismus« Überbevölkerung, Landknappheit und die Ungleichverteilung des sozialen Reichtums als evolutionäre Antriebe in der Phase der Staatsgründung an (ebd. S. 178). Die Auflösung der mittelalterlichen Feudalordnung erklärt er in der *Theorie des kommunikativen Handelns* nur allgemein mit »Systemprobleme[n]«, »die auf der Grundlage einer lehnsrechtlich verfassten Agrarproduktion mit städtischem Handwerk, lokalen Märkten und einem auf Luxuskonsum abgestellten Fernhandel nicht gelöst werden konnten« (*TkH* II 465).
[91] Habermas: »Geschichte und Evolution«, S. 233 f.

giösen Erklärung des als ungerecht wahrgenommenen Leidens« geweckt (*TkH* II 281). Er führt die historische Wirkungsmacht der religiös-metaphysischen Lehren auf ihre systemstabilisierende Funktion zurück:

»Die Geschichte des Strafvollzugs liefert unmissverständliche Indikatoren für die hochgradige Repression, deren die alten Zivilisationen ausnahmslos bedürfen. Soziale Bewegungen, die unter sozialstrukturellen Gesichtspunkten als Klassenkämpfe analysiert werden können, [...] bedrohen die soziale Integration. Deshalb *müssen* die Funktionen von Ausbeutung und Repression, die die Amtsautorität des Herrschers und der herrschenden Klassen im systemischen Zusammenhang der materiellen Reproduktion erfüllt, soweit als möglich latent gehalten werden. Deshalb *müssen* die Weltbilder ideologisch wirksam werden.« (*TkH* II 281, Hervorh. von mir)

Habermas insistiert auf der einen Seite darauf, dass das »konventionelle« Moralniveau im Vorfeld der Staatsgründung erreicht wurde – offensichtlich im Zuge der Herausbildung archaischer Formen der Rechtsprechung in den Stammesgesellschaften – (*TkH* II 261 ff.); auf der anderen betrachtet er die von den Weltreligionen angebotenen Erklärungsmuster schicksalhaften Leidens – worin erstmals kohärente Argumentationsstränge entwickelt wurden – als eine Reaktion auf die Verschärfung sozialer Ungleichheit in der Epoche der Staatsgründung (*TkH* II 281 f.); er beschreibt die Entwicklungsdynamik dieser Phase somit als eine Wechselwirkung zwischen der Ablösung der magisch-animistischen Mythen (die »präkonventionelle« Moralbegriffe enthalten) durch die Hochreligionen und der Herausbildung staatlich organisierter Klassengesellschaften. Ein ähnliches Wechselverhältnis von »Basis« und »Überbau« konstatiert Habermas beim Übergang zur Moderne. Er schließt sich der These Max Webers an, dass die protestantische Ethik, die das mittelalterliche Ideal mönchischer Weltabkehr durch das der Bewährung im Beruf ersetzte, einen entscheidenden Anstoß zur Ausbildung des neuzeitlichen bürgerlichen Kapitalismus gab (*TkH* I 234 f., 266 ff.) Dessen fortschreitende Etablierung führte zu Konflikten mit der feudalistischen Ständeordnung (*TkH* II 247, 469 ff.). Im Zuge dieser Auseinandersetzungen kristallisierten sich die Ideen der Menschenrechte und der Volkssouveränität heraus, die in den demokratischen Staatsformen ›implementiert‹ wurden (*TkH* I 351 ff.). [92]

---

[92] So umriss etwa Locke mit seinen beiden *Abhandlungen über die Regierung* die poli-

Mit der Behauptung, dass bei der Etablierung der frühen Hochkulturen »die Funktionen von Ausbeutung und Repression, die die Amtsautorität des Herrschers und der herrschenden Klassen im systemischen Zusammenhang der materiellen Reproduktion erfüllt«, latent gehalten werden »müssen« (*TkH* II 281, s. o.), exemplifiziert Habermas seine Leitthese, dass sich hinter der »Autorität des Heiligen«, die die Sozialintegration archaischer und traditionaler staatlicher Gesellschaften trägt, »Zwänge der materiellen Reproduktion [...] verbergen« (*TkH* II 219). Er sieht die primäre Ursache der mit der Staatsgründung einhergehenden Steigerung sozialer Ungleichheit somit nicht in egozentrischen Machtansprüchen der Führungseliten, sondern in systemischen Notwendigkeiten; in diesen systemfunktionalen Erklärungsansatz bezieht er die ideologische Verdeckung von Herrschaftsverhältnissen, die eine Produktivätssteigerung ermöglichen, ein.[93] Der Vorwurf Bergers, in der *Theorie des kommunikativen Handelns* würden Dissens- und Machtphänomene beschönigt,[94] findet allenfalls an Habermas' systemischer Erklärung von Herrschaftsstrukturen einen textlichen Anknüpfungspunkt – wobei allerdings zu berücksichtigen ist, dass sich dieser Erklärungsansatz konsequent aus seinem Programm ergibt, ein biologistisches Systemmodell, demzufolge »alle Systemzustände [...] Funktionen im Hinblick auf die Systemerhaltung« erfüllen, in die *Theorie des kommunikativen Handelns* zu integrieren (*TkH* II 226 f.).[95] Inwieweit die soziale Realität hiermit adäquat erfasst wird, muss auf empirischem Weg geklärt werden.

Bei der Etablierung der frühen Hochkulturen und der neuzeit-

---

tische Programmatik der liberalen Fraktion im britischen Parlament im Kampf gegen absolutistische Machtansprüche der Stuart-Könige, der in die »Glorious Revolution« von 1688 einmündete.

[93] Habermas erkennt auch den Tabuisierungen, mit denen die archaischen Mythen das »Negations- und Neuerungspotential der Rede« paralysieren, eine systemische Funktion zu: Sie tragen wesentlich zur Stabilität der Stammesgesellschaften bei, die kein staatliches Gewaltmonol kennen (*TkH* II 237).

[94] Berger: »Die Versprachlichung des Sakralen und die Entsprachlichung der Ökonomie«, S. 264 f.

[95] Habermas erklärt das »System-Umwelt-Modell«, d.h. den ›weiten biologistischen‹ Systembegriff, zum systemischen Paradigma der *Theorie des kommunikativen Handelns* (»Entgegnung«, S. 380 f.). Seine systemfunktionale Interpretation traditionaler Klassengesellschaften steht jedoch dem ›engen biologistischen‹ (mit dem Parsons arbeitet) nahe, da Habermas den normativen Konsens als integrales Moment ›gesunder‹ Gesellschaften betrachtet.

lichen demokratischen Gesellschaften wurde jeweils ein neues Niveau der kommunikativen wie auch der systemischen Rationalität erreicht; demgegenüber konstatiert Habermas in der Gegenwart eine »unaufhaltsame Ironie des weltgeschichtlichen Aufklärungsprozesses: die Rationalisierung der Lebenswelt ermöglicht eine Steigerung der Systemkomplexität, die so hypertrophiert, dass die losgelassenen Systemimperative die Fassungskraft der Lebenswelt, die von ihnen instrumentalisiert wird, sprengen.« (*TkH* II 232 f.) Den Ausgangspunkt dieser ›Dialektik der Aufklärung‹ bildet die Ausdifferenzierung eines von Marktmechanismen gelenkten Wirtschaftssystems bei der kapitalistischen Modernisierung der europäischen Gesellschaften (*TkH* II 265 ff.). Die Dynamik des Kapitalismus beseitigte ökonomisch hinderliche feudalistische Strukturen und nötigte den Staat zum Aufbau eines leistungsfähigen Verwaltungsapparats (*TkH* II 247, 469 ff.). Der wachsende Einfluss der »Steuerungsmechanismen« (bzw. »-medien«) ›Geld‹ und ›bürokratische Organisationsmacht‹ verrät zwar insofern eine systemische Rationalität, als hierdurch der Gefahr vorgebeugt wurde, dass sich das im Zuge von Demokratisierungsprozessen ansteigende Dissensrisiko zu einem lähmenden gesellschaftlichen Störfaktor auswuchs; die ›Handlungsfähigkeit‹ sozialer System konnte auf diese Weise aber nur um den Preis eines Bedeutungsverlusts der Individuen gesichert werden (*TkH* II 272 ff.). Indem die Steuerungsmedien »Geld und Macht« Interaktionen »zu immer komplexeren Netzen« verknüpfen, »ohne dass diese überschaut und verantwortet werden müssten«, leisten sie der »Subsumtion der handelnden Subjekte unter die sachliche Gewalt eines über ihren Köpfen verselbständigten Apparats« Vorschub (*TkH* II 275, 454). Die fortschreitende Ohnmacht der Individuen in der modernen ›Globalzivilisation‹ wird durch die »elitäre Abspaltung der Expertenkulturen von den Zusammenhängen kommunikativen Alltagshandelns« und die Abkoppelung der realen politischen Entscheidungsprozesse von öffentlichen Diskursen zementiert (*TkH* II 488, 509 f.) Dieser »Freiheitsverlust« geht mit einem »Sinnverlust« infolge der Entwertung der »Traditionssubstanz« moderner Gesellschaften einher (*TkH* I 112 f., 337, II 517); Habermas macht einen solchen »Sinnverlust« nicht – wie Max Weber – am »Zerfall religiös-metaphyischer Weltbilder« in der Neuzeit fest (hierin sieht er ja gerade eine Voraussetzung der Demokratisierungsprozesse), sondern an der dominierenden gesellschaftlichen Rolle der Ökonomie und der Aushöhlung des Verfassungskonsenses demokratischer Gesellschaften durch die Ausgrenzung der Öffentlichkeit aus den Entscheidungsprozessen des politischen Systems (*TkH* I 336 ff., 480, 517).[96] Die Rede von den »Pathologien« der Moderne in der *Theorie des kommunikativen Handelns* zielt in normativer Hinsicht auf die Entfremdung zwischen Bürger und Staat, in systemfunktionaler auf die potentiell »selbstdestruktiven Folgen« des technischen Fortschritts (*TkH* II 422, 476 f., 577 ff.).

Alexander und Berger halten Habermas' These, in den modernen Gesellschaften habe sich die »losgelassene funktionalistische Vernunft« über den »in der kommunikativen Vergesellschaftung angelegten Vernunftanspruch« hinweg gesetzt und lasse die Rationalisierung der Lebenswelt damit »ins Leere laufen« (*TkH* I 533), entgegen, dass er die politischen Institutionen demokratischer Staaten selber als ›Implementierung‹ kommunikativer Rationalität beschreibt und die wirtschaftlichen Einflussmöglichkeiten der Politik – etwa durch Sozialgesetze – anspricht (vgl. *TkH* II 344 f., 505).[97] Habermas räumt in seiner »Entgegnung« ein, dass die *Theorie des kommunikativen Handelns* Entwicklungstendenzen der modernen Zivilisation einseitig zuspitzt.[98] Dass er die »Ironie des weltgeschichtlichen Aufklärungsprozesses« keineswegs für eine »unaufhaltsame« (*TkH* II 232 f., s. o.) hält,[99] zeigt sein Verweis auf die »Vernunftutopie« einer »posttraditionalen Alltagskommunikation«, die »die eingekapselten Expertenkulturen aufsprengt« und »der Eigendynamik verselbständigter Subsysteme Grenzen setzt« (*TkH* II 486). Die – rhetorisch akzentuierte – Diagnose der »Pathologien« der Moderne in der *Theorie des kommunikativen Handelns* ist somit von der ›therapeutischen‹ Zielsetzung geleitet, zum »Ausbau von Institutionen der Freiheit« durch eine zivilgesellschaftliche Öffentlichkeit beizutragen (vgl. *TkH* II 484).[100]

---

[96] Vgl. *TkH* II 510: »Die Wahlentscheidung hat im Allgemeinen nur Einfluss auf die Rekrutierung des Führungspersonals […] Dieses Arrangement läuft auf eine *Neutralisierung* der mit der Staatsbürgerrolle rechtlich eröffneten *Möglichkeiten* politischer Teilhabe hinaus.«

[97] Alexander: »Habermas' neue Kritische Theorie: Anspruch und Probleme«, S. 88 f.; Berger: »Die Versprachlichung des Sakralen und die Entsprachlichung der Ökonomie«, S. 274 f.

[98] »Entgegnung«, S. 391.

[99] Vgl. ebd. S. 389.

[100] Da Habermas anerkennt, dass den Steuerungsmedien ›Geld‹ und ›bürokratische Organisationsmacht‹ in den modernen säkularisierten Gesellschaften die unentbehrliche systemische Funktion zukommt, das mit der fortschreitenden Aktualisierung des »kri-

## 5. Die Rolle der Teilnehmerperspektive in Habermas' *Theorie des kommunikativen Handelns* und in Rousseaus *Diskurs über die Ungleichheit*, Herders *Auch eine Philosophie der Geschichte* und Marx' (und Engels') »kritischer Philosophie«

Habermas interpretiert die in der Gegenwart sich abzeichnende »Subsumtion der handelnden Subjekte unter die sachliche Gewalt eines über ihren Köpfen verselbständigten Apparats« (*TkH* II 454) dahingehend, dass »die Lebenswelt, die mit einem wenig differenzierten Gesellschaftssystem zunächst koextensiv war, immer mehr zu einem Subsystem neben anderen herabgesetzt« und von den systemischen »Imperative[n]« der Ökonomie und Staatsverwaltung überformt wird (*TkH* II 230, 522). In seiner »Entgegnung« im Sammelband *Kommunikatives Handeln* gibt er dem Einwand von Schnädelbach, Joas und McCarthy Recht, dass durch diese Diagnose der »Kolonialisierung der Lebenswelt« (*TkH* II 522) eine Äquivokation im Begriffspaar »System/Lebenswelt« auftritt (s. o. S. 343 f.).[101] Habermas führt es im Sinne einer methodischen Doppelperspektive ein: »die Gesellschaft [wird] aus der Teilnehmerperspektive als *Lebenswelt einer sozialen Gruppe* konzipiert. Demgegenüber kann die Gesellschaft aus der Beobachterperspektive nur als ein *System von Handlungen* begriffen werden« (*TkH* II 179). Hält man sich an diese Bestimmung, so sind »Lebenswelt« und »Gesellschaft« per definitionem koextensiv. In Habermas' Aussage, die Lebenswelt sei mit der Gesellschaft »zunächst koextensiv« gewesen, jedoch »immer mehr zu einem Subsystem herabgesetzt« worden (s. o.), wird die Lebenswelt demgegenüber mit der »kommunikative[n] Alltagspraxis« (*TkH* II 480) identifiziert: Diese Aussage nimmt darauf Bezug, dass sich in der Moderne mit dem kapitalistischen Wirtschaftssystem und der staatlichen Bürokratie Bereiche herausbilden, in denen die Inter-

---

tische[n] Potential[s] verständigungsorientierten Handelns« (*TkH* II 238) steigende Dissensrisiko abzufedern, geht der Einwand Weiß', er vernachlässige die von Luhmann hervorgehobene Tatsache, dass »dem sozial destruktiven Potential bloß kommunikativen Handelns durch eine stabile Einbindung der Sprache« in eigendynamisch operierende »Medien und Systeme« begegnet werden müsse (Weiß: »Die ›Bindungseffekte‹ kommunikativen Handelns, S. 445, s. o. S. 369 f.), auch an der Analyse des Modernisierungsprozesses in der *Theorie des kommunikativen Handelns* vorbei. Die zivilgesellschaftlichen »Institutionen der Freiheit«, deren Ausgestaltung Habermas verlangt, sollen der Hypertrophie der ökonomischen und administrativen Steuerungsmechanismen entgegenwirken und nicht an deren Stelle treten.

[101] »Engegnung«, S. 387.

aktion der Individuen gegenüber anonymen Steuerungsmedien in den Hintergrund tritt.[102] Die Äquivokation, die durch diese »Substantialisierung« des Begriffs der Lebenswelt auftritt,[103] lässt sich dadurch beseitigen, dass man die »Kolonialisierung der Lebenswelt« als eine Verselbständigung anonym gesteuerter sozialer Subsysteme gegenüber »primär kommunikativ vergesellschaftete[n] Sphären« und eine »Austrocknung« der »Privatsphäre und Öffentlichkeit« durch »Monetarisierung und Bürokratisierung« beschreibt.[104]

Habermas korrigiert in der »Entgegnung« darüber hinaus den Eindruck, das für die *Theorie des kommunikativen Handelns* zentrale Begriffspaar »(funktionale) Systemintegration/(lebensweltliche) Sozialintegration« schließe die These ein, dass die Lebenswelt von »systemintegrativen Mechanismen« abgekoppelt sei.[105] Wäre dieses Begriffspaar im Sinne einer strikten Dichotomie zu verstehen, träfe Detels Einwand zu, Habermas' Abgrenzung »von konsensueller und systemischer Handlungskoordination« enthalte einen »Kategorienfehler«.[106] Aus der definitorischen Einführung der Begriffe »System« und »Lebenswelt« (dergemäß sich die Gesellschaft in der Beobachterperspektive insgesamt als System, in der Teilnehmerperspektive als Lebenswelt darstellt) ergibt sich unmittelbar die Konsequenz, dass auch die sozialintegrativen »Mechanismen«, die »Einverständnis über Werte, Normen und sprachliche Kommunikationen herstellen«, einer systemischen Betrachtungsweise zugänglich sind.[107] Indem Habermas in seiner »Entgegnung« anerkennt, dass die »Systemanalyse stets auch die Beiträge erfassen« wird, »die kulturelle Tradition, Sozialintegration und Sozialisation zur Grenzstabilisierung in einer überkomplexen Umwelt leisten«,[108] trägt er der Tatsache Rechnung, dass Parsons die normative »Integration« als einen Mechanismus der

---

[102] In diesem Sinne zieht Habermas in Bezug auf moderne Gesellschaften »die Grenzen zwischen System und Lebenswelt [...] zwischen den Subsystemen der Wirtschaft und der bürokratisierten Staatsverwaltung einerseits, der (von Familie, privater Nachbarschaft, freien Assoziationen getragenen) privaten Lebenssphären und der Öffentlichkeit (der Privatleute und der Staatsbürger) andererseits.« (*TkH* II 458)

[103] Joas: »Die unglückliche Ehe von Hermeneutik und Funktionalismus«, S. 171.

[104] Vgl. *TkH* II 477; Habermas: »Entgegnung«, S. 387.

[105] »Entgegnung«, S. 381, 387.

[106] Detel: »System und Lebenswelt bei Habermas«, S. 190.

[107] Vgl. Habermas: »Entgegnung«, S. 379.

[108] Ebd. S. 381.

Systemstabilisierung behandelt.[109] Habermas revidiert hiermit die (unzutreffende) Behauptung der *Theorie des kommunikativen Handelns*, »Parsons zufolge« werde »die systemische Integration durch die nicht-normative Regelung von Prozessen der Bestandsicherung«, d. h. ausschließlich durch die materielle »Allokation« von Umweltressourcen, hergestellt (*TkH* II 302).[110] Die für das methodische Selbstverständnis der *Theorie des kommunikativen Handelns* zentrale These, die soziologische Systemtheorie bleibe defizitär, da das Konzept der Lebenswelt in ihr fehlt, muss somit dahingehend reformuliert werden, dass die Systemtheorie die Sozialintegration in einer verkürzenden Perspektive thematisiert, indem sie auf dem Beobachterstandpunkt verharrt. Eine solche Umakzentuierung nimmt Habermas in der *Theorie des kommunikativen Handelns* implizit selber vor: »Die Systemtheorie behandelt sozial- und systemintegrative Mechanismen als funktionale Äquivalente und begibt sich des Maßstabs kommunikativer Rationalität.« (*TkH* II 277) Habermas bezeichnet es hiermit als den entscheidenden Mangel der soziologischen Systemtheorie, dass sie aufgrund ihrer Orientierung am Methodenideal der Naturwissenschaft die in der »Geltungsbasis der Rede« (*VE* 353) verwurzelten historischen Rationalisierungprozesse nur in einer kausalen bzw. systemfunktionalen »quid facti«-Perspektive analysieren kann. Die *Theorie des kommunikativen Handelns* relativiert diesen Blickwinkel durch die Rekonstruktion der »Entwicklunglogik« der »Rationalisierung der Lebenswelt« in einer »quid juris«-Perspektive, indem sie die Etablierung neuer Denkstrukturen an den Schaltstellen der sozialen Evolution als Überschritt zu einem höheren Begründungsniveau der mit Sprechhandlungen verknüpften Geltungsansprüche beschreibt (*TkH* II 223, s. o. S. 351) – wobei ihre Analyse der »Entwicklungsdynamik« dieser Prozesse kausal bzw. systemfunktional orientiert ist (s. o. S. 372 ff.).

Der – von Schnädelbach und McCarthy unterschiedlich akzentuierte – Einwand, in der *Theorie des kommunikativen Handelns* habe die Teilnehmerperspektive gegenüber der Beobachterperspektive kein Eigengewicht, ist hiermit jedoch nicht entkräftet; von aus-

---

[109] »The two fundamental types of processes necessary for the maintainance of a given state of equilibrium of a system we call, in the theory of action, *allocation* and *integration*.« (Parsons/Shils: »Values, Motives and Systems of Action«, S. 108)

[110] Vgl. ebd: »Kurz gesagt, die Orientierung des handelnden Subjekts an Werten und Normen ist für die sozialintegrative Herstellung von Ordnung konstitutiv, nicht aber für die Systemintegration.«

schlaggebender Bedeutung ist die Kritik McCarthys. Schnädelbachs These, Habermas analysiere die »Sinn- und Motivationsressourcen« von Akteuren »aus der Perspektive des Beobachters« und präsentiere damit »die 1. Person in der 3. Person«,[111] zielt auf seinen Anspruch, die Rekonstruktion der Entwicklungslogik der lebensweltlichen Sozialintegration in der *Theorie des kommunikativen Handelns* bewege sich in einer von der Beobachterperspektive klar unterschiedenen Teilnehmerperspektive.[112] Schnädelbachs Einwand lässt sich damit stützen, dass Habermas Luhmanns Konzept der »Kontingenzkausalität«, demzufolge »historische Lagen ›unterbestimmt‹ sein können in Bezug auf das, was aus ihnen folgt«,[113] entgegenhält, die methodische Beschränkung auf eine systemfunktionale Betrachtungsweise in den Gesellschaftswissenschaften nötige zwar in der Tat zu »Erklärungsverzichte[n]«, diese könnten jedoch behoben werden, indem man die systemische Perspektive durch die Analyse der Entwicklungslogik von »Bewusstseinsstrukturen« ergänzt; Habermas beschreibt in diesem Zusammenhang das Wechselverhältnis von »problemerzeugende[n] Ereignisse[n]« und dem Erreichen höherer »Lernniveaus« – worin er das Movens der sozialen Evolution sieht – als »Interdependenz von zwei gegenläufigen Kausalitäten«.[114] Da er der Entwicklungslogik lebensweltlicher Rationalisierungsprozesse ausdrücklich einen quasi-kausalen Duktus zuspricht, kann er allerdings auf den Einwand Schnädelbachs, er assimiliere die Teilnehmerperspektive de facto an die Beobachterperspektive, antworten, dass er hiermit nicht auf einen blinden Fleck seiner Argumentation hingewiesen wird; er kann auf der Differenz zwischen einem naturwissenschaftlich orientierten Kausalitätsbegriff und dem quasi-kausalen Charakter der kommunikationstheoretisch rekonstruierbaren

---

[111] Schnädelbach: »Transformation der Kritischen Theorie«, S. 29.

[112] Vgl. *TkH* I 103: »Wenn man historische Übergänge zwischen verschieden strukturierten Deutungssystemen als Lernprozesse begreifen will, muss man […] der Forderung nach einer formalen Analyse von Sinnzusammenhängen genügen, die es erlauben, die empirische Aufeinanderfolge von Weltbildern als eine aus der Teilnehmerperspektive einsichtig nachvollziehbare und intersubjektiv nachprüfbare Folge von Lernschritten zu rekonstruieren.« Habermas folgert hieraus, die systemtheoretische Perspektive werde in der *Theorie des kommunikativen Handelns* »durch die Annahme relativiert, dass die Rationalisierung der Lebenswelt zu einer gerichteten Variation der den Systembestand definierenden Strukturmuster führt.« (*TkH* II 223)

[113] Luhmann: »Evolution und Geschichte«, S. 157, 167, Anm. 26.

[114] Habermas: »Geschichte und Evolution«, S. 233 f.

Entwicklungslogik von Denkstrukturen insistieren.[115] Als Resultat der Kritik Schnädelbachs kann festhalten werden, dass der der Perspektive der »1. Person« zugehörige Begriff der »Situation« von Akteuren als eines Horizonts von Handlungsmöglichkeiten, mittels dessen Habermas den Terminus »Lebenswelt« einführt (s. o. S. 350), in den konkreten Analysen der *Theorie des kommunikativen Handelns* gegenüber der Rekonstruktion der historischen »Rationalisierung der Lebenswelt« als einer »gerichteten Variation der den Systembestand definierenden Strukturmuster« (*TkH* II 223), d. h. eines quasi-kausalen Prozesses, der den Akteuren »im Rücken« bleibt (*TkH* I 449), in den Hintergrund tritt.

Die Zielrichtung der von McCarthy aufgeworfenen Frage, ob Habermas durch seinen »Flirt mit der Systemtheorie« nicht dazu »verführt« worden sei, in der *Theorie des kommunikativen Handelns* genau den Fehler zu begehen, den er Marx vorwirft: die kritische Gesellschaftstheorie dem Paradigma »strenger Wissenschaft« anzugleichen,[116] lässt sich aus der Charakterisierung des theoretischen Status' des in Habermas' Aufsatzsammlung *Zur Rekonstruktion des Historischen Materialismus* umrissenen Programms einer »entwicklungslogische[n] Rekonstruktion der Gattungsgeschichte« in der Erstausgabe der *Kritik der Verständigungsverhältnisse* erschließen:[117] McCarthy zählt das Programm einer »entwicklungslogische[n] Rekonstruktion« der sozialen Evolution zur »theoretischen Basis« gesellschaftskritischer »Selbstreflexion«, wobei er als Kernthema der kritischen Gesellschaftstheorie die »Ideologiekritik« nennt und hervorhebt, dass diese nicht den Status einer »reinen Theorie« hat, sondern im Sinne von Habermas' *Erkenntnis und In-*

---

[115] Vgl. ebd. S. 233. Habermas setzt sich mit Schnädelbachs Kritikpunkt, er präsentiere »die 1. Person in der 3. Person«, in der »Entgegnung« nicht explizit auseinander. (Er konzentriert sich dort auf dessen Einwände gegen seinen Begriff der kommunikativen Rationalität; diese sollen in der vorliegenden Untersuchung aufgrund ihres vorrangigen Interesses am Verhältnis von Beobachter- und Teilnehmerperspektive in einer kritischen Gesellschaftstheorie außer Betracht bleiben). Vgl. Habermas: »Entgegnung«, S. 345 ff.

[116] McCarthy: *Kritik der Verständigungsverhältnisse*, S. 602.

[117] Die amerik. Originalfassung von McCarthys *Kritik der Verständigungsverhältnisse* erschien (unter dem Titel *The Critical Theory of Jürgen Habermas*) 1978 (also drei Jahre vor der Veröffentlichung der *Theorie des kommunikativen Handelns*), die dt. Übersetzung 1980. Der Text der Erstausgabe wurde in der dt. erweiterten Taschenbuchausgabe (1989) unverändert übernommen und durch Beiträge zu Habermas' neueren Publikationen ergänzt.

*teresse* als ›Einheit von Theorie und Praxis‹ zu begreifen ist.[118] Mit seiner kritischen Anfrage an Habermas, ob er in der *Theorie des kommunikativen Handelns* nicht der »Illusion strenger Wissenschaft« erlegen sei,[119] macht McCarthy darauf aufmerksam, dass die mit dem Begriffspaar »Entwicklungslogik/Entwicklungsdynamik« operierenden Geschichtsanalysen des Buches nicht als Ausgangsbasis für eine Kritik gegenwärtiger Ideologien fungieren;[120] McCarthy äußert den Verdacht, dass die *Theorie des kommunikativen Handelns* mit der Verabschiedung des Ziels der Ideologiekritik zugleich auch das Spezifikum der kritischen Gesellschaftstheorie gegenüber der kausalanalytischen Wissenschaft preisgibt: den Theorietyp der ›Einheit von Theorie und Praxis‹. Indem McCarthy eine »entwicklungslogische Rekonstruktion der Gattungsgeschichte« als »theoretische *Grundlage* für die kritische Selbstreflexion« bezeichnet – und damit von der Selbstreflexion als solcher abgrenzt –,[121] gibt er zu verstehen, dass eine solche Geschichtsanalyse den Status einer mit ›rekonstruktiven‹ Elementen angereicherten empirischen Theorie hat. McCarthy zieht somit Habermas' Anspruch in Zweifel, der »gleichzeitig empirisch und rekonstruktiv« angelegte Theorietypus der *Theorie des kommunikativen Handelns (TkH* II 587) bewege sich gegenüber deskriptiv-explanatorischen soziologischen Theorien in einer qualitativ anderen Dimension.

Das Gewicht der Kritik McCarthys wird daran deutlich, dass sich unter den Theorietyp einer einerseits systemisch bzw. entwicklungslogisch, andererseits ideologiekritisch orientierten Gesellschafts- und Geschichtstheorie, den er gegenüber der *Theorie des kommunikativen Handelns* – im Rekurs auf Habermas' *Erkenntnis und Interesse* – anmahnt, die von Rousseau zu Marx und Engels hinführende Traditionslinie subsumieren lässt, deren selbstreflexiver Status sich von der empirischen Wissenschaft in der Tat kategorial unterscheidet. Eine Schlüsselrolle kommt hierbei Rousseaus fiktiver Schilderung der Staatsgründung im *Diskurs über die Ungleichheit* zu (s. o. S. 120 ff., 159 ff.). Darin sind drei Aspekte miteinander verknüpft: (1) Rous-

---

[118] Ebd. S. 307. S. o. S. 13 f., 51.

[119] Ebd. S. 604.

[120] Vgl. *TkH* II 522: »An die Stelle des ›falschen‹ tritt heute das *fragmentierte* Bewusstsein […] Statt der Ideologiekritik zu dienen, hätte sie [= die kritische Gesellschaftstheorie] die kulturelle Verarmung und Fragmentierung des Alltagsbewusstseins zu erklären«.

[121] McCarthy: *Kritik der Verständigungsverhältnisse*, S. 307 (Hervorh. von mir).

seau formuliert hiermit seine Position zum »Hobbes'schen Problem« (Parsons), wie die Herausbildung und Aufrechterhaltung stabiler Sozialstrukturen zu erklären ist: Die aus der Arbeitsteilung und der Tauschwirtschaft entspringenden, aufgrund von Rückkopplungseffekten zwischen sozioökonomischen und sozialpsychologischen Prozessen zur Eskalation tendierenden Konfliktstrukturen zwingen zum Aufbau einer zentralen Staatsmacht auf der Basis gemeinschaftlich reklamierter Solidaritätsprinzipien. (2) Indem Rousseau für seine Schilderung der Staatsgründung paradigmatische Bedeutung in Anspruch nimmt, vertritt er die These, dass in allen historischen Gesellschaften der reklamierte Wertekonsens von der ›herrschenden Klasse‹ – deren Machtinteressen sozialpychologisch erklärbar sind – ideologisch instrumentalisiert worden ist, was sich in inkohärenten normativen Selbstbeschreibungen der Führungsschicht manifestiert, wobei die Bevölkerungsmehrheit diese Inkohärenzen jedoch nicht durchschaut hat. Rousseaus Darstellung der Staatsgründung schließt die Unterstellung der »Unterdetermination« historischer Prozesse im Sinne von Luhmanns Begriff der »Kontingenzkausalität« ein:[122] Das Aufdecken ideologischer Inkohärenzen hätte die Möglichkeit alternativer Geschichtsverläufe eröffnet. (3) Rousseau folgert aus seiner Rechtfertigung der ethischen Freiheitsunterstellung mittels der selbstreflexiven Textstruktur des *Diskurses über die Ungleichheit* – womit sich dessen Teilnehmerperspektive konstituiert –, dass man in Bezug auf gegenwärtige Ideologien (als deren Modell seine Darstellung der Staatsgründung fungiert) nicht dabei stehen bleiben kann, das Verhalten ihrer Urheber bzw. Nutznießer sozialpsychologisch zu erklären, sondern berechtigt und zugleich verpflichtet ist, sie für Täuschungen bzw. Selbsttäuschungen und deren herrschaftsstabilisierende Konsequenzen verantwortlich zu machen. In diesem Sinne intendiert er mit seiner Darstellung der Staatsgründung eine – mit Luhmann zu sprechen – »Re-Possibilisierung« der herrschenden Verhältnisse,[123] wobei er allerdings durch den bewussten Einsatz argumentativer Inkohärenzen und sprachlicher Mehrdeutigkeiten zu verstehen gibt, dass über die Erfolgsaussichten seines emanzipatorischen Anliegens nicht im Vorhinein entschieden werden kann.

Herder löst die in Rousseaus Schilderung der Staatsgründung enthaltene Unterstellung, dass in allen Gesellschaften tiefgreifende

---

[122] Luhmann: »Evolution und Geschichte«, S. 157.
[123] Ebd. S. 164.

Inkohärenzen normativer Selbstbeschreibungen aufweisbar sind, mit seinen historischen Detailanalysen, die die ›Geschichte des falschen Bewusstseins‹ nachzeichnen, empirisch ein. Indem er aus seiner Rekonstruktion der Entwicklungslogik des moralisch-praktischen Bewusstseins und seiner Analyse der systemstabilisierenden Funktion kulturspezifischer Vorurteile den Schluss zieht, dass die Einsicht in tiefgreifende Inkohärenzen normativer Selbstbeschreibungen bis ins Mittelalter hinein durch kausal bzw. systemfunktional erklärbare Reflexionsdefizite versperrt wurde, revidiert er die These Rousseaus, Täuschungsabsichten der ›herrschenden Klasse‹ seien von Anfang an als die primäre Ursache der ideologischen Verzerrung normativer Selbstbeschreibungen anzusehen; hiermit verwirft er zugleich die Annahme einer durchgängigen »Unterdetermination« des Geschichtsprozesses. Herder bekräftigt jedoch Rousseaus Intention einer »Re-Possibilisierung« der herrschenden Verhältnisse durch die Ideologiekritik: Herders Rekonstruktion der normativen Entwicklungslogik führt zu dem Resultat, dass in der Gegenwart ein Entwicklungsniveau erreicht ist, auf dem die (Re-) Produktion ideologischen Scheins zu moralischer Kritik herausfordert.

Marx und Engels sehen in der von Rousseau paradigmatisch geschilderten Verbrämung der Partikularinteressen ökonomisch-politischer Führungsschichten als Allgemeininteressen das Grundmuster der Ideologie, wobei sie allerdings – durch die Rede von den »heiligen Schauer[n] der frommen Schwärmerei« und »ritterlichen Begeisterung« im Feudalismus (*MW* II 820) – den ›herrschenden Klassen‹ religiös geprägter Gesellschaften die subjektive Überzeugung konzedieren, vorgegebenen Pflichten nachzukommen; hiermit nähern sie sich der Position Herders an. Die von Herder geschilderten gegenläufigen Tendenzen seiner Gegenwart – die aufkeimenden aufklärerischen Ideen der »Freiheit, Geselligkeit und Gleichheit« drohen vom »System des Handels« instrumentalisiert und absorbiert zu werden (*AP* 74f., 100) – haben sich gemäß Marx' und Engels' Gegenwartsdiagnose dahingehend fortentwickelt, dass die kapitalistische Führungsschicht auf der einen Seite eine unumschränkte Machtstellung errungen hat und rücksichtslos nutzt, durch die hiermit einhergehende Verelendung der Arbeiter (infolge der Auflösung des handwerklichen Mittelstands) und die offenkundige Instrumentalisierung der Menschenrechtsidee durch die Bourgeosie auf der anderen Seite aber die Voraussetzungen dafür geschaffen sind, dass »Bourgeoisideologen«, die mit ihren Standesgenossen brechen und als Avantgarde des Proletariats in den politischen Kampf eingreifen, ein revolutionäres Bewusstsein wecken können (*MW* II 825). Da die normative Selbstbeschreibung der kapitalistischen Führungsschicht den Charakter der »handgreiflichen Lüge« angenommen hat (*MW* II 72 f.), bedarf es keiner elaborierten Ideologiekritik im Sinne der Junghegelianer; Marx und Engels sehen vielmehr ihre primäre Aufgabe darin, der Gefahr einer resignativen Abstumpfung der Proletarier, die um ihre nackte Existenz kämpfen, entgegenzuwirken, indem sie in der Analyse historischer Umbruchsituationen eine Interpretation der Gegenwart als Krisenepoche, die auf eine Entscheidungssituation zutreibt, verankern. Engels hebt mit seiner Feststellung, der »Kommunismus, soweit er theoretisch ist«, sei die »theoretische Zusammenfassung der Bedingungen der Befreiung des Proletariats«,[124] hervor, dass die historischen Untersuchungen, die er gemeinsam mit Marx durchführt, die Funktion haben, die argumentative Basis für Hypothesen über den spezifischen Möglichkeitshorizont der aktuellen geschichtlichen Situation bereitzustellen.

Eine Analyse der gegenwärtigen Gesellschaft, die tiefgreifende Inkohärenzen normativer Selbstinterpretationen aufdeckt, ist insofern als ›Einheit von Theorie und Praxis‹ zu werten, als solche Inkohärenzen Kritik provozieren – wenn man davon ausgehen kann, dass sie für ihre Urheber durchschaubar sind. McCarthys programmatische Bewertung einer »entwicklungslogische[n] Rekonstruktion der Gattungsgeschichte« als »Bereicherung der theoretischen Basis« einer ideologiekritisch orientierten Gesellschaftsanalyse[125] lässt sich auf Herders Rezeption des ideologiekritischen Anliegens von Rousseaus *Diskurs über die Ungleichheit* applizieren: Herder unterstreicht mit seiner – der Beobachterperspektive zuzuordnenden – Rekonstruktion der Geschichte des moralischen Bewusstseins[126] Rousseaus Annahme, dass die normative Kritik ideologischer Inkohärenzen in der Gegenwart legitim ist und die Chance auf eine Veränderung der gesellschaftlichen Verhältnisse eröffnet. Dieselbe argumentative Funktion hat die – ebenfalls in der Beobachterperspektive verortete – Feststellung Marx' und Engels', dass die Inkohärenz der

---

[124] Engels: *Die Kommunisten und Karl Heinzen*, S. 321 f. S. o. S. 312.

[125] McCarthy: *Kritik der Verständigungsverhältnisse*, S. 307.

[126] Die Zugehörigkeit seiner Rekonstruktion zur Beobachterperspektive ergibt sich aus dem »naturgesetzlichen« Duktus seiner Lebensalter-Analogie (Maurer: »Die Geschichtsphilosophie des jungen Herder in ihrem Verhältnis zur Aufklärung«, S. 149).

Selbstinterpretationen der ›herrschenden Klasse‹ beim Übergang vom Feudalismus zum Kapitalismus ›handgreiflich‹ geworden ist. Auf diese Weise gewinnt das ›Scharnier‹ zwischen der Teilnehmer- und der Beobachterperspektive in der von Rousseau begründeten Tradition kritischer Gesellschaftstheorie eine zusätzliche argumentative Stütze: Wenn es Grund zu der Annahme gibt, dass die Inkohärenz normativer Selbstbeschreibungen für die Zeitgenossen durchschaubar ist, schlägt eine in der Beobachterperspektive vorgetragene Analyse der gegenwärtigen Gesellschaft, die solche Inkohärenzen aufdeckt, in dem Augenblick in eine Gesellschaftskritik um, in dem die Teilnehmerperspektive durch die selbstreflexive Rechtfertigung der Freiheitsunterstellung im Sinne Rousseaus konstituiert ist; auf diesen Perspektivenwechsel weist Rousseau im *Diskurs über die Ungleichheit* durch die Doppeldeutigkeit zentraler Textpassagen, Herder in *Auch eine Philosophie der Geschichte* mit dem Stilmittel der Ironie hin (s. o. S. 120 ff., 130 f., 197 f.).

Während in diesen beiden Texten – ebenso wie in den Frühschriften von Marx und Engels – die Entscheidungsmöglichkeiten bzw. Handlungsspielräume der Adressaten das Thema der Teilnehmerperspektive bilden (wodurch sich diese kategorial von der kausalen Beobachterperspektive unterscheidet), kommt dem Begriff der Handlungsmöglichkeit keine systematische Schlüsselrolle für die Teilnehmerperspektive von Habermas' *Theorie des kommunikativen Handelns* zu; darin steht vielmehr die (bei Herder in der Beobachterperspektive verortete) Rekonstruktion der historischen Rationalisierung der den »Systembestand« von Gesellschaftsformationen »definierenden Strukturmuster« von Weltbildern und Normenkodices im Zentrum (*TkH* II 223). Die Teilnehmerperspektive des Buches hat damit einen deskriptiv-explanatorischen Duktus: Sie leistet in erster Linie einen Beitrag zur Klärung des »Hobbes'schen Problems«, wie »soziale Ordnung möglich« ist, das die Leitfrage des Buches ausmacht (*VE* 571, s. o. S. 340) und laut Habermas' Aufsatzband *Zur Rekonstruktion des Historischen Materialismus* von der soziologischen Systemtheorie nur in einer verkürzenden Perspektive, die zu »Erklärungsverzichte[n]« zwingt, thematisiert werden kann.[127] Die *Theorie des kommunikativen Handelns* hält zwar insofern am Anspruch der ›Einheit von Theorie und Praxis‹ fest, als sie die »Pathologien« der Moderne in ›therapeutischer‹ Absicht diagnostiziert; da

---

[127] Habermas: »Geschichte und Evolution«, S. 234. S. o. S. 380.

Habermas davon ausgeht, dass an die Stelle des »falschen« das
»*fragmentierte* Bewusstsein« getreten ist (*TkH* II 522), besteht die
anvisierte ›Therapie‹ aber vorrangig in einem Kommunikationsprozess, den die *Theorie des kommunikativen Handelns* nur initiieren,
aber nicht konkret antizipieren kann: der Reintegration der »eingekapselten Expertenkulturen« in die kommunikative Alltagspraxis
(vgl. *TkH* II 232 f., 486); demgegenüber gibt eine ideologiekritisch
orientierte Gesellschaftstheorie, die tiefgreifende Inkohärenzen do-
minierender Selbstinterpretationen aufdeckt, durch ihre Sachanalysen und das Offenlegen der ethischen Maßstäbe, die den Autor
dazu motivieren, in die politische Praxis einzugreifen, der »uto-
pische[n] Perspektive von Versöhnung und Freiheit« (*TkH* II 533)
selber bereits eine konkrete Gestalt.[128]

---

[128] Einen ideologiekritischen Aspekt gewinnt die Gegenwartsdiagnose der *Theorie des
kommunikativen Handelns* durch Habermas' Feststellung, dass die »Selbstdarstellung
der politischen Eliten in der Öffentlichkeit« von den realen Entscheidungsprozessen, in
die sie eingebunden sind, »weitgehend entkoppelt« ist – womit er ihnen Unaufrichtigkeit vorwirft (*TkH* II 509). Die Rede vom »Spiel der Metropolen und des Weltmarktes«
als der bestimmenden Macht der modernen ›Globalzivilisation‹ (*TkH* II 522) changiert
damit zwischen Deskription und Kritik.

# VII. Luhmanns Kritik an der »humanistischen Tradition«

## 1. Luhmanns *Soziale Systeme* als Gegenentwurf zu Habermas' *Theorie des kommunikativen Handels*

Die Position, die Luhmann in seiner Auseinandersetzung mit Habermas in *Theorie der Gesellschaft oder Sozialtechnologie* bezieht, enthält – wie dessen »Vorbereitende Bemerkungen zu einer Theorie der kommunikativen Kompetenz« (ebd. S. 101–141) – »Denkversprechen«.[1] Luhmann formuliert das Programm, den »Begriff des Diskurses bei Habermas systemtheoretisch nach[zu]konstruieren«, um auf diese Weise nachzuweisen, dass er nicht als Ausgangspunkt gesellschaftswissenschaftlicher Analysen fungieren kann, die Soziologie vielmehr konsequent systemtheoretisch vorgehen muss, wenn sie ihrem Anspruch auf Wissenschaftlichkeit gerecht werden will:[2] »Damit entscheidet sich viel, fast alles.«[3] Luhmann hat dieses Programm in *Theorie der Gesellschaft oder Sozialtechnologie* nur in ersten Ansätzen (»Systemtheoretische Argumentationen«, S. 316 ff.) und in *Soziale Systeme* methodisch konzise ausgeführt. Der theoretische Rahmen, innerhalb dessen Luhmann den Diskurs als einen notwendigen, jedoch defizienten Modus der Selbstinterpretation sozialer Systeme rekonstruieren will, wird durch die Forderung vorgezeichnet, die er in *Theorie der Gesellschaft oder Sozialtechnologie* kritisch gegen Parsons wendet: in einer stringent argumentierenden Systemtheorie müssten »sämtliche Begriffe, die man benutzt, funktionalisiert« werden.[4] Luhmann zeichnet in *Soziale Systeme* die Evolution eines gesellschaftlichen Grundgerüsts als eigendynamischen Prozess nach, der durch die von Parsons beschriebene Situation »doppelter Kontingenz« (s. o. S. 26) angestoßen wird. Das Problem der doppelten

---

[1] Luhmann: »Systemtheoretische Argumentationen«, S. 384.
[2] Ebd. S. 292.
[3] Ebd.
[4] Luhmann; »Moderne Systemtheorien als Form der gesamtgesellschaftlichen Analyse«, S. 15.

Kontingenz enthält nach Luhmann in sich bereits den Schlüssel zu seiner Lösung. Die in *Soziale Systeme* entwickelte Theorie ist in dem Sinne »auf dem Problembegriff der doppelten Kontingenz aufgebaut«,[5] dass sie ihr begriffliches Instrumentarium im Ausgang von diesem Problembegriff generiert; in diesem Sinne wird es von Luhmann »funktionalisiert«.

Um dieses Programm an die System/Umwelt-Differenz als den »Ausgangspunkt jeder systemtheoretischen Analyse«[6] anzubinden, greift Luhmann in *Soziale Systeme* die Formel der »Reduktion der äußeren Weltkomplexität« als zentraler Ordnungsleistung des Systems auf,[7] die im Zentrum seiner frühen Arbeiten steht (s. o. S. 39 f.). Der Aufbau interner Ordnungsstrukturen befähigt Systeme zur Stabilisierung der systemkonstitutiven Innen/Außen-Differenz, die durch die »Weltkomplexität«, d. h. die unkontrollierbare Variabilität der Umweltbedingungen, beständig bedroht ist, und ermöglicht zugleich die Selektion des Inputs aus der Umwelt, der für die Entnahme überlebenswichtiger Ressourcen relevant ist.[8] Die Umwelt ist in der »Information«, die Systeme vermittels ihrer »Selektionsstrategien« über sie gewinnen, als »systemrelativer Sachverhalt« präsent:[9] »Daher ist die Umwelt eines jeden Systems eine verschiedene«[10] Diese Feststellung wird von einem Standpunkt aus getroffen, der es erlaubt, die Umweltbezüge verschiedener Systeme miteinander zu vergleichen und ihre Differenz zu konstatieren. Luhmann ordnet diesem Standpunkt die Figur des »Beobachters« zu.[11] Demnach muss zwischen der »System/Umwelt-Differenz, wie sie im System selbst verwendet wird«, und der »System/Umwelt-Differenz aus der Perspektive eines Beobachters« unterschieden werden.[12] Durch die systeminterne Repräsentation des Bezugs von System und Umwelt in Gestalt der Information gewinnen Systeme eine selbstreferentielle Struktur.[13]

Im Ausgang von der Problemsituation doppelter Kontingenz

[5] *Soziale Systeme*, S. 154.
[6] Ebd. S. 35.
[7] *Zweckbegriff und Systemrationalität*, S. 175 f.; *Soziale Systeme*, S. 47.
[8] *Soziale Systeme*, S. 46 ff.; *Zweckbegriff und Systemrationalität*, S. 175.
[9] *Soziale Systeme*, S. 25, 48, 249.
[10] Ebd. S. 249.
[11] Ebd. S. 25.
[12] Ebd.
[13] Ebd.

will Luhmann die Genese des »Sinnes« als des ›Mediums‹ menschlichen Erlebens und Handelns rekonstruieren. Er führt diesen Begriff in »Form einer phänomenologischen Beschreibung« ein:

»Das Phänomen Sinn erscheint in Form eines Überschusses von Verweisungen auf weitere Möglichkeiten des Erlebens und Handelns. Etwas steht im Blickpunkt, im Zentrum der Intention, und anderes wird nur marginal angedeutet als Horizont für ein Und-so-weiter des Erlebens und Handelns.«[14]

»Sinn« konstituiert sich demnach durch den wechselseitigen Bezug »von gerade Aktuellem und Möglichkeitshorizont«.[15] Luhmann betont, dass die Begriffe, mittels derer er das Phänomen des Sinnes charakterisiert, »Elemente bzw. Strukturen« bezeichnen, »die sowohl zu psychischen als auch zu sozialen Strukturen aufgeordnet werden können.«[16] Der »Sinn« ist eine »evolutionäre Errungenschaft«, die sich im Zuge der »Co-Evolution« beider Systemarten herausgebildet hat: »Die jeweils eine Systemart ist notwendige Umwelt der jeweils anderen. […] Personen können nicht ohne soziale Systeme entstehen und bestehen, und das gleiche gilt umgekehrt.«[17] Psychische Systeme konstituieren sich auf der Basis eine »Bewusstseinszusammenhanges«, soziale Systeme auf der Basis eines »Kommunikationszusammenhanges«.[18]

Luhmann will in *Soziale Systeme* nachweisen, dass die Problemsituation doppelter Kontingenz einen eigendynamischen Prozess in Gang setzt, der die Binnenkomplexität des Sinnes generiert und auf diese Weise die Unbestimmtheit dieser Problemsituation reduziert – so dass es keinen Anlass gibt, zur Erklärung der Stabilität sozialer Strukturen nach Faktoren Ausschau zu halten, die nicht schon in der Problemsituation selbst implizit enthalten sind. Luhmann bedient sich hierbei der methodischen Fiktion einer archetypischen Begegnung von »Ego und Alter«, die füreinander zunächst »black boxes« sind, an einem imaginären »Nullpunkt« der Co-Evolution psychischer und sozialer Systeme; die Termini »Ego« und »Alter« sind gegenüber der Differenz beider Systemarten neutral.[19] Die Bedeutung dieser Termini muss unbestimmt bleiben, da Luhmann

---

[14] Ebd. S. 93.
[15] Ebd. S. 100.
[16] Ebd. S. 93, Anm. 3.
[17] Ebd.
[18] Ebd.
[19] Ebd. S. 152 ff., 217.

den Anspruch erhebt, mittels seiner Beschreibung einer Ursituation doppelter Kontingenz das »Sinnprozessieren« als gemeinsame Wurzel psychischer und sozialer Systeme rekonstruieren zu können und hiermit zugleich einen Grundzug jeder Interaktion von Individuen und sozialen Gruppen zu erfassen.[20]

Luhmann wendet sich mit seiner These, dass die Co-Evolution psychischer und sozialer Systeme im Sinnprozessieren wurzelt, gegen »jede substantialisierte Auffassung von Individuen oder Akteuren, die als Träger bestimmter Eigenschaften die Bildung sozialer Systeme ermöglichen«; die Ausdrücke »Ego« und »Alter« bezeichnen somit in Luhmanns Beschreibung der Ursituation doppelter Kontingenz keine »voll konkretisierte[n] Existenzen«.[21] Die Interaktionspartner können in ihrer archetypischen Begegnung einen gemeinsamen Lernprozess in Gang setzen, indem sie sich gegenseitig sowohl »Indeterminiertheit« als auch »Determinierbarkeit« zuschreiben:

»Selbst wenn sie selbst ›blind‹ operieren, fahren sie im Verhältnis zueinander besser, wenn sie sich wechselseitig Determinierbarkeit im System/Umwelt-Verhältnis unterstellen und sich daraufhin beobachten. Der Versuch, den anderen zu berechnen, würde zwangsläufig scheitern. Mit dem Versuch, ihn aus seiner Umwelt heraus zu beeinflussen, kann man Glück haben und Erfahrungen sammeln. Die Unberechenbarkeit wird mit Freiheitskonzessionen aufgefangen [...] Das, was sie beobachten, können sie durch eigenes Handeln zu beeinflussen versuchen, und am feedback können sie wiederum lernen. Auf diese Weise kann eine emergente Ordnung zustande kommen [...] Wir nennen diese emergente Ordnung soziales System.«[22]

Der Aspekt der »Determinierbarkeit« kommt dadurch ins Spiel, dass beide Partner die Erfahrung machen, durch eigenes Handeln bestimmte Reaktionen ihres Gegenüber hervorrufen zu können – wobei sie aber zugleich feststellen, dass dessen Verhalten nicht vollständig vorhergesagt werden kann. Das Moment der »Indeterminiertheit« von Alter schlägt auf einen selbst zurück – indem man

---

[20] Ebd. S. 100, 152 ff. Da Luhmanns Beschreibung einer solchen Ursituation als Erklärungsmodell für Prozesse, die in jeder Interaktion ablaufen, fungiert, wird der Erklärungsanspruch dieses Modells durch den Einwand nicht entkräftet, dass es »Reinzustände doppelter Kontingenz« insofern »nie gegeben hat«, als Interaktionspartner einander niemals »ohne jede Voraussetzung, ohne irgendwelche Erwartungen« begegnen und in diesem Sinne füreinander »black boxes« sind (ebd. S. 186). S. u. S. 392, Anm. 28.

[21] Ebd. S. 100, 153, 155.

[22] Ebd. S. 156 f.

mit der Tatsache konfrontiert wird, dass man durch unerwartete Verhaltensweisen anderer zu unvorhergesehenen eigenen Reaktionen
provoziert werden kann. Diese Erfahrungen verlangen nach einer
»Unsicherheitsabsorption«.[23] Um das Risiko herabzusetzen, dass
überraschende Verhaltensweisen anderer unkontrollierte eigene Reaktionen hervorrufen, muss man sich vorab Antworten auf ihre
vielfältigen Verhaltensmöglichkeiten überlegen. Im hierdurch motivierten Entwurf eines verzweigten Möglichkeits-, d. h. Zukunftshorizontes gewinnt die Kontingenzerfahrung »strukturbildende
Bedeutung«.[24] Auf diese Weise wird das Phänomen des Sinnes generiert.[25] Luhmann sieht in einer solchen »Transformation von Zufäl-
len in Strukturaufbauwahrscheinlichkeiten« die »konditionierende«
Wirkung der Kontingenzerfahrung.[26] Die Quintessenz seiner Beschreibung einer archetypischen Begegnung von Ego und Alter besteht in der These, dass »Ordnung so gut wie zwangsläufig entsteht,
wo immer doppelte Kontingenz erfahren wird«,[27] dass also die Erfahrung fremder und eigener Unberechenbarkeit – die wir in jeder Interaktion machen können – stets eine eigendynamische Evolution von
Erwartungshorizonten und damit die Aus- bzw. Umbildung psychischer und sozialer Strukturen in Gang setzt; in diesem Sinne fungiert jene Beschreibung als Erklärungsmodell für das Sinnprozessieren im Ganzen.[28]

Durch die Ausbildung eines Zukunftshorizontes konstituiert
sich das spezifisch menschliche Bewusstsein.[29] Psychische Systeme
entwickeln sich demnach im Rahmen der »doppelkontingenten« Interaktion – bzw. »Kommunikation« – von Ego und Alter.[30] Indem
Luhmann zugleich betont, dass sich Kommunikation auf der Basis
eines »Bewusstseinszusammenhanges« vollzieht,[31] macht er auf das
Abgrenzungskriterium menschlicher Verständigung von der Signalsprache von Tieren aufmerksam:

---

[23] Ebd. S. 158.
[24] Ebd. S. 154.
[25] Vgl. ebd. S. 100, 158 f.
[26] Ebd. S. 170 f.
[27] Ebd. S. 176.
[28] Da diese These jederzeit empirisch überprüft werden kann, wird der wissenschaftliche Anspruch der Systemtheorie Luhmanns durch seinen Rückgriff auf die methodische
Fiktion eines »Nullpunkt[s] der Evolution« nicht beeinträchtigt.
[29] Ebd. S. 362.
[30] Vgl. ebd. S. 92, 154 f., 159.
[31] Ebd. S. 40, 92.

»Der Kommunikationsprozess kann in sich auf sich selbst reagieren; er kann Gesagtes wiederholen, ergänzen, revidieren; er lässt
Rede und Gegenrede zu; er kann reflexiv werden, indem er sich selbst
als Kommunikationsprozess behandelt.«[32]

Man kann Kommunikation »reflexiv nur handhaben (zum Beispiel bestreiten, zurückfragen, widersprechen)«, »wenn sich feststellen lässt, wer kommunikativ gehandelt hatte«.[33] Die Teilnehmer von
Kommunikationsprozessen schreiben sich in der gemeinsamen Reflexion auf den Bedeutungs- bzw. Wahrheitsgehalt ihrer jeweiligen
Äußerungen gegenseitig – zumindest implizit – ein Bewusstsein und
einen Willen zu. Diese Zuschreibung – mit der sie sich wechselseitig
als Diskurspartner anerkennen – bezieht ihr Verhalten im Ganzen
ein, als dessen verantwortlichen Urheber sie sich fortan betrachten.
»Ego und Alter« werden damit »für Zurechnungszwecke perso-
nalisiert«.[34] Hiermit werden die »Freiheitskonzessionen«, die sie einander in der Ursituation der doppelten Kontingenz aufgrund der
Unberechenbarkeit des jeweils anderen machen, konsensuell festgeschrieben; zugleich erklären es die Diskurspartner für legitim, einander für ihre Taten zur Rechenschaft zu ziehen. Der Moral, die
allgemeine Regeln für die Verteilung von »Achtung« und »Missachtung« – bzw. Lohn und Strafe – aufstellt, kommt eine unentbehrliche
Funktion bei der Etablierung sozialer Strukturen zu: Sie verhilft dazu, die »Komplexität von doppelkontingenten Ego/Alter-Beziehun-
gen« unter Kontrolle zu halten, indem sie die Unberechenbarkeit
der Sozialpartner eindämmt.[35]

Luhmann kennzeichnet »soziale Strukturen« als »Erwartungs-
strukturen«.[36] Er verankert die grundlegende »Unterscheidung von
kognitivem und normativem Erwartungsstil« in der Ursituation doppelter Kontingenz: »Jeder fungiert […] als Handelnder und als Beobachter und gibt beide Positionen in den Kommunikationsprozess
ein.«[37] Das Interesse des Beobachters gilt Ursache-Wirkungs-Zusam-
menhängen; es wird durch die Erfahrung der »Determinierbarkeit«

---

[32] Ebd. S. 213.
[33] Ebd. S. 241.
[34] Ebd. S. 125.
[35] Ebd. S. 320.
[36] Ebd. S. 397. Vgl. ebd. S. 219: »Man hat den Prozess soziokultureller Evolution zu
begreifen als […] Konsolidierung von Erwartungen, um die herum die Gesellschaft
dann ihre sozialen Systeme bildet.«
[37] Ebd. S. 398, 468.

von Alter geweckt. Diese Position wird zum sozialen Subsystem der kausal erklärenden Wissenschaft ausgestaltet. Die Position des Handelnden wird in den Kommunikationsprozess dadurch eingegeben, dass sich Ego und Alter über ihre Handlungsintentionen verständigen, was damit einhergeht, dass sie sich für ihre Taten haftbar machen. Hieraus entspringen die sozialen Subsysteme »Moral« und »Recht«. Die Subsysteme – bzw. »Kommunikationsmedien« – »Wissenschaft« und »Moral« bzw. »Recht« stabilisieren jeweils Erwartungshorizonte und geben Strategien für den Umgang mit »Erwartungsenttäuschung[en]«, d. h. »Störung[en]«, an die Hand.[38] Die wiederholte Enttäuschung kognitiver Erwartungen zwingt zu deren »lernende[r] Anpassung« an die Umweltgegebenheiten.[39] Dagegen werden normative Erwartungen im Enttäuschungsfall in der Regel zunächst unter Androhung von Sanktionen aufrechterhalten; eine Änderung wird meist erst dann in Betracht gezogen, wenn ein normativer Dissens zu eskalieren droht.[40] Die Strategien, die die Kommunikationsmedien »Wissenschaft« und »Moral« bzw. »Recht« für den Umgang mit Störungen vorzeichnen, dienen jeweils der »Selektion von erfolgreichen Strukturen«: im einen Fall dem »Wissensgewinn«, im anderen der Sicherung einer funktionsfähigen sozialen Ordnung.[41]

Die Etablierung der sozialen Subsysteme »Moral« und »Recht« schlägt sich in den »Selbsterwartungen« der Individuen nieder: Sie internalisieren im Verlauf der Erziehung die »Verhaltenserwartungen« ihres sozialen Umfeldes.[42] Indem sie sich als Urheber zurechenbarer Taten betrachten, »identifizieren« sie sich als »Personen«.[43]

Luhmann bestimmt »Kommunikation« als »Einheit der Diffe-

---

[38] Ebd. S. 222, 397.
[39] Ebd. S. 504.
[40] Ebd. S. 437, 506 f.
[41] Ebd. S. 407, 408 f., 504 ff.
[42] Ebd. S. 326, 429 f.
[43] Ebd. – Zu Luhmanns dezidierter These, dass psychische und soziale Systeme »im Wege der Co-Evolution« entstanden sind (ebd. S. 92), steht seine Aussage, »Personen als Bewusstseinsträger« lägen der Genese sozialer Systeme »zu Grunde« (ebd. S. 244) in einem ungeklärten Spannungsverhältnis (vgl. Habermas: *Der philosophische Diskurs der Moderne.* Frankfurt a. M. 1985. S. 437 f., Anm. 27). Ein offener Widerspruch lässt sich vermeiden, indem man die Rede von »Personen als Bewusstseinsträger[n]« an der zuletzt zitierten Stelle dahingehend interpretiert, dass Ego und Alter bereits in ›Ursituationen‹ der doppelten Kontingenz über die Fähigkeit, aus Erfahrungen zu lernen, und in diesem Sinne über ein rudimentäres Bewusstsein verfügen müssen.

renz von Handlung und Beobachtung«.[44] Dies ist eine Kurzformel der (empirisch überprüfbaren) These, dass seine Beschreibung einer archetypischen Situation doppelter Kontingenz das Grundmuster der in jedem Interaktionsprozess erforderlichen »Unsicherheitsabsorption« enthält, dass es also in jeder Interaktion, die nicht sofort abgebrochen wird, zu einer – durch die Erfahrung doppelter Kontingenz angestoßenen – eigendynamischen Etablierung und Stabilisierung kognitiver wie auch normativer Erwartungen kommt.

Die Co-Evolution psychischer und sozialer Systeme lässt sich mittels des Begriffs der »Autopoiesis« konkretisieren, den Luhmann von Maturana übernimmt.[45] »Autopoiesis« wird in *Soziale Systeme* dahingehend definiert, dass »die Elemente, aus denen das System besteht, durch das System selbst als Einheiten konstituiert werden«.[46] So verdanken etwa die ›Bausteine‹ von Organismen – die Zellen – ihre Einheit in dem Sinne dem System, dass ihre chemische Struktur nur innerhalb des Gesamtorganismus generiert und erhalten werden kann. Insoweit Systeme ihre Elemente als Einheiten allererst konstituieren – wobei deren »›Unterbau‹ als Energie, Material, Information« durchaus »hochkomplex« sein kann (wie etwa im Fall von Organismen) –, geht die Systembildung mit der »Emergenz einer neuen Realitätsebene« einher.[47] In diesem Sinne hat das Konzept der Autopoiesis einen evolutionären Grundzug. Luhmann wendet es in der Weise auf soziale Systeme an, dass er »Einzelkommunikation[en]« als die »Element[e]« sozialer Systeme und die Kommunikation als deren »basale[n] Prozess« bestimmt, der diese Elemente konstituiert.[48] Luhmann definiert ein »Elementarereignis von Kommunikation« als deren »kleinste noch negierbare Einheit«.[49] Dessen Konstitution erfolgt in zwei Schritten. Der erste besteht in der – zustimmenden oder ablehnenden – Reaktion des Adressaten einer Äußerung (wobei sich die Ablehnung auch im Ignorieren ausdrücken kann): Kommunikation kommt erst durch eine solche Reaktion zustande; eine Äußerung, die ungehört verhallt, kann nicht als

---

[44] Ebd. S. 470.
[45] Vgl. Humberto Maturana: *Erkennen. Die Organisation und Verkörperung von Wirklichkeit.* Braunschweig 1982.
[46] Luhmann: *Soziale Systeme*, S. 61. Vgl. ebd. S. 43.
[47] Ebd. S. 61, 658.
[48] Ebd. S. 192, 199.
[49] Ebd. S. 212.

kommunikatives Ereignis gewertet werden.[50] Luhmann betont, dass der Kommunikationsprozess, »um sich selbst steuern«, d. h. Störungen in Gestalt von Missverständnissen oder Dissens identifizieren und ausräumen zu können, das »Mitteilen [...] als Handeln auffassen« muss: Indem die Gesprächspartner zu Rückfragen oder Einwänden Stellung nehmen, etabliert sich durch die konsensuelle »Zurechnung« von Sprechakten als intendierter Äußerungen eine »Selbstbeschreibung« des Kommunikationsprozesses als Handlungsprozess.[51] Sie hat den Charakter einer »Selbstsimplifikation«: Sie blendet die in jeder Interaktion latent wirkende Eigendynamik aus und »reduziert« damit die »Komplexität« des kommunikativen Geschehens.[52] Mit der Formulierung, dass der Kommunikationsprozess hierbei »in Handlungen dekomponiert« wird,[53] weist Luhmann darauf hin, dass die Etablierung einer solchen Selbstbeschreibung den zweiten – abschließenden – Schritt der ›autopoietischen‹ Konstitution der »Elementarereignis[se] von Kommunikation« als abgrenzbarer Einheiten bildet: Durch Rückfragen oder Einwände werden einzelne Sprechakte aus dem Fluss der Kommunikation herausgehoben und als Einheiten fixiert.[54]

Die – für die Steuerung des Gesprächsverlaufs »unerlässliche« – Selbstsimplifikation des kommunikativen Geschehens prägt das Selbstverständnis der Kommunikationspartner, d. h. ihr psychisches System: Sie »glauben« aufgrund der (unumgänglichen) »Selbstzurechnung« der Elementarereignisse von Kommunikation, Personen zu sein, deren Handlungen als Willensäußerungen zu werten sind.[55] Jede »Zurechnung des Handelns auf konkrete Einzelmenschen« hat – so Luhmann – den Charakter einer »verkürzten, vereinfachten« Beschreibung des »Verhaltensfluss[es]«, insofern hierbei von den kausalen Verflechtungen und eigendynamischen Strukturen von Interaktionsprozessen abstrahiert wird.[56] Er bezeichnet es ein »unrealistisches Verhalten«, welches »nur mit einem Bedarf für Reduktion von Komplexität erklärt« werden könne, dass »alltagswelt-

---

50 Ebd.
51 Ebd. S. 193, 212, 240 f.
52 Ebd. S. 191, 193.
53 Ebd. S. 193.
54 Vgl. ebd. S. 228: »Was eine Einzelhandlung ist, lässt sich [...] nur aufgrund einer sozialen Beschreibung ermitteln.«
55 Ebd. S. 159, 191.
56 Ebd. S. 227 ff.

lich Handeln auf Individuen zugerechnet wird«.[57] In diesem Sinne betrachtet er die wechselseitige Anerkennung der Kommunikationsteilnehmer als Diskurspartner als eine zwar systemfunktional notwendige, aber zugleich defiziente Form der Selbstinterpretation sozialer Systeme.[58]

Luhmann rekonstruiert die Co-Evolution psychischer und sozialer Systeme in einer deterministischen Perspektive: Er vertritt die These, dass die doppelte Kontingenz der Ego/Alter-Beziehung die »Emergenz einer neuen Realitätsebene« – der des Sinnes – »erzwingt«.[59] Der deterministische Duktus der in *Soziale Systeme* entwickelten Theorie kommt in der Formel zum Ausdruck: »Notwendigkeit ist nichts anderes als die autopoietische Reproduktion selbst.«[60] Luhmann lässt hiermit das Konzept der »Kontingenkausalität« (s. o. S. 49 f., 123) fallen. Er weist in *Soziale Systeme* allerdings darauf hin, dass menschliches Verhalten niemals vollständig prognostizierbar ist.[61]

Luhmann löst den Anspruch seiner Systemtheorie, »sich selbst als einen ihrer Gegenstände« zu erfassen, d. h. die in ihr praktizierte Gestalt des »Analyse und Erkenntnisverhaltens« rekonstruieren zu können,[62] in der Weise ein, dass er die Position des nach Kausalrelationen forschenden »Beobachters« aus der Ursituation doppelter Kontingenz ableitet (s. o. S. 393). Der Terminus »Beobachter« wird in *Soziale Systeme* als Titel für die methodische Position der Systemtheorie eingeführt, die verschiedene Systemarten (psychische, soziale, biologische usw.) umgreift und damit deren jeweiliges Verhältnis zu ihrer spezifischen Umwelt zueinander in Beziehung setzt.[63] Luhmann gibt mit seiner Feststellung, man müsse zwischen »der System/Umwelt-Differenz, wie sie im System selbst verwendet wird«, und der »System/Umwelt-Differenz aus der Perspektive des Beobachters« unterscheiden, zu verstehen, dass der Standpunkt des sys-

---

[57] Ebd. S. 229.
[58] Vgl. ebd. S. 634: »Soziale Systeme sind zunächst Kommunikationssysteme, sie bauen aber in die selektiven Synthesen der Kommunikation eine Auslegung ›der‹ Kommunikation als Handlung ein und beschreiben sich selbst damit als Handlungssystem.«
[59] Ebd. S. 657 f.
[60] Ebd. S. 395.
[61] Ebd. S. 157.
[62] Ebd. S. 30.
[63] Ebd. S. 19, 25. S. o. S. 389.

temtheoretischen »Beobachters« allen anderen Selbstbeschreibungen der einzelnen Systemarten überlegen sei.[64]

Dieser Anspruch schließt zwei verschiedene Aspekte ein. Der erste – unverfängliche – ist eine direkte Konsequenz der Luhmann'schen Kernthese, dass die Evolution sozialer und psychischer Ordnungsstrukturen und damit auch der Kommunikationsmedien »Wissenschaft« und »Moral« bzw. »Recht« durch die Ursituation doppelter Kontingenz kausal angestoßen wird; der systemtheoretische »Beobachter«, der dies rekonstruiert, nimmt in der Hinsicht einen allen anderen Selbstbeschreibungen überlegenen Standpunkt ein, dass er ihren gemeinsamen kausalen Ursprung aufdeckt. Der zweite – weitreichende – Aspekt des mit Luhmanns Figur des Beobachters verknüpften Anspruchs ergibt sich aus seiner Aussage, dass die – für die Kommunikationsmedien »Moral« und »Recht« konstitutive – »Zurechnung des Handelns auf konkrete Einzelmenschen« eine »Selbstsimplifikation« sozialer – und nachfolgend auch psychischer – Systeme einschließt:[65] Luhmann zieht hieraus den Schluss, ein adäquates Verständnis der sozialen Realität und ihres Bezugs zu den Individuen sei nur vom Standpunkt des Beobachters aus möglich, der die komplexe Einbindung sozialer und psychischer Ereignisse in Interaktionszusammenhänge erforscht. Luhmann bekräftigt in *Soziale Systeme* – indem er die individuelle Zurechnung von Einzelhandlungen ein »stark unrealistisches Verhalten« nennt[66] – die These seines Aufsatzes »Systemtheoretische Argumentationen«, »Zurechnung« sei »eine konventionelle, vor allem eine juristische Kategorie der Folgenanknüpfung«.[67]

Luhmann zählt den »verkürzten, vereinfachten« Handlungsbegriff, der moralischen Urteilen zugrunde liegt, zu den »Prämissen« des »klassischen Humanismus«; als dessen exemplarische Vertreter nennt er Rousseau, W. v. Humboldt und Hegel, in *Soziale Systeme* ordnet er auch Marx in diese Tradition ein.[68] Er bezeichnet es als den entscheidenden Differenzpunkt zwischen seiner Systemtheorie und dem »klassischen Humanismus«, dass für diesen das Individuum als »nicht weiter auflösbares Letztelement« der Gesellschaft gegolten

---

[64] Ebd. S. 25.
[65] Ebd. S. 191, 229.
[66] Ebd. S. 229.
[67] »Systemtheoretische Argumentationen«, S. 354.
[68] *Soziale Systeme*, S. 287 f., 350; Luhmann: »Soziologie der Moral«. In: N. Luhmann/ St. Pfürtner: *Theorietechnik und Moral*. Frankfurt a. M. 1978. S. 8–116, hier S. 42.

habe;[69] Luhmann wirft ihm hiermit vor, den in ethisch-juristischen Kontexten zwar unerlässlichen, jedoch ›unrealistischen‹ Begriff des zurechenbaren Handelns als leitendes Paradigma für die theoretischen Beschreibung der Gesellschaft benutzt zu haben.[70]

Luhmann zählt Habermas zu den »Humanisten«;[71] er bezeichnet es allerdings als Verdienst der *Theorie des kommunikativen Handelns*, durch die Analyse der Einbindung von »Handlungssysteme[n]« in Kommunikations- (bzw. »Weltbild-«) strukturen einem individualistischen Handlungsverständnis entgegenzuwirken.[72] Luhmann fügt kritisch hinzu, Habermas' Begriff der »kommunikativen Handelns« oszilliere zwischen »Handlung« und »Kommunikation« (im Sinne von *Soziale Systeme*), so dass die Architektonik der Theorie »undurchsichtig« bleibe.[73] Dieser Einwand besagt auf dem Hintergrund von Luhmanns Programm, den Begriff des »Diskurses« systemtheoretisch nachzukonstruieren«,[74] dass Habermas die historische Evolution der Rahmenbedingungen von Interaktionsprozessen konsequent in der Beobachterperspektive hätte nachverfolgen sollen. Die methodische Doppelung von Beobachter- und Teilnehmerperspektive macht somit nach Luhmann das entscheidende Manko der *Theorie des kommunikativen Handelns* aus.

## 2. Habermas' Ideologieverdacht gegenüber der Systemtheorie Luhmanns

»Die zentrale, und, wie ich zu zeigen hoffe: falsche These, mit der Luhmanns Theorie steht und fällt, ist […], dass die funktionalistische Analyse den einzigen zulässigen Weg der Rationalisierung von Entscheidungen weist. So kann die Systemtheorie der Gesellschaft als ein einziger groß angelegter Begründungsversuch für die praktische Empfehlung verstanden werden, dass eine unmittelbar sozialtechnologisch gerichtete Analyse überall da an die Stelle des vermeintlichen Diskurses über ohnehin nicht wahrheitsfähige praktische Fra-

---

[69] *Soziale Systeme*, S. 286.
[70] In »Soziologie der Moral« nimmt er Marx von dieser Kritik aus (ebd. S. 30).
[71] »Soziologie der Moral«, S. 38.
[72] Luhmann: »Autopoiesis, Handlung und kommunikative Verständigung«. In: *Zeitschrift für Soziologie* 11 (1982), S. 366–379, hier S. 366.
[73] Ebd. S. 379; *Soziale Systeme*, S. 192.
[74] Luhmann: »Systemtheoretische Argumentationen«, S. 292.

gen zu treten habe, wo mit den Illusionen einer Verwirklichung praktischer Vernunft, und das heißt: mit Demokratisierungstendenzen, noch nicht vollends aufgeräumt worden ist.«[75] Habermas macht seinen Vorwurf, Luhmann verabschiede mit der funktionalistischen Verengung des Rationalitätsbegriffs zugleich auch die Idee demokratischer Selbstbestimmung, in *Theorie der Gesellschaft oder Sozialtechnologie* an dessen These fest, die im 18. und 19. Jahrhundert entwickelten »klassischen« Demokratietheorien seien der komplexen Wirklichkeit moderner Gesellschaften nicht länger »angemessen«, da sie den »Bezug auf Wahrheit oder wahre Gerechtigkeit« ins Zentrum demokratischer Legitimität rücken.[76] Sie binden diese insofern an »Wahrheit« zurück, als sie eine Transparenz politischer Entscheidungsprozesse einfordern, die es jedem Staatsbürger gestattet, sich eine fundierte »Überzeugung von der Richtigkeit« (bzw. Falschheit) der getroffenen Beschlüsse zu bilden.[77] Das komplexe Geflecht der modernen Zivilisation macht jedoch das »Erreichen so hoch gespannter Ziele« unmöglich: »kein Mensch ist in der Lage, für alle Entscheidungsthemen Überzeugungen zu bilden.«[78] Die ›Handlungsfähigkeit‹ moderner Gesellschaften bleibt nur dann gewahrt, wenn die Bürger grundsätzlich bereit sind, die Entscheidungskompetenz, die ihnen in einer Demokratie zusteht, an politische Institutionen zu delegieren, d. h. verfahrensrechtlich korrekte institutionelle Beschlüsse, deren Genese sie nicht im Einzelnen nachvollziehen können, als »verbindlich« hinzunehmen.[79] Die Institutionalisierung der Entscheidungsprozesse moderner Demokratien vollzieht sich auf zwei Ebenen: In den Parteien werden aktuelle Anliegen der Bevölkerung von der politischen Elite – die dem Wählerwillen Rechnung tragen muss – aufgenommen und zugleich kanalisiert;[80] »rationale[n] Großbürokratien« fällt die Aufgabe zu, langfristige innen- und außenpolitische Projekte gegen Wechselfälle der Wahlentscheidungen abzusichern.[81] Luhmann wirft den klassischen Demokratietheorien vor, durch die »Überanstrengung der Wahr-

---

[75] Habermas: »Theorie der Gesellschaft oder Sozialtechnologie?«, S. 144.
[76] Luhmann: *Legitimation durch Verfahren*. Darmstadt/Neuwied ³1978. S. 18, 32, 152 f. Vgl. Habermas: »Theorie der Gesellschaft oder Sozialtechnologie?«, S. 260 ff.
[77] Luhmann: *Legitimation durch Verfahren*, S. 30.
[78] Ebd. S. 32.
[79] Ebd. S. 30.
[80] Ebd. S. 154, 162 ff.
[81] Ebd. S. 30, 175 ff.

heitsmöglichkeiten« politischer Entscheidungsprozesse einen »antibürokratischen Affekt« zu fördern, der sich über die systemischen Notwendigkeiten moderner Gesellschaften hinwegtäuscht:[82]

»Lässt man dagegen von der Voraussetzung ab, dass [politische] Verfahren der Entdeckung der Wahrheit dienen, gewinnt man die Möglichkeit, ihre Funktion für die Legitimierung des Entscheidens unvoreingenommen in neuartiger, soziologischer Weise zu untersuchen. [...] Was Wahrheit im sozialen Verkehr leistet, ist Übertragung reduzierter Komplexität.«[83]

Die Gewinnung relevanter Informationen beruht auf »Selektionsleistungen« und schließt damit eine Reduktion von (Umwelt-) Komplexität ein; die Weitergabe zutreffender Informationen enthebt die Adressaten der Mühe, solche Selektionsleistungen selber vollziehen zu müssen.[84] Diese Funktion der Übermittlung wahrer Erkenntnisse lässt sich in einer systemischen Perspektive insofern mit dem »Mechanismus der Macht« vergleichen, als auch er »Selektionsleistungen« – im Sinne der Auswahl von Verhaltensalternativen – transferiert.[85] Luhmann spricht von »Wahrheit« und »Macht« als »funktional äquivalenten Mechanismen«, da sie gleichermaßen zur Stabilisierung von Systemstrukturen beitragen können; er bezeichnet es als das »Ziel rechtlich geregelter Verfahren, Reduktion von Komplexität intersubjektiv übertragbar zu machen – sei es mit Hilfe von Wahrheit, sei es durch Bildung legitimer Macht zur Entscheidung.«[86]

Habermas stellt nicht in Abrede, dass die Komplexität moderner Gesellschaften die Institutionalisierung politischer Entscheidungsprozesse unausweichlich macht; er insistiert jedoch darauf, dass diese transparent bleiben müssen, und wirft Luhmann daher vor, mit seiner Kritik an basisdemokratisch orientierten Politikkonzepten einer »Entpolitisierung« – und damit Entmündigung – der Öffentlichkeit Vorschub zu leisten:[87] »Luhmann empfiehlt eine Ideologie, die ihren letzten Bezug [...] zur diskursiven Klärung praktischer Fragen getilgt

---

[82] Ebd. S. 18, 22, 153.
[83] Ebd. S. 23.
[84] Ebd.
[85] »Wer Macht besitzt, kann andere motivieren, seine Entscheidungen als Verhaltensprämissen zu übernehmen, also eine Selektion aus einem Bereich möglicher Verhaltensalternativen als bindend zu akzeptieren.« (ebd. S. 25)
[86] Ebd. S. 25 f.
[87] Habermas: »Theorie der Gesellschaft oder Sozialtechnologie«, S. 260, 265 ff.

hat.«[88] Luhmann entgegnet hierauf in *Theorie der Gesellschaft oder Sozialtechnologie*, Habermas unterstelle zu Unrecht »ein richtungseindeutiges Verhältnis zwischen Theoriefehlern und politischen Funktionen« seiner Systemtheorie – wobei er seine Positionen inhaltlich nicht revidiert.[89]

Zwischen Luhmanns systemfunktionalem Wahrheitsverständnis und seiner These, die klassischen Demokratietheorien seien »überholt und am Ende«,[90] besteht insofern kein »richtungseindeutiges Verhältnis«, als diese These aus seinen Prämissen nicht schlüssig folgt. Indem er Wahrheit und Macht zu »funktional äquivalenten Mechanismen der Übertragung reduzierter Komplexität« erklärt, blendet er aus, dass sich aus seinen Prämissen eine Gegenläufigkeit der jeweiligen ›Übertragungsrichtung‹ im »politisch-administrativen System moderner Gesellschaften« ergibt:[91] Aufgrund der Komplexität moderner Gesellschaften, bei der seine Kritik an den klassischen Demokratiekonzepten ansetzt, kann Sachkompetenz nur durch Detailwissen erworben werden, sie muss somit von spezialisierten Experten an die Entscheidungsträger auf den höheren Hierarchieebenen weitergegeben werden; diese können nur dann sachangemessene – d. h. »rationale«[92] – Beschlüsse fassen, wenn sie ihre primäre Aufgabe darin sehen, die Beiträge ihrer Experten zu koordinieren. Jede Hierarchie bringt die Gefahr mit sich, dass die Machtträger dirigistisch agieren; in modernen »Großbürokratien« hat dies angesichts der Problemkomplexität zwangsläufig dysfunktionale Konsequenzen; die Rationalität administrativer Entscheidungsprozesse kann daher nur durch eine permanente externe Kontrolle gewährleistet werden. Dies ist zunächst Sache des politischen Systems; da aber auch die Parteien interne Hierarchien aufweisen und darüber hinaus der Einflussnahme von Interessenverbänden ausgesetzt sind (was etwa zur Vernachlässigung drängender Umweltprobleme führen kann), kommt der zivilgesellschaftlichen Öffentlichkeit in der komplexen Wirklichkeit moderner Gesellschaften eine unentbehrliche Kontrollfunktion in Bezug auf institutionalisierte Entscheidungsprozesse zu; diese müssen daher transparent bleiben. Diese Schlussfolgerung lässt

---

[88] Ebd. S. 267.
[89] Luhmann: »Systemtheoretische Argumentationen«, S. 402.
[90] *Legitimation durch Verfahren*, S. 153.
[91] Vgl. ebd. S. 25, 32.
[92] Vgl. ebd. S. 30.

sich unter rein systemfunktionalen Gesichtspunkten ziehen; zwischen Luhmanns systemischem Wahrheitsverständnis und seiner Kritik an den klassischen Demokratietheorien besteht somit kein interner Zusammenhang.

Habermas erneuert in *Der philosophische Diskurs der Moderne* seinen Kritikpunkt, in der Luhmann'schen Systemtheorie werde der Bereich der Öffentlichkeit »schon durch die Wahl der Grundbegriffe« in der Hintergrund gedrängt, in Hinblick auf *Soziale Systeme* – womit er jedoch nicht behauptet, Luhmann stünden hierfür keine Beschreibungskategorien zur Verfügung; Habermas macht auf Konstruktionsprobleme des Buches aufmerksam, die nur mit »mit Hilfe von Zusatzannahmen« gelöst werden können.[93] Da Luhmann psychische und soziale Systeme als Umwelten füreinander bestimmt, muss er ihre Co-Evolution als »Verflechtung *externer Beziehungen*« deuten.[94] Er subsumiert sie unter den Begriff der »Interpenetration«; diese liegt dann vor, wenn »Systeme sich wechselseitig dadurch ermöglichen, dass sie in das jeweils andere ihre vorkonstituierte Eigenkomplexität einbringen.«[95] In *Soziale Systeme* kann demnach die Co-Evolution psychischer und sozialer Systeme nur dadurch »plausibel gemacht werden«, dass eine zur basalen Systemleistung der Reduktion von Umweltkomplexität gegenläufige »Interpenetration« beider Systemarten in Ansatz gebracht wird.[96] Diese Komplikation des Theorieaufbaus birgt allerdings keinen Widerspruch in sich, da auch miteinander ›interpenetrierende‹ Systeme permanent relevante Informationen selektieren und in diesem Sinne Umweltkomplexität reduzieren.

## 3.  Die Grenzen der soziologischen Beobachterperspektive

Der These Luhmanns, die »humanistische Tradition« betrachte das Individuum als »nicht weiter auflösbares Letztelement« der Gesellschaft,[97] kann entgegengehalten werden, dass bereits Rousseau die Aufgabe einer Rekonstruktion der Co-Evolution psychischer und so-

---

[93]  *Der philosophische Diskurs der Moderne*, S. 436, 442.
[94]  Ebd. S. 442.
[95]  Luhmann: *Soziale Systeme*, S. 290.
[96]  Vgl. Habermas: *Der philosophische Diskurs der Moderne*, S. 442.
[97]  *Soziale Systeme*, S. 286.

zialer Strukturen in Angriff genommen und den – von Luhmann als ›unwissenschaftlich‹ bewerteten – Begriff zurechenbaren Handelns (auf den jeder »Humanismus« rekurriert) einer eigenständigen Mitteilungsebene – der ›Teilnehmerperspektive‹ – zugeordnet hat. Dies ist für Luhmanns Kritik jedoch nicht von ausschlaggebender Bedeutung, da er – wie seine Stellungnahme zu Habermas' *Theorie des kommunikativen Handelns* zeigt – nur eine konsequent systemtheoretisch orientierte Gesellschaftswissenschaft als adäquate Beschreibung der sozialen Realität gelten lässt. Eine Metakritik von Luhmanns Kritik an der »humanistischen Tradition« muss daher seine These, die individuelle »Zurechnung« von Handlungen sei ein »unrealistisches Verhalten«,[98] und den hierin fundierten Überlegenheitsanspruch der Figur des Beobachters fokussieren.

Luhmanns Programm der »reflexiven Anwendung von theoretischer Arbeit auf sich selbst«[99] schließt die Zielsetzung ein, die Kritik von »Humanisten« an seiner Theorie systemtheoretisch zu rekonstruieren.[100] In »Soziologie der Moral«, wo er diese Zielsetzung formuliert, gibt er allerdings keine solche systemtheoretische Erklärung, sondern wirft seinen Gegnern teils persönlich, teils politisch motivierte Ressentiments gegenüber seiner Theorie vor:

»Manchen Humanisten erscheint die ›Systemtechnologie‹ schon deshalb als suspekt, weil amerikanische Firmen sie benutzen; andere glauben, die beträchtlichen logischen und methodologischen Schwierigkeiten einer Systemtheorie genügten zum Nachweis, dass sie nur eine ›Ideologie‹ sei […] Umgekehrt fällt es Systemtheoretikern nicht schwer, die mangelnde Selbst- und Folgenkontrolle sowie die politische Naivität humanistischer Moralvorstellungen aufzudecken.«[101]

Luhmann attestiert Habermas in »Soziologie der Moral« eine verzerrte politische Wahrnehmung; als Beleg führt er dessen Diagnose einer Systemkrise in *Legitimationsprobleme im Spätkapitalismus* an,[102] wo Habermas seine Metakritik an Luhmanns Kritik der klassischen Demokratietheorien unter dem Stichwort »Luhmann[s]

---

[98] Ebd. S. 229.

[99] Luhmann: »Systemtheoretische Argumentationen«, S. 385, Anm. 147.

[100] »die humanistische Tradition […] wird also einer derjenigen Gegner, dessen Widerspruch zur eigenen Theorie diese Theorie müsste erklären können.« (Luhmann: »Soziologie der Moral«, S. 28, S. 100, Anm. 37)

[101] Ebd. S. 100, Anm. 37.

[102] »Krisen wird man immer sehen, wenn man mit der Doppelbrille von Sollwerten und

[...] Version vom Ende des Individuums« bekräftigt.[103] In *Soziale Systeme* thematisiert Luhmann die ideologische Selbstimmunisierung einer getrübten Realitätswahrnehmung in einer systemtheoretischen Perspektive.[104] Er bezeichnet die Fixierung von Selektionskriterien, anhand derer Systeme ›relevante‹ Informationen aus ihrer Umwelt herausfiltern, als »Asymmetrisierung«;[105] die »Asymmetrisierung« wird zur »Ideologisierung«, wenn sie sich gegen Kritik abschottet.[106] Als Beispiel für eine »Asymmetrisierung« führt er die Selbstinterpretation der »Kommunikationssysteme als Handlungssysteme« an, bei der aus komplexen Interaktionszusammenhängen Informationen für »Zurechnungszwecke« selektiert werden,[107] als Beispiel für eine Ideologisierung die ›subjektivistische‹ Forderung nach »Anerkennung des ›Individuums‹ als Letztentscheider in allen Angelegenheiten, die es selbst in seiner Privatsphäre betreffen: seine Meinung, sein Interesse, sein Anspruch, seine Lust sind in vielen Fällen das letzte Wort, von dem alles Anschlusshandeln auszugehen hat.«[108] Der Bezug zwischen beiden Beispielen lässt sich daraus erschließen, dass Luhmann den Individualismus, den er kritisiert, zum subjektivitätsphilosophischen Begriff des »Evidenzerleben[s]« in Beziehung setzt:[109] Hiermit bindet er ihn an den Traditionszusammenhang an, dem die klassischen Demokratietheorien zugehören, die »motivierte Überzeugungen« der Individuen in Bezug auf die »Richtigkeit des Entscheidens« zum Signum demokratischer Legimität erklären – wogegen nach Luhmann in der Gegenwart ein »motivfreies, von den Eigenarten individueller Persönlichkeiten unabhängiges [...] Akzeptieren« der Resultate institutioneller Entscheidungsmechanismen angesagt ist,[110] was Habermas als Luhmanns »Version vom Ende des Individuums« wertet. Luhmann spricht von der »historischen Mission« der klassischen Demokratietheorien, die sich in der Gegen-

---

historischem Bewusstsein auf die Gegenwart blickt. Das braucht die Zeitgenossen weder zu ängstigen noch zu aktivieren.« (Luhmann: »Soziologie der Moral«, S. 38)

[103] Habermas: *Legitimationsprobleme im Spätkapitalismus*, S. 186 f.

[104] *Soziale Systeme*, S. 631 ff.

[105] »›Asymmetrisierung‹ [...] soll besagen, dass ein System zur Ermöglichung seiner Operationen Bezugspunkte wählt, die in diesen Operationen nicht mehr in Frage gestellt werden.« (ebd. S. 631)

[106] Ebd. S. 633.

[107] Vgl. ebd. S. 125.

[108] Ebd. S. 633.

[109] Ebd. S. 633, Anm. 60.

[110] Luhmann: *Legitimation durch Verfahren*, S. 32.

wart erfüllt habe und damit zugleich »überholt« sei;[111] hiermit erkennt er ihnen eine systemische Funktion im Konstitutionsprozess der modernen Zivilisation zu. Die Rückbindung des modernen Individualismus an die neuzeitliche Subjektivitätsphilosophie – in deren Autonomiebegriff die klassischen Demokratietheorien wurzeln – in *Soziale Systeme* schließt die in »Soziologie der Moral« angekündigte systemtheoretische Erklärung des Vorwurfs seiner »humanistischen« Kritiker ein, er leiste mit seiner konsequent systemfunktionalen Betrachtungsweise dem Verschwinden personaler Verantwortung in der gesellschaftlichen Realität Vorschub: Luhmann deklariert die »Humanisten« zu Repräsentanten einer ihrem Ende zustrebenden Phase der – mit Habermas zu sprechen – »Systemgeschichte« (*TkH* II 169) moderner Gesellschaften.

Er bleibt jedoch nicht hierbei stehen: Seine Darstellung des modernen Individualismus in *Soziale Systeme* hat dieselbe moralische Färbung wie das Bild, welches er in »Soziologie der Moral« von den Vorurteilen seiner Kritiker zeichnet. Wenn der Systemtheoretiker in einem wissenschaftlichen Diskurs mit Positionen konfrontiert wird, die nach seiner Überzeugung vorurteilsbeladen sind, kann er sich nicht auf den Beobachterstandpunkt zurückziehen, sondern muss seine Gesprächspartner kritisieren, da Vorurteile den wissenschaftlichen Charakter des Diskurses untergraben. Mit seiner Kritik weist er seine Gesprächspartner darauf hin, dass sie sich als Wissenschaftler disqualifizieren, wenn sie Vorurteile nicht korrigieren, und er gesteht ihnen zugleich die Möglichkeit zu, dies zu tun – wozu er insofern verpflichtet ist, als die Unterstellung, dass jeder Diskurspartner zur Wahrheitsfindung beitragen kann, ein konstitutives Moment des wissenschaftlichen Diskurses bildet.

Luhmann folgert aus seiner Feststellung: »Seit Marx und seid Freud [...] wird gesehen, dass psychische und soziale Systeme ihr Erleben in einer Weise selektieren, die ihnen gleichwohl nicht als Handlung zugerechnet werden kann«, dass »Zurechnung« eine »konventionelle, vor allem eine juristische Kategorie der Folgenanknüpfung« sei.[112] Die zitierte Feststellung bezieht sich auf die unbewusste Genese von Vorurteilen. Wer seine Diskurspartner auf Vorurteile aufmerksam macht, gibt ihnen die Möglichkeit, sich mit ihnen auseinanderzusetzen; wenn sie hierauf mit Immunisierungs-

---

[111] Ebd. S. 153.
[112] Luhmann: »Systemtheoretische Argumentationen«. S. 354.

strategien reagieren, kann – bzw. muss – ihnen dies in einem wissenschaftlichen Diskurs als Verstoß gegen die Regeln kooperativer Wahrheitsfindung zugerechnet werden, der zum Ausschluss aus dem Diskurs legitimiert. »Zurechnung« ist somit nicht bloß eine ethisch-juristische, sondern auch eine wissenschaftliche Kategorie.

Die »Zurechnung des Handelns auf konkrete Einzelmenschen« kann daher nicht als ein »unrealistisches Verhalten«[113] gewertet werden. Sie bleibt zwar insofern ›einseitig‹, als sie von komplexen Wirkungszusammenhängen abstrahiert; da der Wissenschaftler seine Diskurspartner als verantwortliche Personen behandeln muss, muss er aber auch die kausale Beobachterperspektive, in der der Begriff der zurechenbaren Handlung keinen Platz hat, als ›einseitig‹ ansehen. Dass Habermas' *Theorie des kommunikativen Handelns* mit der Doppelung von Beobachter- und Teilnehmerperspektive an die »humanistische Tradition« anknüpft, macht ihre methodische Überlegenheit über eine in der Beobachterperspektive verharrende Systemtheorie aus: Diese kann ihre eigene Rezeption nicht adäquat thematisieren und damit den Anspruch auf Selbstreflexivität, den Luhmann explizit erhebt, nicht einlösen.

Die widersprüchlichen Tendenzen, die Herder in seiner Gegenwart konstatiert, sind unvermindert aktuell. Der Aufbau internationaler Rechtsinstitutionen eröffnet erstmals die Chance, der »Friedensgöttin *Vernunft*«[114] weltpolitisch Geltung zu verschaffen, zugleich bleiben die sozialen Gegensätze und globalen Bedrohungen in unverminderter Härte bestehen. Der Appell, der die mit Rousseaus *Diskurs über die Ungleichheit* einsetzende Tradition kritischer Gesellschaftstheorie konstituiert: der Eigendynamik sozioökonomischer Systemstrukturen, die sich zu einer »sachlichen Gewalt über uns« verfestigt haben (*MW* II 37), entgegenzutreten und die Kontingenzspielräume, die darin auszumachen sind, in Spielräume der Freiheit eines jeden zu verwandeln, hat nichts von seiner Dringlichkeit verloren.

---

[113] Luhmann: *Soziale Systeme*, S. 229.
[114] Herder: *Briefe zu Beförderung der Humanität*, X. Sammlung, 119. Brief. *Werke*, Bd. VII, S. 725.

# Verzeichnis der Abkürzungen

AP    Herder: *Auch eine Philosophie der Geschichte zur Bildung der Menschheit. Beitrag zu vielen Beiträgen des Jahrhunderts*. Hrsg. von Hans Dietrich Irmscher. Stuttgart 1990.

D     Rousseau: *Diskurs über die Ungleichheit. Discours sur l'inégalité*. Hrsg. von Heinrich Meier. Kritische Ausgabe mit sämtlichen Fragmenten und ergänzenden Materialien. Paderborn ²1990.

I      Herder: *Werke*. Hrsg. von H. Arnold, M. Bollacher u.a. 10 Bde. Frankfurt a.M. 1985–2000. Bd. VI: *Ideen zu einer Philosophie der Geschichte der Menschheit*.

MW   Marx: *Werke*. Hrsg. von Hans-Joachim Lieber. 6 Bde. Darmstadt 1960–71.

TkH   Habermas: *Theorie des kommunikativen Handelns*. 2 Bde. Frankfurt a.M. ⁴1987.

VE    Habermas: *Vorstudien und Ergänzungen zur Theorie des kommunikativen Handelns*. Frankfurt a.M. 1984.

# Literaturverzeichnis

Aboulafia, Mitchell: »Habermas und Mead: Über Universalität und Individualität«. In: *Kommunikatives Handeln. Beiträge zu Jürgen Habermas' »Theorie des kommunikativen Handelns«.* Hrsg. von A. Honneth und H. Joas. Frankfurt a. M. ³2002. 406–432.

Adorno, Theodor W.: »Soziologie und empirische Forschung«. In: *Der Positivismusstreit in der deutschen Soziologie.* Hrsg. von Th. W. Adorno u. a. Darmstadt/Neuwied 1969. S. 81–102.

Alexander, Jeffrey: »Habermas' neue Kritische Theorie: Anspruch und Probleme«. In: *Kommunikatives Handeln. Beiträge zu Jürgen Habermas' »Theorie des kommunikativen Handelns«.* Hrsg. von A. Honneth und H. Joas. Frankfurt a. M. ³2002. S. 73–109.

Arndt, Andreas: *Karl Marx. Versuch über den Zusammenhang seiner Theorie.* Bochum 1985.

Bacon, Francis: *Neues Organon.* Lat.-dt. Hrsg. von Wolfgang Krohn. 2 Bde. Hamburg 1990.

Bengtson, Hermann (Hrsg.): *Griechen und Perser. Die Mittelmeerwelt im Altertum I (= Fischer Weltgeschichte,* Bd. 5). Frankfurt a. M. 1965.

Berger, Johannes: »Die Versprachlichung des Sakralen und die Entsprachlichung der Ökonomie«. In: *Kommunikatives Handeln. Beiträge zu Jürgen Habermas' »Theorie des kommunikativen Handelns«.* Hrsg. von A. Honneth und H. Joas. Frankfurt a. M. ³2002. S. 53–72.

Bertalanffy, Ludwig von: *General System Theory.* New York 1968.

– *Das biologische Weltbild. Die Stellung des Lebens in Natur und Wissenschaft.* Mit einem Vorwort von Felix D. Bertalanffy und einer Einleitung von Josef Schulz. Neudruck der 1. Aufl. Wien/Köln 1990 (Klassische Studien zur sozialwissenschaftlichen Theorie, Weltanschauungslehre und Wissenschaftsforschung, Bd. 7).

Broecken, Karl Heinz: »*Homme«* und »*Citoyen«. Entstehung und Bedeutung der Disjunktion von natürlicher und politischer Erziehung bei Rousseau.* Diss. Köln 1974.

Bultmann, Rudolf: *Jesus.* Neuausgabe. Tübingen 1983.

Camus, Albert: *Der Mensch in der Revolte. Essays.* Reinbek 1953.

Condillac, Etienne Bonnot de: *Œuvres philosophiques.* Hrsg. von Georges le Roy. 3 Bde. Paris 1947–51.

Demandt, Alexander: *Metaphern für Geschichte. Sprachbilder und Gleichnisse im historisch-politischen Denken.* München 1978.

Dérathé, Robert: *Le Rationalisme de Rousseau.* Paris 1948.

Descartes, René: *Discours de la Méthode.* Frz.-dt. Übers. und hrsg. von Lüder Gäbe. Hamburg 1960.
– *Meditationen über die Grundlagen der Philosophie.* Lat.-dt. Aufgrund der Ausgabe von Arthur Buchenau neu hrsg. von L. Gäbe. Hamburg ²1977.
– *Die Prinzipien der Philosophie.* Übers. und erl. von A. Buchenau. Hamburg 1955.

Detel, Wolfgang: »System und Lebenswelt bei Habermas«. In: *Das Interesse der Vernunft. Rückblicke auf das Werk von Jürgen Habermas seit »Erkenntnis und Interesse«.* Hrsg. von Stefan Müller-Dohm. Frankfurt a. M. 2000. S. 175–197.

Dorschel, Andreas: »Handlungstypen und Kriterien. Zu Habermas' *Theorie des kommunikativen Handelns*«. In: *Zeitschrift für philosophische Forschung* 44 (1990), S. 220- 252.

Dux, Günter: »Kommunikatives Handeln und Interesse. Zur Rekonstruktion der normativen Ordnung in egalitär und herrschaftlich organisierten Gesellschaften«. In: *Kommunikatives Handeln. Beiträge zu Jürgen Habermas' »Theorie des kommunikativen Handelns«.* Hrsg. von A. Honneth und H. Joas. Frankfurt a. M. ³2002. S. 110–143.

Edmüller, Andreas: »Rousseaus politische Gerechtigkeitskonzeption«. In: *Zeitschrift für philosophische Forschung* 56 (2002), S. 365–387.

Euchner, Walter: *Naturrecht und Politik bei John Locke.* Frankfurt a. M. 1979.

Fahrenbach, Helmut: *Kierkegaards existenzdialektische Ethik.* Frankfurt a. M. 1968.

Fetscher, Iring: *Rousseaus politische Philosophie. Zur Geschichte des demokratischen Freiheitsbegriffs.* Frankfurt a. M. 1975.

Fink, Gonthier-Louis: »Von Winckelmann bis Herder: Die europäische Klimatheorie in europäischer Perspektive«. In: *Johann Gottfried Herder 1744–1803.* Hrsg. von G. Sauder. Hamburg 1987. S. 156–176.

Gadamer, Hans Georg: »Nachwort« zu J. G. Herder: *Auch eine Philosophie der Geschichte zur Bildung der Menschheit.* Frankfurt a. M. 1967. S. 146–177.
– »Rhetorik, Hermeneutik und Ideologiekritik«. In: *Hermeneutik und Ideologiekritik.* Hrsg. von Karl-Otto Apel u. a. Frankfurt a. M. 1971. S. 56–82.
– *Wahrheit und Methode. Grundzüge einer philosophischen Hermeneutik.* 5., erw. Aufl. Tübingen 1986 (= *Gesammelte Werke,* Bd. 1).

Geuss, Raymond: *Die Idee einer kritischen Theorie.* Königstein/Ts. 1983.

Goldschmidt, Victor: *Anthropologie et politique. Les principes du système de Rousseau.* Paris 1974.

Greve, Wilfried: *Kierkegaards maieutische Ethik.* Frankfurt a. M. 1990.

Habermas, Jürgen: *Nachmetaphysisches Denken. Philosophische Aufsätze.* Frankfurt a. M. 1988.
– *Der philosophische Diskurs der Moderne. Zwölf Vorlesungen.* Frankfurt a. M. 1985.
– »Entgegnung«. In: *Kommunikatives Handeln. Beiträge zu Jürgen Habermas' »Theorie des kommunikativen Handelns«.* Hrsg. von A. Honneth und H. Joas. Frankfurt a. M. ³2002. S. 327–405.
– *Erkenntnis und Interesse.* Mit einem neuen Nachwort. Frankfurt a. M. ²1973.

- *Glauben und Wissen.* Friedenspreis des deutschen Buchhandels. Laudatio: Jan Philipp Reemtsma. Frankfurt a. M. 2001.
- *Kultur und Kritik. Verstreute Aufsätze.* Frankfurt a. M. 1973.
- *Legitimationsprobleme im Spätkapitalismus.* Frankfurt a. M. 1973.
- *Zwischen Naturalismus und Religion. Philosophische Aufsätze.* Frankfurt a. M. 2005.
- *Zur Rekonstruktion des Historischen Materialismus.* Frankfurt a. M. 1976.
- *Technik und Wissenschaft als Ideologie.* Frankfurt a. M. 1968.
- *Theorie des kommunikativen Handelns.* 2 Bde. Frankfurt a. M. ⁴1987.
- *Theorie und Praxis. Sozialphilosophische Studien.* Neuausgabe. Frankfurt a. M. 1971.
- *Vorstudien und Ergänzungen zur Theorie des kommunikativen Handelns.* Frankfurt a. M. 1984.
- »Analytische Wissenschaftstheorie und Dialektik. Ein Nachtrag zur Kontroverse zwischen Popper und Adorno«. In: *Der Positivismusstreit in der deutschen Soziologie.* Hrsg. von Th. W. Adorno u. a. Darmstadt/Neuwied 1969. S. 155–191.
Habermas, Jürgen/Luhmann, Niklas: *Theorie oder Gesellschaft oder Sozialtechnologie – Was leistet die Systemforschung?* Frankfurt a. M. 1971.
Häfner, Ralph: *Johann Gottfried Herders Kulturentstehungslehre. Studien zu den Quellen und zur Methode seines Geschichtsdenkens.* Hamburg 1994 (Studien zum achtzehnten Jahrhundert, Bd. 19).
Hartmann, Klaus: *Die Marxsche Theorie. Eine philosophische Untersuchung zu den Hauptschriften.* Berlin 1970.
Hegel, Georg Wilhelm Friedrich: *Werke.* Hrsg. von Eva Moldenhauer und Karl Markus Michel. 20 Bde. Frankfurt a. M. 1986.
Heinz, Marion: *Sensualistischer Idealismus. Untersuchungen zur Erkenntnistheorie des jungen Herder (1763–1778).* Hamburg 1994 (Studien zum achtzehnten Jahrhundert, Bd. 17).
Herder, Johann Gottfried: *Abhandlung über den Ursprung der Sprache.* Hrsg. von Hans Dietrich Irmscher. Stuttgart 1966.
- *Auch eine Philosophie der Geschichte zur Bildung der Menschheit.* Hrsg. von H. D. Irmscher. Stuttgart 1990.
- *Briefe. Gesamtausgabe 1763–1803.* Hrsg. von den Nationalen Forschungs- und Gedenkstätten der klassischen deutschen Literatur in Weimer unter der Leitung von K. H. Hahn. Bearbeitet von W. Dobbek und G. Arnold. Weimar 1977 ff.
- *Journal meiner Reise im Jahre 1769.* Historisch-kritische Ausgabe. Hrsg. von Katharina Mommsen unter Mitarbeit von Momme Mommsen und Georg Wackerl. Stuttgart 1976.
- *Werke.* Hrsg. von H. Arnold, M. Bollacher, J. Brummack, U. Gaier, G. E. Grimm, H. D. Irmscher, R. Smend und R. Wisbert. 10 Bde. Frankfurt a. M. 1985–2000.
Hildermeier, Manfred: *Geschichte der Sowjetunion 1917–1991.* München 1998.
Hobbes, Thomas: *Leviathan oder Stoff, Form und Gewalt des kirchlichen und bürgerlichen Staates.* Hrsg. und eingeleitet von Iring Fetscher. Frankfurt a. M. 1984.

Honneth, Axel/Joas, Hans (Hrsg.): *Kommunikatives Handeln. Beiträge zu Jürgen Habermas' »Theorie des kommunikativen Handelns«*. Frankfurt a. M. ³2002.

Horkheimer, Max: *Gesammelte Schriften*. Bd. 4: *Schriften 1936–1941*. Hrsg. von Alfred Schmidt. Frankfurt a. M. 1988.

Horkheimer, Max/Adorno, Theodor W.: *Dialektik der Aufklärung*. Neuausgabe. Frankfurt a. M. 1969.

Horn, Friedrich Wilhelm: »Ist Paulus der Begründer des Christentums?« In: *Theologie und Kirchenleitung. Festschrift für Peter Steinacker zum 60. Geburtstag*. Hrsg. von H. Deuser, G. Linde und S. Rink. Marburg 2003. S. 31–44.

Humboldt, Wilhelm von: *Werke*. Hrsg. von Andreas Flitner und Klaus Giel. 5 Bde. Darmstadt ³1980.

Hume, David: *Ein Traktat über die menschliche Natur (A Treatise of Human Nature)*. Hrsg. von Reinhard Brandt. 2 Bde. Hamburg 1978.

Iorio, Marco: *Karl Marx – Geschichte, Gesellschaft, Politik. Eine Ein- und Weiterführung*. Berlin/New York 2003.

Irmscher, Hans Dietrich: »Aneignung und Kritik naturwissenschaftlicher Vorstellungen bei Herder«. In: *Texte, Motive und Gestalten der Goethezeit. Festschrift für Hans Reiss*. Hrsg. von J. H. Hibberd und H. B. Nisbet. Tübingen 1989. S. 33–63.

– »Grundzüge der Hermeneutik Herders«. In: *Bückeburger Gespräche über Johann Gottfried Herder 1971*. Hrsg. von J. G. Maltusch. Bückeburg 1973. S. 17–57.

– »Die geschichtsphilosophische Kontroverse zwischen Kant und Herder«. In: *Hamann – Kant – Herder*. Acta des vierten Internationalen Hamann-Kolloquiums im Herder-Institut zu Marburg/Lahn 1985. Hrsg. von B. Gajek. Frankfurt a. M. 1987. S. 111–192.

Joas, Hans: »Die unglückliche Ehe von Hermeneutik und Funktionalismus«. In: *Kommunikatives Handeln. Beiträge zu Jürgen Habermas' »Theorie des kommunikativen Handelns«*. Hrsg. von A. Honneth und H. Joas. Frankfurt a. M. ³2002. S. 144–176.

Kant, Immanuel: *Werke*. Hrsg. von Wolfgang Weischedel. 6 Bde. Darmstadt 1956–64.

Kierkegaard, Søren: *Der Begriff Angst*. Übers. von Emmanuel Hirsch. Gütersloh ²1991.

– *Entweder/Oder*. 2 Teile [4 Teilbände]. Übers. von E. Hirsch. Gütersloh ²1991.

– *Abschließende unwissenschaftliche Nachschrift*. 2 Bde. Übers. von Hans Martin Junghans. Gütersloh ²1991.

– *Papirer*. Anden forøgede Udgave ved N. Thulstrup og N. J. Cappelørn. 16 Bde. Kopenhagen 1969–78.

– *Die Tagebücher*. Ausgewählt und übers. von H. Gerdes. 5 Bde. Düsseldorf/Köln 1962–74.

Koepke, Wulf: »Nemesis und Geschichtsdialektik«. In: *Herder Today*. Hrsg. von K. Mueller-Vollmer. Berlin/New York 1990. S. 85–96.

Kohlberg, Lawrence: »From Is to Ought«. In: *Cognitive Development and Epistemology*. Hrsg. von Th. Mischel. New York 1971. S. 151–236.

– »Moralentwicklung und Moralerwerb: Der kognitiv-entwicklungstheoretische

Ansatz« (1976). In: Ders.: *Die Psychologie der Moralentwicklung*. Hrsg. von W. Althof unter Mitarbeit von G. Noam und F. Oser. Frankfurt a. M. 1995.

Konetzke, Richard: *Süd- und Mittelamerika I. Die Indianerkulturen Altamerikas und die spanisch-portugiesische Kolonialherrschaft* (= Fischer Weltgeschichte, Bd. 22). Frankfurt a. M. [18]2004.

Lambert, Johann Heinrich: *Texte zur Systematologie und zur Theorie der wissenschaftlichen Erkenntnis*. Hrsg. von Gero Siegwert. Hamburg 1988.

Leibniz, Gottfried Wilhelm: *Philosophische Schriften*. Bd. I: *Kleine Schriften zur Metaphysik*. Hrsg. und übers. von Hans Heinz Holz. Frankfurt a. M. 1965.

Lessing, Gotthold Ephraim: *Werke*. Hrsg. von Herbert G. Göpfert. 8 Bde. München 1970–79.

Lichtenberg, Georg Christoph: *Schriften und Briefe*. Hrsg. von Wolfgang Promies. 4 Bde. München 1967–93.

Locke, John: *Zwei Abhandlungen über die Regierung*. Hrsg. und eingeleitet von Walter Euchner. Frankfurt a. M. 1977.

– *An Essay concerning Human Understanding*. Hrsg. von Peter H. Nidditch. Oxford 1983.

Luhmann, Niklas: *Soziologische Aufklärung. Aufsätze zur Theorie sozialer Systeme 1–3*. Opladen 1970 [[3]1972], 1975, 1981.

– »Autopoiesis, Handlung und kommunikative Verständigung«. In: *Zeitschrift für Soziologie* 11 (1982), S. 366–379.

– *Legitimation durch Verfahren*. Darmstadt/Neuwied [3]1978.

– »Soziologie der Moral«. In: *Theorietechnik und Moral*. Hrsg. von N. Luhmann und St. Pfürtner. Frankfurt a. M. 1978. S. 8–116.

– *Soziale Systeme. Grundriss einer allgemeinen Theorie*. Frankfurt a. M. 1984.

– *Zweckbegriff und Systemrationalität*. Frankfurt a. M. 1973.

Macpherson, C. B.: *Die politische Theorie des Besitzindividualismus. Von Hobbes bis Locke*. Frankfurt a. M. 1973.

Maier, Franz Georg: *Die Verwandlung der Mittelmeerwelt* (= Fischer Weltgeschichte, Bd. 9). Frankfurt a. M. 1968.

Marx, Karl: *Werke*. Hrsg. von Hans-Joachim Lieber. 6 Bde. Darmstadt 1960–71.

Marx, Karl/Engels, Friedrich: *Werke*. 39 Bde. 1 Erg.-Bd. Berlin 1956 ff.

Masters, Roger D.: *The Political Philosophy of Rousseau*. Princeton 1968.

Maurer, Martin: »Die Geschichtsphilosophie des jungen Herder in ihrem Verhältnis zur Aufklärung.« In: *Johann Gottfried Herder 1744–1803*. Hrsg. von G. Sauder. Hamburg 1987. S. 141–155.

McCarthy, Thomas: *Kritik der Verständigungsverhältnisse. Zur Theorie von Jürgen Habermas*. Erweiterte Taschenbuchausgabe. Frankfurt a. M. 1989.

Mead, George Herbert: *Geist, Identität und Gesellschaft aus der Sicht des Sozialbehaviorismus*. Mit einer Einleitung von Charles W. Morris. Frankfurt a. M. 1973.

Mesch, Walter: »Vorne Kant und hinten Platon? Gemeinwille und Gesetzgeber in Rousseaus *Du contrat social*«. In: *Zeitschrift für philosophische Forschung* 53 (1999), S. 355–382.

Müller, Reimar: *Anthropologie und Geschichte. Rousseaus frühe Schriften und die antike Tradition*. Berlin 1977.

Müller-Wollermann, Renate: »Der altägyptische Staat und dezentrales Krisenmanagement«. In: *Überlebensstrategien in Afrika*. Hrsg. von M. Bollig und F. Klees. Köln 1994. S. 317–323.

Oberparleiter-Lorke, Elke: *Der Freiheitsbegriff bei Rousseau. Rousseaus praktisches System der Freiheit im Kontext der deutschen Transzendentalphilosophie und eines modernen, interpersonalen Freiheitsbegriffs.* Würzburg 1997.

Parsons, Talcott: *Gesellschaften. Evolutionäre und komparative Perspektiven.* Frankfurt a. M. 1975.

– *The Structure of Social Action.* New York ²1949.

– *Das System moderner Gesellschaften.* Weinheim/München 1985.

Parsons, Talcott/Shils, Edward A. (Hrsg.): *Toward a General Theory of Action.* New York 1951.

Platon: *Werke.* Griech./dt. Hrsg. von Günther Eigler. Übers. gemäß der Schleiermacherschen, teilweise der Hieronymus-Müllerschen, teils Neuübersetzung. 8 Bde. Darmstadt 1970–81.

Plattner, Marc F.: *Rousseau's State of Nature. An Interpretation of the* Discourse on Inequality. DeKalb 1979.

Portmann, Adolf: »Die Stellung des Menschen in der Natur«. In: Ders.: *Zoologie aus vier Jahrzehnten.* München 1967. S. 312–336.

Pothast, Ulrich: *Die Unzulänglichkeit der Freiheitsbeweise.* Frankfurt a. M. 1980.

Pulmer, Karin: *Die dementierte Alternative. Gesellschaft und Geschichte in der ästhetischen Konstruktion von Kierkegaards »Entweder/Oder«.* Frankfurt a. M./Bern 1982.

Rescher, Nicholas: *The Coherence Theory of Truth.* Oxfort 1973.

Rousseau, Jean-Jacques: *Die Bekenntnisse. Die Träumereien des einsamen Spaziergängers.* Übers. von A. Semerau und D. Leube. München 1978.

– *Diskurs über die Ungleichheit. Discours sur l'inégalité.* Hrsg. von Heinrich Meier. Kritische Ausgabe mit sämtlichen Fragmenten und ergänzenden Materialien. Paderborn ²1990.

– *Emil oder Über die Erziehung.* Übers. von Ludwig Schmidts. Paderborn ⁵1981.

– *Essai sur l'origine des langues, où il est parlé de la mélodie et de l'imitation musicale.* Hrsg. von Charles Posset. Paris 1970.

– *Vom Gesellschaftsvertrag oder Grundsätze des Staatsrechts.* In Zusammenarbeit mit Eva Pietzcker neu übers. und hrsg. von Hans Brockard. Stuttgart 1977.

– *Politische Ökonomie. Discours sur l'Économie politique.* Hrsg. und übers. von Hans-Peter Schneider und Brigitte Schneider-Pachaly. Frankfurt a. M. 1977.

– *Œuvres complètes.* Hrsg. von Bernard Gagnebin und Marcel Raymond. 4 Bde. Paris 1959–69.

– *Schriften.* Hrsg. von Henning Ritter. 2 Bde. München/Wien 1978.

– *Sozialphilosophische und politische Schriften.* Übers. von E. Koch, D. Leube, M. Walz, H. Zischler u.a. Nachwort von I. Fetscher. München 1981.

Ruge, Arnold: *Die Hegelsche Rechtsphilosophie und die Politik unserer Zeit* (1842). In: *Materialien zu Hegels Rechtsphilosophie.* Hrsg. von M. Riedel. Frankfurt a. M. 1975. Bd. I, S. 323–349.

Sauder, Gerhard: »Aufklärung des Vorurteils – Vorurteile der Aufklärung«. In:

*Deutsche Vierteljahresschrift für Literaturwissenschaft und Geistesgeschichte* 57 (1983), S. 259–277.

– (Hrsg.): *Johann Gottfried Herder 1744–1803*. Hamburg 1987 (Studien zum 18. Jahrhundert, Bd. 9).

Schnädelbach, Herbert: »Transformation der Kritischen Theorie«. In: *Kommunikatives Handeln. Beiträge zu Jürgen Habermas'* »*Theorie des kommunikativen Handelns*«. Hrsg. von A. Honneth und H. Joas. Frankfurt a. M. ³2002. S. S. 15–34.

Smith, Adam: *Der Wohlstand der Nationen. Eine Untersuchung seiner Natur und seiner Ursachen*. Übers. und eingel. von Horst Claus Recktenwald. München 1978.

Strauss, Leo: *Naturrecht und Geschichte*. Frankfurt a. M. 1977.

– *Persecution and the Art of Writing*. Glencoe (Ill.) 1952.

Vitoria, Francisco de: *Vorlesungen (Relectiones). Völkerrecht, Politik, Kirche*. Hrsg. von Ulrich Horst, Heinz-Gerhard Justenhoven, Joachim Stüben. 2 Bde. Stuttgart 1995/97.

Vollmer, Gerhard: *Evolutionäre Erkenntnistheorie*. 5., durchges. Aufl. Stuttgart 1990.

Weiß, Johannes: »Die ›Bindungseffekte‹ kommunikativen Handelns. Einige skeptische Bemerkungen«. In: *Kommunikatives Handeln. Beiträge zu Jürgen Habermas'* »*Theorie des kommunikativen Handelns*«. Hrsg. von A. Honneth und H. Joas. Frankfurt a. M. ³2002. S. 433–454.

Wesche, Tilo: *Kierkegaard. Eine philosophische Einführung*. Stuttgart 2003.

Williams, Bernard: *Descartes. Das Vorhaben der reinen philosophischen Untersuchung*. Königstein/Ts. 1981.

Willke, Helmut: *Systemtheorie*. 3., überarb. Aufl. Stuttgart/New York 1991.

Wood, Allan: *Hegel's Ethical Theory*. Cambridge 1990.

# Personenregister

Adorno, Th. W. 11, 14, 16, 286 f., 295, 342
d'Alembert, J. G. de 269
Alexander VI. 275
Alexander, J. 347 f., 376
Aristoteles 70, 241, 251
Arndt, A. 313, 337

Bacon, F. 9, 213, 328 ff., 332, 334 f., 337
Bengtson, H. 217, 219
Berger, J. 342 ff., 347, 350, 368, 374
Bertalanffy, L. v. 10 f., 13, 24, 32, 38, 223
Broecken, K. H. 151, 185, 198, 201
Buffon, C.-L. Leclerc de 60, 119, 145

Camus, A. 204
Casas, B. de las 70
Christus 71 f., 256 ff., 260, 264 ff., 273, 281
Condillac, E. B. de 153, 210

Demandt, A. 258
Dérathé, R. 149, 151
Descartes, R. 9, 112 f., 115 f., 151 ff., 179, 189, 194, 197, 201, 203, 213
Detel, W. 343, 378
Dorschel, A. 347 f.
Durkheim, E. 348, 351, 354
Dux, G. 342 ff., 350, 356 ff., 369

Engels, F. 13, 15 f., 18 f., 40, 48, 50, 60, 77, 79 ff., 83, 87, 129, 134, 232, 300-315, 320-327, 333 f., 337, 344, 349, 382, 384 ff.
Euchner, W. 173, 177

Fahrenbach, H. 102
Fetscher, I. 27, 85, 151, 161 f., 193, 288
Freud, S. 48, 52 ff.

Gadamer, H. G. 58, 212 f.
Geuss, R. 10, 16, 55
Goldschmidt, V. 151, 201
Greve, W. 90, 92, 101 f., 104

Habermas, J. 11-28, 31, 34 f., 37 ff., 43 f., 47-59, 64 f., 112, 117, 129, 161, 163 f., 166, 205, 207, 228 f., 233, 236, 283, 296, 298 ff., 311 ff., 322, 324, 328, 331, 334, 336, 340-388, 394, 398, 399 f., 404 ff.
Häfner, R. 66
Hartmann, K. 321, 325
Hegel, G. W. F. 82, 97, 287, 316-321
Heinz, M. 151, 210 f., 275
Herder, J. G. 15, 17, 24, 28, 49, 59, 62-73, 75 ff., 80, 86, 117, 119, 128-134, 205-296, 306, 317, 320, 322, 331, 344, 368, 383 ff., 407
Hobbes, Th. 27 f., 49, 120, 138, 161 ff., 168 f., 172 ff., 178, 187, 241
Horkheimer, M. 9 f., 12 ff., 16, 286 f., 295, 299
Humboldt, W. v. 82, 118, 398
Hume, D. 209 ff., 269, 331

Iorio, M. 81, 310
Irmscher, H. D. 63, 66, 213 ff., 222, 235, 267, 282, 285
Iselin, I. 269

Jacobi, F. H. 256
Joas, H. 343, 377
Julian Apostata 254, 265

Kant, I. 37, 93, 102, 125, 154, 161, 235, 267, 330 ff.
Karl der Große 70
Karl V. 70
Kierkegaard, S. 16 ff., 59, 87-120,

# Sachregister